OHADA

RECUEIL DE JURISPRUDENCE DE LA CCJA

2015

Collection « LegiAfrica »

dirigée par Emmanuel Douglas Fotso

La collection « LegiAfrica » a pour vocation d'assurer la diffusion de la jurisprudence et des études de droit des affaires dans les pays formant l'organisation pour l'harmonisation en Afrique du droit des affaires (OHADA). Elle rassemble les recueils ou études de jurisprudence, ainsi que les revues de droit des affaires.

Déjà paru

Emmanuel Douglas Fotso, *OHADA, recueil de jurisprudence de la CCJA 2014*, juin 2019.

Emmanuel Douglas FOTSO

OHADA

RECUEIL DE JURISPRUDENCE DE LA CCJA

2015

L'Harmattan

5-7, rue de l'École-Polytechnique – 75005 Paris

www.editions-harmattan.fr

ISBN : 978-2-343-16917-0
EAN : 9782343169170

SOMMAIRE

INTRODUCTION

La Cour Commune de Justice et d'Arbitrage (CCJA) a été créée par le Traité de l'Organisation pour l'Harmonisation en Afrique du Droit des Affaires (OHADA) adopté le 17 octobre 1993 à Port – Louis en Ile Maurice et modifié le 17 octobre 2008 à Québec au Canada. L'article 14 du Traité OHADA prévoit que la CCJA a pour mission d'assurer *« l'interprétation et l'application communes du Traité ainsi que des Règlements pris pour son application, des Actes uniformes et des Décisions »*. La Cour assure donc l'unité jurisprudentielle dans un espace juridique qui compte aujourd'hui 17 États à savoir le Bénin, le Burkina Faso, le Cameroun, la Centrafrique, la République des Comores, le Congo, la Côte d'Ivoire, le Gabon, la Guinée, la Guinée Bissau, la Guinée Équatoriale, le Mali, le Niger, le Sénégal, la République démocratique du Congo, le Tchad et le Togo. L'institution de cette juridiction suprême a pour but d'éviter des divergences dans l'interprétation et l'application de la loi uniforme puisqu, *« il n'y a pas de loi commune lorsque l'unification législative ne s'est pas accompagnée d'une unification juridictionnelle »*[1].

Au regard de la mission particulière de cette institution judiciaire, la doctrine la présente comme un *modèle spécifique et sans précédent, unique en son genre*[2] ou encore comme *l'une des plus osées de l'histoire des institutions internationales*[3]. C'est dire l'importance de cette Cour pour la réussite des objectifs de l'OHADA à savoir parvenir à créer un espace où la sécurité juridique et judiciaire est assurée. Il est aujourd'hui admis que la contribution de la CCJA à l'essor du droit OHADA est bien réelle et actuelle[4]. Elle clarifie les concepts, comble les lacunes ou omissions du législateur et fait évoluer le droit. À travers sa jurisprudence, la CCJA met le droit OHADA en mouvement.

La CCJA peut être saisie à titre consultatif pour Avis par tout État membre de l'Organisation, le Conseil des Ministres ou une juridiction nationale[5]. Ce mode de saisine lui donne alors l'occasion d'exercer un contrôle à priori sur l'application des Actes uniformes. En matière contentieuse, la CCJA est principalement saisie par la voie des recours en cassation contre les décisions rendues par les juridictions nationales du fond ainsi que des recours en annulation contre les décisions des juridictions nationales suprêmes ayant statué sur des questions de droit OHADA. Ces types de recours constituent l'essentiel de l'activité judiciaire de la CCJA. La Cour est également saisie en

---

[1] P. MAYER et V. HEUZÉ, Droit international privé, Paris, Domat Montchrestien, 10 éd., 2010, p. 93.
[2] G. NGOUMTSA ANOU, OHADA et conflits de lois, LGDJ, 2013, p. 14 et 17.
[3] NDOYE D., La Cour Commune de Justice et d'Arbitrage des pays de l'OHADA, EDJA, 2009, p. 11.
[4] GATSI J., La jurisprudence, source du droit OHADA, Juriscope, 2012.
[5] V. par exemple CCJA, Avis n° 001/99/JN du 7 juillet 1999 rendu à la demande du Président du Tribunal Judiciaire de Première Instance de Libreville (Gabon), in Collection du Journal Officiel de l'OHADA, volume 1, 2007, p. 850.

matière d'arbitrage, pas comme arbitre mais comme *organe de nomination des arbitres et de régulation de la procédure*[6].

La mise en œuvre de ces divers modes de saisine permet à la CCJA de rendre des décisions qui ont une véritable autorité sur l'ensemble des États de l'OHADA.

La jurisprudence de la CCJA reste cependant mal diffusée et parfois inconnue des praticiens et justiciables. Des répertoires de jurisprudence sont alors souvent publiés par la doctrine[7].

S'inscrivant dans cette logique et afin de répondre aux sollicitations des praticiens et chercheurs, le présent Recueil, comme celui de 2014 qui l'a précédé, met à la disposition du public les décisions pertinentes rendues par la CCJA au cours de l'année 2015.

Cette année aura connu une abondance de jurisprudence, la CCJA ayant rendu des décisions dignes d'intérêt dans divers domaines. Ainsi en est-il particulièrement en matière de bail commercial et en matière d'abitrage, domaines dans lesquels des décisions fortes ont pu être rendues. On ne manquera pas sans doute de relever des avis hautement importants émis par la Haute juridiction en matière de transformation des sociétés commerciales, en matière des conditions d'établissement des états financiers de synthèse dans l'espace OHADA ainsi que celui rendu au sujet du projet d'Acte uniforme portant organanisation des procédures collectives d'apurement du passif.

---

6 COULIBALY C.A.T., OHADA : Saisine et procédure devant la Cour Commune de Justice et d'Arbitrage, ECJ, 1998, p. 18.

7 À cet égard, voir les répertoires de jurisprudence publiés par le Professeur Joseph ISSA-SAYEGH notamment : Répertoire quinquennal OHADA 2000-2005, UNIDA, 2009 ; Répertoire quinquennal OHADA, 2006-2010, UNIDA. Voir également du même auteur les répertoires de jurisprudence OHADA 2011, 2012 et 2013. À lire également : B. TRAORÉ, OHADA : Cour commune de justice et d'arbitrage, édition 2013 ; P.-G. POUGOUÉ, S. S. KUATE TAMEGHE (*Sous la direction*), Les grandes décisions de la Cour commune de justice et d'arbitrage de l'OHADA, L'Harmattan, 2010 ; J. WAMBO, Les procédures simplifiées de recouvrement : les grandes orientations de la jurisprudence en droit OHADA, Édition Jerberas, 2016.

LA SAISINE DE LA COUR COMMUNE DE JUSTICE ET D'ARBITRAGE

I. Les conditions de saisine de la CCJA

A. Les conditions relatives à la compétence de la CCJA

1. Les questions soulevant l'application du droit OHADA

Le juge national doit vérifier sa compétence avant tout autre contrôle, à défaut son arrêt est nul s'il méconnait la compétence de la CCJA (CCJA, 1ère Ch., n°168/2015, 17 décembre 2015)

Sommaire

Le contrôle de la régularité procédurale dont se prévaut la juridiction nationale de cassation pour retenir sa compétence ne saurait primer sur son obligation de s'assurer au préalable de sa compétence rationae materiae.

La Cour Commune de Justice et d'Arbitrage (CCJA), Première Chambre, de l'Organisation pour l'Harmonisation en Afrique du Droit des Affaires (OHADA), a rendu l'arrêt suivant en son audience publique du 17 décembre 2015 où étaient présents :

Messieurs Marcel SEREKOÏSSE-SAMBA,	Président, rapporteur
Mamadou DEME,	Juge
Vincent Diehi KOUA,	Juge
César Apollinaire ONDO MVE,	Juge
Robert SAFARI ZIHALIRWA,	Juge
Et Maître Acka AS SIEHUE,	Greffier ;

Sur le pourvoi n° 033/2014/PC enregistré au Greffe de la Cour de céans le 04 mars 2014, formé par Maître Claude COELHO, Avocat au Barreau de Pointe Noire (Congo) BP 430 Pointe Noire, Maître Simone BERNARD-DUPRE, Avocat au Barreau de Paris, domicile élu en l'Etude de Maître COELHO, Maître Destin Arsène TSATY-BOUNGOU, Avocat près la Cour d'appel de Pointe Noire, constitué aux côtés de Maître COELHO, agissant pour le compte de la Société ELCO CONSTRUCTION SARL,BP 2326, dont le siège social est à Brazzaville et l'activité principale en son agence de Pointe Noire, poursuites et diligences de son représentant Monsieur ALY AMINE, Gérant statutaire demeurant en cette qualité audit siège, dans la cause opposant ladite société à la Société MAISONS SANS FRONTIERES CONGO SARL, dont le siège est à Brazzaville, 54, rue des Compagnons de Brazza, BP 13934 représenté par son dirigeant légal, ayant pour conseil Maître PENA-PITRA, Avocat à la Cour,

en annulation de l'arrêt n°10/GCS-014 rendu le 23 janvier 2014 par la Cour Suprême du Congo et dont le dispositif suit :

« Par ces motifs et sans qu'il y ait lieu de statuer sur les autres moyens :

En la forme.

Déclare recevables le pourvoi et la requête spéciale aux fins de sursis à exécution formés le 08 avril 2013 par la société Maisons sans frontières contre l'arrêt civil n° 26 du 22 mars 2013 de la Cour d'appel de Pointe Noire ;

Au fond.

Casse et annule en toutes ses dispositions l'arrêt attaqué ; remet en conséquence la cause et les parties dans l'état où elles se trouvaient avant son prononcé et les renvoie devant le tribunal de grande instance de Pointe Noire pur exécution de la mesure d'instruction ordonnée par le jugement du 26 novembre 2012 ;

Ordonne le remboursement à la société Maisons sans frontières de la somme de 10.000 francs consignée au greffe de la Cour suprême ;

Condamne la société ELCO CONSTRUCTION aux dépens ;

Dit que le présent arrêt sera, à la diligence de Monsieur le Procureur général près la Cour suprême, transmis au greffe de la Cour d'appel de Pointe Noire, pour être transcrit sur les registres y relatifs en marge, à la suite de l'arrêt n°26 du 22 mars 2013 ; » ;

Attendu que la société ELCO invoque à l'appui de son recours le moyen unique de cassation tel qu'il figure à la requête annexée au présent arrêt ;

Sur le rapport de Monsieur Marcel SEREKOÏS SE-SAMBA, Président ;

Vu les dispositions des articles 13,14 et 18 du Traité relatif à F harmonisation du droit des affaires en Afrique ;

Vu le Règlement de Procédure de la Cour Commune de Justice et d'Arbitrage de TOHADA, notamment en son article 52 ;

Attendu qu'il ressort des pièces du dossier de la procédure que suite à la rupture d'un contrat de construction de 150 villas conclu entre la Société Maisons sans Frontières Congo SARL dite MSF, maître d'ouvrage et l'entreprise de construction société ELCO SARL, celle-ci saisit le Président du tribunal de commerce de Pointe Noire qui a ordonné le 26 avril 2010, en application des articles 54,55,57 de l'Acte uniforme portant organisation des procédures simplifiées de recouvrement et des voies d'exécution, la saisie conservatoire des biens meubles corporels et incorporels appartenant à la MSF pour garantie et sûreté de sa créance arrêtée en principal à 13.294.000.000 FCFA ;

Qu'au vu d'un procès- verbal de carence dressé par huissier de justice en date du 14 mai 2010, le Président du tribunal de grande instance de Pointe Noire, par une ordonnance sur requête du 17 juin 2010, autorisa la société ELCO à prendre une inscription provisoire d'hypothèque sur les terrains bâtis et non bâtis, objet du titre foncier n°6847 dont MSF est titulaire ;

Qu'au cours de la mise en œuvre par l'huissier de justice de ladite ordonnance auprès de la Conservation Foncière, la société MSF saisit en référé le Président du Tribunal de grande instance d'une requête en mainlevée ;

Que par ordonnance du 13 octobre 2010, le Président du tribunal rejeta la demande de mainlevée ; que le 26 novembre 2012, le tribunal, par un autre jugement avant-dire-droit, désigna un Expert aux fins de calculer la somme à payer à Elco Construction par rapport à l'état d'avancement des travaux sur certaines villas en vue d'une compensation sollicitée par MSF et lui impartit un délai de 21 jours pour déposer son rapport ;

Que la société Elco Construction estimant interlocutoire ce jugement du 26 novembre 2012, en forma appel et demanda l'évocation ;

Que par arrêt civil du 22 mars 2013, la Cour d'appel de Pointe Noire retint le caractère interlocutoire du jugement du 26 novembre 2012, condamna la Société Maisons Sans Frontière au paiement de la somme de 13.294.000.000 FCFA en principal et 2.000.000.000 FCFA à titre de dommages-intérêts au profit de la société ELCO CONSTRUCTION ;

Que sur pourvoi de MSF, la Cour suprême du Congo rendit le 23 janvier 2014 l'arrêt n°10/GCS-014 sus énoncé, frappé du présent pourvoi devant la Cour de céans ;

Sur la recevabilité du recours

Attendu que dans son mémoire en réponse du 19 juin 2014, la société MSF soulève l'irrecevabilité de la « requête en cassation » de la société Elco Construction pour violation des dispositions de l'article 28 du Règlement de procédure de la CCJA, aux motifs que celle-ci ne contiendrait ni le domicile et l'adresse géographique de ladite société et de ses avocats, ni la preuve de son existence juridique ;

Mais attendu que l'examen aussi bien de la requête du 12 février 2014 que des pièces justificatives qui l'accompagnent révèle que les griefs formulés sont infondés et que celle-ci doit être déclarée recevable, en ce qu'elle contient bien les mentions des domiciles ou adresses géographique de la société ELCO, de son conseil et de son domicile élu ;

Sur le moyen unique tiré de la violation de l'article 14 du Traité relatif à l'harmonisation du droit des affaires en Afrique

Attendu qu'il est fait grief à la Cour suprême du Congo de s'être déclarée compétente rationae materiae en justifiant sa compétence par le fait qu'il s'agissait pour elle de statuer sur la nature du jugement avant-dire-droit du 26 novembre 2012 pour savoir s'il était ou non susceptible d'un appel avant le jugement au fond, alors qu'il ressort tant de l'article 14 du Traité sus indiqué que de la loi congolaise n° 17-99 du 15 avril 1999 modifiant et complétant certaines dispositions de la loi n°025-92 du 20 août 1992 et de la loi n°30-94 du 18 octobre 1994 portant organisation et fonctionnement de la Cour Suprême que le contentieux relatif à l'application des Actes uniformes est porté devant la Cour Commune de Justice et d'Arbitrage de l'OHADA ;

Attendu qu'aux termes de l'alinéa 3 de l'article 14 susvisé, « saisie par la voie du recours en cassation, la Cour se prononce sur les décisions rendues par les juridictions d'appel des Etats parties dans toutes les affaires soulevant des questions relatives à l'application des Actes uniformes et des règlements prévus au présent Traité à l'exception des décisions appliquant des sanctions pénales » ;

Attendu qu'en l'espèce, il ne fait aucun doute que le différend qui oppose la Société Maisons Sans Frontières Congo à la Société Elco Construction trouve son origine dans l'application des articles, notamment, 212 et 213 de l'Acte uniforme portant organisation des sûretés ;

Que la Cour d'appel de Pointe Noire, saisie du litige relatif à l'hypothèque autorisée par le Président du Tribunal de grande instance, a statué sur sa validation et a décidé, à la fois, du maintien de l'intégralité de l'hypothèque déjà inscrite et de sa conversion en hypothèque judiciaire définitive qui sous-tend la condamnation pécuniaire ;

Que dans ces conditions, le contrôle de la régularité procédurale dont se prévaut la Cour Suprême du Congo pour retenir sa compétence ne saurait primer sur son obligation de s'assurer au préalable de sa compétence rationae materiae ; que c'est donc à tort qu'elle s'est déclarée compétente pour examiner le pourvoi en cassation formé par la Société Maisons Sans Frontières Congo SARL ; qu'en conséquence, sa décision attaquée est réputée nulle et non avenue en application des dispositions de l'article 18 du Traité susmentionné ;

Attendu que la Société Maisons Sans Frontières Congo SARL ayant succombé, il y a lieu de la condamner aux dépens ;

PAR CES MOTIFS

Statuant publiquement, après en avoir délibéré,

Déclare recevable le recours de la Société ELCO CONSTRUCTION SARL ;

Dit que la Cour suprême du Congo s'est déclarée compétente à tort pour examiner le pourvoi en cassation formé par la Société Maisons Sans Frontière Congo SARL ;

En conséquence, déclare l'Arrêt n°10/GCS-014 du 23 janvier 2014 rendu par la Cour suprême du Congo nul et non avenu ;

Condamne la Société Maisons Sans Frontières Congo SARL aux dépens.

Recours n'invoquant pas l'Acte uniforme violé : incompétence de la CCJA (CCJA, 1ère Ch., n°04/2015, 12 février 2015)

Sommaire

Les conditions de compétence de la CCJA ne sont pas réunies lorsque le demandeur se contente d'invoquer l'article 14 du Traité de l'OHADA et les Actes uniformes portant droit des sociétés commerciales et du groupement d'intérêt économique, et celui portant organisation des procédures simplifiées de recouvrement et des voies d'exécution, sans indiquer les dispositions qui auraient été violées ou mal appliquées, ni en quoi elles l'auraient été.

La Cour Commune de Justice et d'Arbitrage (CCJA) de l'Organisation pour l'Harmonisation en Afrique du Droit des Affaires (OHADA), Première Chambre, a rendu l'arrêt suivant, en son audience publique du 12 février 2015 où étaient présents :

Messieurs : Marcel SEREKOÏSSE-SAMBA,	Président,
Mamadou DEME,	Juge rapporteur
Djimasna N'DONINGAR,	Juge
et Maître ASSIEHUE Acka,	Greffier ;

Sur le recours enregistré au greffe de la Cour de céans le 06 septembre 2012 sous le numéro 109/2012/PC et formé par la Société Générale de Banques en Côte d'Ivoire dite SGBCI, société anonyme ayant son siège social à Abidjan, 5 et 7 avenue Joseph ANOMA, 01 B.P1355 Abidjan 01, représentée par son administrateur directeur général, ayant pour conseil Maître Félix F. AKA, avocat à la Cour à Abidjan, boulevard ROUME, Résidence ROUME, 3ème étage, porte 33, 20 BP 97 Abidjan 20, dans la cause qui l'oppose à EL MOUTAMER Fatiha, épouse BOURDIER, prise en son nom personnel et en sa qualité de gérante de la société SARL IVOIRE, société à responsabilité limitée ayant son siège social à San Pedro, quartier BALMER, BP 179 San Pedro, et à la Société Civile Immobilière Ivoire dite SCI IVOIRE, dont le siège social est à San Pedro, BP 179 San Pedro, représentée par son gérant BOURDIER Gilbert, ayant toutes trois pour conseils Maîtres KONATE et Associés, avocats à la Cour à Abidjan, demeurant 12 ancienne route de Bingerville, rue B32 (Lycée Technique), Vieux Cocody, 01 BP : 3926 Abidjan 01,

en cassation de l'arrêt n°296 rendu le 20 avril 2012 par la Cour d'Appel d'Abidjan, dont le dispositif est le suivant :

« Statuant publiquement, contradictoirement, en matière civile et en dernier ressort ;

<u>En la forme</u>

Vu l'arrêt avant-dire-droit n°235 bis du 25 avril 2008 ayant déclaré recevable l'appel de la société SARL IVOIRE, des époux BOURDIER et de la société SCI IVOIRE relevé du jugement n°489 rendu le 24 février 2005, par le Tribunal de Première Instance d'Abidjan ;

Au fond :

Les y dit fondés ;

Infirme le jugement querellé en ce qu'il a condamné la société SARL IVOIRE, les époux BOURDIER et la SCI IVOIRE à payer la somme de 200.577.313 F CFA à la SGBCI ;

Statuant à nouveau :

Déclare la SGBCI mal fondée en son action en paiement ;

L'en déboute ;

Met les dépens à sa charge » ;

La demanderesse invoque à l'appui de son pourvoi les deux moyens de cassation tels qu'ils figurent à sa requête annexée au présent arrêt ;

Sur le rapport de Monsieur Mamadou DEME, Juge ;

Vu les articles 13 et 14 du Traité relatif à l'harmonisation du droit des affaires en Afrique (OHADA) ;

Vu le Règlement de procédure de la Cour Commune de Justice et d'Arbitrage de l'OHADA ;

Attendu qu'il résulte des pièces du dossier de la procédure que suivant acte notarié des 25 mai et 23 juin 1998, la SGBCI a accordé à la SARL IVOIRE un crédit à moyen terme d'un montant de 300.000.000 F CFA en principal, garanti par une caution hypothécaire consentie par la SCI IVOIRE ; que la SGBCI, qui soutient que la SARL IVOIRE et la caution n'ont pas tenu leurs engagements, les a assignées en paiement de la somme de 200.577.313 F CFA, constituant selon elle le reliquat de la créance, outre les intérêts et frais ;

Que suivant jugement n°480/CIV1 rendu le 24 février 2005, le Tribunal de Première instance d'Abidjan a fait droit à cette demande ;

Que la Cour d'appel d'Abidjan, statuant sur l'appel formé contre ce jugement, a rendu l'arrêt infirmatif objet du pourvoi ;

Sur la recevabilité du pourvoi

Attendu que par mémoire en réponse enregistré au greffe le 20 décembre 2012, les défenderesses soulèvent l'irrecevabilité du recours, au motif qu'il a été formé hors délai ;

Mais attendu qu'il n'est pas discuté que l'arrêt objet du recours a été signifié à la SGBCI, à son siège à Abidjan, par exploit d'huissier daté du 5 juillet 2012, régulièrement produit au dossier ; qu'en application des dispositions des articles 25.1 et 2, 27.2 et 28.1 du Règlement de procédure de la Cour, le délai du pourvoi a couru du 6 juillet 2012 au jeudi 6 septembre 2012, à minuit ;

Attendu que la requête de pourvoi ayant été enregistrée au greffe de la Cour le 6 septembre 2012, soit dans le délai imparti, il ya lieu de rejeter l'exception comme mal fondée ;

Sur la compétence de la Cour

Attendu que dans les mêmes écritures susvisées, les défenderesses soulèvent l'incompétence de la Cour, sur le fondement des dispositions de l'article 14 du Traité constitutif de l'OHADA ;

Attendu qu'aux termes de l'article 14, alinéas 3 et 4 du Traité susvisé, « Saisie par la voie du recours en cassation, la Cour se prononce sur les décisions rendues par les juridictions d'appel des Etats-parties dans toutes les affaires soulevant des questions relatives à l'application des Actes uniformes et des règlements prévus au présent Traité, à l'exception des décisions appliquant des sanctions pénales.

Elle se prononce dans les mêmes conditions sur les décisions non susceptibles d'appel rendues par toute juridiction des Etats parties dans les mêmes contentieux » ;

Attendu qu'en l'espèce, il est constant comme résultant de l'examen des pièces du dossier de la procédure que le Jugement n°489/CIV1 du Tribunal de Première Instance d'Abidjan, tout comme l'arrêt n°296 rendu le 20 avril 2012 par la Cour d'appel d'Abidjan, objet du présent pourvoi, ne sont fondés sur aucun Acte uniforme ou règlement prévu au Traité institutif de l'OHADA ; qu'aucun grief, ni moyen tirés de la violation ou de l'erreur dans l'application ou l'interprétation d'un Acte uniforme ou règlement prévu au Traité n'ont été invoqués, ni devant le premier juge, ni devant le juge d'appel par l'une ou l'autre des parties ;

Attendu, d'autre part, que les moyens développés dans la requête de pourvoi sont fondés sur la violation du principe du double degré de juridiction, la violation des articles 1134 et 1907 du code civil et le défaut de base légale ; que la requête ne vise aucune disposition d'un Acte uniforme ou Règlement prévu au Traité dont la violation pourrait justifier la saisine de la Cour ; qu'elle se contente d'invoquer l'article 14 du Traité de l'OHADA et les Actes uniformes portant droit des sociétés commerciales et du groupement d'intérêt économique, et celui portant organisation des procédures simplifiées de recouvrement et des voies d'exécution, sans indiquer les dispositions qui auraient été violées ou mal appliquées, ni en quoi elles l'auraient été ; qu'il s'ensuit que les conditions de compétence de la Cour de céans telles que précisées par l'article 14 du Traité susvisé ne sont pas réunies ;

Qu'il échet de se déclarer incompétent et de condamner la SGBCI aux entiers dépens ;

PAR CES MOTIFS

Statuant publiquement, après en avoir délibéré,

Se déclare incompétente ; Condamne la SGBCI aux entiers dépens.

Il ne suffit pas d'invoquer un Acte uniforme pour justifier la compétence de la CCJA (CCJA, Ass ; plén., n°62-2/2015, 29 avril 2015)

Sommaire

La seule référence à des dispositions d'un Acte uniforme dans l'argumentaire des parties au litige ne peut suffire à justifier la compétence de la CCJA.

La Cour Commune de Justice et d'Arbitrage (CCJA), de l'Organisation pour l'Harmonisation en Afrique du Droit des Affaires (OHADA), Assemblée plénière, a rendu l'Arrêt suivant en son audience publique foraine tenue le 29 avril 2015 à Ouagadougou au Burkina Faso où étaient présents :

Messieurs Marcel SEREKOÏSSE SAMBA,	Président
Abdoulaye Issoufi TOURE,	1er Vice-président
Madame Flora DALMEIDA MELE,	Snde Vice-présidente
Messieurs Victoriano OBIANG ABOGO,	Juge
Mamadou DEME	Juge
Idrissa YAYE,	Juge
et Maître Paul LENDONGO,	Greffier en chef ;

Sur le renvoi de la Cour de Cassation du Sénégal, par arrêt n°97 du 20 décembre 2006, en application de l'article 15 du Traité relatif à l'harmonisation du droit des affaires en Afrique, devant la Cour de céans, de l'affaire opposant Maître Moustapha THIAM, demeurant aux 34 – 36, Boulevard de la République, Dakar, ayant pour Conseil Maître Ibrahima DIOP, Avocat à la Cour, demeurant au 127, Avenue Lamine GUEYE x Félix Faure, Dakar – Sénégal, à la Société NSOA/Colgate Palmolive dont le siège sis au Rond Point Cyrnos, à Dakar, ayant pour Conseils Maître François SARR & Associés, Avocats à la Cour, 33, Avenue Léopold SEDAR SENGHOR, Dakar – Sénégal,

en cassation de l'Arrêt n°402, rendu le 15 juillet 2004 par la Cour d'appel de Dakar et dont le dispositif est le suivant :

« Statuant publiquement, contradictoirement, en matière de référé et en dernier ressort ;

Vu l'ordonnance de clôture en date du 13 mai 2004 ;

Confirme l'ordonnance entreprise en toutes ses dispositions ;

Condamne Me Moustapha THIAM aux dépens » ;

Le requérant invoque à l'appui de son pourvoi le moyen unique de cassation, tel qu'il figure à la requête annexée au présent arrêt ;

Sur le rapport de Monsieur DJIMASNA N'DONINGAR, Juge ;

Vu les dispositions des articles 14 et 15 du Traité relatif à l'harmonisation du droit des affaires en Afrique ;

Vu le Règlement de procédure de la Cour Commune de Justice et d'Arbitrage de l'OHADA ;

Attendu qu'il ressort des pièces du dossier de la procédure que par ordonnance de référé n°21 en date du 15 janvier 2001, le Tribunal Régional Hors Classe de Dakar a enjoint à Maître Moustapha THIAM, notaire, d'accomplir les formalités requises pour parvenir à l'immatriculation de la parcelle du sieur HERAUD et de procéder à l'inscription de l'hypothèque consentie par ce dernier au profit de la société NSOA, sous astreinte de 50.000 FCFA par jour de retard ; que, sur appel de Maître THIAM, la Cour de Dakar a confirmé cette ordonnance en toutes ses dispositions par arrêt n°402 en date du 15 juillet 2004, objet du présent pourvoi ;

Attendu qu'il est reproché à l'arrêt attaqué d'avoir violé les dispositions des articles 189 et 98 de l'Acte uniforme relatif au droit des sociétés commerciales et du groupement d'intérêt économique, en ce qu'il n'a pas été tenu compte de la fusion-absorption intervenue entre NSOA et Colgate Palmolive, entraînant la disparition de la NSOA qui n'a plus ni qualité, ni capacité pour agir ; que, depuis la fusion, la société Colgate Palmolive jouit seule de la personnalité juridique et devait, dans le meilleur des cas, se substituer à la NSOA pour actionner le requérant ; qu'en faisant droit à la demande de NSOA, la cour d'appel a violé des principes élémentaires et universels de procédures ;

Sur la compétence

Attendu que l'affaire dont pourvoi est relative à une décision ordonnant à un notaire d'accomplir, sous astreinte, des formalités au profit de son client ; qu'elle n'a soulevé, devant les juridictions sénégalaises, aucune question relative à l'application des Actes uniformes et des règlements prévus au Traité de l'Organisation pour l'Harmonisation en Afrique du Droit des Affaires ; que la seule référence à des dispositions d'un Acte uniforme dans l'argumentaire des parties au litige ne peut suffire à justifier la compétence de la Cour de céans ; qu'il échet de se déclarer incompétente et de renvoyer Me THIAM à mieux se pourvoir ;

Attendu qu'il y a lieu de mettre les dépens à la charge de Maître Moustapha THIAM ;

PAR CES MOTIFS

Statuant publiquement, après en avoir délibéré,

Se déclare incompétente ;

Renvoie Maître Moustapha THIAM à mieux se pourvoir ;

Le condamne aux dépens.

Affaire ne soulevant l'application d'aucun Acte uniforme : incompétence de la CCJA (CCJA, 2e Ch., n°13/2015, 02 avril 2015)

Sommaire

La CCJA doit se déclarer incompétence lorsque l'affaire ne soulève aucune question relative à l'application d'un Acte uniforme.

La Cour Commune de Justice et d'Arbitrage (CCJA) de l'Organisation pour l'Harmonisation en Afrique du Droit des Affaires (OHADA), Deuxième chambre, a rendu l'Arrêt suivant en son audience publique du 02 avril 2015 où étaient présents :

Messieurs Abdoulaye Issoufi TOURE, Président

Namuano Francisco DIAS GOMES, Juge, rapporteur

Djimasna N'DONINGAR, Juge

et Maître Jean Bosco MONBLE, Greffier,

Sur le pourvoi enregistré au greffe de la Cour de céans le 18 juillet 2011 sous le n°060/2011/PC et formé par Maître Mohamed Lamine DOUMBIA Avocat au Barreau de Guinée, 2ème étage de l'immeuble SAVANE, rue 01-519, Commune de DIXINN, ville Conakry, BP 4742 République de Guinée, agissant au nom et pour le compte de la Société Indigo Publicité, prise en la personne de Mohamed Lamine SOUARE son Gérant, dans le litige qui l'oppose à la Société CELLCOM-GUINEE S.A représentée par son Directeur Général et dont le siège social est dans la Commune de Kaloum, quartier Almamya, Immeuble Waqf Bid à Conakry, Ayant pour conseil Maître Alpha Oumar DIALLO, Avocat au Barreau de Guinée - Conakry, Immeuble LABE, 3ème Etage, Cité des Chemins de fer, Commune de Kaloum, Conakry, BP : 1294,

en cassation de l'arrêt n°345 du 28 décembre 2010 de la cour d'appel de Conakry et dont le dispositif est le suivant :

« Après en avoir délibéré conformément à la loi, statuant publiquement, contradictoirement, en matière civile, en second ressort et sur appel ;

<u>En la forme</u> :

Déclare l'appel recevable ;

<u>Au fond</u> :

Confirme la première décision entreprise en toutes ses dispositions ;

Déboute les parties du surplus de leurs demandes réciproques ;

Frais et dépens à la charge de l'appelante… » ;

La requérante invoque à l'appui de son pourvoi les deux moyens de cassation tels qu'ils figurent dans sa requête annexée au présent arrêt ;

Sur le rapport de Monsieur Namuano Francisco DIAS GOMES, Juge ;

Vu les dispositions des articles 13 et 14 du Traité relatif à l'harmonisation du droit des affaires en Afrique ;

Vu le Règlement de procédure de la Cour Commune de Justice et d'Arbitrage de l'OHADA ;

Attendu qu'il ressort de l'examen des pièces du dossier de la procédure, que le 31 août 2007, la Société Indigo Publicité SARL a signé avec la Société CELLCOM SA un contrat d'exclusivité pour les opérations de conseil général en communication, le développement de la stratégie de création, l'achat d'espaces, les études d'ébauche, etc ... ; que suite à un différend né entre les parties au cours de l'exécution de ce contrat, la Société Indigo Publicité a saisi le 19 janvier 2010, le tribunal de première instance de Kaloum aux fins de résiliation de contrat et paiement, après reddition des comptes, de la somme de 50 000 000 000 FG pour tous préjudices confondus; que le tribunal de première instance de Kaloum a rendu le 15 avril 2010 le jugement n°025 par lequel il condamne la société CELLCOM à payer à la société Indigo Publicité la somme de 45 000 000 FG, l'en déboutant du surplus de ses demandes et en déboutant également la Société CELLCOM de sa demande reconventionnelle comme mal fondée ; que le 20 avril 2010 la société Indigo Publicité interjetait appel ; que la cour d'appel de Conakry par son arrêt n°345 du 28 décembre 2010, confirmait le jugement entrepris ; arrêt dont pourvoi ;

Sur la compétence de la Cour Commune de Justice et d'Arbitrage.

Attendu que la compagnie de télécommunication CELLCOM GUINEE SA soulève avant toute défense l'incompétence de la cour de céans motifs pris, de ce que l'argumentaire accompagnant les moyens de cassation, développé par la Société Indigo Publicité dans sa requête ne faisait état de la violation d'aucune disposition d'un Acte uniforme ; qu'au contraire, les seuls moyens soulevés concernent l'article 7 du contrat d'exclusivité et l'article 668 du code civil guinéen relativement à une éventuelle responsabilité contractuelle ;

Attendu qu'aux termes de l'article 14 al 3 du Traité relatif à l'harmonisation du droit des affaires en Afrique : « Saisie par la voie du recours en cassation, la Cour se prononce sur les décisions rendues par les juridictions d'appel des Etats Parties dans toutes les affaires soulevant des questions relatives à l'application des actes uniformes et des Règlements prévus au présent Traité à l'exception des décisions appliquant des sanctions pénales... » ;

Qu'en l'espèce, le contentieux est relatif à l'application de l'article 07 du contrat d'exclusivité signé entre les parties et fondé sur l'article 668 du code civil guinéen ; que tant en première instance qu'en cause d'appel l'affaire n'a soulevé aucune question relative à l'application d'un Acte uniforme ou d'un règlement prévu au Traité relatif à l'harmonisation du droit des affaires en Afrique ; qu'il y a lieu pour la cour de céans de se déclarer incompétente ;

Attendu que la Société Indigo Publicité Sarl ayant succombé il y a lieu de la condamner aux dépens ;

PAR CES MOTIFS

Statuant publiquement, après en avoir délibéré ;

Se déclare incompétente ;

Condamne la Société Indigo Publicité Sarl aux dépens.

Ainsi fait, prononcé et jugé les jour, mois et an que dessus et ont signé

La CCJA est incompétence en matière de liquidation des astreintes (CCJA, Ass. Plén., n°61/2015, 27 avril 2015)

Sommaire

La liquidation d'une astreinte n'est pas une modalité de l'exécution forcée des jugements entrant dans le champ d'application des articles 28 et suivants de l'Acte uniforme portant organisation des procédures simplifiées de recouvrement et des voies d'exécution. Elle ne pose donc aucune question relative à l'application d'un Acte uniforme et la compétence de la CCJA doit être écartée.

La Cour Commune de Justice et d'Arbitrage (CCJA) de l'Organisation pour l'Harmonisation en Afrique du Droit des Affaires (OHADA), Assemblée plénière, a rendu l'arrêt suivant, en son audience foraine tenue le 27 avril 2015 à Bamako (République du Mali), où étaient présents :

Messieurs : Marcel SEREKOÏSSE-SAMBA,	Président
Abdoulaye Issoufi TOURE,	Premier Vice-président
Madame Flora DALMEIDA MELE,	Seconde Vice-présidente
Messieurs : Mamadou DEME,	Juge, rapporteur
Djimasna N'DONINGAR,	Juge
et Maître Paul LENDONGO,	Greffier en chef ;

Sur le recours enregistré au greffe de la cour de céans le 18 novembre 2011 sous le n°112/2011/PC et formé par la Banque Sahelo-Saharienne pour l'Investissement et le Commerce, dite BSIC, société anonyme ayant son siège social rue de la Copro, BP 1248 Niamey (Niger), représentée par son Directeur Général et ayant pour conseil la SPA Mandela, Avocats à la cour à Niamey, 468 Boulevard des Zarmakoy, BP : 12040 Niamey, dans la cause qui l'oppose à la société Robert Pinchou SA, société anonyme ayant son siège social au 78 Boulevard des Batignoles, 75017 Paris (France),

en cassation de l'arrêt n°71 rendu le 20 juillet 2011 par la cour d'appel de Niamey, dont le dispositif est ainsi conçu :

« Statuant publiquement, contradictoirement à l'égard de toutes les parties, en matière d'exécution et en dernier ressort :

Reçoit la BSIC en son appel régulier en la forme ;

Au fond confirme l'ordonnance attaquée,

Condamne l'appelante aux dépens ;

La BSIC invoque à l'appui de son pourvoi les deux moyens de cassation tels qu'ils figurent à sa requête annexée au présent arrêt ;

Sur le rapport de Monsieur Mamadou DEME, Juge ;

Vu les articles 13 et 14 du Traité relatif à l'Harmonisation du Droit des Affaires en Afrique ;

Vu le Règlement de Procédure de la Cour Commune de Justice et d'Arbitrage de l'OHADA ;

Attendu qu'il résulte des pièces du dossier de la procédure que suivant ordonnance n°305 rendue le 27 octobre 2009, le juge des référés du tribunal de grande instance de Niamey a fait injonction à la BSIC de restituer à la société Robert Pinchou SA le connaissement n°BL MOLU 398593 sous astreinte de 500.000 FCFA par jour de retard ; que par ordonnance n°136 du 1er juin 2010, le juge de l'exécution a liquidé cette astreinte à 15.000.000 FCFA et condamné la BSIC à payer cette somme à la société Robert PINCHOU, sous astreinte de 250.000 FCFA par jour de retard ; que par ordonnance n°2 en date du 18 janvier 2011, le même juge a liquidé l'astreinte prononcée par l'ordonnance n°136 du 1er juin 2010 susvisée à 40.000.000 FCFA et condamné la BSIC au paiement de cette somme ; que sur appel de la BSIC contre l'ordonnance n°2 susvisée, la cour d'appel de Niamey a rendu l'arrêt confirmatif frappé du pourvoi ;

Sur la compétence de la Cour

Attendu que par mémoire en réponse en date du 10 juillet 2014, la société Robert Pinchou SA a soulevé l'incompétence de la cour ; qu'elle fait valoir que l'affaire est relative à la liquidation d'une astreinte, procédure qui n'est régie par aucun acte uniforme et relève en conséquence du droit national ;

Attendu qu'aux termes de l'article 14, alinéas 3 et 4 du Traité, « saisie par la voie du recours en cassation, la Cour se prononce sur les décisions rendues par les juridictions d'appel des Etats parties dans toutes les affaires soulevant des questions relatives à l'application des Actes uniformes et des règlements prévus au présent Traité à l'exception des décisions appliquant des sanctions pénales.

Elle se prononce dans les mêmes conditions sur les décisions non susceptibles d'appel rendues par toute juridiction des Etats parties dans les mêmes contentieux » ;

Attendu qu'au soutien du recours la requérante invoque la violation des articles 33 de l'Acte uniforme portant organisation des procédures simplifiées de recouvrement et des voies d'exécution, 2 et 4 de la loi 2004-50 du 22 juillet 2005 fixant l'organisation judiciaire et la compétence des juridictions au Niger ;

Mais attendu qu'il est constant que la procédure dont la Cour se trouve saisie est relative à la liquidation d'une astreinte ; que la liquidation d'une astreinte n'est pas une modalité de l'exécution forcée des jugements entrant dans le champ d'application des articles 28 et suivants de l'Acte uniforme portant organisation des procédures simplifiées de recouvrement et des voies d'exécution ; que la présente affaire ne soulevant en conséquence aucune question relative à l'application des Actes uniformes et des règlements prévus au Traité, il échet de se déclarer incompétent ;

Attendu que la BSIC qui a succombé doit être condamnée aux dépens ;

PAR CES MOTIFS :

Statuant publiquement, après en avoir délibéré ;

Se déclare incompétente ;

Condamne la BSIC aux entiers dépens.

Action en réparation du préjudice né de la nullité de la saisie-vente : incompétence de la CCJA (CCJA, 3e Ch., n°92/2015, 23 juillet 2015)

Sommaire

Le litige portant sur la réparation du préjudice découlant de la nullité des opérations de la saisie-vente est exclusivement fondé sur les dispositions du droit interne et échappe en conséquence à la compétence de la CCJA.

La Cour Commune de Justice et d'Arbitrage (CCJA) de l'Organisation pour l'harmonisation en Afrique du droit des affaires (OHADA), troisième chambre, a rendu l'arrêt suivant en son audience publique du 23 juillet 2015 où étaient présents :

Madame Flora DALMEIDA MELE,	Presidente
Messieurs Victoriano OBIANG ABOGO,	Juge
Idrissa YAYE,	Juge
Birika Jean Claude BONZI,	Juge
Fodé KANTE,	Juge, rapporteur
et Maître Alfred Koessy BADO,	Greffier ;

Sur le renvoi de la cour suprême de la Côte d'Ivoire, en application de l'article 15 du Traité relatif à l'harmonisation du droit des affaires en Afrique, de l'affaire enregistrée au greffe de la cour de céans le 24 mai 2011 sous le n°038/2011/PC et opposant la société ZAMACOM SA, dont le siège social est à Abidjan, Zone Industrielle de Vridi, Rue des textiles, 06 BP 2138 Abidjan 06, ayant pour conseil maître KAMIL TAREK, avocat à la cour, Marcory-résidentiel, rue de la paix, immeuble SIB, 05 BP 1404 Abidjan 05, à monsieur BROU ASSAOURE, ayant pour conseils la SCPA TOURE-AMANI-YAO et Associés, avocats à la Cour, demeurant à Cocody II Plateaux, Boulevard Latrille derrière la nouvelle Agence SGBCI, Immeuble KINDALO, 1er étage, porte n° 910, 28 BP 1018 Abidjan 28,

en cassation de l'arrêt civil contradictoire n°170/08 rendu le 02 juillet 2008 par la première chambre civile de la cour d'appel de Daloa, dont le dispositif est ainsi conçu :

« Statuant publiquement, contradictoirement, en matière civile et en dernier ressort ;

<u>EN LA FORME</u>

S'en réfère à l'arrêt avant-dire-droit n° 36 du 13 février 2008 de la Cour d'Appel de ce siège qui a déjà déclaré recevable l'appel interjeté par BROU ASSAOURE ;

<u>AU FOND</u>

Déclare cet appel bien fondé ;

Infirme en toutes ses dispositions le jugement attaqué n° 146 rendu le 27 juillet 2007 par le Tribunal de Première Instance de Daloa ;

STATUANT A NOUVEAU

Déclare la demande en paiement de dommages-intérêts de BROU ASSAOURE bien fondée ;

Condamne solidairement la société ZAMACOM et Me BAMBA AMADOU à payer la somme de 33.250.000 F à BROU ASSAOURE à titre de dommages-intérêts ;

Condamne la société ZAMACOM et Me BAMBA AMADOU aux dépens ; *» ;*

La requérante invoque à l'appui de son pourvoi les deux moyens de cassation tels qu'ils figurent à la requête annexée au présent arrêt ;

Sur le rapport de Monsieur Fodé KANTE, Juge ;

Vu les articles 13, 14 et 15 du Traité relatif à l'harmonisation du droit des affaires en Afrique ;

Vu le Règlement de procédure de la Cour Commune de Justice et d'Arbitrage de l'OHADA ;

Attendu qu'il résulte des pièces du dossier de la procédure que par ordonnance de référé N°15 du 15 septembre 2006, le juge des référés a déclaré nul et de nul effet la saisie-vente pratiquée par la société ZAMACOM SA sur le camion-remorque appartenant à BROU ASSAOURE tout en renvoyant celui-ci à mieux se pourvoir quant à la restitution du véhicule qui en faisait l'objet ; que cette décision n'ayant donné lieu à aucun recours, BROU ASSAOURE a estimé que ladite saisie dont la nullité est devenue effective, lui a causé préjudice ; que sur cette base, il a par actes du 1er mars et du 29 mai 2007, assigné en paiement de la somme de 20.050.000 FCFA à titre de dommages-intérêts, la société ZAMACOM S.A et son huissier instrumentaire Me BAMBA Amadou par devant le tribunal de première instance de Daloa ; que par jugement contradictoire N°146 du 27 juillet 2007, la juridiction saisie l'a débouté de sa demande ; que sur appel de BROU ASSAOURE, la cour d'appel d'Abidjan a, par arrêt civil contradictoire n°170/08 du 02 juillet 2008, objet du présent pourvoi, infirmé en toutes ses dispositions le jugement attaqué ;

Sur la compétence de la Cour de céans soulevée d'office

Vu l'article 14 alinéas 3 et 4 du Traité relatif à l'harmonisation du droit des affaires en Afrique ;

Attendu qu'aux termes de l'article 14 alinéas 3 et 4 du Traité susvisé déterminant la compétence de la Cour de céans en matière contentieuse : « saisie par la voie du recours en cassation, la Cour se prononce sur les décisions rendues par les juridictions d'appel des Etats parties dans toutes les affaires soulevant des questions relatives à l'application des Actes uniformes et des règlements prévus au présent traité à l'exception des décisions appliquant des sanctions pénales.

Elle se prononce dans les mêmes conditions sur les décisions non susceptibles d'appel rendues par toute juridiction des Etats Parties dans les mêmes contentieux. » ;

Attendu qu'il résulte des pièces du dossier de la procédure que, les conditions d'application des dispositions sus énoncées de l'article 14 alinéas 3 et 4 du Traité, ne sont pas réunies ; qu'en effet, le litige dont il s'agit porte sur la réparation du préjudice découlant de la nullité des opérations de la saisie-vente pratiquée sur le camion-remorque appartenant à BROU ASSAOURE ; qu'une telle action est exclusivement fondée sur les dispositions du droit interne ; que l'Acte uniforme portant organisation des procédures simplifiées de recouvrement et des voies d'exécution dont la violation de l'article 144 est alléguée pour la première fois en cause de cassation indique clairement qu'une telle action en responsabilité est exercée dans les termes du droit commun ; que d'ailleurs, les premiers ne se sont prononcés sur ledit litige qu'en application stricte des dispositions relevant du droit national ivoirien ;

Attendu qu'il ressort de tout ce qui précède que la cour de céans doit se déclarer incompétente nonobstant le dessaisissement de la cour suprême de Côte d'Ivoire et renvoyer l'affaire à ladite cour de cassation ;

Attendu qu'il y a lieu de faire masse des dépens ;

PAR CES MOTIFS

Statuant publiquement, après en avoir délibéré,

Se déclare incompétente ;

Renvoie la cause et les parties devant la cour suprême de Côte d'Ivoire dont l'arrêt ne lie pas la cour de céans ;

Fait masse des dépens.

Contrat de consommation : incompétence de la CCJA (CCJA, 2e Ch., n°169/2015, 17 décembre 2015)

Sommaire

L'affaire relative à une demande de résolution d'une vente intervenue entre deux personnes physiques non commerçantes, à des fins de consommation ne soulève aucune question relative à l'application d'un Acte uniforme ; que dès lors que cette transaction n'entre pas dans le champ d'application de l'AUDCG défini par ses articles 202 et 203. La compétence de la CCJA doit donc être écartée.

La Cour Commune de Justice et d'Arbitrage (CCJA), de l'Organisation pour l'Harmonisation en Afrique du Droit des Affaires (OHADA), Deuxième chambre, a rendu l'Arrêt suivant en son audience publique du 17 décembre 2015 où étaient présents :

Messieurs Abdoulaye Issoufi TOURE,	Président
Namuano Francisco DIAS GOMES,	Juge
Djimasna N'DONINGAR,	Juge, rapporteur
et Maître Jean Bosco MONBLE,	Greffier,

sur le pourvoi enregistré au greffe de la Cour de céans le 08 juin 2012 sous le n°064/2012/PC et formé par Maître ASSAMOI Alain Lucien, Avocat à la cour, demeurant Avenue Jean Paul II, Immeuble CCIA, 7ème étage, 01 BP 2892 Abidjan 01, agissant au nom et pour le compte de monsieur CASSAIGNAN YEO Antoine, cadre de banque à la retraite, demeurant à Abidjan Cocody II Plateaux, 7ème Tranche, 01 BP 5104 Abidjan 01, dans la cause l'opposant à monsieur COULIBALY Tiemoko, commissionnaire en douane et gérant de la société DAMB-PS, demeurant à Abidjan Zone 4 C, 01 BP 309 Abidjan 01, ayant pour conseil Maître Claude MENTENON, Avocat à la cour, y demeurant, commune de Cocody, II Plateaux, Quartier ENA, Rue J30, villa n°330, 04 BP 382 Abidjan 04;

En cassation de l'arrêt n°503/civ 4/A rendu le 27 juin 2008 par la Cour d'appel d'Abidjan et dont le dispositif est le suivant :

« Statuant publiquement, contradictoirement, en matière commerciale et civile et en dernier ressort :

Déclare monsieur Tiemoko COULIBALY recevable en son appel relevé du jugement n°470 rendu le 1er mars 2006 par le tribunal de première instance d'Abidjan ;

L'y dit bien fondé ;

Infirme le jugement entrepris ;

Statuant à nouveau :

Déboute monsieur CASSAIGNAN YEO Antoine de son action ;

Condamne monsieur CASSAIGNAN YEO Antoine aux dépens. » ;

Le requérant invoque à l'appui de son pourvoi le moyen unique de cassation tel qu'il figure à la requête annexée au présent arrêt ;

Sur le rapport de Monsieur Djimasna N'DONINGAR, Juge ;

Vu les dispositions des articles 13 et 14 du Traité relatif à l'harmonisation du droit des affaires en Afrique ;

Vu le Règlement de procédure de la Cour Commune de Justice et d'Arbitrage de l'OHADA ;

Attendu qu'il ressort des pièces du dossier de la procédure que courant 2003, monsieur CASSAIGNAN a acquis de monsieur COULIBALY un véhicule d'occasion pour la somme de 12.000.000 FCFA ; que, quelques jours après la réception de la voiture, celle-ci tombait en panne et était amenée chez un garagiste qui la rendait, huit mois plus tard, toujours avec des vices rendant son usage incommode ; qu'aux dires des techniciens, cette incommodité est due à des dysfonctionnements sur le système électronique d'allumage qui a subi des modifications majeures ; que, s'estimant victime d'un dol, sieur CASSAIGNAN assignait COULIBALY TIEMOKO devant le tribunal de première instance d'Abidjan en résolution de la vente ; que, par jugement n°470/06 du 1er mars 2006, le tribunal accédait à cette demande et condamnait monsieur COULIBALY à lui payer les sommes de 12.200.000 FCFA et 1.500.000 FCFA ; que, sur appel de monsieur COULIBALY, la Cour d'appel a rendu l'arrêt dont pourvoi ;

Sur la compétence de la Cour de céans

Attendu que, par mémoire en réponse en date du 25 septembre 2012, monsieur COULIBALY, défendeur au pourvoi, sous la plume de son conseil, maître Claude MENTENON, a soulevé l'incompétence de la cour ; qu'il fait valoir que la vente intervenue entre les deux parties est une vente civile à laquelle ne peut être appliqué l'Acte uniforme portant sur le droit commercial ; que, selon le défendeur, à aucun moment des procédures par devant le tribunal et la cour d'appel d'Abidjan, des moyens fondés sur ledit Acte uniforme n'ont été invoqués ;

Attendu en effet qu'aux termes de l'article 14, alinéas 3 et 4 du Traité, « saisie par la voie du recours en cassation, la Cour se prononce sur les décisions rendues par les juridictions d'appel des Etats parties dans toutes les affaires soulevant des questions relatives à l'application des Actes uniformes et des règlements prévus au présent Traité, à l'exception des décisions appliquant des sanctions pénales.

Elle se prononce dans les mêmes conditions sur les décisions non susceptibles d'appel rendues par toute juridiction des Etats parties dans les mêmes contentieux » ; qu'aux termes de l'article 202 (ancien) de l'Acte uniforme portant sur le droit commercial : « les dispositions du présent livre s'appliquent aux contrats de vente de marchandises entre commerçants, personnes physiques ou personnes morales. » ; qu'enfin, l'article 203 (ancien) dudit Acte uniforme énonce : « les dispositions du présent livre ne régissent pas : 1°) les ventes aux consommateurs, c'est-à-dire à toute personne qui agit à des fins qui n'entrent pas dans le cadre de son activité professionnelle... » ;

Attendu qu'il est constant que la procédure dont la Cour se trouve saisie est relative à une demande de résolution d'une vente intervenue entre deux personnes physiques non commerçantes, à des fins de consommation ; que dès lors, cette transaction n'entre pas dans le champ d'application de l'Acte uniforme susvisé ; que, par conséquent, le litige ne soulevant aucune question relative à l'application des Actes uniformes et des règlements prévus au Traité, il échet, pour la Cour, de se déclarer incompétente et de renvoyer le requérant à mieux se pourvoir ;

Attendu que le sieur CASSAIGNAN YEO Antoine ayant succombé, doit être condamné aux dépens ;

PAR CES MOTIFS :

Statuant publiquement, après en avoir délibéré ;

Se déclare incompétente ;

Renvoie le sieur CASSAIGNAN YEO Antoine à mieux se pourvoi

Le condamne aux dépens.

Affaire relative à la responsabilité civile en raison d'un droit d'auteur : incompétence de la CCJA (CCJA, 2e Ch., n°177/2015, 17 décembre 2015)

Sommaire

Ne soulevant aucune question relative à l'application d'un Acte uniforme, l'affaire relative à la responsabilité civile par rapport à un droit d'auteur échappe à la compétence de la CCJA.

La Cour Commune de Justice et d'Arbitrage (CCJA) de l'Organisation pour l'Harmonisation en Afrique du Droit des Affaires (OHADA), Deuxième Chambre, a rendu l'Arrêt suivant en son audience publique du 17 décembre 2015 où étaient présents :

Messieurs Abdoulaye Issoufi TOURE,

Namuano Francisco DIAS GOMES,

Djimasna N'DONINGAR,

Et Maître Jean Bosco MONBLE, Greffier,

Sur le pourvoi enregistré au greffe de la Cour de céans le 03/12/2012 sous le n° 169/2012/PC et formé par Maître MBUY-MBIYE TANA YI, Avocat à la Cour, demeurant au n°733, Avenue colonel Ebeya, commune de la Gombe à Kinshasa, en République Démocratique du Congo, agissant au nom et pour le compte de La Société OASIS SPRL, société à responsabilité Limitée, agissant aux poursuites et diligences des sieurs TUMBA MATAMBA Bob et Christophe SOULET, gérants, dans la cause l'opposant au sieur Biaise BULA MONGA, artiste musicien, résidant, Avenue Tonde n°244, quartier Lingwala, commune de Bandalungwa à Kinshasa, ayant pour Conseil Maître SINDANI KANDAMBU Donald, Avocat à la Cour, demeurant au 521, Avenue Basoko, Commune de Gombe, à Kinshasa,

en cassation de l'arrêt RCA 28.606/28.636 rendu le 11 mai 2012 par la Cour d'appel de Kinshasa/Gombe, dont le dispositif est le suivant :

« Statuant publiquement et contradictoirement à l'égard de toutes les parties, le ministère public entendu ;

Reçoit l'exception d'irrecevabilité de l'appel de la Société OASIS SPRL tirée du défaut de production de l'exception pour appel mais la dit non fondée et la rejette ;

Reçoit l'exception d'irrecevabilité de l'appel de la Société STARFISH MOBILE et la dit fondée ;

En conséquence, déclare l'appel de cette Société irrecevable ;

Reçoit la même exception à l'encontre de la Société OASIS SPRL mais la dit non fondée et la rejette ;

Reçoit l'appel incident de Biaise BULA et le dit partiellement fondé ;

En conséquence, confirme le jugement entrepris dans toutes ses dispositions sauf en ce qui concerne la condamnation aux dommages-intérêts ;

Statuant à nouveau quant à ce, condamne l'appelante OASIS SPRL à payer à l'intimé Biaise BULA l'équivalent en Francs Congolais de la somme de 300.000 USD (Dollars Américains trois cent mille) à titre des dommages-intérêts pout tous préjudices confondus subis ;

Met les frais d'instance à la charge de la Société OASIS SPRL et STARFISH MOBILE à raison de la moitié chacune, taxés à la somme de 31.800,00 FC » ;

La requérante invoque à l'appui de son pourvoi les deux moyens de cassation tels qu'ils figurent dans sa requête annexée au présent arrêt ;

Sur le rapport de Monsieur Namuano Francisco DIAS GOMES, Juge ;

Vu les dispositions des articles 13 et 14 du Traité relatif à T harmonisation du droit des affaires en Afrique ;

Vu le Règlement de procédure de la Cour Commune de Justice et d'Arbitrage de TOHADA ;

Attendu qu'il ressort des pièces du dossier de la procédure que sans autorisation préalable, la Société OASIS SPRL a mis à la disposition de ses clients l'extrait de la chanson de Biaise BULA MONGA, artiste musicien et auteur compositeur de la chanson « OKOTA » comme mélodie, tonalité d'écoute et d'appel en contrepartie de 50 unités équivalent à 500 Francs Congolais ; que le Tribunal de Commerce de Kinshasa/Gombe saisi par sieur Biaise BULA MONGA, par jugement du 25 octobre 2011, condamnait la Société OASIS SPRL à lui payer la somme de 250.000 USD ; que la Société OASIS SPRL a formé appel ; que la Cour de Kinshasa/Gombe, par son arrêt du 11 mai 2012, confirmait le jugement entrepris dans toutes ses dispositions sauf en ce qui concerne les dommages et intérêts, qu'elle a ramenés à 300.000 USD ; que c'est cet arrêt qui fait l'objet du présent pourvoi ;

Sur la compétence de la Cour Commune de Justice et d'Arbitrage

Attendu que Monsieur Biaise BULA MONGA soulève l'irrecevabilité du pourvoi en cassation pour incompétence de la CCJA au motif que les faits qui ont généré l'affaire se sont déroulés bien avant l'avènement du droit OHADA et que l'arrêt attaqué n'a fait application que du droit interne congolais et n'a violé aucun Acte uniforme et règlement prévu par le Traité OHADA ;

Attendu que l'article 14 du Traité OHADA dispose que « la Cour Commune de Justice et d'Arbitrage assure l'interprétation et l'application communes du Traité ainsi que des règlements pris pour son application, des actes uniformes et des décisions (...).

Saisie par la voie du recours en cassation, la Cour se prononce sur les décisions rendues par les juridictions d'appel des Etats parties dans toutes les affaires soulevant des questions relatives à l'application des Actes uniformes et des règlements prévus au présent Traité à l'exception des décisions appliquant des sanctions pénales (...) »;

Attendu qu'en l'espèce, il ressort des pièces du dossier que l'affaire est relative à la responsabilité civile par rapport à un droit d'auteur ; qu'elle ne soulève aucune question relative à l'application d'un Acte uniforme, Règlement ou Décision prévu par le Traité OHADA ; qu'il y a lieu pour la Cour de céans de se déclarer incompétente ;

Attendu que la Société OASIS SPRL ayant succombé, il y a lieu de la condamner aux dépens ;

PAR CES MOTIFS

Statuant publiquement, après en avoir délibéré ;

Se déclare incompétente ;

Condamne la Société OASIS SPRL aux dépens.

Décisions ayant prononcé des sanctions pénales : incompétence de la CCJA même si l'affaire soulève l'application d'un Acte uniforme (CCJA, 3e Ch., n°188/2015, 23 décembre 2015)

Sommaire

La CCJA n'est pas compétente pour examiner, par la voie du recours en cassation, des affaires qui, bien que soulevant des questions sur l'application des Actes uniformes et des Règlements prévus au Traité, concernent des décisions sur des sanctions pénales. Elle ne saurait par conséquent connaitre du pourvoi contre un arrêt rendu en matière correctionnelle et ayant prononcé des sanctions pénales.

La Cour Commune de Justice et d'Arbitrage (CCJA) de l'Organisation pour l'Harmonisation en Afrique du Droit des Affaires (OHADA), troisième chambre, a rendu l'Arrêt suivant en son audience publique du 23 décembre 2015 où étaient présents :

Madame Flora DALMEIDA MELE,	Présidente
Messieurs Victoriano OBIANG ABOGO,	Juge, rapporteur
Idrissa YAYE,	Juge
Jean Claude BONZI,	Juge
Fodé KANTE,	Juge
et Maître Alfred Koessy BADO,	Greffier ;

Sur le pourvoi formé le 24 septembre 2012 au Greffe de la Cour de céans sous le numéro 129/2012/PC par maitre DIARRASSOUBA Mamadou Lamine, Avocat à la cour, demeurant à Cocody II Plateaux, villa cadre n°238, 01 BP 1559 Abidjan 01 et agissant au nom et pour le compte de monsieur AD AMA Coulibaly, Président du Conseil d'administration de la Mutuelle d'Assurance des Taxis Compteurs d'Abidjan dite MATCA, domicilié à Abidjan Marcory près de la

Sicogi 05 BP 402 Abidjan 05, dans la cause l'opposant à monsieur le Procureur Général près la Cour d'appel d'Abidjan pris en la personne de FOFANA Drissa, domicilié à Abidjan-Cocody II Plateaux et monsieur COULIBALY Dramane ayant pour conseil maître COULIBALY Soungalo, avocat à la Cour, demeurant au 21, boulevard Roume, immeuble TF 37815 JAM 1er étage, 04 BP 2192 Abidjan 04,

en cassation de l'arrêt n°583/12 rendu le 18 juillet 2012 par la Chambre correctionnelle de la cour d'appel d'Abidjan dont le dispositif est le suivant :

« PAR CES MOTIFS

Statuant publiquement, contradictoirement en matière correctionnelle et en dernier ressort ;

Déclare ADAMA Coulibaly recevable en son appel ;

Le déclare également recevable en sa demande en paiement de dommages et intérêts pour abus de constitution de partie civile ;

Le dit cependant mal fondé tant en son appel qu'en sa demande en paiements de dommages et intérêts ;

Le déboute de ses deux actions ;

Confirme le jugement querellé en toutes ses dispositions ;

Condamne Monsieur ADAMA Coulibaly aux dépens » ;

La requérante invoque à l'appui de son pourvoi deux moyens de cassation tels qu'ils figurent à la requête annexée au présent arrêt ;

Sur le rapport de Monsieur Victoriano OBIANG ABOGO, Juge ;

Vu les dispositions des articles 13 et 14 du Traité relatif à l'harmonisation du droit des affaires en Afrique ;

Vu le Règlement de procédure de la Cour Commune de Justice et d'Arbitrage de l'OHADA ;

Attendu qu'il ressort des pièces du dossier de la procédure que par jugement n°804/12 rendu le 28 février 2012, le tribunal correctionnel d'Abidjan Plateau a déclaré monsieur ADAMA COULIBALY coupable des faits d'abus de biens sociaux et l'a condamné à 12 mois d'emprisonnement ferme, 100 000 francs CFA d'amende et à 1 franc symbolique à titre de dommages et intérêts ; que statuant sur son appel, la cour d'appel d'Abidjan a rendu le 18 juillet 2012, l'arrêt confirmatif n°583/12 dont pourvoi ;

Sur la compétence de la Cour de céans

Vu l'article 14 alinéa 3 du Traité institutif de TOHADA ;

Attendu que dans leur mémoire en réponse reçu au greffe de la Cour de céans le 04 décembre 2012, les défendeurs au pourvoi ont soulevé, in limine litis, l'incompétence de la Cour Commune de Justice et d'Arbitrage au motif que la décision attaquée relève de la matière pénale puisque qu'elle porte sur une condamnation à une peine d'emprisonnement ;

Attendu qu'aux termes de l'article 14 alinéas 3 Traité susvisé, « saisie par la voie du recours en cassation, la Cour se prononce sur les décisions rendues par les juridictions d'appel des Etats parties dans toutes les affaires soulevant des questions relatives à l'application des Actes uniformes et des Règlements prévues au présent Traité à l'exception des décisions appliquant des sanctions pénales. » ; qu'il résulte de ces dispositions que la Cour de céans n'est pas compétente à examiner, par la voie du recours en cassation, des affaires qui, bien que soulevant des questions sur l'application des Actes uniformes et des Règlements prévus au Traité, concernent des décisions sur des sanctions pénales ; que l'arrêt n°583/12 du 18 juillet 2012 dont pourvoi, a été rendu en matière correctionnelle et a déclaré le prévenu coupable des faits à lui reprochés et Ta condamné à une peine d'emprisonnement ; que dès lors la cour de céans doit se déclarer incompétente ;

Attendu que monsieur ADAMA COULIBALY ayant succombé, il y a lieu de le condamner aux dépens ;

PAR CES MOTIFS

Statuant publiquement, après en avoir délibéré,

Se déclare incompétente ; pour

Condamne monsieur ADAMA COULIBALY aux dépens.

2. La sanction des décisions de juridictions nationales retenant à tort leur compétence

a) Le principe de la nullité

L'arrêt de la juridiction nationale qui statue sur une affaire de droit OHADA est nul (CCJA, 2e Ch., n°15/2015, 2 avril 2015)

Sommaire

Viole l'article 18 du Traité et expose sa décision à annulation la juridiction nationale de cassation qui retient sa compétence à statuer dans une matière régie par le droit OHADA en dépit du déclinatoire de compétence soulevé devant elle.

La Cour Commune de Justice et d'Arbitrage (CCJA), de l'Organisation pour l'Harmonisation en Afrique du Droit des Affaires (OHADA), Deuxième chambre, a rendu l'Arrêt suivant en son audience publique du 02 avril 2015 où étaient présents :

Messieurs Abdoulaye Issoufi TOURE, Président

Namuano Francisco DIAS GOMES, Juge

Djimasna N'DONINGAR, Juge, Rapporteur

et Jean Bosco Maître MONBLE, Greffier,

Sur le pourvoi enregistré au greffe de la Cour de céans le 14 septembre 2011 sous le n°077/2011/PC et formé par la SCPA Thémis, Avocats associés au Barreau du Niger, demeurant 380, Avenue du Kawar, BP : 12517, à Niamey - Niger, agissant au nom et pour le compte de la Société Nigérienne de Banque (SONIBANK), dans la cause qui l'oppose au sieur Hamadou TAHIROU, mandataire de la succession TAHIROU Illou, demeurant à Dosso, quartier Tondobon, BP 02,

en annulation de l'arrêt n°11-046/CIV, rendu le 17 février 2011 par la chambre judiciaire de la cour d'état du Niger et dont le dispositif est le suivant :

« Par ces motifs

Se déclare compétente ;

Déclare le pourvoi de Elhadji Tahirou Illou recevable en la forme ;

<u>Au fond</u>

Casse et annule l'arrêt n°52 du 29 avril 2009 de la Cour d'appel de Niamey ;

Renvoie la cause et les parties devant la même juridiction autrement composée ;

Condamne la SONIBANK aux dépens. »

Attendu que la requérante invoque à l'appui de son pourvoi un moyen unique de cassation, tel qu'il figure à la requête annexée au présent arrêt ;

Sur le rapport de Monsieur Djimasna N'DONINGAR, Juge ;

Vu les dispositions des articles 13 et 14 du Traité relatif à l'harmonisation du droit des affaires en Afrique ;

Vu le Règlement de procédure de la Cour Commune de Justice et d'Arbitrage de l'OHADA ;

Attendu qu'il ressort des pièces du dossier de la procédure qu'en exécution d'une ordonnance d'injonction de payer, revêtue de la formule exécutoire, la SONIBANK a initié une procédure de saisie immobilière sur les immeubles, objets des TF n° 14635 et 14418 sis à Dosso et à Niamey, appartenant à son débiteur TAHIROU Illou ; que, suite aux incidents de procédure ayant trait à la recevabilité des dires et observations déposés par le débiteur, la cour d'appel de Niamey, saisie en dernier ressort, a rendu, le 29 avril 2009, l'arrêt n°52 annulant le jugement d'instance et ordonnant la poursuite de la saisie immobilière entreprise ; que sur pourvoi du débiteur, la chambre judiciaire de la cour d'état du Niger a cassé cette décision par arrêt n°11-046/CIV en date du 17 février 2011, objet du présent recours ;

Attendu que par lettre n°390/2011/G2 du 13 octobre 2011, le Greffier en chef de la Cour de céans a signifié le recours au conseil du défendeur ; que cette lettre est retournée quelques mois plus tard avec les mentions « retour à l'envoyeur » et « non réclamée » ; que le principe du contradictoire ayant été respecté, il échet de passer outre à l'examen dudit recours ;

Sur l'annulation de l'arrêt n° 11-046/CIV du 17 février 2011 de la cour d'état du Niger.

Vu l'article 18 du Traité institutif de l'OHADA ;

Attendu que SONIBANK sollicite l'annulation de l'arrêt n° 11-046/CIV de la cour d'état du Niger pour violation de l'article 14 du Traité sus indiqué, en ce qu'il a statué sur les incidents de la saisie immobilière régis par l'Acte uniforme portant organisation des procédures simplifiées de recouvrement et des voies d'exécution, alors, selon le moyen, qu'il résulte de ces dispositions que le pourvoi en cassation formé par Elhadj TAHIROU Illou ne pouvait être connu que par la Cour Commune de Justice et d'Arbitrage ;

Attendu qu'aux termes de l'article 18 du Traité susvisé « toute partie qui, après avoir soulevé l'incompétence d'une juridiction nationale statuant en cassation, estime que cette juridiction a, dans un litige la concernant, méconnu la compétence de la Cour Commune de Justice et d'Arbitrage peut saisir cette dernière dans un délai de deux mois à compter de la notification de la décision contestée ; la Cour se prononce sur sa compétence par arrêt qu'elle notifie tant aux parties qu'à la juridiction en cause ;

Si la Cour décide que cette juridiction s'est déclarée compétente à tort, la décision rendue par cette juridiction est réputée nulle et non avenue. » ;

Attendu qu'il ressort des pièces du dossier que SONIBANK a soulevé l'incompétente de la cour d'état par mémoire en défense du 15 juillet 2009 ; que l'affaire sur laquelle le tribunal de Dosso et la cour d'appel de Niamey se sont prononcés respectivement par jugement n°20/2009 du 09 avril 2009 et arrêt n°52 du 29 avril 2009, est relative à des incidents de procédure dans le cadre d'une saisie immobilière ; que cette matière est régie par l'Acte uniforme portant organisation des procédures simplifiées de recouvrement et des voies d'exécution et relève donc en cassation de la compétence de la cour de céans par application de l'article 14 alinéa 3 du Traité institutif de l'OHADA ; que la cour d'état du Niger s'étant déclarée compétente à tort, sa décision est réputée nulle et non avenue conformément à l'article 18 du Traité ;

Attendu qu'en application de l'article 52-4 du Règlement de procédure de la cour des céans, il échet de rejeter la demande d'évocation de SONIBANK ;

Attendu que TAHIROU Illou succombant sera condamné aux dépens ;

PAR CES MOTIFS

Statuant publiquement après en avoir délibéré,

Dit que la cour d'état du Niger s'est déclarée compétente à tort pour examiner le pourvoi formé par la succession TAHIROU Illou ;

Déclare en conséquence nul et non avenu l'arrêt n°11-046/CIV du 17 février 2011 rendu par la cour d'état du Niger ;

Rejette la demande d'évocation de SONIBANK ;

Condamne la succession TAHIROU Illou aux dépens.

Est nul l'arrêt de la juridiction nationale de cassation qui statue sur une affaire de droit OHADA (CCJA, Ass. Plén., n°68/2015, 29 avril 2015)

Sommaire

Est nul l'arrêt de la juridiction nationale de cassation dès lors qu'elle est rendue au mépris de la compétence de la CCJA et malgré le déclinatoire de compétence soulevée devant elle.

La Cour Commune de Justice et d'Arbitrage (CCJA) de l'Organisation pour l'Harmonisation en Afrique du Droit des Affaires (OHADA), Assemblée plénière, a rendu l'arrêt suivant, en son audience foraine publique tenue le 29 avril 2015 à Ouagadougou au Burkina Faso où étaient présents :

Messieurs Marcel SEREKOÏSSE-SAMBA,	Président
Abdoulaye Issoufi TOURE,	Premier Vice-président
Madame Flora DALMEIDA MELE,	Seconde Vice-présidente
Messieurs Victoriano OBIANG ABOGO,	Juge
Mamadou DEME,	Juge, rapporteur
Idrissa YAYE,	Juge,
et Maître Paul LENDONGO,	Greffier en chef ;

Sur le recours enregistré au greffe de la Cour de céans le 08 octobre 2008 sous le n°096/2008/PC et formé par la Société Générale France, en abrégé S.G, société anonyme ayant son siège social au 29 Boulevard Haussmann, Paris 78009 et la Société Bayerische Hypo Und Vereinsbank AG, société anonyme dont le siège social est à Kardinal-Faulhaber-Strasse 1 Munich 80333, ayant toutes deux pour conseil Maître Mounir Houssein MOHAMED, avocat à la Cour à Conakry, commune de Kaloum, quartier Sandervalia, 6ème avenue, immeuble Mirna, 4ème étage, BP 4215 Conakry, dans la cause qui les oppose à El Hadji Boubacar HANN, demeurant à Conakry, commune de Matam, quartier Matam, BP 431 Conakry et à la société Hann et Cie, société anonyme ayant son siège social à Conakry, commune de Kaloum, cité chemin de fer, immeuble Kindia,

en annulation de l'arrêt n°85 rendu le 28 juillet 2008 par la Cour Suprême de la République de Guinée, dont le dispositif est le suivant :

« Statuant publiquement, contradictoirement, en matière civile ;

<u>En la forme</u> : Reçoit le pourvoi ;

<u>Au fond</u> : Le rejette parce que non fondé ;

Ordonne la confiscation de la caution de 30.000 FG au profit du Trésor public ;

Met les frais et les dépens à la charge de la demanderesse » ;

Les sociétés requérantes invoquent à l'appui de leur pourvoi le moyen unique d'annulation tel qu'il figure à leur requête annexée au présent arrêt ;

Sur le rapport de Monsieur Mamadou DEME, Juge ;

Vu les articles 13 et 14 du Traité relatif à l'harmonisation du droit des affaires en Afrique (OHADA) ;

Vu le Règlement de procédure de la Cour Commune de Justice et d'Arbitrage de l'OHADA ;

Attendu qu'en application des articles 29 et 30 du Règlement de procédure, le Greffier en Chef de cette Cour a tenté de signifier le pourvoi aux défendeurs, suivant courrier n°077/2014/G2 du 11 février 2013 ; que cette correspondance n'est cependant pas parvenue aux destinataires, leurs adresses connues n'étant pas opérationnelles ; que toutes les diligences prescrites par le Règlement de procédure ayant été accomplies, il y a lieu d'examiner le présent recours ;

Attendu qu'il résulte des pièces du dossier de la procédure que par arrêt n°036 rendu le 17 avril 2007, la 2ème chambre économique de la cour d'appel de Conakry a déclaré El Hadji Boubacar HANN irrecevable en son action, infirmé le jugement n°56 du 15 février 2006 du tribunal de première instance de Mafanco-Conakry en ce qu'il a condamné la Société Générale de Banque en Guinée, dite S.G.B.G, à payer des dividendes au Groupe Hann, débouté la société Hann et Compagnie de sa demande tendant à obtenir sa part de dividende, confirmé le jugement en ce qu'il retenu l'abus de majorité et annulé certaines délibérations de l'Assemblée Générale des actionnaires de la S.G.B.G, condamné les actionnaires majoritaires de la SGBG à payer à la société Hann et Compagnie la somme de 1.000.000.000 GNF à titre de dommages et intérêts et débouté cette dernière du surplus de ses demandes ; que suivant requête reçue au greffe le 16 juillet 2007 sous le numéro 064, la Société Générale France et la société Bayerische Hypo Und Vereinsbank AG se sont pourvues en cassation devant la CCJA contre cette décision ; que par requête du 27 juillet 2007, les mêmes sociétés ont formé un second pourvoi contre le même arrêt devant la Cour Suprême de la République de Guinée, qui a rendu la décision dont l'annulation est poursuivie ;

Sur l'annulation de l'arrêt entrepris

Vu l'article 18 du Traité relatif à l'harmonisation du droit des affaire en Afrique ;

Attendu que les requérantes poursuivent l'annulation de l'arrêt sur le fondement de l'article 18 du Traité, au motif qu'ayant demandé à ladite Cour de se déclarer incompétente ou de surseoir à statuer, celle-ci a retenu sa compétence et rendu sa décision, omettant de répondre à ces prétentions ;

Attendu qu'il résulte du texte susvisé que « Toute partie qui, après avoir soulevé l'incompétence d'une juridiction nationale statuant en cassation estime que cette juridiction a, dans un litige la concernant, méconnu la compétence de la Cour Commune de Justice et d'Arbitrage, peut saisir cette dernière dans un délai de deux mois à compter de la notification de la décision contestée » ;

Attendu qu'il résulte des dispositions des articles 14 alinéa 3 et 16 du Traité relatif à l'harmonisation du droit des affaires en Afrique que la Cour Commune de Justice et d'Arbitrage est seule compétente pour connaître des pourvois en cassation formés contre les décisions des juridictions d'appel et celles non susceptibles d'appel rendues par toute juridiction des Etats-parties, dans toutes les affaires soulevant des questions relatives à l'application des Actes uniformes et des Règlements prévus au Traité, à l'exclusion des décisions appliquant des sanctions pénales ; que sa saisine suspend toute procédure de cassation engagée devant une juridiction nationale contre la décision attaquée, à l'exception des procédures d'exécution ;

Attendu qu'il résulte des écritures des conseils de El Hadj Boubacar HANN et de la société Hann et Compagnie en date du 14 novembre 2007, ainsi que de celles du conseil de la S.G en date du 18 juin 2008, régulièrement produites, que les parties ont sollicité en vain de la Cour Suprême de la République de Guinée une décision d'incompétence ou de sursis à statuer, sur le fondement des dispositions susvisées ;

Attendu que la procédure ayant donné lieu à l'arrêt déféré est relative aux demandes présentées par un des associés d'une société anonyme tendant, d'une part, à l'annulation de certaines délibérations de l'Assemblée Générale des actionnaires pour abus de majorité et, d'autre part, au paiement de dividendes et de dommages et intérêts ; que l'affaire soulève ainsi des questions relatives à l'application des actes uniformes au sens de l'article 14 précité, et relève en conséquence de la compétence exclusive de la cour de céans;

Attendu qu'en statuant ainsi qu'elle l'a fait, la Cour Suprême de la République de Guinée a violé les dispositions précitées et son arrêt doit être réputé nul et non avenu ;

Attendu que les défendeurs qui ont succombé doivent être condamnés aux dépens.

PAR CES MOTIFS

Statuant publiquement, après en avoir délibéré,

Dit que la Cour Suprême de la République de Guinée s'est déclarée compétente à tort ;

Dit que l'arrêt n°85 du 28 juillet 2008 est réputé nul et non avenu ;

Condamne les défendeurs aux dépens.

b) Conditions de la nullité

L'arrêt de la juridiction nationale ne peut être annulé que si son incompétence avait été soulevée (CCJA, Ass. Plén., n°72/2015, 29 avril 2015)

Sommaire

Il résulte de l'article 18 du Traité qu'un arrêt d'une juridiction nationale de cassation ne peut être annulé que si celle-ci a méconnu la compétence de la CCJA bien que son incompétence ait été soulevée par une partie. Tel n'est pas le cas lorsqu'il a été demandé en vain à la juridiction nationale de cassation un sursis à statuer au motif que la CCJA a été saisie d'une demande en interprétation d'un arrêt précédemment rendu.

La Cour Commune de Justice et d'Arbitrage (CCJA) de l'Organisation pour l'Harmonisation en Afrique du Droit des Affaires (OHADA), Assemblée plénière, a rendu l'Arrêt suivant en son audience publique foraine tenue le 29 avril 2015 à Ouagadougou au Burkina Faso où étaient présents :

Messieurs Marcel SEREKOÏSSE-SAMBA,	Président
Abdoulaye Issoufi TOURE,	1er Vice-président
Madame Flora DALMEIDA MELE,	Snde Vice-présidente, rapporteur
Messieurs Victoriano OBIANG ABOGO,	Juge
Mamadou DEME,	Juge
Idrissa YAYE,	Juge
et Maître Paul LENDONGO,	Greffier en chef ;

Sur le recours enregistré au greffe de la Cour de céans le 05 mars 2010 sous le n°021/2010/ PC et formé par maître Moustapha NDOYE, avocat à la cour, 2 place de l'indépendance , immeuble SDIH, 2ème étage, Dakar, agissant au nom et pour le compte de la Société Bernabé Sénégal Sa, représentée par monsieur AH BEYDOUN , président directeur général et dont le siège social est à Dakar km 2,5 boulevard du centenaire de la commune de Dakar, dans la cause l'opposant à la société civile immobilière DAKAR INVEST dite SCI DAKAR INVEST et la société civile immobilière Dakar centenaire dite SCI DAKAR CENTENAIRE, agissant aux poursuites et diligences de leur gérant monsieur Saïd FAKRI et dont le siège social est à Dakar, km 2 , boulevard du centenaire de la commune de Dakar, ayant pour conseils maître Guédel NDIAYE & Associés , 73 bis rue Amadou Assane NDOYE à Dakar,

en annulation de l'arrêt N°66 rendu le 2 décembre 2009 par la chambre commerciale et civile de la Cour suprême du Sénégal et dont le dispositif est le suivant :

« Par ces motifs,

Rejette le pourvoi formé par la Société Bernabé Sénégal contre l'arrêt n°614 rendu le 15 juillet 2008 par la Cour d'Appel de Dakar ;

Condamne la Société Bernabé Sénégal aux dépens.

Ordonne la confiscation de l'amende consignée ; » ;

La requérante invoque à l'appui de son recours le moyen unique de cassation tel qu'il figure à la requête annexée au présent arrêt ;

Sur le rapport de madame Flora DALMEIDA MELE, Juge ;

Vu les dispositions des articles 13, 14, et 18 du Traité relatif à l'harmonisation du droit des affaires en Afrique ;

Vu le Règlement de procédure de la Cour Commune de Justice et d'Arbitrage de l'OHADA ;

Attendu que l'examen des pièces du dossier de la procédure fait ressortir que saisi d'un recours en cassation contre l'arrêt N°187 en date du 3 avril 2003 de la cour d'appel de Dakar, la Cour Commune de Justice et d'Arbitrage avait, par arrêt n°027/2007 rendu le 19 juillet 2007, cassé l'arrêt attaqué au motif que les juges avaient appliqué à tort, pour la liquidation des biens de la Société SENEMATEL, l'Acte uniforme portant organisation des procédures collectives d'apurement du passif et décidé que ce sont les dispositions des textes de droit interne existant avant l'entrée en vigueur dudit Acte uniforme qui étaient applicables ; que la cour de céans avait en outre annulé le jugement N°715 du 11 avril 2011 du tribunal régional hors classe de Dakar ; que ledit tribunal avait donc, sur le fondement du droit interne, rendu le 18 avril 2008, le jugement N°835 bis ; que sur appel de la SCI DAKAR INVEST et de la SCI DAKAR CENTENAIRE, la cour d'appel de Dakar a rendu le 15 juillet 2008, l'arrêt N°614 dont recours en cassation a été formé devant la Cour suprême du Sénégal auprès de qui la société Bernabé Sénégal a sollicité le sursis à statuer alléguant que la Cour Commune de Justice et d'Arbitrage a été saisie d'une demande en interprétation de son arrêt n°027/2007 du 19 juillet 2007 ; que le 2 décembre 2009, la Cour suprême du Sénégal a, par arrêt N°66 dont pourvoi devant la Cour de céans, rejeté la demande de sursis à statuer ;

Sur la demande en annulation de l'arrêt N°66 du 2 décembre 2009

Attendu que la Société Bernabé Sénégal sollicite l'annulation de l'arrêt n°66 du 2 décembre 2009 de la chambre civile et commerciale de la Cour Suprême du Sénégal pour violation des articles 16 et 18 du traité institutif OHADA aux motifs qu'elle n'a pas fait droit à sa demande de sursis à statuer ou mieux ne s'est pas déclarée incompétente après qu'elle lui ait signalé la saisine de la Cour Commune de Justice et d'Arbitrage, par un dirigeant de la SENEMATEL, d'une demande en interprétation de son arrêt n°027/2007 rendu le 10 juillet 2007 ;

Attendu qu'aux termes de l'article 18 du Traité sus visé : « Toute partie qui, après avoir soulevé l'incompétence d'une juridiction nationale statuant en cassation estime que cette juridiction a, dans un litige la concernant, méconnu la compétence de la Cour Commune de Justice et d'Arbitrage, peut saisir cette dernière dans un délai de deux mois à compter de la notification de la décision contestée.

La Cour se prononce sur sa compétence par arrêt qu'elle notifie tant aux parties qu'à la juridiction en cause. Si la Cour décide que cette juridiction s'est déclarée compétente à tort, la décision rendue par cette juridiction est réputée nulle et non avenue. » ;

Qu'il résulte de cet article qu'un arrêt d'une juridiction nationale de cassation ne peut être annulé que si celle-ci a méconnu la compétence de la CCJA bien que son incompétence ait été soulevée par une partie ; qu'en l'espèce, il ressort de l'arrêt attaqué que la société Bernabé Sénégal a sollicité auprès de la Cour suprême du Sénégal, qui l'a rejeté, le sursis à statuer, arguant de la saisine de la Cour Commune de Justice et d'Arbitrage d'une demande en interprétation de son arrêt n°027/2007 du 19 juillet 2007 ; qu'il s'ensuit que la demande en annulation de l'arrêt de la Cour suprême formulée par la Société Bernabé Sénégal ne remplit pas les conditions édictées par l'article 18 du traité sus mentionné et doit être déclarée irrecevable ;

Attendu que la société Bernabé Sénégal ayant succombé, il y a lieu de la condamner aux dépens ;

PAR CES MOTIFS

Statuant publiquement, après en avoir délibéré,

Déclare irrecevable le recours en annulation contre l'arrêt n°66 rendu le 02 décembre 2009 par la chambre civile et commerciale de la Cour Suprême du Sénégal ;

Condamne la société Bernabé Sénégal aux dépens.

Pas d'annulation si l'incompétence de la juridiction nationale de cassation n'a pas été soulevée (CCJA, 2e Ch., n°137/2015, 12 novembre 2015)

Sommaire

Un arrêt d'une juridiction nationale de cassation ne peut être annulé que si celle-ci a méconnu la compétence de la CCJA, bien que son incompétence ait été soulevée par une partie, conformément à la procédure suivie devant cette juridiction nationale.

La Cour Commune de Justice et d'Arbitrage (CCJA), de l'Organisation pour l'Harmonisation en Afrique du Droit des Affaires (OHADA), Deuxième chambre, a rendu l'Arrêt suivant en son audience publique du 12 novembre 2015 où étaient présents :

Messieurs Abdoulaye Issoufi TOURE,	Président
Namuano Francisco DIAS GOMES,	Juge
DjimasnaN'DONINGAR,	Juge, rapporteur
et Maître Jean Bosco MONBLE,	Greffier,

sur le pourvoi enregistré au greffe de la Cour de céans le 03 septembre 2014 sous le n° 150/2014/PC et formé par Maître ELOH NGA, Avocat au Barreau du Cameroun, BP 4584, Rue Mini-Ferme, Immeuble en verre, Yaoundé-Cameroun, agissant au nom et pour le compte des Etablissements GUY-NES et Les GALERIES, représentés par leur promoteur, monsieur AMOUGOU ATANGANA, dont le siège est sis à Mbalmayo, BP 147, République du Cameroun, dans la cause l'opposant à la société TOTAL Cameroun S.A. dont le siège est au 29, boulevard de la Liberté, BP 4048, Douala-Cameroun, ayant pour conseil Maître Henri JOB, Avocat au Barreau du Cameroun, 1059, boulevard de la République, au rez-de-chaussée de l'immeuble Stamatiades, BP 5482, Douala-Cameroun ;

en annulation de l'arrêt n°363/CIV rendu le 20 décembre 2012 par la Cour Suprême du Cameroun et dont le dispositif est le suivant :

« Par ces motifs :

Casse et annule l'arrêt n°026/Civ rendu le 19 février 2010 par la Cour d'appel du Littoral ;

Evoquant et statuant,

Prend acte de la renonciation par les établissements Guy-Nés et les Galeries tant du bénéfice de l'ordonnance d'injonction de payer n°171/08 du 10 décembre 2008 que de l'exploit de signification du 18 février 2009 y afférent ;

Dit que la demande de rétractation de ladite ordonnance est superfétatoire, cette dernière étant devenue sans objet du fait de la renonciation ;

Condamne les Etablissements Guy-Nes et les Galeries aux dépens ;

Ordonne qu'à la diligence de Monsieur le Greffier en chef de la Chambre Judiciaire, une expédition du présent arrêt sera transmise au Procureur Général près la Cour d'appel du Littoral et une autre au Greffier en chef de ladite cour d'appel pour mention dans leurs registres respectifs... » ;

Le requérant invoque à l'appui de son pourvoi les quatre moyens de cassation tels qu'ils figurent à la requête annexée au présent arrêt ;

Sur le rapport de Monsieur Djimasna N'DONINGAR, Juge ;

Vu les dispositions des articles 13 et 14 du Traité relatif à l'harmonisation du droit des affaires en Afrique ;

Vu le Règlement de procédure de la Cour Commune de Justice et d'Arbitrage de l'OHADA ;

Attendu qu'il ressort des pièces du dossier de la procédure que, par ordonnance n°171/08/PTGI/W/DLA en date du 10 décembre 2008, les Etablissements GUY-NES et les GALERIES ont été autorisés à signifier à la Société TOTAL Cameroun S.A. une injonction d'avoir à leur payer la somme de 184.766.266.880 FCFA en principal et 80.000.000 FCFA de frais divers ; que le 30 mars 2010, cette ordonnance d'injonction de payer a été revêtue de la formule exécutoire et un certificat de non opposition délivré aux Etablissements GUY- NES et Les GALERIES ; que, sur intervention du Président du tribunal de grande instance du Wouri, les deux parties ont signé un accord constatant la rétractation de l'ordonnance ; qu'en date du 24 avril 2009, la société TOTAL Cameroun S.A. a assigné les Etablissements GUY-NES et GALERIES pour qu'il lui soit donné acte de la rétractation de ladite ordonnance d'injonction de payer ; que, par jugement n°570/CIV du 08 juillet 2009, le tribunal de Grande instance du Wouri a fait droit à cette demande ; que, sur appel des Etablissements GUY-NES et GALERIES, la Cour de Douala, par arrêt n°026/CIV du 19 février 2010, a infirmé le jugement entrepris ; que, sur pourvoi de la Société TOTAL Cameroun S.A., la Cour suprême de la République du Cameroun a rendu, en date du 20 décembre 2012, l'arrêt de cassation, objet de la présente demande d'annulation ;

Sur la recevabilité du recours

Attendu que, dans son mémoire en réponse à la requête en annulation reçu le 27 novembre 2014, la Société TOTAL Cameroun S.A. sollicite de la Cour qu'elle déclare irrecevable le recours formé par les Etablissements GUY-NES et les GALERIES, motif pris de ce que le déclinatoire de compétence n'a pas été déposé de manière recevable devant la Cour suprême de la République du Cameroun ;

Mais attendu que le recours initié devant la Cour de céans a été fait dans le délai de deux mois prévus à l'article 18 du Traité de l'OHADA ; qu'il y a lieu de le déclarer recevable ;

Sur la demande en annulation de l'arrêt n°363/CIV du 20 décembre 2012

Attendu qu'aux termes de l'article 18 du Traité de TOHADA : « Toute partie qui, après avoir soulevé l'incompétence d'une juridiction nationale statuant en cassation estime que cette juridiction a, dans un litige la concernant, méconnu la compétence de la Cour Commune de Justice et d'Arbitrage, peut saisir cette dernière dans un délai de deux mois à compter de la notification de la décision contestée.

La Cour se prononce sur sa compétence par arrêt qu'elle notifie tant aux parties qu'à la juridiction en cause. Si la Cour décide que cette juridiction s'est déclarée compétente à tort, la décision rendue par cette juridiction est réputée nulle et non avenue. » ;

Attendu qu'il résulte de cet article qu'un arrêt d'une juridiction nationale de cassation ne peut être annulé que si celle-ci a méconnu la compétence de la CCJA, bien que son incompétence ait été soulevée par une partie, conformément à la procédure suivie devant cette juridiction nationale ; qu'en l'occurrence, il appert qu'à l'issue du délai qui leur était accordé conformément à l'article 57 de la Loi n°75/16 du 08 décembre 1975 fixant la procédure et le fonctionnement de la Cour suprême du Cameroun, les Etablissements GUY-NES et les GALERIES n'ont pas répondu au mémoire en réplique ; que le déclinatoire n'a été déposé que le 14 décembre 2012, alors que le dossier était réputé en état ; que, dès lors, l'exception n'ayant pas été soulevée en temps utile par un conseil régulièrement constitué, il s'ensuit que la demande en annulation de l'arrêt de la Cour suprême formulée par les Etablissements GUY-NES et les GALERIES ne remplit pas la deuxième condition édictée par l'article 18 du traité susmentionné et doit être rejetée ;

Attendu que les Etablissements GUY-NES et les GALERIES ayant succombé, il y a lieu de les condamner aux dépens ;

PAR CES MOTIFS

Statuant publiquement, après en avoir délibéré,

Déclare recevable le recours en annulation contre l'arrêt n°363/CIV rendu le 20 décembre 2012 par la Cour suprême du Cameroun ;

Le rejette comme mal fondé ;

Condamne les Etablissements GUY-NES et les GALERIES aux dépens.

B. Les conditions relatives au recours

1. Les conditions de fond

a) Conditions relatives à l'Avocat

L'Avocat doit justifier d'un mandat spécial délivré par le requérant (CCJA, 1ère Ch., n°154/2015, 26 novembre 2015)

Sommaire

Doit être déclaré irrecevable le recours en l'absence d'un mandat spécial délivré à l'Avocat du requérant.

La Cour Commune de Justice et d'Arbitrage (CCJA), Première Chambre, de l'Organisation pour l'Harmonisation en Afrique du Droit des Affaires (OHADA), a rendu l'arrêt suivant en son audience publique du 26 novembre 2015 où étaient présents :

Messieurs Marcel SEREKOÏSSE-SAMBA,	Président
DEME,	Juge, rapporteur
Diéhi Vincent KOUA,	Juge
César Apollinaire ONDO MVE,	Juge
Robert SAFARI ZIHALIRWA,	Juge
et Maître Acka ASSIEHUE,	Greffier;

Sur le recours enregistré au greffe de la Cour de céans le 26 septembre 2012 sous le numéro 131/2012/PC, formé par MFONKEU Ousmane et son épouse, NFOUNDIKOU Salamatou, domiciliés à Bafoussam (Cameroun), B.P : 428-Bafoussam, ayant pour conseil Maître Alassa MBOMBO, avocat au Barreau du Cameroun, B.P:3636-Yaoundé, dans la cause qui les oppose à la Banque Internationale pour le Crédit et l'Epargne, dite BICEC, société anonyme dont le siège est à Douala,

en cassation de l'arrêt numéro 36/CIV rendu le 25 mars 2009 par la Cour d'appel de l'Ouest à Bafoussam, dont le dispositif est le suivant :

« Statuant publiquement, contradictoirement, en matière civile et commerciale, en appel et dernier ressort, en collégialité et à l'unanimité ;

EN LA FORME :

Déclare l'appel interjeté irrecevable ;

Ordonne le rétablissement du dossier au Greffe du Tribunal de Grande Instance de la Mifi pour continuation des poursuites ;

Condamne les appelants aux dépens dont distraction au profit de Maître SIMO, Avocat aux offres de droit ; » ;

Les demandeurs invoquent à l'appui du pourvoi les trois moyens de cassation tels qu'ils figurent à leur requête annexée au présent arrêt ;

Sur le rapport de Monsieur Mamadou DEME, Juge ;

Vu les articles 13 et 14 du Traité relatif à l'harmonisation du droit des affaires en Afrique ;

Vu le Règlement de procédure de la Cour Commune de Justice et d'Arbitrage de l'OHADA ;

Sur la recevabilité du pourvoi :

Attendu que par lettre n°615/2012/G2 du 8 octobre 2012, reçue au domicile élu du destinataire le 16 octobre 2012, le Greffier en chef de cette Cour a invité le conseil des demandeurs à régulariser le recours, par la production notamment du mandat spécial de représentation qui lui a été délivré par les requérants ; que cette lettre n'a reçu aucune suite à ce jour ; attendu que la non production de cette pièce ne permet pas à la Cour de s'assurer que l'avocat signataire de la requête introductive a bien qualité pour agir au nom et pour le compte des époux MFONKEU; qu'il échet de déclarer le recours irrecevable et de condamner les requérants aux dépens ;

PAR CES MOTIFS

Statuant publiquement, après en avoir délibéré,

Déclare le pourvoi irrecevable ;

Condamne les demandeurs aux entiers dépens.

Le mandat donné à l'Avocat doit être signé par la personne indiquée dans les statuts comme représentant légal (CCJA, Ass. Plén., n°40/2015, 27 avril 2015)

Sommaire

Le recours devant la CCJA par une personne morale doit contenir la preuve que le mandat délivré à l'Avocat a été régulièrement établi par la personne habilitée à cet effet. Doit par conséquent être déclaré irrecevable le recours dès lors que le mandat est signé par une personne distincte de celle indiquée dans les statuts comme représentant légal ; alors qu'aucune décision de remplacement du représentant légal n'est produite.

La Cour Commune de Justice et d'Arbitrage (CCJA), de l'Organisation pour l'Harmonisation en Afrique du Droit des Affaires (OHADA), Assemblée plénière, a rendu l'Arrêt suivant en son audience foraine tenue le 27 avril 2015 à Bamako (République du Mali), où étaient présents :

Monsieur Marcel SEREKOÏSSE SAMBA,	Président,
Madame Flora DALMEIDA MELE	Seconde Vice-présidente
Messieurs Mamadou DEME,	Juge
Djimasna N'DONINGAR,	Juge
et Maître Paul LENDONGO,	Greffier en chef,

Sur le pourvoi enregistré au greffe de la cour de céans le 18 février 2008 sous le n°005/2008/PC et formé par la SCP YATTARA-SANGARE, Avocats à la cour, demeurant à l'Immeuble ABK 1- 2ème étage Bureau 207-ACI 2000 Avenue Cheick Zayed-Hamdallaye, BP E1878 BAMAKO-MALI, agissant au nom et pour le compte de la Banque de l'Habitat du Mali dite BHM-SA, ayant son siège social à Bamako - Immeuble BHM-SA ACI 2000 Avenue Kwamé Nkrumah, BP 2614, aux poursuites et diligences de son Président Directeur Général, Modibo CISSE, dans la cause l'opposant à Monsieur Mamadou KEITA, transporteur, domicilié à Bamako, Quartier Sébénikoro, Secteur IV, Rue 564, Porte195, ayant pour conseil, Maître Mamadou DANTE, Avocat à la cour, Faladiè – SEMA, Rue 859, Porte 130, BP 552 Bamako (Mali),

en cassation de l'arrêt n°057 rendu le 23 mars 2007 par la cour d'appel de Bamako, dont le dispositif est le suivant :

« Statuant publiquement, contradictoirement, en matière de référé et en dernier ressort ;

EN LA FORME : Reçoit l'Appel ;

AU FOND : Le déclare bien fondé, infirme l'ordonnance entreprise et statuant à nouveau ; reçoit la requête de Mamadou KEITA, la déclare bien fondée ; ordonne sa main vidange sous astreinte de 500.000 f par jour de retard à compter de ce jour ; rejette toutes autres demandes fins et conclusions ; condamne la BHM aux dépens. »

La requérante invoque à l'appui de son pourvoi les quatre moyens de cassation tels qu'ils figurent dans sa requête annexée au présent arrêt ;

Sur le rapport de Monsieur Namuano Francisco DIAS GOMES, Juge ;

Vu les dispositions des articles 13 et 14 du Traité relatif à l'Harmonisation du Droit des Affaires en Afrique ;

Vu le Règlement de procédure de la Cour Commune de Justice et d'Arbitrage de l'OHADA ;

Attendu qu'il ressort de l'examen des pièces du dossier de la procédure que Mamadou KEITA est un ressortissant guinéen, victime d'un accident de la circulation routière survenu en Guinée le 04 janvier 1993 ; que le Tribunal civil de Kindia (Guinée) a rendu en sa faveur, le jugement n°26/TPI/K/93 du 05 juillet 1993 qui déclare la compagnie d'assurances Lafia-SA, Société Malienne d'Assurance sise à Bamako, garante des condamnations pécuniaires ; que muni de la grosse de ce jugement, Mamadou KEITA s'est rendu au Mali pour solliciter l'exequatur ; qu'en 1994, lorsque la compagnie d'assurances Lafia-SA a pris connaissance de ce jugement guinéen, elle a saisi la justice malienne d'une action en exclusion de garantie puisque le véhicule assuré dans ses registres est un camion citerne immatriculé 5-RMD-1924 transportant des matières inflammables, tandis que le véhicule accidenté est un camion remorque immatriculé 2-RME-0906 transportant des marchandises et plus de 30 passagers parmi lesquels figure Mamadou KEITA ; que cette démarche a été sanctionnée par l'arrêt n°96 du 05 juillet 1995 de la chambre civile de la cour d'appel de Mopti (République du Mali), lieu de conclusion de la police d'assurance, qui a prononcé la mise hors de cause de la compagnie d'assurances Lafia-SA pour tout ce qui concerne les conséquences de l'accident survenu le 04 janvier 1993 en territoire guinéen ; que cet arrêt n'a fait l'objet d'aucune voie de recours ; qu'en 2001, suivant jugement n°194 du 30 août 2001, le tribunal de la Commune III de Bamako a déclaré exécutoire au Mali le jugement guinéen n°26 du 05 juillet 1993 ; que le pourvoi formé par la compagnie d'assurances Lafia-SA contre ce jugement a été rejeté par la cour suprême du Mali ; ce qui a amené l'assurance à saisir le même tribunal d'une procédure en inopposabilité le 24 novembre 2003 qui s'est terminée par l'arrêt n°233 du 06 juillet 2005 rendu par la chambre civile de la cour d'appel de Bamako qui a déclaré «inopposable à la compagnie d'assurances Lafia-SA le jugement d'exequatur n°194 du 30 août 2001 rendu par le tribunal de la Commune III du District de Bamako » ; que par acte n°139 du 07 juillet 2005, Mamadou KEITA a déclaré former pourvoi contre cet arrêt devant la cour suprême du Mali, lequel pourvoi est toujours pendant ; que se prétendant créancier de la compagnie d'assurances Lafia-SA en vertu de la grosse du jugement n°194 du 30 août 2001, Mamadou KEITA a, le 11 juillet 2006, fait pratiquer une saisie attribution sur les comptes bancaires de la compagnie d'assurances Lafia-SA pour obtenir le paiement de la somme de 80 millions de francs guinées (24 574 750 F CFA) ; que par ordonnance de référé n°274 du 17 juillet 2006 rendue exécutoire au seul vu de la minute en application de l'article 172 alinéa 2 de l'Acte uniforme portant organisation des procédures simplifiées de recouvrement et des voies d'exécution, le tribunal civil de la Commune IV du District de Bamako a prononcé la mainlevée de la saisie-attribution ; que cette ordonnance a été signifiée aux tiers saisis et un procès-verbal de mainlevée a été dressé à cet effet ; que sur appel de Mamadou KEITA, la Chambre des référés de la cour d'appel de Bamako a infirmé l'ordonnance n°274 et statuant à nouveau, a débouté la compagnie d'assurances Lafia -SA de sa demande de mainlevée par arrêt n°210 du 18 août 2006, estimant simplement que Mamadou KEITA disposait d'un titre exécutoire permettant la saisie-attribution ; que la compagnie d'assurances Lafia-SA, suite à cet arrêt, a demandé à la Banque de l'Habitat du Mali de mettre en « indisponible» les causes de la saisie en attendant l'issue de la procédure judiciaire avec Mamadou KEITA, ce qui a été fait le 21 août 2006 ; que le 18 septembre 2006, Mamadou KEITA a repris sa saisie attribution mais cette fois-ci contre la Banque de l'Habitat du Mali dite BHM ; que suivant ordonnance de référé n°452 du 06 novembre 2006, le tribunal civil de la Commune IV a prononcé la mainlevée de cette nouvelle saisie attribution en application de l'article 172 alinéa 2 de l'Acte uniforme sur les voies d'exécution ; que signification de cette ordonnance a été faite à la BHM par acte de mainlevée en date du 17 novembre 2006 ; qu'après cette formalité, le tiers saisi, la BHM a restitué les causes de la saisie à la compagnie d'assurances Lafia-SA ; que sur appel de Mamadou KEITA, la cour d'appel de Bamako, par arrêt de référé n°314 du 15 décembre 2006, a infirmé l'ordonnance de mainlevée et a débouté la compagnie d'assurances Lafia-SA de sa demande de mainlevée jugée mal fondée ; que suite à cela, Mamadou KEITA a assigné la BHM en jugement de main vidange forcée sous astreinte ; que le tribunal civil de la Commune IV du District de Bamako, par ordonnance de référé n°041 du 05 février 2007, a jugé irrecevable la demande en main vidange forcée présentée par Mamadou KEITA ; que sur appel de Mamadou KEITA, la cour d'appel de Bamako, par arrêt n°057 rendu le 23 mars 2007, a infirmé l'ordonnance d'irrecevabilité n°041 du 05 février 2007 et a prononcé à l'encontre du tiers saisi, la B.H.M, la main vidange forcée des causes de la saisie sous astreinte de 500.000 F CFA par jour de retard à compter du prononcé de son arrêt ; arrêt dont pourvoi devant la cour de céans ;

En la forme

Sur l'exception d'irrecevabilité

Attendu que le défendeur oppose au pourvoi une exception d'irrecevabilité tirée d'abord de la forclusion en ce sens que l'arrêt querellé étant une décision contradictoire, elle est ipso facto censée avoir été signifiée à la date de ladite décision soit le 23 mars 2007, de sorte que le recours en cassation de la BHM-SA enregistré au greffe de la cour de céans le 18 février 2008, soit plus de dix (10) mois après la date de la décision et son exécution était largement forclos ;

Attendu qu'aux termes de l'article 28-1 du Règlement de Procédure de la Cour Commune de Justice et d'Arbitrage (CCJA) de l'OHADA, « Lorsque la Cour est saisie par l'une des Parties à l'instance par la voie du recours en cassation prévu au troisième ou quatrième alinéa de l'article 14 du traité, le recours est présenté au greffe dans les deux mois de la signification de la décision attaquée par l'avocat du requérant dans les conditions fixées à l'article 23… » ;

Attendu qu'ainsi la nature contradictoire de la décision du 23 mars 2007 ne saurait valoir signification au sens des dispositions règlementaires précitées ; qu'il échet donc rejeter cette exception ;

Attendu qu'ensuite le défendeur soulève une exception d'irrecevabilité tirée du défaut de qualité du représentant de la BHM-SA, au motif que le mandat dont se prévaut la SCP YATTARA- SANGARE est irrégulier faute de qualité du mandant Modibo CISSE, présenté comme Président-Directeur Général de la BHM-SA ;

Attendu qu'en effet l'Article 28-4 du Règlement de Procédure susvisé dispose que : « Si le requérant est une personne morale de droit privé, il joint à sa requête :

- ses statuts ou un extrait récent du registre de commerce, ou toute autre preuve de son existence juridique ;

- la preuve que le mandat donné à l'avocat a été régulièrement établi par un représentant qualifié à cet effet » ; et l'alinéa 5 de préciser que « Si le recours n'est pas conforme aux conditions fixées au présent article, le Greffier en chef fixe au requérant un délai raisonnable aux fins de régularisation du recours ou de production des pièces mentionnées ci-dessus. A défaut de cette régularisation ou de cette production dans le délai imparti, la Cour décide de la recevabilité du recours. » ;

Attendu que, pour rapporter la preuve de son existence juridique, la BHM-SA a versé au dossier ses statuts et le procès-verbal de l'Assemblée Générale Extraordinaire du 07 novembre 2005 reçu le 10 novembre 2005 en l'Etude de Maître Boubacar Abdoulaye Sékou SOW, Notaire à la Résidence de Bamako (République du Mali), pour être mis au Rang de ses minutes aux fins utiles et de droit ; qu'il y est relevé que c'est Mamadou Baba SYLLA qui est le Président- Directeur Général de la BHM-SA, donc la seule personne qualifiée et habilitée à agir au nom et pour le compte de celle-ci et à donner mandat aux fins de droit ;

Mais attendu que la BHM-SA a versé au dossier de la procédure un mandat spécial établi le 23 janvier 2007 par Modibo CISSE, agissant en qualité de Président Directeur Général de la BHM-SA, donné au Cabinet d'Avocats SCP YATTARA-SANGARE pour représenter et défendre les intérêts de la BHM devant la Cour Commune de Justice et d'Arbitrage de l'OHADA, alors qu'aucune décision de nomination de Monsieur Modibo CISSE en qualité de Président-Directeur Général de la BHM-SA, en remplacement de Mamadou Baba Sylla, n'est produite ;

Attendu que par correspondance n°447/2008/G2 du 10 octobre 2008 du Greffier en Chef de la cour de céans, reçue le 17 octobre 2008 au Cabinet de Maître FOFANA Na Mariam, domicile élu à Abidjan du conseil de la BHM-SA, le mémoire en réponse où cette exception a été soulevée a été signifié ; que depuis, aucune réaction de la part de la BHM n'a été enregistrée permettant à la cour de céans d'apprécier la régularité du mandat; que faute par la BHM-SA d'avoir mis à la disposition de la Cour, des éléments essentiels d'appréciation sans lesquels il pourrait être porté atteinte à la sécurité des situations juridiques, il échet de déclarer irrecevable le pourvoi formé contre l'arrêt n°057 rendu le 23 mars 2007 par la chambre des référés de la cour d'appel de Bamako ;

Attendu que BHM-SA ayant succombé il y a lieu de la condamner aux dépens.

PAR CES MOTIFS

Statuant publiquement, après en avoir délibéré ;

Déclare irrecevable le pourvoi formé par le Cabinet d'Avocats SCP YATTARA-SANGARE agissant aux poursuites et diligences de Modibo CISSE contre l'arrêt n°057 rendu le 23 mars 2007 par la cour d'appel de Bamako ;

Condamne BHM-SA aux dépens.

La qualité d'Avocat doit être prouvée à peine d'irrecevabilité du recours (CCJA, 1ère Ch., n°161/2015, 17 décembre 2015)

Sommaire

Doit être déclaré irrecevable le recours lorsque la qualité d'Avocat du demandeur n'a pas été rapportée.

La Cour Commune de Justice et d'Arbitrage (CCJA), Première Chambre, de l'Organisation pour l'Harmonisation en Afrique du Droit des Affaires (OHADA), a rendu l'arrêt suivant en son audience publique du 17 décembre 2015 où étaient présents :

Sur le recours enregistré au greffe de la Cour de Céans le 05 Août 2011 sous le numéro 066/2011/PC et formé par Monsieur EZZEDINE YAHIA MOHAMED commerçant, de nationalité Libanaise, demeurant à Divo, quartier commerce BP 1467 DIVO et Madame TALEB ZARA EZZEDINE commerçante, de nationalité Libanaise, demeurant à Divo, quartier commerce, ayant pour conseil Maître Simon Pierre BOGUI, Avocat près la Cour d'appel d'Abidjan, y demeurant boulevard de France SICOGI 60 lots Résidence BUFFON, Escalier B 1er Etage, Appartement N° 24 C non loin de l'Agence B.LA.O, 04 BP 61 Abidjan 04, dans la cause qui les oppose à Monsieur ELI COBTIHANNA et Madame SOUAD TANIOS épouse COBTI, tous deux de nationalité Libanaise, Commerçants, demeurant à Divo, quartier commerce, face à la BIAO,

en cassation de l'arrêt N°247/10 rendu le 22 décembre 2010 par la Cour d'appel de Daloa, dont le dispositif est le suivant :

« Après en avoir délibéré conformément à la loi ;

Statuant publiquement contradictoirement, en matière commerciale et en dernier ressort ;

En la forme

S'en rapporte à l'arrêt avant dire droit N° 199 en date du 20 octobre 2010 de la Cour d'appel de ce siège qui a déclaré recevable l'appel interjeté par EZZEDINE YAHIA MOHAMED et TALEB ZARA épouse EZZEDINE ;

Au fond

Déclare ledit appel fondé ;

Confirme le jugement contradictoire N°124 rendu le 25 Juin 2010 par la section du Tribunal de Divo en matière Commerciale ;

Condamne EZZEDINE YAHIA MOHAMED et TALEB ZARA épouse EZZEDINE aux dépens » ;

Les requérants invoquent à l'appui de leur pourvoi deux moyens de cassation tels qu'ils figurent à leur requête annexée au présent arrêt ;

Sur le rapport de Monsieur Robert SAFARI ZIHALIRWA, Juge ;

Vu les articles 13 et 14 du Traité relatif à l'harmonisation du droit des affaires en Afrique ;

Vu le Règlement de procédure de la Cour Commune de Justice et d'Arbitrage de l'OHADA ;

Sur la recevabilité du recours

Attendu que l'examen des pièces du dossier de la procédure révèle que le recours ne respecte pas les prescriptions des articles 23 et 28 du Règlement de procédure de la Cour de céans ; qu'ainsi, les requérants n'ont pas joint à leur recours la preuve de la qualité d'avocat dont se prévaut Maître Simon Pierre BOGUI qui a agi en leur nom ;

Attendu qu'aux termes de l'article 23 (nouveau) du règlement de procédure de la Cour Commune de Justice et d'Arbitrage « le ministère d'avocat est obligatoire devant la Cour. Est admis à exercer ce ministère toute personne pouvant se présenter en qualité d'avocat devant une juridiction de l'un des Etats parties au traité. Il appartient à toute personne se prévalant de cette qualité d'en apporter la preuve à la Cour » ; qu'aux termes de l'article 28.1 et 6, « lorsque la Cour est saisie par l'une des parties à l'instance par la voie du recours en cassation prévue au troisième ou quatrième alinéa de l'article 14 du traité, le recours est présenté au greffe dans les deux mois de la signification ou de la notification de la décision attaquée par l'avocat du requérant dans les conditions fixées à l'article 23 du présent règlement » et « si le recours n'est pas conforme aux conditions fixées au présent article, le juge rapporteur fixe au requérant un délai aux fins de régularisation du recours ou de production des pièces mentionnées ci-dessus. A défaut de cette régularisation ou de cette production dans le délai imparti, la Cour décide de la recevabilité du recours » ;

Attendu que la lettre N° 2094/2015/GC du 03 novembre 2015 adressée à Maître Simon Pierre BOGUI par le Greffier en chef sur instruction du Juge rapporteur, et réceptionnée en son cabinet le 05 novembre 2015 aux fins de régularisation du recours dans un délai de dix jours n'a pas été suivie d'effet au terme du délai imparti ;

Attendu que conformément à l'article 28-6 (Nouveau) du Règlement de procédure susvisé, la Cour doit décider de la recevabilité d'un tel recours ;

Attendu que la preuve de la qualité d'avocat de Maître Simon Pierre BOGUI qui a introduit pour le compte des requérants n'étant pas rapportée, il y a lieu de de déclarer ledit recours irrecevable car exercé au mépris des prescriptions des articles 23 (nouveau) et 28.1 (nouveau) du Règlement de procédure de la Cour de céans ;

Attendu que les requérants qui ont succombé doivent être condamnés aux dépens ;

PAR CES MOTIFS

Statuant publiquement, après en avoir délibéré,

Déclare irrecevable le pourvoi formé par EZZEDINE MOHAMED YAHIA et Madame TALEB ZARA épouse EZZEDINE contre l'Arrêt civil n° 247 /10 rendu le 22 décembre 2010 par la Cour d'appel de Daloa ;

Condamne Monsieur EZZEDINE YAHIA MOHAMED et Madame TALEB Z ARA épouse EZZEDINE aux dépens.

b) Conditions relatives au recourant

Le recourant n'est pas tenu d'indiquer dans son recours le nom de la personne physique qui la représente (CCJA, 3e Ch., n°121/2015, 22 octobre 2015)

Sommaire

Il ne ressort pas du Règlement de procédure de la CCJA, l'obligation d'indiquer dans le recours ou dans le mémoire ampliatif, le nom de la personne physique représentant le recourant au pourvoi.

La Cour Commune de Justice et d'Arbitrage (CCJA) de l'Organisation pour l'Harmonisation en Afrique du Droit des Affaires (OHADA), troisième chambre, a rendu l'Arrêt suivant en son audience publique du 22 octobre 2015 où étaient présents :

Madame Flora DALMEIDA MELE, Présidente

Messieurs Victoriano OBIANG ABOGO, Juge

Idrissa YAYE, Juge

Birika Jean Claude BONZI, Juge

Fodé KANTE, Juge, rapporteur

et Maître Alfred Koessy BADO, Greffier ;

Sur le pourvoi enregistré au greffe de la Cour de céans le 11 mai 2012, sous le n° 047/2012/PC et formé par Maître Irenée Célestin NTAMACK PONDY, Avocat au Barreau du Cameroun, étude sise au 807, rue BOUE DE LAPEYRERE, "rue Mermoz" Akwa – DOUALA, BP 8943, agissant pour le compte de la société MAERSK CAMEROUN S.A, représentée par monsieur David WARE, directeur général et dont le siège social est à Douala BP. 12414, Douala-CAMEROUN, dans la cause l'opposant à messieurs MODI KOKO BEBEY et NJOUONANG YOUMBI, tous agissant ès qualités de co-syndics représentant la liquidation des biens de l'ex société SITAGRI S.A, ayant pour conseil Maître NJOUONANG YOUMBI, Avocat au Barreau du Cameroun BP 15122 Douala-Cameroun

en cassation de l'arrêt n°180/CC rendu le 17 décembre 2010 par la cour d'appel du Littoral à DOUALA-CAMEROUN dont le dispositif est le suivant :

« PAR CES MOTIFS

Statuant publiquement, contradictoirement à l'égard de la société MAERSK CAMEROUN SA, et de sieurs MODI KOKO BEBEY et NJOUONANG YOUMBI, en matière civile et commerciale, en appel, et en dernier ressort ;

Y faisant droit ;

Déclare l'appel de la société MAERSK CAMEROUN SA irrecevable pour chose déjà jugée ;

La condamne aux dépens dont distraction au profit de Maître NJOUONANG, Avocat aux offres de droit » ;

La requérante invoque à l'appui de son pourvoi les six moyens de cassation tels qu'ils figurent à la requête annexée au présent arrêt ;

Sur le rapport de Monsieur Fodé KANTE, Juge ;

Vu les dispositions des articles 13 et 14 du Traité relatif à l'harmonisation du droit des affaires en Afrique ;

Vu le Règlement de procédure de la Cour Commune de Justice et d'Arbitrage de l'OHADA ;

Attendu qu'il ressort des pièces du dossier de la procédure que par jugement n°01/CC du 16 octobre 2001, rendu par le tribunal de grande instance du MOUNGO à NKONGSAMBA, la société SITAGRI S.A dont le siège social est situé à Nkongsamba (République du Cameroun), a été admise au bénéfice de la liquidation des biens ; que ledit jugement a nommé pour y procéder trois co-syndics à savoir Messieurs MODI KOKO BEBEY, NJOUONANG YOUMBI et YIMGNA BONDIA ; que par jugement n°48/CIV du 18 avril 2002, le co-syndic YIMGNA BONDJA a été révoqué de ses fonctions ; qu'avant le prononcé de sa décision de liquidation, la défunte SITAGRI avait signé le 27 février 2001, un procès-verbal de conciliation sous le n°183/PV/2000-2001 avec la société MAERSK CAMEROUN S.A BP 12414 Douala ; qu'il ressort du point 9 de ce procès-verbal de conciliation, que l'ex SITAGRI avait des brûleurs, ventilateurs et séchoirs entreposés dans l'enceinte de la société MAERSK que cette dernière conservait pour elle, étant convenu que SITAGRI devait retirer lesdits objets de ces lieux dès que la société MAERSK en faisait la demande ; que par un autre procès-verbal n°284/PCV/00-01 signé le 17 juillet 2001, les mêmes parties à savoir l'ex SITAGRI et la société MAERSK, ont spécifié au point 4 de ce procès-verbal que la société SITAGRI s'engageait à prendre possession dans les 07 jours de la signature dudit procès-verbal, de tous ses biens d'équipement se trouvant dans les entrepôts de la société MAERSK ; qu'au point 6 du même document, elles précisent que : « passé ce délai de 7 jours, le véhicule, la machine de séchage ainsi que le conteneur deviendront la propriété de MAERSK CAMEROUN, le présent procès-verbal valant acte de cession » ;

Que les co-syndics de la liquidation SITAGRI, estimant que les termes du dernier procès-verbal en ses points 4 et 6 ne leur sont pas opposables, ont fait servir à la société MAERSK, un commandement de restituer en date du 07 juillet 2003 qui est resté sans effet ; que sur la saisine des co-syndics susnommés, le tribunal de grande instance du MOUNGO à NKONGSAMBA a, par jugement n°21/CIV du 15 janvier 2004, ordonné à la société MAERSK SA, la restitution à la liquidation SITAGRI, des effets suivants : 14 brûleurs, 04 ventilateurs et 08 séchoirs sous astreinte de 500 000 francs par jour de retard ; que sur appel de la société MAERSK Sealand dont le siège social est à Douala B.P : 12414, par l'entremise de Maître Eshemot Gérard FOTABONG, avocat au Barreau du Cameroun, la cour d'appel du Littoral à DOUALA a confirmé le jugement entrepris par arrêt n°150/C rendu le 19 mai 2006 ; que par déclaration faite au greffe de la cour d'appel du Littoral à DOUALA le 30 juin 2006, Maître N'TAMACK PONDY, avocat au Barreau du Cameroun, agissant pour le compte de la société MAERSK SEALAND, a formé pourvoi contre ledit arrêt devant la cour suprême du Cameroun ; qu'après avoir formé ce pourvoi par l'entremise d'un nouvel Avocat, la société MAERSK CAMEROUN a interjeté un deuxième appel contre le jugement n°21/CIV du 15 janvier 2004 suivant requête d'appel en date du 10 septembre 2008 ; que statuant sur le mérite de cet appel, la cour d'appel du Littoral siégeant à DOUALA, a rendu le 17 décembre 2010, l'arrêt n°180/CC dont pourvoi est formé devant la Cour de céans, par lequel elle a déclaré l'appel de la société MAERSK CAMEROUN SA irrecevable pour chose déjà jugée ;

Sur la recevabilité du recours

Attendu que les défendeurs au pourvoi soulèvent in limine litis dans leur mémoire en réponse reçu au greffe de la Cour le 25 octobre 2012, l'irrecevabilité du pourvoi pour absence d'indication dans le recours et dans le mémoire ampliatif de la personne physique représentant la société MAERSK CAMEROUN d'une part, et d'autre part pour forclusion en ce que le délai pour former pourvoi contre l'arrêt n°150/C signifié le 03 septembre 2008 expirait le 04 novembre 2008, et que le pourvoi formé contre l'arrêt n°180/C, rendu à la suite d'un second appel contre le même jugement n'est qu'une diversion de la part de la recourante ; qu'elle soulève également l'irrecevabilité du pourvoi au motif que la cour d'appel du Littoral a, dans l'arrêt 180/C déféré devant la Cour de céans, constaté son dessaisissement de l'affaire par l'existence de l'arrêt 150/C préalablement rendu par elle, en déclarant l'appel de la société MAERSK CAMEROUN irrecevable pour chose déjà jugée ;

Mais attendu qu'il ne ressort pas du Règlement de procédure de la Cour de céans, l'obligation d'indiquer dans le recours ou dans le mémoire ampliatif, le nom de la personne physique représentant le recourant au pourvoi d'une part, et d'autre part, que l'arrêt soumis à cassation devant la Cour de céans est l'arrêt n°180/CC rendu le 17 décembre 2010 par la cour d'appel du Littoral à Douala et non l'arrêt n°150/C de sorte que la forclusion attachée à l'arrêt n°150/C du 16 mai 2006 de la cour d'appel du Littoral à Douala n'est pas opposable à l'arrêt n°180/CC dont il n'est pas rapporté la preuve qu'il a fait l'objet de signification laquelle, par ailleurs, n'est pas une condition de recevabilité du pourvoi au sens de l'article 28 alinéa 1 du Règlement de procédure de la Cour mais marquant plutôt le point de départ de la computation du délai de deux mois dans lequel le recours doit être exercé ; que dès lors, il convient de déclarer non fondées les exceptions d'irrecevabilité soulevées par les défendeurs au pourvoi et de les rejeter ;

Attendu qu'il y a lieu de rejeter également l'exception d'irrecevabilité tirée de l'autorité de la chose jugée, en ce que l'irrecevabilité de l'appel n'affecte pas la régularité de la procédure du pourvoi conformément à l'article 28 du Règlement de Procédure de la Cour de céans ;

Sur le deuxième moyen

Attendu qu'il est fait grief à l'arrêt attaqué d'avoir violé les articles 14, 18 de l'Acte uniforme relatif aux sociétés commerciales et du groupement d'intérêt économique, et

1351 du code civil du Cameroun en ce qu'il a déclaré l'appel de la société MAERSK CAMEROUN SA irrecevable pour chose déjà jugée alors, selon le moyen, que le jugement querellé ne concernait pas les mêmes parties ;

Mais attendu qu' il est de principe qu'une affaire ayant fait l'objet de décision sur le fond, dessaisit le juge qui ne peut plus à nouveau être saisi de la même affaire en raison de l'autorité de la chose jugée attachée à sa décision ; que la cour d'appel ayant souverainement déclaré l'appel de la recourante irrecevable au regard des pièces produites aux débats, notamment le document en date du 15 février 2001 comportant cachet et signature de MAERSK CAMEROUN, selon lesquelles les sociétés MAERSK SEALAND SA et MAERSK CAMEROUN SA, constituent en réalité une seule et même personne ; que dès lors, la cour d'appel ayant justifié sa décision, il y a lieu de rejeter ce moyen comme mal fondé ;

Sur les 1er, 3ème, 4ème, 5ème et 6ème moyens réunis

Attendu qu'il est fait grief à l'arrêt attaqué d'avoir violé les dispositions des articles 171, 174 et 177 alinéa 1 de l'Acte uniforme portant organisation des procédures collectives d'apurement du passif (AUPC) en ce que les co-syndics n'avaient plus qualité pour agir, motif pris de ce que par jugement n°24/CIV du 15 janvier 2004, le tribunal de grande instance du Moungo à Nkongsamba a prononcé la clôture des opérations de la liquidation ex-SITAGRI pour insuffisance d'actifs, d'avoir violé les dispositions des articles 70 et 72 alinéa 1 de l'Acte uniforme portant procédure collective d'apurement du passif en ce que les co-syndics au lieu d'engager une action en déclaration d'inopposabilité à la masse des créanciers, des actes faits pendant la période suspecte, ont plutôt engagé une simple action en restitution qui, selon le moyen n'est pas codifié par l'Acte uniforme précité, d'avoir violé par là même, l'article 10 du Traité de l'Organisation pour l'Harmonisation en Afrique du Droit des Affaires ainsi que les articles 9 à 15 et 19 à 27 de l'Acte uniforme portant procédures simplifiées de recouvrement et des voies d'exécution en ce que la primauté du droit OHADA sur les dispositions du droit interne de chaque Etat partie n'aurait pas été respectée, d'avoir aussi violé les clauses du procès-verbal de conciliation n° 284/PVC/00-01 du 17 juillet 2001 ainsi que l'article 1134 du code civil du Cameroun en ce que les co-syndics ont réclamé à la recourante, la restitution d'un bien dont elle n'avait pas la garde ; qu'enfin, la demanderesse au pourvoi a sollicité au titre du sixième moyen, l'application au bénéfice de l'Avocat qu'elle a constitué, Maître Irénée Célestin NTAMACK PONDY, Avocat au Barreau du Cameroun, de l'article 43 (1, 2b et 3) du Règlement de Procédure de la Cour Commune de Justice et d'Arbitrage sur la rémunération, les frais de déplacement et de séjour des avocats de la Cour de céans ;

Mais attendu qu'il résulte de l'arrêt attaqué que la cour d'appel n'a statué que sur la recevabilité de l'appel ; qu'au surplus, en admettant la fin de non-recevoir tirée de l'autorité de la chose jugée, elle n'a pas statué sur le fond ; que les moyens ci-dessus évoqués soulèvent des problèmes de fond qui n'ont jamais été discutés devant la cour d'appel ; que ces moyens nouveaux, mélangés de fait et de droit, ne sauraient être accueillis pour la première fois devant la Cour de céans ; qu'il s'en suit que le recours doit être rejeté ;

Attendu qu'ayant succombé, la société MAERSK CAMEROUN S.A doit être condamnée aux dépens ;

PAR CES MOTIFS

Statuant publiquement, après en avoir délibéré,

En la forme

Déclare le pourvoi recevable ;

Au fond

Le rejette comme étant mal fondé ;

Condamne la société MAERSK CAMEROUN SA aux dépens.

Le demandeur doit joindre la décision attaquée à son recours à peine d'irrecevabilité (CCJA, 1ère Ch., n°123/2015, 29 octobre 2015)

Sommaire

Doit être déclaré irrecevable le pourvoi formé devant la CCJA lorsqu'il n'est pas joint au recours la décision attaquée, malgré la demande de régularisation de la Cour.

La Cour Commune de Justice et d'Arbitrage (CCJA) de l'Organisation pour l'Harmonisation en Afrique du Droit des Affaires (OHADA), Première Chambre, a rendu l'arrêt suivant, en son audience publique du 29 octobre 2015 où étaient présents :

Messieurs : Marcel SEREKOÏSSE-SAMBA,	Président
Mamadou DEME,	Juge, rapporteur
César Apollinaire ONDO MVE,	Juge
et Maître ASSIEHUE Acka,	Greffier ;

Sur le recours enregistré au greffe de la Cour de céans le 03 février 2010 sous le numéro 019/2010/PC et formé par le Port Autonome d'Abidjan, en abrégé P.A.A, société d'Etat dont le siège social est à Abidjan, Treichville, Zone portuaire, Boulevard du Port, rue A22 des piroguiers, B.P. V 85 Abidjan, représenté par son directeur général, ayant pour conseil la SCPA BAZIE-KOYO-ASSA, avocats à la Cour, 8 Vieux Cocody, rue B15, 08 B.P. 2614 Abidjan 08, dans la cause qui l'oppose à Barakissa KONE, épouse TOURE, demeurant à Abidjan, Résidence II Plateaux, Dokoui,

en cassation de l'arrêt n°485/civ6/A rendu le 14 juillet 2009 par la Cour d'appel d'Abidjan, dont le dispositif est le suivant :

« EN LA FORME :

Ordonne la jonction des procédures 650 et 565 du rôle général de la Cour ;

Déclare le Port Autonome d'Abidjan recevable en ses appels relevés de l'ordonnance de référé n°428 du 17 février 2009 rendue par la juridiction présidentielle du Tribunal de Première Instance d'Abidjan ;

AU FOND :

L'y dit mal fondé, l'en déboute ;

Confirme l'ordonnance querellée en toutes ses dispositions ;

Le condamne aux dépens. » ;

Le requérant invoque à l'appui de son pourvoi le moyen unique de cassation tel qu'il figure à sa requête annexée au présent arrêt ;

Sur le rapport de Monsieur Mamadou DEME, Juge ;

Vu les articles 13 et 14 du Traité relatif à l'harmonisation du droit des affaires en Afrique ;

Vu le Règlement de procédure de la Cour Commune de Justice et d'Arbitrage de l'OHADA ;

Attendu qu'il résulte des pièces du dossier de la procédure que par ordonnance n°55/2008 en date du 27 mars 2008, la juridiction présidentielle du Tribunal de Première Instance d'Abidjan a autorisé Barakissa KONE, épouse TOURE, à procéder à la saisie des rémunérations dues par le P.A.A à son époux, TOURE Soranan ; que par l'ordonnance de référé n°1862 en date du 2 décembre 2008, le juge des référés du même tribunal a déclaré le P.A.A débiteur des causes de la saisie ; que l'opposition formée contre cette dernière ordonnance par le P.A.A a été déclarée irrecevable par le juge des référés, suivant ordonnance n°428/2009 en date du 17 Février 2009 ; que par l'arrêt n°485 en date du 14 juillet 2009 frappé du pourvoi, la Cour d'appel d'Abidjan a confirmé cette dernière ordonnance ;

Sur la recevabilité du pourvoi

Attendu que suivant correspondance n°890/2015/G du 15 juillet 2015, reçue le 21 juillet 2015 par la SCPA BAZIE-KOYO-ASSA, avocats du demandeur au pourvoi, le Greffier en chef de Cour de céans a invité le Port Autonome d'Abidjan à régulariser son recours dans le délai de 07 jours pour compter de la réception de ladite correspondance, par la production de l'ordonnance de référé n°1862 rendue le 02 décembre 2008 par le Tribunal de Première Instance d'Abidjan, et du procès-verbal de l'opposition formée contre cette ordonnance ; que le P.A.A n'a pas, à ce jour, accompli la diligence demandée ;

Attendu qu'en cas de cassation et d'évocation de l'affaire, la Cour serait amenée à procéder à l'examen des pièces réclamées, qui apparaissent ainsi indispensables au jugement du pourvoi ; que le défaut de diligence du demandeur met la Cour dans l'impossibilité de statuer sur son recours ; qu'il échet dès lors de déclarer celui-ci irrecevable ;

Attendu que le P.A.A qui a succombé doit être condamné aux entiers dépens ;

PAR CES MOTIFS

Statuant publiquement, après en avoir délibéré,

Déclare le pourvoi irrecevable ;

Condamne le Port Autonome d'Abidjan aux entiers dépens.

c) Conditions relatives au recours

Le recours doit indiquer les moyens de cassation sous peine d'irrecevabilité (CCJA, Ass. Plén., n°70/2015, 29 avril 2015)

Sommaire

Doit être rejeté le recours formé devant la CCJA qui se contente de critiquer la décision attaquée sans énoncer un quelconque moyen de cassation.

La Cour Commune de Justice et d'Arbitrage (CCJA) de l'Organisation pour l'Harmonisation en Afrique du Droit des Affaires (OHADA), Assemblée plénière, a rendu l'arrêt suivant, en son audience foraine publique tenue le 29 avril 2015 à Ouagadougou au Burkina Faso où étaient présents :

Messieurs Marcel SEREKOÏSSE-SAMBA,	Président
Abdoulaye Issoufi TOURE,	Premier Vice-président
Madame Flora DALMEIDA MELE,	Seconde Vice-présidente
Messieurs Victoriano OBIANG ABOGO,	Juge
Mamadou DEME,	Juge, rapporteur
Idrissa YAYE,	Juge,
et Maître Paul LENDONGO,	Greffier en chef ;

Sur le recours enregistré au greffe de la Cour de céans le 25 août 2009 sous le n°079/2009/PC et formé par Ibrahima Khalil TOURE, demeurant à Conakry, quartier Kouléwondy, commune de Kaloum, ayant pour Conseils la SCPA Jurifis Consult Guinée, avocats au Barreau de Conakry, BP 2683 Conakry, dans la cause qui l'oppose à Mohamed KETOURE et Fatoumata KETOURE, demeurant tous deux à Grand Bassam, République de Côte d'Ivoire et ayant tous deux pour conseil Maître Seikou KETOURE, avocat à Conakry, commune de Kaloum, quartier Almamya, rue KA,

en cassation de l'arrêt n°218 rendu le 19 mai 2009 par la cour d'appel de Conakry, dont le dispositif est le suivant :

« Statuant publiquement, contradictoirement, en matière économique, en dernier ressort et en appel ;

<u>En la forme</u> :

Reçoit l'appel de Monsieur Ibrahima Khalil TOURE ;

<u>Au fond</u> :

Le déclare mal fondé ;

En conséquence confirme le jugement n°041 du 17 avril 2008 du tribunal de première instance de Kaloum en toutes ses dispositions ;

Met les dépens à la charge de l'appelant » ;

Sur le rapport de Monsieur Mamadou DEME, Juge ;

Vu les articles 13 et 14 du Traité relatif à l'harmonisation du droit des affaires en Afrique ;

Vu le Règlement de procédure de la Cour Commune de Justice et d'Arbitrage de l'OHADA ;

Attendu qu'il résulte des pièces du dossier de la procédure que suivant jugement n°041 rendu le 17 avril 2008, le tribunal de première instance de Kaloum a validé le congé donné à Ibrahima Khalil TOURE par Mohamed KETOURE, prononcé la résiliation du bail passé entre les parties, ordonné l'expulsion du preneur et rejeté la demande de paiement d'une indemnité d'éviction présentée par ce dernier ; que par l'arrêt objet du pourvoi, la Cour d'appel de Conakry a confirmé ce jugement en toutes ses dispositions ;

Sur la recevabilité du pourvoi

Attendu que les défendeurs soutiennent l'irrecevabilité du pourvoi au motif qu'il n'est fondé sur aucun moyen permettant à la Cour de vérifier la conformité de l'arrêt attaqué aux Actes uniformes et Règlements prévus au Traité ;

Attendu qu'au soutien du pourvoi, le requérant invoque :

Le caractère irrégulier du congé qui lui a été donné par le bailleur,

La parfaite justification de la déduction du montant de la Contribution Foncière Unique (CFU) sur les loyers échus et à échoir, et

La nécessité de lui allouer une indemnité d'éviction après son expulsion injustifiée des lieux ;

Attendu qu'en vertu de l'article 28 du Règlement de procédure, la requête en cassation contient les conclusions du requérant, l'exposé des moyens invoqués à l'appui de ces conclusions et l'indication des dispositions des Actes uniformes ou des Règlements dont la violation est invoquée ;

Attendu que les écritures du requérant, qui critiquent l'appréciation des éléments de la cause par le juge du fond, ne contiennent l'énoncé d'aucun moyen de cassation au sens des dispositions susvisées ; qu'il échet de déclarer le pourvoi irrecevable ;

Attendu que Ibrahima Khalil TOURE qui a succombé doit être condamné aux dépens ;

PAR CES MOTIFS

Statuant publiquement, après en avoir délibéré,

Déclare le pourvoi irrecevable ; Condamne Ibrahima Khalil TOURE aux dépens.

Irrecevabilité des moyens nouveaux mélangés de fait et de droit (CCJA, Ass., plén., n°45/2015, 27 avril 2015)

Sommaire

Sont irrecevables les moyens nouveaux présentés pour la première fois devant la CCJA dès lorsqu'ils sont mélangés de fait et de droit.

La Cour Commune de Justice et d'Arbitrage (CCJA), de l'Organisation pour l'Harmonisation en Afrique du Droit des Affaires (OHADA), Assemblée plénière, a rendu l'arrêt suivant en son audience foraine tenue le 27 avril 2015 à Bamako (république du Mali), où étaient présents :

Messieurs Marcel SEREKOÏSSE SAMBA,	Président
Abdoulaye Issoufi TOURE,	Premier Vice-Président
Madame Flora DALMEIDA MELE,	Seconde Vice-Présidente
Messieurs Mamadou DEME,	Juge
Djimasna N'DONINGAR,	Juge
et Maître Paul LENDONGO,	Greffier en chef ;

Sur le renvoi, en application de l'article 15 du Traité relatif à l'harmonisation du droit des affaires en Afrique, devant la cour de céans, de l'affaire Société Nationale de Recouvrement dite SNR contre Héritiers de feu Matar NDIAYE, par l'arrêt n°09 du 03 mars 2010 de la cour suprême du SENEGAL, saisie d'un pourvoi, enregistré au greffe de la cour de céans le 13 octobre 2011 sous le n°005/2011/PC et formé par Maître N'Dèye Maty DJIGUEUL, Avocat à la cour, agissant au nom et pour le compte de la Société Nationale de Recouvrement dite SNR, venant aux droits et obligations de la Banque Nationale de Développement du Sénégal dite BNDS, dans la cause l'opposant aux héritiers de feu Matar NDIAYE, ayant pour conseil Maîtres TALL & Associés et Mes GENI & SANKALE,

en cassation de l'arrêt n°365 rendu le 29 avril 2008 par la cour d'appel de Dakar, dont le dispositif est le suivant :

« Statuant publiquement, contradictoirement, en matière civile et en dernier ressort ;

Vu l'ordonnance de clôture du conseiller de le mise en état du 1er avril 2008 ;

<u>Au fond</u>

Confirme le jugement entrepris en toutes ses dispositions »;

La requérante invoque à l'appui de son pourvoi les trois moyens de cassation tels qu'ils figurent à la requête annexée au présent arrêt ;

Sur le rapport de Monsieur Namuano Francisco DIAS GOMES, Juge ;

Vu les articles 13, 14 et 15 du Traité relatif à l'harmonisation du droit des affaires en Afrique ;

Vu le Règlement de procédure de la Cour Commune de Justice et d'Arbitrage de l'OHADA ;

Attendu qu'il résulte des pièces du dossier de la procédure que le 05 août 1974, la banque Nationale de Développement du Sénégal dite BNDS accordait un crédit à la société dénommée SAFCOP ; qu'au paiement de ce crédit, le sieur Matar NDIAYE s'est porté garant ; que suite au décès de Matar NDIAYE et au non paiement, la Société Nationale de Recouvrement (SNR) venant aux droits de la BNDS, notifiait une contrainte aux héritiers NDIAYE ; que la contrainte étant devenue exécutoire, la SNR leur servait le 27 avril 2004, un commandement valant saisie ; qu'à l'audience des criées du 07 septembre 2004, le tribunal régional hors classe de Dakar, déclarait la créance de la SNR éteinte du fait de la prescription et ordonnait la mainlevée du commandement ; que sur appel, la cour confirmait ce jugement par arrêt dont pourvoi ;

Sur le premier moyen tiré de la contrariété de motifs

Attendu qu'il est reproché à l'arrêt querellé d'avoir par adoption de motifs, repris la contradiction des motifs du premier juge qui a retenu qu'il résulte des pièces produites que la contrainte rendue exécutoire par arrêté ministériel en date du 24 juin 1992 a été signifiée aux héritiers de Matar NDIAYE S/C de Michèle NDIAYE le 24 janvier 1995 comme en atteste la notification de la contrainte avec commandement de payer produite aux débats et d'avoir lui-même énoncé que « il est constant comme résultant des pièces de la procédure, que la créance dont le paiement est poursuivi par contrainte en date du 25 janvier 1995 rendue exécutoire par arrêté ministériel du 24 juin 1992 résulte de la garantie du sieur Matar NDIAYE… » et d'avoir malgré tout dénié le caractère de titre exécutoire à la contrainte ;

Mais attendu qu'il appert des pièces de la procédure que même si la contrainte a été rendue exécutoire par arrêté ministériel, elle devait néanmoins être signifiée ; que dès lors son état de titre exécutoire au sens de l'article 33 de l'Acte uniforme est utilement contesté ; que du fait de la différence entre « contrainte rendue exécutoire » et un titre exécutoire il n'y a aucune contrariété de motifs et le moyen doit être écarté ;

Sur le deuxième moyen tiré d'un défaut de réponse à conclusions

Attendu selon le moyen, qu'en répondant à l'argumentation des héritiers de feu Matar NDIAYE, invoquant les dispositions de l'article 1068 du code général des impôts, la SNR avait rétorqué que cette argumentation ne tenait pas en compte les dispositions de l'article 1023 du même code qui substituaient après interruption d'une prescription, le délai de droit commun c'est-à- dire 10 ans, à celui de 5 ans ; que nulle part l'arrêt n'a fait allusion à cette conclusion ;

Mais attendu que dans ses conclusions d'appel le mémorant a fait référence à l'article 1023 du code général des Impôts en ce qu'il réglemente la présentation des titres de perception et les interruptions de leur prescription ; qu'à cette conclusion la cour a répondu en motivant qu'à compter du 24 janvier 1995 « un nouveau délai quinquennal commence à courir et devait arriver à expiration le 27 janvier 2000 » ; que dès lors le moyen lié à un défaut de réponse à cette conclusion n'est pas fondé et doit être rejeté ;

Sur le troisième moyen tiré d'une mauvaise application de la loi

Attendu qu'il est fait grief à l'arrêt déféré d'avoir violé les dispositions du code général des impôts, en ce qu'il a continué à faire référence à une prescription de 5 ans alors que la prescription de droit commun est de 10 ans aux termes de l'article 1023 dudit code, s'il est encore permis de parler de prescription devant un titre exécutoire ;

Mais attendu que ce moyen mélangé de fait et de droit soulevé pour la première fois en cassation sous cette formulation devient un moyen nouveau ; qu'il doit être déclaré irrecevable ;

Attendu qu'il échet de rejeter le pourvoi ;

Attendu que la SNR ayant succombé, il y a lieu de la condamner aux dépens.

PAR CES MOTIFS

Statuant publiquement, après en avoir délibéré,

Rejette le pourvoi ;

Condamne la SNR aux dépens.

Irrecevabilité du recours ne soulevant la violation d'aucun Acte uniforme (CCJA, Ass.plén., n°46/2015, 27 avril 2015

Sommaire
Doit être rejeté le recours qui ne vise aucune disposition de l'Acte uniforme qui aurait été violée par la décision attaquée.

La Cour Commune de Justice et d'Arbitrage (CCJA), de l'Organisation pour l'Harmonisation en Afrique du Droit des Affaires (OHADA), Assemblée plénière, a rendu l'Arrêt suivant en son audience foraine tenue le 27 avril 2015 à Bamako (République du Mali), où étaient présents :

Messieurs Marcel SEREKOÏSSE SAMBA,	Président
Abdoulaye Issoufi TOURE,	Premier Vice-président
Madame Flora DALMEIDA MELE,	Seconde Vice-présidente
Messieurs Mamadou DEME,	Juge
Djimasna N'DONINGAR,	Juge, Rapporteur
et Maître Paul LENDONGO,	Greffier en chef ;

Sur le renvoi de la cour de cassation du Sénégal, par arrêt n°74 du 07 juillet 2010, en application de l'article 15 du Traité relatif à l'Harmonisation du Droit des Affaires en Afrique, devant la cour de céans, de l'affaire opposant la Société de Crédit et d'Equipement du Sénégal (SOCRES), sise à Dakar, Allées Robert DELMAS X GALANDOU DIOUF, BP 135, ayant pour conseil Maître Khalilou SEYE, Avocat à la cour, demeurant à : 18, rue Armand Angrand, Dakar - Sénégal, et la Société IMMO CONSEIL, S.A.R.L. dont le siège est à Dakar, 16, rue Colbert, ayant pour conseils Maitres Guédel NDIAYE & Associés, Avocats à la cour, demeurant : 73, rue Amadou Assane Ndoye à Dakar – Sénégal,

en cassation de l'arrêt n°646 rendu le 31 juillet 2008 par la cour d'appel de Dakar et dont le dispositif est le suivant :

« Statuant publiquement, contradictoirement, en matière civile et en dernier ressort ;

Vu l'ordonnance de clôture rendue le 19 juin 2008 ;

Au fond :

Infirme la décision entreprise ;

Statuant à nouveau :

Déboute la SOCRES de toutes ses demandes ;

La condamne aux dépends. » ;

La requérante invoque à l'appui de son pourvoi les deux moyens de cassation tels qu'ils figurent à la requête annexée au présent arrêt ;

Sur le rapport de Monsieur DJIMASNA N'DONINGAR, Juge ;

Vu les dispositions des articles 13, 14 et 15 du Traité relatif à l'Harmonisation du Droit des Affaires en Afrique ;

Vu le Règlement de procédure de la Cour Commune de Justice et d'Arbitrage de l'OHADA ;

Attendu qu'il ressort des pièces du dossier de la procédure qu'en date du 1er juillet 2002, la Société IMMO Conseil, mandataire de la SCI NABOU, donnait à bail à la Société de Crédit et d'Equipement du Sénégal (SOCRES) un ensemble de bureaux sis à Dakar pour une durée d'un an renouvelable ; que, courant l'année 2003, la SOCRES adressait vainement à son cocontractant des correspondances lui signalant un défaut d'étanchéité entrainant des fuites d'eau qui causaient des dégâts dans les locaux loués ; que, tirant les conséquences de l'inertie de son bailleur, la SOCRES libéra les lieux et saisit le tribunal régional de Dakar en réparation des préjudices subis du fait des infiltrations d'eau ; que, par jugement n°1685 en date du 12 juillet 2005, ledit tribunal condamnait la Société IMMO à réparer le préjudice subi par la SOCRES ; que la cour d'appel de Dakar, saisie par la Société IMMO, a rendu l'arrêt dont pourvoi ;

Sur la recevabilité du pourvoi relevé d'office

Attendu qu'aux termes de l'article 28 (nouveau) -1 in fine du Règlement de procédure de la cour de céans, « le recours indique les Actes uniformes ou les Règlements prévus par le Traité dont l'application dans l'affaire justifie la saisine de la Cour » ;

Attendu que dans le cas d'espèce qui soulève des questions relatives aux obligations des parties à un bail professionnel, relevant de l'Acte uniforme sur le droit commercial général, la requérante n'élève à l'appui de son recours devant la cour de cassation aucun grief spécifique ayant trait à la violation d'une quelconque disposition de l'Acte uniforme susmentionné et s'est bornée à énoncer des moyens fondés sur la violation du droit interne sénégalais ; que les courriers n°96/2011/G2 et 97/2011/G2, en date du 28 février 2011, envoyés par le greffe de la cour de céans pour demander aux parties de déposer leurs écritures et pièces dans un délai d'un mois à compter de la réception du courrier, sont restés sans réponse ; qu'il y a donc lieu de déclarer le recours irrecevable ;

Attendu que la Société de Crédit et d'Equipement du Sénégal (SOCRES), ayant succombé, sera condamnée aux dépens ;

PAR CES MOTIFS

Statuant publiquement, après avoir délibéré,

Déclare irrecevable le pourvoi formé par la Société de Crédit et d'Equipement du Sénégal (SOCRES) ;

La condamne aux dépens.

2. Les conditions de forme et de délai

Recours devant la CCJA : le délai du recours est de deux mois à compter de la signification de la décision attaquée (CCJA, 1ère Ch., n°08/2015, 30 mars 2015)

Sommaire

Le délai de recours devant la CCJA est de deux mois à compter de la signification de la décision attaquée. La simple connaissance que le demandeur ait pu avoir des arrêts attaqués ne saurait suppléer à cette carence et faire courir le délai du recours.

La Cour Commune de Justice et d'Arbitrage (CCJA) de l'Organisation pour l'Harmonisation en Afrique du Droit des Affaires (OHADA), Première chambre, a rendu l'arrêt suivant, en son audience publique du 30 mars 2015 où étaient présents :

Messieurs Marcel SEREKOÏSSE-SAMBA,	Président
Mamadou DEME	Juge, rapporteur
Djimasna N'DONINGAR,	Juge
et Maître Jean Bosco MONBLE,	Greffier ;

Sur le recours enregistré au greffe de la Cour de céans le 23 juillet 2009 sous le n°68/2009/PC et formé par Afriland First Bank, anciennement dénommée « CCEI BANK », société anonyme dont le siège social est sis à la Place de l'Indépendance à Yaoundé, BP11834 Yaoundé, ayant pour conseil Maître PENKA Michel, Avocat au Barreau du Cameroun, BP 3588 Douala Bonanjo, dans la cause qui l'oppose à la Compagnie Africaine pour le Commerce International au Cameroun, en abrégé CACIC SA, société anonyme ayant son siège social à New Bell Douala, BP 6017 Douala et aux ayants droits de GARBA Aoudou, représentés par GARBA Abdoul MOUMOUNI, Nasser GARBA et GARBA Garba Aoudou, ayant pour conseils Maîtres Eugène Jacques MATANDA, avocat au Barreau du Cameroun, BP 3100 Douala et Abdoul AZIZ, Avocats au Barreau du Cameroun, BP 12405 Douala,

en cassation des arrêts ci-après :

1) n°193/C/ADD rendu le 27 août 2007 par la cour d'appel du Littoral à Douala, dont le dispositif est ainsi conçu ;

« Statuant publiquement, contradictoirement à l'égard des parties en matière civile et commerciale, en dernier ressort après en avoir délibéré conformément à la loi et en la forme collégiale ;

EN LA FORME

Reçoit l'appel ;

AU FOND

AVANT DIRE DROIT :

Ordonne une contre-expertise aux fins d'établir l'existence ou non de la créance querellée par la détermination du solde des comptes des parties ;

Désigne pour y procéder un collège de trois experts à savoir Messieurs KUIYA Lajoie, ESSEMI Ngono Paul et ASAFORCHI Cornelis, tous experts financiers agrées près la Cour d'Appel du Littoral ;

Dit que ce collège dispose d'un délai d'un mois à compter de la notification du présent arrêt pour déposer son rapport au Greffe de la Cour d'Appel de céans ;

Fixe à 6000.000 (six millions) de francs à raison de 2000.000 de francs par expert, le montant des frais d'expertise à supporter de moitié par chacune des parties ;

Réserve les dépens ;

Renvoie au 19 octobre 2007 pour exécution avant-dire-droit » ;

2) n° 109/C rendu le 1er août 2008 par la même Cour d'appel, dont le dispositif est le suivant :

« Statuant publiquement, contradictoirement à l'égard de toutes les parties en matière civile et commerciale, en appel, en dernier ressort et après en avoir délibéré conformément à la loi ;

EN LA FORME

Constate que l'appel a été reçu ;

AU FOND

Infirme le jugement entrepris,

STATUANT A NOUVEAU

Annule le commandement aux fins de saisie-immobilière délivré 23 mai 2006 par Me ALOBOUEDE Edouard, huissier de justice à Douala, à la CACIC et à GARBA Aoudou, à la requête de la société Afriland First Bank SA ;

Condamne Afriland First Bank SA aux dépens distraits au profit de Maîtres ABDOUL AZIZ et la SCP JABEA et MATANDA, Avocats aux offres de droit » ;

Afriland First Bank invoque à l'appui de son pourvoi deux moyens de cassation tels qu'ils figurent à sa requête annexée au présent arrêt ;

Sur le rapport de Monsieur Mamadou DEME, Juge ;

Vu les articles 13 et 14 du Traité relatif à l'harmonisation du droit des affaires en Afrique ;

Vu le Règlement de procédure de la Cour Commune de Justice et d'Arbitrage de l'OHADA ;

Attendu qu'il résulte des écritures des parties et des pièces qu'elles produisent que suivant exploit du 23 mai 2006, la société Afriland First Bank a fait servir commandement aux fins de saisie-immobilière à la CACIC et à El Hadji GARBA

Aoudou, pour avoir paiement de la somme de 1.351.187.592 F CFA en principal ; que par jugement n°197 en date du 07 décembre 2006, le tribunal de grande instance du Wouri à Douala a rejeté les dires et observations déposés par les défendeurs et fixé la date de la vente au 04 janvier 2007 ; que sur l'appel formé contre ce jugement par les saisis, la cour d'appel du Littéral à Douala a rendu successivement les arrêts frappés de pourvoi ;

Sur l'irrégularité du mandat spécial des conseils du défendeur

Attendu que suivant mémoire en réplique reçu le 05 juin 2010, la société requérante soulève la nullité du mandat de représentation excipé par les conseils des défendeurs et en conséquence l'irrecevabilité des mémoires qu'ils ont déposés pour le compte de ces derniers ; qu'elle fait valoir que ledit mandat a été donné par un dénommé MAHAWA Nasser, dont il n'a pas été démontré qu'il a un pouvoir de représentation de la CACIC SA ;

Mais attendu qu'il résulte du procès-verbal des délibérations du conseil d'administration extraordinaire de la CACIC SA en date du 12 novembre 2007 que le nommé GARBA Nasser a été désigné comme Directeur Général de la CACIC SA ; qu'il résulte du certificat d'individualité en date du 03 juillet 2007 et du certificat d'authenticité de ce document en date du 05 juillet 2011, régulièrement produits aux débats par les défendeurs, que les appellations « GARBA Nasser » et « MAHAMA Nasser » s'appliquent à une seule et même personne ; qu'il échet de rejeter la fin de non recevoir comme mal fondée ;

Sur la recevabilité du pourvoi :

Sur la violation des articles 14, 15 et 17 du Traité

Attendu que dans leur mémoire en réponse reçu le 19 mars 2010, les défendeurs invoquent l'irrecevabilité du recours pour violation des articles 14 et 15 du Traité constitutif de l'OHADA, en ce que la requête introductive est adressée au président de la Cour et non à la Cour elle-même, seule compétente pour en connaître en vertu des textes précités ; qu'ils invoquent également la violation de l'article 17 du Traité, en ce que le présent recours a été déposé alors que celui dont la cour suprême du Cameroun avait préalablement été saisie le 1er août 2008 par la requérante, contre le même arrêt n°109/C, est encore pendant devant cette juridiction ;

Mais attendu qu'il résulte sans équivoque des termes employés dans la requête, notamment de l'emploi de la formule « C'est pourquoi la société requérante sollicite qu'il plaise à la Cour Commune de Justice et d'Arbitrage » que les demandes d'Afriland First Bank sont adressées à la Cour et non à son président lui-même ;

Attendu qu'en application de l'article 16 du Traité relatif à l'harmonisation du droit des affaires en Afrique, sauf en matière de procédure d'exécution, la saisine de la Cour Commune de Justice et d'Arbitrage suspend toute procédure de cassation engagée devant une juridiction nationale ; que l'exception soulevée de ces chefs apparaissant mal fondée, il convient de la rejeter ;

Sur l'irrégularité du mandat spécial du conseil de Afriland First Bank

Attendu que dans les mêmes écritures, les défendeurs invoquent l'irrégularité du mandat de représentation dont se prévaut Maître PENKA Michel, en ce qu'il lui a été donné pour former un recours contre le seul arrêt n°109/C du 1er août 2008 de la cour d'appel du Littoral à Douala, dans la cause opposant Afriland First Bank à GARBA Aoudou, alors que, d'une part, la requête de pourvoi est dirigée également contre l'arrêt n°193/C ADD rendu le 27 août 2007 par la même cour d'appel et que, d'autre part, la saisine de la cour est relative à l'affaire Afriland First Bank contre CACIC et GARBA Aoudou ;

Mais attendu que le mandat contesté a été délivré au cabinet PENKA Michel et Associés à l'effet de représenter Afriland First Bank « ...auprès de la Cour Commune de Justice et d'Arbitrage d'Abidjan pour le recours en cassation contre l'arrêt n°109/C du 1er août 2008 de la Cour d'Appel du Littoral dans l'affaire (l') opposant à GARBA Aoudou» ; qu'il a été également donné à l'avocat le pouvoir d' « ...accomplir toutes les formalités, requérir tous extraits, conclure, plaider et de façon générale, faire le nécessaire pour parvenir à la cassation de l'arrêt sus évoqué » ; que les termes d'un tel mandat autorisent le mandataire à attaquer également l'arrêt avant dire droit n°193/C ADD du 27 août 2007, simplement préparatoire de l'arrêt 109/C visé au mandat ;

Attendu que les arrêts attaqués ont opposé Afriland First Bank à la CACIC et GARBA Aoudou ;

Attendu qu'il y a lieu de dire que le pourvoi a été formé en conformité avec le mandat précité et de rejeter l'exception ;

Sur la violation de l'article 28 du Règlement de procédure ;

Attendu que les défendeurs invoquent en outre la violation de l'article 28 du Règlement de procédure de la CCJA en ce que :

Afriland First Bank a soutenu dans sa requête introductive que les arrêts attaqués ne lui ont jamais été signifiés, alors que le recours en cassation devant la cour suprême qu'elle avait formé le 1er août 2008 contre les mêmes décisions établissent qu'elle s'est fait délivrer une expédition desdites décisions par le greffe de la cour d'appel, et qu'elle en a donc eu connaissance au moins depuis le 13 avril 2009 ; que dès lors, le recours qui a été reçu au greffe de la CCJA plus de 2 mois après cette date est tardif ;

il résulte certes de la requête que le conseil des défendeurs a élu domicile « à Abidjan, chez monsieur CHECHOM KAMMOGNE Christophe Constant, 06 B.P 2630 Abidjan 06 », mais il ne résulte d'aucun élément du dossier que le nommé CHECHOM KAMMOGNE Christophe Constant a consenti à recevoir toutes les significations, comme exigé par le texte susvisé ;

il résulte des mentions de l'arrêt n°109/C du 1er août 2008 produit aux débats qu'il a été enregistré le 14 novembre 2007 ; que ledit arrêt n'ayant été prononcé que près d'un an après cette date, lesdites mentions ne peuvent être que frauduleuses ; que la production d'un arrêt frappé d'un tel vice équivaut à un défaut de production, en application de l'adage « la fraude corrompt tout », et donc à une violation du texte susvisé, qui prescrit la production de la décision objet du pourvoi ;

Mais attendu qu'il n'est produit aux débats aucun acte de signification formelle des arrêts entrepris, au sens de l'article 28 alinéa 1 du règlement de procédure ; que la simple connaissance que Afriland First Bank a pu avoir des arrêts attaqués ne saurait suppléer à cette carence et faire courir le délai du recours ;

Attendu que tous les actes de la présente procédure ont été signifiés à la requérante à son domicile élu et été reçus sans aucune contestation, ce qui établit suffisamment le consentement du nommé CHECHOM KAMMOGNE Christophe à les recevoir ;

Attendu que la fraude à l'enregistrement de l'arrêt n°109/C invoquée n'est pas établie, la simple contradiction entre la date de son accomplissement et celle du prononcé de l'arrêt ne suffisant pas pour la caractériser ;

Attendu que l'exception d'irrecevabilité opposée de ces chefs doit pareillement être rejetée ;

Sur l'incompétence de la Cour Commune de Justice et d'Arbitrage

Attendu que les défendeurs soulèvent l'incompétence de la Cour, au motif que le recours porte sur des matières qui ne relèvent pas de sa compétence ;

Mais attendu qu'aux termes de l'article 14 alinéas 3 et 4 du Traité relatif à l'harmonisation du droit des affaires en Afrique :

« Saisie par la voie du recours en cassation, la Cour se prononce sur les décisions rendues par les juridictions d'appel des Etats-parties dans toutes les affaires soulevant des questions relatives à l'application des Actes uniformes et des règlements prévus au présent Traité à l'exception des décisions appliquant des sanctions pénales.

Elle se prononce dans les mêmes conditions sur les décisions non susceptibles d'appel rendues par toute juridiction des Etats-parties dans les mêmes contentieux » ;

Attendu que le pourvoi est formé contre des décisions rendues en matière de saisie immobilière ; qu'il est fondé notamment sur la violation des articles 33, 247, 254, 297 et 300 de l'Acte uniforme portant organisation des procédures simplifiées de recouvrement et des voies d'exécution ; qu'ainsi, l'affaire soulève sans conteste des questions relatives à l'application des Actes uniformes et des règlements prévus au Traité, au sens des dispositions susvisées ; qu'il échet de rejeter l'exception et de se déclarer compétent ;

Sur le premier moyen en sa première branche, pris de la violation de l'article 300 de l'Acte uniforme portant organisation des procédures simplifiées de recouvrement et les voies d'exécution

Vu l'article 300 de l'Acte uniforme portant organisation des procédures simplifiées de recouvrement et des voies d'exécution ;

Attendu que la requérante reproche à l'arrêt n°193/C/ADD du 27 Août 2007 d'avoir violé ce texte, en rejetant l'exception d'irrecevabilité de l'appel qu'elle a opposée, alors que le jugement n°197 en date du 07 décembre 2006, objet dudit appel, n'a statué ni sur le principe de la créance, ni sur un quelconque des moyens de fond énumérés au dit texte, les dires et observations déposés par les défendeurs ne portant que sur le caractère liquide et exigible de la créance ;

Attendu qu'il résulte des dispositions de l'article 300 de l'Acte uniforme portant organisation des procédures simplifiées de recouvrement et des voies d'exécution que :

« Les décisions judiciaires rendues en matière de saisie immobilière ne sont pas susceptibles d'opposition ;

Elles ne peuvent être frappées d'appel que lorsqu'elles statuent sur le principe même de la créance ou sur des moyens de fond tirés de l'incapacité d'une des parties, de la propriété, de l'insaisissabilité ou de l'inaliénabilité des biens saisis ;

Les décisions de la juridiction d'appel ne sont pas susceptibles d'opposition.

Les voies de recours sont exercées dans les conditions du droit commun » ;

Attendu que pour rejeter l'exception d'irrecevabilité opposée sur le fondement de ce texte, le juge d'appel a énoncé que « ...pour avoir ordonné la vente, le premier juge a forcément et nécessairement statué sur le principe même de la créance, la vente n'en étant que la conséquence » ;

Mais attendu que par leurs dires et observations déposés au greffe le 18 octobre 2006, les saisis ont plaidé au principal la nullité du commandement valant saisie, pour violation des articles 247 et 254 de l'Acte uniforme précité, aux motifs que la créance n'est ni liquide ni exigible, et que le commandement du 23 mai 2006 n'a pas été établi et signifié dans les formes prescrites par ces textes ; qu'à titre subsidiaire, ils ont contesté la mise à prix des immeubles saisis, et sollicité la désignation d'un expert pour en déterminer la valeur ; qu'il résulte des termes mêmes du jugement n°197 du 07 décembre 2006 qui a statué sur ces dires, que « les saisis n'ont jamais nié le principe de la créance, laquelle ils ont par l'organe de leur conseil, reconnu à l'audience (SIC) » ;

Qu'en recevant l'appel formé contre un tel jugement, le juge d'appel a violé le texte visé au moyen ; qu'il échet de casser l'arrêt n°193/C/ADD du 27 Août 2007 et, par voie de conséquence, l'arrêt n°109/C du 1er août 2008 qui en est la suite, sans qu'il ne soit nécessaire d'examiner la deuxième branche du premier moyen et le deuxième moyen ;

Sur l'évocation

Attendu que par requête reçue le 13 décembre 2006, la CACIC et El Hadji GARBA Aoudou ont formé appel contre le jugement n°197 rendu le 07 décembre 2006 par le tribunal de grande instance du Wouri à Douala, dont le dispositif est ainsi conçu :

« Statuant publiquement, contradictoirement à l'égard de toutes les parties, en matière civile et commerciale, en premier ressort et après en avoir délibéré conformément à la loi ;

Reçoit El Hadji GARBA Aoudou et CACIC en leurs dires et observations comme faits dans les forme et délai de la loi ;

Les déclare non fondés ;

Ordonne en conséquence la continuation des poursuites par la vente des immeubles saisis ce, après accomplissement des formalités de publicité de l'article 276 de l'Acte OHADA n°6 portant sur les voies d'exécution ;

Dit que la vente aura lieu devant le Tribunal de Grande Instance de céans le 04 janvier 2007 ;

Dit enfin que les dépens de la procédure seront privilégiés de l'expropriation » ;

Sur la recevabilité de l'appel

Attendu que Afriland First Bank a soulevé l'irrecevabilité de l'appel sur le fondement des dispositions de l'article 300 alinéa 2 de l'Acte uniforme portant organisation des procédures simplifiées de recouvrement et des voies d'exécution ;

Attendu que pour les mêmes motifs que ceux ayant conduit à la cassation, il échet de déclarer l'appel irrecevable ;

Attendu que la CACIC et El Hadji GARBA Aoudou qui ont succombé doivent être condamnés aux dépens.

PAR CES MOTIFS

Statuant publiquement, après en avoir délibéré ;

Casse les arrêts n°193/C/ADD du 27 août 2007 et n°109/C du 1er août 2008 de la cour d'appel du Littoral à Douala ;

Evoquant et statuant sur le fond,

Déclare irrecevable l'appel formé par la CACIC et El Hadji GARBA Aoudou contre le jugement n°197 rendu le 07 décembre 2006 par le tribunal de grande instance du Wouri à Douala ;

Condamne la CACIC et El Hadji GARBA Aoudou aux entiers dépens.

Le délai du recours devant la CCJA est d'ordre public et le droit interne ne peut y déroger (CCJA, Ass. Plén., n°76/2015, 29 avril 2015)

Sommaire

Le délai du recours en annulation prescrit par l'article 18 du Traité OHADA est d'ordre public et aucune norme de droit interne ne peut avoir pour effet d'y déroger.

La Cour Commune de Justice et d'Arbitrage (CCJA) de l'Organisation pour l'Harmonisation en Afrique du Droit des Affaires (OHADA) a rendu, en Assemblée plénière, l'arrêt suivant en son audience publique foraine tenue le 29 avril 2015 à Ouagadougou au Burkina Faso où étaient présents :

Messieurs Marcel SEREKOÏSSE-SAMBA,	Président
Abdoulaye Issoufi TOURE,	Premier Vice-président
Madame Flora DALMEIDA MELE,	Second Vice-président
Messieurs Victoriano OBIANG ABOGO,	Juge
Idrissa YAYE,	Juge rapporteur
et Maître Paul LENDONGO,	Greffier en chef ;

Sur le pourvoi enregistré au greffe de la Cour sous le n°047/2010/PC en date du 12 mai 2010 et formé par la SCPA Malick SALL & Associés, Avocats à la cour, demeurant à Dakar, 57, Avenue Hassan II (ex-Albert Sarraut), agissant au nom et pour le compte de Monsieur Abdoulaye DIENG, profession commerçant, demeurant à Dakar HLM 5, Centre Commercial Elisabeth DIOUF, dans la cause l'opposant à la Société TRANSSENE, siège social Boulevard de l'Arsenal à Dakar ayant pour conseils maître Domingo DIENG, 3 rue Amadou Assane NDOYE x rue Vincent à Dakar, maître Boubacar BADJI, 4 rue Alfred Goux à Dakar et maître Oumar DIOP, 4 rue Alfred Goux à Dakar, tous avocats à la cour,

en annulation de l'arrêt n°67 rendu le 04 juin 2008 par la deuxième chambre de la Cour de cassation et dont le dispositif est le suivant :

« Et sans qu'il y ait lieu de statuer sur le 3ème moyen du pourvoi ;

Casse et annule l'arrêt n°589, rendu le 07 août 2007 par la Cour d'appel de Dakar, mais seulement en ce qu'il a confirmé la condamnation de la société TRANSSENE au paiement de la contre valeur du riz restant à livrer et de dommages intérêts au profit de Abdoulaye DIENG ;

Dit n'y avoir lieu à renvoi ;

Rejette le pourvoi pour le surplus ;

Fait masse des dépens d'instance et d'appel et dit qu'ils seront supportés pour moitié par chacune des parties ;

Ordonne la restitution de l'amende ; » ;

Le requérant invoque à l'appui de son pourvoi les trois moyens d'annulation tels qu'ils figurent à la requête annexée au présent arrêt ;

Sur le rapport de monsieur Idrissa YAYE, Juge ;

Vu les dispositions des articles 13, 14 et 18 du Traité relatif à l'harmonisation du droit des affaires en Afrique ;

Vu les dispositions du Règlement de procédure de la Cour Commune de Justice et d'Arbitrage de l'OHADA ;

Attendu qu'il ressort des pièces du dossier de la procédure que sur pourvoi formé par la Société TRANSSENE contre l'arrêt confirmatif n°589 en date du 07 août 2007 de la cour d'appel de Dakar, la chambre civile et commerciale de la Cour de cassation du Sénégal a rendu l'arrêt n°67 du 04 juin 2008, par lequel elle a, notamment, cassé et annulé sans renvoi l'arrêt n°589 entrepris, mais seulement en ce qu'il a confirmé la condamnation de la Société TRANSSENE au paiement de la contre valeur du riz restant à livrer et de dommages et intérêts au profit de Abdoulaye DIENG ;

Que suivant requête en date du 08 juillet 2008, Abdoulaye DIENG a sollicité de la Cour suprême du Sénégal, le rabat de son arrêt n°67 et le renvoi de la cause devant la Cour Commune de Justice et d'Arbitrage ;

Que la Cour suprême du Sénégal, chambres réunies, a rejeté ladite requête par son arrêt n°01 en date du 30 mars 2010 ;

Que c'est contre l'arrêt du 4 juin 2008, qui lui a été signifié le 27 juin 2008, que monsieur Abdoulaye DIENG a exercé un recours en annulation devant la Cour de céans par requête en date du 23 avril 2010 et enregistré au greffe sous le n°047/2010/PC du 12 mai 2010 ;

Sur la recevabilité du recours en annulation

Vu l'article 18 du Traité institutif de l'OHADA ;

Attendu que dans son mémoire en réponse en date du 23 août 210 et enregistré au greffe de la Cour de céans le 20 septembre 2010, la société TRANSSENE soulève in limine litis l'irrecevabilité manifeste de l'action initiée par Abdoulaye Dieng, motifs pris de ce que, non seulement, le recourant n'a jamais contesté devant la Cour de cassation la compétence de cette dernière, mais aussi, ce recours est intervenu plus de deux mois après la signification dudit arrêt ;

Attendu qu'aux termes de l'article 18 du Traité précité et invoqué par le requérant : « Toute partie qui, après avoir soulevé l'incompétence d'une juridiction nationale statuant en cassation estime que cette juridiction a, dans un litige la concernant, méconnu la compétence de la Cour Commune de Justice et d'Arbitrage, peut saisir cette dernière dans un délai de deux mois à compter de la notification de la décision contestée.

La cour se prononce sur sa compétence par arrêt qu'elle notifie tant aux parties qu'à la juridiction en cause. Si la Cour décide que cette juridiction s'est déclarée compétente à tort, la décision rendue par cette juridiction est réputée nulle et non avenue.» ;

Attendu, en l'espèce, que l'arrêt entrepris a été signifié à monsieur Abdoulaye DIENG à la requête de la société TRANSSENE par exploit d'huissier de justice en date du 27 juin 2008 ; que ce dernier n'a exercé son recours contre ledit arrêt que le 12 mai 2010, soit largement plus de deux mois après la notification dudit arrêt ;

Attendu que le délai prescrit par l'article 18 du Traité susmentionné est d'ordre public et qu'aucune norme de droit interne ne peut avoir pour effet d'y déroger ; qu'il échet dès lors de déclarer ledit recours irrecevable pour forclusion ;

Sur les dépens

Attendu que monsieur Abdoulaye DIENG ayant succombé, il doit être condamné aux dépens ;

PAR CES MOTIFS

Statuant publiquement après en avoir délibéré,

Déclare irrecevable le recours en annulation formé par monsieur Abdoulaye DIENG contre l'Arrêt n°67 rendu le 04 juin 2010 par la Cour de cassation du Sénégal ;

Condamne monsieur Abdoulaye DIENG aux dépens.

Le recours est recevable même s'il est formé avant la signification de la décision attaquée (CCJA, Ass. Plén., n°47/2015, 27 avril 2015)

> Sommaire
>
> Le pourvoi est recevable devant la CCJA même s'il est formé avant la signification de la décision attaquée. La notification de la décision attaquée suffit.
>
> Viole l'article 13 de l'AUA le juge étatique qui retient sa compétence au mépris d'une clause compromissoire et de l'exception d'incompétence soulevée par une partie.

La Cour Commune de Justice et d'Arbitrage (CCJA), de l'Organisation pour l'Harmonisation en Afrique du Droit des Affaires (OHADA), Assemblée plénière, a rendu l'Arrêt suivant en son audience foraine tenue du 27 avril 2015 à Bamako (République du Mali), où étaient présents :

Messieurs Marcel SEREKOISSE-SAMBA,	Président
Abdoulaye Issoufi TOURE,	1er Vice-Président, rapporteur
Madame Flora DALMEIDA MELE,	Seconde Vice-Présidente
Messieurs Mamadou DEME,	Juge
Djimasna N'DONINGAR,	Juge
et Maître Paul LENDONGO,	Greffier en chef,

Sur le pourvoi enregistré au greffe de la cour de céans le 24 mars 2011 sous le n°029/2011/PC et formé par la SCP Mame Adama GUEYE et Associés, Avocats à la cour, demeurant 107-109 Rues Moussé Diop x Amadou Assane Ndoye à Dakar, BP 11443 agissant au nom et pour le compte de la Société CIM Sahel Energie SA en liquidation dont le siège est à Kirène, département de Mbour dans la cause qui l'oppose à la Société « Les Ciments du Sahel S.A », dont le siège est à kirène et ayant pour conseils la SCPA KANJO KOÏTA et HOUDA, Avocats à la cour, demeurant au 66 Boulevard de la République à Dakar,

en cassation de l'arrêt n°364 rendu le 29 avril 2008 par la cour d'appel de Dakar et dont le dispositif est le suivant :

« Statuant publiquement, contradictoirement, en matière de référé et en dernier ressort ;

Vu l'ordonnance de clôture des débats rendue par le conseiller de la mise en état le 1er avril 2008 ;

Sur les intérêts de l'appel

Confirme l'ordonnance entreprise en toutes ses dispositions. » ;

La requérante invoque à l'appui de son pourvoi, les trois moyens de cassation tels qu'ils figurent à la requête annexée au présent arrêt ;

Sur le rapport de Monsieur Abdoulaye Issoufi TOURE, Premier Vice-Président ;

Vu les dispositions des articles 13 et 14 du Traité relatif à l'harmonisation du droit des affaires en Afrique ;

Vu le Règlement de procédure de la Cour Commune de Justice et d'Arbitrage de l'OHADA ;

Attendu qu'il résulte des pièces du dossier de la procédure que le 14 novembre 2001, la Société CIM Sahel Energie et la Société « les Ciments du Sahel » signaient un contrat aux termes duquel, la première s'engageait à fournir à titre exclusif de l'énergie à la seconde ; que, courant 2007, suite à une panne, la CIM Sahel s'est trouvée dans l'impossibilité de satisfaire son obligation contractuelle ; qu'aussi sera-t-elle assignée aux fins de constat de la résiliation du contrat et de paiement d'une provision de 1.500.000.000 francs ; que par ordonnance de Référé n°293 rendue le 25 octobre 2007, il a été fait droit à cette requête ; que sur appel, la cour de Dakar, par arrêt dont pourvoi, confirmait l'ordonnance entreprise ;

Sur la compétence de la Cour et la recevabilité du pourvoi

Attendu que, dans son mémoire en réponse, la Société « les ciments du Sahel » a soulevé l'incompétence de la cour aux motifs que les moyens soulevés relèvent exclusivement du droit national ; que de même elle a conclu à l'irrecevabilité du pourvoi pour défaut de signification ;

Mais attendu que par rapport à la compétence, il échet de faire observer que le premier moyen de cassation est tiré de l'application de l'Acte uniforme relatif au droit de l'arbitrage, notamment par rapport à la clause compromissoire contenue dans le contrat du 14 novembre 2001 ; qu'ainsi la cour de céans est compétente ;

Attendu que la jurisprudence de la cour de céans admet le pourvoi même avant la signification et qu'aux termes de l'article 28 nouveau du Règlement de procédure la notification est suffisante ; qu'il échet de dire que le pourvoi est recevable ;

Sur la procédure orale

Attendu que par lettre du 11 juillet 2013 la SCPA Adama GUEYE et Associés, a sollicité que soit organisée une procédure orale ;

Mais attendu qu'après les différentes conclusions des parties aucune difficulté particulière ne demeure ; qu'il échet de dire qu'il n'y a pas lieu à procédure orale ;

Sur le premier moyen tiré de la violation de la loi notamment l'article 13 de l'Acte uniforme relatif au droit de l'arbitrage

Attendu qu'il est fait grief à l'arrêt déféré d'avoir violé l'article 13 visé au moyen en ce que nonobstant l'article 19 de la convention liant les parties et prévoyant l'arbitrage, il a retenu la compétence en référé et a confirmé la décision de résiliation et de condamnation qui ne constitue nullement une mesure provisoire ;

Attendu qu'il n'est pas contesté qu'à l'article 19 de la convention du 14 novembre 2001, il est stipulé que :

« les parties devront faire leurs meilleurs efforts pour arriver à un règlement amiable de tout litige pouvant survenir entre elles dans le cadre du contrat.

En l'absence d'un règlement amiable dans un délai de 60 jours après la demande correspondante d'une des parties pour un règlement à l'amiable, chaque partie sera en droit de soumettre l'affaire à l'arbitrage conformément aux règles de conciliation et l'arbitrage prévue par l'OHADA.

L'arbitrage aura lieu à Dakar… » et qu'aux termes de l'article 13 de l'Acte uniforme du 11 mars 1999 relatif au droit de l'arbitrage « lorsqu'un litige, dont un tribunal arbitral est saisi en vertu d'une convention arbitrale, est porté devant une juridiction étatique, celle-ci doit, si l'une des parties en fait la demande, se déclarer incompétente.

Si le Tribunal arbitral n'est pas encore saisi, la juridiction étatique doit également se déclarer incompétente… » ;

Attendu que la cour d'appel en confirmant l'ordonnance de référé, nonobstant l'exception d'incompétence soulevée et la clause compromissoire sus-indiquée, a manifestement violé les dispositions visées au moyen faisant ainsi encourir la cassation à son arrêt sans qu'il soit nécessaire d'examiner les autres moyens ;

Sur l'évocation

Attendu que par exploit en date du 06 novembre 2007, la Société CIM Sahel Energie a interjeté appel d'une ordonnance de référé rendue le 25 octobre 2007 par le Président du tribunal régional de Dakar ;

Attendu que par conclusion du 02 janvier 2008, la Société CIM Sahel Energie a plaidé l'infirmation de ladite ordonnance en ce que l'article 19 du contrat prévoit une clause d'arbitrage, et l'article 15, une responsabilité de l'une ou l'autre des parties ; qu'il existe des contestations sérieuses fondées sur la force majeure, et sur l'absence de règlement des factures de la part de la CDS ;

Attendu qu'en réplique la CDS a opposé à l'irrecevabilité, l'article 13 infine de l'Acte uniforme visé et les articles 274 et 248 du code de Procédure civile sur les mesures provisoires ou conservatoires ; que le juge des référés a retenu une évidence en constatant la faute lourde de l'appelante fondée sur le procès-verbal de son conseil d'administration ; qu'enfin, il n'y a aucune contestation sérieuse ;

Attendu que la décision de résiliation ne saurait être considérée comme une mesure conservatoire ou provisoire ; que la convention d'arbitrage n'étant pas manifestement nulle doit produire ses effets ; qu'aussi il y a lieu pour la cour d'infirmer l'ordonnance entreprise et de se déclarer incompétente ;

Attendu qu'il échet de mettre les dépens à la charge de la Société « les Ciments du Sahel » ;

PAR CES MOTIFS

Statuant publiquement, après en avoir délibéré,

Se déclare compétente pour statuer sur le pourvoi ;

Déclare le pourvoi recevable ;

Dit n'y avoir lieu à procédure orale ;

Casse l'Arrêt n°364 rendu le 29 avril 2008 par la cour d'appel de Dakar ;

Evoquant et statuant sur le fond,

Infirme l'ordonnance de référé n°293 rendue le 25 octobre 2007 par le Président du tribunal de Dakar ;

Statuant à nouveau

Se déclare incompétente ;

Renvoie les parties à mieux se pourvoir ;

Condamne la Société « les Ciments du Sahel » aux dépens.

Lorsque la CCJA est saisie par renvoi de la juridiction nationale de cassation, la question de la recevabilité du recours n'a plus à être portée en débats (CCJA, 3e Ch., n°193/2015, 23 décembre 2015)

Sommaire

Lorsque la CCJA a été saisie sur renvoi par voie d'arrêt rendu par une juridiction nationale de cassation, et ce en application de l'article 15 du Traité OHADA, la question de la recevabilité du recours formé devant elle ne peut plus être portée en débats. Il s'ensuivra dès lors de dire la demande d'incompétence excipée par le défendeur mal fondée et de déclarer recevable le recours.

La Cour Commune de Justice et d'Arbitrage (CCJA) de l'Organisation pour l'Harmonisation en Afrique du Droit des Affaires (OHADA), troisième chambre, a rendu l'Arrêt suivant en son audience publique du 23 décembre 2015 où étaient présents :

Madame Flora DALMEIDA MELE,

Messieurs Victoriano OBIANG ABOGO,

Idrissa YAYE,

Jean Claude BONZI,

Fodé KANTE,

et Maître Alfred Koessy BADO, Greffier ;

Sur le renvoi en application de l'article 15 du Traité relatif à l'harmonisation du droit des affaires en Afrique devant la Cour de céans de l'affaire Société Générale de Banques de la Cote d'ivoire dite SGBCI contre GNIPLE SERY par arrêt n°515/12 du 12 juillet 2012 de la Cour suprême de la Côte d'ivoire, saisie d'un pourvoi initié par la SGBCI, représentée par monsieur Bernard LABADENS, administrateur directeur général et dont le siège social est à Abidjan 5 et 7 Avenue Joseph ANOMA, 01 BP 1355 Abidjan 01, ayant pour conseils la SCPA TOURE- AMANI-YAO & Associés, avocats à la cour, demeurant à Cocody II Plateaux, Boulevard Latrille, derrière l'agence SGBCI, immeuble KINDALO, 1er étage, porte n°910,28 BP 1018 Abidjan 28, dans la cause l'opposant à Maître GNIPLE SERY, Huissier de justice près le tribunal de première instance de Yopougon, ayant pour conseil Maître GOBA David, avocat à la Cour, demeurant à Abidjan Treichville Gare de Bassam, résidence Kobeissi, Escalier C, 2eme étage, 02 BP 839 Abidjan 02, renvoi enregistré au greffe de la Cour de céans sous le n° 150/2012/PC du 30 octobre 2012,

en cassation de l'Arrêt n°747 CIV 5/B rendu le 29 octobre 2010 par la cour d'appel d'Abidjan, et dont le dispositif est le suivant :

« Statuant publiquement, contradictoirement, en matière civile, de référé et en dernier ressort ;

En la forme

Déclare recevable l'appel de la SGBCI ;

Au fond

L'y dit bien fondée ;

L'en déboute ;

Confirme l'ordonnance attaquée ;

Met les dépens à sa charge. » ;

La requérante invoque à l'appui de son pourvoi les deux moyens de cassation tels qu'ils figurent dans sa requête annexée au présent arrêt ;

Sur le rapport de Monsieur Victoriano OBIANG ABOGO, Juge ;

Vu les dispositions des articles 13, 14 et 15 du Traité relatif à l'harmonisation du droit des affaires en Afrique ;

Vu le Règlement de procédure de la Cour Commune de Justice et d'Arbitrage de l'OHADA ;

Attendu qu'il résulte des pièces du dossier de la procédure qu'en exécution du jugement n° 185/2008 rendu le 13 août 2008 par le tribunal de première instance d'Abidjan ayant condamné la société SCIERIE I.D.E.S de N'DOUCI à lui payer la somme de 3.360.000 francs CFA, maitre GNIPLE SERY faisait pratiquer une saisie conservatoire sur les comptes de la débitrice détenus par la Société Générale de Banques en Côte d'ivoire dite SGBCI ; que le 17 juillet 2009, un acte de conversion de la saisie conservatoire en saisie attribution de créances a été signifié à la SGBCI et dénoncé le même jour à la débitrice ; que s'étant fait délivrer le 04 août 2009 un certificat de non contestation de l'acte de conversion, monsieur GNIPLE SERY faisait signifier ledit certificat au tiers saisi qui déclarait : « saisie inopérante, nous n'avons cantonné aucune somme. Tous les comptes du client étant débiteurs, nous ne pouvons rien payer au titre de la saisie. » ; qu'estimant que le jour de la saisie conservatoire, l'un des comptes du débiteur présentait un solde créditeur de 346.904.319 francs CFA, monsieur GNIPLE SERY saisissait le Président du Tribunal d'Abidjan lequel, par jugement n°1868/09 rendu le 1er septembre 2009, condamnait la SGBCI au paiement des causes de la saisie, sous astreinte comminatoire de 300.000 francs CFA par mois à compter de la signification de la décision ; que sur appel de la SGBCI, la cour d'appel d'Abidjan rendait le 29 octobre 2009, l'arrêt confirmatif n°747 dont pourvoi ;

Sur la recevabilité du recours

Attendu que dans son mémoire en réponse reçu au greffe de la cour de céans le 18 décembre 2012, le défendeur a soulevé l'irrecevabilité du recours pour violation des articles 25.1 alinéas 1 et 2,27.2 et 28.1 alinéa 1er du règlement de procédure de la cour de céans au motif que l'arrêt attaqué ayant été signifié le 2 juillet 2010, le recours présenté devant la cour le 30 octobre 2012 a été fait au-delà du délai deux mois prescrit dans le règlement de ladite cour ;

Mais attendu que la cour de céans a été saisie sur renvoi de la Cour suprême de la Côte d'ivoire en application de l'article 15 du Traité institutif de l'OHADA par arrêt n°515/12 rendu en date du 12 juillet 2012 ; que dès lors, la question de la recevabilité du recours formé devant elle ne peut plus être portée en débats ; qu'il convient que la demande du défendeur est mal fondée et de déclarer recevable le recours ;

Sur la première branche du premier moyen

Attendu que la recourante reproche à l'arrêt attaqué d'avoir violé les articles 47,48, 52 et 176 du code de procédure civile ivoirienne en ce que la cour d'appel a estimé que le compte interne n° 116.453600 44 était saisissable au motif que l'instruction n° 94-05 du 16 août 1994 n'aurait pas indiqué en ses articles 1er, 3 4, 5 et 11 que la provision du compte Prov/Précontentieux est la propriété exclusive de la banque alors , selon le moyen, la cour , compte tenu de la spécialité en la matière, aurait fait une instruction complète par la demande d'une mise en état ;

Mais attendu que le moyen, formulé pour la première fois devant la cour de céans, mélangé de fait et de droit, est irrecevable ;

Sur la seconde branche du premier moyen

Attendu que la demanderesse au pourvoi fait grief à l'arrêt attaqué d'avoir violé les articles 11 de l'instruction n°94-05 du 16 août 1994 relative à la comptabilisation et au provisionnement des engagements en souffrance et 49 alinéa 1er de l'Acte uniforme portant organisation et harmonisation des comptabilités des entreprises en retenant que le crédit sur le compte

n°l 16 453 600 44 est saisissable sans avoir au préalable identifié la nature de ce compte interne ni le propriétaire de la provision alors que ce compte, identifié non pas comme un compte de dépôt mais un compte de provision et dont le crédit résulte des obligations de la banque à constituer une provision pour toutes les créances qui sont devenues douteuses ou litigieuses , n'est pas propriété du client et donc insaisissable ;

Mais attendu que lors de la saisie, la SGBCI a produit à l'huissier instrumentaire un relevé intitulé « tous les comptes du client » parmi lesquels figure le compte n°116 453 600 44 en cause ; qu'en retenant que l'instruction n°94-05 précité n'indique pas en ses articles 1er, 3, 4, 5 et 11 alinéa 1er que la provision du compte "Prov/ Précontentieux" est la propriété exclusive de la banque pour décider que le compte est susceptible de saisie, le grief visé au moyen n'est pas fondé ; qu'il convient de le rejeter ;

Sur le second moyen en ses deux branches réunies

Attendu que la demanderesse au pourvoi fait grief à l'arrêt attaqué de manquer de base légale pour insuffisance , obscurité ou contrariété de motifs en ce que d'une part, pour rejeter le point de contestation sur la non-conformité des mentions portées sur l'original du procès-verbal de saisie conservatoire à la copie délaissée à la SGBCI , la cour a retenu que la SGBCI aurait dû demander l'application de l'article 92 du code de procédure civile sur la procédure du faux incident civil alors qu'il est acquis que lorsque la surcharge d'un acte est évidente, la juridiction n'a point besoin d'être saisie de cette procédure ; que d'autre part, en déclarant que le compte litigieux est saisissable pour n'être pas la propriété exclusive de la SGBCI, la cour s'est contredite en attribuant la propriété du compte à la scierie IDES ;

Mais attendu qu'appréciant souverainement les faits, la cour a opposé la procédure de faux incident civil à la SGBCI donnant ainsi une base légale à sa décision ; que par ailleurs, en se fondant sur les propos de la SGBCI laquelle a déclaré que le compte en cause faisait partie de « tous les comptes du client » la cour d'appel n'a en rien commis le grief visé au moyen ; qu'il convient de rejeter le moyen ;

Sur les demandes de maître GNIPLE SERY

Attendu que maître GNIPLE SERY demande à la cour de céans de préciser le montant des causes de la saisie et de liquider l'astreinte ordonnée par le juge des référés dans son ordonnance N° 1868/2009 rendue le 1er septembre 2009 et signifiée depuis le 14 septembre de la même année ;

Mais attendu que ces demandes, invoquées pour la première fois devant la cour de céans, mélangées de fait et de droit, sont irrecevables ;

Attendu que la SGBCI ayant succombé, il y a lieu de la condamner aux dépens ;

PAR CES MOTIFS

Statuant publiquement, après en avoir délibéré,

En la forme :

Déclare recevable le recours formé par la SGBCI ;

Au fond :

Le rejette comme étant non fondé ;

Déclare irrecevables les demandes de maître GNIPLE SERY ;

Condamne la SGBCI aux dépens.

II. Récusation des juges de la CCJA

Les textes ne prévoient pas la possibilité de récuser un juge de la CCJA (CCJA, Ass. Plén., arrêt AAD n°84/2015, 18 juin 2015)

Il ne résulte ni du Traité constitutif de l'OHADA, ni du Règlement de procédure de CCJA la possibilité de récusation d'un juge, *a fortiori* de tous les juges composant ladite juridiction.

La Cour Commune de Justice et d'Arbitrage (CCJA) de l'Organisation pour l'Harmonisation en Afrique du Droit des Affaires (OHADA), Assemblée plénière, a rendu l'Arrêt Avant-Dire-Droit suivant en son audience publique tenue le 18 juin 2015 où étaient présents :

Messieurs Marcel SEREKOÏSSE-SAMBA,	Président, rapporteur
Abdoulaye Issoufi TOURE,	Premier Vice-président
Madame Flora DALMEIDA MELE,	S^{nde} Vice-présidente
Messieurs Namuano Franscisco DIAS GOMES,	Juge
Victoriano OBIANG ABOGO,	Juge
Mamadou DEME,	Juge
Idrissa YAYE,	Juge, rapporteur
Djimasna N'DONINGAR,	Juge
Birika Jean Claude BONZI,	Juge
Robert SAFARI ZIHALIRWA,	Juge,
et Maître Paul LENDONGO,	Greffier en chef ;

Sur le recours en contestations de validité des sentences enregistrées au greffe de la Cour de céans, le 30 mai 2014 sous les numéros 099/2014/PC et 100/2014/PC et formés par les Bâtonniers Moussa Félix SOW, BILE-AKA Joachim, Maîtres Sadikou A. ALAO, Evelyne M. DASILVA-AHOUANTO, Hippolyte YEDE, Victorien Olatoundji FADE, Rafiou Guy Charles PARAIZO, Ibrahim David SALAMI, Avocats à la cour, agissant au nom et pour le compte de l'Etat du Bénin, représenté par son Agent judiciaire du Trésor et de la Comptabilité publique sis à Cotonou, République du Bénin, route de l'aéroport, 01 BP 410 Cotonou, dans les causes l'opposant à la Société Commune de Participation dite SCP, Société Anonyme de droit béninois dont le siège sis à l'immeuble SDI, Toklégbé PK 7, route de Porto-Novo (Cotonou-Bénin), à la Société Bénin Control SA, dont le siège social sis au lot n°4233, parcelle F, quartier Zongo, zone industrielle, 01 BP 150 Cotonou-Bénin, et enfin à Monsieur Patrice TALON, Administrateur de Société, domicilié à Cotonou (Bénin), à l'immeuble SDI, Toklégbé PK 7, route de Porte-Novo, lesquels ont également initié deux requêtes en exequatur desdites sentences, requêtes enregistrées au greffe le 21 mai 2014 sous les numéros 093/2014/PC et 094/2014/PC,

en contestation de validité des sentences pour le premier cité et en exequatur des mêmes sentences rendues pour les seconds ;

Vu les rapports de Messieurs Marcel SEREKOÏSSE-SAMBA et Idrissa YAYE, respectivement Président et Juge ;

Vu les dispositions des articles 21 et 25 du Traité relatif à l'harmonisation du droit des affaires en Afrique ;

Vu les dispositions du Règlement de procédure de la Cour Commune de Justice et d'Arbitrage de l'OHADA ;

Attendu que pendant la période d'échanges d'écritures, suite à la requête en contestation de validité de deux sentences arbitrales rendues dans les causes opposant respectivement l'Etat du Bénin à la Société Bénin Control et l'Etat du Bénin à la Société Commune de Participation et Patrice TALON, l'Etat du Bénin a adressé à la cour de céans en date du 24 novembre 2014 une lettre par laquelle elle récuse tous les juges de ladite cour à connaître des différends sus évoqués et sollicite le renvoi de la cause à une date plus lointaine.

Que cette lettre a été rappelée par d'autres lettres, dont la dernière référencée CA/ADA/GGT/2015 du 15 juin 2015, parvenue à la cour le lendemain, soit le 16 juin 2015 ;

Attendu que cette requête en récusation ne repose sur aucun fondement juridique tel que l'a reconnu elle-même la partie demanderesse à l'occasion de sa plaidoirie à l'audience ;

Attendu qu'en outre, l'Etat du Bénin ne rapporte, à l'appui de sa requête, aucune preuve des faits qu'il allègue et n'offre de le faire ;

Mais attendu qu'il ne résulte ni du Traité constitutif de l'OHADA, ni du Règlement de procédure de la cour de céans la possibilité de récusation d'un juge, a fortiori de tous les juges composant ladite juridiction communautaire ; qu'il échet dès lors, en application dudit Traité et du Règlement de procédure, de déclarer irrecevable une telle demande qui n'a d'autre objectif manifeste qu'un déni de justice.

Sur les dépens :

Attendu qu'il y a lieu de réserver les dépens en l'état ;

PAR CES MOTIFS

Statuant publiquement, après en avoir délibéré,

Rejette la demande de renvoi ;

Déclare irrecevable la requête aux fins de récusation de tous les juges de la Cour de céans.

III. Autorité des arrêts de la CCJA

Aucune décision contraire à un arrêt de la CCJA ne peut faire l'objet d'une exécution forcée (CCJA, Ass. Plén., n°80/2015, 29 avril 2015)

Sommaire

Dans une même affaire, aucune décision contraire à un arrêt de la Cour Commune de Justice et d'Arbitrage ne peut faire l'objet d'une exécution forcée. Il en résulte que doit être annulé l'arrêt par lequel une cour d'appel se prononce à nouveau sur une affaire au sujet de laquelle elle a déjà rendu une décision ayant donné lieu à un pourvoi et à un arrêt de la CCJA.

La Cour Commune de Justice et d'Arbitrage (CCJA), de l'Organisation pour l'Harmonisation en Afrique du Droit des Affaires (OHADA), Assemblée plénière, a rendu l'Arrêt suivant en son audience publique foraine tenue le 29 avril 2015 à Ouagadougou au Burkina Faso où étaient présents :

Messieurs Marcel SEREKOÏSSE SAMBA,	Président
Abdoulaye Issoufi TOURE,	Premier Vice-président
Madame Flora DALMEIDA MELE,	Snde-Vice-présidente
Messieurs Victoriano OBIANG ABOGO,	Juge
Mamadou DEME,	Juge
Idrissa YAYE,	Juge
et Maître Paul LENDONGO,	Greffier en chef ;

Sur le pourvoi enregistré au greffe de la Cour de céans le 24 mai 2013 sous le n°063/2013/PC et formé par Maître Jean Charles TOUGMA, Avocat à la Cour, demeurant à la Zone du Bois, 11 BP 316 Ouagadougou 11, et Maître ISSIF SAWADOGO, Avocat à la Cour, étude sise au 1774, avenue Guimbi Ouattara, 01 BP 2003, Bobo-Dioulasso 01, agissant au nom et pour le compte de Messieurs KABORE John BOUREIMA et KABORE Aimé, respectivement administrateur de société et commerçant demeurant à Ouagadougou – Burkina Faso, dans la cause qui les oppose à :

la Compagnie d'Opérations de Reconditionnement Industrielle (CORI), S.A.R.L. dont le siège est à Bobo-Dioulasso, 01 BP 2119, ayant pour Conseils la SCPA TOU & SOME, Avocats à la Cour, sis au 373, Avenue de l'Armée, 01 BP 2960 Ouagadougou 01 ;

Maître YACOBA OUATTARA, Avocat à la Cour demeurant à Ouagadougou, au 01 BP 6790, Ouagadougou 01 ;

Souleymane SERE, Expert comptable, cabinet Panaudit Burkina, Ouagadougou ;

Henry DECKERS, domicilié à : Arenbergtraat 21 B 2000, Antwerpen, Belgique, ayant pour conseil Maître Sosthène ZONGO, Avocat à la Cour, sis à Ouaga 2000 zone C, 01 BP 4693 Ouagadougou 01,

en cassation de l'Arrêt n°006 rendu le 25 janvier 2012 par la Cour d'appel de Bobo-Dioulasso et dont le dispositif est le suivant :

« Statuant publiquement, contradictoirement, en matière commerciale, en cause d'appel et en dernier ressort ;

En la forme :

Déclare CORI recevable en son action en tierce opposition et la déclare fondée ;

En conséquence :

Rétracte l'arrêt n°14/2008 rendu le 12 novembre 2008 par la chambre commerciale de la Cour d'Appel de Bobo-Dioulasso ;

Condamne John Boureima KABORE, D. François SIABY et Aimé KABORE à lui payer la somme de cinq cent mille (500 000) francs au titre des frais exposés et non compris dans les dépens ;

Déboute CORI Sarl du surplus de sa demande ;

Condamne John Boureima KABORE, D. François SIABY et Aimé KABORE aux dépens » ;

Attendu que les requérants invoquent à l'appui de leur pourvoi les quatre moyens de cassation, tels qu'ils figurent à la requête annexée au présent arrêt ;

Sur le rapport de Monsieur DJIMASNA N'DONINGAR, Juge ;

Vu les dispositions des articles 13 et 14 du Traité relatif à l'harmonisation du droit des affaires en Afrique ;

Vu le Règlement de procédure de la Cour Commune de Justice et d'Arbitrage de l'OHADA ;

Attendu qu'il ressort des pièces du dossier de la procédure que le 09 août 2006, par jugement n°248, une procédure de liquidation des biens fut ouverte contre l'entreprise Belcot Société Générale Burkina (BSGB) par le tribunal de grande Instance de Bobo-Dioulasso, à la demande de son gérant ; que suite à cette décision, l'actif de la BSGB fut vendu par les liquidateurs à la Compagnie d'Opérations de Reconditionnement Industriel (CORI), en date du 15 mars 2007 ; qu'entre temps, les associés de BSGB, se disant surpris par l'ouverture de cette procédure collective, relevaient appel du jugement n°248 ; que par arrêt n°14 rendu le 12 novembre 2008, la Cour de Bobo-Dioulasso infirma le jugement de liquidation et ordonna le redressement judiciaire de la BSGB, décision qui servit de fondement à l'annulation des opérations effectuées par les liquidateurs et contre laquelle un pourvoi en cassation fut introduit devant la Cour Commune de Justice et d'Arbitrage ; que cette Cour, par arrêt n°083/2012 du 04 décembre 2012, rejeta le pourvoi comme étant mal fondé ; que, s'estimant exclu de la procédure ayant abouti à l'arrêt n°14 du 12 novembre 2008, la CORI saisissait la Cour d'appel de Bobo-Dioulasso en rétractation de l'arrêt infirmatif n°14 et obtenait gain de cause, suivant l'arrêt n°006 du 25 janvier 2012 sus énoncé, objet du présent pourvoi ;

Sur la recevabilité du pourvoi

Attendu que dans son mémoire en réponse à la requête, la CORI demande à la Cour de déclarer irrecevable le pourvoi formé par les requérants, aux motifs que l'attestation produite par l'un des conseils des demandeurs, Me SAWADOGO ISSIF, est signée de l'intérimaire du bâtonnier de l'Ordre des Avocats du Burkina, alors qu'au moment du dépôt du pourvoi, celui-ci n'était plus bâtonnier ; qu'une des parties à l'arrêt attaqué, le sieur SIABY François, n'a pas été citée dans la requête aux fins de pourvoi en cassation, contrairement aux prescriptions de l'article 28-b) du Règlement de procédure de la Cour des céans ; qu'enfin, aucun mandat produit par monsieur KABORE Aimé, l'un des deux requérants, n'a été versé au dossier du pourvoi ;

Mais attendu que suivant les énonciations de l'article 23 du Règlement de procédure de la Cour des céans, si le ministère d'avocat est obligatoire devant la Cour et qu'est admise à exercer ce ministère toute personne pouvant se présenter en qualité d'avocat devant une juridiction de l'un des Etats parties au Traité, il est, par contre, simplement exigé de toute personne se prévalant de cette qualité d'en apporter la preuve à la Cour ; que cette preuve pouvant s'établir par tout moyen, le fait que l'attestation soit signée par l'intérimaire d'un bâtonnier sortant n'en dénie pas moins la qualité d'avocat en exercice au conseil des requérants, d'une part ; que, d'autre part, l'avocat, qui a produit un mandat spécial signé par l'un des deux requérants, peut valablement exercer son ministère dans cette instance devant la Cour, sans qu'il soit besoin de s'appesantir sur la représentation du co-requérant ; qu'enfin, la prescription de l'article 28.1-b) suivant laquelle « le recours contient (…) les noms et domiciles des autres parties à la procédure devant la juridiction nationale et de leur avocat… » ne peut être assortie de sanction que suite à une demande de régularisation du Greffier ; que cela n'étant pas fait et, s'agissant d'une mention non substantielle dans le cas d'espèce, il s'en suit que cette exception ne peut être accueillie ; qu'il échet donc de dire que le pourvoi est recevable ;

Sur le premier moyen tiré de la violation de l'article 20 du Traité relatif à l'harmonisation du droit des affaires en Afrique

Attendu qu'il est fait grief à l'arrêt déféré d'avoir violé l'article 20 du Traité susmentionné en ce qu'il est rendu dans une même affaire déférée, par le biais d'un pourvoi, devant la Cour Commune de Justice et d'Arbitrage de l'OHADA et qu'il est contraire à la décision que cette juridiction supérieure avait rendue, alors, selon le moyen, qu'il résulte des dispositions de l'article susvisé qu'aucune décision des juridictions nationales ne devait contredire celle de cette Cour ;

Attendu qu'aux termes de l'article 20 du Traité relatif à l'harmonisation du droit des Affaires en Afrique « les arrêts de la Cour Commune de Justice et d'Arbitrage ont autorité de la chose jugée et la force exécutoire (…). Dans une même affaire, aucune décision contraire à un arrêt de la Cour Commune de Justice et d'Arbitrage ne peut faire l'objet d'une exécution forcée » ; qu'il est établi que c'est le même arrêt n°14 du 12 novembre 2008, rétracté le 25 janvier 2012 par la Cour d'Appel de Bobo-Dioulasso, qui avait été déféré à la censure de la Cour Commune de Justice et d'Arbitrage, laquelle a rejeté le recours en date du 04 décembre 2012 ; qu'ainsi, la décision de rejet de la Cour de céans qui a pour effet de consolider le redressement judiciaire ordonné par l'arrêt n°14 est en nette contrariété avec celle déférée qui ordonne la liquidation ; qu'il en résulte que l'arrêt n°006 du 25 janvier 2012, ne pouvant être exécuté, doit par conséquent être annulé, sans qu'il y ait lieu à évocation, rien ne restant à juger ;

Attendu qu'il y a lieu de mettre les dépens à la charge des défendeurs ;

PAR CES MOTIFS

Statuant publiquement, après en avoir délibéré,

Annule l'arrêt n°006 rendu le 25 janvier 2012 par la Cour d'appel de Bobo-Dioulasso ;

Dit n'y avoir lieu à évocation ;

Condamne les défendeurs aux dépens.

Est irrecevable le recours formé par une même partie contre une décision d'appel ayant donné lieu à un arrêt de la CCJA (CCJA, 1ère Ch., n°124/2015, 29 octobre 2015)

Sommaire

Les arrêts de la CCJA ayant autorité de la chose jugée, force exécutoire et force obligatoire à compter du jour de leur prononcé, doit être déclaré irrecevable le recours formé par la même partie contre une décision d'appel ayant donné lieu à un arrêt de la CCJA.

La Cour Commune de Justice et d'Arbitrage (CCJA) de l'Organisation pour l'Harmonisation en Afrique du Droit des Affaires (OHADA), Première Chambre, a rendu l'arrêt suivant, en son audience publique du 29 octobre 2015 où étaient présents :

Messieurs : Marcel SEREKOÏSSE-SAMBA, Président

Mamadou DEME, Juge

César Apollinaire ONDO MVE, Juge, rapporteur

et Maître ASSIEHUE Acka, Greffier ;

Sur le recours enregistré sous le n°089/2010/PC du 30 septembre 2010 au greffe de la Cour de céans et formé par la société Total Guinée, société anonyme dont le siège social est à Conakry, commune de Matam, quartier Coléah, agissant poursuites et diligences de son directeur général monsieur Philippe Chauwin, ayant pour conseil Maître Mounir Houssein Mohamed, avocat à la Cour, quartier Sandervalia, 6ème avenue, immeuble Mirna 4ème étage, commune de Kaloum, BP 4215 Conakry, dans l'affaire qui l'oppose à la Compagnie Pétrolière de Guinée (COPEG) SA dont le siège social est à Conakry, commune de Kaloum, cité chemin de fer, immeuble Kindia, BP 431, ayant pour conseils Maître Maurice Lamey Kamano, avocat au Barreau de Guinée, demeurant à Conakry, commune de Kaloum, quartier Koulewondy, rue KA-026, BP 3860, Maître Salifou Béavogui, avocat au Barreau de Guinée, demeurant à Conakry, Quartier Manquepas, commune de Kaloum, BP 1215 et Maître Niangadou Aliou, avocat au Barreau de Côte d'Ivoire, immeuble Nabil, 3ème étage, rue du commerce, 01 BP 2150 Abidjan, d'une part, et l'Etat de Guinée représenté par l'Agent Judiciaire, ayant pour conseil Maître Mohamed Sampil, avocat à la Cour, commune de Kaloum, quartier Almamya, BP 4862 Conakry, d'autre part,

en cassation de l'Arrêt n°164 rendu par la Cour d'appel de Conakry le 22 juin 2010, dont le dispositif est libellé ainsi qu'il suit :

« Statuant publiquement, contradictoirement, en matière économique en second ressort et en appel ;

<u>En la forme</u> : Reçoit les sociétés Total Guinée en son appel principal et COPEG S.A en son appel incident ;

Au fond : Déclare l'appelante mal fondée en son appel ;

En conséquence,

Confirme le jugement N°031 du 13 Mai 2008, du Tribunal de Première Instance de Kaloum en ce qu'il a ;

Annulé en toutes ses dispositions le protocole d'accord transactionnel en date du 24 Novembre 2006 signé par Total Guinée et l'Agence Judiciaire de l'Etat ;

Constaté que la cession par Mobil Oïl Guinée des actions de catégorie A à Total Guinée actionnaire de catégorie B de la SGP est intervenue en fraude des droits et intérêts des actionnaires de catégorie A de ladite SGP dont la COPEG S.A ;

Annulé le traité de fusion absorption conclu le 14 Avril 2006 entre la société Total Guinée et la société mobil Oïl S.A ;

Prononcé la résolution des baux à construction conclus entre l'Etat Guinéen et la Société et ordonné le retour dans le patrimoine immobilier de l'Etat des immeubles objets des dits baux ;

Déclaré nulles et de nuls effets les cessions intervenues entre la société Mobil Oïl Guinée et la société Total Guinée au sein de la société guinéenne des pétroles (SGP) ;

Dit que lesdites cessions seront faites par priorité aux actionnaires de la catégorie A à savoir l'Etat Guinéen, Lenoil Guinée et particulièrement la COPEG qui en fait la demande et lui donne acte de ce qu'elle offre d'acquérir la totalité des actions de la catégorie A détenues par Mobil Oïl Guinée au même prix que celui payé par Total Guinée ;

Dit qu'en l'état, la demande d'expertise de l'Agence Judiciaire de l'Etat est sans objet et la renvoie à mieux se pourvoir ainsi qu'elle avisera ;

Débouté la société Total Guinée de sa demande de condamnation personnelle de l'Agence judiciaire de l'Etat au paiement de la somme d'un milliard de franc guinéens à titre de dommages interférents ;

Le réformant partiellement ;

Dit que la COPEG prendra possession sous astreinte de 5.000.000 FG par jour de retard des six (6) stations de distribution d'hydrocarbures des 67,316 actions sus désignées à compter la signification du présent arrêt ;

Dit que Total Guinée doit libérer tant de sa personne que des occupants de son chef les stations de distribution d'hydrocarbures cédées à la COPEG ;

Donne en outre, acte à la COPEG de ce qu'elle offre d'acquérir la totalité des actions de la catégorie A détenues par Mobil Guinée au même prix consenti à Total Guinée ainsi qu'il ressort de l'état descriptif et estimatif des biens immobiliers au 31 Décembre 2005 ;

Condamne la société Total Guinée au paiement d'un milliard de FG à la COPEG pour toutes causes de préjudicies Confondus ;

Juge et dit que l'Etat Guinéen est tenu a garantie ;

Met les frais et dépens à la charge des sociétés Mobil Oïl Guinée et Total Guinée appelante » ;

La requérante invoque trois moyens de cassation tels qu'ils figurent à sa requête en cassation annexée au présent Arrêt ;

Sur le rapport de Monsieur le Juge César Apollinaire ONDO MVE ;

Vu les dispositions des articles 13 et 14 du Traité relatif à l'harmonisation du droit des affaires en Afrique ;

Vu le Règlement de procédure de la Cour Commune de Justice et d'Arbitrage de l'OHADA ;

Sur la recevabilité du pourvoi

Attendu qu'aux termes des articles 20 du Traité de l'OHADA et 41 du Règlement de procédure de la CCJA, les arrêts de la Cour ont l'autorité de la chose jugée, la force exécutoire et la force obligatoire à compter du jour de leur prononcé ;

Attendu que l'examen de la cause a révélé que Total Guinée, agissant par le même représentant légal et assistée du même conseil, a formé un recours en cassation contre le même arrêt, enregistré au greffe de la CCJA sous le n°093/2010/PC du 13 octobre 2010, lequel a donné lieu, le 11 mars 2014, à un arrêt rendu sous le n°021/2014 par la Première Chambre de la Cour de céans ; qu'il échet de déclarer le présent recours irrecevable pour autorité de la chose jugée ;

Attendu que Total Guinée, auteure desdits recours, supportera les entiers dépens ;

PAR CES MOTIFS

Statuant publiquement, après en avoir délibéré,

Déclare le pourvoi irrecevable ;

Laisse les dépens à la charge de la société Total Guinée.

IV. Recours contre un arrêt de la CCJA : cas de la tierce opposition

La tierce opposition est irrecevable en cas de cassation sans évocation (CCJA, 1ère Ch., n°10/2015, 30 mars 2015)

Sommaire

Lorsque la CCJA casse sans évocation, la tierce opposition contre l'arrêt de la CCJA doit être déclarée irrecevable, aucun préjudice n'ayant pu naître en l'absence de décision au fond.

La Cour Commune de Justice et d'Arbitrage (CCJA) de l'Organisation pour l'Harmonisation en Afrique du Droit des Affaires (OHADA), Première Chambre, a rendu l'Arrêt suivant, en son audience publique du 30 mars 2015 où étaient présents :

Messieurs Marcel SEREKOÏSSE-SAMBA,	Président,
Mamadou DEME,	Juge rapporteur,
Djimasna N'DONINGAR,	Juge,
et Maître Jean Bosco MONBLE,	Greffier ;

Sur le recours enregistré au greffe de la cour de céans le 24 février 2011 sous le n°025/2011/PC, formé par l'Etat du Cameroun représenté par le Ministère de la Justice, et la Société Nationale de Raffinage dite SONARA SA, dont le siège social est à Limbé, République du Cameroun, BP 365, ayant tous deux pour conseil Maîtres Charles NGUINI, Avocat au Barreau du Cameroun, BP 1878 Yaoundé, dans la cause qui les oppose aux Sociétés African Petroleum Consultants dite APC, Société à responsabilité limitée, dont le siège social est à Douala, 814 rue Gallieni, BP 3727-Douala, ayant pour conseil Maître Marcel Janvier MISSOMBA, Avocat au Barreau du Cameroun, BP 2815 Douala, et Corlay Cameroun Sa, anciennement Shell Cameroun SA puis Chevron Texaco Cameroun SA, dont le siège social est à Douala, B P 8943 Douala, ayant pour conseil Maître Ntamack PONDY, Avocat au Barreau du Cameroun, BP 8943 Douala,

en tierce opposition contre l'arrêt n°044/2010 rendu le 1er juillet 2010 par la cour de céans et dont le dispositif est ainsi conçu :

« Statuant publiquement, après en avoir délibéré,

Casse l'arrêt n°063/REF rendu le 14 mars 2007 par la cour d'appel du Littoral à Douala (Cameroun) ;

Dit qu'il n'y a pas lieu à évocation, plus rien ne restant à juger ;

Condamne CHEVRON TEXACO CAMEROUN SA anciennement SHELL CAMEROUN aux dépens.» ;

Sur le rapport de Monsieur Mamadou DEME, Juge ;

Vu les articles 13 et 14 du Traité relatif à l'harmonisation du droit des affaires en Afrique ;

Vu le Règlement de procédure de la Cour Commune de Justice et d'Arbitrage de l'OHADA, notamment en son article 47 ;

Attendu qu'il résulte des pièces du dossier de la procédure que l'APC avait conclu avec la SONARA un contrat d'approvisionnement en pétrole brut ; que l'exécution de cette convention ayant donné lieu à un litige, celui-ci a été soumis à un tribunal arbitral, lequel a rendu une sentence en date du 17 avril 2002, condamnant la SONARA à payer à l'APC la somme de 1 989 104 000 FCFA ; qu'en exécution du jugement n°HCF/91/2001-2002 du 15 mai 2002 du tribunal de grande instance du FAKO accordant l'exéquatur à cette sentence, l'APC a fait pratiquer une saisie-attribution des créances de la SONARA entre les mains de la Shell Cameroun SA ; que suivant jugement N°HCF/141/OM/ 2001-2002 du 13 août 2002, le même tribunal a ordonné le versement du montant total de la saisie par Shell Cameroun SA entre les mains de l'APC ; que Shell Cameroun SA qui ne s'est pas exécutée a été condamnée, sous astreinte, au paiement des causes de la saisie, suivant ordonnance de référé n°006 du 1er octobre 2002 ; qu'en exécution de cette ordonnance, l'APC a fait pratiquer une saisie conservatoire contre Shell Cameroun SA entre les mains de divers tiers ; que sur l'appel formé par Shell Cameroun SA contre l'ordonnance n°006 du 1er octobre 2002, la cour d'appel du Littoral à Douala a rendu l'arrêt n°063/REF du 14 mars 2007, qui a donné mainlevée de la saisie pratiquée par l'APC contre la SONARA ; que statuant sur le recours formé contre cette dernière décision, la cour de céans a rendu l'arrêt de cassation qui fait l'objet de la tierce opposition ;

Sur la recevabilité de la tierce opposition

Attendu que l'APC conclut à l'irrecevabilité de la tierce opposition au motif que les recourants ne justifient d'aucun préjudice à leurs droits, au sens de l'article 47 du Règlement de procédure ;

Attendu qu'il résulte des termes de l'article 47 dudit Règlement que « Toute personne physique ou morale peut présenter une demande en tierce opposition contre un arrêt rendu sans qu'elle ait été appelée, si cet arrêt préjudicie à ses droits » ;

Attendu qu'au soutien de la recevabilité du recours, les requérants font valoir dans leur requête introductive qu'ils n'ont été ni parties ni représentés à l'audience ayant donné lieu à l'arrêt attaqué et qu'ils n'ont par conséquent pu présenter leurs moyens de défense ; que ledit arrêt porte gravement atteinte à leurs intérêts « du fait des lourdes condamnations pécuniaires encourues » ; que développant cette argumentation dans leurs écritures du 27 février 2012, ils expriment leur crainte de se voir obligés, à l'issue d'une action récursoire éventuellement exercée contre eux par Corlay Cameroun SA, après paiement par celle-ci des condamnations prononcées contre elle, de devoir supporter en fin de compte « le montant de condamnations prononcées lors d'une procédure à laquelle ils n'ont pas été parties » ;

Mais attendu que l'arrêt attaqué, qui a cassé l'arrêt n°063/REF du 14 mars 2007 de la cour d'appel du Littoral, dit n'y avoir lieu à évocation et condamné CHEVRON TEXACO CAMEROUN SA aux dépens, n'a à aucun moment statué sur le fond du litige ; qu'il n'a pu en conséquence prononcer une quelconque condamnation susceptible d'être supportée par l'Etat du Cameroun ou la SONARA ;

Attendu au demeurant que les tiers opposants n'émettent aucune critique à l'encontre d'une disposition quelconque de l'arrêt attaqué, pour qu'il y soit statué à nouveau en tenant compte de leurs droits, ainsi que prévu par les dispositions de l'article 47 du Règlement de procédure ;

Qu'il y a lieu de déclarer le recours irrecevable ;

Attendu que l'Etat du Cameroun et la SONARA qui ont succombé doivent être condamnés aux dépens.

PAR CES MOTIFS

Statuant publiquement, après en avoir délibéré ;

Déclare la tierce opposition irrecevable ;

Condamne l'Etat du Cameroun et la SONARA aux entiers dépens.

V. Personnel de l'OHADA

L'immunité diplomatique conférée au personnel de l'OHADA n'a pas un caractère absolu (CCJA, Ass. Plén., n°32/2015, 23 avril 2015)

Sommaire

L'immunité diplomatique conférée par l'article 49 du Traité de l'OHADA, tel que révisé à Québec le 17 octobre 2008, aux fonctionnaires et employés de l'OHADA, n'a pas un caractère absolu, son étendue dépend de la convention bilatérale ou de l'accord de siège qui les établit. L'accord de siège intervenu entre la République du Cameroun et l'OHADA le 30 juillet 1997, expressément rendu applicable par l'article 2.4.2 à la gestion du personnel de l'OHADA, en son article 17, ne prévoyait l'exonération des impôts sur les traitements et émoluments du fait de leur activité que du Secrétaire Permanent, son adjoint et leurs collaborateurs non camerounais. Quant aux collaborateurs camerounais, ils ne sont pas visés par le texte et il ne ressort pas des termes de l'article 27 du code général des impôts du Cameroun que les nationaux camerounais ayant la qualité d'agents diplomatiques bénéficient de l'exonération fiscale.

La coutume internationale n'est applicable qu'en l'absence de texte.

Les articles 177 de l'AUPSRVE et 5.4.13.5 du règlement portant statut du personnel de l'OHADA ne sont pas applicables en matière de fiscalité.

En application de l'article 173 de l'AUPSRVE, l'exigibilité d'un titre exécutoire n'est pas fondée s'agissant de la retenue opérée sur salaire avec le consentement du salarié. De même, aucun titre exécutoire n'est dû s'agissant du recouvrement obligatoire d'une dette fiscale au profit de l'Etat.

La Cour Commune de Justice et d'Arbitrage (CCJA) de l'Organisation pour l'Harmonisation en Afrique du Droit des Affaires (OHADA), en Assemblée plénière, a rendu l'Arrêt suivant en son audience publique du 23 avril 2015 où étaient présents :

Messieurs Marcel SEREKOÏSSE-SAMBA,	Président
Madame Flora DALMEIDA MELE,	Seconde Vice-présidente
Messieurs Namuano F. DIAS GOMES,	Juge
Victoriano OBIANG ABOGO,	Juge
Mamadou DEME,	Juge
Idrissa YAYE,	Juge, rapporteur
Djimasna N'DONINGAR,	Juge
et Maître Paul LENDONGO,	Greffier en chef ;

Sur le recours enregistré au greffe de la Cour de céans le 28 décembre 2012 sous le n°176/2012/PC et formé par Maître KONTCHOU Gabriel, Avocat à la Cour, Cabinet

BRAIN TRUST LAW CHAMBERS, BP 5305 Douala Cameroun, agissant au nom et pour le compte de Madame DJOUMESSAP MOTSEBO Jacqueline Clarisse, demeurant à Douala, Cameroun, dans la cause l'opposant au Secrétariat Permanent de l'OHADA, agissant aux poursuites et diligences de son représentant légal, Monsieur le Professeur Dorothé Cossi SOSSA, Secrétaire Permanent de l'OHADA, dont le siège est à Yaoundé, Cameroun, BP 10071, ayant pour conseil Maître AMOUSSOU C. Bertin, Avocat à la Cour, demeurant à Carré 294, Avenue Van Vallen Hoven, 03-554 Cotonou, Bénin,

en contestation d'une décision de rejet implicite d'un recours et en réclamation de ses droits sociaux ;

La requérante invoque à l'appui de son recours les huit moyens d'annulation tels qu'ils figurent dans sa requête annexée au présent arrêt ;

Sur le rapport de Monsieur Idrissa YAYE, Juge ;

Vu le Traité de Port Louis (Ile Maurice) du 17 octobre 1993, tel que révisé à Québec le 17 octobre 2008 relatif à l'harmonisation du droit des affaires en Afrique ;

Vu le Règlement de procédure de la Cour Commune de Justice et d'Arbitrage de l'OHADA ;

Vu le Règlement n°001/2007/CM/OHADA du 27 juillet 2007 portant statut du personnel de l'Organisation pour l'Harmonisation en Afrique du Droit des Affaires ;

Attendu qu'il ressort de l'examen des pièces du dossier de la procédure que suivant contrat de travail à durée déterminée en date du 01 février 2007, Madame DJOUMESSAP MOTSEBO Jacqueline Clarisse avait été recrutée au Secrétariat Permanent de l'OHADA en qualité de cadre juriste dans la catégorie de l'encadrement pour une durée de deux ans à compter du 1er novembre 2006, moyennant un salaire mensuel de 1.100.000 FCFA, déduction faite des retenues réglementaires en vigueur dans l'Etat du siège de l'Institution ; que suivant attestation de prise de service en date du 08 novembre 2006, la requérante prenait effectivement service le 1er novembre 2006 ; que par décision n°002/SP/OHADA/2008 portant engagement, Madame DJOUMESSAP MOTSEBO Jacqueline Clarisse avait été engagée par un contrat à durée indéterminée en qualité de cadre juriste au Secrétariat Permanent de l'OHADA, classée dans la catégorie de l'encadrement au grade A2.2 échelon 2, et affectée à la Direction des affaires juridiques et des relations avec les Institutions ; que le 1er juin 2011, la requérante, à l'instar des autres cadres de la catégorie A de l'OHADA, voyait son contrat de travail transformé en contrat de travail à durée déterminée ; que le 10 janvier 2012, le Secrétaire Permanent lui adressait une lettre dans laquelle, il observait des irrégularités, au regard des lois fiscales et sociales de la République du Cameroun, dans le traitement de ses salaires et l'informait de ce qu'il avait ordonné au service compétent de prendre les dispositions nécessaires à la régularisation immédiate de ses situations fiscale et sociale, et l'invitait, dans le cas où elle jugerait cette décision mal fondée, de produire un acte du Gouvernement Camerounais qui la dispenserait du paiement des impôts et de l'assujettissement aux lois sur la prévoyance sociale ; que par lettre en date du 27 avril 2012, adressée à son employeur, Madame DJOUMESSAP MOTSEBO Jacqueline Clarisse, l'informait de sa contrainte de cesser l'exercice de ses fonctions en raison des multiples discriminations et injustices dont elle faisait l'objet ; que par lettre en date du 07 mai 2012, le Secrétaire Permanent de l'OHADA lui accusait réception de sa lettre de démission, prescrivait la période de préavis et la liquidation légale et concertée de son solde de tout compte ; que par lettre en date du 08 mai 2012, elle informait la Présidente en exercice du Conseil des Ministres de l'OHADA de sa démission du poste de juriste senior ; que le 25 mai 2012, elle adressait une lettre au Secrétaire Permanent de l'OHADA, dans laquelle, elle qualifiait sa démission de rupture du fait de l'employeur et présentait ses droits légaux s'élevant à la somme totale de 31.470.041 FCFA ; qu'en réponse, le Secrétaire Permanent, par lettre en date du 21 juin 2012, estimait sa démission comme étant donnée expressément, purement et simplement pour convenances personnelles, lui répondait qu'il n'était pas en mesure d'appliquer les droits légaux exigibles revendiqués outre, ceux qui, au regard des textes applicables, sont dus en cas de démission ; que suivant lettre en date du 03 septembre 2012, elle saisissait le Conseil des Ministres de l'OHADA aux fins de voir constater que son départ contraint s'analysait en réalité en un licenciement déguisé et donc abusif, et aux fins de voir payer ses droits sociaux ; que n'ayant reçu aucune réaction, elle introduisait, par les soins de son conseil, la présente requête en contestation d'une décision de rejet implicite d'un recours et en réclamation des droits sociaux d'un agent d'encadrement de l'OHADA ;

Attendu que le Conseil des Ministres de l'OHADA, tenu à Ouagadougou les 13 et 14 juin 2013, saisi de ses réclamations, avait, dans ses délibérations, instruit de laisser la procédure y relative et actuellement pendante devant la Cour de céans, suivre son cours normal ;

Sur la requalification de la démission en licenciement abusif

Attendu que la requérante invoque à l'appui de son recours un certain nombre de discriminations et injustices dont la minoration de son salaire de 2006 fixé dans un premier temps à 1.100.000 FCFA tandis que ses pairs en service à la CCJA avaient un salaire d'environ 1.700.000 FCFA, la diminution unilatérale de son salaire de base ramené de 1.100.000 FCFA à 787.500 FCFA en août 2008, des retenues fiscales opérées sur son salaire au mépris du Traité de l'OHADA et des autres dispositions applicables ; que ces incriminations constituent des fautes lourdes commises par l'employeur dans l'exécution du contrat de travail qui l'ont contrainte à démissionner ; qu'elle sollicite la requalification de sa démission forcée en licenciement abusif ;

Attendu qu'en réplique, le Secrétariat Permanent de l'OHADA, dans son mémoire en réponse et en duplique déposés à la Cour de céans respectivement le 28 août 2013 et le 03 mars 2014, conclut au débouté de toutes les demandes formulées par Madame DJOUMESSAP MOTSEBO Jacqueline Clarisse comme étant mal fondées ;

Attendu que pour statuer sur la nature de cette rupture du lien contractuel, il y a lieu de statuer successivement sur chacun des moyens invoqués par la requérante pour qualifier sa démission de contrainte ;

Sur le premier moyen tiré de la violation de l'article 49 du Traité OHADA et de l'article 27 du code général des impôts du Cameroun

Attendu que la requérante allègue à l'appui de ce moyen que de novembre 2006 à décembre 2010, puis en exécution de la décision unilatérale du Secrétaire Permanent, du 10 janvier 2012, pendant les six mois qui ont précédé son départ, le Secrétaire Permanent de l'OHADA a opéré des retenues sur ses salaires pour des raisons fiscales ; que l'accord de siège et les lois fiscales et sociales du Cameroun, invoqués à l'appui de ces retenues, ont une valeur juridique inférieure au Traité qui prévoit en son article 49 une immunité fiscale au profit des fonctionnaires internationaux de l'OHADA ; que selon les termes de l'article 27 du code général des impôts du Cameroun, les agents diplomatiques, auxquels sont assimilés les fonctionnaires internationaux, bénéficient ipso facto de l'immunité ;

Mais attendu que l'immunité diplomatique conférée par l'article 49 du Traité de l'OHADA, tel que révisé à Québec le 17 octobre 2008, aux fonctionnaires et employés de l'OHADA, n'a pas un caractère absolu ; que son étendue dépend de la convention bilatérale ou de l'accord de siège qui les établit ; qu'au demeurant, l'impôt défini, par le Lexique des termes juridiques 2011, 18e édition, comme une : « Prestation pécuniaire requise autoritairement des assujettis selon leurs facultés contributives par l'Etat, les collectivités territoriales et certains établissements publics, à titre définitif et sans contrepartie identifiable, en vue de couvrir les charges publiques ou d'intervenir dans le domaine économique et social. » , est une prérogative régalienne de l'Etat ; que du reste, l'accord de siège intervenu entre la République du Cameroun et l'OHADA le 30 juillet 1997, expressément rendu applicable par l'article 2.4.2 à la gestion du personnel de l'OHADA, en son article 17, ne prévoyait l'exonération des impôts sur les traitements et émoluments du fait de leur activité que du Secrétaire Permanent, son adjoint et leurs collaborateurs non camerounais ; qu'en outre, il ne ressort pas des termes de l'article 27 du code général des impôts du Cameroun que les nationaux camerounais ayant la qualité d'agents diplomatiques bénéficient de l'exonération fiscale ; qu'enfin, il résulte des termes même de l'article 4 du contrat de travail les liant que son salaire est dû, déduction faite des retenues réglementaires en vigueur dans l'Etat du siège de l'Institution ; qu'il échet dès lors de dire et juger que le Secrétaire Permanent, qui en application de l'accord de siège, a retenu les sommes dues au titre de l'impôt par un agent de l'OHADA de la nationalité du pays d'accueil, n'a pas violé les textes susvisés ;

Sur le second moyen tiré de la violation de la coutume internationale

Attendu que la requérante fait grief au Secrétariat Permanent d'avoir fondé les retenues fiscales exclusivement sur sa nationalité et sans aucune compensation en violation du principe de l'égalité de traitement énoncé par la convention n°19 de l'OIT et des pratiques courantes dans la fonction publique internationale selon lesquelles s'agissant des Etats membres dont les ressortissants fonctionnaires sont soumis à l'impôt sur les revenus, ce montant est remboursé par l'Organisation sous forme de prime compensatoire à l'instar de la dotation d'ajustement fiscal proposée par le Cabinet BEKOLO & PARTERNS et approuvé par le Conseil des Ministres de décembre 2010 à Lomé ;

Mais attendu qu'aux termes de l'article 5.9 du Règlement précité : « Il ne peut être opéré de retenues sur les émoluments et autres sommes dues par une Institution de l'Organisation à un membre du personnel qu'à l'un des titres ci-après :

impôts et taxes sur les revenus salariaux applicables ;

cotisations sociales applicables ;

autres cotisations prévues dans le présent règlement du personnel ;

remboursement de dettes et obligations envers l'institution ;

remboursement de versements faits par erreur au membre du personnel par l'Organisation dans les deux ans précédant la retenue ;

décision de justice ;

avec l'autorisation écrite du membre du personnel, pour d'autres raisons.» ; qu'ainsi les retenues opérées trouvent leur base légale dans ledit Règlement portant statut du personnel en vigueur au moment des faits ; qu'il est constant que la coutume internationale, invoquée à tort par la requérante, n'est applicable qu'en l'absence de tout texte ; qu'il échet dès lors, au vu de tout ce qui précède, de rejeter ce moyen comme étant mal fondé ;

Sur le troisième moyen tiré de la violation des dispositions combinées des articles 177 de l'Acte uniforme portant organisation des procédures simplifiées de recouvrement et des voies d'exécution et 5.4.13.5 du Règlement n°001/2007/CM/OHADA portant statut du personnel de l'OHADA

Attendu que la requérante se fonde sur les dispositions des articles 177 de l'Acte uniforme et 5.4.13.5 du Règlement précités pour dénoncer les retenues opérées sur son salaire qui représente, selon elle, près de 70% ;

Mais attendu que les impôts ayant un caractère autoritaire et régalien, leur paiement ne peut être affecté par le coefficient prévu à l'article 177 de l'Acte uniforme précité et déterminé, en l'espèce, à l'article 5.4.13.5 du Règlement portant statut du personnel de l'OHADA ; qu'au demeurant ces textes sont inapplicables en matière de fiscalité ;

Attendu au surplus que seule la retenue opérée par le Secrétariat Permanent au titre du crédit automobile consenti à la requérante est susceptible d'être affectée par les textes susvisés ; que ladite retenue n'atteint pas le coefficient légal de 33% ; qu'il échet dès lors de déclarer ce moyen mal fondé et de le rejeter ;

Sur le quatrième moyen tiré de la violation de l'article 173 de l'Acte uniforme portant organisation des procédures simplifiées de recouvrement et des voies d'exécution

Attendu qu'à l'appui de ce moyen, la requérante invoque la violation de l'article 173 de l'Acte uniforme précité, en plaidant que les retenues susvisées l'ont été sans titre exécutoire ;

Mais attendu que cet argumentaire ne résiste pas non plus à l'analyse car, s'agissant de la retenue opérée au titre du crédit automobile consenti à la dame DJOUMESSAP MOTSEBO Jacqueline Clarisse et librement accepté par elle, l'exigibilité d'un titre exécutoire n'est pas fondée, tout comme aucun titre exécutoire n'est dû s'agissant du recouvrement obligatoire d'une dette fiscale au profit de l'Etat ; qu'il y a lieu dès lors de déclarer ce moyen inopérant et de le rejeter également comme non fondé ;

Sur le cinquième moyen tiré de la violation de l'article 174 de l'Acte uniforme portant organisation des procédures simplifiées de recouvrement et des voies d'exécution et de l'article 68 alinéa 3 du code de travail camerounais

Attendu que la requérante invoque la violation de l'article 174 de l'Acte uniforme précité et de l'article 68 alinéa 3 du code de travail camerounais, en ce que le Secrétaire Permanent a procédé à la retenue de ses salaires sans avoir demandé, encore moins obtenu l'autorisation du juge et sans avoir procédé au préalable obligatoire de conciliation ;

Mais attendu que pour les raisons amplement développées pour écarter les précédents moyens ci-dessus, les dispositions de l'article 174 de l'Acte uniforme précité ne sont pas applicables en l'espèce ; qu'il en est de même de l'article 68 alinéa 3 du code de travail camerounais, car la retenue critiquée était intervenue en dehors de toute rupture du contrat de travail ; qu'il échet également de rejeter ce moyen comme non fondé ;

Sur le sixième moyen tiré de la violation de l'article 8.2 de la convention n°95 de l'OIT

Attendu que la requérante à l'appui de ce moyen allègue le fait que les retenues litigieuses aient été faites avant même qu'elle ne soit informée pour conclure à la violation de l'article 8.2 de la convention n°95 de l'OIT ;

Mais attendu qu'elle n'a apporté aucune preuve à l'appui de ses allégations ; qu'il apparaît à la lecture des pièces versées au dossier qu'elle en a été informée par lettre des retenues fiscales et que la retenue portant sur le remboursement de son crédit automobile est de nature contractuelle qu'elle ne pouvait ignorer ; qu'il échet dès lors d'écarter aussi ce moyen comme mal fondé ;

Sur le septième moyen tiré de la violation de l'article 23.2 de la Déclaration Universelle des Droits de l'Homme et de l'article 5.1.2 du Règlement n°001 précité portant statut du personnel

Attendu qu'à l'appui de ce moyen, la requérante reproche, au Secrétariat Permanent de l'OHADA, une discrimination sur son traitement salarial qui est inférieur à celui de ses collègues de même catégorie, et d'avoir opéré à son préjudice des retenues fiscales non effectuées pour ses collègues de même catégorie et sans indemnité compensatoire en violation des articles 23.2 et 5.1.2 précités qui consacrent le principe d'égalité dans le traitement du personnel ;

Mais attendu qu'en plus du fait que le grief fait au Secrétariat Permanent, même à le supposer fondé, date du contrat de 2007, accepté par la requérante au moins tacitement, elle ne produit non plus, à l'appui de ses allégations, aucun élément permettant à la Cour de juger de leur bien fondé ; qu'en outre le critère de la nationalité est suffisant, tel que admis pour écarter son premier moyen et justifier les retenues fiscales dont elle est assujettie, tout comme l'élément d'expatriation, peuvent, notamment, justifier l'allocation d'un traitement différent aux agents employés pour servir ailleurs que dans leur pays d'origine ; qu'enfin, l'article 5.1.2 invoqué à tort ne vise que l'harmonisation du régime de rémunération de l'OHADA avec celui des autres organisations similaires ; qu'il est échet dès lors d'écarter ce moyen comme non fondé ;

Sur le huitième moyen tiré de la violation de l'article 9 du contrat de travail, des articles 23 alinéa 1er du code de travail du Cameroun, de l'article 1134 du code civil du Cameroun et des articles 2.4.2 et 5.7.1 du Règlement n°001 précité portant statut du personnel de l'OHADA

Attendu que la requérante, à l'appui de ce moyen, se fonde sur le fait que son salaire de base initialement fixé à 1.100.000 FCFA en 2006, a été unilatéralement ramené à 787.500 FCFA suivant une notification du 30 juin 2008, puis confirmée par une note du 31 octobre 2008, puis revu à 937.125 FCFA à partir du 1er janvier 2011 et sur la rétrogradation de son contrat à durée indéterminée en contrat à durée déterminée intervenue en décembre 2010 pour invoquer le non-respect du principe de ses droits acquis ;

Mais attendu que les griefs ainsi faits au Secrétariat Permanent n'ont fait l'objet d'aucun recours de la part de la requérante depuis son recrutement ; qu'elle est donc supposée avoir acquiescé, au moins tacitement, à ses variations de son salaire de base qui ne peuvent dès lors justifier sa démission intervenue plusieurs années après ; qu'au demeurant la transformation de son contrat de travail de durée indéterminée à durée déterminée a fait l'objet d'une compensation, qu'elle a acceptée à l'instar des autres fonctionnaires de l'Organisation qui étaient dans la même situation ; qu'il échet de rejeter également ce moyen comme mal fondé ;

Sur les réclamations liées à la rupture du contrat de travail et au caractère abusif du licenciement

Attendu qu'il résulte dès lors, de tout ce qui précède, que les moyens excipés par la requérante pour justifier sa démission de contrainte et forcée ayant été déclarés inopérants et rejetés, il y a lieu de qualifier son acte de démission volontaire pour convenances personnelles et dire en conséquence qu'elle ne peut avoir droit qu'aux seules indemnités dues en pareille circonstance ;

Attendu qu'ainsi le paiement des indemnités réclamé par la requérante en application de l'article 6.15.2 du Règlement n°001 précité portant statut du personnel de l'OHADA, à savoir les demandes de paiement de l'indemnité compensatrice de préavis, de l'indemnité de congés payés et de l'indemnité légale minimum de licenciement, qui ne sont dues qu'en cas de licenciement abusif, ne peuvent être allouées à la requérante ; qu'il en est de même de la demande de paiement de dommages et intérêts, de l'indemnité de cessation de contrat, du paiement des manques à gagner dus à la discrimination salariale, du reliquat du salaire de base baissé, du reliquat de la retraite complémentaire, les sommes retenues au titre des impôts, toutes infondées en l'espèce et sans base légale ;

Que dès lors, les seules indemnités dues à la requérante sont les indemnités de transport et de fin de contrat, payées en l'espèce suivant bulletin de solde de tout compte de juin 2012, versé au dossier, dont les montants alloués à ces titres ne sont pas discutés ;

Attendu que l'indemnité d'attente jusqu'au paiement des frais de transport n'est aussi pas due, en ce sens que cette indemnité a été payée suivant ledit bulletin de solde de tout compte ;

Attendu que Madame DJOUMESSAP MOTSEBO Jacqueline Clarisse ayant succombé, il y a lieu de la condamner aux dépens ;

PAR CES MOTIFS

Statuant publiquement, après en avoir délibéré,

En la forme :

Déclare recevable le recours introduit par Madame DJOUMESSAP MOTSEBO Jacqueline Clarisse ;

Au fond :

Déboute Madame DJOUMESSAP MOTSEBO Jacqueline Clarisse de toutes ses demandes ;

La condamne aux dépens.

DROIT COMMERCIAL GENERAL

I. Preuve commerciale

Le commerçant peut prouver ses opérations par des documents comptables réguliers (CCJA, Ass. Plén., n°38/2015, 27 avril 2015)

Sommaire

La comptabilité régulièrement tenue peut être admise en justice pour servir de preuve entre les entreprises pour faits de commerce ou autres.

La Cour Commune de Justice et d'Arbitrage (CCJA), de l'Organisation pour l'Harmonisation en Afrique du Droit des Affaires (OHADA), Assemblée plénière, a rendu l'Arrêt suivant en son audience publique foraine tenue le 27 avril 2015 à Bamako (République du Mali), où étaient présents :

Monsieur Marcel SEREKOÏSSE-SAMBA,	Président, rapporteur
Madame Flora DALMEIDA MELE,	Seconde Vice-Présidente
Messieurs Mamadou DEME,	Juge
Djimasna NDONINGAR,	Juge
et Maître Paul LENDONGO,	Greffier en chef

Sur le pourvoi enregistré au greffe de la Cour de céans le 12 mars 2007 sous le n°020/2007/PC et formé par le Cabinet d'Avocats BRYSLA CONSEILS, Avocats à la Cour, demeurant, 153, Rue 313, Quartier du Fleuve, à BAMAKO et la SCPA JURIFIS CONSULT, Avocats à la Cour, demeurant "Résidence 2000", à l'ouest de la nouvelle Ambassade des USA - ACI 2000 Hamdallaye, BP E 1326, BAMAKO - MALI, agissant au nom et pour le compte de la Banque de l'Habitat du Mali (BHM S.A.) dont le siège est à Bamako, ACI 2000, Avenue kwamé N'KRUMAH, BP 2614, dans la cause l'opposant à la Société West African Investment (WAIC SA) dont le siège est à BANANKABOUGOU-Bamako, BP E 1719 République du MALI, ayant pour conseils SCP DOUMBIA & TOUNKARA, Avocats à la Cour, sis Immeuble LASSANA SYLLA Center, Rue Karomoko DIABY, Porte 550, BP E 151, BAMAKO – MALI,

en cassation de l'arrêt n°366, rendu le 19 juillet 2006 par la cour d'appel de Bamako et dont le dispositif est le suivant :

« Statuant publiquement, contradictoirement en matière civile et en dernier ressort ;

En la forme : Reçoit l'appel interjeté ;

Déclare la demande reconventionnelle de WAIC irrecevable comme demande nouvelle ;

Au fond : Confirme le jugement entrepris ;

Met les dépens à la charge de l'appelante » ;

La requérante invoque à l'appui de son pourvoi les deux moyens de cassation tels qu'ils figurent à la requête annexée au présent arrêt ;

Sur le rapport de Monsieur DJIMASNA N'DONINGAR, Juge ;

Vu les dispositions des articles 13 et 14 du Traité relatif à l'harmonisation du droit des affaires en Afrique ;

Vu le Règlement de procédure de la Cour Commune de Justice et d'Arbitrage de l'OHADA ;

Attendu qu'il ressort des pièces du dossier de la procédure qu'au cours de l'année 2001, la Banque de l'Habitat du Mali dite BHM SA entrait en relations avec la société WAIC SA ; qu'aux termes de ces relations en 2007, les comptes ouverts par WAIC SA dans les livres de la banque laissaient apparaître un solde débiteur de 5.654.216.799 FCFA, attesté par des extraits de comptes de cette société ; que, pour se prémunir contre l'insolvabilité de WAIC, la BHM S.A. sollicitait et obtenait du Président du Tribunal de la Commune IV de Bamako une ordonnance n°342, en date du 10 juin 2005, l'autorisant à prendre une inscription hypothécaire provisoire sur des biens immeubles, objet des titres fonciers n°60 et 63, appartenant à son débiteur ; que le tribunal de la Commune IV de Bamako, saisi d'une demande de validation de cette hypothèque, la rejetait et ordonnait la mainlevée de l'inscription, par jugement n°583/JGMT du 28 novembre 2005, confirmé par la Cour d'appel de Bamako le 19 juillet 2006, suivant l'arrêt n°366 dont pourvoi ;

Sur la demande de sursis à statuer

Attendu que dans son mémoire en réponse à la requête, la société WAIC SA sollicite, à titre principal, le sursis à statuer sur le recours en cassation, motif pris de ce que la requérante, après avoir initié son pourvoi, a déposé une plainte au pénal contre le PDG de WAIC, pour détournement ; qu'en application de la règle « le criminel tient le civil en l'état », elle demande à la Cour de céans de surseoir à statuer jusqu'à la décision définitive des juridictions maliennes sur la procédure d'atteintes aux biens publics en cours contre les dirigeants de WAIC SA ;

Mais attendu que la procédure ayant donné lieu au jugement n°583/JGMT du 28 novembre 2005, confirmé par la Cour d'appel de Bamako le 19 juillet 2006, suivant l'arrêt n°366, dont pourvoi, est relative à une demande de validation d'une inscription hypothécaire provisoire ordonnée par la juridiction présidentielle ; que ladite procédure est distincte de toute autre procédure intentée devant les juridictions répressives ; qu'il échet de dire et juger que la demande de sursis à statuer n'est pas fondée et doit être rejetée ;

Sur la violation de l'article 68 de l'Acte uniforme du 24 mars 2000 portant organisation et harmonisation des comptabilités des entreprises, relevée d'office

Attendu que la cour d'appel de Bamako, pour refuser la validation de l'inscription hypothécaire provisoire, énonce que « l'hypothèque est une sûreté réservée au créancier », « qu'il ne figure au dossier aucune convention de prêt indiquant la hauteur des engagements pris de part et d'autre » et « qu'au stade actuel, la certitude et l'exigibilité de la créance de la BHM SA ne sont pas prouvées » ;

Mais attendu qu'il n'est pas contesté qu'en vertu de leur relation, la BHM SA avait accordé de multiples facilités de caisses et découvertes à la société WAIC, non couvertes, ainsi que l'attestent les correspondances entre les deux parties et les virements et chèques tirés par la WAIC sur la BHM SA ; que les extraits des livres comptables de la BHM versés au dossier font apparaitre un solde débiteur net de 5.654.216.799 FCFA à l'encontre de la société WAIC SA ; qu'en statuant ainsi, alors que suivant l'article 68 de l'Acte uniforme du 24 mars 2000 portant organisation et harmonisation des comptabilités des entreprises, « la comptabilité régulièrement tenue peut être admise en justice pour servir de preuve entre les entreprises pour faits de commerce ou autres... », la cour d'appel a violé les dispositions de l'article susvisé et fait encourir la cassation à sa décision ; qu'il échet de casser l'arrêt attaqué et d'évoquer ;

Sur l'évocation

Attendu que, par acte du greffe en date du 30 novembre 2005, la Banque de l'Habitat du Mali relevait appel contre le jugement rendu le 28 novembre 2005 par le tribunal de la Commune IV de Bamako dans l'affaire l'opposant à la Société WAIC et dont le dispositif est ainsi conçu :

« Statuant publiquement, contradictoirement, en matière civile et en premier ressort ;

- Déclare recevable, en la forme, la requête de la Banque de l'Habitat du Mali ;
- Au fond, l'en déboute ; ordonne la main levée de l'inscription hypothécaire du 10 juin 2005. » ;

Qu'au soutien de son appel, elle demande à la Cour d'infirmer le jugement entrepris en toutes ses dispositions et de valider les inscriptions provisoires d'hypothèques prises sur les titres fonciers n°60 et 63 du lotissement de SEBENINKORO appartenant à la société WAIC ; qu'elle expose avoir accordé des facilités de caisses (découvertes, exécution des ordres de virement) pour un montant, en principal et intérêts, de 5.680.268.474 FCFA à WAIC pour le financement de son projet immobilier dénommé « la Mangueraie de SEBENINKORO » ; qu'en garantie de ce financement, la société WAIC a laissé en dépôt libre entre ses mains les titres fonciers n°60 et 63 du lotissement de SEBENINKORO ; que, pour se prémunir contre une insolvabilité certaine de son débiteur, à ce jour poursuivi par d'autres créanciers, elle a obtenu du Président du Tribunal l'autorisation de prendre une inscription hypothécaire provisoire sur les titres fonciers en sa possession ; qu'étant créancière de la société WAIC de la somme de 5.680.268.474 FCFA comme attestée par les extraits des comptes de WAIC tenus dans ses livres, elle cherche à en garantir le recouvrement par la validation de l'inscription hypothécaire ;

Attendu que la société WAIC SA, en réplique, explique être plutôt liée à la BHM SA par une convention de collaboration pour la réalisation du programme immobilier « la Mangueraie » ; qu' aux termes de cette convention, la banque cofinancera des logements tests et commercialisera les logements construits par WAIC auprès de sa clientèle ; que ce partenariat n'ayant jamais été dénoncé, la BHM ne peut se prévaloir d'aucune créance à son égard ; qu'à ce jour, les deux parties ne se sont pas entendues sur le montant des investissements sur le terrain, à fortiori sur les parts de chacune ; que la demande de la BHM est prématurée et qu'elle sollicite de la cour la confirmation du jugement querellé et, reconventionnellement, la condamnation de la BHM SA à lui payer la somme de 5.075.622.638 FCFA pour les préjudices subis du fait de l'inexécution de ses obligations issues de la convention de collaboration ;

Attendu que l'inscription hypothécaire définitive prévue aux articles 136 et suivants susmentionnés suppose que le demandeur établisse sa qualité de créancier certain à l'égard du débiteur ; qu'il ressort des pièces versées au dossier de la procédure qu'il y a, non seulement des relations d'affaires entre la BHM et la société WAIC SA, mais que, de ces relations, WAIC SA a pu bénéficier de multiples concours financiers de la banque et s'est reconnue débitrice, dans une correspondance en date du 04 octobre 2003 ; que les extraits des livres comptables de la BHM versés au dossier font apparaitre un montant cumulé des dettes consenties à WAIC à hauteur de 5.654.216.799 FCFA ; qu'ainsi, pour les mêmes motifs que ceux développés lors de l'examen du moyen de cassation, tiré de la méconnaissance de l'article 68, il y a lieu, pour la Cour de céans, d'infirmer le jugement n°583/JGMT, rendu le 28 novembre 2005 par le Tribunal de la Commune IV de Bamako en toutes ses dispositions et, statuant à nouveau, de constater que, des extraits de la comptabilité de la BHM SA, la WAIC SA reste lui devoir la somme de 5.654.216.799 FCFA et de dire qu'il y a lieu à la validation de l'inscription provisoire d'hypothèque ordonnée par le Président du Tribunal de la Commune IV de Bamako ;

Attendu que la société WAIC SA ayant succombé, sera condamnée aux dépens ;

PAR CES MOTIFS

Statuant publiquement, après en avoir délibéré,

Casse l'arrêt n°366, rendu le 19 juillet 2006, par la Cour d'appel de Bamako ;

Evoquant et statuant sur le fond :

Infirme en toutes ses dispositions le jugement n°583/JGMT, rendu le 28 novembre 2005, par le Tribunal de la Commune IV de Bamako ;
Constate que la WAIC SA reste devoir à la BHM S.A. la somme de 5.654.216.799 FCFA ;
Valide les inscriptions provisoires prises le 13 juin 2005 en application de l'ordonnance n°342 du 10 juin 2005 ; Condamne la société WAIC SA aux dépens.

II. Bail à usage professionnel

A. Champ d'application du régime du bail à usage professionnel

Viole l'article 71 de l'AUDCG l'arrêt qui, en présence d'une convention relevant du régime du bail à usage professionnel, refuse de reconnaitre la présomption légale du bail à usage commercial et de sanctionner le non-paiement des loyers échus (CCJA, 3e Ch., n°25/2015, 9 avril 2015)

Sommaire

Conformément à l'article 71 de l'AUDCG, est réputé bail à usage commercial toute convention, même non écrite, existant entre le propriétaire d'un immeuble ou d'une partie d'un immeuble compris dans le champ d'application de l'article 69, et de toute personne physique ou morale, permettant à cette dernière, d'exploiter dans les lieux avec l'accord du propriétaire, toute activité commerciale, industrielle, artisanale ou professionnelle. Viole ce texte l'arrêt qui en présence d'une telle convention refuse de reconnaitre la présomption légale du bail à usage commercial et de sanctionner le non-paiement des loyers échus.

Le bail commercial étant régi par un Acte uniforme, le litige qui porte sur une action en résiliation d'un bail commercial, en expulsion du preneur et sa condamnation au paiement des arriérés de loyers relève en cassation de la compétence de la CCJA.

La Cour Commune de Justice et d'Arbitrage (CCJA) de l'Organisation pour l'Harmonisation en Afrique du Droit des Affaires (OHADA), Troisième chambre, a rendu l'Arrêt suivant en son audience publique du 09 avril 2015 où étaient présents :

Madame Flora DALMEIDA MELE,	Présidente, rapporteur
Messieurs Victoriano OBIANG ABOGO,	Juge
Idrissa YAYE,	Juge, rapporteur
et Maître Alfred Koessy BADO	Greffier ;

Sur le pourvoi enregistré au greffe de la cour de céans le 16 novembre 2011 sous le n°110/2011/PC et formé par le Cabinet A. FADIKA & Associés, Avocats à la cour, sis à Abidjan, 22 Avenue Delafosse, Abidjan-Plateau, 01 BP 4763 Abidjan 01, agissant au nom et pour le compte de la Société Ivoirienne de Concept et de Gestion dite SICG, Société anonyme, ayant son siège social à Marcory, 01 BP 2630 Abidjan 01, représentée par son Président directeur général Monsieur SAIDI Mohamed Jamal, dans la cause l'opposant à la dame KOUADIO YAH Madeleine, commerçante, demeurant à Abidjan-Cocody-Riviera Palmeraie, ayant pour conseil Maître TIE BI HIVAT, Avocat à la cour, demeurant à Cocody-II Plateaux, Rue des Jardins, Immeuble Dany Center (face pâtisserie Pako), 09 BP 284 Abidjan 09, en cassation de l'arrêt n°551/CIV6/A rendu le 28 juillet 2009 par la cour d'appel d'Abidjan et dont le dispositif est le suivant :

« EN LA FORME

Déclare KOUADIO YAH MADELEINE recevable en son appel relevé du jugement civil n°294 rendu le 3 février 2009 par le Tribunal de Première Instance d'Abidjan ;

AU FOND

L'y dit bien fondé ;

Infirme le jugement querellé ;

STATUANT A NOUVEAU

Rejette comme mal fondé(e) la demande de la société SICG ;

La condamne aux dépens. » ;

La requérante invoque à l'appui de son pourvoi le moyen unique de cassation, articulé en deux branches tels qu'il figure dans sa requête annexée au présent arrêt ;

Sur le rapport de Monsieur Idrissa YAYE, Juge ;

Vu les dispositions des articles 13 et 14 du Traité relatif à l'harmonisation du droit des affaires en Afrique ;

Vu le Règlement de procédure de la Cour Commune de Justice et d'Arbitrage de l'OHADA ;

Attendu qu'il résulte des pièces du dossier de la procédure qu'aux termes d'une convention notariée en date du 28 février 1997, conclue entre la Commune d'Adjamé-Abidjan et la SICG, celle-ci a construit, sur fonds propre, sur un terrain d'une superficie de 20.520 m2, sis à Adjamé, un centre commercial sur deux niveaux, dénommé Forum des marché ; qu'elle est censée exploiter ledit centre pendant 25 ans dans le but de recouvrer son investissement, en vertu d'un droit de jouissance et d'exploitation concédé par la mairie, laquelle recouvrira la propriété des constructions édifiées au terme des 25 ans d'exploitation ; qu'un avenant des 16 et 23 juin 2003 apporté à ladite convention prévoyait la possibilité pour la SCIG de céder son droit de jouissance et d'exploitation avec le consentement de la Mairie ;

Que Madame KOUADIO YAH Madeleine, occupant les magasins 51 et 52 , a refusé de s'acquitter des arriérés de loyers desdits magasins aux motifs que la SICG lui aurait cédé ses droits ; d'où la SICG après lui avoir servi par acte d'huissier de justice, le 20 août 2008, une mise en demeure d'avoir à respecter les clauses et conditions du bail, l'a assignée devant le tribunal de première instance d'Abidjan pour obtenir la résiliation du bail, sa condamnation au paiement des loyers échus et impayés avec intérêts de retard et son expulsion des lieux occupés ; que par jugement n°294/CIV4 B rendu le 03 février 2009, ledit tribunal a fait partiellement droit à son action ; que sur appel de Madame KOUADIO YAH Madeleine, la cour d'appel d'Abidjan a rendu l'arrêt infirmatif n°551/CIV6/A du 28 juillet 2009, objet du présent pourvoi ;

Sur l'exception d'irrecevabilité du mémoire en réponse

Attendu que dans son mémoire en réplique daté du 28 juin 2012, la requérante soulève l'irrecevabilité du mémoire en réponse de Madame KOUADIO YAH Madeleine, motifs pris de ce que, d'une part, le mandat spécial délivré par elle à l'avocat porte sur le pourvoi en cassation dirigé contre l'arrêt n°277 rendu par la cour d'appel d'Abidjan le 9 juin 2011, alors que l'arrêt attaqué, en l'espèce, est celui n°551 du 28 juillet 2009, d'autre part, ledit mandat a été rédigé sur papier à entête du Cabinet, laissant transparaître qu'il est, à la fois, mandant et mandataire ;

Attendu qu'en réplique, la défenderesse au pourvoi soutient que ces griefs ne sont pas dirimants ; qu'il ne s'agit que d'erreurs matériels ; qu'elle verse aux débats un mandat spécial régularisé, en soutenant qu'aucune disposition n'empêche de régulariser en cours d'instance un acte existant mais qui comporterait des erreurs matérielles ;

Attendu que l'article 28-6 du Règlement de procédure de la Cour de céans permet expressément la régularisation des pièces mentionnées audit article dont le mandat donné à l'avocat ; qu'ainsi ledit mandat ayant été régularisé, il y a lieu de considérer ladite exception comme étant sans objet ;

Sur l'exception d'incompétence

Attendu que la défenderesse au pourvoi soulève, in limine litis, l'incompétence de la Cour de céans, motifs pris de ce que l'article 14 du Traité OHADA dispose en son alinéa 3 que : « Saisie par la voie de recours en cassation, la Cour se prononce sur les décisions rendues par les juridictions d'appel des Etats Parties dans toutes les affaires soulevant des questions relatives à l'application des Actes uniformes et des règlements prévus au présent Traité à l'exception des décisions appliquant des sanctions pénales. » ; que la cour d'appel n'a statué que sur l'existence ou non d'un contrat de bail, qu'elle n'a en rien traité une question relative à l'application d'un Acte uniforme ;

Attendu qu'en réplique, la requérante soutient que les rapports entre bailleur et locataire en matière commerciale ou professionnelle sont régis par les dispositions de l'Acte uniforme portant sur le droit commercial général et conclut au rejet de ladite exception ;

Attendu que le litige objet du présent pourvoi porte sur une action en résiliation d'un bail commercial, en expulsion du preneur et sa condamnation au paiement des arriérés de loyers échus, initiée par la SICG ; que le bail commercial étant régi par un Acte uniforme, il y a lieu de déclarer la cour de céans compétente pour connaitre dudit litige ;

Sur le moyen unique en sa première branche

Vu les articles 71 et 80 de l'Acte uniforme portant droit commercial général du 17 avril 1997 ;

Attendu que la recourante reproche à l'arrêt entrepris la violation des articles 71 et 80 de l'Acte uniforme portant droit commercial général par refus d'application et, d'avoir estimé qu'elle n'apporte pas la preuve du bail commercial qu'elle invoque, alors même que les pièces versées à l'appui attestent bien qu'elle est propriétaire de l'ouvrage jusqu'en 2022, propriété que la mairie, elle-même, a récemment confirmé ; alors que la défenderesse qui occupe deux des magasins gérés par elle, aux dires même de l'arrêt attaqué, ne produit aucun titre de propriété relativement aux magasins occupés ; qu'en procédant ainsi ladite cour a violé lesdites dispositions légales et sa décision encourt cassation ;

Attendu qu'aux termes des dispositions de l'article 71 de l'acte uniforme portant droit commercial général du 17 avril 1997, applicable en l'espèce : « Est réputé bail à usage commercial toute convention, même non écrite, existant entre le propriétaire d'un immeuble ou d'une partie d'un immeuble compris dans le champ d'application de l'article 69, et de toute personne physique ou morale, permettant à cette dernière, d'exploiter dans les lieux avec l'accord du propriétaire, toute activité commerciale, industrielle, artisanale ou professionnelle. » ;

Attendu qu'aux termes des dispositions de l'article 80 dudit Acte uniforme : « Le preneur doit payer le loyer aux termes convenus, entre les mains du bailleur ou de son représentant désigné au bail. » ;

Attendu en l'espèce qu'il résulte des pièces versées au dossier que suivant convention notariée en date du 28 février 1997, conclue entre la Commune d'Adjamé-Abidjan et la SICG, celle-ci a construit, sur fonds propres, sur un terrain d'une superficie de 20.520 m2, sis à Adjamé, un centre commercial sur deux niveaux, dénommé Forum des marchés qu'elle est censée exploiter ledit centre pendant 25 ans dans le but de recouvrer son investissement, en vertu d'un droit de jouissance et d'exploitation concédé par la mairie, laquelle recouvrira la propriété des constructions édifiées au terme des 25 ans d'exploitation ; qu'un avenant des 16 et 23 juin 2003 apporté à ladite convention prévoyait la possibilité pour la SCIG de céder son droit de jouissance et d'exploitation avec le consentement de la Mairie ; que toutes les pièces versées au dossier confortent le droit de jouissance et d'exploitation de la SICG, laquelle pouvait, en vertu de la convention, donner à bail ou céder son droit de jouissance et d'exploitation ; que toutes les pièces versées par la défenderesse attestent simplement la faculté ou l'engagement de SICG de céder son droit ; qu'ainsi la défenderesse au pourvoi ne produit aucun document ou reçu attestant qu'elle a acquis le droit de bail de la SICG, encore moins la preuve qu'elle en a acquittée un prix convenu ; que dès lors c'est en violation des articles 71 et 80 susvisés que la cour d'appel refuse de reconnaitre la présomption légale de bail à usage commercial établie entre ces parties et, de sanctionner le non-paiement des loyers échus ; qu'il échet dès lors de casser ledit arrêt pour violation de la loi ;

Sur l'évocation

Attendu que par exploit d'huissier de justice en date du 06 février 2009, Madame KOUADIO YAH Madeleine a interjeté appel du jugement n°294 rendu le 03 février 2009 par le tribunal de première instance d'Abidjan-Plateau dont le dispositif est ainsi conçu : « Statuant en audience publique, par décision contradictoire, en matière civile et en premier ressort ;

Reçoit la Société Ivoirienne de Concept et de Gestion dite SICG en son action ;

L'y dit partiellement fondée ;

Condamne Dame KOUADIO Yah Madeleine à payer la somme de 13.650.000 francs au titre des loyers échus et impayés ;

Prononce la résiliation du bail liant les parties ;

Ordonne son expulsion des lieux qu'elle occupe tant de sa personne, de ses biens, que de tout occupant de son chef ;

Ordonne l'exécution provisoire de la décision nonobstant toute voie de recours ;

Condamne la défenderesse aux entiers dépens de l'instance ; » ;

Attendu que Madame KOUADIO YAH Madeleine soutient à l'appui de son appel qu'il n'existe entre elle et la SICG aucun contrat de bail pouvant justifier l'action en résiliation et son expulsion et prétend avoir acquis le droit à bail de la SICG ;

Attendu que la SICG pour sa part, expose n'avoir cédé à aucun moment son droit à Madame KOUADIO YAH Madeleine qui demeure un simple locataire ; qu'elle sollicite, d'une part, son expulsion des magasins n°51 et 52 et, d'autre part, sa condamnation à lui payer la somme de 19 350 000FCFA au titre des arriérés de loyers échus et impayés de mars 2001 à novembre 2011 ;

Attendu que pour les mêmes raisons ayant motivé la cassation de l'arrêt entrepris, il y a lieu de constater la présomption de bail à usage commercial et de confirmer partiellement la décision du premier juge en ce qu'elle a, déclaré partiellement fondée l'action de la SICG, prononcé la résiliation du bail liant les parties et ordonné l'expulsion de Madame KOUADIO YAH Madeleine des lieux qu'elle occupe ;

Attendu cependant que le préjudice de la SICG au titre des loyers échus et impayés s'étant aggravé depuis du fait du non-paiement desdits loyers de mars 2001 à novembre 2011, date du pourvoi en cassation, il y a lieu de reformer le jugement sur ce point en portant cette somme à 19.350.000FCFA ;

Attendu que la dame KOUADIO YAH Madeleine ayant ainsi succombé, il ya lieu de la condamner aux dépens ;

PAR CES MOTIFS

Statuant publiquement, après en avoir délibéré,

Casse l'arrêt n°551/CIV6/A rendu le 28 juillet 2009 par la cour d'appel d'Abidjan ;

Evoquant et statuant sur le fond,

Confirme partiellement le jugement n°294/CIV4 B rendu le 03 février 2009 par le tribunal de première instance d'Abidjan-Plateau en ce qu'il a, déclaré partiellement fondée l'action de la SICG, prononcé la résiliation du bail liant les parties et ordonné l'expulsion de madame KOUADIO YAH Madeleine ;

Condamne madame KOUADIO YAH Madeleine à payer à la SICG la somme de 19.350.000 FCFA au titre des loyers échus et impayés ;

Condamne Madame KOUADIO YAH Madeleine aux dépens.

Le juge qui requalifie un contrat de cession en contrat de sous-location commet le grief de dénaturation (CCJA, 1ère Ch., n°167/2015, 17 décembre 2015)

> Doit être cassé pour dénaturation l'arrêt qui requalifie un contrat de cession de bail en un contrat de sous-location violant ainsi les termes clairs et précis de la convention.

La Cour Commune de Justice et d'Arbitrage (CCJA), Première Chambre, de l'Organisation pour l'Harmonisation en Afrique du Droit des Affaires (OHADA), a rendu l'arrêt suivant en son audience publique du 17 décembre 2015 où étaient présents :

Messieurs Marcel SEREKOÏSSE-SAMBA,	Président
Mamadou DEME,	Juge, rapporteur
Vincent Diehi KOUA,	Juge
César Apollinaire ONDO MVE,	Juge
Robert SAFARI ZIHALIRWA,	Juge
Et Maître ASSIEHUE Acka,	Greffier ;

Sur le recours enregistré au greffe de la Cour de céans le 21 octobre 2013 sous le numéro 138/2013/PC, formé par Alexander ODIKA, domicilié à Niamey, ayant pour conseil Maître Younoussou BOULKASSIMI, avocat au Barreau de la République du Niger, B.P : 13765-Niamey, dans la cause qui l'oppose à Oumarou ALI, B.P : 944-Niamey,

en cassation de l'arrêt n°01 rendu le 7 janvier 2013 par la Cour d'appel de Niamey, dont le dispositif est le suivant :

« Statuant publiquement, contradictoirement en matière civile et en dernier ressort ;

Reçoit Alexander ODIKA en son opposition régulière en la forme ;

Au fond annule le jugement attaqué pour violation de la loi ;

Evoque et statue à nouveau ;

Reçoit Aly OUMAROU en sa requête régulière en la forme ;

Dit que la convention le liant à Alexander ODIKA est un contrat de sous- location ;

Donne acte à Aly OUMAROU de sa disponibilité à verser le reliquat avancé ;

Condamne Alexander ODIKA aux dépens » ;

Le demandeur invoque à l'appui de son pourvoi les deux moyens de cassation tels qu'ils figurent à sa requête annexée au présent arrêt ;

Sur le rapport de Monsieur Mamadou DEME, Juge ;

Vu les articles 13 et 14 du Traité relatif à l'harmonisation du droit des affaires en Afrique ;

Vu le Règlement de procédure de la Cour Commune de Justice et d'Arbitrage de l'OHADA ;

Attendu que suivant correspondance n°839/2013/G2 du 6 décembre 2013, le Greffier en chef de la Cour a vainement tenté de signifier le recours au défendeur ; que le principe du contradictoire ayant été respecté, il convient de statuer sur le pourvoi ;

Attendu qu'il résulte des pièces du dossier de la procédure que OUMAROU ALI a assigné Alexander ODIKA devant le Tribunal de Grande Instance de Niamey pour s'entendre ordonner la restitution, sous astreinte, de sa boutique, dont il lui aurait donné la moitié en gage pour la somme de 2.500.000 francs ; que résistant à ces demandes, Alexander ODIKA soutenait que la moitié de la boutique lui a été vendue plutôt que donnée en gage par ALI ; que suivant jugement n°114 en date du 24 mars 2010, le Tribunal, qualifiant la convention passée entre les parties de cession de bail, a débouté ALI de toutes ses demandes ; que sur appel de ce dernier, la Cour d'appel a infirmé ce jugement suivant arrêts n°118 du 21 novembre 2011, rendu par défaut contre ODIKA, et n°01 rendu le 07 janvier 2011, suite à l'opposition formée par ce dernier ; que le pourvoi est dirigé contre ce dernier arrêt ;

Sur le premier moyen pris de la violation de l'article 86 de l'Acte uniforme sur le droit commercial général et de la dénaturation des obligations des parties

Attendu qu'il est fait grief à la Cour d'appel d'avoir dénaturé la convention liant les parties en la requalifiant en un contrat de sous-location, alors qu'il s'est agi d'une cession de bail, que la sous-location est interdite par les dispositions de l'article 89 de l'Acte uniforme précité et n'est au demeurant pas prévue par le bail liant la SOCOGEM, véritable propriétaire de la boutique, et Ali OUMAROU son locataire ;

Attendu que pour retenir que Oumarou ALI et Alexander ODIKA étaient liés par un contrat de sous-location, le juge d'appel a énoncé en substance : « Mais attendu que l'examen de la pièce intitulée Attestation de vente révèle que la signature d'Ali Oumarou ne figure pas sur cet acte » ; « Attendu d'autre part qu'Ali Oumarou n'est pas propriétaire de cette boutique mais simple locataire ; qu'il ne peut par conséquent disposer de cet immeuble à quelque titre que ce soit.... Attendu qu'il est également produit au dossier une copie d'un contrat de bail pourtant sur la boutique n°1344 quartier 4 en date du 16 septembre 2005, conclu entre Alexander Odika et Ali Oumarou pour un loyer mensuel de 25.000 F CFA ainsi que la copie d'un autre contrat dans lequel il est indiqué : Ali Oumarou atteste avoir reçu des mains de Christian Odika la somme de 500.000 F CFA représentant le loyer de 20 mois de la boutique n°1344 quartier 4, soit 25.000 F CFA par moi compter du 1er octobre 2006 jusqu'au 30 juin 2006 » ;

Mais attendu que le contrat de bail en date du 16 septembre 2005 et la quittance de loyers visés aux motifs de l'arrêt n'ont pas été produits au dossier ;

Attendu qu'il est par contre produit aux débats un acte manuscrit en date du 03 avril 2007, intitulé « Attestation », par lequel Oumarou ALI « reconnaît avoir vendu la moitié de sa boutique n°1344 C quartier V à la somme de deux millions cinq cent mille francs (2.500.000 f), dont il a reçu la totalité de la somme du sieur Alexander ODIKA.... » et s'est engagé « à ne pas vendre la boutique sans l'avis du sieur Alexander ODIKA » ; que ce document, portant une signature illisible mais légalisée par le commissariat de police du marché de Niamey et conforté par le témoignage de Mahamane Salissou CHAIBOU, recueilli par Maître Altine Chafei YATTA, huissier de justice, suivant procès-verbal du 04 mars 2013, régulièrement produit au dossier, n'est pas sérieusement contesté par Oumarou ALI ; qu'il résulte des termes de cet acte que Oumarou ALI a définitivement cédé ses droits sur la moitié de la boutique litigieuse à ODIKA, moyennant le paiement de la somme de 2.500.000 f, que le cédant a reconnu avoir reçue ; qu'en qualifiant pareille convention de sous-location, alors que les termes clairs et sans équivoque de l'acte ne donnent lieu à aucune interprétation, la Cour d'appel a dénaturé l'accord qui fait la loi des parties ; qu'il convient de casser l'arrêt et d'évoquer ;

SUR L'EVOCATION

Attendu que par exploit en date du 07 décembre 2011, Alexander ODIKA a formé opposition contre l'arrêt n°118 rendu le 21 novembre 2011 par la Cour d'appel de Niamey, dont le dispositif est ainsi conçu :

« Statuant publiquement, contradictoirement à l'égard de ALI Oumarou et par défaut à l'égard de Alexandre ODIKA, en matière civile et en dernier ressort ;

1°/ Reçoit Ali Oumarou en son appel ;

2°/ Annule le jugement attaqué pour violation de la loi ;

3°/ Evoque et statue à nouveau ;

4°/ Reçoit Ali Oumarou en son action ;

5°/ Constate que la convention liant Ali Oumarou et Alexandre Odika est un contrat de sous location ;

6°/ Donne acte à Ali Oumarou de sa disponibilité à verser le reliquat de l'avance perçue après déduction des loyers échus ;

7°/ Condamne Alexandre Odika aux dépens » ;

Attendu qu'il est constant comme résultant des pièces du dossier qu'un contrat de bail en date du 1er novembre 1989, portant sur la boutique n°1344 quartier V du Grand Marché de Niamey, a été signé entre la Société de Construction et de Gestion des Marchés, dite SOCOGEM, et le sieur Oumarou ALI ; que ledit contrat est encore en vigueur ; que ALI a assigné Alexander ODIKA devant le Tribunal de Niamey pour réclamer la restitution de la boutique, dont il lui aurait donné la moitié en « gage » ; que par le jugement n°114 du 24 mars 2010, le tribunal a requalifié la convention litigieuse en cession de bail et l'a débouté de sa demande en restitution ; qu'en instance d'appel, ALI a soutenu être lié à ODIKA par un contrat de sous-location ; que faisant droit à cette prétention, la Cour d'appel a disqualifié la convention liant les parties en contrat de sous- location et ordonné la restitution demandée ;

Attendu que pour conclure à la rétractation de l'arrêt dont opposition, la confirmation du jugement n°114 du 24 mars 2010 et à la condamnation de ALI au paiement de dommages et intérêts pour procédure abusive, ODIKA fait valoir que ALI lui a en réalité cédé partiellement le bail le liant à la SOCOGEM, propriétaire de la boutique litigieuse, comme il est d'usage au Grand Marché de Niamey ; qu'il invoque les dispositions de l'article 207 de l'Acte uniforme sur le droit commercial général, selon lesquelles « Les parties sont liées par les usages auxquels ils ont consenti et par les habitudes qui se sont établies dans leurs relations commerciales. Sauf convention contraire des parties, celles-ci sont réputées s'être tacitement référées dans le contrat de vente commerciale, aux usages professionnels dont elles avaient connaissance ou auraient dû avoir connaissance et qui, dans le commerce, sont largement connus et régulièrement observés par les parties à des contrats de même nature dans la branche commerciale considérée » ;

Attendu qu'en réplique ALI Oumarou a conclu au rejet de l'opposition ;

Attendu que pour les mêmes motifs que ceux ayant conduit à la cassation de l'arrêt n°01 rendu le 07 janvier 2011, il échet de rétracter l'arrêt dont opposition et de confirmer le jugement entrepris ;

Attendu qu'Oumarou ALI qui a succombé doit être condamné aux dépens ;

PAR CES MOTIFS

Statuant publiquement, après en avoir délibéré,

Casse l'arrêt numéro n°01 rendu le 07 janvier 2011 par la Cour d'appel de Niamey ;

Evoquant et statuant au fond,

Rétracte l'arrêt n°118 rendu le 21 novembre 2011 par la Cour d'appel de Niamey ;

Confirme le jugement n°114 rendu le 24 mars 2010 par le Tribunal de Grande Instance Hors Classe de Niamey ;

Condamne Oumarou ALI aux entiers dépens.

Inapplication du statut des baux commerciaux aux conventions ayant pour objet les biens du domaine public (CCJA, Ass. Plén., n°75/2015, 29 avril 2015)

Sommaire

Le statut des baux commerciaux ne peut s'appliquer aux conventions ayant pour objet des biens dépendant du domaine public, même lorsque le bail est conclu entre deux personnes privées, en raison du principe de précarité qui s'applique aux occupations du domaine public, lequel, incessible et inaliénable, ne peut faire l'objet de contrat d'occupation privé.

La Cour Commune de Justice et d'Arbitrage (CCJA), de l'Organisation pour l'Harmonisation en Afrique du Droit des Affaires (OHADA), Assemblée plénière, a rendu l'Arrêt suivant en son audience publique tenue le 29 avril 2015 à Ouagadougou au Burkina Faso où étaient présents :

Messieurs Marcel SEREKOÏSSE-SAMBA, Président, rapporteur

Abdoulaye Issoufi TOURE, Premier Vice-président

Madame Flora DALMEIDA MELE, Seconde Vice-présidente Messieurs Victoriano ABOGO OBIANG, Juge

Mamadou DEME Juge

Idrissa YAYE, Juge

et Maître Paul LENDONGO, Greffier en chef ;

Sur le recours enregistré au greffe de la cour de céans le 07 avril 2010 sous le n°044/2010/PC et formé par Société de Gestion et d'Exploitation de l'Aéroport de Conakry-Gbessia dite SOGEAC, dont le siège social est à l'Aéroport de Conakry quartier GBESSIA, Commune de Matoto, Conakry, représentée par Monsieur Pierre VILLET et Madame Hélène SAVANE, respectivement Directeur Général et Directrice Générale Adjointe, ayant pour Conseil Maître Alpha BARRY BAKAR, Avocat à la Cour, agissant par l'entremise de Maître Amadou Lélouma DIALLO, Avocat à la Cour, domicile élu à la SCPA DOGUE-ABBE YAO & Associés, sis au 29, Bd CLOZEL, 01 BP 174 Abidjan 01(Côte d'Ivoire), dans la cause qui l'oppose à Monsieur Sory DOUMBOUYA, demeurant au quartier Cité de l'Air, Commune de Matoto, , B.P. 3913, Conakry,

en cassation de l'arrêt n° 291 rendu le 28 juillet 2009 par la cour d'appel de Conakry, dont le dispositif est le suivant :

« Statuant publiquement, contradictoirement, en matière économique, en dernier ressort et sur appel ;

En la forme : Reçoit l'appel

Au fond :

Le déclare bien fondé ;

Infirme partiellement le jugement n° 24 du 23 janvier 2008 rendu par le Tribunal de Première Instance de Conakry 3 en ce qu'il a débouté Sory DOUBOUYA de sa demande reconventionnelle ;

Statuant à nouveau

Constate que Sory DOUMBOUYA doit à la SOGEAC la somme de 5.990.655FG ;

Constate en outre que par lettre en date du 1er novembre 2006 la SOGEAC s'est engagée à rembourser à Sory DOUMBOUYA la somme de 275.685.200 FG représentant les 50% des travaux effectués lors de la prise en charge du local en 2001 ;

Ordonne donc la compensation et condamne la SOGEAC à payer à Sory DOUMBOUYA la différence, soit 269.694.545 FG ;

Met les frais et les dépens à la charge de la SOGEAC. »

Sur le rapport de Monsieur Marcel SEREKOÏSSE-SAMBA, Président ;

Vu les articles 13 et 14 du Traité relatif à l'harmonisation du droit des affaires en Afrique (OHADA) ;

Vu le Règlement de procédure de la Cour Commune de Justice et d'Arbitrage de l'OHADA ;

Attendu qu'il résulte des pièces du dossier de la procédure que par convention n°001/02/01/SD du 05 février 2001portant autorisation d'occupation temporaire du domaine public de l'aéroport de Conakry et son avenant n°1 du 15 septembre 2004, la Société de Gestion et d'Exploitation de l'Aéroport de Conakry dite SOGEAC a concédé à Monsieur Sory DOUMBOYA l'aménagement et l'exploitation d'un « cybercafé » dans un espace d'une superficie de 92 mètres carrés, du hall public de l'aérogare internationale de Conakry, moyennant un loyer mensuel de 310.500 francs guinéens, payable trimestriellement et une redevance de consommation d'énergie électrique de 36.000 francs guinéens par mètre carré par année ;

Qu'il a été précisé dans ladite convention, en son article 2, que l'occupation de l'espace octroyé à Monsieur Sory DOUMBOUYA ne confère à son activité aucun caractère de fonds de commerce ;

Qu'en cours d'exécution de la convention, la SOGEAC, constatant que DOUMBOUYA est débiteur de la somme de 15.945.808 FG d'arriérés de ses engagements, lui a fait servir le 05 juin 2007 par exploit de Me Mamadou Alimou BAH, Huissier de justice à Kaloum, une « mise en demeure d'avoir à respecter les clauses et conditions du bail », notamment à payer la somme ci-dessus mentionnée, dans un délai de trente jours ; qu'à défaut de s'exécuter, la résiliation de ladite convention sera poursuivie conformément à l'article 101 de l'Acte uniforme (non révisé) relatif au droit commercial général ;

Que Sory DOUMBAYA n'ayant pas obtempéré, la SOGEAC l'a assigné en paiement, en résiliation du bail et en expulsion par devant le Tribunal de Première Instance de Conakry 3 ;

Que par jugement n°24 rendu le 23 janvier 2008, le tribunal a constaté, entre autres, l'existence entre les parties d'une convention d'occupation temporaire du domaine public de l'aéroport de Conakry – Gbessia, l'existence d'arriérés de loyers chiffrés à 5.990.655 FG dûs par M. DOUMBOUYA, a ordonné la résiliation de la convention et a prononcé l'expulsion de ce dernier avec exécution provisoire, en application des articles 101 de l'AUDCG et 801 alinéa 2 du Code civil ;

Que sur appel de Sory DOUMBOUYA, la Cour d'appel de Conakry a rendu le 28 juillet 2009 l'arrêt n°291 sus énoncé

Sur la compétence de la Cour

Attendu que la SOGEAC, demanderesse au pourvoi, fait grief à la Cour d'appel de Conakry d'avoir appliqué à la cause les dispositions des articles 668 et 761 du Code civil guinéen pour condamner la SOGEAC au paiement des frais de réparation du local loué, alors qu'en application de l'article 2 du Traité OHADA, cette matière relevant du bail commercial, est régie par l'Acte uniforme relatif au droit commercial général, seul applicable en l'espèce ;

Attendu que par correspondance n°369/2010/G2 en date du 18 juin 2010 avec demande d'accusé de réception, le Greffier en chef de la Cour de céans a notifié à Monsieur Sory DOUMBOUYA le recours en cassation de SOGEAC en lui impartissant un délai de trois mois pour la production de son mémoire en réponse signé de l'avocat dûment constitué ; que ladite correspondance est retournée à la Cour avec la mention « Non réclamé » ; que le principe du contradictoire ayant ainsi été respecté, il y a lieu de passer outre et statuer ;

Attendu qu'il ressort de l'analyse des pièces du dossier de la procédure que les parties ont conclu le 05 février 2001 une « convention portant autorisation d'occupation temporaire du domaine public à l'aéroport de Conakry-Gbessia » ; Que l'article 2 de la convention précise que le « bénéficiaire », en l'occurrence Monsieur Sory DOUMBOUYA, doit « occuper l'espace pour les activités définies à l'article 4 de la présente convention sans lui donner aucun caractère de fonds de commerce » ;

Qu'une telle convention, bien que présentant les apparences d'un bail commercial en ce sens qu'elle porte sur un local affecté à un usage commercial, ne peut avoir la nature de bail commercial parce qu'elle porte sur une dépendance du domaine public et ne peut par conséquent relever de l'« Acte uniforme allégué par la demanderesse au pourvoi ; que par ailleurs, la convention litigieuse comporte des clauses exorbitantes du droit commun propres aux contrats publics, à l'instar de l'article 8 qui prive le « bénéficiaire » de toute indemnité en raison, entre autres, de troubles divers liés à l'exploitation du service public de l'aéroport, de l'état des dépendances et installations du domaine public ;

Attendu qu'il est de jurisprudence établie de la Cour de céans que le statut des baux commerciaux ne peut s'appliquer aux conventions ayant pour objet des biens dépendant du domaine public, même lorsque le bail est conclu entre deux personnes privées, en raison du principe de précarité qui s'applique aux occupations du domaine public, lequel, incessible et inaliénable, ne peut faire l'objet de contrat d'occupation privé ; qu'il s'ensuit que la Cour de céans est incompétente à connaître de la convention litigieuse qui relève du droit positif guinéen ;

Attendu que la SOGEAC succombant, il échet de la condamner aux dépens ;

PAR CES MOTIFS

Statuant publiquement, après en avoir délibéré,

Se déclare incompétente ;

Condamne la SOGEAC aux dépens.

B. Renouvellement du bail

L'occupation des lieux à l'expiration du bail sans objection du bailleur n'emporte pas renouvellement tacite (CCJA, 3e Ch., n°29/2015, 9 avril 2015)

Sommaire

L'inobservation de la procédure d'obtention du droit au renouvellement entraine la déchéance du droit. L'occupation des lieux et le paiement des loyers plusieurs mois après l'expiration du bail, sans réserve, ni objection du bailleur, n'emportent pas reconduction tacite du bail.

La Cour Commune de Justice et d'Arbitrage (CCJA) de l'Organisation pour l'Harmonisation en Afrique du Droit des Affaires (OHADA), Troisième chambre, a rendu l'Arrêt suivant en son audience publique du 09 avril 2015 où étaient présents :

Madame Flora DALMEIDA MELE,	Présidente, rapporteur
Messieurs Victoriano OBIANG ABOGO,	Juge
Idrissa YAYE,	Juge
et Maître Alfred Koessy BADO,	Greffier ;

Sur le pourvoi enregistré au greffe de la Cour de céans le 25 avril 2012 sous le n°038/2012/PC et formé par la SCPA SAKHO-YAPOBI-FOFANA, Avocats à la cour, demeurant à Cocody Danga au 118, rue Pitot , 08 BP 1933 Abidjan 08, agissant au nom et pour le compte de monsieur RAYANE CHAMS, demeurant à Abidjan Cocody les II Plateaux, rue des Jardins, dans la cause l'opposant à Monsieur ABBAS ZORKHOT Mohamed, demeurant à Abidjan Cocody II Plateau, ayant pour conseil Maître Michel BOUAH-KAMON, Avocat à la cour, demeurant à Abidjan, 2, rue Lamblin, immeuble SIGNAL, 04 BP 46 Abidjan 04,

en cassation de l'arrêt n°361/11 rendu le 28 octobre 2011 par la cour d'appel d'Abidjan et dont le dispositif est le suivant :

« Statuant publiquement, contradictoirement, en matière civile et en dernier ressort ;

EN LA FORME

Déclare Monsieur ABBAS ZORKHOT Mohamed recevable en son appel ;

AU FOND

L'y dit bien fondé ;

Infirme l'ordonnance querellée ;

Statuant à nouveau ;

Constate que Mr Rayane CHAMS est déchu de son droit au renouvellement du bail ;

Ordonne en conséquence son expulsion du local loué, tant de sa personne, de ses biens, que de tous occupants de son chef ;

Condamne l'intimée aux dépens ; » ;

Le requérant invoque à l'appui de son pourvoi le moyen unique de cassation tel qu'il figure à la requête annexée au présent arrêt ;

Sur le rapport de Madame Flora DALMEIDA MELE, Seconde Vice-présidente ;

Vu les dispositions des articles 13 et 14 du Traité relatif à l'harmonisation du droit des affaires en Afrique ;

Vu le Règlement de procédure de la Cour Commune de Justice et d'Arbitrage de l'OHADA ;

Attendu qu'il ressort des pièces de la procédure que Monsieur ABBAS ZORKHOT Mohamed a consenti à Monsieur RAYANE CHAMS un bail à usage commercial portant sur un magasin situé sur la rue des jardins pour une durée de trois ans allant du 1er août 2007 au 31 juillet 2010 ; que le 18 août 2011, Monsieur ABBAS ZORKHOT Mohamed assignait Monsieur RAYANE CHAMS par devant le juge des référés pour voir prononcer la déchéance de son droit au renouvellement du bail et obtenir son expulsion des lieux ; que par ordonnance n°1124/11 rendue le 24 août 2011, le juge des référés a débouté Monsieur ABBAS ZORKHOT Mohamed de sa demande ; que sur son appel, la cour d'appel d'Abidjan a rendu le 28 octobre 2011, l'arrêt n°361/11 dont pourvoi ;

Sur le moyen unique

Attendu que le demandeur au pourvoi fait grief à l'arrêt attaqué d'avoir, par mauvaise interprétation, violé les articles 123 et 124 de l'Acte uniforme portant sur le droit commercial général en retenant que le locataire ne peut bénéficier du droit au renouvellement du bail que s'il en a expressément fait la demande trois mois avant la date d'expiration dudit bail alors , selon le moyen, que le bail a été tacitement reconduit du fait qu'il a continué à occuper les lieux et payer les loyers après expiration du bail sans objection ni réserve du bailleur ;

Attendu qu'aux termes de l'article 124 de l'Acte uniforme sus indiqué : « dans le cas du bail à durée déterminée, le preneur qui a droit au renouvellement de son bail en vertu de l'article 123 peut demander le renouvellement de celui-ci, par signification d'huissier de justice ou notification par tout moyen permettant d'établir la réception effective par le destinataire, au plus tard trois mois avant la date d'expiration du bail.

Le preneur qui n'a pas formé sa demande de renouvellement dans ce délai est déchu du droit au renouvellement du bail. … » ; qu'il résulte de cet article que l'inobservation de la procédure d'obtention de droit au renouvellement entraine la déchéance du droit ; qu'en l'espèce, Monsieur RAYANE CHAMS a bénéficié auprès de Monsieur ABBAS ZORKHOT d'un contrat de bail d'une durée de trois ans dont l'expiration était prévue au 31 juillet 2010 ; que trois mois avant l'arrivée du terme dudit contrat , Monsieur RAYANE CHAMS n'a pas sollicité, comme le prescrit l'article 124 de l'Acte uniforme sus indiqué, le renouvellement du bail par acte extrajudiciaire ou notification par tout moyen laissant trace de ce que le bailleur a reçu sa demande de renouvellement ; qu'il ne peut donc prétendre à un renouvellement par tacite reconduction du contrat sous le prétexte qu'il a continué à occuper les lieux durant une année après expiration du contrat et a toujours payé les loyers acceptés par le bailleur ; qu'il est dès lors déchu de son droit au renouvellement et la cour d'appel qui a statué dans ce sens a fait une bonne application de la loi ; qu'il convient de rejeter le moyen ;

Attendu qu'ayant succombé, Monsieur RAYANE CHAMS doit être condamné aux dépens ;

PAR CES MOTIFS

Statuant publiquement, après en avoir délibéré,

Déclare recevable le recours ;

Rejette le pourvoi ;

Condamne Monsieur RAYANE CHAMS aux dépens.

Le preneur peut s'opposer au congé au plus tard à la date d'effet de celui-ci. (CCJA, 3e Ch., n°145/2015, 19 novembre 2015)

Sommaire

Le preneur bénéficiaire au droit au renouvellement en vertu de l'article 91 ci-dessus, peut s'opposer à ce congé, au plus tard à la date d'effet de celui-ci, en notifiant au bailleur par acte extrajudiciaire sa contestation de congé.

La Cour Commune de Justice et d'Arbitrage (CCJA) de l'Organisation pour l'Harmonisation en Afrique du Droit des Affaires (OHADA), Troisième chambre, a rendu l'Arrêt suivant en son audience publique du 19 novembre 2015 où étaient présents :

Madame Flora DALMEIDA MELE,

Messieurs Victoriano OBIANG ABOGO,

Idrissa YAYE,

Birika Jean Claude BONZI,

et Maître Alfred Koessy BADO, Greffier ;

Sur le renvoi en application de l'article 15 du Traité relatif à l'harmonisation du droit des affaires en Afrique devant la Cour de céans de l'affaire monsieur Papa Thioune contre monsieur Stéphane Cheikh NICOLAS dit Luc NICOLAI, par Arrêt n°87 du 03 octobre 2012 de la Cour suprême de Sénégal, saisie d'un pourvoi formé par monsieur Papa THIOUNE, commerçant, demeurant au quartier 11 novembre à Mbour, ayant pour conseils Maître Bidjele FALL, avocat à la Cour, demeurant Résidence Mariama BA, avenue Biaise Diagne x Boulevard Gueule Tapée à Dakar, et Maître Sérigne Momar NDIAYE, avocat à la cour, demeurant Croisement Saly immeuble Papa THIOUNE à Mbour et la SCPA Paul KOUASSI et Associés, Avocats à la Cour, demeurant Abidjan Cocody, cité Val Doyen, rue de la Banque Mondiale, près du jardin public, dans la cause l'opposant à monsieur Stéphane Cheikh NICOLAS dit Luc NICOLAÏ, promoteur de lutte, demeurant à Mbour au quartier Diamaguène 1, renvoi enregistré au greffe de la Cour de céans sous le n°l 13/2013/PC du 02/09/2013,

en cassation de l'Arrêt n°722 rendu le 12 décembre 2011 par la Cour d'appel de Dakar-Sénégal et dont le dispositif est le suivant :

« PAR CES MOTIFS

Statuant publiquement, contradictoirement, en matière civile et en dernier ressort ;

Vu l'ordonnance de clôture ;

Infirme le jugement entrepris ;

Statuant à nouveau

Annule le congé servi le 16 Mars 2009 par Papa THIOUNE ;

Déboute Papa THIOUNE de sa demande d'expulsion de Stéphane Cheikh NICOLAS dit Luc Nicolaï ;

Déboute Stéphane Cheikh NICOLAS dit Luc Nicolaï de sa demande en paiement d'indemnité d'éviction ;

Fait masse des dépens ; » ;

Le requérant invoque à l'appui de son pourvoi les deux moyens de cassation tels qu'ils figurent à la requête annexée au présent arrêt ;

Sur le rapport de monsieur Victoriano OBIANG ABOGO, Juge ;

Vu les dispositions des articles 13, 14 et 15 du Traité relatif à l'harmonisation du droit des affaires en Afrique ;

Vu le Règlement de procédure de la Cour Commune de Justice et d'Arbitrage de l'OHADA ;

Attendu qu'il ressort des pièces du dossier de la procédure que monsieur Papa THIOUNE a donné à bail un local à usage commercial sis à Mbour à monsieur Stéphane Cheikh NICOLAS dit Luc Nicolaï ; que le 16 mars 2009, il a, par exploit de Maitre Aissatou DRAME, huissier de justice à Dakar, servi à monsieur Stéphane Cheikh NICOLAS dit Luc Nicolaï, un congé qui prenait effet le 25 mars 2009 pour expirer le 25 septembre 2009 ; que le 24 septembre 2009, ce dernier a servi à son tour à son bailleur un exploit portant contestation du congé ; que par exploit du 26 novembre 2009 réitéré par un avenir d'audience du 30 décembre 2009, monsieur Stéphane Cheikh NICOLAS a saisi le tribunal de Thiès pour voir prononcer l'annulation du congé et le paiement de la somme de 200 000 000 F CFA à titre de remboursement des aménagements effectués sur les lieux loués ; que par jugement n°884 rendu le 15 juillet 2010, le Tribunal Régional de Thiès a débouté monsieur Cheikh NICOLAS de l'ensemble de ses demandes comme étant mal fondées et a ordonné son expulsion des locaux de Papa THIOUNE sis à Mbour ; que sur appel de monsieur Cheikh NICOLAS, la Cour d'appel de Dakar a rendu le 12 décembre 2011, l'arrêt infirmatif n°722 dont pourvoi ;

Attendu que monsieur Stéphane Cheikh NICOLAS dit Luc NICOLAÏ, défendeur au pourvoi, bien qu'ayant reçu le 18 décembre 2013, la lettre n°767/2013/G2 du 14 novembre 2013 du greffier en chef lui notifiant la réception du dossier renvoyé à la Cour de céans par la Cour suprême du Sénégal, n'a pas déposé de mémoire dans le délai d'un mois à lui imparti ; que le principe du contradictoire ayant été ainsi respecté, il y a lieu d'examiner le présent recours ;

Sur le premier moyen

Attendu qu'il est fait grief à l'arrêt attaqué de manquer de base légale en retenant que le preneur au bail « a suivant acte extrajudiciaire servi le 24 septembre 2009, formellement contesté le congé a lui servi par son bailleur et que cette contestation de congé est différente de l'action en nullité de congé introduite suivant assignation du 26 novembre 2009 » ;

Mais attendu que la cour d'appel a fondé sa motivation sur les dispositions de l'article 93 de l'Acte uniforme relatif au droit commercial général aux termes desquelles « Dans le cas d'un bail à durée indéterminée, toute partie qui entend le résilier doit donner congé par acte extrajudiciaire au moins six mois à l'avance. Le preneur bénéficiaire au droit au renouvellement en vertu de l'article 91 ci-dessus, peut s'opposer à ce congé, au plus tard à la date d'effet de celui-ci, en notifiant au bailleur par acte extrajudiciaire sa contestation de congé ... » ; qu'il ressort des pièces du dossier que monsieur Stéphane Cheikh NICOLAS dit Luc NICOLAÏ a, par acte d'huissier de justice en date du 24 septembre 2009 contesté le congé qui lui a été servi, portant ainsi à la connaissance du bailleur, dans les délais requis, qu'il n'acceptait pas le congé à lui servi ; que cette opposition au congé, faite par acte extrajudiciaire, répond aux exigences de l'article 93 de l'acte uniforme sus indiqué sur le fondement duquel la décision a été rendue et est différente, comme l'a indiqué le premier juge, de l'action en nullité de congé introduite suivant assignation du 26 novembre 2009 ; que le grief n'étant pas fondé, il y a lieu de rejeter le moyen ;

Sur le deuxième moyen

Attendu que le demandeur au pourvoi fait grief à l'arrêt attaqué d'avoir violé l'article 93 de l'Acte uniforme relatif au droit commercial général en ce qu'il s'est fondé sur les dispositions de l'article 95 de l'Acte uniforme sus indiqué pour retenir que le motif du congé n'a pas été précisé, entrainant ainsi la nullité du congé alors que son action est fondée sur l'article 93 et non l'article 95 précité ;

Mais attendu que le demandeur au pourvoi ne conteste pas que le preneur au bail a fait une assignation en annulation du congé et la cour d'appel, répondant à ce moyen, s'est fondé sur les dispositions de l'article 95 de l'Acte uniforme précité en relevant que le bailleur n'a pas indiqué le motif du congé servi comme le prescrit l'article ci-dessus et que sa violation entraine la nullité du congé ; qu'en statuant comme elle l'a fait, répondant à ce chef de demande, la cour d'appel n'a pas commis le grief visé au moyen ; qu'il échet dès lors de le rejeter ;

Attendu qu'ayant succombé, monsieur Papa THIOUNE doit être condamné aux dépens ;

PAR CES MOTIFS

Statuant publiquement, après en avoir délibéré,

Rejette le pourvoi ;

Condamne monsieur Papa THIOUNE aux dépens.

C. Remboursement des travaux réalisés par le preneur

Conditions de remboursement du prix des constructions érigées par le preneur (CCJA, Ass. Plén., n°77/2015, 29 avril 2015)

Sommaire
Le remboursement des constructions érigées par le preneur est subordonné à l'autorisation préalable du bailleur d'effectuer les travaux et, à la fin du bail, par l'arrivée de son terme ou par l'effet d'un congé.

La Cour Commune de Justice et d'Arbitrage (CCJA) de l'Organisation pour l'Harmonisation en Afrique du Droit des Affaires (OHADA), Assemblée plénière, a rendu l'Arrêt suivant en son audience publique foraine tenue le 29 avril 2015 à Ouagadougou au Burkina Faso où étaient présents :

Messieurs Marcel SEREKOÏSSE-SAMBA,	Président
Abdoulaye Issoufi TOURE,	Premier Vice-président
Madame Flora DALMEIDA MELE,	Snde Vice-présidente, rapporteur
Messieurs Victoriano OBIANG ABOGO,	Juge
Mamadou DEME,	Juge
Idrissa YAYE,	Juge
et Maître Paul LENDONGO,	Greffier en chef ;

Sur le pourvoi enregistré au greffe de la Cour de céans le 26 juillet 2010 sous le n°069/2010/ PC et formé par la SCPA Guédel NDIAYE & Associés, avocats à la cour, 73 bis rue Amadou Assane NDOYE à Dakar, agissant au nom et pour le compte du GIE Préférence Rotin Prix Bas, agissant poursuites et diligences de son représentant légal M. Abdoulaye LO et dont le siège social est à Dakar Ouakam, route de la Corniche, dans la cause l'opposant à monsieur Serge LOYE, demeurant à Ouakam, route de la plage, ayant pour conseils, SCPA NAFI & SOULEY, avocats à la cour, 5 rue Calmette angle Amadou Assane Ndoye à Dakar,

en cassation de l'arrêt n°345 rendu le 15 mai 2009 par la cour d'appel de Dakar et dont le dispositif est le suivant :

« PAR **CES MOTIFS** ;

Statuant publiquement, contradictoirement, en matière commerciale et en dernier ressort ;

Vu l'ordonnance de clôture ;

Infirme le jugement entrepris en toutes ses dispositions ;

Statuant à nouveau :

Rejette la fin de non-recevoir comme mal fondée ;

Déclare irrecevable l'exception de nullité ;

Déboute Préférence Rotin Prix Bas de sa demande en remboursement de la valeur des constructions édifiées sur l'immeuble sis à Ouakam Cité Africa, appartenant aux époux LOYE ;

Déboute Serge LOYE de sa demande en dommages et intérêts ;

Condamne Préférence Rotin Prix Bas aux dépens. » ;

La requérante invoque à l'appui de son pourvoi le moyen unique de cassation tel qu'il figure à la requête annexée au présent arrêt ;

Sur le rapport de Madame Flora DALMEIDA MELE, Seconde Vice-présidente ;

Vu les dispositions des articles 13 et 14 du Traité relatif à l'harmonisation du droit des affaires en Afrique ;

Vu le Règlement de procédure de la Cour Commune de Justice et d'Arbitrage de l'OHADA ;

Attendu qu'il ressort des pièces de la procédure que le GIE Préférence Rotin Prix Bas et les époux Serge LOYE sont liés par un contrat de bail du 11 février 1998 portant sur un immeuble sis à Ouakam Cité Africa, pour une durée d'un an, renouvelable par tacite reconduction ; qu'avec l'autorisation des bailleurs, le locataire a érigé des constructions sur la parcelle adjacente leur appartenant ; que le 22 juillet 2004, les époux LOYE lui ont signifié un congé pour reprise des lieux par leur fils ; que le 4 août 2004, il a fait signifier une contestation de congé aux époux LOYE en leur demandant paiement de la somme de 1 700 000 000 FCFA à titre d'indemnité d'éviction ; que les époux LOYE ont par la suite renoncé au congé servi au GIE Préférence Rotin Prix Bas qui continue de jouir des locaux ; que saisi cependant par le GIE Préférence Rotin Prix Bas d'une demande en remboursement de la valeur des constructions, le tribunal régional hors classe de Dakar a rendu le 2 mars 2005 le jugement n°507 rétracté par le jugement n°1229 du 9 juin 2006 qui a condamné Serge LOYE à lui payer la somme de 60 000 000 FCFA ; que sur appel de Serge LOYE, la cour d'appel de Dakar a rendu le 15 mai 2009, l'arrêt n°345 dont pourvoi ;

Sur le moyen unique de cassation

Attendu que le demandeur au pourvoi fait grief à l'arrêt attaqué d'avoir violé l'article 99, alinéa 2 de l'Acte uniforme relatif au droit commercial général en ce que la cour d'appel a retenu que la demande en remboursement de constructions ne peut être formulée qu'à la fin du bail alors, selon le moyen, que cet article n'exclut pas que la demande puisse être formulée à une autre période, par exemple, en cours d'exécution du bail ;

Mais attendu que l'article 99 de l'Acte uniforme précité indique que « Le preneur sans droit au renouvellement, quel qu'en soit le motif, pourra néanmoins être remboursé des constructions et aménagements qu'il a réalisés dans les locaux avec l'autorisation du bailleur.

A défaut d'accord entre les parties, le preneur pourra saisir la juridiction compétente dès l'expiration du bail à durée déterminée non renouvelé, ou encore dès notification du congé du bail à durée indéterminée. » ; qu'au sens de cet article, le remboursement des constructions érigées par le preneur est subordonné à l'autorisation préalable du bailleur d'effectuer les travaux et à la fin du bail par l'arrivée de son terme ou par l'effet d'un congé ; qu'en l'espèce, les époux LOYE ayant abandonné le congé servi au GIE, le laissant ainsi continuer la jouissance des lieux, ce qu'il ne conteste pas, le remboursement des constructions effectuées ne pouvait intervenir que si son droit au renouvellement était remis en cause ; qu'en retenant que le bail entre les parties se poursuit, après avoir constaté que le tribunal a donné acte, le 11 octobre 2005, aux époux LOYE de leur renonciation au congé servi et décidé que le principe du remboursement n'est pas acquis, la cour d'appel n'a en rien violé l'article visé au moyen ;

Attendu qu'ayant succombé, le GIE Préférence Rotin Prix Bas doit être condamné aux dépens ;

PAR CES MOTIFS

Statuant publiquement, après en avoir délibéré,

Déclare le pourvoi recevable ;

Le rejette comme non fondé ;

Condamne le GIE Préférence Rotin Prix Bas aux dépens.

D. Travaux envisagés par le bailleur

Démolition de l'immeuble : la nature et la description des travaux ne peuvent être justifiées que par un homme de l'art (CCJA, 2e Ch., n°111/2015, 22 octobre 2015)

Sommaire

L'entreprise individuelle, n'ayant pas de personnalité juridique, se confond avec la personne de son promoteur. Ainsi, le fait pour le requérant d'indiquer l'adresse de son établissement comme étant son domicile ne contrevient en rien aux dispositions de l'article 28 du règlement de procédure.

Les travaux de réfection ne peuvent s'analyser en la démolition prescrite par l'article 95 de l'AUDCG.

La nature et la description des travaux envisagés par le bailleur à la suite de la démolition de l'immeuble ne peuvent être justifiées conformément à l'article 95 précité que par un homme de l'art.

La Cour Commune de Justice et d'Arbitrage (CCJA), de l'Organisation pour l'Harmonisation en Afrique du Droit des Affaires (OHADA), Deuxième chambre, a rendu l'Arrêt suivant en son audience publique du 22 octobre 2015 où étaient présents :

Messieurs Abdoulaye Issoufi TOURE,	Président
Namuano Francisco DIAS GOMES,	Juge
Djimasna N'DONINGAR,	Juge, Rapporteur
et Maître Jean Bosco MONBLE,	Greffier,

Sur le pourvoi enregistré au greffe de la Cour de céans le 19 août 2010 sous le n°073/2010/PC et formé par la SCPA Kakou & Doumbia, Avocats à la cour, demeurant à Abidjan, Cocody Saint Jean, 77, Boulevard de France, Villa n°13, 16 B.P. 153 Abidjan 16, agissant au nom et pour le compte de Monsieur DIALLO SEKOU, Directeur de société, exerçant sous la dénomination de l'Entreprise Individuelle Technique Sécurité Auto, sise à Abidjan Treichville, 15 BP 815 Abidjan 15, dans la cause qui l'oppose à Monsieur FALL Ibnou et 4 autres, ayant élu domiciles en l'Etude de leur conseil, Maître Koffi A. Anne Dominique, Avocat à la cour, sise à Abidjan, 35, Rue de Commerce, Immeuble Colina Africa-Vie, 04 BP 460 Abidjan 04, et Maître Ayepo Vincent, Avocat à la Cour, demeurant à Abidjan Plateau, Avenue Daudet, Immeuble Daudet, 4ème étage, porte 41

En cassation de l'Arrêt n°476, rendu le 31 juillet 2009 par la Cour d'appel d'Abidjan et dont le dispositif est le suivant :

« Statuant publiquement, contradictoirement, en matière commerciale et en dernier ressort ;

En la forme :

Reçoit Diallo Sékou en son appel ;

Au fond :

L'y dit mal fondé ; l'en déboute ;

Confirme le jugement attaqué en toutes ses dispositions ;

Le condamne aux dépens »

Attendu que le requérant invoque à l'appui de son pourvoi les deux moyens de cassation, tels qu'ils figurent à la requête annexée au présent arrêt ;

Sur le rapport de Monsieur Djimasna N'DONINGAR, Juge ;

Vu les dispositions des articles 13 et 14 du Traité relatif à l'harmonisation du droit des affaires en Afrique ;

Vu le Règlement de procédure de la Cour Commune de Justice et d'Arbitrage de l'OHADA ;

Attendu qu'il ressort des pièces du dossier de la procédure qu'en date du 13 juin 2007, les consorts FALL, ayants-droit de feu FALL Abdoulaye, donnaient à leur locataire, sieur DIALLO Sékou, un congé à l'issue duquel il devait libérer les locaux loués afin de leur permettre de « démolir le bâtiment qui existe actuellement pour le remplacer par un autre plus moderne répondant aux normes de sécurité » ; que le preneur a, par exploit d'huissier du 16 octobre 2007, contesté ledit congé ; que le Tribunal de première instance d'Abidjan Plateau, sur saisine des consorts FALL, a validé le congé et ordonné l'expulsion du locataire par jugement n°3143/CIV4B du 30 décembre 2008 ; que, sur appel du locataire, la Cour d'Abidjan a rendu l'arrêt confirmatif n°476 du 31 juillet 2009 dont pourvoi ;

Sur l'exception d'irrecevabilité tirée de l'article 28 du Règlement de Procédure de la Cour de céans

Attendu que dans leur mémoire en réponse, les défendeurs sollicitent de la Cour qu'elle déclare irrecevable le pourvoi formé par sieur Sékou DIALLO, aux motifs que celui-ci n'a pas indiqué dans la requête, comme l'exige l'article 28 susmentionné, son domicile propre mais plutôt l'adresse de l'entreprise individuelle « Technique Sécurité Auto », entité dépourvue de la personnalité juridique ;

Mais attendu que l'entreprise individuelle, n'ayant pas de personnalité juridique, se confond avec la personne de son promoteur ; qu'ainsi le fait pour le requérant d'indiquer l'adresse de « Technique Sécurité Auto » comme étant son domicile ne contrevient en rien aux dispositions de l'article 28 susvisé ; qu'il échet donc de dire que le pourvoi est recevable ;

Sur le premier moyen tiré de la violation de l'article 95 de l'Acte uniforme portant sur le droit commercial général (non révisé)

Attendu que monsieur DIALLO Sékou reproche à l'arrêt attaqué d'avoir violé les dispositions de l'article visé au moyen, en ce qu'il a validé le congé et son expulsion des lieux loués, motif pris de ce que le congé est régulier et que rien dans le texte de la loi n'impose que la nature et la description des travaux envisagés soient précisées par un architecte ou un expert en la matière, alors, selon le moyen, que lesdits travaux ne nécessitent pas l'expulsion de l'occupant et qu'aux termes de la loi, le bailleur ne peut priver le preneur de l'usage des locaux que s'il envisage de démolir l'immeuble pour le reconstruire et, dans ce cas, il devra justifier de la nature des travaux et en donner une description précise ;

Attendu en effet qu'aux termes de l'article 95, alinéa 1er -2) de l'Acte uniforme portant sur le droit commercial général, « le bailleur peut s'opposer au droit au renouvellement du bail (...) sans avoir à régler d'indemnité d'éviction, dans les cas suivants : (...) s'il envisage de démolir l'immeuble comprenant les lieux loués et de le reconstruire. Le bailleur devra, dans ce cas, justifier de la nature et de la description des travaux projetés » ;

Attendu qu'en l'occurrence, le bailleur a lui-même spécifié qu'il s'agit d'une démolition ; que, dès lors, le régime prévu à l'article 74 du même Acte uniforme doit être exclu ; qu'or il ressort des pièces du dossier de la procédure que la nature et la description des travaux envisagés à la suite de la démolition de l'immeuble ne sont pas justifiées conformément à l'article 95 précité ; que, contrairement aux énonciations de l'arrêt attaqué, cette justification ne peut se faire que par un homme de l'art ; qu'en approuvant la validité du congé et l'expulsion corrélative du locataire, la cour d'appel a violé les dispositions de l'article 95 et fait encourir la cassation à sa décision ; qu'il échet de casser l'arrêt attaqué et d'évoquer, sans qu'il soit nécessaire d'analyser le deuxième moyen ;

Sur l'évocation

Attendu que, par exploit en date du 21 janvier 2009, monsieur DIALLO Sékou relevait appel contre le jugement n°3143/CIV4B rendu le 30 décembre 2008 par le tribunal de première Instance d'Abidjan Plateau dans l'affaire l'opposant aux consorts FALL et dont le dispositif est ainsi conçu : « Statuant publiquement, contradictoirement, en matière civile et en premier ressort ;

Déclare irrecevable l'exception d'irrecevabilité soulevée par monsieur DIALLO SEKOU ;

Reçoit en revanche l'action des ayants-droit de FALL ABDOULAYE ;

Les y dit fondés ;

Valide le congé en date du 13 juin 2007 servi à DIALLO SEKOU ;

Ordonne son expulsion des lieux qu'il occupe tant de sa personne, de ses biens que de tout occupant de son chef ;

Le condamne à payer aux demandeurs la somme de de 200 000 FCFA au titre d'arriérés de loyers ;

Ordonne l'exécution provisoire de la décision nonobstant toutes voies de recours ;

Condamne le défendeur aux dépens » ;

Qu'au soutien de son appel, il demande à la Cour d'infirmer le jugement entrepris en toutes ses dispositions, de dire et juger non valide le congé servi à monsieur DIALLO Sékou et de dire et juger qu'il n'est redevable d'aucune somme au titre d'arriérés de loyer ; qu'il expose qu'en date du 13 juin 2007, les intimés lui ont donné congé aux fins de libérer un local à usage commercial, à lui donné à bail par feu FALL Abdoulaye ; qu'estimant que ce congé était le pendant d'une action précédente en expulsion dans laquelle les intimés ont été déboutés par la Cour d'appel d'Abidjan, il l'a contesté ; que c'est suite à cette contestation qu'il a été assigné à nouveau en expulsion pour cause de démolition ; que le congé servi revêt un caractère fantaisiste et ne comporte aucun justificatif de la nature et de la description des travaux à effectuer ; que la religion des premiers juges a été surprise sur la base d'un document établi par une personne qui n'est ni architecte, ni expert immobilier agréé dont les actes feraient foi ; qu'en plus, le tribunal l'a condamné à payer un arriéré de loyer du mois de juillet 2008, alors qu'il a effectivement payé ce loyer ainsi que le prouve le reçu de payement versé au dossier ; qu'il sollicite l'infirmation du jugement querellé, rendu sans base légale et en violation de l'article 95 de l'Acte uniforme portant sur le droit commercial général ;

Attendu que les consorts FALL, en réplique, expliquent que l'immeuble donné à bail étant dans un état de dégradation très avancée, ils ont servi un exploit de congé de six mois au locataire d'avoir à libérer les lieux aux fins de les réhabiliter pour éviter tout risque d'effondrement ; que l'Acte uniforme ne prescrit pas que l'état de dégradation du bâtiment à réhabiliter soit établi par un expert agréé ou par un architecte ; que, s'agissant des loyers, ils estiment que le locataire n'a pas rapporté la preuve des paiements effectués ; qu'ils concluent à la confirmation jugement déféré ;

Attendu qu'il ressort de l'examen des pièces versées au dossier de la procédure que, non seulement la description des travaux envisagés à la suite de la démolition de l'immeuble n'est pas faite conformément à l'article 95 ci-dessus cité, mais que les travaux réalisés sur l'immeuble sont des travaux de réfection qui ne peuvent s'analyser en la démolition prescrite par la loi ; qu'en outre, le locataire a prouvé le paiement du loyer de juillet 2008 ; qu'ainsi, pour les mêmes motifs que ceux développés lors de l'examen du moyen de cassation, tiré de la méconnaissance de l'article 95, il y a lieu d'infirmer le jugement n°3143/CIV4B rendu le 30 décembre 2008 par le Tribunal de première instance d'Abidjan Plateau en toutes ses dispositions et, statuant à nouveau, d'invalider le congé servi le 13 juin 2007 à monsieur DIALLO Sékou ; qu'en conséquence, il n'y a pas lieu à son expulsion ;

Attendu que les consorts FALL ayant succombé, seront condamnés aux dépens ;

PAR CES MOTIFS

Statuant publiquement, après en avoir délibéré,

Casse l'Arrêt n°476 rendu le 31 juillet 2009 par la Cour d'appel d'Abidjan ;

Evoquant et statuant sur le fond :

Infirme en toutes ses dispositions le jugement n°3143/CIV4B rendu le 30 décembre 2008 par le Tribunal de première Instance d'Abidjan Plateau ;

Dit n'y avoir lieu à expulsion de Monsieur DIALLO Sékou des locaux loués ;

Condamne les consorts FALL aux dépens.

E. Résiliation du bail à usage professionnel

La résiliation du bail est de droit lorsque ses conditions sont réunies et le juge ne peut invoquer son pouvoir souverain d'appréciation (CCJA, 2e Ch., n°86/2015, 8 juillet 2015)

Sommaire

La résiliation prévue à l'article 101 de l'AUDCG est une résiliation de droit. A la demande du bailleur, après mise en demeure, et au constat des griefs invoqués, la juridiction saisie ne peut invoquer son pouvoir souverain et rejeter la demande de résiliation et la requête en expulsion.

La Cour Commune de Justice et d'Arbitrage (CCJA) de l'Organisation pour l'Harmonisation en Afrique du Droit des Affaires (OHADA), Deuxième Chambre, a rendu l'Arrêt suivant en son audience publique du 08 juillet 2015 où étaient présents :

Messieurs Abdoulaye Issoufi TOURE,	Président
Namuano Francisco DIAS GOMES,	Juge, rapporteur
Djimasna N'DONINGAR,	Juge
et Maître Jean Bosco MONBLE,	Greffier,

Sur pourvoi enregistré au greffe de la cour de céans le 19 avril 2010 sous le n°039/2010/PC et formé par la SCPA KlemetSawadogoKouadio, Avocats à la Cour, demeurant à Abidjan, Commune de Cocody, avenue Jacques AKA, Villa Médecine, 08 BP 118 Abidjan 08, Côte d'Ivoire, agissant au nom et pour le compte des Ayants-droit de Feu COFFIE Benjamin Barthélémy, BP V 164 Abidjan, dans la cause les opposant à dame KOFFI NDRI Béatrice épouse MIAN KOFFI, commerçante, exerçant sous la dénomination commerciale de « Restaurant OLISSAN », demeurant à Abidjan, Cocody les deux Plateaux, Boulevard Latrille, 16 BP 558 Abidjan 16, ayant pour conseil Maître BAMBA Akoua Lydie, Avocat à la Cour, demeurant à Cocody-centre, quartier SICOGI, derrière la CI-TELECOM, Immeuble Entente, 1er étage Porte 766, 04 BP 2330,

en cassation de l'arrêt n°324/09 du 26 juin 2009 rendu par la cour d'appel d'Abidjan, dont le dispositif est le suivant :

« Statuant publiquement, contradictoirement en matière civile et en dernier ressort ;

EN LA FORME :

Déclare recevable l'appel relevé par Mme KOFFI N'DRI Béatrice épouse Mian KOFFI ;

AU FOND :

L'y dit partiellement fondée ;

Infirme le jugement entrepris ;

Statuant à nouveau :

La condamne à payer aux ayants droit de feu COFFIE Benjamin Barthélémy la somme de 6.157.000 F à titre de loyers échus et impayés ;

Déboute-les ayants droit de feu COFFIE Benjamin Barthélémy de leur demande en résiliation de bail et en expulsion ;

Condamne aux dépens les deux parties à proportion de la moitié pour chacune d'elles » ;

Les requérants invoquent à l'appui de leur pourvoi les deux (2) moyens de cassation tels qu'ils figurent à la requête annexée au présent arrêt ;

Sur le rapport de Monsieur Namuano Francisco DIAS GOMES, Juge ;

Vu les articles 13 et 14 du Traité relatif à l'harmonisation du droit des affaires en Afrique ;

Vu le Règlement de procédure de la Cour Commune de Justice et d'Arbitrage de l'OHADA ;

Attendu qu'il ressort des pièces du dossier de la procédure que Dame KOFFI N'DRI Béatrice est locataire à usage de restaurant d'une villa sise à Cocody les Deux-Plateaux, en vertu d'un contrat de bail conclu entre le propriétaire COFFIE Benjamin et elle ; qu'au décès du bailleur, invoquant le non-respect par Dame KOFFI de son obligation de payer les loyers, les Ayants-Droit de Feu COFFIE Benjamin, par acte de Maître N'CHO AMONCHI Léonard, Huissier de justice, en date du 30 janvier 2006, ont mis en demeure Dame KOFFI N'DRI Béatrice d'avoir à s'acquitter des loyers échus et impayés ; que par la suite, ils ont sollicité et obtenu du tribunal de première instance d'Abidjan Plateau la condamnation de la dame à payer 3.300.000 F au titres des loyers échus et impayés ainsi que son expulsion après résiliation du bail par le jugement n° 328 CIV 4B rendu le 20 février 2007; Que sur appel de dame KOFFI N'DRI Beatrice, Epse MIAN KOFFI la cour d'appel d'Abidjan rendait l'arrêt partiellement infirmatif n° 324/09 du 26 juin 2009, dont pourvoi ;

Sur la recevabilité du recours en cassation

Attendu que dame KOFFI Béatrice soulève in limine litis l'irrecevabilité du pourvoi en cassation pour non-respect des dispositions de l'Article 28.1 du Règlement de procédure de la CCJA au motif qu'il est intervenu hors délai ;

Mais attendu que l'Article 28.1 du Règlement de procédure de la CCJA dispose que : « Lorsque la Cour est saisie par l'une des Parties à l'instance par la voie du recours en cassation prévu au troisième ou quatrième alinéa de l'article 14 du traité, le recours est présenté au Greffe dans les deux mois de la signification de la décision attaquée par l'avocat du requérant dans les conditions fixées à l'article 23… et l'article 25 stipule quant à lui que : « 1. Lorsqu'un acte ou une formalité doit en vertu du traité ou du présent Règlement être accompli avant l'expiration d'un délai, celui-ci a pour origine la date de l'acte, de l'événement, de la décision ou de la signification qui fait courir ce délai. Le jour au cours duquel survient cet acte, cet événement, cette décision ou cette signification n'est pas compris dans le délai. …,

4. Tout délai expire le dernier jour à 24 heures. Le délai qui expirerait normalement un samedi, un dimanche ou un jour férié légal dans le pays où l'acte ou la formalité doit être accompli est prorogé jusqu'au premier jour ouvrable suivant... » ;

Attendu qu'en l'espèce l'arrêt querellé a été signifié à la date du 16 février 2010 ; que le premier jour de l'acte n'étant pas pris en compte, le délai de deux (2) mois impartis pour exercer le recours expirait le 17 avril 2010 ; que cependant cette date correspondant à un samedi, le délai doit être prorogé jusqu'au premier jour ouvrable suivant qui était effectivement le lundi 19 avril 2010 ; qu'en conséquence, le recours formé le 19 avril 2010 par les Ayants-Droit de Feu COFFIE Benjamin l'a été dans le délai légal ; qu'il y a lieu de le déclarer recevable ;

Sur le premier moyen de cassation tiré de la violation de la loi

Attendu que les Ayants-Droit de Feu COFFIE Benjamin Barthelemy font grief à l'arrêt attaqué d'avoir violé les dispositions de l'article 101 de l'Acte uniforme sur le droit commercial général (non révisé), en ce que la cour d'appel a estimé bien fondé le maintien de Dame Koffi Béatrice dans les lieux loués, motif pris de ce que l'article 101 ne prévoit pas « une résiliation automatique du bail en cas de non-paiement des loyers par le preneur, ce qui donne à la juridiction compétente un pouvoir souverain d'appréciation quant aux conséquences à tirer sur le bail en cas de non-paiement de loyers » ; alors que le non-paiement ou le retard dans le paiement des loyers doit entrainer l'expulsion du locataire ;

Attendu en effet que l'article 101 de l'Acte uniforme sus énoncé dont la violation est invoquée est ainsi libellé : « Le preneur est tenu de payer le loyer et de respecter les clauses et conditions du bail. A défaut de paiement du loyer ou en cas d'inexécution d'une clause du bail, le bailleur pourra demander à la juridiction compétente la résiliation du bail et l'expulsion du preneur, et de tous occupants de son chef, après avoir fait délivrer, par acte extrajudiciaire, une mise en demeure d'avoir à respecter les clauses et les conditions du bail ...» ; qu'il appert donc qu'à la demande du bailleur, après mise en demeure, et au constat des griefs invoqués, la juridiction saisie ne peut rejeter la requête en expulsion ; qu'en faisant état d'un pouvoir souverain du juge, la cour d'appel a violé les dispositions de l'article susvisé au moyen ; qu'il échet dès lors, de casser l'arrêt n°324/09 rendu le 26 juin 2009 et d'évoquer, sans qu'il soit besoin d'examiner le deuxième moyen ;

Sur l'évocation

Attendu que, par exploit en date du 03 mars 2008, Madame KOFFI N'DRI Beatrice, Epse MIAN KOFFI a déclaré interjeter appel du jugement n° 328 CIV 4B rendu le 20 février 2007 par le tribunal de première instance d'Abidjan et a, par le même exploit, assigné les ayants droit de feu COFFIE Benjamin Barthelemy à comparaître par devant la cour d'appel d'Abidjan à l'audience du vendredi 02 mai 2008 pour entendre annuler, ou infirmer ledit jugement ;

Attendu qu'au soutien de son appel, Dame KOFFI N'DRI Béatrice, par le canal de son Conseil, expose, tant dans son acte d'appel que dans ses conclusions en date du 29 mars 2008, qu'elle a conclu un bail avec COFFIE Benjamin Barthelemy en 1985 sur la base d'un loyer de 200.000 F par mois ; qu'en 1994, un nouveau bail a été passé entre eux ramenant ledit loyer à 175.000F dont elle s'est régulièrement acquittée jusqu'au décès du bailleur survenu en 2000 ; qu'après le décès de COFFIE Benjamin Barthelemy aucun de ses ayants droit n'est venu à elle pour encaisser les loyers de sorte qu'elle a dû entreprendre elle-même des démarches qui lui ont permis, après plusieurs années, de retrouver la veuve qui ignorait même l'existence de la villa ; que malheureusement, celle-ci s'est opposée à l'application du contrat de bail de 1994 stipulant un loyer de 175.000 F et a exigé le paiement du loyer initial de 200.000 F, ainsi que les loyers échus et impayés ; qu'elle a pu s'acquitter entre les mains de la veuve d'une partie des loyers échus et conclure, pour le reliquat de 8.525.000 F, un échéancier de paiement dont elle a exécuté la première échéance d'un montant de 500.000 F ; qu'ayant payé ce montant ainsi que l'impôt foncier d'un montant de 2.268.000 F, elle ne reste devoir que la somme de 5.757.000 F dont elle compte s'acquitter sous peu ; qu'à ce jour, le montant de 8.400.000 F réclamé par les ayants droit de feu COFFIE Benjamin Barthélémy, après actualisation des arriérés prenant en compte les mois d'Octobre 2004 jusqu'en décembre 2008, était erroné ;

Attendu qu'en ce qui concerne l'expulsion, elle fait valoir que le non-paiement des loyers ne lui était pas imputable car après le décès du bailleur, aucun de ses ayants droit ne s'est présenté à elle pour l'encaissement ; qu'elle estime que la résiliation du bail et l'expulsion ont été injustement prononcées ; qu'elle sollicite l'infirmation du jugement ;

Attendu qu'en réplique, les ayants droits de feu COFFIE Benjamin Barthélemy, par le canal de leur conseil, Maître Jean François Chauveau, exposent que le contrat de bail conclu le 1erJanvier 1994 prévoyait un loyer de 200.000 F par mois ; que l'appelante ne rapporte pas la preuve que le loyer est de 175.000 F par mois et ce d'autant plus qu'elle a toujours payé la somme de 200.000 F par mois comme le révèle les reçus délivrés ; qu'elle n'a pas respecté l'engagement du 1er mars 2006 qu'elle a, elle-même, pris d'apurer sa dette par échéance ; qu'elle doit à ce jour d'octobre 2004 à mai 2008 la somme totale de 8.900.0000F ; que déduction faite de la somme de 500.000 F qu'elle a déjà payée, elle reste devoir la somme de 8.400.000 F à parfaire au jour du prononcé de la décision ; que s'agissant de l'expulsion, elle est de droit suite au non-paiement des loyers ; qu'ils sollicitent la condamnation de l'appelante au paiement des loyers échus, impayés, actualisés et la confirmation du jugement entrepris pour le surplus ;

Sur la demande en paiement des loyers

Attendu que les intimés réclament le paiement des loyers échus, impayés et actualisés sur la base d'un loyer de 200.000 f par mois et sollicitent la condamnation de l'appelante au paiement de la somme de 8.400.000 F au lieu de celle de 3.300.000 F accordée par le premier juge et ce, pour tenir compte des mois de mai 2006 à mai 2008 ;

Attendu que pour sa part, l'appelante sans contester le principe de cette actualisation, évalue à 5.757.000 F le montant des loyers dus sur la période concernée en se prévalant d'un nouveau contrat de bail conclu en 1994 ramenant le loyer mensuel à 175.000 F étant donné qu'elle a déjà payé 500.000F en avance et 2.268.000 F au titre des impôts ;

Attendu qu'il résulte des pièces du dossier de la procédure qu'un nouveau bail fixant le loyer mensuel à 175.000 F a été conclu le 1erjanvier 1994 entre Mr. COFFIE Benjamin Barthélémy et Dame KOFFI N'DRI Béatrice ; que les ayants-droit de feu COFFIE Benjamin Barthélémy n'ayant pas rapporté la preuve contraire, il y a lieu de considérer comme établi que le bail liant les parties porte sur un loyer de 175.000F par mois et de s'y référer pour le calcul des loyers échus ultérieurement et les arriérés ;

Attendu que l'appelante ne conteste pas les arriérés de loyers dus et a effectué ses calculs à partir du mois d'octobre 2004 jusqu'au mois de décembre 2008, soit 51 mois, mais demande que soient pris en compte les montants payés à titre d'avance sur les échéances convenues ainsi que les impôts payés au profit du bailleur, ce qui donne le montant de 6.157.000 F ; qu'en soustrayant du montant de 8.925.000 F la somme de 500.000 F déjà payée comme acompte et celle de 2.268.000 F payée au titre des impôts au profit du bailleur comme l'attestent les pièces produites au dossier, Dame KOFFI N'DRI Béatrice ne reste devoir que la somme de 6.157.000 F ; qu'il échet donc de condamner l'appelante à payer aux intimés le montant de 6.157.000 F de loyers échus et impayés;

Sur la demande en expulsion

Attendu que les Ayants-droit de feu COFFIE Benjamin Barthélémy ont demandé la résiliation du bail et l'expulsion de Dame KOFFI Béatrice des lieux occupés tant de sa personne que de tous occupants de son chef ;

Attendu qu'il résulte de l'article 101 de l'Acte uniforme relatif au droit commercial général du 17 avril 1997, qu'à défaut de paiement du loyer ou en cas d'inexécution d'une clause du bail, le bailleur pourra demander à la juridiction compétente la résiliation du bail et l'expulsion du preneur et de tous occupants de son chef après mise en demeure ;

Attendu qu'en l'espèce, Dame KOFFI Béatrice a accumulé des impayés de loyers et qu'une mise en demeure, par exploit d'Huissier de Justice, de payer lesdits loyers échus lui a été adressée conformément aux stipulations de l'article 101 précité ; qu'il y a lieu de confirmer sur ce point le jugement n° 328 rendu le 21 avril 2006 par le tribunal de première instance d'Abidjan ;

Attendu que Dame KOFFI Béatrice ayant succombé, il y a lieu de la condamner aux dépens ;

PAR CES MOTIFS

Statuant publiquement, après en avoir délibéré,

En la forme

Reçoit le pourvoi ;

Au fond

Casse l'arrêt n°324/09 du 26 juin 2009 rendu par la cour d'appel d'Abidjan ;

Evoquant et statuant à nouveau,

Reçoit l'appel de Dame KOFFI N'DRI Béatrice ;

L'y dit mal fondée, la condamne à payer aux Ayants-droit de feu COFFIE Benjamin Barthélémy la somme de 6.157.000 F CFA à titre de loyers échus et impayés ;

Confirme le jugement entrepris pour le surplus ;

Condamne Dame KOFFI Béatrice aux dépens.

Juge de la résiliation du bail : la notion de « juridiction compétente statuant à bref délai » ne renvoie pas à la compétence du juge des référés (CCJA, 2e Ch., n°129/2015, 12 novembre 2015)

Sommaire

Si les Actes uniformes ont eux-mêmes désigné les juridictions compétentes pour statuer sur les différends nés de leur application, la détermination de la « juridiction compétente » relève du droit interne de chaque Etat Partie.

La périphrase « à bref délai » contenue dans l'article 133, en son alinéa 3, ne renvoie pas ipso facto à la notion de référé. La juridiction présidentielle peut statuer « en la forme des référés » ou « comme en matière de référé » sans être pour autant juge des référés mais bien en tant que juge du fond, en abrégeant les délais habituels de citation.

La Cour Commune de Justice et d'Arbitrage (CCJA), de l'Organisation pour l'Harmonisation en Afrique du Droit des Affaires (OHADA), Deuxième chambre, a rendu l'Arrêt suivant en son audience publique du 12 novembre 2015 où étaient présents :

Messieurs Abdoulaye Issoufi TOURE,	Président
Namuano Francisco DIAS GOMES,	Juge
Djimasna N'DONINGAR,	Juge, rapporteur
et Maître Jean Bosco MONBLE,	Greffier,

sur le pourvoi enregistré au greffe de la Cour de céans le 13 août 2012 sous le n°090/2012/PC et formé par Maître Claude COELHO, Avocat à la cour, BP 430, Pointe-Noire – Congo, agissant au nom et pour le compte de la Société CIMENTS UNIBECO S.A. dont le siège est sis Avenue de Bordeaux, dans l'enceinte du Port autonome de Pointe Noire, B.P. 384, Pointe-Noire – Congo, dans la cause l'opposant à Ibrahim Ahmad YOUNES, commerçant de nationalité libanaise, domicilié au centre-ville de Pointe-Noire ;

en cassation de l'arrêt n°122 rendu le 17 juillet 2012 rendu par la Cour d'appel de Pointe-Noire et dont le dispositif est le suivant:

« Statuant publiquement, contradictoirement à l'égard de Ibrahim YOUNES et par arrêt réputé contradictoire à l'égard de la Société CIMENTS UNIBECO S.A., en matière commerciale, en référé et en dernier ressort ;

En la forme :

Reçoit l'appel ; Au fond :

Annule, en toutes ses dispositions, l'ordonnance attaquée ; Evoquant et statuant à nouveau :

Se déclare incompétente et renvoie la société CIMENTS UNIBECO S.A. à mieux se pourvoir ;

La condamne aux dépends. » ;

La requérante invoque à l'appui de son pourvoi un moyen unique de cassation tel qu'il figure à la requête annexée au présent arrêt ;

Sur le rapport de Monsieur DJIMASNA N'DONINGAR, Juge ;

Vu les dispositions des articles 13 et 14 du Traité relatif à l'harmonisation du droit des affaires en Afrique ;

Vu le Règlement de procédure de la Cour Commune de Justice et d'Arbitrage de l'OHADA ;

Attendu qu'en application des articles 29 et 30 du Règlement de procédure, le pourvoi a été signifié, par courrier recommandé n°535/2012/G2 du 19 septembre 2012, à Ibrahim Ahmad YOUNES, retourné avec la mention « non réclamé » ; que le principe du contradictoire ayant été respecté, il convient de passer outre et d'examiner le pourvoi ;

Attendu qu'il ressort des pièces du dossier de la procédure qu'en date du 15 mars 2011, le sieur Ibrahim YOUNES a conclu un contrat de bail d'une année renouvelable par tacite reconduction sur un immeuble à usage commercial avec la Société CIMENTS UNIBECO S.A., preneur ; que, faisant suite à un préavis verbal qu'elle affirme avoir donné à son bailleur, la société CIMENTS UNIBECO libérait les locaux loués courant décembre 2011 ; qu'estimant que le bail, faute de résiliation formelle à son terme, a été reconduit tacitement, le sieur Ibrahim YOUNES sommait son locataire de lui payer les loyers échus ; que, par exploit d'huissier du 07 février 2012, UNIBECO notifiait son départ et remettait à son bailleur une lettre datée du même jour confirmant la libération des lieux et un chèque de 7.000.000 FCFA en paiement du loyer échu ; que le bailleur refusait le chèque ; que, sur requête de la Société CIMENTS UNIBECO, le Président du tribunal de commerce de Pointe- Noire, par ordonnance en date du 27 février 2012, constatait la résiliation du bail ; que sur appel du sieur Ibrahim YOUNES, la Cour d'appel de Pointe-Noire a rendu, en date du 17 juillet 2012, l'arrêt dont pourvoi.

Sur le moyen unique de cassation pris de la violation de l'article 133 de l'Acte uniforme portant sur le droit commercial général

Attendu qu'au soutien de son recours, la requérante reproche à la cour d'appel de Pointe-Noire de s'être déclarée incompétente *ratione materiae* au motif que la résiliation du bail commercial est une question de fond qui ne relève pas du juge des référés alors, selon le moyen, qu'au regard des dispositions du droit interne congolais auxquelles renvoie l'article 133 visé au moyen, « la juridiction compétente statuant à bref délai » ne peut être que le seul juge des référés puisqu'aux termes de l'article 212 du Code de procédure congolaise « celui-ci est tenu de statuer dans les 8 jours à compter de la présentation de la requête » ;

Mais attendu que, d'une part, sauf si les Actes uniformes ont eux-mêmes désigné les juridictions compétentes pour statuer sur les différends nés de leur application, la détermination de la « juridiction compétente » relève du droit interne de chaque Etat Partie ; que, d'autre part, la périphrase « à bref délai » contenue dans l'article 133, en son alinéa 3, ne renvoie pas ipso facto à la notion de référé ; que la juridiction présidentielle peut statuer « en la forme des référés » ou « comme en matière de référé » sans être pour autant juge des référés mais bien en tant que juge du fond, en abrégeant les délais habituels de citation ; qu'en interprétant l'article 133 comme elle l'a fait, compte tenu de la complexité du litige, la cour de Pointe-Noire ne l'a en rien violé ;

Attendu qu'il échet, en conséquence, de déclarer mal fondé le moyen et de rejeter le pourvoi ;

Attendu que la Société CIMENTS UNIBECO S.A. ayant succombé, doit être condamnée aux dépens.

PAR CES MOTIFS

Statuant publiquement, après en avoir délibéré, Rejette le pourvoi ;

Condamne la Société CIMENTS UNIBECO S.A. aux entiers dépens.

III. Vente commerciale

A. Prescription commerciale

La prescription court à compter de la date des dernières transactions commerciales (CCJA, Ass. Plén., n°71/2015, 29 avril 2015)

La prescription en matière de vente commerciale est de deux ans à compter de la date des dernières transactions commerciales.

La Cour Commune de Justice et d'Arbitrage (CCJA) de l'Organisation pour l'Harmonisation en Afrique du Droit des Affaires (OHADA), Assemblée plénière, a rendu l'Arrêt suivant en son audience publique foraine tenue le 29 avril 2015 à Ouagadougou au Burkina Faso où étaient présents :

Messieurs Marcel SEREKOÏSSE-SAMBA,	Président
Abdoulaye Issoufi TOURE,	1er Vice-président
Madame Flora DALMEIDA MELE,	SndeVice-présidente, rapporteur
Messieurs Victoriano OBIANG ABOGO,	Juge
Mamadou DEME,	Juge
Idrissa YAYE,	Juge
et Maître Paul LENDONGO,	Greffier en chef ;

Sur le renvoi en application de l'article 15 du Traité relatif à l'harmonisation du droit des affaires en Afrique devant la Cour de céans de l'affaire Monsieur YOUCEF AOUADENE, demeurant au 104, avenue Roger Salengro à Marseille – France, ayant pour conseil maître Ousmane DIAGNE, avocat à la Cour, 141 avenue lamine Guèye à Dakar contre monsieur ABDEL AZIZ MOUZAIA, demeurant et domicilié au lot n°6 , rue de Ngor à Dakar, ayant pour conseil maître Youssoupha CAMARA, avocat à la cour, 35 bis avenue Malick SY, Dakar , par arrêt N°41 du 19 août 2009 de la Cour suprême du Sénégal, saisie d'un pourvoi initié le 3 septembre 2008 sous le 2001 par monsieur YOUCEF AOUADENE, renvoi enregistré au greffe de la Cour de céans sous le n°125/2009/ PC du 3 décembre 2009,

en cassation de l'arrêt n°771 rendu le 24 décembre 2007 par la cour d'appel de Dakar et dont le dispositif est le suivant :

« **PAR CES MOTIFS**

Statuant publiquement, contradictoirement, en matière civile et commerciale et en dernier ressort ;

En la forme

Reçoit l'appel de Abdel Aziz Mouzaia ;

Au fond

Infirme le jugement entrepris en toutes ses dispositions ;

Statuant à nouveau,

Vu les articles 219 du Code des obligations civiles et commerciales ;

Vu l'article 274 de l'acte uniforme sur le Droit Commercial Général ;

Dit que le montant de la créance de Youcef Ouadéne s'élève après défalcation de la somme de 23 300 000 payée par Abdel Aziz Mouzaia à la somme de 18 921 000 francs ;

Dit que l'obligation de Abdel Aziz Mouzaia correspond au reliquat de la dette déterminée à la somme de 18 921 100 est éteinte par la prescription ;

Condamne Youcef Ouadéne aux dépens. » ;

Le requérant invoque à l'appui de son pourvoi les deux moyens de cassation tels qu'ils figurent à la requête annexée au présent arrêt ;

Sur le rapport de Madame Flora DALMEIDA MELE, Seconde Vice-présidente ;

Vu les dispositions des articles 13, 14 et 15 du Traité relatif à l'harmonisation du droit des affaires en Afrique ;

Vu le Règlement de procédure de la Cour Commune de Justice et d'Arbitrage de l'OHADA ;

Attendu qu'il ressort des pièces de la procédure que monsieur Abel Aziz MOUZAIA était en relation d'affaires avec monsieur Youcef AOUADENE, domicilié en France ; que ce dernier lui envoyait des appareils électroménagers d'occasion en vue de leur vente au Sénégal et le prix lui était reversé par des envois western union après déduction des commissions de Abel Aziz MOUZAIA ; que pour donner plus de visibilité à leurs activités, les deux compères décidaient de créer, courant janvier 2003, un GIE dénommé KATIA ; qu'entre temps, monsieur Abel Aziz MOUZAIA avait créé, courant 2001, un restaurant et une pâtisserie glacier sous la dénomination KATIA ; que les relations entre les partenaires s'étant dégradées, le tribunal régional hors classe de Dakar prononçait, par jugement n°085 du 9 avril 2004, la dissolution et la liquidation du GIE et désignait un syndic et un juge commissaire ; que les comptes du restaurant faisait ressortir un solde créditeur de 42 221 100 FCFA au profit de monsieur Youcef AOUADENE ; que par ordonnance N°206 /2005 du 17 février 2005, le juge commissaire jugeait que le restaurant KATIA faisait partie de l'actif du GIE KATIA ; que sur opposition de monsieur Abel Aziz MOUZAIA, le tribunal régional hors classe de Dakar annulait , par jugement du 8 avril 2005, l'ordonnance précitée au motif que la somme créditée au profit de monsieur Youcef AOUADENE est inscrit au compte "47" intitulé en comptabilité "créditeur et débiteur divers", représentant le compte ordinaire des créanciers et débiteurs de la société et qu'en l'absence de tout acte , monsieur Youcef AOUADENE ne pouvait prétendre être un associé de monsieur Abel Aziz MOUZAIA dans la gestion du restaurant KATIA ; que sur assignation en paiement de monsieur Youcef AOUADENE, le tribunal régional hors classe de Dakar rendait le 28 juillet 2006, le jugement n°1723 condamnant monsieur Abel Aziz MOUZAIA à payer à monsieur Youcef AOUADENE la somme de 42 221 100 FCFA et celle de 1 000 000 FCFA à titre de dommages et intérêts le tout assorti de l'exécution provisoire à concurrence de 500 000 FCFA après avoir rejeté la demande de prescription fondée sur les articles 274 de l'Acte uniforme relatif au droit commercial général et 226 du code des obligations civiles et commerciales ; que sur appel de monsieur Abel Aziz MOUZAIA, la cour d'appel de Dakar a rendu le 24 décembre 2007, l'arrêt n°771 dont pourvoi ;

Sur le premier moyen

Attendu que le demandeur au pourvoi fait grief à l'arrêt attaqué d'être entaché de dénaturation des faits aux motifs que la preuve de l'origine de la créance n'a pu être rapportée alors que cette créance figure bien au bilan du restaurant KATIA déposé par le défendeur au pourvoi, au service des impôts pour sa déclaration fiscale ;

Mais attendu que monsieur Youcef AOUADENE prétend être associé de monsieur Abel Aziz MOUZAIA sans en rapporter aucune preuve ; que le bilan du restaurant KATIA dont il se prévaut pour prétendre avoir fait des apports d'un montant de 42 221 100 FCFA figurant audit bilan au compte "47" qui représente le compte ordinaire des créanciers et débiteurs d'une société ne prouve nullement qu'il est un associé de monsieur Abel Aziz MOUZAIA ; que seule la créance sur les appareils électroménagers reposant sur des bons d'expédition et des reçus de western union, non contestés par le demandeur au pourvoi, est justifiée ; qu' en l'absence de toute preuve contraire sur les apports faits dans la création du restaurant KATIA, société individuelle immatriculé au seul nom de Abel Aziz MOUZAIA , la cour d'appel, appréciant souverainement les faits sans les dénaturer, a légalement justifié sa décision ; que le moyen n'est pas fondé ;

Sur la première branche du second moyen

Attendu que le demandeur au pourvoi fait grief à l'arrêt attaqué d'avoir violé l'article 219 du code des obligations civiles et commerciales au motif que la cour d'appel a considéré que le commandement servi le 28 juillet 2003 n'est pas un commandement de payer puisque ne visant pas directement le recouvrement du montant de la créance et n'interrompt pas ainsi la prescription alors, selon le moyen, que ledit commandement tendait à préserver le paiement de la créance ;

Mais attendu qu'il résulte des dispositions de l'article 219 du code des obligations civiles et commerciales que le commandement de payer interrompt la prescription ; or le commandement servi le 28 juillet 2003 met en demeure monsieur Abdel Aziz MOUZAIA « d'avoir à communiquer immédiatement et au plus tard dans les QUARANTE HUIT (48) HEURES, le bilan et les pièces comptables au requérant et de surseoir à sa gestion jusqu'à la reddition des comptes. » ; que ce commandement n'enjoint nullement le débiteur de s'acquitter de sa dette ; qu'en retenant que le commandement servi le 28 juillet 2003 ne produit pas les effets indiqués à l'article 219 du code précité, la cour d'appel n'a en rien commis le grief visé au moyen ; qu'en conséquence, le moyen ne peut être accueilli ;

Sur la seconde branche du second moyen

Attendu que le demandeur au pourvoi fait grief à l'arrêt attaqué d'avoir violé l'article 274 de l'Acte uniforme relatif au droit commercial général en ce qu'il a constaté que sa créance est couverte par la prescription alors que celle-ci ne relève pas d'une vente commerciale et ne peut donc se voir appliquer la prescription de deux ans fixée à l'article sus indiqué ;

Mais attendu que le compte 47 du grand livre général et la balance général font ressortir un compte créditeur au profit de monsieur Youcef AOUADENE ; que ne rapportant pas la preuve d'un apport fait au GIE, le montant inscrit a été considéré comme une créance sur le restaurant KATIA résultant de la vente des appareils électroménagers ; que la cour, en retenant que la première assignation date du 5 août 2005 et que la prescription de deux ans est acquise pour courir depuis le 3 janvier 2002, date des dernières transactions commerciales entre les parties , n'a pas violé l'article sus indiqué ; qu'il s'ensuit que le moyen n'est pas non plus fondé ;

Attendu qu'ayant succombé, monsieur Youcef AOUADENE doit être condamné aux dépens ;

PAR CES MOTIFS

Statuant publiquement, après en avoir délibéré,

Déclare recevable le pourvoi ;

Le rejette comme non fondé ;

Condamne monsieur Youcef AOUADENE aux dépens.

B. La preuve en matière commerciale

Les extraits du grand livre sont insuffisants à prouver la vente commerciale (CCJA, 1ère Ch., n°164/2015, 17 décembre 2015)

Sommaire

Il résulte de l'article 219 de l'AUDCG que la preuve de la vente commerciale doit résulter de la production de bons de commande suffisamment clairs, précis et sans équivoque. Les seuls extraits du grand livre comptable ainsi que les correspondances produites sont insuffisants pour établir la créance.

La Cour Commune de Justice et d'Arbitrage (CCJA), Première Chambre, de l'Organisation pour l'Harmonisation en Afrique du Droit des Affaires (OHADA), a rendu l'arrêt suivant en son audience publique du 17 décembre 2015 où étaient présents :

Messieurs Marcel SEREKOÏSSE-SAMBA,	Président
Mamadou DEME,	Juge, rapporteur
Vincent Diehi KOUA,	Juge
César Apollinaire ONDO MVE,	Juge
Robert SAFARI ZIFJALIRWA,	Juge
Et Maître ASSIEHUE Acka,	Greffier ;

Sur le recours enregistré au greffe de la Cour le 14 juin 2012 sous le numéro 071/2012/PC, formé par la Société des Transports Abidjanais dite SOTRA, société anonyme dont le siège est à Abidjan-Vridi, 01 B.P 2009 Abidjan 01, ayant pour conseils la SCPA DOGUE-Abbé YAO et Associés, avocats à la Cour, 01 B.P 174 Abidjan 01, dans la cause qui l'oppose à la Société de

Transformation d'Hévéas, dite SOTHEV Sa, société anonyme dont le siège est à Abidjan, 01 B.P : 178 Abidjan 01,

en cassation de l'arrêt numéro 403 rendu le 9 décembre 2011 par la Cour d'appel d'Abidjan, dont le dispositif est le suivant :

« Statuant publiquement, contradictoirement, en matière civile et en dernier ressort ;

En la forme :

Déclare la SOTRA recevable en son appel relevé du jugement civil contradictoire n°1665 rendu le 10 juin 2010 par le Tribunal de Première Instance d'Abidjan ;

Au fond :

L'y dit mal fondé ;

L'en déboute ;

Confirme le jugement querellé en toutes ses dispositions ;

Met les dépens à la charge de la SOTRA » ;

La société demanderesse invoque à l'appui de son pourvoi les deux moyens de cassation tels qu'ils figurent à sa requête annexée au présent arrêt ;

Sur le rapport de Monsieur Mamadou DEME, Juge ;

Vu les articles 13 et 14 du Traité relatif à l'harmonisation du droit des affaires en Afrique ;

Vu le Règlement de procédure de la Cour Commune de Justice et d'Arbitrage de l'OHADA ;

Attendu que suivant correspondance numéro 423/2012/G2 en date du 20 juin 2012, reçue le 26 juin 2012, le Greffier en chef de la Cour a signifié le pourvoi à la défenderesse, qui n'a cependant ni comparu ni été représentée ; qu'il échet d'examiner le pourvoi ;

Attendu qu'il résulte des pièces du dossier de la procédure que suivant ordonnance d'injonction de payer n°293/2010 du 22 janvier 2010, la SOTHEV a obtenu la condamnation de la SOTRA au paiement de la somme de 1.458.000.000 F CFA, représentant le prix d'une livraison de matériels de construction et de pièces mécaniques ; que l'opposition formée par la SOTRA a été rejetée par le Tribunal de première instance d'Abidjan, suivant jugement n°1665 du 10 juin 2010 ; que par l'arrêt entrepris, la Cour d'appel d'Abidjan a confirmé ledit jugement ;

Sur les deux moyens de cassation réunis pris de la violation de la loi, notamment l'article 219 de l'Acte uniforme portant sur le droit commercial général et du défaut de base légale résultant de l'insuffisance de motifs

Attendu qu'il est fait grief à la Cour d'appel d'avoir, pour confirmer le jugement entrepris et conclure que la SOTHEV détient sur la SOTRA une créance certaine, liquide et exigible, retenu « qu'en l'état des pièces versées aux débats notamment des courriers des 19 juin 2009 et 19 mars 2010, il apparait expressément, de façon non équivoque, que la SOTRA se reconnait débitrice vis- à-vis de la SOTHEV », sans dire en quoi ces pièces suffisent à prouver la dette de la SOTRA, alors que :

- d'une part, l'article 219 de l'Acte uniforme portant sur le droit commercial général dispose que "Le vendeur s'oblige, dans les conditions prévues au contrat et au présent livre, à livrer les marchandises et à remettre, s'il y a lieu les documents s'y rapportant, à s'assurer de leur conformité à la commande et à accorder sa garantie » ; qu'il résulte de ces dispositions que la preuve de la vente commerciale doit résulter de la production de bons de commande suffisamment clairs, précis et sans équivoque, et qu'en l'espèce, les seuls extraits de son grand livre comptable ainsi que les correspondances produits par la SOTHEV sont insuffisants pour établir la créance, en l'absence de la production de bons de commande et de livraison, et que,

- d'autre part, il résulte de la correspondance du 19 juin 2009 susvisée que la SOTRA a simplement accepté une proposition de remise sur le prix futur qui lui a été faite par la SOTHEV et non un engagement ferme à payer un prix arrêté d'accord parties, et qu'il appartenait en conséquence au juge d'appel de rechercher si les négociations entre les parties ont abouti à un prix final, dont les modalités de paiement ont été contractuellement arrêtées ; qu'en s'abstenant de procéder à cette recherche, la Cour d'appel n'aurait pas donné de base légale à sa décision ;

Mais attendu que la preuve des obligations entre commerçants est libre ; que les moyens ne tendent qu'à remettre en discussions les éléments de preuve de la certitude, de la liquidité et de l'exigibilité de la créance réclamée, souverainement appréciés par les juges du fond ; qu'il échet de les déclarer irrecevables ;

Attendu qu'il convient de condamner la SOTRA qui a succombé aux entiers dépens ;

PAR CES MOTIFS

Statuant publiquement, après en avoir délibéré,

Déclare le pourvoi recevable en la forme ;

Au fond, le rejette ;

Condamne la SOTRA aux entiers dépens.

DROIT DES SOCIÉTÉS COMMERCIALES

I. Droit général des sociétés

Une société qui comporte plusieurs établissements peut être assignée à travers un de ses établissements (CCJA, 1ère Ch., n°09/2015, 30 mars 2015)

Sommaire

Lorsqu'une société comporte plusieurs établissements disposant du pouvoir de la représenter à l'égard des tiers, ces établissements pourront être, à l'égard des justiciables, considérés comme sièges sociaux. Est donc régulière la signification faite au responsable juridique d'un des établissements de la société.

La Cour Commune de Justice et d'Arbitrage (CCJA) de l'Organisation pour l'Harmonisation en Afrique du Droit des Affaires (OHADA), Première chambre, a rendu l'arrêt suivant, en son audience publique du 30 mars 2015 où étaient présents :

Messieurs Marcel SEREKOÏSSE-SAMBA,	Président
Mamadou DEME	Juge, rapporteur
Djimasna N'DONINGAR,	Juge
et Maître Jean Bosco MONBLE,	Greffier ;

Sur le recours enregistré au greffe de la Cour de céans le 02 septembre 2010 sous le n° 078/2010/PC et formé par la Société Afriland First Bank, anciennement dénommée CCEI Bank, SA avec conseil d'administration ayant son siège social à Yaoundé, Place de l'Indépendance, BP 11834 Yaoundé, et ayant pour conseil Maître PENKA Michel, avocat au Barreau du Cameroun, BP 3588 Douala Bonanjo, dans la cause qui l'oppose à FOTSO Jean, B.P 29- Bafoussam, ayant pour Conseils Maître WATET Tchienang Mireille, Avocat au Barreau du Cameroun, BP 434 Bafoussam et Maître AKA Narcisse, Avocat au Barreau de Côte d'Ivoire, 17 BP 17 Abidjan 17,

en cassation de l'Arrêt n°152/CIV rendu le 09 décembre 2009 par la Cour d'appel de la Région de l'Ouest à Bafoussam, dont le dispositif est le suivant:

« Statuant publiquement, contradictoirement, en matière civile et commerciale, en appel et dernier ressort, en collégialité et à l'unanimité ;

EN LA FORME :

Reçoit les deux appels interjetés par Afriland First Bank contre le jugement 20/08 du 11 avril 2008 du Tribunal de Première Instance de Bafoussam ;

AU FOND :

Les déclare non fondés ;

Confirme en conséquence le jugement entrepris en toutes ses dispositions ;

Condamne l'appelante aux entiers dépens... ;

La requérante invoque à l'appui de son pourvoi les quatre (4) moyens de cassation tels qu'ils figurent à sa requête annexée au présent arrêt ;

Sur le rapport de Monsieur Mamadou DEME, Juge ;

Vu les articles 13 et 14 du Traité relatif à l'harmonisation du droit des affaires en Afrique ;

Vu le Règlement de procédure de la Cour Commune de Justice et d'Arbitrage de l'OHADA ;

Attendu qu'il résulte des pièces du dossier de la procédure que FOTSO Jean a assigné Afriland First Bank devant le tribunal de première instance de Baffousam pour obtenir l'annulation du cautionnement qu'il aurait donné pour garantir un prêt consenti par cette banque à la Compagnie Industrielle et Commerciale des bois exotiques, dite CIBEC, suivant convention notariée du 23 avril 1997 ; que suivant jugement n°20/2008 rendu le 11 avril 2008, le Tribunal a fait droit à cette demande ; que sur l'appel de Afriland First Bank, la cour d'appel de l'ouest à Bafoussam a rendu l'arrêt confirmatif objet du pourvoi ;

Sur la recevabilité du pourvoi

Attendu que dans son mémoire en réponse reçu au greffe le 21 mars 2011, le défendeur oppose l'irrecevabilité du pourvoi ; qu'il soutient que l'arrêt entrepris ayant été signifié à la requérante par exploit du 07 avril 2010, son recours reçu au greffe le 2 septembre 2010, soit près de 5 mois après cette date, a été formé hors le délai de deux mois prévu à l'article 28 alinéa 1 du Règlement de procédure ;

Attendu qu'en réplique, la demanderesse conclut au rejet de l'exception ; qu'elle soutient que l'acte de signification dont se prévaut FOTSO Jean est nul et de nul effet, et n'a pu en conséquence faire courir le délai du recours ; qu'au soutien de cette assertion, elle fait valoir que l'exploit de signification du 07 avril 2010 ne comporte ni la mention de la voie de recours ouverte contre l'arrêt, ni du délai pour l'exercer et encore moins l'indication de la juridiction devant laquelle elle doit être portée ; qu'elle invoque les dispositions des articles 8 et 79 alinéas 1, 3 et 4 de l'Acte uniforme portant organisation des procédures simplifiées de recouvrement et des voies d'exécution et l'article 66 du code de procédure civile et commerciale camerounais ; qu'elle ajoute qu'en outre, la signification de l'arrêt a été faite en violation de l'article 487 de l'Acte uniforme sur les sociétés commerciales et le groupement d'intérêt économique, en ce qu'elle a été servie à son agence de Bafoussam à une personne autre que son directeur général, seul habilité à la banque, d'une part, et alors que celle-ci avait élu domicile au cabinet de son avocat à Douala, d'autre part ;

Mais attendu que les dispositions des articles 8 et 79 alinéas 1, 3 et 4 de l'Acte uniforme portant organisation des procédures simplifiées de recouvrement et des voies d'exécution et celles de l'article 66 du code de procédure civile et commerciale camerounais, qui sont relatives respectivement à la signification de la décision portant injonction de payer, à la dénonciation de la saisie conservatoire au débiteur et à la signification des jugements de défaut, ne peuvent recevoir application en l'espèce ;

Attendu que la requérante n'invoque aucune disposition du code de procédure civile et commerciale du Cameroun imposant l'indication, dans l'acte de signification d'un arrêt d'appel rendu contradictoirement, de la voie de recours ouverte, du délai de son exercice et de la juridiction devant laquelle le recours doit être porté ; qu'il résulte des dispositions de l'article 602 du code précité que « Sauf dans les cas ou la loi ou les décrets en disposent autrement, les nullités d'exploits ou actes de procédures sont facultatives pour le juge qui peut toujours les accueillir ou les rejeter » ;

Attendu que de jurisprudence constante, lorsqu'une société comporte plusieurs établissements disposant du pouvoir de la représenter à l'égard des tiers, ces établissements pourront être, à l'égard des justiciables, considérés comme sièges sociaux ; que la signification contestée, qui a été faite à l'agence de la société Afriland située à Bafoussam, dans le ressort territorial de la juridiction compétente, a été remise au responsable des affaires juridiques de cet établissement, ainsi déclaré ; qu'une telle signification doit être regardée comme régulière ;

Attendu que le pourvoi reçu au greffe près de 5 mois après la signification de l'arrêt doit être déclaré irrecevable ;

Que l'appelante qui a succombé doit être condamnée aux dépens.

PAR CES MOTIFS :

Statuant publiquement, après en avoir délibéré ;

Déclare irrecevable le pourvoi formé par la société AFRILAND FIRST BANK SA contre l'arrêt n°152/CIV rendu le 09 décembre 2009 par la Cour d'appel de la Région de l'Ouest à Bafoussam ;

Condamne AFRILAND FIRST BANK aux dépens.

Conséquences de la fusion absorption sur le nom commercial (CCJA, Ass. Plén., n°53/2015, 27 avril 2015)

Sommaire La société absorbante peut s'approprier le nom commercial de la société absorbée qui disparaît par l'effet de la fusion.

La Cour Commune de Justice et d'Arbitrage (CCJA), de l'Organisation pour l'Harmonisation en Afrique du Droit des Affaires (OHADA), Assemblée plénière a rendu l'Arrêt suivant en son audience foraine tenue le 27 avril 2015 à Bamako (République du Mali), où étaient présents :

Messieurs Marcel SEREKOÏSSE-SAMBA,	Président, rapporteur
Abdoulaye Issoufi TOURE	Premier Vice-Président,
Madame Flora DALMEIDA MELE,	Seconde Vice-Présidente
Messieurs Mamadou DEME,	Juge
Djimasna NDONINGAR,	Juge
et Maître Paul LENDONGO,	Greffier en chef

Sur le pourvoi enregistré au greffe de la Cour de céans le 02 février 2012 sous le n°011/2012/PC et formé par la SCPA WANE et FALL, Avocats à la Cour, 97, avenue Peytavin Dakar, agissant au nom et pour le compte de la Société ABM TECHNOLOGIES, représentée par son directeur général Monsieur Abdoul LY ayant ses bureaux à la résidence Téranga Mermoz Pyrotechnie, villa N°A7 Dakar, dans la cause l'opposant à Société CFAO TECHNOLOGIES dont le siège est à Dakar, Km2,5 boulevard du centenaire de la commune de Dakar, ayant pour conseils la SCP Guédel NDIAYE & Associés, Avocats à la cour, 73 bis rue Amadou Assane NDOYE Dakar,

en cassation de l'arrêt n°268 rendu le 1er avril 2011 par la cour d'appel de Dakar et dont le dispositif est le suivant :

« **PAR CES MOTIFS** ;

Statuant publiquement, contradictoirement en matière civile et en dernier ressort :

Vu l'ordonnance de clôture ;

Confirme l'ordonnance entreprise en toutes ses dispositions ;

Condamne l'appelante aux dépens. » ;

La requérante invoque à l'appui de son pourvoi les deux moyens de cassation tels qu'ils figurent à la requête annexée au présent arrêt ;

Sur le rapport de Madame Flora DALMEIDA MELE, Seconde Vice-présidente ;

Vu les dispositions des articles 13 et 14 du Traité relatif à l'harmonisation du droit des affaires en Afrique ;

Vu le Règlement de procédure de la Cour Commune de Justice et d'Arbitrage de l'OHADA ;

Attendu qu'il ressort des pièces du dossier de la procédure que par déclaration notariée de réalisation de fusion en date du 10 juin 2008, N°6, la société CFAO TECHNOLOGIES a fusionné par absorption avec la société ABM ; qu'estimant, courant 2010, être concurrencée et lésée par une société dénommée ABM TECHNOLOGIES du fait de cette appellation et pour voir cette dernière cesser d'utiliser la dénomination ABM, la société CFAO TECHNOLOGIES a saisi le juge des référés qui a, par ordonnance n°2961 rendue le 28 juin 2010, fait droit à sa demande ; que sur appel de la société ABM TECHNOLOGIES, la cour d'appel de Dakar a rendu le 1er avril 2008, l'arrêt confirmatif n°268 dont pourvoi ;

Sur le premier moyen

Attendu que la demanderesse au pourvoi reproche à l'arrêt attaqué d'être dépourvu de motif en ce que la cour d'appel s'est contentée d'adopter les motifs de la décision d'instance sur l'irrecevabilité de l'action de CFAO technologie pour défaut de qualité à agir sans rappeler lesdits motifs alors que tout jugement doit contenir des motifs propres à justifier la décision ;

Mais attendu que se fondant sur l'article 1-2 du code de procédure civile, le juge d'instance a justifié la recevabilité de l'action de CFAO TECHNOLOGIES ABM par l'intérêt légitime qu'elle avait pour intenter son action du fait de la fusion CFAO-ABM ; que le juge d'appel en adoptant les motifs du juge d'instance au motif qu'il a fait une bonne application des dispositions régissant la matière, a motivé sa décision ; que le moyen ne peut dès lors être accueilli ;

Sur le deuxième moyen

Attendu que la demanderesse au pourvoi fait grief à l'arrêt attaqué d'avoir, par fausse interprétation, violé l'article 189 de l'Acte uniforme relatif au droit des sociétés commerciales et GIE en retenant qu'il y avait transmission à titre universel du patrimoine de la société ABM absorbée du fait de la fusion et que pour cela, CFAO est propriétaire du nom ABM alors que le sigle ABM n'a jamais figuré sur le registre de commerce de Associated Business Machines répertorié sous le N°31.B du 11 novembre 1999 ni sur les statuts de CFAO Technologie et qu' absorbée et radiée du registre du commerce, la société ABM ne pouvait plus générer des droits en transmettant à la CFAO la dénomination ABM ;

Mais attendu qu'il ressort de la déclaration notariée de conformité en date du 10 janvier 2008 que la société dénommée « ASSOCIATED BUSINESS MACHINES » en abrégé ABM est immatriculée au registre du commerce et du crédit mobilier sous le numéro SN DKR 91 B 594, ce que ne conteste nullement la requérante ; qu'une fusion est intervenue entre la société CFAO TECHNOLOGIES et ASSOCIATED BUSINESS MACHINES en abrégé ABM et que l'assemblée générale extraordinaire de CFAO

TECHNOLOGIES a constaté la réalisation définitive de la fusion et la dissolution et liquidation de la société absorbée ; que la fusion n'est pas démentie par la requérante qui n'a pas non plus mis en cause la déclaration notariale; que selon les dispositions de l'article 189 de l'Acte uniforme relatif au droit des sociétés commerciales et du groupement d'intérêt économique, la fusion entraine la transmission à titre universel du patrimoine de la société absorbée, qui disparait du fait de la fusion, à la société absorbante ; qu'ainsi , par l'effet de la transmission, la société absorbante peut s'approprier le nom commercial de la société absorbée qui disparaît ; que la cour d'appel, en considérant, sur le fondement de l'article 189 de l'Acte uniforme sus indiqué, la transmission à titre universelle du patrimoine de la société qui disparait du fait de la fusion, a bien justifié sa décision et n'a pas mal interprété ledit article ; que dès lors, le moyen n'est pas fondé ;

Attendu qu'ayant succombé, la société ABM TECHNOLOGIES doit être condamnée aux dépens ;

PAR CES MOTIFS

Statuant publiquement, après en avoir délibéré,

Déclare le pourvoi recevable

Le rejette comme non fondé ;

Condamne la société ABM TECHNOLOGIES aux dépens.

La notion de transformation de la société au sens de l'Acte uniforme (CCJA, Avis n°02/2015, 23 juin 2015)

Sommaire

La transformation de la société, au sens de l'article 181 de l'Acte uniforme relatif au droit des sociétés commerciales et du G.I.E, est l'opération par laquelle les associés, ayant opté initialement pour une forme sociale donnée, dans les limites des prévisions légales, décident d'abandonner cette forme au profit d'une forme nouvelle mieux adaptée à leurs besoins, choisie impérativement parmi les formes sociétales autorisées dans l'espace OHADA dont la liste exhaustive est dressée à l'article 6, alinéa 2 de l'Acte uniforme précité. Les opérations de fusion, de scission, de modification de l'objet social ou du capital social ne sont pas des opérations de transformation au sens de l'article 181 ci-dessus.

L'article 188 de l'Acte uniforme révisé relatif au droit des sociétés commerciales et du G.I.E prévoit la perte de la personnalité juridique pour une société commerciale qui, à la suite d'une transformation, n'a plus une forme sociale prévue par l'Acte uniforme. Cela implique qu'une société de droit national n'ayant pas une forme sociale prévue par l'Acte uniforme susvisé doit impérativement subir une transformation pour acquérir une forme sociale prévue par cet Acte uniforme si elle exerce une activité commerciale, au risque de perdre sa personnalité juridique, qualité qui lui permet d'être titulaire de droits et de devoirs.

La Cour Commune de Justice et d'Arbitrage de l'OHADA, réunie en formation plénière à son siège le 23 juin 2015 ;

Vu le Traité de Port-Louis du 17 Octobre 1993 relatif à l'Harmonisation du Droit des Affaires en Affaires en Afrique, tel que révisé à Québec le 17 octobre 2008, notamment en ses articles 10 et 14 ;

Vu le Règlement de Procédure de la Cour Commune de Justice et d'Arbitrage, notamment en ses articles 9, 53, 54, 55 et 58 ;

Vu la demande d'avis consultatif de la République Démocratique du Congo formulée par courrier en date du 25 septembre 2014 de Monsieur le Ministre de la Justice et des Droits Humains, enregistré au Greffe de la Cour sous le n°002/2014/AC en date du 14 octobre 2014, et ainsi libellée :

« 1. INTRODUCTION

Par la présente, se référant à l'article 14 du Traité de l'OHADA et aux articles 53 et suivants du Règlement de procédure de la Cour Commune de Justice et d'Arbitrage (CCJA), la République Démocratique du Congo a l'honneur de solliciter l'avis consultatif de la haute juridiction sur diverses dispositions du droit uniforme se rapportant à la transformation des sociétés commerciales, à la mise en harmonie des statuts sociaux en période transitoire et au processus de régularisation juridique.

En effet, l'article 14 du Traité du 17 octobre 1993 relatif à l'harmonisation du droit des affaires en Afrique, tel que révisé le 17 octobre 2008 dispose :

« La Cour Commune de Justice et d'Arbitrage assure Vinterprétation et l'application communes du Traité ainsi que des règlements pris pour son application, des Actes uniformes et des décisions.

La Cour peut être consultée par tout Etat partie ou par le Conseil des Ministres sur toute question entrant dans le champ de l'alinéa précédent. La même faculté de solliciter l'avis consultatif de la Cour est reconnue aux juridictions nationales saisies en application de l'article 13 ci-dessus ».

En outre, il résulte de l'article 54 du Règlement de procédure de la Cour Commune de Justice et d'Arbitrage du 18 avril 1996 modifié par le Règlement n°01/2014 du 30 janvier 2014 que :

« Toute demande d 'avis consultatif émanant d 'un Etat partie ou du Conseil des Ministres est présentée par requête écrite. Cette requête formule, en termes précis, la question sur laquelle l'avis de la Cour est sollicité. Il y est joint tout document pouvant servir à élucider la question ».

L'Avis de la haute Cour communautaire permettra, le cas échéant, de promouvoir la régularisation des sociétés commerciales qui, durant la période transitoire (12 septembre 2012 -12 septembre 2014), ont irrégulièrement accompli le devoir de mise en harmonie des statuts sociaux.

Il sied de relever que l'article 50 de l'Acte uniforme relatif au droit commercial général reconnaît à l'organe ou au greffe compétent la possibilité de prendre des mesures correctives et décisoires nécessaires dans un délai de trois mois :

« Dès réception du formulaire de demande d 'immatriculation dûment rempli et des pièces prévues par le présent Acte uniforme, le greffier ou le responsable de l 'organe compétent dans l 'Etat partie délivre au demandeur un accusé d 'enregistrement qui mentionne la date de la formalité accomplie et le numéro d'immatriculation.

Le Greffier ou le responsable de l 'organe compétent dans l Etat partie dispose d 'un délai de trois mois pour exercer son contrôle tel que prévu par l 'article 66 du présent Acte uniforme et le cas échéant notifier à la partie intéressée le retrait de son immatriculation et procéder à sa radiation ».

La République Démocratique du Congo remercie, à l'avance, la haute Cour de sa diligence dans l'examen de la présente demande et de la suite qui en résultera.

2. CONTEXTE

La République Démocratique du Congo a adhéré à l'Organisation pour l'Harmonisation en Afrique du Droit des Affaires (OHADA) en date du 13 juillet 2012 par le dépôt de son instrument d'adhésion au gouvernement de la République du Sénégal, Etat dépositaire du Traité de Port Louis.

Avant l'entrée en vigueur du droit uniforme, en date du 12 septembre 2012, le droit congolais des sociétés commerciales reposait essentiellement sur les textes suivants :

Articles 446.1 à 446.6 du Code civil livre III ;

Décret du 27 février 1887 sur les sociétés commerciales ;

Arrêté royal du 22 juin 1926 sur la société par actions à responsabilités limitée (équivalent de la société anonyme/SA belge, français et OHADA).

En vertu d'une ordonnance du 14 mai 1886 (article 1er), il est permis, en cas de lacune du droit, de recourir aux « principes généraux » du droit des « pays civilisés » : « Quant la matière n 'est pas prévue par un décret, un arrêté ou une ordonnance déjà promulgués, les contestations qui sont de la compétence des tribunaux du Congo seront jugées d'après les coutumes locales, les principes généraux du droit et l 'équité ».

La pratique judiciaire puise de temps à autre sur les droits belge et français, sans que ce procédé soit systématique et dépasse le cadre des matières pouvant entrer dans la catégorie des principes généraux du droit.

En tout état de cause, comme l'a souligné l'auteur d'une thèse de doctorat (annexe 5 cote 40): «L'adhésion à l'OHADA entraine que les dispositions de ce dernier droit devront s'appliquer dès l'instant où les Actes uniformes seront entrés en vigueur en RDC ».

Avant l'avènement de l'OHADA en République Démocratique du Congo, cinq types de sociétés coexistaient en vertu des textes susvisés : société en nom collectif (SNC), Société en

Commandite simple (SCS), Société Privée à Responsabilité Limitée (SPRL), Société par Actions à Responsabilité Limitée (SARL) et Société Coopérative.

L'article 42 du décret du 27 février 1887 permet à la société privée à Responsabilité Limitée (SPRL) de se transformer en une société d'une autre forme juridique ; aucun autre texte législatif ou réglementaire ne traite de la transformation des sociétés commerciales.

Malgré son acronyme « SPRL », la SPRL congolaise est l'équivalente de la SPRL Belge et de la Société à responsabilité limitée (SARL) OHADA ou française : les textes sont similaires et les statuts sont semblables (à de rares exceptions près). De même en est-il de la similarité entre la société par actions à responsabilité limitée (SARL) congolaise et la Société anonyme (SA) belge, français ou OHADA (voir aussi infra n°2.10 et annexe).

En réalité, la législation régissant la SARL congolaise est lacunaire (trois articles dont un seul véritablement usité). C'est l'arrêté royal du 22 juin 1926, dont l'article 1er 6°f alinéa 2, inséré par l'article 1er de l'arrêté royal du 24 février 1985, dispose : « les dispositions sub litteris c) t f) ci-dessus ne s'appliquent pas à l'acte constitutif d'une société par actions à responsabilité limitée, spécialement et exclusivement constituée soit afin de reprendre tout actif et le passif ainsi que l'ensemble des éléments de l'activité sociale d'une société anonyme belge exerçant son activité au Congo, soit afin de reprendre une partie de l'avoir social, ainsi que les éléments de l'activité sociale exercée au Congo, d'une société anonyme belge exerçant une partie de son activité au Congo ».

En pratique, la plupart des rédacteurs des statuts des sociétés par actions à responsabilité limitée (SARL) se sont toujours inspirés des statuts des sociétés anonymes (SA) belges et français.

Enfin, comme l'illustre le récapitulatif en annexe 5, la doctrine congolaise a toujours mis en évidence l'équivalence entre société par actions à responsabilité limitée (SARL) congolaise et société anonyme (SA) belge, français ou OHADA ainsi que la similarité entre société privée à responsabilité limitée (SPRL) congolaise et SPRL belge ou SARL français et OHADA, malgré les différences d'acronymes.

L'article d'un praticien diffusé sur Internet (annexe 6) est d'un avis différent et pose le postulat selon lequel le passage d'une société par actions à responsabilité limitée (SARL) congolaise en société anonyme (SA) OHADA requerrait une transformation de la forme juridique (parce que l'intitulé « société par actions à responsabilité limitée » sera remplacé par « société anonyme »).

Un professeur d'université a également abondé dans le même sens en conseillant les entreprises du portefeuille de l'Etat (vingt entreprises publiques transformées en société commerciales depuis 2008), bien que sa thèse de doctorat proclame l'équivalence entre SARL congolaise et S. A française et OHADA, sous réserve de quelques nuances (annexe 5, cotes 27 et suivants).

Bien que minoritaires, bon nombre de sociétés commerciales ont opté pour cette solution vers la fin de la période transitoire (12 septembre 2014) durant laquelle les commerçants et sociétés ont mis les conditions d'exercice de leur activité en harmonie avec le droit OHADA.

Pourtant, selon les recommandations de la Commission Nationale OHADA de la RDC (« CNO-RDC »), la mise en harmonie consiste, pour les sociétés commerciales, à se référer aux articles 908 et suivants pour, soit amender les statuts, soit adopter de nouveaux statuts.

Dans la majorité des cas, ce schéma a été suivi : une résolution de l'assemblée générale extraordinaire décide de l'harmonisation des statuts (option sur la méthodologie) et une seconde adopte, consécutivement à la résolution précédente, les amendements ou, hypothèse très fréquente, la nouvelle rédaction des statuts.

Il est des cas où une seule résolution a suffi à la fois pur la méthodologie et l'adoption des amendements ou des nouveaux statuts.

Certaines entreprises ont choisi un processus en vertu duquel l'assemblée générale prend une première résolution déterminant la méthodologie : option pour l'harmonisation par voie, soit d'amendements, soit de nouvelle rédaction des statuts.

Ladite résolution se limite strictement à la méthodologie, sans accomplir le processus de mise en harmonie par l'adoption effective des amendements ou de nouveaux statuts.

Une seconde résolution déclare que l'harmonisation des statuts rend obligatoire la transformation de la société et, en conséquence, l'assemblée générale décide de transformer la société de la forme juridique du droit congolais « société par actions à responsabilité limitée » (SARL) en la forme « société anonyme » (SA) du droit OHADA.

Cette résolution ne repose ni sur la loi congolaise (qui, pour ce type de société, ne comporte aucun article sur la transformation), ni sur le droit uniforme qui ne prévoit pas ce mécanisme entre un droit national et le droit uniforme ou vice versa (article 188 de l'Acte uniforme relatif au droit des sociétés commerciales et du groupement d'intérêt économique). La résolution en question se fonde, non pas sur des textes législatifs ou réglementaires ou encore sur le droit uniforme, mais uniquement sur des statuts sociaux prévoyant que la « société par actions à responsabilité limitée » (SARL) congolaise pourra se transformer en « société anonyme » (SA) du droit OHADA.

Cette résolution et la précédente ne semblent pas constituer la mise en harmonie prévue aux articles 908 et suivants de l'Acte uniforme relatif au droit des sociétés commerciales et du groupement intérêt économique.

Une troisième résolution, consécutive à celle décidant la transformation, porte sur l'adoption des amendements ou de nouveaux statuts.

Il s'agit probablement de la formalisation du processus de transformation, la mise en harmonie prévue aux articles 908 et suivants de l'Acte uniforme relatif au droit des sociétés commerciales et du groupement d'intérêt économique n'étant cependant pas accomplie.

3. QUESTIONS

Première thématique : la transformation de la forme juridique des sociétés.

Textes

1°) Article 181 de l'Acte uniforme relatif au droit des sociétés commerciales et du groupement d'intérêt économique :

« La transformation de la société est l 'opération par laquelle une société change de forme juridique par décision des associés.

La transformation régulière d 'une société n 'entraîne pas la création d 'une personne morale nouvelle. Elle ne constitue qu 'une modification des statuts et est soumise aux mêmes conditions de forme et de délai que celle-ci.

Toutefois, la transformation d'une société dans laquelle la responsabilité des associés est limitée à leurs apports en une société dans laquelle la responsabilité des associés est illimitée est décidée à l 'unanimité des associés. Les délibérations prises en violation des dispositions du présent alinéa sont nulle s ».

2°) Article 184 de l'Acte uniforme relatif au droit des sociétés commerciales et du groupement d'intérêt économique :

« La décision de transformation met fin aux pouvoirs des organes d 'administration ou de gestion de la société.

Les personnes membres de ces organes ne peuvent demander des dommages et intérêts du fait de la transformation ou de l'annulation de la transformation que si celle -ci a été décidée dans le seul but de porter atteinte à leurs droits ».

3°) Article 188 de l'Acte uniforme relatif au droit des sociétés commerciales et du groupement d'intérêt économique :

« Lorsque la société, à la suite de sa transformation, n 'a plus l 'une des formes sociales prévues par le présent Acte uniforme, elle perd la personnalité juridique si elle exerce une activité commerciale ».

4°) Article 911 de l'Acte uniforme relatif au droit des sociétés commerciales et du groupement d'intérêt économique :

« la transformation de la société ou l 'augmentation de son capital par un moyen autre que l'incorporation de réserves, de bénéfices ou de primes d'apports, d'émission ou de fusion, ne peut être réalisée que dans les conditions normalement requises pour la modification des statuts ».

Questions

1°) Quelle définition doit-on retenir de la « transformation » en droit uniforme ?

2°) Faut-il distinguer deux types de transformation : la transformation « classique » (changement de la forme de la société) et la transformation « moderne » ou « récente » (consistant en fusion, scission ou modification de l'objet social, du capital, etc.) ?

3°) Faut-il, au contraire, se limiter à reconnaître et distinguer les conceptions suivantes : transformation, opérations de concentration/restructuration et simples modifications des statuts ?

4°) Un changement d'acronyme dans le processus de mise en harmonie des statuts (par exemple, la « société privée à responsabilité limitée » /SPRL congolaise équivalente à la « société à responsabilité limitée » /SARL de l'OHADA) constitue-t-il une transformation de société ?

5°) En d'autres termes, le fait de mettre en harmonie les statuts sociaux d'une société privée à responsabilité limitée (SPRL) congolaise en l'instituant « Société à responsabilité limitée » (SARL) dans les nouveaux statuts (mis en harmonie) constitue-t-il une transformation ou une simple adaptation découlant du processus établi par les articles 908 et suivants de l'Acte uniforme relatif au droit des sociétés commerciales et du groupement d'intérêt économique ?

6°) L'article 188 de l'Acte uniforme relatif au droit des sociétés commerciales et du groupement d'intérêt économique justifie-t-il ou non la transformation d'une société de droit national en une société de droit uniforme et vice versa ?

7°) Le passage d'une forme juridique du droit national (par exemple, société par actions à responsabilité limitée / SARL) à une forme du droit uniforme (par exemple, société anonyme / S.A ou société par actions simplifiée/ SAS) est-il possible ?

8°) Le passage évoqué à la question précédente est-il réalisable si les statuts sociaux l'ont prévu, malgré le silence de la loi nationale en cette matière ?

9°) Ce passage serait-il envisageable si le principe de transformation d'une forme de société en une autre est reconnu par la loi nationale ?

10°) Cette mutation d'une forme juridique de droit national en une forme juridique OHADA équivalente ou différente, ou vice versa, est-elle concevable, malgré les termes de l'article 188 de l'Acte uniforme relatif au droit des sociétés commerciales et du groupement d'intérêt économique ?

11°) Pour comparaison, la partie anglophone du Cameroun a-t-elle recouru à la transformation de la société camerounaise équivalente à la SARL (ou de celle équivalente à la SA) de l'OHADA en SARL (ou SA), ou la mise en harmonie prévue à l'article 908 a pu suffire ?

12°) Qu'en a-t-il été de la Guinée Bissau et de la Guinée Equatoriale ?

Deuxième thématique : la mise en harmonie des statuts en période transitoire.

3.2.1. Textes

1°) L'article 908 de l'Acte uniforme relatif au droit des sociétés commerciales et du groupement d'intérêt économique :

« Les sociétés et les groupements d'intérêt économique constitués antérieurement à l'entrée en vigueur du présent Acte uniforme sont soumis à ses dispositions. Ils sont tenus de mettre leurs statuts en harmonie avec les dispositions du présent Acte uniforme dans un délai de deux ans à compter de son entrée en vigueur.

Les sociétés en commandite par actions existant régulièrement dans l 'un des Etats parties devront être transformées, dans ce même délai de deux ans, en sociétés anonymes sous peine d'être dissoutes de plein droit à l 'expiration dudit délai ».

2°) l'article 909 de l'Acte uniforme relatif au droit des sociétés commerciales et du groupement d'intérêt économique :

« La mise en harmonie a pour objet d'abroger, de modifier et de remplacer, le cas échéant, les clauses statutaires contraires aux dispositions impératives du présent acte uniforme et de leur apporter les compléments que le présent acte uniforme rend obligatoire ».

3°) L'article 910 de l'Acte uniforme relatif au droit des sociétés commerciales et du groupement d'intérêt économique :

« La mise en harmonie peut être accomplie par voie d 'amendement aux statuts anciens ou par l 'adoption de statuts rédigés à nouveau en toutes leurs dispositions ».

4°) L'article 911 de l'Acte uniforme relatif au droit des sociétés commerciales et du groupement d'intérêt économique :

« La transformation de la société ou l 'augmentation de son capital par un moyen autre que l 'incorporation de réserves, de bénéfice ou de primes d 'émission, ne pourra être réalisée que dans les conditions normalement requises par la modification des statuts ».

5°) L'article 919 de l'Acte uniforme relatif au droit des sociétés commerciales et du groupement d'intérêt économique (1997) :

« Sont abrogées, sous réserve de leur application transitoire pendant une période de deux ans à compter de la date d'entrée en vigueur du présent Acte uniforme, aux sociétés n 'ayant pas procédé à la mise en harmonie de leurs statuts avec les dispositions du présent Acte uniforme, toutes dispositions légales contraires aux dispositions du présent Acte uniforme.

Toutefois, nonobstant les dispositions de l'article 10 du présent Acte uniforme, chaque Etat partie pourra, pendant une période transitoire de deux ans à compter de l 'entrée en vigueur du présent Acte uniforme, maintenir sa législation nationale applicable pour la forme de l 'établissement des statuts ».

6°) L'article 919 de l'Acte uniforme relatif au droit des sociétés commerciale et du groupement d'intérêt économique (2014).

« Est abrogé, sous réserve de son application transitoire pendant une période de deux (2) ans à compter de la date d'entrée en vigueur du présent Acte uniforme, aux sociétés n 'ayant pas procédé à la mise en harmonie de leurs statuts avec les dispositions du présent Acte uniforme, l'Acte uniforme du 17 avril 1997 relatif au droit des sociétés commerciales et du groupement d'intérêt économique ».

Questions

1°) Quelle définition doit-on retenir de la « mise en harmonie des statuts » ?

2°) Le processus de mise en harmonie prévu par les articles 908 et suivants AUSCGIE rend- elle obligatoire la transformation de la société, par cela seul que l'acronyme « société par actions à responsabilité limitée » en droit national deviendra « société anonyme » en droit uniforme (alors que les statuts révèlent la similarité entre « société par actions à responsabilité limitée » congolaise et « société anonyme » de l'OHADA) ?

3°) Si la transformation sus décrite ne constitue pas une mise en harmonie des statuts, quel est le sort des sociétés qui ont tout de même procédé par transformation au lieu d'une mise en harmonie complète en bonne et due forme (qui aurait consisté en l'adoption des statuts ou l'amendement des anciens statuts, sans transformation) ?

4°) En cas de silence de la loi nationale (par exemple, loi congolaise) en matière de transformation d'une société par actions à responsabilité limitée, peut-on se référer aux principes généraux du droit pour justifier la transformation, en passant outre les dispositions de l'Acte uniforme relatif au droit des sociétés commerciales et du groupement d'intérêt économique en période transitoire, en se référant à l'article 919 de l'Acte uniforme relatif au droit des sociétés commerciales et du groupement d'intérêt économique daté du 30 janvier 2014 qui renvoie à l'Acte uniforme relatif au droit des sociétés commerciales et du groupement d'intérêt économique daté du 17 avril 1997 dont l'article 919 organise la survie des dispositions légales durant la période transitoire pour les sociétés n'ayant pas encore mis leurs statuts sociaux en harmonie avec ledit Acte uniforme ?

5°) Au regard de l'article 919 de l'Acte uniforme relatif au droit des sociétés commerciales et du groupement d'intérêt économique daté du 17 avril 1997, auquel renvoie le même Acte uniforme en sa version du 30 janvier 2014, peut-on considérer que l'absence de disposition légale ou réglementaire nationale sur la transformation qui auraient pu s'appliquer aux sociétés n'ayant pas encore harmonisé leurs statuts, rend applicable l'Acte uniforme relatif au droit des sociétés commerciales et du groupement d'intérêt économique depuis son entrée en vigueur en RDC, singulièrement durant les deux années de la période transitoire, tout au moins en matière de transformation ?

6°) Cette solution reste-t-elle la même lorsque le régime particulier (dispositions légales ou réglementaires) auquel est soumis la société concernée ne prévoit rien sur la transformation ?

7°) Dans l'affirmative, l'article 184 de l'Acte uniforme relatif au droit des sociétés commerciales et du groupement d'intérêt économique met-il fin aux pouvoirs des organes d'administration ou de gestion des sociétés ayant décidé, par le biais de l'assemblée générale, leur transformation en une société d'une autre forme ?

8°) Si ces sociétés sont passées outre certaines conditions de fond ou de forme ou si elles ont omis de déposer un exemplaire du procès-verbal de nomination des nouveaux dirigeants sociaux, comme l'exige l'article 265 de l'Acte uniforme relatif au droit des sociétés commerciales et du groupement d'intérêt économique, l'article 184 du même Acte uniforme s'applique-t-il encore ?

3.3. Troisième thématique : la régularisation du défaut de mise en harmonie 3.3.1. Textes

1°) l'Article 1er alinéa 5 de l'Acte uniforme relatif au droit commercial général :

« Passé ce délai, tout intéressé peut saisir la juridiction compétente afin que soit ordonnée cette régularisation, si nécessaire sous astreinte ».

2°) L'article 68 de l'Acte uniforme relatif au droit commercial général :

« Faute par un assujetti à une formalité prescrite au présent Acte uniforme de demander celle-ci dans le délai prescrit, la juridiction compétente ou l 'autorité compétente dans l 'Etat partie, statuant à bref délai, peut, soit d'office, soit à la requête du greffe ou de l'organe compétent dans l'Etat partie en charge du Registre du Commerce et du Crédit Mobilier ou de tout autre requérant, rendre une décision enjoignant à l'intéressé de faire procéder à la formalité en cause.

Dans les mêmes conditions, la juridiction compétente ou l'autorité compétente dans l'Etat partie peut enjoindre à toute personne physique ou morale immatriculée au Registre du commerce et du crédit mobilier de faire procéder :

soit aux mentions complémentaires ou rectificatives soumises ;

soit aux mentions ou rectifications nécessaires en cas de déclaration inexacte ou incomplète ;

soit à sa radiation ».

3°) L'article 75 de l'Acte uniforme relatif au droit des sociétés commerciales et du groupement d'intérêt économique :

« Si les statuts ne contiennent pas toutes les mentions exigées par le présent Acte uniforme ou si une formalité prescrite par celui-ci pour la constitution de la société a été omise ou irrégulièrement accomplie, tout intéressé peut demander à la juridiction compétente, dans le ressort de laquelle est situé le siège social, que soit ordonnée, sous astreinte, la régularisation de la constitution. Le ministère public peut également agir aux mêmes fins ». 4°) L'article 247 de l'Acte uniforme relatif au droit des sociétés commerciales et du groupement d'intérêt économique :

« La juridiction compétente saisie d'une action en nullité peut, même d'office, fixer un délai pour permettre de couvrir la nullité. Elle ne peut pas prononcer la nullité moins de deux (2) mois après la date de l 'exploit introductif d'instance.

Si, pour couvrir une nullité, une assemblée doit être convoquée et s'il est justifié d'une convocation régulière de cette assemblée, la juridiction compétente accorde le délai nécessaire pour que les associés puissent prendre une décision.

Si à l 'expiration du délai prévu aux alinéas précédents, aucune décision n 'a été prise, la juridiction compétente statue à la demande de la partie la plus diligente ».

5°) L'article 63 de l'Acte uniforme relatif au droit des sociétés coopératives :

« Si les statuts ne contiennent pas toutes les énonciations exigées par le présent Acte uniforme ou si une formalité prescrite par celui-ci pour la constitution de la société coopérative a été omise ou irrégulièrement accomplie, tout intéressé peut demander à la juridiction compétente ou à l 'autorité administrative compétente dans le ressort de laquelle est situé le siège social, que soit ordonnée la régularisation de la constitution. Le ministère public peut également agir aux mêmes fins ».

6°) L'article 200 de l'Acte uniforme relatif au droit des sociétés coopératives :

« Le tribunal saisi d'une action en nullité peut, même d'office, fixer un délai pour permettre de couvrir la nullité. Il ne peut pas prononcer la nullité moins de deux mois après la date de l 'exploit introductif d 'instance.

Si à l 'expiration du délai prévu à l 'alinéa précédent aucune décision n 'a été prise, le tribunal statue à la demande de la partie la plus diligence ».

3.32. Questions

1°) Si, à la suite de la décision de transformer la forme juridique, les dirigeants sociaux ont perdu leurs pouvoirs, comment régulariser la situation des sociétés concernées pour leur passage de l'empire du droit national à celui du droit OHADA ?

2°) A supposer que la juridiction compétente ordonne la régularisation sur la base de l'article 1er alinéa 5 ou de l'article 68 de l'Acte uniforme relatif au droit commercial général, doit-elle convoquer l'assemblée générale qui décidera les modifications des statuts nécessitées par le processus de régularisation ?

3°) L'Acte uniforme relatif au droit des société coopératives ne contenant pas d'équivalent de l'article 1er alinéa 5 de l'Acte uniforme relatif au droit commercial général, doit-on procéder à la régularisation, le cas échéant, en se fondant sur l'article 63 (équivalent de l'article 75 de l'Acte uniforme relatif au droit des sociétés commerciales et du groupement d'intérêt économique) qui semble se limiter au seul cas de la constitution de la société ?

4°) L'article 75 de l'Acte uniforme relatif au droit des sociétés commerciales et du groupement d'intérêt économique peut-il servir de fondement à une régularisation juridique nécessitée par un défaut de mise en harmonie des statuts sociaux ?

5°) L'article 247 de l'Acte uniforme relatif au droit des sociétés commerciales et du groupement d'intérêt économique peut-il servir de fondement à une régularisation juridique nécessitée par un défaut de mise en harmonie des statuts sociaux, notamment (mais non exclusivement) lorsque le procès-verbal consignant les délibérations de l'assemblée générale comporte un vice pouvant justifier la sanction de nullité ?

6°) La réponse à la précédente question est-elle transposable, mutatis mutandis, au cas des sociétés coopératives en vertu des dispositions pertinentes régissant cette matière ? » ;

Vu les observations de la République du Congo en date du 09 février 2015, enregistrées au Greffe de la Cour de céans le 18 février 2015 ;

Vu les observations de la République du Togo en date du 20 avril 2015, enregistrées au Greffe de la Cour de céans le 11 mai 2015 ;

Vu les observations de la République du Bénin en date du 07 mai 2015, enregistrées au Greffe de la Cour de céans le 27 mai 2015 ;

Sur le rapport de Monsieur DJIMASNA N'DONINGAR, Juge ;

EMET L'AVIS CI-APRES :

- PREMIERE THEMATIQUE : LA TRANSFORMATION DE LA FORME JURIDIQUE DES SOCIETES

Sur la première et la deuxième questions

La transformation de la société, au sens de l'article 181 de l'Acte uniforme relatif au droit des sociétés commerciales et du G.I.E, est l'opération par laquelle les associés, ayant opté initialement pour une forme sociale donnée, dans les limites des prévisions légales, décident d'abandonner cette forme au profit d'une forme nouvelle mieux adaptée à leurs besoins, choisie impérativement parmi les formes sociétales autorisées dans l'espace OHADA dont la liste exhaustive est dressée à l'article 6, alinéa 2 de l'Acte uniforme précité.

Les opérations de fusion, de scission, de modification de l'objet social ou du capital social ne sont pas des opérations de transformation au sens de l'article 181 ci-dessus.

Sur la troisième question

Les opérations de transformation, de concentration, de structuration et de modification des statuts sont des opérations de nature différente qui peuvent affecter la société commerciale au cours de sa vie sociale, avec un sens et une portée différente pour chaque opération, même si l'une de ces opérations peut entraîner une autre.

Sur la quatrième et la cinquième question

Le changement d'acronyme d'une société dont la forme juridique est issue du droit interne d'un Etat partie en un acronyme d'une société choisie parmi les formes sociétales autorisées dans l'espace OHADA peut nécessiter la mise en harmonie des statuts de cette société avec les dispositions de l'Acte uniforme relatif au droit des sociétés commerciales et du G.I.E.

Cette opération ne sera pas qualifiée de transformation si les caractéristiques de la nouvelle société choisie sont identiques à celles de la société initiale et n'entraîne pas de changement de la forme juridique.

Sur la sixième, septième, huitième, neuvième et dixième question

L'article 188 de l'Acte uniforme révisé relatif au droit des sociétés commerciales et du G.I.E prévoit la perte de la personnalité juridique pour une société commerciale qui, à la suite d'une transformation, n'a plus une forme sociale prévue par l'Acte uniforme. Cela implique qu'une société de droit national n'ayant pas une forme sociale prévue par l'Acte uniforme susvisé doit impérativement subir une transformation pour acquérir une forme sociale prévue par cet Acte uniforme si elle exerce une activité commerciale, au risque de perdre sa personnalité juridique, qualité qui lui permet d'être titulaire de droits et de devoirs.

Le passage d'une forme juridique du droit national à une forme juridique du droit uniforme OHADA est possible et réalisable si les statuts sociaux l'ont prévu, malgré le silence de la loi nationale, ou même en cas de reconnaissance de cette opération par la loi nationale, dans la mesure où à partir de l'entrée en vigueur du droit uniforme OHADA, ce n'est plus cette loi nationale qui s'applique en matière de sociétés commerciales, mais l'Acte uniforme relatif au droit des sociétés commerciales et du G.I.E, lequel prévoit cette opération de transformation en ses articles 181 à 188.

Sur la onzième et la douzième question

L'article 10 du Traité relatif à l'Harmonisation du droit des Affaires en Afrique ayant affirmé la force obligatoire des Actes uniformes et leur suprématie sur les dispositions du droit interne des Etats parties, l'Acte uniforme révisé relatif au droit des sociétés commerciales et du G.I.E s'applique sur l'ensemble du territoire des Etats parties, sans distinction.

- DEUXIEME THEMATIQUE : LA MISE EN HARMONIE DES STATUTS EN PERIODE TRANSITOIRE

Sur la première, la deuxième et troisième question

La mise en harmonie des statuts est une opération qui consiste à rendre conformes les dispositions statutaires d'une société préexistante à celles impératives de l'Acte uniforme révisé relatif au droit des sociétés commerciales et du G.I.E, soit par l'élaboration de nouveaux statuts, soit par la modification des statuts existants ou par le remplacement de certaines clauses de ces statuts.

L'opération de mise en harmonie des statuts ne rend pas obligatoire la modification de la forme juridique de la société, mais peut parfois l'entraîner ou la nécessiter.

La modification de la forme juridique de la société ne se limite pas seulement au changement d'acronyme de cette société, mais s'accompagne éventuellement d'une mise en harmonie des statuts pour les rendre conformes aux dispositions impératives de l'Acte uniforme. Un changement d'acronyme non suivi d'une mise en harmonie des statuts aura pour conséquence que les clauses statutaires contraires aux dispositions impératives de l'Acte uniforme révisé seront réputées non écrites.

Sur la quatrième question

La seule référence pour les opérations de transformation ou de mise en harmonie des statuts des sociétés pendant la période transitoire est l'Acte uniforme révisé à l'exclusion de toute disposition du droit interne d'un Etat partie. L'article 919 de l'Acte uniforme révisé permet seulement la survivance durant la période transitoire de deux (2) ans, à partir de son entrée en vigueur, des dispositions de l'Acte uniforme du 17 avril 1997 relatif au droit des sociétés commerciales et du G.I.E, qui est normalement abrogé, pour les sociétés qui n'auraient pas mis en harmonie leurs statuts durant cette période.

Sur la cinquième et la sixième question

L'article 919 de l'Acte uniforme du 17 avril 1997 relatif au droit des sociétés commerciales et du G.I.E prévoit la survivance des dispositions nationales pour les sociétés n'ayant pas procédé à la mise en harmonie de leurs statuts avec les dispositions de cet Acte uniforme durant la période transitoire de deux (2) ans à compter de son entrée en vigueur. En l'absence de dispositions nationales légales ou réglementaires sur la transformation, seules prévalent les dispositions des articles 181 à 188 de l'Acte uniforme relatif au droit des sociétés commerciales et du G.I.E qui réglementent la transformation de la société commerciale. Cette solution est la même pour les sociétés soumises à un régime particulier dont traite l'article 916 de l'Acte uniforme de 1997 susmentionné.

Sur la septième et la huitième question

La décision de transformation met fin aux pouvoirs des organes d'administration ou de gestion des sociétés ayant décidé leur transformation en une société d'une autre forme, au regard de l'article 184 de l'Acte uniforme relatif au droit des sociétés commerciales et du G.I.E révisé.

Les formalités prévues à l'article 265 de l'Acte uniforme ne sont nécessaires que pour l'opposabilité aux tiers de la décision de transformation et de désignation des nouveaux organes sociaux. Les effets de l'article 184 restent intacts, même en cas d'omission de ces formalités, sauf l'inopposabilité de cette décision aux tiers.

- TROISIEME THEMATIQUE : LA REGULARISATION DU DEFAUT DE MISE EN HARMONIE

Sur la première et la deuxième question

Si, à la suite de la décision de transformation de la société, des formalités ont été omises ou mal accomplies, toute personne intéressée ou le ministère public peut demander la régularisation de ces formalités, comme la juridiction compétente peut d'office l'ordonner.

Si la décision prise par la juridiction compétente ordonnant la régularisation nécessite la convocation d'une assemblée générale pour décider des modifications des statuts nécessitées par le processus de régularisation, un mandataire judiciaire ou ad hoc peut être nommé à cet effet.

Sur la troisième question

L'article 63 de l'Acte Uniforme relatif au droit des sociétés coopératives ne peut servir de fondement à la régularisation nécessitée par le défaut de mise en harmonie des clauses statutaires prévue par l'article 390, que si l'action intervient dans la période des deux (02) ans prescrite pour la mise en harmonie des statuts.

Sur la quatrième question

L'article 75 de l'Acte uniforme relatif au droit des sociétés commerciales et du G.I.E ne peut servir de fondement à la régularisation nécessitée par le défaut de mise en harmonie des statuts sociaux prévue par l'article 908, que si l'action intervient dans la période des deux (02) ans prescrite pour la mise en harmonie des statuts.

Sur la cinquième et la sixième question

L'article 247 de l'Acte uniforme relatif au droit des sociétés commerciales et du G.I.E ne peut pas servir de fondement à une régularisation juridique nécessité par un défaut de mise en harmonie des statuts sociaux que si l'action intervient dans la période des deux (02) ans prescrite pour la mise en harmonie des statuts. Cette préconisation ne peut être transposée aux sociétés coopératives, lesquelles sont soumises à l'Acte Uniforme relatif au droit des sociétés coopératives dont les dispositions sont d'ordre public.

Le présent Avis a été émis par la Cour Commune de Justice et d'Arbitrage en sa séance du 23 juin 2015 à laquelle étaient présents :

Messieurs Marcel SEREKOISSE SAMBA,

Abdoulaye Issoufi TOURE,

Madame Flora DALMEIDA MELE,

Messieurs Namuano Franscisco DIAS GOMES,

Victoriano OBIANG ABOGO,

Mamadou DEME,

Idrissa YAYE,

Djimasna N'DONINGAR,

Birika Jean Claude BONZI,

César Apollinaire ONDO MVE,

Et Maître Paul LENDONGO.

Les conditions d'établissement des états financiers de synthèse dans l'espace OHADA (CCJA, Avis n°03/2015, 5 novembre 2015)

Sommaire

les états financiers de synthèse des entreprises ayant leurs sièges ou leurs établissements dans un Etat partie au Traité de l'OHADA doivent être établis impérativement et exclusivement selon les modèles fixés par les dispositions des articles 8 et 25 à 34 de l'Acte uniforme portant organisation et harmonisation des comptabilités des entreprises ; et l'intervention du commissaire aux comptes doit se faire sur la base des états financiers établis conformément au référentiel comptable de l'OHADA, tous documents financiers établis sur d'autres bases devant faire l'objet d'un refus de certification.

La Cour Commune de Justice et d'Arbitrage de l'OHADA, réunie en formation plénière à son siège le 05 novembre 2015,

Vu le Traité relatif à l'harmonisation du droit des affaires en Afrique, notamment en ses articles 10 et 14 ;

Vu le Règlement de procédure de la Cour Commune de Justice et d'Arbitrage (CCJA), notamment en ses articles 9, 53, 54, 55 et 58 ;

Vu la demande d'avis consultatif de la République du BENIN, présentée par lettre n° 0838/MJLDH/DC/SGM/DLCS/SP-C en date du 23 décembre 2014 du Garde des Sceaux, Ministre de la Justice, de la Législation et des Droits de l'Homme, enregistrée au greffe de la Cour le 12 janvier 2015 sous le n°001/2015/AC, et libellée en ces termes :

« En application des dispositions de l'article 14 alinéas 1 et 2 du Traité du 17 octobre 1993 relatif à l'Harmonisation en Afrique du Droit des Affaires tel que révisé à Québec le 17 octobre 2008, et de l'article 54 du Règlement de procédure de la Cour Commune de Justice et d'Arbitrage, j'ai l'honneur de soumettre à la Cour la présente au nom de l'Etat de la République Bénin en vue d'obtenir votre avis consultatif sur les problèmes posés par le concours du Système Comptable Ouest Africain (SYSCOA) et de l'Acte uniforme portant organisation et harmonisation des comptabilités des entreprises et son annexe, le Système Comptable OHADA.

FAITS ET PROCEDURE

Le 24 mars 2000, le Conseil des Ministres de l'Organisation pour l'Harmonisation en Afrique du Droit des Affaires (OHADA) a adopté l'Acte uniforme portant organisation et harmonisation des comptabilités des entreprises.

L'article 113 de cet Acte uniforme dispose « Le présent Acte uniforme auquel est annexé le Système comptable OHADA sera publié au Journal Officiel de l'OHADA et des Etats parties. Il entrera en vigueur :

pour les « comptes personnels des entreprises », le 1er janvier 2001 : opérations et comptes de l'exercice ouvert à cette date ;

pour les « comptes consolidés » et les « comptes combinés », le 1er janvier 2002 : opérations et comptes de l'exercice ouvert à cette date ».

Les entreprises installées dans l'un quelconque des Etats parties au Traité de l'OHADA sont donc tenues d'harmoniser leur comptabilité selon les règles du droit comptable du système comptable OHADA. L'OHADA confirme ainsi la force obligatoire des Actes uniformes et leur supériorité sur les normes juridiques existantes et mêmes futures (cf. article 112 de l'Acte uniforme).

Tenant compte de cette évolution juridique dans l'espace de l'OHADA, et en vue d'assurer la compatibilité du Système comptable de l'UEMOA avec l'Acte uniforme de T OHADA portant organisation et harmonisation des comptabilités des entreprises, un nouveau Règlement n°72001/CM/UEMOA du 20 septembre 2001 a été adopté par l'UEMOA. Il a pour objet de modifier les articles 11, 13, 38, 56, 70, 72, 73, 74, 89, 97, 98, 103, 104, 108 et 111 du Règlement n°04/96/CM/UEMOA du 20 décembre 1996 portant adoption d'un référentiel comptable commun au sein de l'UEMOA.

Depuis lors, le système comptable de l'UEMOA et celui de T OHADA coexistent, étant entendu qu'il n'existe aucune disposition contraire du Système Comptable UEMOA par rapport à celui de T OHADA.

Mais le 28 juin 2013, l'UEMOA, après révision du Système Comptable de l'Ouest Africain (SYSCOA), a adopté un nouveau Règlement n°5/CM/UEMOA modifiant le Règlement n°04/96/CM/UEMOA du 20 décembre 1996 portant adoption d'un Règlement comptable commun au sein de l'UEMOA. Ce système comptable a apporté des modifications substantielles aux articles 8,11,13,25,28, 29, 30, 31, 32, 33, 34, 35, 37, 38, 45 et 54 du système comptable de l'UEMOA préexistant.

Désormais force est de constater que le système comptable de l'UEMOA est contraire, tant dans la forme que dans le fond à celui institué par l'Acte uniforme de T OHADA portant organisation et harmonisation des comptabilités des entreprises.

Pourtant, ce nouveau système comptable de l'UEMOA a été mis en exécution par le Règlement d'exécution n°005/2014/COM/UEMOA portant détermination des modalités d'application du référentiel comptable commun au sein de l'UEMOA en date du 30 mai 2014 pour prendre effet à compter du 1er janvier 2014.

Le droit comptable devient ainsi aléatoire dans l'espace territorial couvert à la fois par l'UEMOA et l'OHADA. Une telle situation place les entreprises dans le désarroi parce que les principes comptables et la nomenclature des états financiers ont été substantiellement modifiés et ne sont plus conformes aux règles du droit OHADA auxquelles se réfère le commissaire aux comptes pour la certification des comptes des entreprises dans l'espace OHADA.

La coexistence dans l'espace OHADA d'un autre référentiel contraire à celui de l'OHADA peut conduire à l'insécurité juridique ; ce qui pourrait remettre en cause le principe d'harmonisation posé par le Droit OHADA.

La Conférence des Chefs d'Etat et de Gouvernement (CCEG) de l'OHADA, qui s'est tenue à Ouagadougou le 17 octobre 2013, a relevé la contrariété des deux référentiels comptables dans l'espace géographique OHADA et instruit le Conseil des Ministres de poursuivre la révision de l'Acte uniforme portant organisation et harmonisation des comptabilités des entreprises pour en faire « l 'unique référentiel en vigueur dans les Etats parties ».

A la suite du CCEG, le Conseil des Ministres de l'OHADA qui s'est tenu les 30 et 31 janvier 2014 à Ouagadougou a rappelé la résolution prise par les Chefs d'Etat et de Gouvernement de l'OHADA à l'occasion de leur réunion du 17 octobre 2013, en vertu de laquelle le système comptable OHADA « devait constituer l'unique référentiel comptable en vigueur dans l'espace OHADA » et « invité toutes les instances concernées à s'y conformer ».

Il reste que l'unification décidées par la Conférence des Chefs d'Etats et de Gouvernement n'est pas réalisée à ce jour.

C'est pourquoi, la République du Bénin sollicite l'avis de la Haute Cour de céans sur les questions suivantes :

A- Article 112 de l'Acte uniforme portant organisation et harmonisation des comptabilités des entreprises : « Sont abrogées à compter de la date d'entrée en vigueur du présent Acte uniforme et son Annexe toutes les dispositions contraires ».

Question 1 : L'article 112 de l'Acte uniforme portant organisation et harmonisation des comptabilités des entreprises impose-t-il la supériorité des règles de l'OHADA sur les règles et les systèmes comptables existants et futurs ?

Question 2 : Quel système comptable appliquer dans les Etats parties au Traité relatif à l'Organisation pour l'Harmonisation en Afrique du Droit des Affaires ?

B- Selon l'Acte Uniforme de l'OHADA portant sur le Droit Commercial Général :

Article 13 : « Tout commerçant, personne physique ou morale, doit tenir un journal enregistrant au jour le jour ses opérations commerciales.

Il doit également tenir un Grand Livre, avec balance générale récapitulative, ainsi qu 'un livre inventaire.

Ces livres doivent être tenus conformément aux dispositions de l'Acte uniforme relatif à l'organisation et à l'harmonisation des comptabilités des entreprises

Tout commerçant, personne physique ou morale, doit en outre respecter les dispositions prévues par l'Acte uniforme relatif au Droit des sociétés commerciales et des groupements d'intérêt économique, et l'Acte uniforme relatif à l'organisation et l'harmonisation des comptabilités des entreprises ».

C- Selon T Acte uniforme relatif au droit des sociétés commerciales et du groupement d'intérêt économique.

Article 137 : « A la clôture de chaque exercice, le gérant ou le conseil d'administration ou l'administrateur général, selon le cas, établit et arrête les états financiers de synthèse conformément aux dispositions de l'Acte uniforme portant organisation et harmonisation des comptabilités des entreprises ».

Article 140 : « Dans les sociétés anonymes et, le cas échéant, dans les sociétés à responsabilité limitée, les états financiers de synthèse annuels et le rapport de gestion sont adressés aux commissaires aux comptes...

Ces documents sont présentés à l'assemblée générale de la société statuant sur les états financiers de synthèse... ».

Article 269 : « Les sociétés commerciales sont tenues de déposer au greffe du tribunal pour être annexés au registre du commerce et du crédit mobilier, dans le mois qui suit leur approbation par l'assemblée générale des actionnaires, les états financiers de synthèse, à savoir le bilan, le compte de résultat, le tableau financier des ressources et emplois et l'état annexé de l'exercice écoulé ».

Article 710 : « Le commissaire aux comptes certifie que les états financiers sont réguliers et sincères et donnent une image fidèle du résultat et des opérations de l'exercice écoulé ainsi que de la situation financière et du patrimoine de la société à la fin de cet exercice ».

D- Selon l'Acte uniforme portant organisation et harmonisation des comptabilités des entreprises :

Article 890 : « Encourent une sanction pénale, les dirigeants sociaux qui auront sciemment, même en l'absence de distribution de dividendes, publié ou présenté aux actionnaires ou associés, en vue de dissimuler la véritable situation de la société, des états financiers de synthèse ne donnant pas, pour chaque exercice, une image fidèle des opérations de l'exercice, la situation financière et du patrimoine de la société, à l'expiration de cette période ».

Question 3 : Les dispositions ci-dessus citées des Actes uniformes font obligation aux commerçants personnes physiques et morales d'établir tous les ans leurs états financiers de synthèse. Les états financiers dont il s'agit doivent-ils être établis impérativement et exclusivement selon les modèles fixés par les dispositions des articles 8 et 25 à 34 de l'Acte uniforme portant organisation et harmonisation des comptabilités des entreprises ou selon les règles et principes comptables du Système comptable de l'Ouest africain révisé le 30 mai 2014 et mis application dans les Etats de l'UEMOA ?

Question 4 : Quelle valeur juridique peut-on accorder à un référentiel comptable mis en application dans les Etats parties à l'OHADA et contraire au droit comptable de l'OHADA ?

Question 5 : Le commissaire aux comptes peut-il fonder son opinion sur un référentiel comptable contraire au référentiel comptable de l'OHADA pour certifier les états financiers de synthèse d'une entreprise dans l'espace OHADA ?

E- Selon VActe uniforme portant organisation et harmonisation des comptabilités des entreprises :

Article 8 : « Les états financiers annuels comprennent le Bilan, le Compte de résultat, le Tableau financier des ressources et des emplois, ainsi que l'Etat annexé.

Ils forment un tout indissociable et décrivent de façon régulière et sincère les évènements, opérations et situations de l'exercice pour donner une image fidèle du patrimoine, de la situation financière et du résultat de l'entreprise.

Ils sont établis et présentés conformément aux dispositions des articles 25 et 34 ci-après, de façon à permettre leur comparaison dans le temps, exercice par exercice, et leur comparaison avec les états financiers annuels des autres entreprises dressés dans les mêmes conditions de régularité, de fidélité et de comparabilité ».

Question 6 : Peut-on présenter dans l'espace OHADA des états financiers sans le Tableau financier des ressources et des emplois (TAFIRE) mais avec un autre document appelé Tableau des flux de trésorerie dont le contenu est différent du TAFIRE, préconisé par l'article 8 de l'Acte uniforme portant organisation et harmonisation des comptabilités des entreprises ?».

Vu les observations de la République du Togo, de la République BURKINA FASO et de la République du CAMEROUN en dates respectives des 20 mai, 23 juin et 02 juillet 2015 ;

Sur le rapport de Monsieur Mamadou DEME, Juge ;

EMET L'AVIS CI-APRES :

1 - Sur la première question :

En abrogeant, à partir de sa date d'entrée en vigueur, toutes les dispositions contraires aux siennes dans les Etats-parties, l'Acte uniforme portant organisation et harmonisation des comptabilités des entreprises, en son article 112, impose en effet la supériorité des règles de l'OHADA sur les règles et les systèmes comptables existants et futurs dans les Etats-parties au Traité.

2- Sur les deuxième et quatrième questions :

L'objectif spécifique de T OHADA est d'harmoniser le droit des affaires, dont le droit comptable est une des branches. Les personnes physiques ou morales commerçantes ayant leur établissement ou leur siège social dans un Etat partie au Traité de Port-Louis sont exclusivement régies, tant dans leur forme que dans leur fonctionnement, par les dispositions de l'Acte uniforme sur le droit commercial général, notamment en ses articles 13 et 15 et de l'Acte uniforme relatif au droit des sociétés commerciales et du groupement d'intérêt économique, notamment en ses articles 137, 140, 269, 710 et 890.

Toutes les dispositions précitées faisant obligation aux entreprises ayant leur siège ou leur établissement dans un Etat-partie au Traité de Port-Louis, d'harmoniser leurs comptabilités conformément aux dispositions de l'Acte uniforme relatif à l'organisation et à l'harmonisation des comptabilités des entreprises, le système comptable de l'OHADA demeure le seul applicable dans lesdits Etats, tout autre référentiel y étant dépourvu de valeur juridique.

3- Sur les troisième, cinquième et sixième questions :

En conséquence de ce qui précède, les états financiers de synthèse des entreprises ayant leur siège ou leur établissement dans un Etat partie au Traité de l'OHADA doivent être établis impérativement et exclusivement selon les modèles fixés par les dispositions des articles 8 et 25 à 34 de l'Acte uniforme portant organisation et harmonisation des comptabilités des entreprises ; et l'intervention du commissaire aux comptes doit se faire sur la base des états financiers établis conformément au référentiel comptable de l'OHADA, tous documents financiers établis sur d'autres bases devant faire l'objet d'un refus de certification.

Le présent Avis a été émis par la Cour Commune de Justice et d'Arbitrage de l'OHADA en sa séance du 05 novembre 2015 à laquelle étaient présents :

Messieurs Marcel SEREKOÏSSE-SAMBA, Abdoulaye Issoufi TOURE, Namuano Francisco DIAS GOMES, Victoriano ABOGO OBIANG, Mamadou DEME,

Idrissa YAYE,

Djimasna N'DONINGAR,

Birika Jean Claude BONZI,

Diehi Vincent KOUA,

Fodé KANTE,

César Apollinaire ONDO MVE, Robert SAFARI ZIHALIRWA,

et Maître Paul LENDONGO.

II. SARL

Conditions de nomination du gérant et d'augmentation du capital social (1ère Ch., n°156/2015, 26 novembre 2015)

Sommaire

Une société à responsabilité limitée, peut être gérée par une ou plusieurs personnes physiques, associées ou non, nommées par les associés dans les statuts ou dans un acte postérieur. Dans le second cas, à moins qu'une clause des statuts n'exige une majorité supérieure, la décision est prise à une majorité des associés représentant plus de la moitié du capital. Ne justifie pas de sa qualité de gérant et donc de représentant légal de la SARL celui qui se prétend nommé par acte postérieur représenté par un contrat de travail, lequel ne comporte cependant aucune référence à la décision de la majorité des associés représentant plus de la moitié du capital ni aucune indication relative à la distinction entre le mandat social allégué et les missions techniques confiées à l'intéressé par ledit contrat.

La Cour Commune de Justice et d'Arbitrage (CCJA), Première Chambre, de l'Organisation pour l'Harmonisation en Afrique du Droit des Affaires (OHADA), a rendu l'arrêt suivant en son audience publique du 26 novembre 2015 où étaient présents :

Messieurs Marcel SEREKOÏSSE-SAMBA,	Président
Mamadou DEME,	Juge
Diéhi Vincent KOUA,	Juge
César Apollinaire ONDO MVE,	Juge, rapporteur
Robert SAFARI ZIHALIRWA,	Juge
et Maître Acka ASSIEHUE,	Greffier;

Sur le recours n° 102/2013/PC du 30 août 2013 enregistré au greffe de la Cour de céans formé par la société Rodéo Développement Ltd Sari, dont le siège social est à Douala, avenue du Général de Gaulle, BP 4237, représentée par monsieur Bruce LUMLEY, ayant pour conseil Maître Jeanne EBONGUE, avocate au Barreau du Cameroun, BP 24058 Douala, 584 rue des écoles-Akwa, après l'ancien immeuble Supermont, élisant domicile au cabinet de Maître Roger DAGO, avocat à la Cour d'appel d'Abidjan (République de Côte d'ivoire), commune de Cocody, rue du Lycée Technique, 198 logements, immeuble Kl, 3ème étage, porte 6, dans le différend qui l'oppose à la société Unitrans Cameroun Sari, dont le siège social est à Douala, boulevard de la liberté, BP 12911, d'une part, et à la société Challenger Air Sea Sari, domiciliée à Douala, zone Fret de l'Aéroport International de Douala, BP 13280, d'autre part, ayant toutes pour conseil Maître Yvonne MPAY, avocate au Barreau du Cameroun, BP 1532 Douala, 155 rue Alfred Saker, élisant domicile au cabinet de Maître Catherine KONE, avocate près la

Cour d'appel d'Abidjan, Abidjan Plateau, 13 avenue, rue Closson Duplessis, résidence Diana, 5ème étage, 01 BP 8577 Abidjan 01,

en cassation de l'arrêt n°155 du 19 juillet 2013 rendu par la Cour d'appel du Littoral à Douala statuant en matière civile et commerciale, et dont le dispositif est le suivant :

« Statuant publiquement, contradictoirement à l'égard de toutes les parties en chambre civile et commerciale, en appel, en dernier ressort, en formation collégiale et à l'unanimité des voix ;

En la forme :

Constate que l'appel a déjà été reçu ;

Au fond :

Annule le jugement entrepris ;

Evoquant et statuant à nouveau ;

Reçoit la société RODEO Développement Ltd en son opposition ;

L'y dit non fondée ;

La condamne à payer aux sociétés Unitrans Cameroun Sari et Challenger Air Sea SA la somme de 50.617.900 FCFA (cinquante millions six cent dix-sept mille neuf cents) augmentée des intérêts de droit au taux légal, à compter du commandement de payer ;

La condamne en outre aux dépens distraits au profit de Maître MPAY Yvonne, Avocate aux offres de droit » ;

La requérante invoque à l'appui de son recours trois moyens tels qu'ils figurent dans son « mémoire ampliatif emportant recours en cassation » annexé au présent arrêt ;

Sur le rapport de Monsieur le Juge César Apollinaire ONDO MVE ;

Vu les dispositions des articles 13 et 14 du Traité relatif à T harmonisation du droit des affaires en Afrique ;

Vu le Règlement de procédure de la Cour Commune de Justice et d'Arbitrage (CCJA) de l'OHADA ;

Attendu qu'il résulte des pièces du dossier de la procédure qu'après avoir bénéficié du gouvernement camerounais d'une concession pour le forage des hydrocarbures, la société Rodéo a conclu un contrat de location de la plate-forme avec la société Marriot Succursal qui est domiciliée au Portugal ; que pour réceptionner ladite plate-forme, elle a conclu un contrat avec la société Unitrans- Cameroun, laquelle lui a présenté une facture qui a été intégralement payée ; que pour l'installation de la plate-forme sur son site, elle a sollicité et obtenu de l'administration camerounaise des Douanes une admission temporaire, sous réserve d'une caution confraternelle offerte à la société Unitrans-Cameroun par la société Challenger Air Sea ; qu'à la veille de l'expiration de ladite admission temporaire, les sociétés Unitrans-Cameroun et Challenger Air Sea ont réclamé à la société Rodéo le règlement de leurs commissions liées aux prestations relatives à la réexportation de la plate-forme et à la caution confraternelle; que par ordonnance n°197/10 du 21 décembre 2010, la présidente du Tribunal de Grande Instance du Wouri à Douala a enjoint la société Rodéo d'avoir à leur payer les sommes FCFA de 50 617 900 en principal, 5 000 000 de frais de greffe et 5 000 000 d'intérêts ; que la société Rodéo a formé opposition contre ladite ordonnance devant le Tribunal de Grande Instance du Wouri qui l'a rejetée par jugement n°765 du 21 juin 2011; que l'arrêt objet du présent pourvoi a été rendu, sur appel de la société Rodéo, par la Cour d'appel du Littoral à Douala ;

Sur la recevabilité du recours

Attendu que dans leur mémoire en réponse en date du 30 décembre 2013 reçu au greffe de la Cour le 7 janvier 2014, les défenderesses soulèvent l'irrecevabilité du recours, au motif que la société Rodéo n'a pas joint à sa requête la preuve que le mandat donné à son avocat suivant acte du 23 août 2013, a été régulièrement établi par un représentant qualifié à cet effet, comme l'exige l'article 28 du Règlement de procédure de la CCJA ;

Attendu qu'en l'espèce, il est constant, comme résultant de l'examen de sa déclaration de constitution, de la lettre de garantie du 30 juillet 2009 valant preuve du paiement des frais de dédouanement, du mail du D.G de la société Unitrans- Cameroun du 04 septembre 2009 et du jugement n°7 du 21 juin 2011 du Tribunal de Grande Instance de Douala, que la société Rodéo a pour gérant tantôt Jimmy DON FORD, tantôt Robert L. HULL et tantôt DON NELSON ; que par lettre numéro 2054/2015/G du 20 octobre 2015du Greffier en chef, la Cour a invité la requérante à produire notamment tout document qualifiant Bmce LUMLEY, signataire de l'acte du 23 août 2013 susvisé, à signer le mandat donné à son avocat ; qu'en réponse, celle-ci a, le 02 novembre 2015, plutôt produit le contrat de travail de l'intéressé ;

Mais attendu que selon l'article 323 de l'Acte uniforme relatif au droit des sociétés commerciales et du groupement d'intérêt économique, une société à responsabilité limitée, forme que revêt la société Rodéo, est gérée par une ou plusieurs personnes physiques, associées ou non, nommées par les associés dans les statuts ou dans un acte postérieur ; que dans le second cas, à moins qu'une clause des statuts n'exige une majorité supérieure, la décision est prise à une majorité des associés représentant plus de la moitié du capital ; qu'en l'espèce, la société Rodéo prétend que Bruce LUMLEY a été nommé par un acte postérieur représenté par le contrat de travail du 04 avril 2013, lequel ne comporte cependant aucune référence à la décision de la majorité des associés représentant plus de la moitié du capital conformément à l'article 323 susvisé, ni aucune indication relative à la distinction entre le mandat social allégué et les missions techniques confiées à l'intéressé par ledit contrat ;

Attendu que de ce qui précède, il appert que l'acte du 23 août 2013 produit par Maître Jeanne EBONGUE n'a pas été régulièrement établi par un représentant qualifié à cet effet ; que le recours exercé au mépris des prescriptions de l'article 28 du Règlement de procédure de la CCJA sus-rappelées, doit par conséquent être déclaré irrecevable, sans que la déconstitution de l'avocat dépourvu de mandat, son remplacement par un autre et le changement de dénomination de la société, notifiés à la Cour de céans le 02 novembre 2015, en réponse à la lettre du Greffier en chef dont l'objet était tout autre, ne soient de nature à influencer cette issue ;

PAR CES MOTIFS

Statuant publiquement, après en avoir délibéré,

Déclare irrecevable le recours formé par la Société à Responsabilité Limitée Rodéo Développement Ltd, contre l'arrêt n°155 du 19 juillet 2013 rendu par la Cour d'appel du Littoral à Douala ;

La condamne aux dépens.

III. Société anonyme

Les dispositions de l'article 516 de l'Acte uniforme s'appliquent aux seules sociétés anonymes et non aux SARL (CCJA, 3e Ch., n°140/2015, 19 novembre 2015)

Sommaire

Les dispositions de l'article 516 de l'AUSCGIE inclus dans le sous-titre II dudit acte uniforme, intitulé administration et direction de la société anonyme ne désignent que les organes ou personnes qualifiés pour convoquer une assemblée générale des actionnaires d'une société anonyme et ne s'appliquent donc pas aux sociétés à responsabilité limitée (SARL).

La Cour Commune de Justice et d'Arbitrage (CCJA), Troisième chambre, de l'Organisation pour l'Harmonisation en Afrique du Droit des Affaires (OHADA) a rendu l'Arrêt suivant en son audience publique du 19 novembre 2015 où étaient présents :

Madame Flora DALMEIDA MELE, Messieurs Victoriano OBIANG ABOGO, Idrissa YAYE,

Birika Jean Claude BONZI,

et Maître Alfred Koessy BADO, Greffier ;

Sur le renvoi, en application de l'article 15 du Traité relatif à l'harmonisation du droit des affaires en Afrique, devant la Cour de céans de l'affaire RAHMOUN JIHAD HASSAN, RAHMOUN GHASSAN HASSAN contre Dame FATME Fakhry et monsieur TAARECK Fakhry, par Arrêt n°084/07 du 1er février 2007 de la Cour Suprême de COTE DTVOIRE, Chambre judiciaire, formation civile, saisie d'un pourvoi initié par exploit en date du 28 juin 2006 de RAHMOUN JIHAD HASSAN et RAHMOUN GHASSAN HASSAN, tous deux commerçants, demeurant à Abidjan-Cocody les 2 Plateaux, 01BP2385 Abidjan 01 ;

en cassation de l'Arrêt n°712 rendu le 13 juin 2006 par la Cour d'appel d'Abidjan et dont le dispositif est le suivant :

« Statuant publiquement, contradictoirement en matière commerciale, en référé et en dernier ressort ;

Déclare recevable l'appel de RAHMOUN GHASSAN et RAHMOUN JIHAD HASSAN ;

Déclare le Juge des référés compétent pour connaître de la demande en rétractation de l'Ordonnance sur requête n° 300/06 du 27 janvier 2006 ;

Infirme par conséquent, l'Ordonnance querellée ;

Statuant à nouveau ;

Déclare mal fondée la demande en rétractation des consorts RAHMOUN HASSAN ;

Les en déboute ;

Restitue à l'Ordonnance n° 300/06 du 27 janvier 2006 se plein et entier effet ;

Met les dépens à la charge des appelants » ;

Les requérants invoquent à l'appui de leur pourvoi le moyen unique de cassation tiré de la violation de la loi, tel qu'il figure à la requête annexée au présent arrêt ;

Sur le rapport de Monsieur Birika Jean Claude BONZI, Juge ;

Vu les articles 13,14 et 15 du Traité relatif à l'harmonisation du droit des affaires en Afrique ;

Vu les dispositions du Règlement de procédure de la Cour Commune de Justice et d'Arbitrage de l'OHADA ;

Attendu qu'il ressort des pièces du dossier de la procédure que le 23 novembre 1999, dame FATME FAKHRY, messieurs TAARECK FAKHRY, RAHMOUN JIHAD HASSAN et RAHMOUN GHASSAN HASSAN constituaient une société à responsabilité limitée (SARL) dénommée Ivoirienne de Distribution de Gaz,

LDL GAZ ; qu'ils nommaient RALLMOUN JIHAD HASSAN, gérant statutaire ; que TAARECK FAKHRY et FATME FAECHRY demandaient en vain au Gérant statutaire, la convocation d'une Assemblée Générale des associés ; qu'ainsi courant janvier 2006, ils obtenaient du Président du tribunal de première instance d'Abidjan Plateau, une ordonnance sur requête n°300/2006 portant désignation de Maître Lacombe TIACOH, Huissier de justice chargé de convoquer l'Assemblée Générale des Associés de la société Ivoirienne de Distribution de Gaz ; qu'en réaction, le gérant de la Société IDIGAZ saisissait le Juge des référés en rétractation de l'ordonnance n°300/2006 du 27 janvier 2006 ; que le juge saisi, se déclarait incompétent par ordonnance n°576/2006 du 03 mai 2006 ; qu'en appel, la Cour d'appel, rendait l'Arrêt infirmatif querellé :

Sur la recevabilité du pourvoi

Attendu que le pourvoi introduit dans les termes, conditions et délais prévus par la loi doit être déclaré recevable en la forme ;

Sur le moyen unique

Attendu qu'il est reproché à l'arrêt querellé d'avoir donné son plein et entier effet à l'ordonnance sur requête n°300/2006 du 27 janvier 2006, alors même que cette décision avait été prise en violation des dispositions de l'article 516 de l'Acte uniforme relatif au droit des sociétés commerciales et du groupement d'intérêt économique, en ce qu'au sens de ce texte, le mandataire est désigné par le Président de la juridiction compétente statuant à bref délai dans le cadre d'une instance contradictoire et non gracieuse ; que les juges d'appel ont ainsi méconnu l'article 516 susvisé et expose leur arrêt à la cassation ;

Mais attendu que l'article 516 invoqué stipule que : « l'assemblée des actionnaires est convoquée par le Conseil d'Administration ou par l'Administrateur générale ; selon le cas, à défaut elle peut être convoquée :

1°) Par le Commissaire aux comptes, après que celui-ci a vraiment requis la convocation du Conseil d'administration ou de l'Administrateur général selon le cas, par lettre au porteur contre récépissé ou par lettre recommandée avec demande d'avis de réception. Lorsque le Commissaire aux comptes procède à cette convocation, il fixe l'ordre du jour et peut, pour des motifs déterminants, choisir un lieu de réunion autre que celui éventuellement prévu par les statuts, il expose les motifs de la convocation dans un rapport lu à l'assemblée.

2°) Par un mandataire désigné par le Président de la juridiction compétente, statuant à bref délai, à la demande, soit de tout intéressé en cas d'urgence, soit d'un ou de plusieurs actionnaires représentant au moins le dixième du capital social s'il s'agit d'une assemblée générale ou le dixième des actions de la catégorie intéressée s'il s'agit d'une assemblée spéciale ;

3°) Par le liquidateur. » ;

Que les dispositions de cet article inclus dans le sous-titre II dudit acte uniforme, intitulé administration et direction de la société anonyme ne désignent que les organes ou personnes qualifiés pour convoquer une assemblée générale des actionnaires d'une société anonyme et ne s'appliquent donc pas aux sociétés à responsabilité limité (SARL) ; que dès lors, la Société Ivoirienne de Distribution de Gaz, IDI.GAZ étant une société à responsabilité limitée (SARL), la convocation de l'Assemblée Générale de ses associés, n'est pas régie par l'article 516 susvisé ; que le moyen unique de pourvoi doit être rejeté ;

Attendu que les requérants ont succombé, il échet de les condamner aux dépens ;

PAR CES MOTIFS

Statuant publiquement, après en avoir délibéré, En la forme

Déclare le pourvoi recevable ;

Au fond

Le rejette comme étant mal fondé ;

Met les dépens à la charge des requérants.

Le PDG d'une société anonyme avec conseil d'administration a qualité pour la représenter (CCJA, 1ère Ch., n°01/2015, 14 janvier 2015)

Sommaire

Il résulte des articles 465 et 468 de l'AUSCGIE que seul le Président-Directeur-Général d'une société anonyme avec conseil d'administration a qualité pour représenter la société ; et en cas d'empêchement de celui-ci, la représentation est assurée par un administrateur délégué par le conseil d'administration.

L'article 28 de l'AUPC ne prévoit aucune nullité contre une saisine du tribunal par voie de requête. L'exception tirée de la violation de l'article 28 précité doit donc être rejetée dès lors qu'il ressort de l'article 28 du règlement de procédure de la CCJA que si la violation des formes n'est pas prescrite à peine de nullité, elle ne peut constituer un cas d'ouverture à cassation.

La Cour Commune de Justice et d'Arbitrage (CCJA), Première Chambre, de l'Organisation pour l'Harmonisation en Afrique du Droit des Affaires (OHADA), a rendu l'arrêt suivant en son audience publique du 14 janvier 2015 où étaient présents :

MM : Marcel SEREKOÏSSE-SAMBA,	Président, rapporteur ;
Mamadou DEME,	Juge ;
Djimasna N'DONINGAR,	Juge ;
Et Maître Acka ASSIEHUE,	Greffier ;

Sur le pourvoi n° 119/2013/PC enregistré au Greffe de la Cour de céans le 19 septembre 2013, formé par la SCPA Paul KOUASSI & Associés, Avocats à la Cour d'appel d'Abidjan, y demeurant Cocody Mermoz, rue Sainte-Marie, 08 BP 1679 Abidjan 08, Maîtres Colette KACOUTIE et Mahoua FADIKA DELAFOSSE, Avocats près la Cour d'appel d'Abidjan, associés du cabinet FADIKA-DELAFOSSE-KACOUTIE & Associés (F.D.K.A), demeurant à Abidjan, immeuble Les Harmonies, Bd CARDE, Rue du docteur JAMOT, 01 BP 2297 ABIDJAN 01, agissant pour le compte de la Société Commission Import Export dite COMMISIMPEX, poursuites et diligences de son Président Directeur Général, Monsieur Moshen Mohamed HAJAIJ, demeurant JNAH rue Adnan El Hakim à Beyrouth (Liban), dans le différend qui l'oppose à la Caisse Nationale de Sécurité Sociale du Congo-Brazzaville dite CNSS, établissement public à caractère social, dont le siège est sis Boulevard Denis SASSOU NGUESSO, BP 182 Brazzaville,

en cassation de l'arrêt n°19 rendu le 13 mai 2013 par la Cour d'appel de Brazzaville et dont le dispositif suit :

« Par ces motifs :

Statuant publiquement, contradictoirement, en matière commerciale et en dernier ressort ;

En la forme

Reçoit les appels ;

Au fond

Infirme partiellement le jugement du Tribunal de commerce du 30 octobre 2012 ;

Statuant à nouveau :

Nomme les organes de liquidation ainsi qu'il suit :

Charles Emile APPESSE, juge commissaire ;

Gaston MOSSA, Emile NZONDO et Edouard TATI MAKAYA, syndics

Déboute la Caisse Nationale de Sécurité Sociale (CNSS) de sa demande en faillite personnelle du sieur MOSHEN MOHAMED HAJAIJ ;

Déboute les parties de toutes leurs demandes infondées ;

Confirme le jugement entrepris en toutes ses autres dispositions ;

Fait masse des dépens » ;

Attendu que la société COMMISIMPEX invoque à l'appui de son recours les trois moyens de cassation tels qu'ils figurent à la requête annexée au présent arrêt ;

Sur le rapport de Monsieur Marcel SEREKOÏSSE-SAMBA, Président ;

Vu les dispositions des articles 13 et 14 du Traité relatif à l'harmonisation du droit des affaires en Afrique ;

Vu le Règlement de procédure de la Cour Commune de Justice et d'Arbitrage de l'OHADA ;

Attendu que le 28 septembre 2012, la Caisse Nationale de Sécurité Sociale (CNSS) du Congo, sur la base du certificat de non dépôt des états financiers de synthèse établi le 27 février 2012 par le Greffier en chef du tribunal de commerce de Brazzaville, a cité à comparaître devant ledit tribunal la société Commissions Import Export (COMMISIMPEX) pour l'entendre condamnée à lui payer en principal la somme de 1.409.619.960 FCFA au titre des arriérés de cotisations sociales, mis à jour au 31 décembre 2011 ; que cette somme, majorée de diverses pénalités, est arrêtée à 2.823.739.920 FCFA ;

Que par jugement du 30 octobre 2012, le tribunal de commerce, estimant la COMMISIMPEX en cessation de paiements, a ouvert à son encontre une procédure de liquidation des biens ; que sur appel de la société COMMISIMPEX, la Cour d'appel de Brazzaville a rendu le 13 mai 2013 l'arrêt partiellement confirmatif sus énoncé dont pourvoi ;

Sur la recevabilité du recours

Attendu que la CNSS soulève in limine litis deux exceptions d'irrecevabilité du pourvoi exercé par la société COMMISIMPEX ;

Sur l'exception d'irrecevabilité tirée de la violation des règles de représentation de la société anonyme avec conseil d'administration

Attendu que la CNSS soutient que les attributions du Président du Conseil d'Administration définies par l'article 480 de l'Acte uniforme relatif au droit des sociétés commerciales et du groupement d'intérêt économique ne confèrent au sieur MOSHEN MOHAMED HAJAIJ, ès qualité, aucun pouvoir de représentation d'une telle société en justice ;

Mais attendu que, tant aux termes des articles 465 et 468 de l'Acte uniforme sus évoqué que de la jurisprudence de la Cour de céans, seul le Président-Directeur-Général d'une société anonyme avec conseil d'administration a qualité pour représenter la société ; et en cas d'empêchement de celui-ci, la représentation est assurée par un administrateur délégué par le conseil d'administration ; qu'ainsi, l'exception doit être rejetée comme non fondée ;

Sur l'exception d'irrecevabilité tirée de l'article 28 du Règlement de procédure de la Cour Commune de Justice et d'Arbitrage

Attendu qu'il est fait grief à la COMMISIMPEX d'abord d'avoir, en violation de l'article 28 du Règlement de procédure de la Cour de céans, omis d'indiquer le nom de l'avocat de la CNSS dans l'acte de pourvoi devant la Cour de céans ; ensuite d'avoir produit un extrait de son registre de commerce devenu caduc du fait-même de la décision de liquidation des biens qui prescrit que la raison sociale ou la dénomination de la société doit désormais être suivie de la mention « société en liquidation des biens » ;

Mais attendu que l'examen d'un dossier de procédure par la Cour de céans ne s'opère que lorsque ledit dossier est en état, à savoir, lorsque tous les échanges d'écritures et de pièces sont clos ; que pendant la période de ces échanges, il est loisible aux parties de combler toutes les lacunes, tant qu'un juge rapporteur n'a pas encore déposé les projets des résultats d'analyse ;

Qu'en l'espèce, il appert que, d'une part, le grief fait du défaut de mention du nom de l'avocat de la CNSS a été comblé dans le mémoire en réplique déposé par la société COMMISIMPEX au greffe de la Cour de céans le 27 mai 2014 ; que, d'autre part, l'extrait de registre de commerce produit au soutien du pourvoi devant la Cour de céans est une pièce du dossier de la procédure initiale devant les juridictions congolaises qui l'ont validée ; qu'ainsi, cette seconde exception doit aussi être rejetée ;

Sur le premier moyen

Attendu qu'il est reproché à l'arrêt attaqué d'avoir déclaré recevable la saisine du tribunal de commerce de Brazzaville par une simple requête non contradictoire, alors que les modalités de saisine fixées par l'article 28 de l'Acte uniforme relatif aux procédures collectives d'apurement du passif et tenant à la saisine par voie d'assignation constituent une formalité substantielle et d'ordre public ;

Mais attendu que la disposition dont la violation est arguée n'a prévu aucune nullité contre la décision du tribunal saisi par voie de requête, alors qu'aux termes de l'article 28 bis du nouveau Règlement de procédure de la Cour de céans, si la violation des formes n'est pas prescrite à peine de nullité, elle ne peut constituer un cas d'ouverture à cassation ; qu'il échet donc de rejeter le moyen ;

Sur le deuxième moyen

Attendu qu'il est reproché à l'arrêt attaqué d'avoir violé l'article 28 alinéa 1 de l'Acte uniforme relatif aux procédures collectives d'apurement du passif, en considérant que la créance de la CNSS était certaine comme fondée sur une obligation légale de payer les cotisations sociales et d'avoir débouté la société COMMISIMPEX de sa demande tendant à voir constater que la CNSS ne justifie d'aucun titre représentant une créance certaine, liquide et exigible ; alors que, tant que subsiste une contestation non définitivement tranchée au fond et une incertitude quant à l'existence et au bien fondé de la créance, le créancier ne peut soutenir une demande d'ouverture d'une procédure collective ;

Mais attendu qu'il ressort des pièces du dossier de la procédure que le 28 juin 1991, l'assemblée générale de la COMMISIMPEX a décidé de la « mise en sommeil » des activités économiques de la société et a congédié l'intégralité des salariés ;

Que cette « mise en sommeil » de la société et le congédiement des employés traduisent bien une cessation d'activités résultant des cas de figures prévus aux articles 664 à 666 et 737 de l'Acte uniforme relatif au droit des sociétés commerciales et du groupement d'intérêt économique ;

Que dans ces conditions, la COMMISIMPEX était tenue de se conformer à l'obligation de déclarer la cessation d'activité, non seulement à l'organisme auprès duquel le début d'activité avait été déclaré, en l'espèce le tribunal de commerce de Brazzaville, dépositaire du registre du commerce, mais aussi à la CNSS, chargée de la gestion du régime de sécurité sociale auquel, selon les dispositions des articles 3 et 6 de la loi n°004/86 du 25 février 1986 instituant le code de sécurité sociale en République Populaire du Congo,« sont assujettis...tous les travailleurs relevant du code du travail... » ;

Qu'en s'abstenant de procéder à cette déclaration, la COMMISIMPEX a mis la CNSS en droit de continuer le pointage, pour toute la durée de la « mise en sommeil », des impayés des cotisations sociales qui, aux termes de l'article 26 de la loi congolaise susvisée, sont immédiatement exigibles parce que constituant dès lors une créance sociale certaine et liquide, appréciées souverainement par les juges du fond ; que dès lors, le deuxième moyen mérite le rejet comme non fondé ;

Sur le troisième moyen

Attendu qu'il est fait grief à l'arrêt attaqué d'avoir dit que l'interminable « état de mise en sommeil » de la société COMMISIMPEX S.A s'analysait en une cessation d'activité et qu'elle était en cessation de paiement et d'avoir, en conséquence, prononcé la liquidation des biens de la société COMMISIMPEX S.A et dit que, par l'effet de cette liquidation, la société COMMISIMPEX était dissoute, alors que le passif exigible est composé de dettes échues et certaines au jour de l'appréciation de l'état de cessation des paiements ; qu'en considérant que la société COMMISIMPEX était dans l'impossibilité de faire face à son passif exigible avec son actif disponible, cependant que la créance de la CNSS, qui était contestée, ne pouvait caractériser l'existence d'un « passif exigible » de la société COMMISIMPEX, la Cour d'appel de Brazzaville a violé l'article 25 de l'Acte uniforme relatif aux procédures collectives d'apurement du passif ;

Mais attendu que ce moyen est mélangé de fait et de droit ; que les premiers Juges, tirant les conséquences de divers faits, circonstances, « artifices » et manquements de COMMISIMPEX, en ont souverainement apprécié et déduit son état de cessation de paiements auquel ils ont décidé de la mise en œuvre de la procédure appropriée ; qu'ainsi, le troisième moyen ne saurait prospérer ;

Attendu que la société COMMISIMPEX SA ayant succombé, il y a lieu de la condamner aux dépens ;

PAR CES MOTIFS

Statuant publiquement, après en avoir délibéré,

Déclare recevable le pourvoi de la société COMMISIMPEX S.A ;

Le rejette comme non fondé ;

Condamne la COMMISIMPEX aux dépens.

L'administrateur d'une SA peut engager la société sans avoir à justifier d'un mandat (CCJA, Ass. Plén., n°78/2015, 29 avril 2015)

Sommaire

S'il résulte de l'article 437 de l'AUSCGIE que le conseil d'administration peut donner à un ou plusieurs membres, un mandat spécial pour examiner une question spécifique, ce mandat spécial n'est pas une condition de validité des actes passés par le membre du conseil d'administration, tout dirigeant social pouvant, conformément à l'article 121 du même Acte, engager la société sans avoir à justifier d'un mandat social.

La Cour Commune de Justice et d'Arbitrage (CCJA) de l'Organisation pour l'Harmonisation en Afrique du Droit des Affaires (OHADA), Assemblée plénière, a rendu l'Arrêt suivant en son audience publique foraine tenue le 29 avril 2015 à Ouagadougou au Burkina Faso où étaient présents :

Messieurs Marcel SEREKOÏSSE-SAMBA,	Président
Abdoulaye Issoufi TOURE,	Premier Vice-président
Madame Flora DALMEIDA MELE,	Snde Vice-présidente, rapporteur
Messieurs Victoriano OBIANG ABOGO,	Juge
Mamadou DEME,	Juge
Idrissa YAYE,	Juge
et Maître Paul LENDONGO,	Greffier en chef ;

Sur le pourvoi enregistré au greffe de la Cour de céans le 08 septembre 2010 sous le n°081/2010/ PC et formé par la SCPA CAMARA & SALL, avocats à la cour, 35 bis , avenue Malick SY Dakar , agissant au nom et pour le compte de la société NETSURE, représentée par monsieur Sidy Alpha CISSE, directeur et dont le siège social est situé au 03, boulevard Djily Mbaye à Dakar et madame Sabo dite Ndèye DIAGNE épouse DIOP, demeurant et domiciliée à la SICAP Amitié II villa n°4600, Dakar, dans la cause les opposant à la Banque Sahélo-Saharienne pour l'Investissement et le Commerce dite BSIC, représentée par monsieur Atteib DOUTOUM, directeur général, siège social sis Place de l'indépendance à Dakar, ayant pour conseils, la SCPA François SARR & Associés, avocats à la cour, 33, avenue Léopold Sédar SENGHOR,

en cassation de l'arrêt n°569 rendu le 26 juillet 2010 par la Cour d'appel de Dakar et dont le dispositif est le suivant :

« PAR CES MOTIFS

Statuant publiquement, contradictoirement en matière des criées et en dernier ressort ;

EN LA FORME

Vu l'ordonnance de clôture

AU FOND

Confirme le jugement en toutes ses dispositions

Condamne l'appelante aux dépens. » ;

La requérante invoque à l'appui de son pourvoi le moyen unique de cassation tel qu'il figure à la requête annexée au présent arrêt ;

Sur le rapport de Madame Flora DALMEIDA MELE, Seconde Vice-présidente ;

Vu les dispositions des articles 13 et 14 du Traité relatif à l'harmonisation du droit des affaires en Afrique ;

Vu le Règlement de procédure de la Cour Commune de Justice et d'Arbitrage de l'OHADA ;

Attendu qu'il ressort des pièces de la procédure que les 30 août et 6 septembre 2004, la Banque Sahélo-Saharienne pour l'Investissement et le Commerce dite BSIC a consenti à la société NETSURE un crédit de 30 000 000 FCFA ; qu'en garantie du crédit, madame Sabo dite Ndèye DIAGNE épouse DIOP a consenti une hypothèque sur le droit au bail inscrit sur l'immeuble objet du titre foncier n°7076/DP de la commune de Dagoudane Pikine ; que les engagements relatifs au remboursement du crédit n'ayant été pas respectés, la BSIC a fait servir, le 16 septembre 2008, une mise en demeure à la société NETSURE ; qu'à l'expiration du délai de 08 jours prévu à l'article 14-3 du contrat de crédit, la banque a entrepris la réalisation de l'hypothèque ; que le 5 janvier 2010, le tribunal régional hors classe de Dakar a, à l'audience éventuelle, rendu le jugement n°05 qui a rejeté les dires et a renvoyé les parties à l'audience d'adjudication du 09 février 2010 ; que sur appel de la société NETSURE et de madame Sabo dite Ndèye DIAGNE épouse DIOP, la cour d'appel de Dakar a rendu le 26 juillet 2010, l'arrêt n°569 dont pourvoi ;

Sur la première branche du moyen unique

Attendu qu'il est fait grief à l'arrêt attaqué d'avoir violé l'article 437 de l'Acte uniforme relatif au droit des sociétés commerciales et du GIE au motif qu'il a retenu que monsieur Sidy Alpha CISSE pouvait contracter un emprunt bancaire pour le compte de la société sans l'autorisation du conseil d'administration alors, selon le moyen, que seul le conseil d'administration peut, par mandat spécial, conférer ce pouvoir à un de ses membres ;

Mais attendu qu'aux termes de l'article 437 de l'Acte uniforme sus indiqué, « le conseil d'administration peut conférer à un ou plusieurs de ses membres, tous mandats spéciaux pour un ou plusieurs objets déterminés ; » ; qu'il ressort de cet article que le conseil d'administration peut donner à un ou plusieurs membres, un mandat spécial pour examiner une question spécifique ; que le mandat spécial n'est pas une condition de validité des actes passés par le membre du conseil d'administration ; que la cour, en se fondant sur les dispositions de l'article 121 du même Acte uniforme déterminant les pouvoirs des dirigeants sociaux qui peuvent engager la société sans avoir à justifier d'un mandat spécial, n' a pas violé l'article visé au moyen ; que le moyen n'est pas fondé ;

Sur la seconde branche du moyen unique

Attendu qu'il est fait grief à l'arrêt attaqué d'avoir violé les articles 15-4 alinéa 2 du contrat d'ouverture de crédit, 123 de l'Acte uniforme portant droit des sûretés et 270 de l'Acte uniforme portant organisation des procédures simplifiées de recouvrement et des voies d'exécution au motif que la cour n'a pas répondu au moyen tiré de l'absence d'hypothèque valable et a prêté des pouvoirs à l'article 270 sus indiqué alors, selon le moyen, que les effets de la sûreté cessent si l'inscription n'a pas été renouvelée ;

Mais attendu qu'il ressort de l'arrêt attaqué que les juges d'appel ont examiné le moyen tiré du renouvellement de l'hypothèque et ont conclu à son rejet aux motifs que les dires ne peuvent être soulevés qu'avant à peine d'échéance cinq jours avant l'audience éventuelle ; que dès lors le moyen ne peut être accueilli ;

Attendu que la société NETSURE et madame Sabo dite Ndèye DIAGNE épouse DIOP ayant succombé, il y a lieu de les condamner aux dépens ;

PAR CES MOTIFS

Statuant publiquement, après en avoir délibéré,

Déclare recevable le pourvoi,

Le rejette comme non fondé ;

Condamne la société NETSUREet madame Sabo dite Ndèye DIAGNE épouse DIOP aux dépens.

Le mandataire social qui se prévaut d'un contrat de travail doit en rapporter la preuve (CCJA, 1ère Ch., n°03/2015, 14 février 2015)

Sommaire

Il résulte des articles 426 et 473 de l'AUSCGIE que le mandataire social, qui se prétend également titulaire d'un contrat de travail, doit démontrer que ledit contrat correspond à un emploi effectif. Est cassé l'arrêt qui, pour retenir l'existence d'un contrat de travail, relève que l'intéressé a « produit un contrat de travail qui n'a pas été annulé par une décision devenue définitive » sans rechercher si ledit contrat correspondait à un emploi effectif.

La Cour Commune de Justice et d'Arbitrage (CCJA), Première Chambre, de l'Organisation pour l'Harmonisation en Afrique du Droit des Affaires (OHADA), a rendu l'arrêt suivant en son audience publique du 12 février 2015 où étaient présents :

MM : Marcel SEREKOÏSSE-SAMBA,	Président, rapporteur
Mamadou DEME,	Juge
Djimasna N'DONINGAR,	Juge
Et Maître Acka ASSIEHUE,	Greffier ;

Sur le recours enregistré au greffe de la Cour de céans le 25 octobre 2011 sous le numéro 092/2011/PC et formé par la Banque Nationale d'Investissement, dite BNI, société d'Etat ayant son siège social à Abidjan-Plateau, immeuble SCIAM, avenue Marchand, 01 BP 670 Abidjan 01, représentée par son Directeur Général, ayant pour conseil Maître OBENG-KOFI Fian, avocat au Barreau de Côte d'Ivoire, demeurant à Abidjan-Plateau, 19 boulevard Angoulvant, Résidence Neuilly, 2ème étage, aile gauche, 01 BP 6514 Abidjan 01, dans la cause qui l'oppose à AKOBE Georges Armand, demeurant à Abidjan, Cocody Riviera IV Golf, rue AFFI, lot 238, 01 BP 2940 Abidjan 01, ayant pour conseil Maître KAUDJHIS OFFOUMOU, Avocat à la Cour à Abidjan-Plateau, 8 boulevard Roume, 3 avenue Thomasset, immeuble Thomasset, 1er étage porte 102, 08 BP : 803 Abidjan 08,

en cassation de l'arrêt n°118 rendu le 29 juillet 2011 par la première chambre sociale de la Cour d'Appel d'Abidjan, dont le dispositif est le suivant:

« Statuant publiquement, contradictoirement, en matière sociale et en dernier ressort ;

Reçoit la Banque Nationale d'Investissement dite BNI et monsieur Akobé Georges Armand en leurs appels ;

Dit BNI mal fondée et la déboute ;

Déclare Akobé Georges Armand partiellement fondé et réforme le jugement entrepris ;

Statuant à nouveau

Condamne la BNI à payer la somme de 75.000.000 FCFA à Akobé Georges Armand à titre de dommages-intérêts pour non remise de certificat de travail ;

Confirme le jugement pour le surplus. » ;

La demanderesse invoque à l'appui de son pourvoi les trois moyens de cassation tels qu'ils figurent à sa requête annexée au présent arrêt ;

Sur le rapport de Monsieur Mamadou DEME, Juge ;

Vu les articles 13 et 14 du Traité relatif à l'harmonisation du droit des affaires en Afrique (OHADA) ;

Vu le Règlement de procédure de la Cour Commune de Justice et d'Arbitrage de l'OHADA ;

Attendu qu'il résulte des pièces du dossier de la procédure que par arrêté du Ministre de l'Economie et des Finances de la République de Côte d'Ivoire en date du 13 novembre 2001, il a été crée un comité de restructuration de la Caisse Autonome d'Amortissement (CAA), société d'Etat ivoirienne ; que par délibération du 14 novembre 2001, le conseil d'administration de la CAA a nommé AKOBE Georges Armand en qualité de directeur général adjoint et fixé sa rémunération ; qu'un contrat de travail non daté a été également signé entre le susnommé et la CAA ; qu'en 2004, la restructuration de la CAA étant achevée, cette société est devenue la Banque Nationale d'Investissement, dite BNI, en vertu du décret n°2004/188 du 19 Février 2004; qu'à la suite d'une plainte pour détournement de fonds, le conseil d'administration de la banque a prononcé la révocation du sieur AKOBE de ses fonctions de directeur général adjoint ; que ce dernier, se prévalant du contrat de travail qu'il avait signé avec son employeur, a assigné celui-ci devant le tribunal du travail et obtenu sa condamnation au paiement de la somme de 50.000.000 F CFA à titre de dommages et intérêts pour non délivrance d'un certificat de travail ;

Attendu que sur l'appel de la BNI contre ce jugement, la Cour d'appel d'Abidjan a rendu l'arrêt objet du pourvoi ;

Sur le premier moyen de cassation pris de la violation de la loi, notamment des articles 473 et 426 de l'Acte uniforme relatif au droit des sociétés commerciales et du groupement d'intérêt économique

Vu les dispositions des articles 473 et 426 de l'Acte uniforme relatif au droit des sociétés commerciales et du groupement d'intérêt économique ;

Attendu qu'il résulte de ces textes que le mandataire social, qui se prétend également titulaire d'un contrat de travail, doit démontrer que ledit contrat correspond à un empli effectif ;

Attendu qu'il est reproché à la Cour d'appel d'avoir violé les textes susvisés, en retenant l'existence d'un contrat de travail valide entre la BNI et AKOBE Georges Armand, mandataire social, sans rechercher si ce contrat de travail correspond à un emploi effectif ;

Attendu qu'il n'est pas discuté que sieur AKOBE, en sa qualité de directeur général adjoint, était lié à la BNI par un mandat social ;

Attendu que pour retenir l'existence d'un contrat de travail entre les parties, le juge d'appel a simplement énoncé : « Considérant qu'au soutien de son action, AKOBE GEORGES ARMAND a produit un contrat de travail qui n'a pas été annulé par une décision devenue définitive » ;

Attendu qu'en se déterminant ainsi, sans rechercher si le contrat de travail excipé par AKOBE remplit les conditions fixées par les dispositions susvisées, la Cour d'appel a méconnu lesdits textes ;

Qu'il échet de casser l'arrêt et d'évoquer ;

Sur l'évocation

Attendu que la BNI et AKOBE Georges Armand ont tous deux formé appel contre le jugement n°1094/CS2/2010 rendu le 28 juillet 2010 par le Tribunal du Travail d'Abidjan-Plateau, dont le dispositif est le suivant :

« Statuant publiquement, contradictoirement, en matière sociale et en premier ressort ;

Rejette l'exception d'incompétence ;

Dit n'y avoir lieu à sursis à statuer ;

Déclare l'action de Monsieur AKOBE Georges Armand recevable ;

Met hors de cause Monsieur Victor Nembelesini Silué ;

Dit Monsieur AKOBE Georges Armand partiellement fondé ;

Condamne la Banque Nationale d'Investissement dite BNI à lui payer la somme de 50.000.000 F CFA à titre de dommages intérêts pour non remise de certificat de travail ;

Dit n'y avoir lieu à exécution provisoire » ;

Attendu qu'il échet de déclarer les appels recevables en la forme ;

Au fond :

Attendu qu'il résulte des écritures des parties et des pièces qu'elles produisent qu'à la suite de son licenciement, AKOBE Georges Armand a d'abord saisi le Tribunal du Travail d'Abidjan en paiement de ses droits résultant du contrat de travail qu'il a signé avec la BNI, et de dommages-intérêts pour licenciement abusif ; que la BNI a soulevé l'incompétence matérielle des juridictions sociales, en raison de l'inexistence entre les parties d'un contrat de travail valable ; que par le jugement n°185 rendu le 29 janvier 2009, le tribunal du travail a retenu sa compétence et alloué à AKOBE diverses sommes au titre de ses droits et de dommages-intérêts pour licenciement abusif ; que par arrêt n°132/09 du 27 juillet 2009, la Cour d'appel d'Abidjan a partiellement confirmé ce jugement ;

Attendu que AKOBE a par la suite saisi à nouveau le même Tribunal, pour solliciter la condamnation de la BNI à lui payer la somme de 90.000.000 de francs à titre de dommages et intérêts pour non délivrance d'un certificat de travail ; que statuant sur cette demande, le tribunal a rendu le jugement n°1094/CS2/2010 du 28 juillet 2010, lequel a été confirmé par l'arrêt d'appel, objet de la présente procédure ;

Attendu qu'au soutien de son appel contre le jugement n°1094/CS2/2010, la BNI expose que l'arrêt n°132/09 du 27 juillet 2009 de la Cour d'appel d'Abidjan susvisé, qui a confirmé le jugement n°185 du 29 janvier 2009 sur l'existence d'un contrat de travail régulier entre les parties et la compétence des juridictions du travail, a été l'objet de pourvois en cassation encore pendants devant la Cour Suprême de Côte d'Ivoire et la Cour Commune de Justice et d'Arbitrage ; qu'ainsi selon elle, la question relative à l'existence d'un contrat de travail régulier entre les parties n'est pas encore définitivement tranchée ; que cette question étant déterminante des mérites de la demande en paiement de dommages intérêts pour non délivrance d'un certificat de travail, elle conclut à l'infirmation du jugement et au rejet des prétentions de AKOBE ;

Attendu que ce dernier conclut quant à lui à l'infirmation partielle du jugement, à ce que le montant des dommages intérêts soit porté à la somme de 90.000.000 de francs, et à la confirmation du jugement pour le surplus ;

Attendu que par arrêt n° 087/2012 du 4 décembre 2012, la Cour de céans a rejeté le pourvoi formé par la BNI contre l'arrêt d'appel n°132/09 du 27 juillet 2009 ; que cet arrêt, rendu entre les mêmes parties, a ainsi acquis l'autorité de la chose jugée, notamment sur l'existence d'un contrat de travail régulier entre la BNI et AKOBE Georges Armand ; que cette question ne saurait être à nouveau discutée ;

Attendu, cela étant, que la non délivrance d'un certificat de travail par l'employeur n'a pas été contestée ; que le refus de la BNI a causé à AKOBE un préjudice certain résultant, notamment, de l'impossibilité pour ce dernier de justifier de son expérience professionnelle ;

Attendu que la somme de 50.000.000 de francs allouée par le premier juge à titre de dommages-intérêts apparaît juste et fondée ;

Qu'il échet de confirmer le jugement entrepris ;

Attendu que la BNI qui a succombé doit être condamnée aux entiers dépens ;

PAR CES MOTIFS

Statuant publiquement, après en avoir délibéré,

Casse l'arrêt n°118 rendu le 29 juillet 2011 par la première chambre sociale de la Cour d'Appel d'Abidjan ;

Evoquant et statuant sur le fond,

Confirme le jugement n°1094/CS2/2010 rendu le 28 juillet 2010 par le Tribunal du Travail d'Abidjan-Plateau ;

Condamne la BNI aux entiers dépens.

Droit d'information : le dirigeant n'est pas tenu de délivrer les copies certifiées conformes des documents transmis à l'actionnaire (CCJA, Ass. Plén. N°58/2015, 27 avril 2015)

Sommaire

Il résulte des articles 526, 527 et 528 de l'AUSCGIE que tout actionnaire d'une société anonyme peut, à toute époque, « prendre connaissance et copies » de certains documents de la société, et qu'en cas de refus par les dirigeants de les communiquer, il est statué sur ce refus à la demande de l'actionnaire, par le président de la juridiction compétente statuant à bref délai. La loi n'impose pas la délivrance des copies certifiées conformes des documents transmis à l'actionnaire.

La Cour Commune de Justice et d'Arbitrage (CCJA) de l'Organisation pour l'Harmonisation en Afrique du Droit des Affaires (OHADA), Assemblée plénière, a rendu l'Arrêt suivant, en son audience foraine du 27 avril 2015, tenue à Bamako (République du Mali), où étaient présents :

Monsieur Marcel SEREKOÏSSE-SAMBA,	Président
Madame Flora DALMEIDA MELE,	Seconde Vice-présidente
Messieurs Mamadou DEME,	Juge, rapporteur
Djimasna N'DONINGAR,	Juge
et Maître Paul LENDONGO,	Greffier en chef ;

Sur le recours enregistré au greffe de la cour de céans le 14 août 2012 sous le n°093/2012/PC et formé par Moctar Maciré DIAKITE, demeurant à Bamako, quartier Boulkassoumbougou, rue 643, porte 141, ayant pour conseil la SCPA Jurifis Consult, Avocats au Barreau du Mali, Résidence 200, BP E 1326-Bamako, dans la cause qui l'oppose à Salifou BENGALY, demeurant à Bamako, Hippodrome II, rue 228 porte 1164, BP 1516-Bamako et à la Société d'Ingénierie en Energie, dite SINERGIE, Société anonyme dont le siège social est à la même adresse, ayant tous deux pour conseil Maître Issiaka KEITA, Avocat à la cour à Bamako, 381 rue 459 Niaréla, BP 3189-Bamako,

en cassation de l'arrêt numéro 184 rendu le 08 juin 2012 par la cour d'appel de Bamako, dont le dispositif est le suivant:

« Statuant publiquement, contradictoirement en matière de référé et en dernier ressort ;

En la forme : Reçoit l'appel interjeté ;

Au fond : Infirme l'ordonnance entreprise ;

Statuant à nouveau : Constate la communication par SINERGIE SA et Salif BENGALY de tous les documents demandés par Moctar Maciré DIAKITE ;

Déboute en conséquence l'intimé de sa demande comme mal fondée ;

Met les dépens à la charge de l'intimé » ;

Le requérant invoque à l'appui de son pourvoi le moyen unique de cassation tel qu'il figure à sa requête annexée au présent arrêt ;

Sur le rapport de Monsieur Mamadou DEME, Juge ;

Vu les articles 13 et 14 du Traité relatif à l'harmonisation du droit des affaires en Afrique ;

Vu le Règlement de procédure de la Cour Commune de Justice et d'Arbitrage de l'OHADA ;

Attendu qu'il résulte des pièces du dossier de la procédure que Moctar Maciré DIAKITE, actionnaire de la SINERGIE SA, a sollicité et obtenu, suivant ordonnance n°158 rendue le 26 septembre 2011 par le juge des référés du tribunal du commerce de Bamako, la condamnation de cette société et de son directeur général, Salifou BENGALY, à lui communiquer sous astreinte certains documents sociaux, sur le fondement des dispositions des articles 12 des statuts, 526 et 528 de l'Acte uniforme relatif au droit des sociétés commerciales et du groupement d'intérêt économique ; que par l'arrêt objet du pourvoi, la cour d'appel de Bamako a infirmé cette ordonnance ;

Sur le moyen unique de cassation pris de la violation des articles 526, 527 et 528 de l'Acte uniforme relatif au droit des Sociétés commerciales et du groupement d'intérêt économique et 12 des statuts de la SINERGIE SA

Vu les dispositions susvisées ;

Attendu qu'il est reproché à la cour d'appel d'avoir infirmé l'ordonnance n°158/2011 du 26 septembre 2011 au motif que la communication demandée par DIAKITE lui a déjà été faite dans la mesure où les documents réclamés ont été mis à sa disposition au siège de la Société, sans vouloir rechercher s'il lui a également délivré copies de ces documents, et que les copies transmises correspondent effectivement à ceux des documents dont la communication est requise, alors que l'article 526 de l'Acte uniforme susvisé donne le droit à l'actionnaire non seulement de prendre connaissance des documents sociaux mais également d'en prendre copie ;

Attendu qu'il résulte des textes invoqués que tout actionnaire d'une Société anonyme peut, à toute époque, « prendre connaissance et copies » de certains documents de la société, et qu'en cas de refus par les dirigeants de les communiquer, il est statué sur ce refus à la demande de l'actionnaire, par le président de la juridiction compétente statuant à bref délai ;

Attendu que les juges d'appel qui, appréciant souverainement les éléments de preuve qui leur ont été soumis par les parties, ont retenu que tous les documents dont la communication est réclamée par DIAKITE lui ont déjà été effectivement communiqués, n'avaient pas à rechercher si les copies conformes desdits documents avaient été effectivement délivrées à l'actionnaire, cette remise n'étant pas imposée par les textes susvisés ;

Qu'il échet de déclarer le moyen mal fondé ;

Attendu que Moctar Maciré DIAKITE qui a succombé doit être condamné aux dépens.

PAR CES MOTIFS :

Statuant publiquement, après en avoir délibéré ;

Rejette le pourvoi ;

Condamne Moctar Maciré DIAKITE aux entiers dépens.

Convocation irrégulière du conseil d'administration : la nullité doit être prévue dans les statuts pour être prononcée (CCJA, Ass. Plén., n°73/2015, 29 avril 2015)

Sommaire

Les dispositions de l'article 453, alinéa 1 et 4 se contentent de renvoyer aux statuts pour la détermination des règles de convocation et des délibérations du conseil d'administration et l'article 453 alinéa 4 ne sanctionne de nullité que les délibérations d'un conseil d'administration où tous les membres n'ont pas été régulièrement convoqués. Dès lors, en l'absence de nullité prévue par les statuts, viole la loi, en y ajoutant ce qu'elle ne dit pas, la cour d'appel qui confirme la décision du premier juge qui estime la convocation d'un conseil d'administration irrégulière du fait de la seule inobservation des formalités de la transmission des documents relatifs aux questions inscrites à l'ordre du jour.

La Cour Commune de Justice et d'Arbitrage (CCJA) de l'Organisation pour l'Harmonisation en Afrique du Droit des Affaires (OHADA), en Assemblée plénière, a rendu l'Arrêt suivant en son audience publique foraine tenue le 29 avril 2015 à Ouagadougou au Burkina Faso où étaient présents :

Messieurs Marcel SEREKOÏSSE-SAMBA,	Président
Abdoulaye Issoufi TOURE,	Premier Vice-président
Madame Flora DALMEIDA MELE,	Seconde Vice-présidente
Messieurs Victoriano OBIANG ABOGO,	Juge
Mamadou DEME,	Juge
Idrissa YAYE,	Juge, rapporteur
et Maître Paul LENDONGO,	Greffier en chef ;

Sur le pourvoi enregistré au greffe de la Cour de céans le 12 mars 2010 sous le n°028/2010/PC et formé par la SCPA KANGA & Associés, avocats à la cour, sis à Abidjan, Commune du Plateau, avenue LAMBLIN, résidence Bellerive 16 ème et 17 ème étages, 04 BP 361 Abidjan 04, agissant au nom et pour le compte de la Société du Terminal à Conteneurs de Conakry (STCC), ayant son siège social à la cité chemin de fer, immeuble Boké, Commune de Kaloum-Conakry, représentée par ses représentants légaux, monsieur Yves Marie DULIOUST, directeur général de la STCC et monsieur Abdel Aziz THIAM, président du conseil d'administration de la STCC, y demeurant, dans la cause l'opposant à monsieur Gamal CHALLOUB, administrateur de société, domicilié au quartier Minière, Commune de Dixim-Conakry, ayant pour conseils la SCP CLK avocats, dont le siège est à Abidjan, Commune de Cocody, II Plateaux, les Vallons, Angle rue des Jardins, rue J 61, résidence AYA, 25 BP 1976 Abidjan 25, avocats à la cour y demeurant, en cassation de l'arrêt n°393 rendu le 22 décembre 2009 par la cour d'appel de Conakry et dont le dispositif est le suivant :

« Après en avoir délibéré conformément à la loi, statuant publiquement, contradictoirement, en matière commerciale de société, et sur appel ;

En la forme : Reçoit l'appel de la STC ;

Au fond : Réformant la décision entreprise par le premier juge, l'infirme sur le point précis de l'application inappropriée des dispositions des articles 546 et 570 de l'Acte Uniforme sur les sociétés commerciales et les groupements d'intérêt économique ;

La confirme au surplus ;

Le tout en application des dispositions des articles 605, 740, 741 du code de procédure civile, économique et administrative, des articles 130, 453 al.1 et 4 et 564 de l'Acte Uniforme des sociétés commerciales et de l'article 16 du Statut de la STCC ;

Met les frais et dépens à la charge de la STCC ; » ;

Les requérants invoquent à l'appui de leur pourvoi les deux moyens de cassation tels qu'ils figurent dans leur requête annexée au présent arrêt

Sur le rapport de monsieur Idrissa YAYE, Juge ;

Vu les dispositions des articles 13 et 14 du Traité relatif à l'harmonisation du droit des affaires en Afrique ;

Vu le Règlement de procédure de la Cour Commune de Justice et d'Arbitrage de l'OHADA ;

Attendu qu'il résulte des pièces du dossier de la procédure que la société GETMA International, attributaire de l'appel d'offres de la mise en concession du terminal à conteneurs du Port de Conakry, de son extension et de l'aménagement d'un espace de la gare ferroviaire, a, en exécution de cette concession, constitué par acte notarié, le 20 novembre 2008, la société anonyme de droit guinéen à conseil d'administration dénommée Société du Terminal à Conteneurs de Conakry en abrégé STCC dont elle détenait 95% du capital social, les 5% restant étant détenu par la société Transafrica dont monsieur Gamal CHALLOUB était le directeur général et l'administrateur ; qu'à la suite d'une réunion du conseil d'administration de ladite société, tenue le 10 décembre 2008, il a été décidé la mise à jour des statuts de la STCC, matérialisée par un acte notarié en date du 11 décembre 2008 et qui consacre la nouvelle répartition du capital social détenu à hauteur de 70% par la GETMA International Investissement et 30% détenu par monsieur Gamal CHALLOUB ; que par lettre en date du 7 mai 2009, signifiée par voie d'huissier de justice, le président du conseil d'administration de la STCC a convoqué un conseil d'administration pour le 26 mai 2009 ; que monsieur Gamal CHALLOUB alors directeur général de la STCC, refusa de participer audit conseil d'administration ; que ledit conseil tenu à la date indiquée a, d'une part procédé à la convocation d'une assemblée générale ordinaire et d'une autre extraordinaire pour le 16 juin 2009 et, d'autre part, révoqué monsieur Gamal CHALLOUB de son mandat de directeur général; d'où ce dernier par exploit d'huissier de justice a saisi le tribunal de première instance de

Conakry 1, statuant en matière commerciale et à jour fixe, d'une action en nullité des délibérations dudit conseil d'administration tenu le 26 mai 2009, lequel tribunal a accédé à sa requête ; que sur appel de la STCC, de monsieur Yves Marie DIOULUST directeur général de la STCC et de monsieur Abdel Aziz THIAM, président du conseil d'administration de la STCC, la cour d'appel de Conakry a rendu l'arrêt confirmatif n° 393 du 22 décembre 2009, objet du présent pourvoi ;

Sur la recevabilité du pourvoi

Attendu que monsieur Gamal CHALLOUB soulève l'exception d'irrecevabilité du pourvoi, motifs pris de ce que l'un des requérants étant une personne morale de droit privé et qu'il ne satisfait pas aux exigences de l'article 28 .4 par la production notamment de ses statuts ou un extrait récent du registre de commerce, ou toute autre preuve de son existence juridique et la preuve que le mandat donné à l'avocat a été régulièrement établi par un représentant qualifié à cet effet ;

Mais attendu qu'aux termes des dispositions de l'article 28.6 du Règlement de procédure susvisé : « Si le recours n'est pas conforme aux conditions fixées au présent article, le juge rapporteur fixe au requérant un délai aux fins de régularisation du recours ou de production des pièces mentionnées ci-dessus. A défaut de cette régularisation ou de cette production dans le délai imparti, la Cour décide de la recevabilité du recours. » ;

Attendu qu'en l'espèce, par courrier en date du 25 mars 2010, les requérants ont procédé à la régularisation de leur recours par la production desdites pièces ; qu'il échet dès lors de déclarer ledit pourvoi, conforme en la forme et au fond aux prescriptions de l'article 28 du Règlement précité, recevable ;

Sur le premier moyen pris en ses deux branches

Attendu que les recourants reprochent à l'arrêt entrepris la violation ou l'erreur dans l'application et l'interprétation de l'article 453 alinéa 1 et 4 de l'Acte uniforme du 17 avril 1997 relatif au droit des sociétés commerciales et du groupement d'intérêt économique et de l'article 16 des statuts de la STCC, motifs pris de ce que, d'une part, l'article 453 alinéa 1 et 4 de l'Acte uniforme précité, tout en prévoyant les règles de convocation des réunions du conseil d'administration, n'a néanmoins pas prévu de sanction en cas de non respect de ces règles ; que dans ces conditions c'est le droit commun qui s'applique à savoir que quiconque invoque une nullité non prévue par un texte doit apporter la preuve que la défaillance de l'autre partie dans l'obligation de faire mise à sa charge lui a créé un préjudice ; que d'autre part, la convocation en vue de la réunion dudit conseil d'administration ayant été faite en conformité avec les dispositions de l'article 16 des statuts de la STCC, la décision de la cour d'appel qui stipule que, la convocation de Gamal CHALOUB n'est pas conforme à l'article 16 des statuts, viole lesdites dispositions ;

Attendu qu'aux termes des dispositions de l'article 453 alinéa 1 et 4 de l'Acte uniforme du 17 avril 1997 relatif au droit des sociétés commerciales et du groupement d'intérêt économique : « Sous réserve des dispositions du présent Acte uniforme, les statuts déterminent les règles relatives à la convocation et aux délibérations du conseil d'administration.

Le conseil d'administration ne délibère valablement que si tous ses membres ont été régulièrement convoqués. » ; qu'il s'en infère que lesdites dispositions se contentent de renvoyer aux statuts pour la détermination des règles de convocation et des délibérations du conseil d'administration et qu'à contrario, l'article 453 alinéa 4 ne sanctionne de nullité que les délibérations d'un conseil d'administration où tous les membres n'ont pas été régulièrement convoqués ;

Attendu qu'aux termes des dispositions de l'article 16 des statuts de la STCC, intitulé " Réunions du Conseil d'Administration" : « Le Conseil d'Administration se réunit sur convocation de son Président ou d'un administrateur délégué à cet effet ou de la moitié (1/2) de ses membres, aussi souvent que l'intérêt de la Société l'exige. Il se réunit obligatoirement dans le délai de quinze (15) jours suivant toute demande adressée au Président du Conseil d'Administration par un des administrateurs représentant un actionnaire ou le commissaire aux comptes.

Les administrateurs constituant le tiers (1/3) au moins des membres du Conseil d'Administration peuvent en indiquant l'ordre du jour de la séance, convoquer le Conseil d'Administration, si celui-ci ne s'est pas réuni depuis plus de deux (2) mois.

Les convocations sont faites par lettre recommandée avec avis de réception adressée à chacun des administrateurs ou par lettre au porteur contre récépissé, quinze (15) jours au moins, avant la date de la réunion. Cependant, si le conseil doit statuer sur des questions urgentes, les convocations sont faites dans les trois (3) jours précédant la date de réunion.

L'ordre du jour des réunions du Conseil d'Administration est arrêté par le Président du Conseil d'Administration ou par les administrateurs procédant à la convocation. Tous les documents relatifs aux questions inscrites à l'ordre du jour devront être transmis aux administrateurs en même temps que les convocations.

Toutefois, le Conseil d'Administration peut se réunir sur convocation verbale et l'ordre du jour peut n'être fixé que lors de la réunion si la moitié (1/2) au moins des administrateurs en exercice sont présents.

Le Conseil d'Administration se réunit au siège social ou en tout autre endroit de la République de Guinée ou de tout autre Etat partie indiqué par la convocation. » ; qu'il s'en suit que lesdites dispositions des statuts de la STCC, non plus, ne sanctionnent pas de nullité la non production des documents relatifs aux questions inscrites à l'ordre du jour et autorisent, la convocation même verbale du conseil d'administration et la fixation de l'ordre du jour, même lors de la réunion si la moitié au moins des administrateurs en exercice sont présents ;

Attendu en l'espèce, qu'il résulte des pièces de la procédure que monsieur Gamal CHALLOUB ne conteste pas avoir reçu, par voie d'huissier de justice, la lettre de convocation de la réunion du conseil d'administration du 26 mai 2009 ; qu'il n'invoque que la non production des documents relatifs à ce conseil pour demander l'annulation des délibérations dudit conseil ; que dès lors viole la loi, en y ajoutant ce qu'elle ne dit pas, la cour d'appel qui confirme la décision du premier juge qui estime la convocation d'un conseil d'administration irrégulière du fait de la seule inobservation des formalités de la transmission des documents relatifs aux questions inscrites à l'ordre du jour ; qu'il échet dès lors d'annuler la décision entreprise pour violation de l'article 453 alinéa 1 et 4 de l'Acte uniforme précité et de l'article 16 des statuts de la STCC qui ne conditionne point la régularité des délibérations du conseil d'administration à la transmission des documents inscrits à l'ordre du jour dudit conseil d'administration, mais plutôt à la régularité de la convocation audit conseil, régulière en l'espèce ; qu'il échet dès lors de casser l'arrêt entrepris pour violation de la loi ;

Sur l'évocation

Attendu que par lettre en date du 14 juillet 2009, maître Christian SOW, avocat à la cour, a régulièrement interjeté appel du jugement n°056 rendu le 10 juillet 2009 par le tribunal de première instance de Kaloum et, dont le dispositif est ainsi conçu : « Statuant publiquement, contradictoirement en matière commerciale et en premier ressort ;

Déclare Monsieur Gamal CHALLOUB recevable en son action en la forme ;

<u>Au fond :</u> Constate l'irrégularité de la convocation de réunion du Conseil d'Administration de la STCC du 26 Mai 2009 ;

Constate qu'il n'y a eu aucun accord préalable de l'Etat Guinéen pour que le Conseil d'Administration de la STCC décide de l'augmentation du Capital ;

Constate que la révocation de Monsieur Gamal CHALLOUB de ses fonctions de Directeur Général de la STCC ne repose sur aucun motif valable ;

Déclare nul le procès-verbal de réunion du Conseil d'Administration du 26 Mai 2009 de la STCC ;

Ordonne l'exécution provisoire de la décision nonobstant toutes voies de recours ;

Met les frais et dépens à la charge du Conseil d'Administration de la STCC » ;

Attendu que les appelants ont plaidé à l'appui de leur acte d'appel, l'infirmation du jugement sus indiqué qui, a qualifié la convocation de Gamal CHALLOUB d'irrégulière, aux motifs que, la convocation de Gamal CHALLOUB est régulière et qu'il disposait, en sa qualité de directeur général, de toutes les informations relatives aux engagements financiers et au montant des investissements déjà réalisés et qu'il ne devait pas s'abstenir de prendre part audit conseil d'administration ;

Attendu que l'intimé sollicite quant à lui, la confirmation du jugement entrepris en faisant valoir sur le fondement des articles 453 alinéa 1 et 4 de l'Acte uniforme précité et de l'article 16 des statuts de la STCC que, sa convocation est irrégulière, car non accompagnée des documents relatifs à l'ordre du jour dudit conseil ;

Attendu que le premier juge en constatant, comme il l'a fait, l'irrégularité de la convocation de monsieur Gamal CHALLOUB, sur la seule base de l'absence de transmission des documents relatifs à l'ordre du jour dudit conseil d'administration, a violé, pour les raisons ayant motivé la cassation de l'arrêt n°393 du 22 décembre 2009, la loi en y ajoutant ce qu'elle ne dit pas ; qu'il échet, pour les raisons sus évoquées, d'infirmer le jugement entrepris en toutes ses dispositions et de déclarer la convocation de monsieur Gamal CHALLOUB régulière ;

Sur les autres demandes

Attendu que la convocation de monsieur Gamal CHALLOUB étant ainsi déclarée régulière, ses autres demandes relatives à l'annulation des délibérations dudit conseil d'administration, sur la seule base de l'irrégularité de sa convocation, sont sans objet et de déclarer lesdites délibérations valables et régulières ;

Attendu qu'ayant succombé, il y a lieu de condamner monsieur Gamal CHALLOUB aux dépens ;

PAR CES MOTIFS

Statuant publiquement, après en avoir délibéré,

Déclare recevable le recours ;

Casse l'arrêt entrepris n°393 rendu le 22 décembre 2009 par la cour d'appel de Conakry

Évoquant et statuant sur le fond,

Infirme le jugement n°056 rendu le 10 juillet 2009 par le tribunal de première instance de Kaloum ;

Déclare la convocation de monsieur Gamal CHALLOUB régulière et conséquemment les délibérations du conseil d'administration du 26 mai 2009 régulières et valides ;

Condamne monsieur Gamal CHALLOUB aux dépens.

Abus de majorité : la seule mise en réserve systématique des bénéfices ne suffit pas (CCJA, Ass. Plén., n°64/2015, 29 avril 2015)

Sommaire

La mise en réserve systématique des bénéfices ne constitue pas un abus de majorité s'il n'est pas rapporté la preuve que les actionnaires majoritaires ont voté les différentes délibérations dans leur seul intérêt.

La Cour Commune de Justice et d'Arbitrage (CCJA), de l'Organisation pour l'Harmonisation en Afrique du Droit des Affaires (OHADA), Assemblée plénière, a rendu l'Arrêt suivant en son audience publique foraine du 29 avril 2015 à Ouagadougou au Burkina Faso où étaient présents :

Messieurs Marcel SEREKOÏSSE SAMBA	Président
Abdoulaye Issoufi TOURE,	1er Vice-président
Madame Flora DALMEIDA MELE,	Snde Vice-président
Messieurs Victoriano OBIANG ABOGO,	Juge
Mamadou DEME	Juge
Idrissa YAYE,	Juge
et Maître Paul LENDONGO,	Greffier en chef,

Sur le pourvoi enregistré au greffe de la Cour de céans le 16 juillet 2007 sous le n°064/2007/PC et formé par Maître Mounir Houssein Mohamed, Avocat à la Cour, demeurant 6ème Avenue quartier Sandervalia à Conakry, agissant au nom et pour le compte de 1°/ Société Générale de Banques en Guinée dite SGBG S.A dont le siège est à Conakry Commune de Kaloum, Cité Chemin de fer, 2°/ Société Générale France S.A dont le siège est 29, Boulevard Hassman à Paris 75009, 3°/ Société Bayerische Hypo Und Vereinsbank AG S.A dont le siège est à Kardinal, Faulsaber, Shasse 1, Munich 80333 en Allemagne dans la cause qui les oppose à 1°/ Monsieur El Hadji Boubacar Hann, opérateur économique demeurant à Matam, Conakry BP 431, 2°/ la Société Hann et Compagnie, S.A dont le siège est à Conakry, Kaloum cité des chemins de fer ;

en cassation de l'Arrêt n°36 rendu le 17 avril 2007 par la Cour d'appel de Conakry et dont le dispositif est le suivant :

« Statuant publiquement, contradictoirement, en matière commerciale et en dernier ressort ;

En la forme

Reçoit les appels ;

Dit qu'El hadji Boubacar Hann n'a pas qualité pour agir ;

Au fond

Infirme le jugement déféré en ce qu'il a condamné la SGBG à payer des dividendes au groupe Hann ;

Déboute la Société Hann et compagnie de sa demande tendant à obtenir sa part de dividende ;

Confirme le jugement déféré en ce qu'il a retenu l'abus de majorité et annulé les délibérations des assemblées générales de la SGBG des 08 juillet 2002, 30 juin 2003 et 30 juin 2004 ;

Le réformant quant à ses autres dispositions ;

Alloue 1.000.000.000 F G à la Société Hann et Compagnie à titre de dommages-intérêts ;

Condamne les actionnaires majoritaires de la SGBC à payer ce montant ;

Déboute la Société Hann et Compagnie du surplus de ses demandes ;

Condamne les actionnaires majoritaires aux dépens et ordonne l'application de la loi sur les intérêts légaux moratoires. » ;

Les requérantes invoquent à l'appui de leur pourvoi, les trois moyens de cassation tels qu'ils figurent à la requête annexée au présent arrêt ;

Sur le rapport de Monsieur Abdoulaye Issoufi TOURE, Premier Vice-président

Vu les dispositions des articles 13 et 14 du Traité relatif à l'harmonisation du droit des affaires en Afrique ;

Vu le Règlement de procédure de la Cour Commune de Justice et d'Arbitrage de l'OHADA ;

Attendu qu'il résulte des pièces du dossier que par un premier exploit en date du 27 juillet 2004, El Hadji Boubacar Hann et la Société Hann et Compagnie, actionnaires de la SGBG, assignaient la SGBG, elle-même et ses actionnaires majoritaires, la Société Générale France et la Société Bayerische Hypo Und Vereinsbank Munich, devant le Tribunal de Kaloum Conakry ; qu'ils sollicitaient l'annulation pour abus de majorité des délibérations des assemblées générales de la SGBG des 08 juillet 2002, 30 juin 2003 et 30 juin 2004, la condamnation de la SGBG à leur payer 2.620.404.400 F à titre de dividendes et la condamnation de la Société Générale France et la Vereinsbank à 4.000. 000.000 F à titre de dommages-intérêts ; que par un deuxième exploit du 15 juillet 2005, une assignation tendait à l'annulation de la résolution de l'Assemblée Générale du 27 juin 2005, au paiement par la SGBG de la somme de 3.024.792.000 F à titre de dividendes de l'exercice 2004 et subsidiairement la condamnation des actionnaires majoritaires à 4.000.000.000 F G à titre de dommages-intérêts ; que suite à la jonction des deux procédures, le Tribunal, par Jugement n°30 du 20 juillet 2006 a condamné la SGBG à payer à la Société Hann et El Hadji Boubacar Hann 4.594.046.029 F à titre de dividendes et 500.000.000 F G à titre de dommages-intérêts ; que sur appel, la Cour de Conakry a rendu l'arrêt dont pourvoi ;

Sur la recevabilité du pourvoi

Attendu que dans son mémoire en date du 05 août 2009, les défendeurs au pourvoi ont soulevé l'irrecevabilité du pourvoi au motif qu'il y a autorité de la chose jugée au regard de l'Arrêt n°85 en date du 28 juillet 2008 de la Cour suprême de la république de Guinée ayant statué sur la même affaire ;

Mais attendu qu'au moment où la Cour suprême rendait son arrêt, la Cour Commune de Justice et d'Arbitrage était déjà saisie suivant requête en date du 16 juillet 2007 ; qu'aux termes de l'article 16 du Traité institutif de l'OHADA, cette saisine devait suspendre toute autre procédure de cassation engagée devant une juridiction nationale ; que l'article 20 du même Traité précise qu'une décision rendue au mépris de cette disposition ne peut faire l'objet d'une exécution forcée sur le territoire d'un Etat partie ; qu'il échet donc dire que le pourvoi est recevable ;

Sur la recevabilité du mémoire en réponse

Attendu que dans sa réplique en date du 13 mai 2008, les demanderesses au pourvoi ont conclu à l'irrecevabilité du mémoire en réponse en ce qu'il ne contient ni les statuts ou un extrait récent du registre de commerce de la Société Hann, ni le mandat donné par celle-ci à l'avocat ; qu'en outre El hadji Boubacar Hann n'a pas qualité pour agir suite à l'Arrêt n°036 du 17 avril 2007 contre lequel il n'a exercé aucune voie de recours ;

Mais attendu que le présent recours est justement exercé contre l'arrêt n° 036 du 17 avril 2007 qui n'est donc pas définitif ; que l'application de l'article 28 du Règlement de procédure est essentiellement relative au recours ; qu'en ce qui concerne le mandat, il a été joint au mémoire en date du 10 novembre 2008 ; que dès lors, il échet de dire que le mémoire en réponse est recevable ;

Sur le premier moyen tiré de la violation de l'article 130 de l'Acte uniforme du 17 avril 1997 relatif au droit des sociétés commerciales et du groupement d'intérêt économique.

Attendu qu'il est fait grief à l'arrêt querellé d'avoir violé l'article 130 susvisé en décidant que la mise en réserve systématique des bénéfices au détriment du groupe Hann n'est pas justifiée au regard de l'intérêt général de la SGBC et de déduire que les actionnaires majoritaires avaient procédé par abus de majorité, alors que, les différentes délibérations avaient pour but le renflouement des fonds propres nets de la Banque et son épanouissement ; qu'en tout état de cause, les différentes délibérations n'avaient procuré aucun avantage particulier aux actionnaires majoritaires ;

Attendu, en effet que la Cour d'appel pour retenir qu'il y avait abus de majorité a pris comme motif « la mise en réserve systématique des bénéfices au détriment du Groupe Hann » et l'absence de « toute justification de ladite décision au regard de l'intérêt général de la SGBG » ; alors qu'il s'agissait de vérifier si les décisions ont été prises dans le seul intérêt des actionnaires majoritaires sans qu'elles puissent être justifiées par l'intérêt de la Société ; qu'en l'occurrence aucun intérêt n'a été relevé en faveur des actionnaires majoritaires encore moins injustifié au regard de l'intérêt de la SBGG ; que manifestement la Cour d'appel a violé les dispositions visées, faisant encourir la cassation à son arrêt ; qu'il échet donc de casser l'Arrêt n°36 de la Cour d'appel de Conakry en date du 17 avril 2007 et d'évoquer ;

Sur évocation

Attendu que par actes des 20 juillet 2006 et 31 juillet 2006, les Sociétés SGBG, SGF et Vereinsbank d'une part, la société Hann et El Hadji Boubacar Hann, d'autre part, ont respectivement interjeté appel du jugement n°30 rendu le 20 juillet 2006 par le Tribunal de Kaloum ;

Attendu que la SGBG, la Société Générale France et la Société Bayerische Hypo Und Vereinsbank ont sollicité de la Cour d'infirmer le jugement entrepris en toutes ses dispositions en ce que la preuve de l'abus de la majorité n'est pas rapportée ; qu'il est au contraire, établi que la décision d'affecter aux réserves les bénéfices des exercices 2001, 2002 et 2004 est conforme à l'intérêt de la SGBG et justifiée par la règlementation prudentielle en vigueur à la Banque Centrale de la République de Guinée, notamment à l'article 3 de l'instruction n°138 du 26 novembre 2002 ; qu'elles concluent au débouté, à la condamnation du groupe Hann à 5.000.000.000 F G à titre de dommages-intérêts ;

Attendu qu'en réplique la Société Hann et El Hadji Boubacar Hann sollicitent la confirmation du jugement querellé ; qu'au regard de l'évolution très positive des fonds propres et surtout des résultats bénéficiaires distribuables, la SGBG ne peut, par l'intermédiaire de ses actionnaires étrangers, s'opposer à la distribution des dividendes en alléguant la nécessité de renforcer sa trésorerie ; que les deux conditions exigées par l'article 130 de l'Acte uniforme sont réunies ; qu'enfin les délibérations ne sont pas conformes à l'article 38 des statuts de la SGBG qui déterminent la constitution des bénéfices nets ainsi que leur mode de répartition entre les actionnaires ;

Attendu que la preuve n'est pas rapportée que les actionnaires majoritaires ont voté les différentes délibérations dans leur seul intérêt ; qu'en l'espèce les décisions sont défavorables à tous les actionnaires sans porter aucun préjudice à la SGBG ; que pour les mêmes motifs que ceux ayant entraîné la cassation, il échet de dire qu'il n'y a pas abus de majorité et de débouter la Société Hann et Compagnie et El Hadji Boubacar Hann de leurs demandes, en infirmant le jugement entrepris ;

Attendu que dans l'exercice de leurs droits de réclamer le reversement des dividendes, il n'y a aucun abus de procédure de la part de la Société Hann et El Hadji Boubacar Hann ; qu'il y a lieu de rejeter les réclamations en dommages-intérêts de la Société Générale France, la Société Bayerische Hypo Und Vereinsbank et la SGBG ;

Attendu qu'il échet de mettre les dépens à la charge de la Société Hann et Compagnie et El Hadji Boubacar Hann ;

PAR CES MOTIS

Statuant publiquement, après en avoir délibéré,

Déclare le pourvoi recevable ;

Reçoit les mémoires des défendeurs ;

Casse l'Arrêt n°36 rendu le 17 avril 2007 par la Cour d'appel de Conakry ;

Evoquant et statuant au fond,

Infirme le jugement entrepris et statuant de nouveau, déboute la Société Hann et Compagnie et El Hadji Boubacar Hann de leurs demandes ;

Déboute la SGBG, la Société Générale France et la Société Bayerische Hypo Und Verinsbank AG de leurs demandes reconventionnelles en dommages-intérêts ;

Condamne la Société Hann et El Hadji Boubacar Hann aux dépens.

Abus de majorité : la charge de la preuve de l'abus pèse sur l'actionnaire minoritaire (CCJA, 2e Ch., n°134/2015, 12 novembre 2015)

> Sommaire
>
> La charge de la preuve de l'abus de majorité pèse sur l'actionnaire minoritaire qui doit établir l'existence des éléments constitutifs de l'abus au sens de l'article 130 de l'AUSCGIE.

La Cour Commune de Justice et d'Arbitrage (CCJA), de l'Organisation pour l'Harmonisation en Afrique du Droit des Affaires (OHADA), Deuxième chambre, a rendu l'Arrêt suivant en son audience publique du 12 novembre 2015 où étaient présents :

Messieurs Abdoulaye Issoufi TOURE,	Président, rapporteur
Namuano Francisco DI AS GOMES,	Juge Djimasna
N'DONINGAR,	Juge
et Maître Jean Bosco MONBLE,	Greffier,

Sur le pourvoi enregistré le 10 mars 2014 au greffe de la Cour de céans sous

le n°037/2014/PC et formé par Maître Mounir Houssein MOHAMED, Avocat à la Cour, Commune de Kaloum, quartier Sandervalia, immeuble Mirna, agissant au nom et pour le compte de la Société Générale de Banques en Guinée dite SGBG et la Société Générale France, toutes deux sociétés anonymes ayant respectivement leurs sièges à Conakry, cité Chemin de fer et à Paris 29, Boulevard Haussmann, dans la cause les opposant à la Société Hann et Compagnie, société anonyme dont le siège est à Conakry, commune de Matam ayant pour conseils Maître Maurice Lamey KAMANO, Avocat à la Cour demeurant commune de

Kaloum quartier Kouléwondy, Maître Lamine SIDIME, Avocat à la Cour demeurant quartier Sandervalia et Maître Aliou Ninangadou, Avocat à la Cour, 01 BP 2150 Abidjan 01,

en cassation de l'arrêt n°552 rendu le 19 novembre 2013 par la Cour d'appel de Conakry et dont le dispositif est le suivant :

« Statuant publiquement, contradictoirement en matière commerciale et en dernier ressort ;

En la forme

Reçoit les appels interjetés ;

Au fond :

Dit que la Cour dispose d'éléments d'appréciation suffisants pour statuer sur les demandes des parties ;

Passe outre la demande de consultation écrite ou orale présentée par les appelantes principales ;

Constate que les fonds propres nets de la SGBG S.A de 140.000.000.000 GNF avoisinent trois (3) fois son capital social de 50.100.000.000 GNF ;

Dit que les fonds propres nets de la SGBG SA sont suffisants pour permettre la distribution des bénéfices de l'exercice 2011 et son fonctionnement normal,

En conséquence

Confirme le jugement n°013 en date du 14 février 2013 du tribunal de première instance de Kaloum en toutes ses dispositions sauf en ce qui concerne les dommages-intérêts ;

Reformant partiellement le jugement sur ce point, condamne la Société Générale de Frances SA. au paiement à la Société Hann et Compagnie de la somme de 1.000.000.000 GNG à titre de dommages-intérêts pour toutes causes de préjudices confondus ;

Déboute les parties du surplus de leurs demandes ;

Met les frais et les dépens à la charge de la société Générale de France et la SGBG S.A » ;

Les requérantes invoquent à l'appui de leur pourvoi, les deux moyens de cassation, tels qu'ils figurent à la requête annexée au présent arrêt ;

Sur le rapport de Monsieur Abdoulaye Issoufi TOURE, Premier vice Président ;

Vu les articles 13 et 14 du Traité relatif à l'harmonisation du droit des affaires en Afrique ;

Vu le Règlement de procédure de la Cour Commune de Justice et d'arbitrage de TOHADA ;

Attendu qu'il ressort des pièces du dossier de la procédure qu'en 1985 a été créée la Société Générale de Banques dite SGBG avec pour actionnaires la Société Hann et Compagnie, la Société Générale de France et la Société Bayerische Hypo Und Vereinsbank ; que le 27 juin 2012, l'Assemblée générale ordinaire des actionnaires a délibéré sur les bénéfices de 2011 et a décidé d'affecter 60.383.400.000F aux réserves de la Banque et de distribuer 21.962.000.000 F sur lesquels 6.607.432.415 sont revenus à la société Hann et compagnie ; que cette société s'est élevée contre ladite délibération et par exploit du 06 septembre 2012 assignait la SGBG, la Société Générale de France et la société Bayerische devant le tribunal de première instance de Kaloum à Conakry, sollicitant l'annulation de la délibération, la distribution intégrale des dividendes de 2011 et l'allocation de dommages-intérêts ; que le Tribunal par jugement n°013 du 14 février 2013 faisait droit à la requête en condamnant la SGBG à 800.000.000 à titre de dommages- intérêts ; que sur appel de la SGBG et de la Société Générale de France, la Cour d'appel de Conakry rendait l'arrêt dont pourvoi ;

Sur le deuxième moyen tiré de la violation de l'article 130 de l'Acte uniforme relatif au droit des sociétés commerciales et du groupement d'intérêt économique.

Attendu qu'il est fait grief à l'arrêt déféré d'avoir considéré que les fonds propres nets de la SGBG d'un montant de 140.000.000.000 F étaient suffisants pour relancer ses activités et honorer ses engagements vis-à-vis de ses partenaires et que les actionnaires majoritaires ne prouvaient pas que la décision d'affecter une partie des bénéfices aux réserves, n'était pas prise dans l'unique dessein de favoriser les membres de la majorité au détriment des membres de la minorité alors que, l'article 130 pose trois conditions pour caractériser l'abus de majorité à savoir une décision non justifiée par l'intérêt de la société, une décision dans le seul intérêt des associés majoritaires ; et une décision contraire aux intérêts des associés minoritaires ; qu'en l'occurrence selon le moyen, l'arrêt ne spécifie aucune de ces conditions et met en outre la charge de la preuve de l'abus au compte des associés majoritaires ;

Attendu en effet qu'aux ternies de l'article 130 alinéa 2 de l'Acte uniforme relatif aux sociétés commerciales et au groupement d'intérêt économique du 17 avril 1997 « ...Il y a abus de majorité lorsque les associés majoritaires ont voté une décision dans leur seul intérêt, contrairement aux intérêts des associés minoritaires, et que cette décision ne puisse être justifiée par l'intérêt de la société. » ; qu'au regard de cette disposition, l'arrêt querellé n'a relevé la réalisation d'aucune de ces conditions se limitant à déclarer que la réserve de 140.000.000.000 F était suffisante, encourant ainsi la cassation ;

Sur l'évocation

Attendu que par exploit du 29 mars 2013, la société Générale de France et la SGBG par l'organe de leur conseil, Maître Mounir Houssein MOHAMED ont déclaré interjeter appel du jugement n°013, rendu le 14 février 2013 par le Tribunal de première instance de Kaloum ; que la Société Hann en a, elle aussi, relevé appel incident ;

Attendu que les appelantes principales ont conclu à l'infirmation du jugement entrepris en exposant que la délibération contestée est conforme aux intérêts de la SGBG ; qu'elles sollicitent la prescription d'une consultation aux fins de faire déterminer par l'organe approprié l'opportunité de la délibération ; que la preuve de l'abus devait être apportée par l'associée minoritaire demanderesse à l'instance ; que la volonté de la Société Hann d'obtenir la distribution de tous les dividendes relève d'intérêts égoïstes ; qu'enfin, elles réclament chacune 5.000.000.000 F de dommage-intérêts pour procédure abusive et vexatoire ;

Attendu que la société Hann appelante incidente a conclu par l'organe de Maîtres Maurice Lamey KAMANO, Salifou BEAVOGUI et Laye SANO, Avocats à la Cour à la confirmation du jugement entrepris sauf pour les dommages-intérêts qu'elle souhaite être ramenés à 3.000.000.000 F ;

Attendu que la preuve de l'abus de majorité n'a pas été rapportée par la Société Hann et Compagnie ; qu'il échet donc de la débouter de toutes ses demandes fins et conclusions, en infirmant le jugement dont appel ;

Attendu que par rapport à la demande reconventionnelle, il n'a été relevé aucune intention de nuire dans l'action intentée par Hann et Compagnie ; qu'il y a lieu de rejeter la demande de dommages-intérêts de la Société Générale France et de la SGBG ;

Attendu que la Société Hann et Compagnie succombant sera condamnée aux dépens ;

PAR CES MOTIFS

Statuant publiquement, après en avoir délibéré ;

Casse l'arrêt n°552 rendu le 19 novembre 2013 par la Cour d'appel de Conakry ;

Evoquant et statuant au fond :

Infirme le jugement n°013 rendu le 14 février 2013 par le Tribunal de première instance de Kaloum ;

Statuant à nouveau :

Déclare la requête de la Société Hann et Compagnie mal fondée ;

L'en déboute ;

Rejette la demande reconventionnelle de la Société Général France et de la SGBG ;

Condamne la Société Hann et compagnie aux dépens.

Domaine d'application des dispositions interdisant les garanties des engagements des dirigeants de la SA (CCJA, 1ère Ch., n°159/2015, 17 décembre 2015)

Sommaire

Les articles 465, 487 et 449 de l'Acte uniforme relatif au droit des sociétés commerciales et du groupement d'intérêt économique ne s'appliquent pas au cautionnement souscrit par les tiers à la société anonyme.

La Cour Commune de Justice et d'Arbitrage (CCJA), Première Chambre, de l'Organisation pour l'Harmonisation en Afrique du Droit des Affaires (OHADA), a rendu l'arrêt suivant en son audience publique du 17 décembre 2015 où étaient présents :

Messieurs Marcel SEREKOÏSSE-SAMBA,	Président
Mamadou DEME,	Juge
Vincent Diehi KOUA,	Juge
César Apollinaire ONDO MVE,	Juge, rapporteur
Robert SAFARI ZIHALIRWA,	Juge
Et Maître Acka AS SIEHUE,	Greffier :

Sur le recours numéro 033/2010/PC enregistré au greffe de la Cour de céans le 22 mars 2010 et formé par la Société Africaine de Crédit Automobile (SAFCA), société anonyme avec conseil d'administration ayant son siège à Abidjan, 04 BP 27

Abidjan 04, agissant par son directeur général demeurant audit siège, assistée de la SCPA DOGUE-Abbé YAO & Associés, société d'avocats près la Cour d'appel d'Abidjan, y demeurant 29, boulevard Clozel, 01 BP 174 Abidjan 01, domicile élu, dans l'affaire l'opposant à KOUAME AKISSI Françoise, demeurant à Abidjan- Marcory Hibiscus, 20 BP 1177 Abidjan 20, ayant pour conseil CD & Associés, société d'avocats près la Cour d'appel d'Abidjan, Plateau, 40 Avenue Lamblin, BP 1328 Abidjan 17,

en cassation de l'arrêt n°608 rendu le 25 juillet 2008 par la Cour d'appel d'Abidjan, dont le dispositif est libellé ainsi qu'il suit :

« PAR CES MOTIFS.

Statuant publiquement et contradictoirement en matière civile et commerciale et en dernier ressort ;

EN LA FORME.

Déclare Madame KOUAME AKISSI Françoise recevable en son appel ;

AU FOND.

L'y dit bien fondée ;

Réforme le jugement entrepris et statuant à nouveau ;

Rétracte partiellement l'ordonnance d'injonction de payer n°4685/2005 du 28 mai 2008 en ce qu'elle a condamné Madame KOUAME AKISSI Françoise à payer solidairement la somme de 7 322 065 francs ;

La met hors de cause ;

Condamne la S AF CA aux dépens (...) » ;

La requérante invoque trois moyens de cassation tels qu'ils figurent à la requête annexée au présent arrêt ;

Sur le rapport de Monsieur le Juge César Apollinaire ONDO MVE ;

Vu les dispositions de l'article 14 du Traité relatif à l'harmonisation du droit des affaires en Afrique ;

Vu le Règlement de procédure de la Cour Commune de Justice et d'Arbitrage de l'OHADA ;

Attendu qu'il résulte des pièces du dossier de la procédure que par acte numéro 110100101-2 du 03 avril 2001, la SAFCA a financé l'acquisition pour le Restaurant SOUKALA de trois climatiseurs split auprès de la société TECHNIBAT, à hauteur de 9 699 795 FCFA ; que pour le remboursement de cette somme, ledit restaurant a réglé une partie au comptant, le reste d'un montant de 7 759 000 FCFA devant l'être en 24 mensualités de 399 978 FCFA l'une, à compter du 5 mai 2001; que suivant acte du 6 avril 2001, KOUAME AKISSI Françoise s'est portée caution du Restaurant

SOUKALA pour le règlement de cette créance ; que le Restaurant SOUKALA n'ayant pas honoré les échéances convenues, la S AF CA a obtenu du président du Tribunal de première instance d'Abidjan l'ordonnance n°4685/2002 du 28 mai 2002 faisant injonction à ce dernier et à sa caution d'avoir à payer conjointement et solidairement diverses sommes; que son opposition contre ladite ordonnance ayant été rejetée par le Tribunal de première instance d'Abidjan suivant jugement n°461/Civ 3ème D du 13 février 2008, KOUAME AKISSI Françoise a interjeté appel devant la Cour d'appel d'Abidjan qui a rendu l'arrêt objet du présent pourvoi ;

Sur la recevabilité du recours de la SAFCA

Attendu que dans son mémoire en réponse du 27 juillet 2010, KOUAME AKISSI Françoise soulève l'irrecevabilité du recours de la SAFCA, motif pris de ce que celui-ci ne respecterait pas les prescriptions des articles 23 et 28 du Règlement de procédure de la CCJA, en ce, notamment, que la SCPA DOGUE-Abbé YAO & Associés qui l'assiste dans la présente instance n'a pas prouvé sa qualité d'avocat comme l'exigent lesdits textes ;

Mais attendu que Maître ABBLE Arsène, avocat associé de la SCPA DOGUE- Abbé YAO & Associés a versé au dossier de la Cour une copie de sa carte de membre de l'Ordre des avocats de Côte d'ivoire ; que le moyen doit être rejeté et le recours par conséquent déclaré recevable ;

Sur le premier moyen de cassation pris de la violation de la loi résultant de l'erreur dans l'application de la loi, notamment des articles 465, 487 et 449 de l'Acte uniforme relatif au droit des sociétés commerciales et du groupement d'intérêt économique

Attendu que par ce moyen, il est reproché à l'arrêt attaqué d'avoir réformé le jugement entrepris et mis KOUAME AKISSI Françoise hors de cause, d'une part en estimant que le cautionnement était nul au regard des textes précités, sans dire en quoi ceux-ci ont été violés, et d'autre part, en fondant sa décision sur ces dispositions qui régissent plutôt les attributions et les droits des dirigeants d'une société anonyme, ainsi que les cautions, avals, garanties et garanties à première demande souscrits par une telle société pour des engagements pris par des tiers, violant ainsi l'ensemble des dispositions légales visées au moyen ;

Attendu en effet que pour annuler le cautionnement litigieux, rétracter l'ordonnance et mettre la caution hors de cause, l'arrêt attaqué énonce que « L 'examen de l 'acte de cautionnement révèle que celui-ci a été signé par le directeur commercial de la SAFCA sans aucune indication de la délégation de pouvoir qui lui aurait été consentie » et retient qu' « il s'agit manifestement d'une violation des dispositions des articles 465, 487 et 449 de l 'acte uniforme relatif aux sociétés commerciales » ;

Qu'en statuant ainsi, alors que le cautionnement litigieux a été consenti, non par la S AF CA, mais par KOUAME AKISSI Françoise, gérante du Restaurant SOUKALA, pour garantir un prêt consenti au bénéfice de ladite entreprise, suivant un contrat de financement en date du 3 avril 2001 signé par le même directeur commercial et dont l'exécution n'a pas été contestée, la Cour d'appel a violé, par fausse application, les dispositions visées au moyen ;

Qu'il échet de casser l'arrêt et d'évoquer ;

Sur l'évocation

Attendu que par exploit en date du 10 mars 2008, KOUAME AKISSI Françoise a relevé appel du jugement n°461 rendu le 13 février 2008 par le Tribunal de première instance d'Abidjan, qui a statué ainsi qu'il suit :

« Reçoit dame Françoise AKISSI KOUAME en son opposition ;

L'y dit mal fondée ;

L'en déboute ;

La condamne à payer à la société SAFCA la somme de 7 322 065 FCFA en principal ;

Condamne la demanderesse aux dépens (...) » ;

Attendu que l'appel de KOUAME AKISSI Françoise n'ayant soulevé aucun débat particulier, il convient de le déclarer recevable en la forme ;

Attendu qu'au soutien de sa demande d'infirmation du jugement entrepris, l'appelante argue essentiellement de la nullité de l'acte de caution qu'elle a signé le 6 avril 2001 avec le directeur commercial de la SAFCA ;

Que pour les mêmes motifs que ceux justifiant la cassation, il convient de déclarer valable ladite caution et de confirmer le jugement entrepris ;

Et attendu que KOUAME AKISSI Françoise ayant succombé, il échet de la condamner aux entiers dépens ;

PAR CES MOTIFS

Statuant publiquement, après en avoir délibéré,

Déclare le recours de la société SAFCA recevable ;

Casse et annule en toutes ses dispositions l'arrêt n°608 rendu le 25 juillet 2008 par la Cour d'appel d'Abidjan ;

Evoquant et statuant au fond,

Reçoit KOUAME AKISSI Françoise en son appel ;

Déclare celui-ci mal-fondé ;

Confirme le jugement n°461/Civ 3ème D rendu le 13 février 2008 par le Tribunal de première instance d'Abidjan ;

Condamne KOUAME AKISSI Françoise aux entiers dépens.

IV. Société de fait

Les éléments constitutifs d'une société de fait (CCJA, n°191/2015, 23 décembre 2015)

Sommaire

L'existence d'une société de fait est caractérisée dès lors qu'il est établi l'existence des conditions de création d'une société à savoir l'apport, le partage des bénéfices et des pertes et la volonté non équivoque de s'associer.

La Cour Commune de Justice et d'Arbitrage (CCJA) de l'Organisation pour l'Harmonisation en Afrique du Droit des Affaires (OHADA), troisième chambre, a rendu l'Arrêt suivant en son audience publique du 23 décembre 2015 où étaient présents :

Madame Flora DALMEIDA MELE,

Messieurs Victoriano OBIANG ABOGO,

Idrissa YAYE,

Birika Jean Claude BONZI,

Fodé KANTE,

et Maître Alfred Koessy BADO, Greffier ;

Sur le pourvoi enregistré au greffe de la Cour de céans le 22 octobre 2012 sous le n° 144/2012/PC et formé par maître YEO MASSKRO, avocat à la cour, cabinet sis au Plateau, immeuble SCIA n°9, face stade Félix Houphouët Boigny, 5ème étage, porte 53, 04 BP 2811 Abidjan 04, agissant au nom et pour le compte de monsieur Tano ATCHIMOU, né en 1944 à Abengourou, attaché administratif à la retraite, demeurant à Tiassalé, dans la cause l'opposant aux Ayants-droit N'DRI AECA, à savoir : monsieur AECA YAO N'DRI Louis, né le 27 octobre 1975 à Ahua, y demeurant et mesdames AECA ASSOUE TANO Jeannette, née le 25 février 1976 à Akougou, domiciliée à Ahua, AECA N'GBESSO Madeleine, née le 25 février 1978 à Dabou, domiciliée à Abidjan, AECA N'GORAN Pascaline, née le 11 avril 1981 à Ahua, y demeurant, AECA BROU Honorine, née le 16 mai 1984 à Tiassalé, domiciliée à Ahua, AECA EKHON Donatienne, née le 24 mai 1987 à Tiassalé, domiciliée à Abidjan, AECA TANO Amoin Marie, née le 30 juillet 1965 à Tissalé, y demeurant, assistés de maître LUC-ERVE KOUAKOU, avocat à la cour, demeurant à Abidjan Plateau, immeuble CROZET, angle boulevard Angoulvant, avenue CROZET, 3 ème escalier, 4 e étage, P 406, face au collège Notre Dame du Plateau, 01 BP 445 Abidjan 01,

en cassation de l'arrêt civil n°l 16 rendu le 17 février 2012 par la deuxième chambre civile et commerciale de la cour d'appel d'Abidjan et dont le dispositif est le suivant :

« Statuant publiquement, contradictoirement, en matière civile et en dernier ressort ;

En la forme :

Déclare Monsieur TANO ATCHIMOU recevable en son appel relevé du jugement civil contradictoire n°08/10 rendu le 12 Janvier 2010 par la Section de Tribunal de Tiassalé ;

Au fond :

L'y dit mal fondé ;

L'en déboute ;

Confirme le jugement entrepris en toutes ses dispositions ;

Condamne Monsieur TANO ATCHIMOU aux dépens ; » ;

Le requérant invoque à l'appui de son pourvoi le moyen unique de cassation tel qu'il figure dans sa requête annexée au présent arrêt ;

Sur le rapport de monsieur Idrissa YAYE, Juge ;

Vu les dispositions des articles 13 et 14 du Traité relatif à l'harmonisation du droit des affaires en Afrique ;

Vu le Règlement de procédure de la Cour Commune de Justice et d'Arbitrage de l'OHADA ;

Attendu qu'il résulte des pièces du dossier de la procédure que, par exploit en date du 4 avril 2007, les Ayants-droit de feu N'DRI AKA saisissaient le tribunal de première instance de Yopougon d'une action tendant, entre autres, à voir ordonner la liquidation de la société de fait créée entre feu YAO N'DRI, membre de la grande famille YAO KAN et gestionnaire des biens de ladite famille et Tano ATCHIMOU ; que par jugement n°08 du 12 janvier 2010, ledit tribunal faisait droit à leur requête en constatant, en application des articles 864 de l'Acte uniforme relatif au droit des sociétés commerciales et du groupement d'intérêt économique, l'existence de la société de fait et en ordonnant sa liquidation ; que sur appel de monsieur Tano ATCHIMOU, la cour d'appel d'Abidjan rendait le 17 février 2012 l'arrêt confirmatif n°l 16, objet du présent pourvoi en cassation ;

Sur le moyen unique ;

Attendu que le recourant reproche à l'arrêt entrepris d'avoir violé ou mal interprété ou mal appliqué l'article 864 de l'Acte uniforme relatif au droit des sociétés commerciales et du groupement d'intérêt économique en affirmant qu'il a existé une société de fait entre lui et feu N'DRI AKA, estimant qu'il n'est pas propriétaire de la parcelle sur laquelle il a créé sa plantation d'hévéa et d'en déduire que ladite parcelle serait l'apport qu'aurait fait feu N'DRI AKA, d'avoir argué également que la plainte datée du 24 janvier 2001, adressée au Sous-préfet établirait que l'auteur des défendeurs serait son associé et d'avoir soutenu que le fait que le défunt ait reçu de lui la somme de 250.000 FCFA suffit à conclure qu'il y a eu société de fait entre eux ; que ce raisonnement est contraire aux dispositions dudit article 864 selon lesquelles l'existence de la société de fait se matérialise par le comportement des personnes qui sans en avoir connaissance se prennent comme des associés ; que l'existence de la société de fait suppose les deux caractéristiques du contrat de société à savoir l'apport, l'affectio societatis ou le partage des bénéfices et pertes ; qu'en l'espèce la cour d'appel en affirmant de façon péremptoire que la surface sur laquelle la plantation d'hévéa a été créée appartient à l'auteur des défendeurs, de sorte que cette surface est l'apport en nature, alors même que cette parcelle lui a été attribuée par feu YAO N'DRI, grand père des défendeurs, lequel de son vivant n'a jamais perturbé sa jouissance ; que la cour d'appel a également cru bon d'ignorer l'attestation de cession que lui a délivrée le sous-préfet et n'indique pas en quoi le défunt a apporté son expertise dans la création de la plantation d'hévéa ; qu'ainsi les conditions spécifiques cumulatives de l'existence d'une société de fait ne sont pas réunies et il conclut à la cassation de l'arrêt querellé ;

Mais attendu que les juges du fond, en appréciant les faits soumis à leur appréciation, ont pu déduire, souverainement, des éléments de preuve qui leur sont soumis, notamment, de la preuve de la propriété de la plantation attestée par le permis d'occuper en vue d'une immatriculation n°68 du 22 juin 1916 et le permis d'occupation provisoire n°17 du 9 mars 1923, de la correspondance non contestée en date du 24 janvier 2001, du travail et de la prise en charge matérielle des manœuvres et du versement par le requérant au défunt de la somme de 250.000FCFA sur les bénéfices réalisés, un comportement non équivoque de s'associer en vue de la création d'une société de fait ; que cette appréciation souveraine des faits, outre qu'elle échappe au contrôle du juge de la cassation, il en résulte des éléments susceptibles d'attester de l'existence des conditions de création d'une société à savoir l'apport ici symbolisé par la mise à disposition de son champ dont la preuve de la propriété est suffisamment apportée et le partage des bénéfices et pertes illustré par la remise non contestée de la somme de 250.000 FCFA ; qu'il s'ensuit qu'en statuant comme elle l'a fait, la cour d'appel n'a pas commis le grief qui lui ai reproché ; qu'il échet dès lors de rejeter le recours de Tano ATCHIMOU comme étant non fondé ;

Attendu que monsieur Tano ATCHIMOU ayant succombé, il y a lieu de le condamner aux dépens ;

PAR CES MOTIFS

Statuant publiquement, après en avoir délibéré,

Rejette le recours de monsieur Tano ATCHIMOU comme étant non fondé ;

Le condamne aux dépens.

Société de fait et société en participation : unicité de régime juridique (CCJA, Ass. Plén., n°49/2015, 27 avril 2015)

> Sommaire
>
> La distinction entre société de fait et Société en participation n'est point pertinente au regard de l'unicité du régime juridique applicable dans les rapports entre associés dans les deux types de société qui sont assimilés à la société en nom collectif.
>
> Les déclarations fiscales ou sociales destinées au fisc et aux institutions sociales ne sauraient tenir lieu de documents comptables en l'absence d'états de synthèse, de journaux ou brouillards de caisse.

La Cour Commune de Justice et d'Arbitrage (CCJA) de l'Organisation pour l'Harmonisation en Afrique du Droit des Affaires (OHADA), Assemblée plénière, a rendu l'Arrêt suivant en son audience foraine tenue le 27 avril 2015 à Bamako (République du Mali), où étaient présents :

Messieurs Marcel SEREKOÏSSE-SAMBA,	Président
Abdoulaye Issoufi TOURE,	Premier Vice-Président
Madame Flora DALMEIDA MELE,	2nd Vice-Présidente, rapporteur
Messieurs Mamadou DEME,	Juge
Djimasna N'DONINGAR,	Juge
et Maître Paul LENDONGO,	Greffier en chef ;

Sur le pourvoi enregistré au greffe de la cour de céans le 04 novembre 2011 sous le n°097/2011 PC et formé par Maître Ibrahima GUEYE, Avocat à la cour, étude sise à Dakar, 52 rue Félix FAURE, agissant au nom et pour le compte de Monsieur Haïdar FARROUKH, demeurant à l'appartement n°110, immeuble FAOUK, avenue Lamine Gueye à Dakar, dans la cause l'opposant à Monsieur Jamal WAYZANI,

en cassation de l'arrêt n°432 rendu le 09 juin 2011 par la cour d'appel de Dakar et dont le dispositif est le suivant :

« PAR CES MOTIFS

Statuant publiquement, contradictoirement en matière commerciale et en dernier ressort ;

Vu l'ordonnance de clôture ;

Vu le rapport d'expertise ;

Infirme les deux jugements entrepris relativement à la situation des comptes entre associés ;

Condamne Haïdar FARROUCK à payer à Jamal WAZNANI la somme de 407 431 368 FCFA au titre de sa part de bénéfices de l'exploitation pour la période de 1994 à 2006 ;

Dit que les parties ont crée une société en participation ;

Infirme également le jugement du 15 avril 2008 quant aux dommages-intérêts alloués à FARROUCK et statuant à nouveau, déboute celui-ci de cette demande ;

Rejette les griefs de partialité et l'absence de caractère contradictoire de l'expertise ;

Dit n'y avoir lieu à contre-expertise ;

Confirme le jugement du 13 janvier 2009 quant à la dissolution et à la liquidation de la société ;

Condamne FARROUCK aux dépens. » ;

La requérante invoque à l'appui de son pourvoi les quatre moyens de cassation tels qu'ils figurent à la requête annexée au présent arrêt ;

Sur le rapport de Madame Flora DALMEIDA MELE, Seconde Vice-Présidente ;

Vu les dispositions des articles 13 et 14 du Traité relatif à l'harmonisation du droit des affaires en Afrique ;

Vu le Règlement de procédure de la Cour Commune de Justice et d'Arbitrage de l'OHADA ;

Attendu qu'il ressort des pièces de la procédure que Messieurs Haïdar FARROUKH et Jamal WAYZANI ont décidé de créer par convention du 28 mars 1994, une société en participation pour l'exploitation d'un restaurant ; qu'il était précisé dans la convention que chaque associé posséderait 50% des parts sociales ; que les associés ont fait à la signature des apports en nature et en industrie s'élevant pour Jamal WAYZANI à la somme de 70 131 396 FCFA du capital contre 12 700 000 FCFA pour Haïdar FARROUKH qu'il complétera ; que la convention stipulait que pour les deux premières années d'exploitation , Jamal WAYZANI percevra 75% des bénéfices et que Haïdar FARROUKH recevra 25% pour lui permettre de compléter son apport initial en apurant sa dette envers Jamal WAYZANI chiffrée à 22 365 698 FCFA ; qu'il a été également convenu que Monsieur Haïdar FARROUKH assurerait la bonne marche de l'exploitation du restaurant sous le contrôle de Jamal WAYZANI par la tenue d'une comptabilité régulière et le reversement à ce dernier, tous les lundi, de la recette de la semaine écoulée étant entendu qu'en fin d'année civile, les comptes devaient être arrêtés et les bénéfices partagés à parts égales, exception faite pour les deux premières années ; que par ordonnance du 20 février 2006, confirmée par arrêt du 13 juillet 2006, le juge des référés a constaté le non respect de la convention signée par les parties notamment sur les comptes et a désigné Monsieur Abdou WELLE en qualité d'administrateur provisoire à qui il a été assigné des missions bien précises ; que sur saisine de Haïdar FARROUKH, le tribunal régional hors classe de Dakar a, par jugement n°782 rendu le 15 avril 2008, fait partiellement droit à ses demandes, en condamnant Jamal WAYZANI à lui payer la somme de 97 325 000 FCFA au titre de bénéfice et celle de 2 000 000 FCFA à titre de dommages –intérêts ; qu'après dépôt du rapport de l'administrateur provisoire concluant à l'existence d'une quote part de 548 197 473 FCFA sur les bénéfices de 1 371 979 950 FCFA au profit de Jamal WAZANI et proposant la liquidation de la société, ce dernier saisissait à son tour, le même tribunal et sollicitait le paiement de cette part de bénéfice, la dissolution et la liquidation à son profit de la société ; que par jugement n°13 rendu le 13 janvier 2009, le tribunal hors classe de Dakar homologuait le rapport de monsieur Abdou WELLE en date du 28 janvier 2008, ordonnait la dissolution de la société en participation, désignait Paul KHOURY en qualité de liquidateur avec pour mission de vendre le fonds de commerce Adonis, disait que les honoraires seront supportés par ladite société en liquidation, condamnait Haïdar FARROUKH à payer à Jamel WAYZNI la somme de 548 167 473 FCFA , déboutait les parties de leurs demandes et condamnait Haïdar FARROUKH aux dépens ; que sur appels principal de Jamal WAZANI et incident de Haïdar FARROUKH, la cour d'appel de Dakar a rendu le 09 juin 2011, l'arrêt n°432 dont pourvoi ;

Attendu que bien qu'ayant reçu le 31 janvier 2012 signification du recours en cassation par lettre n°472/2011/G2 en date du 12 novembre 2011 du greffier en chef, Monsieur Jamal WAYZANI n'a pas daigné présenter de mémoire en réponse ; que le principe du contradictoire étant respecté, il y a lieu de statuer en l'état ;

Sur le premier moyen

Attendu qu'il est fait grief à l'arrêt attaqué d'avoir violé les articles 270 à 292 de l'Acte uniforme relatif au droit des sociétés commerciales et du GIE en considérant que la société créée entre les parties est une société en participation alors qu'il s'agit en réalité d'une société de fait, régie par l'article 864 de l'Acte uniforme sus indiqué, assimilable à la société en nom collectif, règlementée par les articles 270 à 292 du même Acte uniforme et surtout que dans la convention du 28 mars 1994 créant ladite société, les parties ont convenu expressément que la répartition des bénéfices ou pertes se fera à parts égales ;

Mais attendu qu'il ressort des pièces de la procédure que les parties ont, par convention signée le 28 mars 1994, expressément décidé de créer une société en participation tel que prévue à l'article 854 de l'Acte uniforme sus cité ; que l'article 856 du même acte prescrit que les rapports entre associés d'une société en participation sont régis par les dispositions applicables aux sociétés en nom collectif ; qu'en considérant que la distinction entre société de fait et Société en participation n'est point pertinente au regard de l'unicité du régime juridique applicable dans les rapports entre associés dans les deux types de société qui sont assimilés à la société en nom collectif, la cour d'appel n'a nullement violé les articles visés au moyen ; que dès lors le moyen ne peut être accueilli ;

Sur le deuxième moyen

Attendu qu'il est fait grief à l'arrêt attaqué d'avoir violé l'article 15 de l'Acte uniforme relatif au droit commercial général au motif que la cour, bien qu'ayant reconnu que les déclarations fiscales faites par Haïdar FARROUKH pour le compte du restaurant ADONIS lui ont été remis, a déclaré Jamal WAYZANI créancier de la somme de 407 431 368 FCFA en se fondant sur les seules données fournies par l'expert Abdou WELLE alors, selon le moyen, que lesdites déclarations qui font ressortir le chiffre d'affaires et les résultats financiers, confèrent à ces documents, un caractère comptable et financier ;

Mais attendu qu'aux termes de l'article 15 de l'Acte uniforme relatif au droit commercial général : « les livres de commerce visés à l'article 13 ci-dessus et régulièrement tenus peuvent être admis par le juge pour constituer une preuve entre commerçants. » ; qu'il résulte de cet article que ces livres, fixés à l'article 13 et qui sont le journal, le grand livre et le livre d'inventaire, et régulièrement tenus, peuvent servir de preuve au juge entre les commerçants ; qu'en l'espèce, le juge n'était pas appelé à apporter une preuve entre commerçants mais à savoir si la comptabilité était régulièrement tenue ; qu'en considérant que les déclarations fiscales ou sociales destinées au fisc et aux institutions sociales ne sauraient tenir lieu de documents comptables en l'absence d'états de synthèse, de journaux ou brouillards de caisse, le juge d'appel n'a nullement violé l'article visé au moyen ; qu'il s'ensuit que le moyen doit être rejeté ;

Sur le troisième moyen

Attendu que le demandeur au pourvoi fait grief à l'arrêt attaqué de n'avoir pas répondu à ses conclusions sur la révocation de l'expert Abdou WELLE en sa qualité d'administrateur provisoire du restaurant ADONIS ;

Mais attendu qu'il ressort des motivations de l'arrêt attaqué que la cour a, dans un paragraphe intitulé « sur les griefs articulés contre l'expert » répondu abondamment sur la question ; que dès lors le moyen doit être rejeté ;

Sur le quatrième moyen

Attendu qu'il est fait grief à l'arrêt attaqué d'être entaché de défaut de base légale en ce que la cour qui a retenu que Haïdar FARROUKH, Associé gérant, devait recevoir une rémunération de 700 000 FCFA par mois pour les deux premières années, a fixé le montant à 7 700 000 FCFA au lieu de 16 800 000 FCFA ;

Mais attendu que le montant de 7 700 000 FCFA, fixé par la cour, procède d'une erreur matérielle dont la correction peut être apportée par la juridiction ayant rendu la décision ; d'où il suit que le moyen n'est pas fondé ;

Attendu Monsieur Haïdar FARROUKH ayant succombé, il y a lieu de le condamner aux dépens ;

PAR CES MOTIFS

Statuant publiquement, après en avoir délibéré

Déclare recevable le pourvoi,

Le rejette comme non fondé ;

Condamne Monsieur Haïdar FARROUKH aux dépens.

V. Groupement d'intérêt économique

Le contrat ne peut attribuer à un organe autre que l'assemblée générale le pouvoir de décider le fonctionnement de la société (CCJA, Ass. Plén., n°48/2015, 27 avril 2015)

Sommaire

Il résulte de l'article 877 de l'AUSCGIE que toutes les décisions sont toujours prises par l'Assemblée Générale des membres. Le contrat ne peut que préciser le quorum et la majorité sans jamais permettre à un autre organe de décider du fonctionnement du GIE.

La Cour Commune de Justice et d'Arbitrage (CCJA), de l'Organisation pour l'Harmonisation en Afrique du Droit des Affaires (OHADA), Assemblée plénière a rendu l'Arrêt suivant en son audience foraine tenue le 27 avril 2015 à Bamako (République du Mali), où étaient présents :

Messieurs Marcel SEREKOÏSSE-SAMBA,	Président, rapporteur
Abdoulaye Issoufi TOURE	Premier Vice-Président,
Madame Flora DALMEIDA MELE,	Seconde Vice-Présidente
Messieurs Mamadou DEME,	Juge
Djimasna NDONINGAR,	Juge
et Maître Paul LENDONGO,	Greffier en chef

Sur le pourvoi enregistré au greffe de la Cour de céans sous le n°059/2011/PC du 12 juillet 2011 et formé par la SCP d'Avocats FAYE et DIALLO sise au 40, Avenue Malick Sy à Dakar, agissant au nom et pour le compte de Pape Boubacar Khouma propriétaire de l'Entreprise industrielle x Consult ayant ses bureaux à l'immeuble Seine 3 Boulevard de l'Est-point E à Dakar dans la cause qui l'oppose au Comité de gestion de la Prestation Informatique dite CGPID ayant son siège au 8-10 Allés Robert Delmas à Dakar, à Informatique Documentaire et Edition Electronique dite IDEE, sise au 32, Rue Lulu Sicap Fann à Dakar et au GIE Gaindé 2000 ayant ses bureaux à l'immeuble Fahd, Boulevard Djily Mbaye à Dakar, Tous ayant pour conseil la SCPA Aïssata TALL et Associés, Avocats à la Cour 192, Avenue du Président Lamine Gueye Emile Zola Dakar,

en cassation de l'Arrêt n°277 rendu le 19 mars 2010 par la Cour d'appel de Dakar et dont le dispositif est le suivant :

« Statuant publiquement, contradictoirement, en matière civile et en dernier ressort ;

Vu l'ordonnance de clôture ;

Infirme le Jugement entrepris ;

Déboute Pape Boubacar Khouma de sa demande ;

Le Condamne aux dépens. ;

La requérante invoque à l'appui de son pourvoi, le moyen unique de cassation tel qu'il figure à la requête annexée au présent arrêt ;

Sur le rapport de Monsieur Abdoulaye Issoufi TOURE, Premier Vice-président ;

Vu les dispositions des articles 13 et 14 du Traité relatif à l'harmonisation du droit des affaires en Afrique ;

Vu le Règlement de procédure de la Cour Commune de Justice et d'Arbitrage de l'OHADA ;

Attendu qu'il résulte des pièces de la procédure que le 29 mai 2002 était crée le GIE GAINDE 2000 ; que suivant l'acte notarié de constitution, ses membres étaient le Comité de Gestion de la Prestation Informatique Douanière dite C.G.P.I.D, l'Informatique Documentaire et Edition Electronique dite IDEE, et X consult représentés respectivement par Boubacar Camara, Mayemouna DIOP et Pape Boubacar KHOUMA ; que les activités du GIE se déroulaient normalement jusqu'au 15 janvier 2007, date à laquelle Pape Boubacar KHOUMA recevait la notification de son exclusion par un procès-verbal d'une Assemblée Générale Extraordinaire du 10 novembre 2006 ; que s'opposant à cette décision Pape Boubacar KHOUMA, assignait les autres membres du GIE en annulation dudit procès-verbal ; que le Tribunal Régional de Dakar par Jugement n°697 du 2 avril 2008 faisait droit à cette requête ; que cette décision sera infirmée en appel par l'arrêt dont pourvoi ;

Sur le moyen unique tiré de la violation des articles 870, 876 et 877 de l'Acte uniforme du 17 avril 1997 relatif au droit des sociétés commerciales et du groupement d'intérêt économique.

Attendu qu'il est fait grief à l'arrêt déféré d'avoir violé ces dispositions en validant la délibération de l'Assemblée relativement à l'exclusion de Pape Boubacar KHOUMA en se basant sur un Règlement intérieur adopté le 6 janvier 2005 alors qu'aussi bien l'Assemblée du 6 janvier 2005 que celle du 10 novembre 2006, a été tenue par des personnes composant le comité de gestion qui, suivant l'article 879 n'a aucun pouvoir d'exclusion ; que donc seul l'article 877 devait trouver application en ce que les décisions sont prises par l'Assemblée Générale des membres du GIE ;

Attendu que l'article 877 dont la violation est arguée au principal est ainsi conçu :

« L'Assemblée Générale des membres du Groupement d'intérêt économique est habilitée à prendre toute décision, y compris de dissolution anticipée en de prorogation dans les conditions déterminées par le contrat ;

Celui-ci peut prévoir que toutes les décisions ou certaines d'entre elles seront prises aux conditions de quorum et de majorité qu'il fixe. Dans le silence du contrat, les décisions sont prises à l'unanimité… » ; qu'il appert donc que toutes les décisions sont toujours prises par l'Assemblée Générale des membres ; que le contrat ne peut que préciser le quorum et la majorité sans jamais permettre à un autre organe de décider du fonctionnement du GIE ; qu'en l'occurrence il est manifeste que l'Assemblée Générale du 10 novembre 2006 était essentiellement composée des membres du Comité de Gestion et non des membres du GIE connus au 29 mai 2002 date de constitution du GIE ; qu'il échet donc de casser l'arrêt querellé et d'évoquer ;

Sur évocation

Attendu que par exploit en date du 09 avril 2008 le GIE Gaindé 2000, a déclaré interjeter appel du jugement rendu le 02 avril 2008 par le Tribunal Régional de Dakar ;

Attendu que par conclusions du 16 janvier 2009, le GIE Gaindé 2000, CGPID et IDEE, ont exposé que l'annulation a été prononcée à tort par le premier juge en se basant sur l'article 877 de l'Acte uniforme, alors que le Règlement intérieur ne laisse aucun doute au vu du procès-verbal de l'Assemblée Générale au cours de laquelle ledit Règlement a été adopté ; que le GIE conclut à l'infirmation du jugement entrepris ;

Attendu qu'en réplique, Pape Boubacar KHOUMA a expliqué que le fait de discuter un Règlement Intérieur ne peut valoir signature en adhésion ; que le Procès-verbal de l'Assemblée Générale qui a abouti à la décision d'exclusion a été signé seulement par les membres du Comité de Gestion ; qu'enfin le défaut de libération de l'apport ne saurait entraîner son exclusion parce qu'il est mentionné dans les statuts que son apport a été libéré et qu'un GIE peut être constitué sans apport ;

Attendu qu'il est demeuré constant que la décision d'exclusion a été prise par une Assemblée constituée essentiellement de membres du Comité de Gestion ; que cette constitution irrégulière rend inopérante la décision d'exclusion du 10 novembre 2006 ; que le premier jugement ayant annulé la décision d'exclusion relève donc d'une bonne appréciation des faits et d'une saine application de la loi ; qu'il échet de le confirmer ;

Attendu que le Comité de Gestion de la Prestation Informatique Douanière, Informatique Documentaire et Edition Electronique et le GIE Gaindé 2000, succombant seront condamnés aux dépens.

PAR CES MOTIFS

Statuant publiquement après en avoir délibéré ;

Casse l'arrêt n°277 rendu le 19 mars 2010 par la Cour d'appel de Dakar ;

Évoquant et statuant sur le fond ;

Confirme le jugement n°697 du 02 avril 2008 du Tribunal Régional de Dakar ;

Condamne CGPID, IDEE et GIE Gaindé 2000 aux dépens.

Dissolution du GIE : Le juge ne peut se substituer au liquidateur pour procéder au partage entre les membres du GIE après extinction du passif (CCJA, Ass. Plén., n°59/2015, 27 avril 2015)

Sommaire

L'article 885 de l'AUSCGIE reconnait au liquidateur le pouvoir de procéder au partage entre les membres du groupement après extinction du passif. Viole ce texte le juge qui procède lui-même au partage et enjoint au liquidateur qu'il nomme de se conformer à sa décision.

La Cour Commune de Justice et d'Arbitrage (CCJA) de l'Organisation pour l'Harmonisation en Afrique du Droit des Affaires (OHADA), Assemblée plénière, a rendu l'Arrêt suivant en son audience foraine tenue le 27 avril 2015 à Bamako (République du Mali), où étaient présents :

Messieurs Marcel SEREKOÏSSE-SAMBA,	Président, rapporteur
Abdoulaye Issoufi TOURE	Premier Vice-Président,
Madame Flora DALMEIDA MELE,	Seconde Vice-Présidente
Messieurs Mamadou DEME,	Juge
Djimasna NDONINGAR,	Juge
et Maître Paul LENDONGO,	Greffier en chef

Sur le pourvoi enregistré au greffe de la Cour de céans le 15 janvier 2013 sous le n°005/2013/ PC et formé par maître Magatte A.SEYE, avocat à la cour, BP 605, Bamako, agissant au nom et pour le compte de la Société Malienne de Promotion Immobilière dite SOMAPIM, représentée par son directeur général monsieur Mamadou B. Tounkara et dont le siège social est à Quinzambougou, rue TITI Niaré, angle 33, BP 2102 Bamako, dans la cause l'opposant à la Société Immobilière et Foncière du Mali dite SIFMA dont le siège social est à Badalabougou, BP E 902, représenté par son administrateur El Hadj A. Kouyaté, ayant pour conseils, maître Seydou S. COULIBALY, avocat à lacCour , 883 rue des 30 mètres , avenue de la Tour de l'Afrique, Faladié SEMA , porte 641 BP 73, Bamako et maître Souleymane Adamou Cissé, Avocat à la Cour, immeuble Filany, Faso Kanu, BP E 4187, Bamako, Mali, Sur l'intervention forcée de la Banque Internationale pour le Mali dite BIM suivant assignation en date du 5 mai 2010 de la SIFMA devant le tribunal de commerce de Bamako, représentée par monsieur Dioukhamady KEÏTA et dont le siège social est à Bamako Bolibana, boulevard de l'indépendance , BP 15, ayant pour conseil, maître Salif SANOGO, avocat à la Cour, Djélibougou rue 303 porte 121 , BP 705 Bamako,

en cassation de l'arrêt n°509 rendu le 1er août 2012 par la cour d'appel de Bamako et dont le dispositif est le suivant :

« **PAR CES MOTIFS** ;

Statuant publiquement, contradictoirement en matière commerciale et en dernier ressort ;

En la forme : reçoit l'appel interjeté.

Au fond :

Confirme le jugement entrepris.

Met les dépens à la charge de l'appelante. » ;

La requérante invoque à l'appui de son pourvoi le moyen unique de cassation tel qu'il figure à la requête annexée au présent arrêt ;

Sur le rapport de Madame Flora DALMEIDA MELE, Seconde Vice-présidente ;

Vu les dispositions des articles 13 et 14 du Traité relatif à l'harmonisation du droit des affaires en Afrique ;

Vu le Règlement de procédure de la Cour Commune de Justice et d'Arbitrage de l'OHADA ;

Attendu qu'il ressort des pièces de la procédure que la Société Malienne de Promotion Immobilière dite SOMAPIM et la Société Immobilière et Foncière du Mali dite SIFMA ont , par acte notarié du 28 décembre 2004, crée un groupement d'intérêt économique dénommé « SIFMA- SOMAPIM » - GIE qui avait pour objet l'acquisition de terrain non bâti à Kolimangni, son lotissement, sa mise en valeur et la commercialisation de tout ou partie de l'ensemble; que le GIE a acquis ledit terrain en contractant auprès de la Banque Internationale pour le Mali dite BIM un prêt de 200 000 000 FCFA pour lequel monsieur Mamadou B. Tounkara; s'est porté caution; que le GIE n'ayant pas démarré ses activités et face à la réclamation par la BIM du remboursement du prêt, monsieur Mamadou B. Tounkara, directeur général de la SOMAPIM a, après plusieurs lettres adressées à monsieur le directeur général de la SIFMA demeurées sans réponse, procédé au remboursement du prêt ; qu'estimant que la GIE n'avait plus de raison d'exister pour avoir procédé seul au remboursement de la dette contractée alors que les membres du groupement sont tenus des dettes de celui-ci sur leur patrimoine propre, la SOMAPIM a saisi le tribunal du commerce de Bamako qui a rendu le 25 août 2010, le jugement n°391/JUGT; que sur appel de la SOMAPIM, la cour d'appel de Bamako a rendu le 1er août 2012 l'arrêt n°509 dont pourvoi ;

Attendu que la Banque Internationale pour le Mali dite BIM, intervenante forcée, rappelle que le GIE « SIFMA- SOMAPIM » a bénéficié, le 25 mai 2006,d'une facilité de caisse de 200 000 000 FCFA à échéance le 15 janvier 2007 au taux de 7,39% l'an + TAF ; que le prêt a connu plusieurs prorogations d'échéance pour non respect d'échéance ; qu'elle affirme que la SOMAPIM a remboursé le 8 septembre 2009 le montant du prêt ; que le GIE reste redevable des intérêts ; qu'elle sollicite que soit constaté son concours financier et le montant reliquataire du prêt qui se chiffre à 36 573 055 FCFA sous réserve des intérêts de 7,39% l'an + TAF et des frais courant jusqu'à parfait paiement ;

Sur le moyen unique de cassation

Vu les articles 885 de l'Acte Uniforme relatif au droit des sociétés commerciales et du GIE et 24 des statuts du GIE « SIFMA- SOMAPIM »

Attendu que la demanderesse au pourvoi fait grief à l'arrêt attaqué d'avoir, par fausse application ou refus d'application, violé l'article 885 de l'Acte uniforme relatif au droit des sociétés commerciales et du GIE et 24 des statuts du GIE « SIFMA- SOMAPIM » en ce que le juge a procédé lui-même au partage bien qu'ayant désigné un liquidateur alors, selon le moyen, que le juge doit simplement se limiter à la désignation du liquidateur qui mènera les opérations de liquidation ;

Attendu qu'en confirmant le jugement n°391/JUGT dans lequel le juge a lui-même procédé au partage entre les associés après désignation d'un liquidateur en la personne de Siné DIARRA, expert-comptable agrée à qui il enjoint de se conformer à sa décision de partage sans même que les opérations de liquidation aient commencé, le juge d'appel a violé les articles 885 de l'Acte uniforme sus indiqué et 24 des statuts du GIE qui reconnaissent au liquidateur le pouvoir de procéder au partage entre les membres du groupement après extinction du passif ; que dès lors, qu'il convient de casser l'arrêt attaqué ;

Sur l'évocation

Attendu que par acte du greffe du 8 septembre 2010, la SOMAPIM a relevé appel du jugement n°391/JUGT rendu le 25 août 2010 par le tribunal du commerce de Bamako et dont le dispositif est le suivant :

« Statuant publiquement, contradictoirement, en matière commerciale et en premier ressort ;

En la forme : reçoit la demande de la Société Malienne de Promotion Immobilière (SOMAPIM) ;

Au fond : la déclare bien fondée, y faisant droit ;

Dissout le Groupement d'Intérêt Économique dénommé « SIFMA- SOMAPIM » - GIE ;

En conséquence, dit que les parcelles de terrain sises à Kolimagni, cercle de Kati, région de Koulikoro, objet des titres fonciers 10108 – 10109 – 10110- 10112 – 10113 – 10114 – 10115 – 10116 – 10117 – 11227 – 11228 – 11229 – 11230 – 11232 – 11233 – 11237 – 11238 – 11240 – 11242 – 12877 – 12881 – 12882 soit vingt deux (22) au total seront restituées à la Société Immobilière et Foncière du Mali dite SIFMA et celle , objet des titres fonciers n°10111 – 12880 sises dans la même zone reviendront à la Société Malienne de Promotion Immobilière (SOMAPIM) ;

Dit que le concours financier de la BIM se chiffre à la somme totale de 236 573 055 FCFA (deux cent trente six millions cinq cent soixante treize mille cinquante et cinq Francs) dont 92,41% à la charge de la SIFMA et 7,59% à la charge de la SOMAPIM ;

Désigne Siné Diarra, Expert comptable agréé Tel : 66 – 89 – 69 – 69 en qualité de liquidateur ;

Dit qu'il doit y procéder conformément à cette décision et accomplir les autres formalités telles que prévues par les dispositions de l'Acte Uniforme relatif au Droit des Sociétés Commerciales et GIE régissant matière ;

Dit que le GIE supportera les frais de la dissolution ;

Ordonne l'exécution provisoire du présent jugement nonobstant l'exercice des voies de recours ;

Laisse les dépens à la charge commune des parties ; » ;

Attendu qu'à l'appui de son appel, la SOMAPIM expose que l'ensemble des titres fonciers a été acquis grâce au financement de la BIM pour lequel elle s'est portée seule caution ; que compte tenu des difficultés qu'éprouvent le GIE SIFMA-SOMAPIM pour démarrer ses activités, le tribunal a, à bon droit, prononcé sa dissolution ; que par contre le tribunal a statué ultra petita en attribuant la quasi totalité des biens à la SIFMA et a ainsi mal apprécié l'article 885 alinéa 2 de l'Acte uniforme relatif au droit des sociétés commerciales et du GIE qui prescrit que seul le liquidateur peut procéder au partage des biens; qu'elle conclut à la confirmation du jugement en ce qu'elle a ordonné la dissolution du GIE - SIFMA- SOMAPIM et sollicite son infirmation en ses autres dispositions pour nommer un liquidateur avec pour mission de procéder à l'évaluation du patrimoine du GIE et au partage, entre les membres, des biens le composant;

Attendu qu'en réplique, la SIFMA conclut à la confirmation du jugement et soutient qu'elle a été à l'origine du projet de création d'une nouvelle ville et que manifestant un intérêt audit projet, SOMAPIM s'est associée à elle et que toutes deux ont créée le GIE « SIFMA- SOMAPIM » dont les apports en nature ont portés sur des titres fonciers dont seuls les titres 10111 et 12880 sur les vingt quatre appartiennent à la SOMAPIM ; que la demande de restitution des titres a été formulée par les différentes parties devant le premier juge et qu'il ne peut pas être reproché au juge d'avoir statué ultra petita en restituant à chaque partie son apport ; que les apports en titres fonciers n'ayant pas fait l'objet d'évaluation préalable, ils ne peuvent rentrer dans le patrimoine du GIE ; que les juges ont à juste titre déterminé les proportions dans lesquels doivent intervenir le remboursement du concours financier de la BIM ;

Sur la régularité de la décision du juge sur le partage des biens

Attendu qu'il ressort des pièces du dossier que le juge, après avoir prononcé la dissolution du GIE et désigné un liquidateur, a procédé lui-même à la répartition des biens ; que dès la désignation d'un liquidateur, celui-ci est la seule personne habilitée à représenter la société et à effectuer toutes opérations relatives à la liquidation ; que le juge a agi de façon irrégulière en procédant au partage des biens après avoir nommé un liquidateur ; que pour les mêmes motifs que ceux sur le fondement duquel l'arrêt a été cassé, il convient d'infirmer le jugement sur ce point ;

Sur les missions du liquidateur

Attendu que les parties soutiennent l'une et l'autre avoir apporté des biens ou avoir remboursé seul un prêt accordé par la BIM ; qu'il ressort des différents titres fonciers versés aux débats que ceux –ci sont au nom du GIE ; que ne s'accordant pas sur les apports faits au GIE, le liquidateur désigné en la personne de Siné Diarra, Expert comptable agréé, aura pour mission de faire des investigations sur les apports, de dresser un état de la liquidation et de procéder au paiement des créanciers et enfin au partage entre les associés, ce, conformément aux articles 24 des statuts du GIE « SIFMA-SOMAPIM , 228 à 241 et 885 de l'Acte uniforme relatif au droit des sociétés commerciales et du GIE; la durée de la mission du liquidateur est fixée à 6 mois à compter de la date de la présente décision;

Sur les autres demandes

Attendu que le jugement ayant été infirmé sur le partage des biens fait par le juge, il échet de le confirmer pour le surplus ;

Sur la demande de la BIM

Attendu que le liquidateur désigné est chargé de toutes les opérations relatives au GIE ; que dès lors, la Cour de céans ne peut donc se prononcer sur les demandes de la BIM qu'elle déclare irrecevables ;

Attendu que chaque partie supportera ses dépens ;

PAR CES MOTIFS

Statuant publiquement, après en avoir délibéré

En la forme :

Déclare le pourvoi recevable

Au fond :

Casse l'arrêt n°509 rendu le 1er août 2012 par la cour d'appel de Bamako ;

Évoquant et statuant sur le fond,

Infirme partiellement le jugement n°391/JUGT rendu le 25 août 2010 par le tribunal du commerce de Bamako en ce qu'il a procédé lui-même au partage de la liquidation du GIE SIFMA- SOMAPIM ;

Statuant à nouveau

Dit que le liquidateur désigné en la personne de Siné Diarra, Expert-comptable agréé, aura pour mission de :

Faire des investigations sur les apports du GIE,

Dresser un état de la liquidation

Procéder au paiement des créanciers

Procéder au partage entre les membres du GIE après paiement des dettes ;

Fixe la durée de la mission du liquidateur à 6 mois à compter du prononcé de la présente décision ;

Confirme le jugement pour le surplus ;

Déclare irrecevable la demande de la BIM ;

Dit que chaque partie supportera ses dépens.

RECOUVREMENT ET VOIES D'EXECUTION

I. Procédure d'injonction de payer

A. Conditions de l'injonction de payer

1. Conditions relatives à la créance

Les caractères de la créance pouvant donner lieu à la procédure d'injonction (CCJA, Ass. Plén., n°60/2015, 27 avril 2015)

Sommaire

Aux termes des dispositions combinées des articles 1 et 2 de l'Acte uniforme portant organisation des procédures simplifiées de recouvrement et des voies d'exécution, pour être soumise à la procédure d'injonction de payer, la créance poursuivie doit être d'origine, soit contractuelle, soit cambiaire et présenter le triple caractère de certitude, de liquidité et d'exigibilité.

La Cour Commune de Justice et d'Arbitrage (CCJA), de l'Organisation pour l'Harmonisation en Afrique du Droit des Affaires (OHADA), Assemblée plénière, a rendu l'Arrêt suivant en son audience foraine tenue à Bamako (République du Mali) le 27 avril 2015 où étaient présents :

Monsieur Marcel SEREKOÏSSE-SAMBA,	Président, rapporteur
Madame Flora DALMEIDA MELE,	Seconde Vice-Présidente
Messieurs Mamadou DEME,	Juge
Djimasna NDONINGAR	Juge
Et Maître Paul LENDONGO,	Greffier en chef

Sur le renvoi en application de l'article 15 du Traité relatif à l'harmonisation du droit des affaires en Afrique, devant la cour de céans de l'affaire Entreprise LE GITE, ayant pour conseil Maître Souleymane DEMBELE, Cabinet de Maître Aradane TOURE , Avocat à la Cour, 570, rue Baba DIARRA, BP 1686, Bamako, par l'arrêt n°101 du 21 mai 2007 de la cour suprême du Mali, d'un pourvoi n°305 du 12 septembre 2003 par Maître Arandane TOURE agissant pour le compte de l'entreprise LE GITE, dans l'affaire l'opposant à la société NECSO CUBIERTAS-SA, ayant pour conseil la SCP DIOP-DIALLO, renvoi enregistré au greffe de la cour de céans le 21 septembre 2007 sous le n°087/2007/PC,

en cassation de l'arrêt n°429 rendu le 10 septembre 2003 par la cour d'appel de Bamako, dont le dispositif est le suivant :

« Par ces motifs ;

Contradictoire,

En la forme : Reçoit les appels interjetés ;

Au fond : infirme le jugement entrepris ;

Statuant à nouveau :

Déclare bien fondée l'opposition formée par NECSO CUBIERTAS ;

Retracte l'ordonnance n°128 du 26 mai 2000 du Président du Tribunal de commerce de Kayes ;

Renvoie le « Gite » à mieux se pourvoir ;

Met les dépens à la charge du « Gite »

Le « Gite » invoque deux moyens, tels qu'ils figurent dans le mémoire ampliatif transmis par la cour suprême du Mali à la cour de céans ;

Sur le rapport de Monsieur Marcel SEREKOÏSSE-SAMBA, Président ;

Vu les articles 13, 14 et 15 du Traité relatif à l'Harmonisation du Droit des Affaires en Afrique ;

Vu le Règlement de procédure de la Cour Commune de Justice et d'Arbitrage de l'OHADA ;

Attendu que le Président du tribunal de commerce de Kayes a rendu le 26 mai 2000 une ordonnance enjoignant à la société NECSO CUBIERTAS SA de payer à l'entreprise le « GITE » la somme de 56.343.314 FCFA en principal et 7.000.000 FCFA pour les frais ;

Que le jugement n°22 du tribunal de commerce de Kayes rendu le 28 juin 2001 sur opposition de NECSO CUBIERTAS ramenait la condamnation de celle-ci à 8.228.889 FCFA à titre de retenue de garantie et à 2.999.576 FCFA à titre de remboursement de TVA

Que les deux parties ont saisi aux mêmes dates des 29 juin et 04 juillet 2001 la cour d'appel de Bamako, qui a rendu le 10 septembre 2003 l'arrêt n°429 sus énoncé, objet du recours devant la cour de cassation du Mali qui s'est dessaisie au profit de la cour de céans.

Sur les deux moyens du pourvoi réunis

Attendu que le Gite reproche a l'arrêt attaqué d'avoir retenu, d'une part, que NECSO CUBIERTAS était en droit de remettre en cause le protocole d'accord du 07 décembre 1999, motif pris de ce qu'il n'est pas homologué, alors qu'aux termes d'un principe universel de droit repris par l'article 77 de la loi n°87-31-ANRM du 29 août 1987 fixant le régime général des obligations au Mali, « les conventions légalement formées tiennent lieu de loi à ceux qui les ont faites. Elles ne peuvent être révoquées que de leur consentement mutuel, ou pour les causes que la loi autorise. Elles doivent être exécutées de bonne foi » et que ledit protocole d'accord remplit bien toutes les conditions de validité des contrats exigées par l'article 28 de la loi susvisée ; qu'en statuant comme ils l'ont fait, les juges d'appel ont méconnu l'article 1er de l'Acte uniforme portant organisation des procédures simplifiées de recouvrement et des voies d'exécution ; d'autre part, que l'arrêt indique faussement que « le GITE déclare être créancier de la somme de 48 114 425 FCFA au titre du remboursement de la TVA qu'il aurait indûment supportée », alors qu'il ressort du protocole d'accord, au point « D : SOMMES RETENUES PAR L'ENTREPRENEUR AU TITRE DE LA TVA. Cette somme arrêtée à 48 114 425 FCFA sera remboursée au Sous-traitant par NECSO le 15 avril 2000 » ;

Attendu que NECSO CUBIERTAS réplique qu'en décidant de l'illicéité de la clause du protocole d'accord par rapport au Code Général des Impôts, l'arrêt querellé n'a aucunement violé la loi ; que d'autre part, l'arrêt attaqué n'a en rien dénaturé les faits, en ce que le GITE a adressé des factures TTC à NECSO, donc comprenant la TVA, alors que cette dernière bénéficie d'une exonération d'impôts et taxes ;

Mais attendu qu'aux termes des dispositions combinées des articles 1 et 2 de l'Acte uniforme portant organisation des procédures simplifiées de recouvrement et des voies d'exécution, pour être soumise à la procédure d'injonction de payer, la créance poursuivie doit être d'origine, soit contractuelle, soit cambiaires et présenter le triple caractère de certitude, de liquidité et d'exigibilité ;

Qu'en l'espèce, la créance réclamée par le GITE est certaine parce que résultant d'un protocole d'accord librement signé par les parties ; liquide en ce que le montant y est expressément mentionnée, et exigible en ce qu'elle devait être entièrement payée au 15 avril 2000 ;

Qu'en outre, il ne s'agit pas d'un protocole portant sur le remboursement de la TVA payée par le GITE, mais d'un remboursement de sommes que NECSO CUBIERTAS a reconnu avoir retenues à tort au titre de la TVA ; qu'en décidant comme elle l'a fait, la cour d'appel de Bamako a dénaturé les faits ; qu'il y lieu de casser son arrêt, d'évoquer et statuer au fond.

Sur l'évocation

Attendu que par acte sous seing privé en date du 29 mars 1998, l'entreprise dénommée le « GITE » a conclu avec la Société NECSO CUBIERTAS un contrat de sous-traitance relatif aux travaux de réhabilitation de la Cité des Cadres de Manantali dont NECSO CUBIERTAS a gagné le marché ;

Qu'en cours d'exécution du contrat, celui-ci a été résolu par NECSO ;

Que suite à la dénonciation de cette résolution par le Gite, les deux parties ont régler leur litige par la signature le 07 décembre 1999 d'un protocole d'accord articulé en six (6) points et intitulé : « protocole d'accord suite à la résiliation du contrat pour la réhabilitation de la Cité des Cadres de Manantali » ;

Que NECSO CUBIERTAS, après avoir exécuté sans difficulté les trois premiers points du protocole d'accord, s'est abstenu de continuer l'exécution des autres points, et notamment le point quatre (4) ainsi libellé : « D. SOMMES RETENUES PAR l'ENTREPRENEUR AU TITRE DE LA TVA : Cette somme arrêtée à 48.114.425 francs CFA, sera remboursée au Sous-traitant par NESCO le 15 avril 2000 » ;

Que face à l'indifférence de NECSO CUBIERTAS malgré la mise en demeure à elle servie en date du 27 avril 2000, le GITE a sollicité et obtenu de Monsieur le Président du tribunal de Commerce de Kayes l'ordonnance d'injonction de payer n°128 rendue le 26 mai 2000, enjoignant à NESCO CUBIERTAS de lui payer les sommes de 56 343 314 FCFA en principal et de 7 000 000 à titre de frais, ainsi que les dépens non chiffrés ;

Que sur opposition de NECSO CUBIERTAS, le tribunal de commerce de Kayes a entrepris le 28 juin 2001 le jugement n°22 dont la teneur suit :

« Statuant publiquement, contradictoirement en matière commerciale et en premier ressort ;

Déclare la requête de NECSO CUBIERTAS SA recevable en la forme ;

Au fond, la déclare mal fondée et la rejette ;

Déclare la requête du « Gite » recevable en la forme

Au fond la déclare bien fondée en partie ;

Condamne la Société NECSO CUBIERTAS à lui verser 8.208.889 FCFA relatifs à la retenue de garantie et 2.999.576 FCFA au titre de la TVA ;

Rejette les autres prétentions des parties ;

Condamne NECSO CUBIERTAS SA aux dépens »

Attendu que les deux parties ont respectivement interjeté appel de ce jugement les 29 juin et 04 juillet 2001 ;

Qu'à l'appui de son recours, le «Gite» soutient que le protocole d'accord dûment signé par NECSO CUBIERTAS constitue la loi des parties devant être exécutée de bonne foi ; que ce protocole atteste la preuve de sa créance qui résulte d'une clause contractuelle reconnue par NECSO CUBIERTAS ; qu'enfin la procédure d'injonction de payer qu'elle a initiée obéit à toutes les conditions de forme et de fond édictées notamment par les articles 1er et suivants de l'acte uniforme portant organisation des procédures simplifiées de recouvrement et des voies d'exécution ;

Que dans son recours, NECSO CUBIERTAS conclut que le protocole d'accord n'ayant pas été homologué, il ne saurait constituer une preuve de la créance de l'entreprise le « Gite » ; qu'il réclame la condamnation de celle-ci à lui payer des pénalités de 32.989450 FCFA ;

Attendu que pour les mêmes motifs ci-dessus qui ont fondé la cassation de l'arrêt déféré, il ya lieu de faire droit aux prétentions du « Gite », de débouter NECSO CUBIERTAS des siennes et de confirmer le jugement attaqué ;

Attendu que NECSO CUBIERTAS ayant succombé, il échet de la condamner aux dépens ;

PAR CES MOTIFS

Statuant publiquement, après en avoir délibéré,

Casse l'arrêt n°429 rendu le 10 septembre 2003 par la cour d'appel de Bamako ;

Évoquant et statuant sur le fond

Confirme en toutes ses dispositions le jugement n°22 rendu le 28 juin 2001 par le tribunal de commerce de Kayes

Condamne la société NECSO CUBIERTAS SA. aux dépens.

Une reconnaissance de dettes peut établir une créance certaine, liquide et exigible (CCJA, 1ère Ch., n°162/2015, 17 décembre 2015)

Sommaire
La preuve du triple caractère de certitude, de liquidité et d'exigibilité est suffisamment rapportée lorsqu'il existe entre les deux parties une reconnaissance expresse de dette matérialisée par une convention fixant un échéancier de paiement ayant connu un commencement d'exécution.

La Cour Commune de Justice et d'Arbitrage (CCJA), Première Chambre, de l'Organisation pour l'harmonisation en Afrique du droit des affaires (OHADA), a rendu l'arrêt suivant en son audience publique du 17 décembre 2015 où étaient présents :

Messieurs Marcel SEREKOÏSSE-SAMBA,	Président, rapporteur
Mamadou DEME,	Juge
Vincent Diehi KOUA,	Juge
César Apollinaire ONDO MVE,	Juge
Robert SAFARI ZIHALIRWA,	Juge
Et Maître ASSIEHUE Acka,	Greffier ;

Sur le pourvoi n° 088/2005/PC enregistré au greffe de la Cour de céans le 13 octobre 2011 formé par Maître Lydie Chantal BOKOLA, Avocat près la Cour d'appel d'Abidjan, domicilié au 15, Avenue du Docteur Crozet, Immeuble SCIA n°09, 01 BP 2722 Abidjan 01 agissant pour le compte de la Société Électricité Froid Climatisation Industrielle dite EFCI S.A, dont le siège social est à Abidjan

Zone 4, représentée par son Directeur Général, Monsieur RIDET Serge, nationalité française, domicilié audit siège, dans la cause l'opposant à la Société Clim Ivoire Froid, dont le siège social est à Abidjan, 16 BP 1249 Abidjan 16, représentée par Monsieur FRERE Jean Yves, son Gérant, ayant pour Conseil Maître Vincent AYEPO, Avocat près la Cour d'appel d'Abidjan, demeurant à Abidjan-Plateau, Avenue Daudet, immeuble Daudet, tél : 20 32 12 19,

en cassation de l'arrêt n°46 rendu le 04 février 2011 par la Cour d'appel d'Abidjan et dont le dispositif suit :

« Par ces motifs :

Statuant publiquement, contradictoirement en matière civile et en dernier ressort ;

En la forme

Déclare la société Clim Ivoire Froid recevable en son appel relevé du jugement civil n° 1847 rendu le 27 mai 2009 par le Tribunal de première instance d'Abidjan ;

Au fond

L'y dit bien fondée ;

Infirme le jugement entrepris ;

Statuant à nouveau ;

Dit que la créance n'est ni certaine ni exigible au sens de l'article 1er de l'Acte uniforme relatif aux procédures simplifiées de recouvrement de créance ; Déboute en conséquence la société EFCI de sa demande en paiement ;

La condamne aux dépens. » ;

Attendu que la société EFCI invoque à l'appui de son recours le moyen unique de cassation tel qu'il figure à la requête annexée au présent arrêt ;

Sur le rapport de Monsieur Marcel SEREKOÏSSE-SAMBA, Président ;

Vu les dispositions des articles 13 et 14 du Traité relatif à l'harmonisation du droit des affaires en Afrique ;

Vu le Règlement de procédure de la Cour Commune de Justice et d'Arbitrage de l'OHADA ;

Attendu qu'il ressort des pièces du dossier de la procédure que dans le cadre du règlement d'un différend né à l'occasion de leurs relations d'affaires, la société Électricité Froid Climatisation Industrielle (EFCI) et la société Clim Ivoire Froid ont conclu en date du 02 avril 2006 un protocole d'accord aux termes duquel Clim Ivoire Froid a reconnu être débiteur à l'égard de EFCI de la somme globale de 62 282 148 FCFA qu'elle s'est engagée à rembourser suivant un échéancier convenu ; qu'elle a effectué un paiement partiel de la somme de 31 346 420 FCFA diminuant ainsi sa dette à 30 935 728 FCFA ;

Que face au non-paiement du reliquat de sa créance, la Sté EFCI a obtenu du Président du Tribunal de première instance d'Abidjan-Plateau une ordonnance d'injonction de payer n°2229/2008 rendue le 26 juin 2008 ; que sur opposition de Clim Ivoire Froid le 12 août 2008, le Tribunal de première instance d'Abidjan- Plateau a rendu le 27 mai 2009 le jugement n°1847/3ème CIV-C rejetant l'opposition et condamnant la débitrice à payer la somme réclamée ;

Que sur appel de la société EFCI, la Cour d'appel d'Abidjan a rendu l'arrêt sus énoncé frappé du présent pourvoi devant la Cour de céans ;

Sur le moyen unique tiré de la violation de l'article 1er de l'Acte uniforme portant organisation des Procédures Simplifiées de Recouvrement et des Voies d'Exécution (AUPSRVE)

Attendu qu'il est fait grief à l'arrêt attaqué d'avoir retenu, pour déclarer la EFCI non fondée en sa demande de paiement, que la créance poursuivie n'était ni certaine, ni liquide, ni exigible, parce que contestée par la Clim Ivoire Froid, alors qu'au regard de l'article 1er de l'AUPSRVE, la créance réclamée remplit le triple caractère de certitude, de liquidité et d'exigibilité parce que expressément convenue entre les parties, matérialisée par un protocole d'accord dûment signé et ayant connu un commencement d'exécution ;

Attendu que pour sa défense, la Société Clim Ivoire Froid sollicite le rejet du recours de la Société EFCI, en soutenant que bien qu'elle ne conteste pas sa qualité de débitrice, le montant arrêté de la créance de sa cocontractante procède d'une erreur de calcul à la suite de laquelle elle avait adressé une offre réelle de paiement du montant qu'elle-même estime réellement dû ;

Mais attendu que l'article 1er de l'Acte uniforme visé au moyen dispose : « le recouvrement d'une créance certaine, liquide et exigible peut être demandé suivant la procédure d'injonction de payer » ; que pour sa part, l'article 1134 du code civil stipule que « Les conventions légalement formées tiennent lieu de loi à ceux qui les ont faites. Elles doivent être exécutées de bonne foi. » ;

Qu'au regard de la reconnaissance expresse par Clim Ivoire Froid de sa dette à l'égard de EFCI matérialisée par une convention fixant un échéancier de paiement ayant connu un commencement d'exécution, la preuve du triple caractère de certitude, de liquidité et d'exigibilité est suffisamment rapportée ;

Qu'en subordonnant les conditions de certitude, de liquidité et d'exigibilité d'une créance à la simple contestation du débiteur, non pas sur ces caractères, mais seulement sur le montant de la créance, la Cour d'appel d'Abidjan a procédé à une mauvaise interprétation et une fausse application de l'article 1er de l'Acte uniforme portant organisation des procédures simplifiées de recouvrement et des voies d'exécution ; qu'il échet de casser et annuler l'arrêt déféré, d'évoquer et statuer à nouveau sur le fond ;

Sur l'évocation

Attendu qu'il ressort des éléments du dossier que la Société Clim Ivoire Froid a signé avec la société Electricité Froid Climatisation Industrielle (EFCI) en date du 02 avril 2006 un protocole d'accord aux termes duquel la Clim Ivoire froid reconnaît devoir à la EFCI la somme de 62.282.148 FCFA qu'elle s'est engagée à rembourser suivant un échéancier convenu en annexe audit protocole ; qu'elle a effectué un paiement partiel de la somme de 31.346.420 FCFA diminuant ainsi sa dette à 30.935.728 FCFA ;

Que face au non-paiement du reliquat de sa créance, la Sté EFCI a obtenu du Président du Tribunal de première instance d'Abidjan-Plateau une ordonnance d'injonction de payer n°2229/2008 rendue le 26 juin 2008 ;

Que sur opposition de Clim Ivoire Froid le 12 août 2008, le Tribunal de Première Instance d'Abidjan-Plateau a rendu le 27 mai 2009 le jugement n°1 847/3ème CIV-C dont le dispositif suit :

« Statuant publiquement, par décision contradictoire, en matière civile et en premier ressort ;

Vu l'échec de la tentative de conciliation ;

Reçoit la société CLIM IVOIRE FROID dite CLIF en son opposition ;

L'y dit cependant mal fondée ;

La condamne à payer à la société Electricité Froid Climatisation Industrielle dite EFCI la somme de 30.935.728 FCFA en principal outre les intérêts et frais ;

La condamne aux dépens de l'instance » ;

Attendu que le 17 juin 2009, la société Clim Ivoire Froid a interjeté appel de ce jugement ;

Qu'à l'appui de son recours, l'appelante soutient que le quantum de la créance réclamée par EFCI est manifestement erroné et demande à la Cour d'ordonner une mise en état aux fins de rapprochement des comptes ;

Que pour sa défense, l'intimée EFCI soutient qu'en vertu du protocole d'accord, Clim Ivoire reconnaît être débitrice à son égard et que sa contestation ne saurait remettre en cause la réalité de sa dette ; qu'elle conclut à la confirmation pure et simple du jugement querellé ;

Attendu que pour les mêmes motifs ci-dessus qui ont prévalu à la cassation de l'arrêt déféré, il y a lieu de confirmer en toutes ses dispositions le jugement attaqué et de condamner la société Clim Ivoire Froid aux dépens ;

PAR CES MOTIFS

Statuant publiquement, après en avoir délibéré,

Déclare le pourvoi recevable ;

Casse et annule l'arrêt n°46 rendu le 04 février 2011 par la Cour d'appel d'Abidjan ;

Evoquant et statuant au fond,

Confirme en toutes ses dispositions le jugement n° 1 847/3ème CIV-C rendu le 27 mai 2009 par le Tribunal de première instance d'Abidjan-Plateau ;

Condamne la Société Clim Ivoire Froid aux dépens.

Seules les créances contractuelles peuvent être recouvrées par la procédure d'injonction (CCJA, 2e Ch., n°113/2015, 22 octobre 2015)

Sommaire

La procédure d'injonction de payer ne s'applique qu'aux créances contractuelles. La créance qui résulte d'une indemnisation en réparation d'un préjudice ne remplit pas cette condition.

La Cour Commune de Justice et d'Arbitrage (CCJA), de l'Organisation pour l'Harmonisation en Afrique du Droit des Affaires (OHADA), Deuxième chambre, a rendu l'Arrêt suivant en son audience publique du 22 octobre 2015 où étaient présents :

Messieurs Abdoulaye Issoufi TOURE,	Président, rapporteur
Namuano Francisco DIAS GOMES,	Juge
Djimasna N'DONINGAR,	Juge
et Maître Jean Bosco MONBLE,	Greffier,

Sur le pourvoi enregistré au greffe de la Cour de céans le 22 septembre 2011 sous le n°080/2011/PC et formé par la SCPA ESSIS-KOUASSI-ESSIS, sise à Cocody Les II Plateaux, Rue des Jardins, Sainte Cécile, 16 BP 610 Abidjan 16, agissant au nom et pour le compte de d'Etat de Côte d'Ivoire représenté par l'Agent Judiciaire du Trésor demeurant à Abidjan-Plateau BP V 98 Abidjan, dans la cause l'opposant à Beta Consulting International Société Civile Professionnelle dont le siège est à Abidjan-Plateau, 1, Avenue Marchand, Immeuble Longchamp, 16 BP 1776 Abidjan 16, ayant pour conseil Maître Franck TABA, Avocat à la Cour, 08 BP 1183 Abidjan 08,

en cassation de l'arrêt n°158 rendu le 25 mars 2011 par la Cour d'appel d'Abidjan et dont le dispositif est le suivant :

« Statuant sur le siège, publiquement, contradictoirement, en matière de voies d'exécution et en dernier ressort ;

En la forme

Déclare l'Etat de Côte d'Ivoire recevable en son appel relevé du jugement n°1536 rendu 03 juin 2010 par le tribunal de première instance d'Abidjan ;

Au fond

L'y dit mal fondé et l'en déboute ;

Confirme ledit jugement… » ;

Le requérant invoque à l'appui de son pourvoi, le moyen unique de cassation, tel qu'il figure à la requête annexée au présent arrêt ;

Sur le rapport de Monsieur Abdoulaye Issoufi TOURE, Premier Vice-Président ;

Vu les dispositions des articles 13 et 14 du Traité relatif à l'harmonisation du droit des affaires en Afrique ;

Vu le Règlement de procédure de la Cour Commune de Justice et d'Arbitrage de l'OHADA ;

Attendu qu'il ressort des pièces du dossier de la procédure que le 21 mars 2000, le Président de la République de Côte d'Ivoire, signait divers ordres de mission autorisant le Cabinet Beta Consulting à entreprendre des audits de neuf ministères et cent trente-sept (137) sociétés d'Etat dans le but de réduire les coûts de fonctionnement et d'améliorer les revenus de ces services ; que lesdits ordres de mission précisaient que la rémunération du cabinet est fixée à 30% net de tous impôts, droits et taxes du montant des économies réalisées et effectivement encaissées et que la mission est prévue pour une durée de deux ans renouvelable et fera l'objet d'un contrat déclaratif ultérieur ; que cependant dès le 09 juin 2000, le Premier Ministre invitait le cabinet à surseoir à cette mission ; que le sursis ayant perduré, Beta a saisi le Président de la République aux fins de dédommagement pour un montant de 3.068.998.400 F sur la base d'une facture en date du 03 août 2000 ; que le 18 août 2000, le Président de la République adressait un courrier au premier Ministre, l'informant de son accord et l'invitant à présenter en conseil des Ministres, une communication motivée en vue du paiement ; que Beta qui n'a plus reçu de suite , saisissait le Président du Tribunal de première instance aux fins d'injonction de payer la somme de 4.955.021.272 ; que l'ordonnance qui a fait droit à cette requête a été déclarée bien fondée par jugement du 03 juin 2010, lui-même confirmé par l'arrêt dont pourvoi ;

Sur le moyen unique tiré de la violation de la loi, de l'erreur dans son application et son interprétation

Attendu qu'il est fait grief à l'arrêt attaqué d'avoir confirmé le jugement n°1536 du 03 juin 2010 au motif que l'indemnité allouée à la société Beta Consulting, étant consécutive à la résiliation du mandat, a une cause contractuelle et que son recouvrement peut faire l'objet des articles 1er et 2 de l'Acte uniforme portant organisation des procédures simplifiées de recouvrement et des voies d'exécution alors que l'accord qui a lié l'Etat de Côte d'Ivoire à la Société Beta a expressément stipulé que le prestataire serait rémunéré à hauteur de 30 % sur les économies effectivement réalisées ; que par ailleurs les réclamations de la société Beta relèvent des règles de la responsabilité administrative ;

Attendu en effet, que, si la société Beta a entrepris des audits sur ordres de mission, il reste que ces ordres avaient bien prévu que la mission fera l'objet d'un contrat déclaratif ultérieur et que la rémunération sera fixée à 30% des économies réalisées et effectivement encaissées ; que donc la somme de 3.068.998.400 F n'a aucune cause contractuelle ; qu'elle a été unilatéralement fixée par Beta et accordée par le Président de la République sous une réserve jamais réalisée ; que l'arrêt entrepris en reconnaissant le caractère contractuel à cette créance, a, sans nul doute violé l'article 2 de l'Acte uniforme portant organisation des procédures simplifiées de recouvrement et des voies d'exécution ; qu'il échet de le casser et d'évoquer ;

Sur l'évocation

Attendu que par exploit d'huissier en date du 05 juillet 2010 l'Etat de Côte d'Ivoire a relevé appel du jugement n°1536 rendu le 03 juin 2010 par le tribunal de première instance d'Abidjan, qui, statuant sur son opposition, a restitué à l'ordonnance d'injonction de payer du 16 février 2010, son plein et entier effet ;

Attendu qu'au soutien de l'appel, il est exposé que l'indemnisation réclamée ne peut s'obtenir par la voie de l'injonction de payer ; que seul le tribunal statuant au fond peut connaître de tel contentieux ; que la lettre du Président de la junte militaire en date du 18 août 2000 a bien précisé qu'il s'agit de « dédommagement du cabinet consulting international » ; qu'il est acquis en jurisprudence administrative que la rupture à la charge de l'autorité administrative ne se résout jamais que par l'indemnisation du cocontractant ; que l'Etat de Côte d'Ivoire conclut à l'infirmation du jugement querellé et à l'irrecevabilité de la requête aux fins d'injonction de payer ;

Attendu que la société Beta a répliqué que sa créance consacrée par le courrier du 18 août 2000 du Président de la République a une cause contractuelle ; que des documents produits en première instance, l'Agent judiciaire du Trésor reconnaît que la créance n'est pas contestable ;

Attendu qu'il résulte des pièces du dossier que la somme de 3.068.998.400 F n'a pas été prévue dans le cadre contractuel ; qu'elle est une sollicitation de Beta suite à la rupture des missions à lui confiées par le président de la République ; que cette demande acceptée par celui-ci n'a jamais fait l'objet d'une communication du conseil des Ministres ; que donc cette créance ne remplissant pas les conditions de l'article 2 visé ne peut être poursuivie par la voie de l'injonction de payer ; qu'en infirmant le jugement entrepris, il échet renvoyer Beta consulting à mieux se pourvoir ;

Attendu que Beta consulting succombant, sera condamnée aux dépens ;

PAR CES MOTIFS

Statuant publiquement, après en avoir délibéré,

Casse l'arrêt n°158 rendu le 25 mars 2011 par la Cour d'appel d'Abidjan ;

Evoquant et statuant sur le fond ;

Infirme le jugement du 03 juin 2010 rendu par le tribunal de première instance d'Abidjan Plateau ;

Statuant à nouveau, dit qu'il n'y a pas lieu à procédure d'injonction de payer ;

Renvoie la société Beta Consulting à mieux se pourvoir ;

Condamne la Société Beta Consulting aux dépens.

La créance résultant d'un effet de commerce revenu impayé peut être recouvrée par la procédure d'injonction (CCJA, 2e Ch., n°116/2015, 22 octobre 2015)

Sommaire

La créance résultant d'un effet de commerce revenu impayé faute de provision lors de sa présentation à l'échéance remplit les conditions pour être recouvrée par la procédure d'injonction de payer.

La Cour Commune de Justice et d'Arbitrage (CCJA), de l'Organisation pour l'Harmonisation en Afrique du Droit des Affaires (OHADA), Deuxième chambre, a rendu l'Arrêt suivant en son audience publique du 22 octobre 2015 où étaient présents :

Messieurs Abdoulaye Issoufi TOURE,	Président
Namuano Francisco DIAS GOMES,	Juge
Djimasna N'DONINGAR,	Juge, Rapporteur
et Maître Jean Bosco MONBLE,	Greffier,

Sur le renvoi, en application de l'article 15 du Traité relatif à l'harmonisation du droit des affaires en Afrique, devant la Cour de céans, de l'affaire KALOT Ahmed contre la Banque Atlantique Côte d'Ivoire (BACI), par arrêt n°192/11 du 09 juin 2011 de la Cour suprême de la République de Côte d'Ivoire, saisie d'un pourvoi formé par Maître Andjemian Serge-Éric, Avocat à la cour, demeurant à Abidjan Cocody-les II Plateaux, boulevard des Martyrs, Villa Chanterelles n°423, 01 BP 3138 Abidjan 01, agissant au nom et pour le compte de Monsieur KALOT Ahmed, exerçant sous la dénomination commerciale de « Entreprise ARTIS », sis à Abidjan-Marcory, boulevard Valery Giscard d'Estaing, 18 BP 1870 Abidjan 18, dans la cause qui l'oppose à la Banque Atlantique Côte d'Ivoire (BACI), S.A. dont le siège social sis à Abidjan Plateau, Immeuble Atlantique, Avenue Noguès, 04 BP 1036 Abidjan 04, ayant pour Conseil Maître AKA F. Felix, Avocat à la cour, demeurant à Abidjan Plateau, Immeuble ROUME, 3ème étage, porte 33, 20 BP 97 Abidjan 20 ;

En cassation de l'Arrêt n°247 CIV3 A rendu le 16 avril 2010 par la Cour d'appel d'Abidjan et dont le dispositif est le suivant :

« Statuant publiquement, contradictoirement en matière civile et en dernier ressort :

Déclare KALOT recevable en son appel ;

L'y dit mal fondé ;

Confirme le jugement attaqué en toutes ses dispositions ;

Condamne l'appelant aux dépens »

Attendu que le requérant invoque à l'appui de son pourvoi un moyen de cassation unique tel qu'il figure à la requête annexée au présent arrêt ;

Sur le rapport de Monsieur Djimasna N'DONINGAR, Juge ;

Vu les dispositions des articles 13, 14 et 15 du Traité relatif à l'harmonisation du droit des affaires en Afrique ;

Vu le Règlement de procédure de la Cour Commune de Justice et d'Arbitrage de l'OHADA ;

Attendu qu'il ressort des pièces du dossier de la procédure que, par exploit d'huissier en date du 09 avril 2008, la Banque Atlantique en Côte d'Ivoire dite BACI faisait signifier au sieur Ahmed KALOT et autres, signataires de deux lettres de change, une ordonnance d'injonction de payer la somme de 34.390.333 FCFA, montant des deux traites par elle escomptées et revenues impayées, faute de provision ; qu'en date du 24 avril 2008, le sieur Ahmed KALOT formait opposition contre ladite ordonnance et donnait assignation à la BACI à comparaître le 14 mai 2008 par devant le Tribunal de première instance d'Abidjan pour entendre statuer sur les mérites de l'opposition ; que, faute d'enrôlement à cette date par manque de diligence du tribunal, Ahmed KALOT faisait servir avenir d'audience le 20 mai 2008 avec ajournement au 28 mai 2008 ; que, par jugement n°944 CIV3 D du 25 mars 2009, le tribunal de Première Instance d'Abidjan Plateau déclarait l'opposition irrecevable pour cause de déchéance ; que, sur appel de monsieur Ahmed KALOT, la Cour d'appel d'Abidjan a rendu l'arrêt confirmatif n°247 CIV3 A du 16 avril 2010, objet du présent pourvoi ;

Sur le moyen unique tiré de la violation de l'article 11 de l'Acte uniforme portant organisation des procédures simplifiées de recouvrement et voies d'exécution

Attendu qu'il est fait grief à l'arrêt déféré d'avoir violé les dispositions de l'article 11 visé au moyen en déclarant irrecevable l'opposition de monsieur Ahmed KALOT pour cause de déchéance, motif pris de ce que « après avoir formé son opposition le 24 avril 2008, KALOT a fait servir avenir d'audience d'avoir à comparaître au 28 mai 2008, soit plus de 30 jours prévus par l'article 11 de l'Acte uniforme portant organisation des procédures simplifiées de recouvrement et voies d'exécution qui prévoit que le délai d'ajournement à compter de la date d'opposition est de 30 jours » ; que, selon le moyen, la Cour d'appel, à la suite des premiers juges, a confondu ajournement et enrôlement ; que l'opposition a été formée le 28 avril 2008 avec ajournement au 14 mai, donc dans le délai prévu par la loi ; qu'à la date du 14 mai, cette opposition est acquise ; que l'avenir d'audience servi le 20 mai n'avait pour seul objet que de permettre à l'opposant de procéder à l'enrôlement de l'affaire pour le 28 mai 2008 et non de refaire une nouvelle opposition ;

Attendu en effet qu'il ressort des pièces de la procédure que, le 24 avril 2008, sieur Ahmed KALOT a formé opposition contre l'ordonnance d'injonction de payer et a assigné la BACI à comparaître devant le tribunal le 14 mai 2008 ; que, à cette date, l'audience n'a pu se tenir pour dysfonctionnement du tribunal ; que c'est en vue de faire enrôler le dossier qu'il servit avenir d'audience au 28 mai ; qu'ainsi, l'avenir d'audience servi le 20 mai n'avait pour finalité que de déterminer, en fonction du calendrier des audiences du tribunal, une nouvelle date d'enrôlement et, en conséquence, ne saurait entraîner la déchéance de l'opposition ; qu'en décidant comme elle l'a fait, la Cour d'appel a violé l'article 11 susvisé et fait encourir cassation à sa décision ; qu'il échet de casser l'arrêt attaqué, d'évoquer et de statuer sur le fond ;

Sur l'évocation

Attendu que, par acte d'appel du 24 avril 2009, le sieur AHMED KALOT a relevé appel du jugement n°944 CIV3 D, rendu le 25 mars 2009 par le Tribunal de première instance d'Abidjan Plateau, dont le dispositif est le suivant : « Statuant publiquement, contradictoirement en matière civile et en premier ressort ;

Déclare l'opposition irrecevable pour cause de déchéance

Condamne le demandeur aux dépens » ;

Qu'au soutien de son appel, il demande à la Cour d'infirmer le jugement entrepris en toutes ses dispositions et, statuant à nouveau, de constater que l'opposition formée par lui contre l'ordonnance d'injonction de payer n°992/2008 est intervenue dans les délais, de dire et juger que celle-ci est recevable et de déclarer que la BACI ne fait pas la preuve de la créance alléguée à son égard ; qu'il expose que l'exploit de signification de l'ordonnance le condamnant à payer solidairement avec les autres signataires des lettres de change était nul en ce que le taux d'intérêt et le montant des émoluments et frais étaient exorbitants, rendant ainsi la créance poursuivie incertaine ; qu'une créance qui tantôt est de 34.000.000 FCFA, tantôt de 34.390.333 FCFA n'est pas une créance certaine, alors que la certitude est une condition de recevabilité du recouvrement par la procédure d'injonction de payer ; qu'il conteste la créance poursuivie par la BACI et sollicite de la Cour qu'elle annule l'ordonnance d'injonction de payer ;

Attendu que la BACI, en réplique, sollicite la confirmation du jugement ;

Attendu que pour les mêmes motifs que ceux développés lors de l'examen du moyen de cassation, tiré de la méconnaissance de l'article 11 de l'Acte uniforme portant organisation des procédures simplifiées de recouvrement et voies d'exécution, il y a lieu, pour la Cour de céans, d'infirmer en toutes ses dispositions le jugement n°944 CIV3 D, rendu le 25 mars 2009 par le Tribunal de première instance d'Abidjan Plateau, de déclarer l'opposition recevable et statuer sur le fond ;

Sur la demande tendant à l'injonction de payer le montant des effets échus

Attendu que, suivant l'alinéa 2 de l'article 2 de l'Acte uniforme portant organisation des procédures simplifiées de recouvrement et voies d'exécution, « la procédure d'injonction de payer peut-être introduite lorsque…l'engagement résulte de l'émission ou de l'acceptation de tout effet de commerce, ou d'un chèque dont la provision s'est révélée inexistante ou insuffisante » ;

Attendu qu'il ressort des énonciations non contestées de la décision du tribunal d'Abidjan que monsieur Ahmed KALOT, exerçant sous la dénomination commerciale de ARTIS, a accepté deux effets de commerce tirés sur la SGBCI au bénéfice de la société HYSSAND ; que ces effets, escomptés par la BACI, sont revenus impayés, faute de provision, lors de leur présentation au paiement à l'échéance ; que, dès lors, la créance qui en résulte remplit bien les conditions pour être recouvrée par la voie de l'injonction de payer ; qu'il échet de rejeter l'opposition soulevée par le sieur Ahmed KALOT, comme étant mal fondée ;

Attendu qu'il y a lieu de mettre les dépens à la charge de monsieur Ahmed KALOT ;

PAR CES MOTIFS

Statuant publiquement, après en avoir délibéré,

Casse l'arrêt n°247 CIV3 A rendu le 16 avril 2010 par la Cour d'appel d'Abidjan ;

Evoquant et statuant sur le fond :

Infirme le jugement n°944 CIV3 D, rendu le 25 mars 2009 par le Tribunal de première instance d'Abidjan Plateau ;

Statuant à nouveau :

Déclare l'opposition de AHMED KALOT recevable ;

La déclare mal fondée ;

Restitue à l'ordonnance querellée son plein et entier effet ;

Condamne le sieur Ahmed KALOT aux dépens.

Le seul relevé d'un compte courant ne peut fonder une procédure d'injonction (CCJA, 3e Ch., n°189/2015, 23 décembre 2015)

Sommaire
Le seul relevé d'un compte courant ne saurait servir de fondement à la mise en œuvre de la procédure d'injonction de payer, la certitude et la liquidité de la créance faisant défaut.

La Cour Commune de Justice et d'Arbitrage (CCJA) de l'Organisation pour l'Harmonisation en Afrique du Droit des Affaires (OHADA), troisième chambre, a rendu l'Arrêt suivant en son audience publique du 23 décembre 2015 où étaient présents :

Madame Flora DALMEIDA MELE,

Messieurs Victoriano OBIANG ABOGO,

Idrissa YAYE,

Jean Claude BONZI,

Fodé KANTE,

et Maître Alfred Koessy BADO, Greffier ;

Sur le pourvoi enregistré au greffe de la Cour de céans le 25 septembre 2012 sous le n° 130/2012/PC et formé par la SCPA SAKHO-YAPOBI-FOFANA, avocats à la Cour, demeurant 118 rue Pitot, Cocody Danga,08 BP 1933 Abidjan 08, agissant au nom et pour le compte de la société EBURNEA dont le siège social est situé à Treichville, zone portuaire, rue des Marsouins, 01 BP 1316 Abidjan 01, agissant aux poursuites et diligences de son Président directeur général, monsieur Georges KENTZLER, demeurant es qualité audit siège social dans la cause l'opposant à la Banque Atlantique de COTE D'IVOIRE dite BACI,

en cassation de l'Arrêt n° 140 rendu par la Cour d'appel d'Abidjan le 23 avril 2012 et dont le dispositif est le suivant :

« PAR CES MOTIFS

Statuant publiquement, contradictoirement, en matière civile et en dernier ressort :

Reçoit la société EBURNEA en son appel ;

L'y dit cependant mal fondée et l'en déboute ;

Confirme le jugement querellé en toutes ses dispositions ;

La condamne aux dépens ; » ;

La requérante invoque à l'appui de son pourvoi le moyen unique de cassation tel qu'il figure à la requête annexée au présent arrêt ;

Sur le rapport de madame Flora DALMEIDA MELE, seconde Vice- présidente ;

Vu les dispositions des articles 13 et 14 du Traité relatif à l'harmonisation du droit des affaires en Afrique ;

Vu le Règlement de procédure de la Cour Commune de Justice et d'Arbitrage de l'OHADA ;

Attendu qu'il ressort des pièces du dossier de la procédure que par ordonnance d'injonction de payer n°3970/2006 du 22 décembre 2006, la société EBURNEA a été condamnée à payer à la Banque Atlantique de COTE D'IVOIRE dite BACI, la somme de 145.476.180 FCFA ; que sur opposition de la société EBURNEA, le tribunal de première instance d'Abidjan a, par jugement n°1037/2007 rendu le 31 mai 2007, confirmé les termes de l'ordonnance ; que sur appel de la société EBURNEA, la cour d'appel d'Abidjan a rendu le 23 avril 2012 , l'arrêt confirmatif n°140 dont pourvoi ;

Attendu que la Banque Atlantique de COTE D'IVOIRE dite BACI, défenderesse au pourvoi, bien qu'informée du recours par lettre du greffier en chef n°597/2012/G2 d'octobre 2012 reçue le 17 octobre 2012, n'a pas déposé de mémoire dans le délai de trois mois qui lui était imparti ; que le principe du contradictoire ayant été ainsi respecté, il y a lieu d'examiner le présent recours ;

Sur le moyen unique

Vu l'article 1er de l'Acte uniforme portant organisation des procédures simplifiées de recouvrement et des voies d'exécution ;

Attendu que la demanderesse au pourvoi fait grief à l'arrêt attaqué d'avoir violé l'article 1er de l'Acte uniforme portant organisation des procédures simplifiées de recouvrement et des voies d'exécution en ce qu'il a confirmé le jugement du tribunal et retenu que la société EBURNEA ne justifie pas avoir honoré sa dette envers la BACI alors, selon le moyen, que seule une créance certaine liquide et exigible peut être recouvrée suivant la procédure d'injonction de payer et qu'un relevé de compte unilatéral d'une banque ne suffit pas à lui seul à justifier l'existence d'une créance ;

Attendu qu'aux termes de l'article 1er de l'Acte uniforme précité, le recours à la procédure d'injonction de payer ne peut être déclenché que si la créance présente des caractères de certitude, de liquidité et d'exigibilité ; qu'il ressort des pièces du dossier que la procédure a été engagée par la BACI sur la base d'un relevé de compte ; que le seul relevé d'un compte courant ne saurait servir de fondement à la mise en œuvre de la procédure d'injonction de payer , la certitude et la liquidité de la créance faisant défaut ; qu'en statuant comme elle l'a fait, la cour d'appel a violé les dispositions susénoncées et expose son arrêt à la cassation ;

Sur l'évocation

Attendu que par acte d'huissier, la société EBURNEA a relevé appel du jugement n° 1037/2007 rendu le 31 mai 2007 par le tribunal de première instance d'Abidjan dont le dispositif est le suivant :

« Reçoit la société Ebuméa en son opposition ;

L'y dit cependant mal fondé ;

Condamne en conséquence la société Ebumea à payer à la banque atlantique de Côte d'ivoire, la somme de 145.476.180 FCFA au titre de sa créance ;

Reçoit la demande reconventionnelle de la BACI L'y dit partiellement fondée ;

La déboute de sa demande en réparation ;

Ordonne l'exécution provisoire de la présente décision ;

Mets les dépens à la charge de la société Ebumea » ;

Attendu qu'au soutien de son appel, la société EBURNEA rappelle que dans le cadre de ses activités, elle était en relation d'affaire avec la BACI ; qu'à la suite de difficultés liées à ses activités, elle obtenait de la BACI de se subroger dans ses poursuites contre son assureur pour lui permettre de continuer son activité ; que malheureusement, la BACI lui faisait signifier une ordonnance d'injonction de payer la condamnant à lui payer la somme de 145.476.180 FCFA bien qu'elle ait toujours contesté la créance qui ne revêt pas les caractères de certitude, de liquidité et d'exigibilité prévus à l'article 1er de l'Acte uniforme sus indiqué ; que sur son opposition, le tribunal de première instance d'Abidjan rendait le 31 mai 2007 le jugement n° 1037/2007 qui confirmait sa condamnation au paiement de la somme indiquée ci-dessus ; qu'elle sollicite l'infirmation de cette décision et par conséquent, la rétractation de l'ordonnance au motif que le relevé de compte sur lequel s'est fondé laBACI n'a pas été fait contradictoirement et ne peut donc suffire à faire enclencher la procédure d'injonction de payer ;

Sur la demande de la société EBURNEA

Attendu que la société EBURNEA sollicite l'infirmation du jugement n°1037/2007 rendu le 31 mai 2007 par le tribunal de première instance d'Abidjan ;

Attendu que la mise en œuvre de la procédure d'injonction de payer est conditionnée par la certitude, la liquidité et l'exigibilité de la créance dont le recouvrement est sollicité ; que l'ordonnance d'injonction de payer n°3970/2006 du 22 décembre 2006 dont le jugement n° 1037/2007 est intervenu après son opposition, a été rendue sur la base d'un relevé de compte unilatéral de la banque, ôtant ainsi à cette créance son caractère de certitude et de liquidité ; que la requête d'injonction de payer étant mal fondée, le jugement n° 1037/2007 portant condamnation de la société EBURNEA au paiement de sommes d'argent à la BACI ne se justifie pas ; que pour les mêmes motifs que ceux ayant prévalu à la cassation de l'arrêt, il y a lieu d'infirmer le jugement entrepris et par conséquent, de rétracter l'ordonnance d'injonction de payer ;

Attendu qu'ayant succombé, la BACI doit être condamnée aux dépens ;

PAR CES MOTIFS

Statuant publiquement, après en avoir délibéré,

Casse l'arrêt n°140 rendu le 23 avril 2012 par la Cour d'appel d'Abidjan ;

Evoquant et statuant sur le fond,

Annule le jugement n° 1037/2007 rendu le 31 mai 2007 par le tribunal de première instance d'Abidjan ;

Statuant à nouveau,

Déclare la requête en injonction de payer mal fondée ;

Rétracte l'ordonnance d'injonction de payer n°3970/2006 rendue le 22 décembre 2006 par le président du tribunal de première instance d'Abidjan ;

Condamne la BACI aux dépens.

Le juge apprécie souverainement les caractères de la créance objet de la procédure d'injonction (CCJA, 1ère Ch., n°02/2015, 12 février 2015)

Sommaire

La certitude, la liquidité et l'exigibilité de la créance objet de la procédure d'injonction de payer relève de l'appréciation souveraine du juge du fond.

La Cour Commune de Justice et d'Arbitrage (CCJA) de l'Organisation pour l'Harmonisation en Afrique du Droit des Affaires (OHADA), Première Chambre, a rendu l'arrêt suivant, en son audience publique du 12 février 2015 où étaient présents :

Messieurs : Marcel SEREKOÏSSE-SAMBA,	Président
Mamadou DEME,	Juge, rapporteur
Djimasna N'DONINGAR,	Juge
et Maître ASSIEHUE Acka,	Greffier ;

Sur le renvoi en application de l'article 15 du Traité relatif à l'harmonisation du droit des affaires en Afrique devant la Cour de céans de l'affaire Société Habitat Bellecour Côte d'Ivoire dite HBCI, société à responsabilité limitée dont le siège social est à Abidjan Plateau, 3 avenue Chardy, immeuble CERISON, 01 BP 3633 Abidjan 01, ayant pour conseils Maîtres KOUAKOU Koffi et OYOUROU Didier, avocats à la Cour à Abidjan, demeurant à Cocody Centre, 265 rue des goyaviers SICOGI Duplex, 04 BP 528 Abidjan 04, par arrêt n°012/09 du 08 janvier 2009 de la Cour Suprême de Côte d'Ivoire, saisie d'un pourvoi initié le 22 décembre 2006 par Maîtres KOUAKOU Koffi et OYOUROU Didier, au nom de la société HBCI susvisée ;

en cassation de l'arrêt n°756 rendu le 23 juin 2006 par la Cour d'appel d'Abidjan et dont le dispositif est le suivant :

Statuant publiquement, contradictoirement, en matière civile et commerciale et en dernier ressort ;

Déclare recevable l'appel interjeté par M. KOUOTO SOUASSOU Bruno contre le jugement civil contradictoire n°1066 CIV 3C rendu le 06 avril 2005 par le Tribunal de Première Instance d'Abidjan ;

Infirme ledit jugement ;

Statuant à nouveau :

Déclare KOUOTO SOUASSOU Bruno bien fondé en sa demande en recouvrement ;

Condamne la société HABITAT BELLECOUR à lui payer la somme de 7.612.500 francs représentant le montant de son apport initial ;

Condamne la société HABITAT BELLECOUR aux entiers dépens » ;

La demanderesse invoque à l'appui de son pourvoi les trois moyens de cassation tels qu'ils figurent à sa requête annexée au présent arrêt ;

Sur le rapport de Monsieur Mamadou DEME, Juge ;

Vu les articles 13 et 14 du Traité relatif à l'harmonisation du droit des affaires en Afrique (OHADA) ;

Vu le Règlement de procédure de la Cour Commune de Justice et d'Arbitrage de l'OHADA ;

Attendu qu'il résulte des pièces du dossier de la procédure que KOUOTO SAOUSSOU Bruno, qui se dit créancier de la société HBCI pour la somme de 7.612.000 francs, représentant selon lui le montant des sommes qu'il lui a versées en vertu d'un contrat de réservation d'une villa dans une opération immobilière qu'elle projetait de réaliser, a sollicité et obtenu du Président du Tribunal de Première Instance d'Abidjan sa condamnation au paiement de la somme précitée, suivant ordonnance d'injonction de payer n°3143/04 du 05 avril 2004 ;

Attendu que par jugement n°1066 rendu le 6 avril 2005, le même tribunal a déclaré fondée l'opposition formée contre l'ordonnance susvisée par la société HBCI, et débouté KOUOTO SOUASSOU Bruno de sa demande en paiement ;

Attendu que sur l'appel de ce dernier, la Cour d'appel d'Abidjan a rendu l'arrêt infirmatif frappé du pourvoi ;

Sur le premier moyen de cassation pris de l' « omission de statuer »

Attendu que sous cet intitulé, la demanderesse au pourvoi reproche à l'arrêt déféré de n'avoir pas statué sur son moyen relatif à la nature du contrat litigieux, alors que la question soulevée est déterminante de l'application ou non des articles 1er et 2 de l'Acte uniforme portant organisation des procédures simplifiées de recouvrement et des voies d'exécution ;

Mais attendu qu'il résulte des mentions de l'arrêt que la HBCI, qui n'a ni comparu, ni été représentée à l'instance d'appel, n'y a présenté aucun moyen de défense ; qu'elle n'a pu en conséquence y présenter les conclusions prétendument éludées ; que le moyen manque en fait et il convient de le rejeter ;

Sur le deuxième moyen tiré de la violation de la loi, pris en ses quatre branches

Attendu que la Cour d'appel aurait violé les dispositions de l'article 1142 du code civil, en estimant que l'inexécution des travaux immobiliers litigieux par la SHBCI doit donner lieu au remboursement des sommes qui lui ont été versées par le KOUOTO SAOUSSOU Bruno, alors qu'en vertu de ce texte, « Toute obligation de faire ou de ne pas faire se résout en dommages-intérêts en cas d'inexécution » ;

Qu'il est également invoqué la violation des articles 1er et 2 de l'Acte uniforme portant organisation des procédures simplifiées de recouvrement et des voies d'exécution, 24 et 25 de la loi 99-478 du 2 août 1999 portant organisation de la vente d'immeuble à construire et promotion immobilière en Côte d'Ivoire ; qu'il est en effet soutenu que la procédure d'injonction de payer n'est pas opérante en l'espèce, s'agissant d'une action en paiement d'une créance née de l'inexécution d'un contrat de vente d'un immeuble à construire au sens des dispositions de la loi 99-478 susvisée ; que la créance ne serait ni certaine, ni liquide, ni exigible ;

Mais attendu que la condamnation en paiement d'une somme d'argent contestée par la société HBCI ne méconnait en rien les dispositions de l'article 1142 du code civil, lesquelles ne proscrivent que l'exécution forcée en nature des obligations de faire ou de ne pas faire à caractère personnel ; que le moyen en sa première branche ne peut prospérer ;

Attendu qu'il résulte des dispositions de l'article 2 de l'Acte uniforme susvisé que la procédure d'injonction de payer peut être utilisée lorsque la créance a une origine contractuelle ; qu'en l'espèce, la créance dont le paiement est poursuivi résulte d'un contrat de réservation d'un immeuble à construire conclu entre les parties ;

Attendu enfin que la certitude, la liquidité et l'exigibilité de la créance objet de la procédure d'injonction de payer relève de l'appréciation souveraine du juge du fond ;

Que le moyen doit être également rejeté en ses 2ème, 3ème et quatrième branches ;

Sur le troisième moyen pris du défaut de base légale

Attendu qu'il est reproché à la décision entreprise d'être illisible et incompréhensible ; que la Cour d'appel aurait fait la confusion « entre l'existence d'une créance contractuelle et la réalité de travaux de construction » ; qu'elle aurait statué en faisant abstraction de faits majeurs et n'aurait donc pas « donné de base légale à sa décision tant de l'absence, de l'insuffisance des motifs que la contrariété de motifs » ;

Mais attendu que pour infirmer le jugement et condamner la HBCI en paiement, l'arrêt a énoncé :

« Considérant qu'aux termes des dispositions combinées des articles 1 et 2 du Traité OHADA portant procédure simplifiée de recouvrement de créance et voie d'exécution, la procédure d'injonction de payer peut être introduite pour le recouvrement d'une créance d'origine contractuelle certaine, liquide et exigible ;

Considérant qu'en l'espèce, c'est en vertu d'un contrat de réservation d'une villa à bâtir par la société HABITAT BELLECOUR que la créance d'un montant de 7.612.500 francs est née (de sorte qu'elle est certaine, liquide) et exigible (sommation a été délaissée à la société HABITAT BELLECOUR le 22 mars 2004 d'avoir à restituer l'argent qu'elle a reçu depuis 1999, puisqu'elle est dans l'impossibilité de réaliser ce pourquoi elle a reçu l'argent) ;

Considérant que c'est donc à tort que pour refuser cette restitution, le jugement entrepris invoque une prétendue inexécution de la part des parties (contractantes) de leurs obligations contractuelles puisque aussi bien aucune inexécution n'a été relevée à la charge de M. KOUOTO ce qui n'est pas le cas d'HABITAT BELLECOUR … » ;

Attendu que par ces motifs, la Cour d'appel a justifié sa décision, nonobstant la dénomination erronée de l'Acte uniforme applicable ; que le moyen doit également être rejeté ;

Attendu que la société HBCI qui a succombé doit être condamnée aux dépens ;

PAR CES MOTIFS

Statuant publiquement, après en avoir délibéré,

Rejette le pourvoi ;

Condamne la SHBCI aux entiers dépens.

2. Conditions relatives à la requête

La requête en injonction doit indiquer le quartier et éventuellement la rue du domicile (CCJA, 2e Ch., n°132/2015, 12 novembre 2015)

Sommaire

Est irrecevable pour violation de l'article 4 de l'AUPSRVE la requête en injonction de payer qui se contente d'un domicile élu pour le demandeur résident et seulement du nom de la ville pour le défendeur, omettant de déterminer le quartier et éventuellement la rue en vue des procédures subséquentes.

La Cour Commune de Justice et d'Arbitrage (CCJA) de l'Organisation pour l'Harmonisation en Afrique du Droit des Affaires (OHADA), Deuxième Chambre, a rendu l'Arrêt suivant en son audience publique du 12 novembre 2015 où étaient présents :

Messieurs Abdoulaye Issoufi TOURE,	Président
Namuano Francisco DIAS GOMES,	Juge, rapporteur
Djimasna N'DONINGAR,	Juge
et Maître Jean Bosco MONBLE,	Greffier,

Sur le pourvoi enregistré au greffe de la Cour de céans le 12 juillet 2013 sous le n°090/2013/PC et formé par Maître WOAPPI Zacharie, Avocat au Barreau du Cameroun BP 1215 Douala, agissant au nom et pour le compte de Monsieur TATSINKOU Jérémie demeurant à Douala BP 8466, dans la cause l'opposant aux Etablissements TALEZANG dont le siège est à Douala, représentés par TALEZANG Thomas BP 3345, ayant pour Conseil : Maître FUKEU TCHOUA Roger, Avocat au Barreau du Cameroun, BP 4812 Douala,

en cassation de l'arrêt N°037/civ du 15 février 2013 rendu par la Cour d'Appel du Littoral à Douala, dont le dispositif est le suivant :

« Statuant publiquement, contradictoirement à l'égard des parties, en matière civile et commerciale, en appel, en formation collégiale ;

En la forme.

Reçoit l'appel ;

Au fond

Annule le jugement entrepris ;

Enjoint au sieur TATSINKOU Jérémie à payer aux Etablissements TALEZANG leur créance élevée à 20.000.000 FCFA en principal majorée de

2.500.000 FCFA ;

Condamne l'intimé aux dépens conformément à l'article 50 du code de procédure civile et commerciale, distraits au profit de Maître FUKEU TCHOUA, Avocat aux offres de droit » ;

Le requérant invoque à l'appui de son pourvoi les quatre moyens de cassation tels qu'ils figurent dans sa requête annexée au présent arrêt ;

Sur le rapport de Monsieur Namuano Francisco DIAS GOMES, Juge ;

Vu les dispositions des articles 13 et 14 du Traité relatif à l'harmonisation du droit des affaires en Afrique ;

Vu le Règlement de procédure de la Cour Commune de Justice et d'Arbitrage de l'OHADA ;

Attendu qu'il résulte des pièces du dossier qu'à la requête des Etablissements TALEZANG, le Président du Tribunal de grande instance de Douala rendait le 06 août 2008 une ordonnance faisant injonction au nommé TATSINKOU Jérémie de payer la somme de 20.000.000 francs au principal et

francs à titre de frais ; que, saisi sur opposition, le Tribunal, par jugement n°503 en date du 26 avril 2011, rétractait ladite ordonnance pour défaut des mentions prescrites à l'article 4 alinéa 2 de l'Acte uniforme portant organisation des procédures simplifiées de recouvrement et des voies d'exécution ; que la Cour d'appel du Littoral suivant l'arrêt dont pourvoi annulait le jugement entrepris et confirmait l'ordonnance d'injonction ;

Sur la compétence

Attendu que, dans son mémoire en réponse reçu au greffe le 19 mars 2004, les Etablissements TALENZANG soulèvent l'incompétence de la Cour de céans au motif qu'au troisième moyen, le demandeur au pourvoi invoque la violation de l'article 67 du règlement CEMAC relatif aux systèmes et moyens de paiement qui ne fait pas partie de la nomenclature des textes précisés par l'article 14 alinéa 3 du traité OHADA ;

Mais attendu que la Cour de céans est compétente dès l'instant où la décision déférée est rendue dans une affaire soulevant des questions relatives à l'application d'un Acte uniforme ou d'un Règlement prévu au Traité susindiqué ; qu'en l'occurrence, s'agissant d'un recours relatif à une ordonnance d'injonction de payer, il y a lieu de rejeter l'exception d'incompétence ;

Sur le deuxième moyen tiré de la violation de l'article 4 alinéa 1 de l'Acte uniforme portant organisation des procédures simplifiées de recouvrement et des voies d'exécution.

Attendu qu'il est fait grief à l'arrêt déféré d'avoir violé cette disposition, en ce qu'il a infirmé le jugement rendu sur opposition en recevant la requête en injonction de payer, alors que celle-ci ne contient ni la forme de la société requérante, ni la profession et le domicile du débiteur ;

Attendu en effet, qu'aux termes de l'article 4 visé au moyen ; « La requête... Elle contient à peine d'irrecevabilité :

les noms, prénoms, profession et domicile des parties,... » ;

Attendu qu'en l'espèce aucune précision n'est fournie par rapport aux domiciles effectifs des deux parties, la requête s'étant contentée d'un domicile élu pour le demandeur résident et seulement du nom de la ville pour le défendeur, omettant de déterminer le quartier et éventuellement la rue en vue des procédures subséquentes ; qu'il échet de casser l'arrêt déféré et d'évoquer, sans qu'il soit besoin d'apprécier les autres moyens ;

Sur l'évocation

Attendu que, par requête datée du 18 mai 2011, les Etablissements TALEZANG ont relevé appel du jugement n°503 rendu le 26 avril 2011 par le Tribunal de grande instance du Wouri à Douala, lequel a rétracté l'ordonnance n°129 du 06 août 2008 ;

Attendu qu'au soutien de leur appel, les Etablissements TALEZANG ont exposé que le jugement entrepris a statué ultra petita ; que les deux chèques remis par le sieur TATISINKOU sont revenus impayés pour défaut de provision ; que la créance étant certaine liquide et exigible, c'est à bon droit que le Président du Tribunal a enjoint le paiement ; qu'ils concluent à l'infirmation du jugement querellé et à la condamnation du sieur TATSINKOU au paiement de la somme de

20.000.000 francs majorée de celle de 2.500.000 francs CFA par application de l'article 2 de l'Acte uniforme susmentionnée ;

Attendu que l'intimé a conclu à la confirmation du jugement déclarant la requête aux fins d'injonction irrecevable pour défaut des mentions prescrites par l'article 4 ;

Attendu que pour les mêmes motifs que ceux ayant conduit à la cassation, il échet de déclarer la requête d'injonction de payer irrecevable, en confirmant le jugement dont appel.

Attendu que les EtablissementsTALEZANG qui succombent, seront condamnés aux dépens ;

PAR CES MOTIFS

Statuant publiquement, après en avoir délibéré ; Se déclare compétente ;

Casse l'arrêt n°037/civ du 15 février 2013 rendu par la Cour d'appel du Littoral à Douala-Cameroun ;

Evoquant et statuant sur le fond ;

Confirme le jugement n°503 rendu le 26 avril 2011 par le Tribunal de grande instance du Wouri à Douala

Condamne les Ets TALEZANG aux dépens.

3. Les conditions relatives à l'ordonnance d'injonction de payer

Le défaut de demande, dans le délai requis, d'apposition de la formule exécutoire sur la décision d'injonction rend celle-ci caduque (CCJA, 1ère Ch., n°166/2015, 17 décembre 2015)

Sommaire

Il résulte des dispositions de l'article 17 de l'AUPSRVE que faute pour le créancier bénéficiaire d'une ordonnance d'injonction de payer d'avoir demandé l'apposition de la formule exécutoire sur celle-ci dans les deux mois suivant l'expiration du délai d'opposition ou le désistement du débiteur, ladite ordonnance est non avenue.

La Cour Commune de Justice et d'Arbitrage (CCJA), Première Chambre, de l'Organisation pour l'Harmonisation en Afrique du Droit des Affaires (OHADA), a rendu l'arrêt suivant en son audience publique du 17 décembre 2015 où étaient présents :

Messieurs Marcel SEREKOÏSSE-SAMBA,	Président
Mamadou DEME,	Juge
Vincent Diehi KOUA,	Juge
César Apollinaire ONDO MVE,	Juge, rapporteur
Robert SAFARI ZIHALIRWA,	Juge
Et Maître ASSIEFfUE Acka,	Greffier ;

Sur le pourvoi numéro 152/2012/PC enregistré au greffe de la Cour de céans le 30 octobre 2012 et formé par la BIAO-CI, société anonyme avec conseil d'administration ayant son siège à Abidjan-Plateau, 8-10 avenue Joseph Anoma, 01 BP 1274 Abidjan 01, agissant par son administrateur directeur général demeurant audit siège, ayant pour conseil Maître TOURE MARAME, avocat à la Cour d'appel d'Abidjan y demeurant Plateau, 10 rue du commerce, immeuble l'Amiral 3ème étage, 01 BP 1246 Abidjan 01, dans l'affaire qui l'oppose à KOUADIO TIACOH, demeurant à Cocody Angré, lot numéro 507, 06 BP 882 Abidjan 06, ayant pour conseil la SCPA TOURE-AMANI YAO & Associés, avocats à la Cour d'appel d'Abidjan y demeurant Cocody II Plateaux, boulevard Latrille, 28 BP 1018 Abidjan 28,

en cassation de l'arrêt numéro 599 rendu le 13 juillet 2012 par la Cour d'appel d'Abidjan dont le dispositif est le suivant :

« Par ces motifs :

Statuant publiquement, contradictoirement, en matière de référé et en dernier ressort ;

En la forme :

Déclare dame KOUADIO TIACOH épouse AMICHIA N'DAH recevable en appel relevé de l'ordonnance de référé n°2046 rendue le 02 Mai 2012 par le Président du Tribunal de Première Instance d'Abidjan ;

Au fond :

L'y dit bien fondée ;

Infirme l'ordonnance querellée en ce qu'elle a débouté madame KOUADIO TIACOH épouse AMICHIA N'DAH de son action en nullité et en mainlevée de saisie vente ;

Statuant à nouveau :

Déclare nulle la saisie vente pratiquée le 29 Mars 2012 sur les biens meubles de Madame KOUADIO TIACOH épouse AMICHIA N'DAH ;

Ordonne en conséquence la mainlevée de cette saisie vente ;

Condamne la BIAO-CI aux dépens (...) » ;

La demanderesse invoque à l'appui de son recours le moyen unique de cassation tel qu'il figure dans sa requête annexée au présent arrêt ;

Sur le rapport de Monsieur César Apollinaire ONDO MVE, Juge ;

Vu les articles 13 et 14 du Traité relatif à l'harmonisation du droit des affaires en Afrique ;

Vu le Règlement de procédure de la Cour Commune de Justice et d'Arbitrage de l'OHADA ;

Attendu qu'il résulte des pièces du dossier de la procédure que le 28 novembre 2003, la BIAO-CI a obtenu du président du Tribunal de première instance d'Abidjan, l'ordonnance numéro 8486 enjoignant KOUADIO TIACOH d'avoir à lui payer la somme de 69 993 761 FCFA ; qu'en exécution de ladite décision, elle a, suivant exploit du 29 mars 2012,pratiqué contre KOUADIO TIACOH une saisie vente que celle-ci a contestée devant la juridiction des référés du même tribunal, laquelle, par ordonnance numéro 2046 du 02 mai 2012, l'a déboutée de sa demande fondée sur le défaut de titre exécutoire lié au caractère non avenu de l'ordonnance numéro 8486 susvisée; que par arrêt objet du présent pourvoi, la Cour d'appel d'Abidjan a infirmé ladite décision et fait droit aux demandes de KOUADIO TIACOH ;

Sur le moyen unique de cassation

Attendu que par ce moyen, il est fait grief à l'arrêt attaqué d'avoir violé la loi, notamment par erreur d'application ou d'interprétation de l'article 17 de l'Acte uniforme portant organisation des procédures simplifiées de recouvrement et des voies d'exécution, en ce que pour infirmer la décision objet d'appel, déclarer l'ordonnance d'injonction de payer numéro 8486 non avenue et donner mainlevée de la saisie pratiquée, il a considéré comme tardive la demande de la BIAO-CI tendant à l'apposition de la formule exécutoire sur la décision portant injonction de payer à elle délivrée, en se fondant, non sur la date de ladite demande, mais sur celle de délivrance par le greffe de ladite formule exécutoire;

Vu l'article 17 de l'Acte uniforme susvisé ;

Attendu qu'il résulte des dispositions de ce texte que faute pour le créancier bénéficiaire d'une ordonnance d'injonction de payer d'avoir demandé l'apposition de la formule exécutoire sur celle-ci dans les deux mois suivant l'expiration du délai d'opposition ou le désistement du débiteur, ladite ordonnance est non avenue ;

Mais attendu en l'espèce que la Cour d'appel, statuant sur le moyen de KOUADIO TIACOH tendant à la nullité de la saisie, pour avoir été pratiquée en vertu d'un titre exécutoire devenu caduc, énonce : « Considérant ... que le délai de 2 mois imparti par l'article 17 précité, pour demander l'apposition de la formule exécutoire a couru du 17 décembre 2003 pour prendre fin le 18 février 2004 ; qu'il s'ensuit qu'à la date du 6 avril 2004, date du certificat de non opposition, pièce indispensable et préalable à l'introduction de la demande d'apposition de la formule exécutoire, l'ordonnance d'injonction de payer était déjà non avenue ; que dès lors, c'est à tort que le premier juge a déclaré l'ordonnance discutée exécutoire » ;

Attendu que la confusion alléguée ne résulte pas de ces motifs et la Cour d'appel n'a pas commis le reproche fait par le moyen ;

Attendu que la BIAO-CI ayant succombé, il convient de la condamner aux entiers dépens ;

PAR CES MOTIFS

Statuant publiquement, après en avoir délibéré,

En la forme :

Déclare recevable le recours formé par la BIAO-CI contre l'arrêt numéro 599 rendu le 13 juillet 2012 par la Cour d'appel d'Abidjan ;

Au fond :

Le rejette ;

Condamne la BIAO-CI aux entiers dépens.

B. La signification de l'ordonnance d'injonction de payer

Les mentions obligatoires de l'acte de signification de la décision d'injonction (CCJA, 2e Ch., n°173/2015, 17 décembre 2015)

> Sommaire
>
> La première condition de l'article 8 de l'AUPSRVE prescrite à peine de nullité est satisfaite dès lors que l'ordonnance a prévu le paiement des intérêts et des frais de procédure à venir et que l'exploit de signification quant à lui en a précisé les montants.

La Cour Commune de Justice et d'Arbitrage (CCJA) de l'Organisation pour l'Harmonisation en Afrique du Droit des Affaires (OHADA), Deuxième Chambre, a rendu l'Arrêt suivant en son audience publique du 17 décembre 2015 où étaient présents :

Messieurs Abdoulaye Issoufi TOURE,	Président
Namuano Francisco DIAS GOMES,	Juge, rapporteur
Djimasna N'DONINGAR,	Juge
et Maître Jean Bosco MONBLE,	Greffier,

Sur le pourvoi enregistré au greffe de la Cour de céans le 18 juillet 2012 sous le n°080/2012/PC et formé par Maître Paule FOLQUET-DIALLO, Avocat à la Cour, Etude sise à Abidjan Cocody, Rue B 7, parallèle à la Rue de la Canebière, 01 BP V 127 Abidjan, agissant au nom et pour le compte de l'Eglise de Jésus Christ des Saints des Derniers Jours, association religieuse de droit ivoirien, dont le siège est situé à Abidjan, II Plateaux, Rue J 38, 06 BP 1077 Abidjan 06 , dans la cause l'opposant à la Société LAGICOM-CI,

SARL, dont le siège est sis à Abidjan Koumassi, 10 BP 2738 Abidjan 10,

en cassation de l'arrêt civil n°247 rendu le 30 mars 2012 par la première chambre civile de la Cour d'appel d'Abidjan, dont le dispositif est le suivant :

« Statuant publiquement, contradictoirement, en matière civile et en dernier ressort ;

En la forme :

Déclare l'Eglise de Jésus Christ des Saints des derniers jours, recevable en son appel relevé du jugement n°1372 rendu le 27 juillet 2011 par le Tribunal de première instance d'Abidjan ;

Au fond :

L'y dit mal fondée ;

L'en déboute ;

Confirme le jugement entrepris en toutes ses dispositions ;

Condamne l'Eglise de Jésus Christ des Saints des Derniers Jours aux dépens. » ;

La requérante invoque à l'appui de son pourvoi les cinq moyens de cassation tels qu'ils figurent dans sa requête annexée au présent arrêt ;

Sur le rapport de Monsieur Namuano Francisco DIAS GOMES, Juge ;

Vu les dispositions des articles 13 et 14 du Traité relatif à l'harmonisation du droit des affaires en Afrique ;

Vu le Règlement de procédure de la Cour Commune de Justice et d'Arbitrage de l'OHADA ;

Attendu qu'il ressort des pièces du dossier de la procédure que la Société LAGICOM a reçu le 15 janvier 2010, de l'Eglise, un bon de commande d'ordinateurs portables pour un montant de 24.000.029 F CFA ; que cette commande a été livrée le 25 février 2010 ; que quelques jours plus tard, soit le 15 mars 2010, alors que la première facture n'était pas encore payée, une nouvelle commande est passée par l'Eglise pour un montant de 36.800.000 F CFA ; que cette seconde commande a été exécutée le 16 mars 2010, portant à 60.800.029 F CFA la valeur des marchandises livrées à l'Eglise ; que face aux difficultés rencontrées dans le recouvrement de sa créance, LAGICOM a saisi le Président du Tribunal de première instance d'Abidjan qui, par ordonnance n°1727/2010 du 09 juin 2010 a fait injonction à l'Eglise de lui payer la somme principale de 60.800.000 F CFA au titre de ses factures, outre les intérêts et frais de procédure ; que sur opposition, le Tribunal de première instance d'Abidjan a, par son jugement n°1372 du 27 juillet 2011, débouté l'Eglise dont l'appel sera déclaré mal fondé par arrêt n°247 rendu le 30 mars 2012 ; arrêt dont pourvoi ;

Attendu que par correspondance n°447/2012/G2 du 27 juillet 2012 le Greffier en chef de la Cour de céans, a notifié au Cabinet de Maître Mmta Daouda TRAORE, le recours en cassation de l'Eglise de Jésus Christ des Saints des Derniers Jours contre l'arrêt n°247 rendu le 30 mars 2012 par la Cour d'appel d'Abidjan ; que cette correspondance reçue le 16 octobre 2012 étant demeurée sans réponse, il y a lieu d'examiner le recours, le principe du contradictoire ayant été respecté ;

Sur le premier moyen tiré de la violation de l'article 08 de l'Acte uniforme portant organisation des procédures simplifiées de recouvrement et des voies d'exécution

Attendu qu'il est fait grief à l'arrêt déféré d'avoir violé cette disposition en ce qu'il a déclaré valable l'acte de signification de la décision portant injonction de payer alors que les frais d'huissier et les frais bancaires d'un montant de 20.520.010 CFA réclamés par la défenderesse et portés dans l'exploit de signification ne figurent pas dans l'ordonnance d'injonction de payer n° 1727/2010 du 09 juin 2010 ; que l'exploit portant des frais non fixés par l'ordonnance est entaché de nullité ;

Mais attendu que l'ordonnance a bien prévu le paiement des intérêts et des frais de procédure à venir et que l'exploit de signification quant à lui en a précisé les montants ;

que dès lors la première condition prescrite à l'article 8 à peine de nullité a été remplie ; qu'il y a donc lieu de rejeter ce moyen ;

Sur le deuxième moyen tiré de la violation de l'article 92 du code de procédure civile

Attendu qu'il est reproché à l'arrêt querellé d'avoir violé cet article en ce que la cour bien que reconnaissant les agissements fautifs de F ex employé de l'Eglise, a statué sur des documents argués de faux, sans autoriser l'Eglise à prouver le faux, alors même qu'une procédure était en cours devant le doyen des juges d'instruction ;

Attendu que l'article 92 du code de procédure civile ivoirien dispose « Celui qui veut prouver la fausseté ... d'une pièce produite au cours d'une procédure peut, par voie de demande incidente, solliciter l'autorisation de prouver le faux... » ; qu'aux termes de l'article 94 du même code « la demande ... est rejetée si le juge l'estime sans intérêt pour la solution de l'affaire... » ;

Attendu que contrairement aux énonciations du moyen, ces dispositions consacrent l'appréciation souveraine du juge saisi du fond ; qu'en l'occurrence le sursis n'a pas été retenu du fait que « la responsabilité pénale de l'émetteur de bon de commande exécuté par la LAGICOM-CI n'a nullement pour conséquence de dégager la responsabilité civile de l'Eglise... », que le défaut d'intérêt de la procédure pénale pour la solution au civil ayant été suffisamment motivé, il échet d'écarter ce moyen ;

Sur le troisième moyen tiré de la violation de l'article 2 de l'Acte uniforme portant organisation des procédures simplifiées de recouvrement et des voies d'exécution

Attendu qu'il est reproché à l'arrêt querellé d'avoir violé l'article 2 visé en déclarant l'Eglise responsable des agissements fautifs de son ex employé au motif que le fait d'avoir apparemment donné mandat à celui-ci engageait sa responsabilité contractuelle, alors que selon cette disposition la procédure d'injonction de payer ne peut être utilisée lorsque la personne en cause n'est pas contractuellement tenue envers le demandeur, que sont donc exclues de la procédure d'injonction de payer les créances qui ont comme fondement un délit ou un quasi contrat ;

Mais attendu que la démarche de l'arrêt a consisté à prouver que le mandat apparent a permis de parvenir à la réalisation du contrat consistant en l'espèce à la commande qui a été suivie de la livraison, dans les locaux de l'Eglise, qu'en ce moment de l'échange aucune infraction n'était reprochée à l'employé ; qu'il y a donc lieu de rejeter ce moyen ;

Sur le quatrième moyen tiré du défaut de base légale résultant de l'insuffisance, de l'obscurité ou de la contrariété des motifs ;

Attendu qu'il est fait grief à l'arrêt déféré de manquer de base légale en ce qu'il a déclaré que « les apparences non camouflées ont permis à la société LAGICOM d'avoir foi en la qualité exprimée de l'employé de EEglise et en la régularité de Y opération effectuée » et que partant la responsabilité de l'Eglise peut être engagée sur le fondement du mandat apparent, alors qu'une personne n'est considérée comme représentant une autre à l'égard du tiers, en vertu d'un mandat apparent, que lorsque le tiers a légitimement pu croire qu'elle agissait au nom et pour le compte d'une autre, ce qui suppose Eexistence de circonstances autorisant le tiers à ne pas vérifier les pouvoirs du mandataire ;

Mais attendu qu'en Y occurrence, l'arrêt a relevé l'attachement de l'employé à ce lieu de travail et la livraison du matériel objet des commandes dans ce même lieu ; que par contre la demanderesse ne prouve pas que le tiers connaissait la structure interne de l'Eglise ; que ces faits ont constitué des éléments déterminants qui ont conduit la Cour d'appel à retenir le mandat apparent ; qu'il y a donc lieu d'écarter ce moyen ;

Sur le cinquième moyen tiré de l'omission de statuer

Attendu qu'il est reproché à l'arrêt querellé d'avoir omis de statuer sur le chef de demande relatif à l'application de l'article 1384 du code civil ; que dans ses conclusions en date du 10 novembre 2011, l'Eglise avait sollicité sa mise hors de cause, son ex préposé ayant agi en dehors de ses fonctions ; qu'aucune réponse n'étant réservée à cette demande, l'arrêt encourt la cassation ;

Mais attendu que l'arrêt qui a retenu le mandat apparent donc l'application de l'article 1998 du code civil a écarté ipso facto l'article 1384 visé au moyen et n'avait pas à répondre expressément à cette conclusion ; que ce moyen aussi ne peut prospérer ;

Attendu que le recours mal fondé doit être rejeté ;

Attendu que l'Eglise de Jésus Christ des saints des derniers jours succombant sera condamnée aux dépens ;

PAR CES MOTIFS

Statuant publiquement, après en avoir délibéré,

Déclare le pourvoi mal fondé ;

Le rejette ;

Condamne l'Eglise de Jésus Christ des saints des derniers jours aux dépens.

Les conditions de validité de l'exploit de signification (CCJA, 2e Ch., n°178/2015, 17 décembre 2015)

Sommaire

Les conditions de l'article 8 de l'AUPSRVE sont satisfaites si l'ordonnance d'injonction de payer a prévu le paiement des frais et intérêts même s'il elle ne les a pas évalués.

Satisfait également à l'article 8 de l'AUPSRVE l'exploit qui comporte la mention précise des frais de greffe d'une part et d'autre part des frais d'huissier indiqués au bas de l'acte.

La Cour Commune de Justice et d'Arbitrage (CCJA) de l'Organisation pour l'Harmonisation en Afrique du Droit des Affaires (OHADA), Deuxième Chambre, a rendu l'Arrêt suivant en son audience publique du 17 décembre 2015 où étaient présents :

Messieurs Abdoulaye Issoufi TOURE,	Président
Namuano Francisco DIAS GOMES,	Juge, rapporteur
Djimasna N'DONINGAR,	Juge
Et Maître Jean Bosco MONBLE,	Greffier,

Sur le pourvoi enregistré au greffe de la Cour de céans le 07 décembre 2012 sous le n°172/2012/PC et formé par Maître Paule FOLQUET-DIALLO, Avocat à la Cour, Etude sise à Abidjan Cocody, Rue B 7, parallèle à la Rue de la Canebière, 01 BP V 127 Abidjan, agissant au nom et pour le compte de l'Eglise de Jésus Christ des Saints des Derniers Jours, association religieuse de droit ivoirien, dont le siège est situé à Abidjan II Plateaux, Rue J 38, 06 BP 1077 Abidjan, dans la cause l'opposant à la STMCI, société à responsabilité limitée, dont le siège est sis à Abidjan- Treichville, Avenue 16, Rue 13, 16 BP 1438 Abidjan 16, ayant pour conseil Maître YAO KOFFI, Avocat à la Cour demeurant Abidjan Deux- Plateaux, Carrefour Oscar, Immeuble les Pierres Claires,

en cassation de l'arrêt n°758 rendu le 18 juin 2012 par la 4ème chambre civile de la Cour d'appel d'Abidjan, dont le dispositif est le suivant :

« Statuant publiquement, contradictoirement, en matière civile et commerciale et en dernier ressort ;

Rejette l'exception de nullité de l'acte d'appel ;

Déclare recevable l'appel relevé par l'Eglise de Jésus Christ des Saints des Derniers Jours ;

Dit cet appel mal fondé ;

L'en déboute ;

Complétant les motifs du jugement attaqué, le confirme ;

Met les dépens à la charge de l'Eglise de Jésus Christ des Saints des Derniers Jours. » ;

La requérante invoque à l'appui de son pourvoi les cinq moyens de cassation tels qu'ils figurent dans sa requête annexée au présent arrêt ;

Sur le rapport de Monsieur Namuano Francisco DIAS GOMES, Juge ;

Vu les dispositions des articles 13 et 14 du Traité relatif à l'harmonisation du droit des affaires en Afrique ;

Vu le Règlement de procédure de la Cour Commune de Justice et d'Arbitrage de l'OHADA ;

Attendu qu'il ressort des pièces du dossier de la procédure que suite au bon de commande N°WO-E0107/AK/0101/0410 du 23/04/2010, à l'en tête Eglise De Jésus-Christ Des Saints Des Derniers Jours, la STMCI SARL a livré au siège de cette Eglise sis aux II Plateaux Vallon, suivant le bonN°00330/2010 et facture N°09- 319-G011/00146, 25 ordinateurs de marque Toshiba ; que cette commande dont le prix devait être honoré en trois fractions ne l'a jamais été, de sorte que la STMCI a sollicité et obtenu du Président du Tribunal de première instance d'Abidjan, l'Ordonnance n°1833/2010 du 23 juin 2010 qui a fait injonction à l'Eglise de Jésus- Christ des Saints des Derniers Jours d'avoir à lui payer la somme de 17 375 000 francs en principal, outre les frais et intérêts de droits afférents à la procédure; que l'opposition de l'Eglise a, par jugement n°729/CIV 3D du 30 mars 2011, été déclarée mal fondée ; que sur appel la Cour d'Abidjan, par l'Arrêt n°758 rendu le 12 juin 2012, a confirmé le jugement entrepris ; Arrêt dont pourvoi ;

Sur le premier moyen tiré de la violation de l'article 08 de l'Acte uniforme portant organisation des procédures simplifiées de recouvrement et des voies d'exécution.

Attendu qu'il est fait grief à l'arrêt déféré d'avoir violé cette disposition en ce qu'il a déclaré valable l'acte de signification de la décision portant injonction de payer alors que les frais d'huissier réclamés par la société dans l'exploit ne figurent pas dans l'ordonnance d'injonction de payer n°1833/2010 du 23 juin 2010 ;

Mais attendu que l'article précité dispose « A peine de nullité, la signification de la décision portant injonction de payer contient sommation d'avoir à payer au créancier le montant de la somme fixée par la décision, ainsi que les intérêts et frais de greffe dont le montant est précisé » ; que même si l'ordonnance n'a pas évalué les frais et intérêts elle en a prévu le paiement, aussi l'exploit qui comportait la mention précise des frais de greffe d'une part et d'autre part des frais d'huissier indiqués au bas de l'acte, est conforme à cette disposition ; que c'est à bon droit que la Cour a retenu que l'article 8 visé n'a pas été violé ; qu'il y a donc heu de rejeter ce moyen ;

Sur le deuxième moyen tiré de la violation de l'article 92 du code de procédure civile et premier de l'Acte uniforme portant organisation des procédures simplifiées de recouvrement et des voies d'exécution

Attendu qu'il est reproché à l'arrêt querellé d'avoir violé cet article en ce que la Cour bien que reconnaissant les agissements fautifs de l'ex employé de l'Eglise, a statué sur des documents argués de faux, sans autoriser l'Eglise à prouver le faux, alors même qu'une procédure était en cours devant le doyen des juges d'instruction ;

Attendu que l'article 92 du code de procédure civile ivoirien dispose « Celui qui veut prouver la fausseté ... d'une pièce produite au cours d'une procédure peut, par voie de demande incidente, solliciter l'autorisation de prouver le faux... » ; qu'aux termes de l'article 94 du même code « la demande ... est rejetée si le juge l'estime sans intérêt pour la solution de l'affaire... » ;

Attendu donc que ces dispositions consacrent l'appréciation souveraine du juge saisi du fond ; qu'en l'occurrence le sursis n'a pas été retenu du fait que « la responsabilité pénale de l'émetteur de bon de commande exécuté par la STMCI n'a nullement pour conséquence de dégager la responsabilité civile de l'Eglise... » ; qu'il échet d'écarter ce moyen ;

Sur le troisième moyen tiré de la violation de l'article 2 de l'Acte uniforme portant organisation des procédures simplifiées de recouvrement et des voies d'exécution

Attendu qu'il est reproché à l'arrêt querellé d'avoir violé l'article 2 visé en déclarant l'Eglise responsable des agissements fautifs de son ex-employé au motif que le fait d'avoir apparemment donné mandat à celui-ci engageait sa responsabilité contractuelle, alors que selon cette disposition la procédure d'injonction de payer ne peut être utilisée lorsque la personne en cause n'est pas contractuellement tenue envers le demandeur, que sont donc exclues de la procédure d'injonction de payer les créances qui ont comme fondement un délit ou un quasi contrat ;

Mais attendu que la démarche de l'arrêt a consisté à prouver que le mandat apparent a permis de parvenir à la réalisation du contrat consistant en l'espèce à la commande qui a été suivie de la livraison ; qu'en ce moment de l'échange aucune infraction n'était reprochée à l'employé ; qu'il y a donc lieu de rejeter ce moyen ;

Sur le quatrième moyen tiré de la violation de l'article 1384 alinéa 4 du code civil ivoirien

Attendu qu'il est reproché à l'arrêt querellé d'avoir violé cette disposition en déclarant l'Eglise responsable du fait de son préposé, alors qu'aux termes de cet article la responsabilité du commettant du fait de son préposé ne peut être engagée lorsque ce dernier a agi en dehors de ses fonctions ;

Mais attendu que l'arrêt ne fait aucune référence à cette disposition ; que la responsabilité du préposé n'a été invoquée que pour rejeter le sursis ; que pour mettre le paiement à la charge de l'église, l'arrêt a plutôt retenu « que la livraison de la commande a été faite au siège social de l'Eglise, qu'elle a été déchargée dans les locaux de l'Eglise par son personnel ; qu'à aucun moment l'Eglise n'a retourné le matériel livré... » ; qu'il echet de rejeter le moyen ;

Sur le cinquième moyen tiré du défaut de base légale résultant de l'insuffisance, de l'obscurité ou de la contrariété des motifs ;

Attendu qu'il est fait grief à l'arrêt déféré un manque de base légale en ce qu'il a confirmé le jugement du tribunal qui a déclaré que « dès lors que n'importe quel fournisseur ne pouvait douter des pouvoirs de l'ex employé de l'Eglise vu l'apparence ... » ; alors qu'une personne est considérée comme représentant une autre à l'égard du tiers, en vertu du mandat apparent, lorsque le tiers a légitiment pu croire qu'elle agissait au nom et pour le compte d'une autre, l'autorisant à ne pas vérifier les pouvoirs du mandataire ;

Mais attendu qu'en l'occurrence, l'arrêt a relevé l'attachement de l'employé à ce lieu de travail et la livraison du matériel objet du bon de commande dans ce même lieu de travail ; que par contre la demanderesse ne prouve pas que le tiers connaissait la structure interne de l'Eglise ; que ces faits ont constitué des éléments déterminants qui ont conduit la Cour à retenir le mandat apparent ; qu'il y a donc lieu d'écarter ce moyen ;

Attendu que le recours mal fondé doit être rejeté ;

Attendu que l'Eglise de Jésus Christ des saints des derniers jours succombant sera condamnée aux dépens ;

PAR CES MOTIFS

Statuant publiquement, après en avoir délibéré,

Déclare le pourvoi mal fondé ;

Le rejette ;

Condamne l'Eglise des saints des derniers jours aux dépens.

Le domaine de la sanction des mentions obligatoires de l'exploit de signification (CCJA, 2e Ch., n°174/2015, 17 décembre 2015)

Sommaire La nullité édictée à l'article 8 de l'AUPSRVE n'est encourue que relativement au contenu de l'exploit de signification et de l'ordonnance d'injonction de payer.

La Cour Commune de Justice et d'Arbitrage (CCJA) de l'Organisation pour l'Harmonisation en Afrique du Droit des Affaires (OHADA), Deuxième Chambre, a rendu l'Arrêt suivant en son audience publique du 17 décembre 2015 où étaient présents :

Messieurs Abdoulaye Issoufi TOURE, Président

Namuano Francisco DIAS GOMES, Juge, rapporteur

Djimasna N'DONINGAR, Juge

Et Maître Jean Bosco MONBLE, Greffier,

Sur le pourvoi enregistré au greffe de la Cour de céans le 18 juillet 2012 sous le numéro n°081/2012/PC et formé par Maître Paule FOLQUET-DIALLO, Avocat à la Cour, Etude sise à Abidjan Cocody, Rue B 7, parallèle à la Rue de la Canebière, 01 BP V 127 Abidjan, agissant au nom et pour le compte de l'Eglise de Jésus Christ des Saints des Derniers Jours, association religieuse de droit ivoirien dont le siège est situé à Abidjan II Plateaux, Rue J 38, 06 BP 1077 Abidjan, dans la cause l'opposant à Dame Sékou Madeye Eugénie Epouse GUEU, commerçante exerçant sous la dénomination commerciale de Sékou Gueu Adrienne Service dite SGA, domiciliée en Côte d'ivoire à Abidjan Cocody Angré Star 8 lot 51, 01 BP 2099 Abidjan 01, ayant pour Conseil, la SCPA KONAN-KAKOU-LOAN & Associés, Avocats à la Cour, d'Appel y demeurant, Plateau 19 Boulevard Angoulvant, résidence Neuilly, 1er étage aile gauche, 01 BP 1366 Abidjan 01,

en cassation de l'arrêt civil n°183 rendu le 17 février 2012 par la troisième chambre civile de la Cour d'appel d'Abidjan, dont le dispositif est le suivant :

« Statuant publiquement, contradictoirement, en matière civile et en dernier ressort ;

En la forme.

Déclare recevable l'appel relevé par l'Eglise de Jésus Christ des Saints des Derniers Jours du jugement querellé ;

Au fond.

L'y dit mal fondée ;

L'en déboute ;

Confirme le jugement n°726 du 30/03/2011 en toutes ses dispositions ;

Met les dépens à la charge de l'appelante. » ;

La requérante invoque à l'appui de son pourvoi les cinq moyens de cassation tels qu'ils figurent dans sa requête annexée au présent arrêt ;

Sur le rapport de Monsieur Namuano Francisco DIAS GOMES, Juge ;

Vu les dispositions des articles 13 et 14 du Traité relatif à l'harmonisation du droit des affaires en Afrique ;

Vu le Règlement de procédure de la Cour Commune de Justice et d'Arbitrage de l'OHADA ;

Attendu qu'il ressort des pièces du dossier qu'en date du 15 mars 2010 l'entreprise industrielle dite SGA service dirigé par dame Sékou Madeye, recevait deux commandes à l'entête de l'Eglise de Jésus Christ des Saints des derniers Jours, toutes signées par le nommé KONAN Alphonse ; que sur ces commandes d'une valeur totale de 37.826.700, Dame SEKOU Madeye livrait 3261 rames de papier et 5 ordinateurs d'une valeur de 10.800.000 Francs ; que le délai de paiement convenu étant largement passé, une ordonnance en date du 13 juillet 2010 fera injonction à l'Eglise de payer cette somme ; qu'aussi bien l'opposition que l'appel n'ont prospéré ;

Sur le premier moyen tiré de la violation de l'article 08 de l'Acte uniforme portant organisation des procédures simplifiées de recouvrement et des voies d'exécution

Attendu qu'il est fait grief à l'arrêt déféré d'avoir violé cette disposition en ce qu'il a déclaré valable l'acte de signification de la décision portant injonction de payer alors que les frais d'huissier réclamés par la dame Sékou M. Eugénie et inclus dans l'exploit ne figurent pas dans l'ordonnance d'injonction de payer n°2154 du 13 juillet 2010 ;

Mais attendu que la requête ne comporte pas de réclamation autre que le principal et qu'il résulte de l'exploit de signification en date du 10 août 2010 la mention du principal, du droit de recette, des intérêts de retard, frais de greffe et coût de l'exploit ; que la nullité n'étant encourue que relativement au contenu de l'exploit, c'est à bon droit que la Cour a retenu que l'article 8 visé n'a pas été violé ; qu'il y a donc lieu de rejeter ce moyen ;

Sur le deuxième moyen tiré de la violation de l'article 92 du code de procédure civile

Attendu qu'il est reproché à l'arrêt querellé d'avoir violé cet article en ce que la Cour bien que reconnaissant les agissements fautifs de l'ex-employé de l'Eglise, a statué sur des documents argués de faux, sans autoriser l'Eglise à prouver le faux, alors même qu'une procédure était en cours devant le doyen des juges d'instruction ;

Mais attendu que cette disposition ne fait nullement obligation à la juridiction de faire droit à la demande d'autorisation présentée par une partie ; qu'il s'agit d'une appréciation souveraine du juge du fond ; qu'en l'occurrence le sursis n'a pas été retenu du fait que « la plainte portée par l'Eglise contre son ex employé pour faux et usage de faux n'a aucune incidence sur l'action en paiement introduite par Madame Sekou Madeye »; qu'il échet d'écarter ce moyen ;

Sur le troisième moyen tiré de la violation de l'article 2 de l'Acte uniforme portant organisation des procédures simplifiées de recouvrement et des voies d'exécution

Attendu qu'il est reproché à l'arrêt querellé d'avoir violé l'article 2 visé en déclarant l'Eglise responsable des agissements fautifs de son ex employé au motif que le fait d'avoir apparemment donné mandat à celui-ci engageait sa responsabilité contractuelle, alors que selon cette disposition la procédure d'injonction de payer ne peut être utilisée lorsque la personne en cause n'est pas contractuellement tenue envers le demandeur, que sont donc exclues de la procédure d'injonction de payer les créances qui ont comme fondement un délit ou un quasi contrat ;

Mais attendu que la démarche de l'arrêt a consisté à prouver que le mandat apparent a permis de parvenir à la réalisation du contrat consistant en l'espèce à la commande qui a été suivie de la livraison, qu'en ce moment de l'échange aucune infraction n'était reprochée à l'employé ; qu'il y a donc lieu de rejeter ce moyen ;

Sur le quatrième moyen tiré du défaut de base légale résultant de l'insuffisance, de l'obscurité ou de la contrariété des motifs ;

Attendu qu'il est fait grief à l'arrêt déféré un manque de base légale en ce qu'il a retenu que « Madame Sékou Madeye pouvait légitiment croire qu'elle contractait avec un représentant de l'Eglise qui agissait au nom et pour le compte de cette dernière ; qu'il y a donc lieu de retenir l'existence de mandat apparent... » ; alors qu'une personne est considérée comme représentant une autre à l'égard du tiers, en vertu du mandat apparent, lorsque le tiers a légitiment pu croire qu'elle agissait au nom et pour le compte d'une autre, l'autorisant à ne pas vérifier les pouvoirs du mandataire ;

Mais attendu qu'en l'occurrence, l'arrêt a relevé l'attachement de l'employé à ce lieu de travail et la livraison du matériel objet des commandes dans ce même lieu de travail ; que par contre la demanderesse ne prouve pas que le tiers connaissait la structure interne de l'Eglise ; que ces faits ont constitué des éléments déterminants qui ont conduit la Cour à retenir le mandat apparent ; qu'il y a donc lieu d'écarter ce moyen ;

Sur le cinquième moyen tiré de l'omission de statuer

Attendu qu'il est reproché à l'arrêt querellé d'avoir omis de statuer sur le chef de demande relatif à l'application de l'article 1384 du code civil ; que dans ses conclusions en date du 10 novembre 2011, l'Eglise avait sollicité sa mise hors de cause, son ex-préposé ayant agi en dehors de ses fonctions ; qu'aucune réponse n'étant réservée à cette demande, l'arrêt encourt la cassation ;

Mais attendu que l'arrêt qui a retenu le mandat apparent donc l'application de l'article 1998 du code civil a écarté ipso facto l'article 1384 visé au moyen et n'avait pas à répondre expressément à cette conclusion ; que ce moyen aussi ne peut prospérer ;

Attendu que le recours mal fondé doit être rejeté ;

Attendu que l'Eglise des saints des derniers jours succombant sera condamnée aux dépens.

PAR CES MOTIFS

Statuant publiquement, après en avoir délibéré,

Déclare le pourvoi mal fondé ;

Le rejette ;

Condamne l'Eglise de Jésus Christ des saints des derniers jours aux dépens.

L'opposition à une décision d'injonction de payer et la signification doivent être faits dans le même acte à peine de déchéance (CCJA, 2e Ch., n°114/2015, 22 octobre 2015)

Sommaire

L'opposition à une décision d'injonction de payer et la signification doivent être faits dans le même acte à peine de déchéance.

La Cour Commune de Justice et d'Arbitrage (CCJA), de l'Organisation pour l'Harmonisation en Afrique du Droit des Affaires (OHADA), Deuxième chambre, a rendu l'Arrêt suivant en son audience publique du 22 octobre 2015 où étaient présents :

Messieurs Abdoulaye Issoufi TOURE,	Président, rapporteur
Namuano Francisco DIAS GOMES,	Juge
Djimasna N'DONINGAR,	Juge
et Maître Jean Bosco MONBLE,	Greffier,

sur le renvoi, en application de l'article 15 du Traité relatif à l'harmonisation du droit des affaires en Afrique, devant la Cour de céans de l'affaire Louis VALLEGRA contre TOURE Mory par arrêt n°301/11 du 14 juillet 2011 de la Cour suprême de Côte d'Ivoire, saisie d'un pourvoi formé le 28 mai 2008 par Maître TAPE Manakale Ernest, Avocat à la Cour, 01 BP 5176 Abidjan 01 agissant au nom et pour le compte de Louis VALLEGRA, Ingénieur résidant à Port-Bouët résidence Coco-Beach, 01 BP 415 Abidjan 01 dans la cause l'opposant à TOURE Mory administrateur de biens domicilié à Abidjan ayant pour conseil, Maître TRAORE Moussa, Avocat à a Cour, demeurant immeuble les Harmonies 17 BP 359 Abidjan 17,

en cassation de l'arrêt n°574 rendu le 27 juillet 2007 par la Cour d'appel d'Abidjan et dont le dispositif est le suivant :

« Statuant publiquement, contradictoirement, en matière civile et commerciale et en dernier ressort ;

En la forme :

Reçoit TOURE Mory en son appel ;

Au fond

L'y dit bien fondé ;

Infirme le jugement entrepris ;

Statuant à nouveau

Déclare l'opposition de Louis André Vallegra irrecevable pour cause de déchéance... » ;

Le requérant invoque à l'appui de son pourvoi le moyen unique de cassation, tel qu'il figure à la requête annexée au présent arrêt ;

Sur le rapport de Monsieur Abdoulaye Issoufi TOURE ;

Vu les articles 13, 14 et 15 du Traité relatif à l'harmonisation du droit des affaires en Afrique ;

Vu le Règlement de procédure de la Cour Commune de Justice et d'arbitrage de l'OHADA ;

Attendu qu'il ressort des pièces du dossier de la procédure que par ordonnance n°3213 rendue le 05 mars 2004, le délégué du Président du Tribunal de première instance d'Abidjan, faisait injonction au sieur Louis André VALLEGRA de payer la somme de 12.916.362 F au nommé TOURE Mory ; que sur opposition, le tribunal par jugement n°1412 du 04 mai 2005 déclarait la requête aux fins d'injonction irrecevable pour défaut de mention de la profession des parties ; que saisie par acte du 03 juin 2005, la cour d'appel infirmait ce jugement et par arrêt dont pourvoi, déclarait l'opposition irrecevable pour cause de déchéance ;

Sur le moyen unique de cassation tiré de la violation de la loi notamment de l'article 11 de l'Acte uniforme portant organisation des procédures simplifiées de recouvrement et des voies d'exécution.

Attendu qu'il est fait grief à l'arrêt querellé d'avoir violé l'article 11 susvisé en infirmant le jugement entrepris au motif que « le juge, saisi d'une opposition d'ordonnance d'injonction de payer doit nécessairement vérifier si sont remplies, les conditions impératives de l'article 11 de l'Acte uniforme relatif aux recouvrements simplifiés notamment le fait que l'opposant doit signifier son recours à toutes les parties ainsi qu'au greffier de la juridiction qui a statué, dans le même acte ; il en résulte qu'en l'espèce, Louis André VALLEGRA n'ayant pas dans le même acte, signifié son opposition à TOURE Mory, au greffier et à l'huissier, doit être déchu de son opposition » ; que selon le moyen, la cour par un tel raisonnement exige qu'il y ait identité de mentions entre l'exploit délaissé aux parties et l'exploit déposé au greffe, alors qu'aux termes de l'article 11, l'opposition n'encourt déchéance que si l'acte d'opposition et l'assignation faite aux parties ont été faits dans des exploits séparés ;

Mais attendu que la déduction faite par le moyen, ne résulte nullement de la motivation de l'arrêt ; que l'arrêt qui a retenu que « …Louis André VALLEGRA n'ayant pas dans le même acte, signifié son opposition à TOURE Mory, au greffier et à l'huissier doit être déchu de son opposition… » n'a en rien violé l'article 11 visé au moyen ; qu'il échet donc de rejeter le moyen, et par suite, le pourvoi ;

Attendu que Louis André VALLEGRA qui succombe, sera condamné aux dépens ;

PAR CES MOTIFS

Statuant publiquement, après en avoir délibéré,

Rejette le pourvoi formé par Louis André VALLEGRA ; Le condamne aux dépens.

C. Recours contre la décision d'injonction de payer

L'opposant qui forme un pourvoi devant la CCJA doit justifier avoir saisi la juridiction compétente de son opposition (CCJA, 3e Ch., n°119/2015, 22 octobre 2015)

Sommaire Doit être rejeté le recours formé devant la CCJA pour violation de l'article 11 de l'AUPSRVE lorsque le demandeur n'apporte pas la preuve d'avoir saisi la juridiction de son opposition dans le délai fixé par l'article 11 de l'Acte uniforme précité.

La Cour Commune de Justice et d'Arbitrage (CCJA) de l'Organisation pour l'Harmonisation en Afrique du Droit des Affaires (OHADA), troisième chambre, a rendu l'Arrêt suivant en son audience publique du où étaient présents :

Madame Flora DALMEIDA MELE,	Présidente
Messieurs Victoriano OBIANG ABOGO,	Juge
Idrissa YAYE,	Juge
Birika Jean Claude BONZI,	Juge
Fodé KANTE,	Juge, rapporteur
et Maître Alfred Koessy BADO,	Greffier ;

Sur le renvoi de la cour suprême de la Côte d'Ivoire, en application de l'article 15 du Traité relatif à l'Harmonisation du Droit des Affaires en Afrique, de l'affaire enregistrée au greffe de la Cour de céans le 11 novembre 2011 sous le n°108/2011/PC et opposant l'Entreprise ARTIS, dont le siège social est à Abidjan-Marcory, boulevard Valérie Giscard d'Estaing, Immeuble PANASONIC, 18 BP 1870 Abidjan 18, ayant pour conseil constitué Maître ANDJEMIAN Serge-Eric, avocat près la cour d'appel d'Abidjan, Cocody les II Plateaux, Boulevard des Martyrs (ex boulevard Latrille), Villa CHANTERELLES n°432, à la Banque Atlantique Côte d'Ivoire dite la BACI SA, ayant pour conseil Maître AKA F. Félix, Avocat à la Cour d'Appel d'Abidjan, y demeurant Plateau, 17, Bd ROUME – Immeuble ROUME – 3e étage, porte n°33, 20 B.P. 97 Abidjan 20,

En cassation de l'arrêt n°238 rendu le 16 avril 2010 par la cour d'appel d'Abidjan dont le dispositif est le suivant :

« PAR CES MOTIFS

Statuant publiquement, contradictoirement, en matière civile et en dernier ressort ;

<u>EN LA FORME</u>

Déclare l'Entreprise ARTIS recevable en son appel ;

AU FOND

L'y dit mal fondé ;

L'en déboute ;

Confirme le jugement entrepris en toutes ses dispositions ;

Met les dépens à sa charge » ;

La requérante invoque à l'appui de son pourvoi le moyen unique de cassation tel qu'il figure à la requête annexée au présent arrêt ;

Sur le rapport de Monsieur Fodé KANTE, Juge ;

Vu les dispositions des articles 13, 14 et 15 du Traité relatif à l'harmonisation du droit des affaires en Afrique ;

Vu le Règlement de procédure de la Cour Commune de Justice et d'Arbitrage de l'OHADA ;

Attendu qu'il ressort des pièces du dossier de la procédure que par ordonnance d'injonction de payer n° 993 du 28 mars 2008, rendue par le Président du Tribunal de Première Instance d'Abidjan-Plateau, l'Entreprise ARTIS a été condamnée solidairement avec Monsieur KALOT Ahmed et la Société Des Palaces de Cocody, à payer à la Banque Atlantique Côte d'Ivoire dite la BACI, la somme de 30.173.500 FCFA en principal, outre les intérêts et frais ; que cette ordonnance a été signifiée aux débiteurs le 09 avril 2008 ; que l'Entreprise ARTIS a, par exploit d'huissier en date du 24 avril 2008, formé une opposition contre l'ordonnance susvisée, en fixant la date d'ajournement au 14 mai 2008 ; que cependant, à cette date, l'opposition n'a pas été enrôlée et un avenir d'audience a été servi le 20 mai 2008 à la BACI avec ajournement au 28 mai 2008 ; qu'à la date du 1er avril 2009, le tribunal de première instance d'Abidjan-Plateau vidant son délibéré, a par jugement n°1015 CIV 3D, déclaré l'opposition de l'Entreprise ARTIS irrecevable pour cause de déchéance ; que sur appel interjeté le 24 avril 2009 par l'Entreprise ARTIS contre ce jugement, la cour d'appel d'Abidjan statuant en dernier ressort, a rendu l'arrêt n°238 CIV 3A du 16 avril 2010, objet du présent pourvoi ;

Sur le moyen unique

Attendu que la requérante fait grief à l'arrêt attaqué d'avoir violé ou commis une erreur dans l'application ou dans l'interprétation des dispositions de l'article 11 de l'Acte uniforme portant organisation des procédures simplifiées de recouvrement et des voies d'exécution en ce qu'il a confirmé le jugement des premiers juges ayant déclaré irrecevable l'opposition alors qu'elle a régulièrement formé son opposition le 24 avril 2008 avec ajournement au 14 mai 2008 et que, l'affaire n'ayant pu être enrôlée pour des raisons indépendantes de sa volonté, elle a servi avenir d'audience le 20 mai 2008 avec ajournement au 28 mai 2008, respectant ainsi les délais prévus par l'article 11 de l'Acte uniforme sus indiqué ;

Mais attendu que l'article 11 de l'Acte uniforme susvisé dont la violation est invoquée dispose que :

« L'opposant est tenu, à peine de déchéance, et dans le même acte que celui de l'opposition :

- de signifier son recours à toutes les parties et au greffe de la juridiction ayant rendu la décision d'injonction de payer ;

- de servir assignation à comparaître devant la juridiction compétente à une date fixe qui ne saurait excéder le délai de trente jours à compter de l'opposition. » ;

Attendu en l'espèce, que l'Entreprise ARTIS n'apporte pas la preuve d'avoir saisi la juridiction de son opposition dans le délai fixé par l'article 11 de l'Acte uniforme précité ; qu'ainsi, n'ayant pas saisi valablement la juridiction compétente dans le délai de 30 jours fixé par l'article 11 susvisé, il y a lieu de rejeter ce moyen comme étant non fondé ;

Attendu que l'Entreprise ARTIS ayant succombé, il y a lieu de la condamner aux dépens ;

PAR CES MOTIFS

Statuant publiquement, après en avoir délibéré,

Rejette le pourvoi,

Condamne l'Entreprise ARTIS aux dépens.

Recours contre la décision rendue sur opposition : le délai d'appel ne relève pas du droit national (CCJA, 1ère Ch., n°100/2015, 23 juillet 2015)

Sommaire

Le délai d'appel contre un jugement statuant sur opposition à une ordonnance d'injonction de payer est fixé à trente jours à compter de la date de la décision par l'article 15 de l'Acte uniforme susvisé. Ce délai n'est pas concerné par le renvoi au droit national des États-parties opéré par le texte, lequel ne prévoit pas le relevé de forclusion.

La Cour Commune de Justice et d'Arbitrage (CCJA) de l'Organisation pour l'Harmonisation en Afrique du Droit des Affaires (OHADA), Première Chambre, a rendu l'arrêt suivant, en son audience publique du 23 juillet 2015 où étaient présents :

Messieurs : Marcel SEREKOÏSSE-SAMBA,	Président
Mamadou DEME,	Juge rapporteur
Diehi Vincent KOUA,	Juge
César Apollinaire ONDO MVE,	Juge
Robert SAFARI ZIHALIRWA,	Juge
et Maître ASSIEHUE Acka,	Greffier ;

Sur le recours enregistré au greffe de la Cour de céans le 27 février 2012 sous le n°016/2012/PC et formé par Siaka Majolika DELAMOU, demeurant à N'Zérékoré (République de Guinée), ayant pour conseil Maître Elie KONE, avocat au Barreau de la République de Guinée, B.P. 3169-Conakry, dans la cause qui l'oppose à la société TOTAL-Guinée, société anonyme dont le siège social est à Conakry, commune de Matam, quartier Coléah, représentée par son directeur général,

en cassation de l'arrêt n°329 rendu le 14 décembre 2010 par la Cour d'appel de Conakry, dont le dispositif est le suivant :

« Statuant publiquement, contradictoirement, en matière économique, en second ressort et en appel ;

Donnant à la société TOTAL GUINEE l'entier bénéfice de ses écritures, déclare irrecevables les fins de non recevoir soulevées par Siaka Majolika DELAMOU et tirées de l'irrecevabilité de l'appel et de la violation des articles 1, 2, 3 de l'AUSC ;

Au fond : infirme en toutes ses dispositions le jugement n°88 du 31 mars 2010 ;

Statuant à nouveau, déclare TOTAL-Guinée recevable en sa demande de dommages-intérêts, l'y déclarant bien fondé ;

Condamne Siaka Majolika DELAMOU à lui payer la somme de 50.000.000 GNF de ce chef ;

Frais et dépens à la charge de Siaka Majolika DELAMOU ; » ;

Le requérant invoque à l'appui de son pourvoi les deux moyens de cassation tels qu'ils figurent à sa requête annexée au présent arrêt ;

Sur le rapport de Monsieur Mamadou DEME, Juge ;

Vu les articles 13 et 14 du Traité relatif à l'harmonisation du droit des affaires en Afrique ;

Vu le Règlement de procédure de la Cour Commune de Justice et d'Arbitrage de l'OHADA ;

Attendu que par correspondance n°177/2012/G2 du 28 mars 2012, reçue le 3 avril 2012, le Greffier en chef de cette Cour a signifié le pourvoi a la société TOTAL, qui n'a cependant ni comparu ni été représentée à l'audience ; que le principe du contradictoire ayant été respecté, il convient d'examiner le recours ;

Attendu qu'il résulte des pièces du dossier de la procédure que suivant ordonnance n°23 rendue le 04 août 2009, le Président du Tribunal de Première Instance de Conakry 3 a fait injonction à la société TOTAL-Guinée de payer à Siaka Majolika DELAMOU la somme totale de 615.943.229 francs ; que par jugement n°88 rendu 31 mars 2010, le même tribunal a déclaré mal fondée l'opposition formée par TOTAL-Guinée contre cette ordonnance ; que statuant sur l'appel formé par TOTAL-Guinée contre ce jugement, la Cour d'appel de Conakry a rendu l'arrêt objet du pourvoi ;

Sur le deuxième moyen de cassation :

Attendu que le moyen est pris de la violation de l'article 15 de l'Acte uniforme portant organisation des procédures simplifiées de recouvrement et des voies d'exécution, en ce que l'arrêt attaqué a déclaré l'appel de TOTAL-Guinée recevable, alors qu'il a été reçu au greffe le 29 juin 2010, que l'article 15 susvisé fixe le délai de l'appel à trente jours à compter de la date de la décision, et que l'ordonnance n°55/CAB/PP/CAC/2010 du 23 juin 2010, par laquelle le Premier Président de la Cour d'appel de Conakry a relevé TOTAL-Guinée de la forclusion, n'est pas prévue par l'Acte uniforme précité ;

Vu les dispositions de l'article 15 de l'Acte uniforme portant organisation des procédures simplifiées de recouvrement et des voies d'exécution ;

Attendu qu'il résulte de ce texte que « *La décision rendue sur opposition est susceptible d'appel dans les conditions du droit national de chaque Etat partie ; toutefois, le délai d'appel est de trente jours à compter de la date de cette décision* » ;

Attendu que l'appel de TOTAL-Guinée a été reçu au greffe le 29 juin 2010, soit 2 mois et 29 jours après le prononcé du jugement n°88 du 31 mars 2010 ;

Attendu que pour déclarer tel appel recevable, l'arrêt énonce : « *Considérant qu'il convient de rappeler que, quant à la fin de non recevoir soulevée par Siaka Majolika DELAMOU et tirée de l'irrecevabilité de l'appel de la société TOTAL-GUINEE SA, par ordonnance de référé n°55 du 23 juin 2010 du Premier Président de la Cour d'Appel de Conakry, la Société TOTAL Guinée a été relevée de forclusion » ;*

Attendu qu'en se déterminant ainsi, alors que le délai d'appel contre un jugement statuant sur opposition à une ordonnance d'injonction de payer est fixé à trente jours à compter de la date de la décision par l'article 15 de l'Acte uniforme susvisé, que ce délai n'est pas concerné par le renvoi au droit national des Etats-parties opéré par le texte, lequel ne prévoit pas le relevé de forclusion, la Cour d'appel a violé les dispositions visées au moyen ; qu'il échet en conséquence, sans qu'il y ait lieu de statuer sur les autres moyens du pourvoi, de casser l'arrêt attaqué et d'évoquer ;

SUR L'EVOCATION

Attendu que par acte reçu au greffe le 29 juin 2010, la société TOTAL-GUINEE a formé appel contre le jugement n°88 rendu le 31 mars 2010, dont le dispositif est ci-dessous reproduit :

« Statuant publiquement, contradictoirement, en matière d'injonction de payer, sur opposition et en premier ressort ;

Après en avoir délibéré conformément à la loi ;

En la forme :

Déclare recevable l'opposition formée par la Société TOTAL Guinée SA, représentée par son Directeur Général Monsieur Philippe Chauvin, contre l'ordonnance d'injonction de payer n°23/CAB/P/TPI/Ckry 3 en date du 04/08/2009 ;

Au fond :

Déclare l'opposition mal fondée ;

En conséquence, restitue à l'ordonnance d'injonction de payer n°23/CAB/P/TPI/CKRY 3 en date du 04/08/2009 ses pleins et entiers effets ;

Dit qu'il n'y a pas lieu d'ordonner l'application de la loi sur les intérêts légaux moratoires ;

Met les dépens à la charge de la société TOTAL Guinée SA ;

Déclare que la présente décision se substitue à l'ordonnance d'injonction de payer ;

Le tout par application des dispositions des articles 9, 10, 11, 12, 13 et 14 de l'Acte uniforme OHADA portant organisation des procédures simplifiées de recouvrement et des voies d'exécution et 741 du CPEA » ;

Attendu que l'intimé a soulevé l'irrecevabilité de l'appel pour avoir été formé hors le délai fixé à l'article 15 de l'Acte uniforme portant organisation des procédures simplifiées de recouvrement et des voies d'exécution ;

Attendu que pour les mêmes motifs que ceux ayant conduit à la cassation de l'arrêt, il convient de faire droit à l'exception et de déclarer l'appel irrecevable ;

Attendu que la société TOTAL-Guinée qui a succombé doit être condamnée aux dépens ;

PAR CES MOTIFS

Statuant publiquement, après en avoir délibéré,

Casse l'arrêt n°329 rendu le 14 décembre 2010 par la Cour d'appel de Conakry ;

Evoquant et statuant sur le fond,

Déclare irrecevable l'appel formé par la société TOTAL-Guinée contre le jugement n°88 rendu le 31 mars 2010 par le Tribunal de Première Instance de Conakry 3 ;

Condamne TOTAL-Guinée aux entiers dépens.

Recours contre la décision rendue sur opposition : le délai d'appel du droit national ne peut déroger à celui de l'Acte uniforme (CCJA, 2e Ch., n°110/2015, 22 octobre 2015)

Sommaire

Les délais de procédure prévus par le droit interne ne sauraient déroger à ceux de l'article 15 de l'AUPSRVE applicable au délai d'appel contre une décision d'injonction de payer rendue sur opposition.

La Cour Commune de Justice et d'Arbitrage (CCJA), de l'Organisation pour l'Harmonisation en Afrique du Droit des Affaires (OHADA), Deuxième chambre, a rendu l'Arrêt suivant en son audience publique du 22 octobre 2015 où étaient présents :

Messieurs Abdoulaye Issoufi TOURE,	Président
Namuano Francisco DIAS GOMES,	Juge
Djimasna N'DONINGAR,	Juge, Rapporteur
et Maître Jean Bosco MONBLE,	Greffier,

Sur le pourvoi enregistré au greffe de la Cour de céans le 21 juillet 2010 sous le n°066/2010/PC et formé par Maître Zézé KALIVOGUI, Avocat à la cour, BP 6767, demeurant Rue 061, quartier Coronthie, Commune de Kaloum, Conakry, République de Guinée, agissant au nom et pour le compte de Monsieur Sékou Lamine TOUNKARA, Agent commercial, demeurant au quartier Madina-Mosquée, Secteur 4, Commune de Matam, Conakry, dans la cause qui l'oppose à la Société Générale de Banques en Guinée S.A. (SGBG), siège social sis à la Cité Chemin de Fer, Immeuble Boffa, BP 1514, Conakry, ayant pour Conseil Maître Boubakar SOW, Avocat à la cour, demeurant Rue KA 020, Commune de Kaloum, BP 1799, à Conakry – Guinée ;

En cassation de l'Arrêt n°76, rendu le 23 février 2010 par la Cour d'appel de Conakry et dont le dispositif est le suivant :

« Statuant publiquement, contradictoirement en matière économique, en second ressort et sur appel :

<u>En la forme</u>

Déclare Sékou Lamine TOUNKARA irrecevable en son appel puisque tardif ;

Dit que le jugement est du 27 mai 2009 alors que l'appel est du 18 juin 2009

Dit et arrête que le jugement attaqué sortira ses pleins et entiers effets ;

Frais et dépens à la charge de l'appelant. »

Attendu que le requérant invoque à l'appui de son pourvoi un moyen de cassation unique tel qu'il figure à la requête annexée au présent arrêt ;

Sur le rapport de Monsieur Djimasna N'DONINGAR, Juge ;

Vu les dispositions des articles 13 et 14 du Traité relatif à l'harmonisation du droit des affaires en Afrique ;

Vu le Règlement de procédure de la Cour Commune de Justice et d'Arbitrage de l'OHADA ;

Attendu qu'il ressort des pièces du dossier de la procédure que, en vue de recouvrer des concours bancaires consentis au sieur Sékou Lamine TOUNKARA, la SGBG a obtenu du président du tribunal de Conakry III une ordonnance d'injonction de payer signifiée au débiteur le 13 décembre 2007 ; que le Tribunal de première instance de Conakry III, saisi sur opposition par monsieur Sékou, a déclaré mal fondé le recours et restitué à l'ordonnance entreprise son plein et entier effet ; que, sur appel du débiteur, la Cour d'appel de Conakry a rendu l'arrêt n°076 du 23 février 2010, objet du présent pourvoi ;

Sur le moyen unique tiré de la violation de l'article 15 de l'Acte uniforme portant organisation des procédures simplifiées de recouvrement et voies d'exécution

Attendu qu'il est fait grief à l'arrêt déféré d'avoir violé les dispositions de l'article 15 visé au moyen en déclarant l'appel hors délai alors, selon le moyen, que ce texte impartit un délai de trente jours à compter du prononcé de la décision pour ce faire ;

Attendu en effet que, pour examiner la recevabilité de l'appel, la cour d'appel de Conakry a visé les dispositions de l'article 868 du code de procédure civile guinéen qui impartit un délai de dix (10 jours) pour relever appel des jugements de première instance ; que ces dispositions de droit interne ne sauraient déroger à celles de l'article 15 susvisé ;

Attendu que le jugement n°153 déféré est rendu le 27 mai 2009 et l'appel relevé le 18 juin courant ; que cet appel étant intervenu au 22ème jour du prononcé de la décision du tribunal, la cour d'appel, en le déclarant irrecevable pour forclusion, a manifestement violé l'article 15 susvisé et sa décision encourt cassation ; qu'il échet en conséquence de casser l'arrêt attaqué, d'évoquer et de statuer sur le fond ;

Sur l'évocation

Attendu que, par acte d'appel du 18 juin 2009, le sieur Sékou Lamine TOUNKARA a relevé appel du jugement n°153, rendu le 27 mai 2009 par le Tribunal de première instance de Conakry III dont le dispositif suit : « Statuant publiquement, contradictoirement en matière commerciale et en premier ressort ;

Après en avoir délibéré conformément à la loi :

<u>En la forme</u> :

Reçoit monsieur Sékou Lamine TOUNKARA en son action ;

<u>Au fond</u> :

La déclare mal fondée ;

En conséquence :

Condamne Sékou Lamine TOUNKARA au paiement au profit de la Société Générale de Banques en Guinée (SGBG) :

La somme principale de neuf cent cinquante-neuf millions huit cent cinquante-cinq mille huit cent soixante-dix-neuf Francs Guinéens (959.855.879 FG) ;

Intérêts non imputés : trois cent cinquante-quatre millions cinq cent quarante-neuf mille cent cinquante un Francs Guinéens (354.549.151 FG) ;

Frais et accessoires : cinq cents millions Francs Guinéens (500.000.000 FG) ;

Soit un total d'un milliard huit cent quatorze millions quatre cent cinq mille trente Francs Guinéens (1.814.405.030 FG) ;

Dit n'y avoir lieu à exécution provisoire ;

Condamne monsieur Sékou Lamine TOUNKARA aux frais et dépens » ;

Qu'au soutien de son appel, il demande à la Cour d'infirmer le jugement entrepris en toutes ses dispositions et, statuant à nouveau, de constater le défaut de qualité de la SGBG S.A. , faute de personnalité juridique ou, à défaut, de dire et juger que la SGBG S.A. n'est liée à lui par aucun lien contractuel ; qu'il expose que courant 2006, il avait entamé des relations commerciales avec une société coréenne, la JINS GRAND PRIX JEWELRY Co Ltd, aux fins de lui vendre de l'or ; qu'en exécution de la lettre de garantie d'une banque coréenne, la SGBG a financé l'opération de commercialisation de l'or entre la JINS GRAND PRIX JEWELRY, cliente de cette banque, et lui ; que cette opération s'est conclue avec succès et la banque coréenne a entamé le virement des montants garantis à la SGBG ; que, contre toute attente, la SGBG a fermé son compte par lequel devaient transiter les montants et qu'au lieu de réclamer le paiement à la banque coréenne, la SGBG s'en est prise à lui ; que c'est à tort que le jugement déféré a rejeté son opposition à l'injonction de payer ;

Attendu que la SGBG soutient qu'elle est créancière de monsieur Sékou Lamine TOUNKARA d'un montant total de 1.814.405.030 FG ; que cette créance résulte du solde débiteur du compte courant ouvert par sieur Sékou Lamine dans ses livres sous le n°19881015102 ; que, contrairement aux affirmations de son débiteur, la créance ne découle pas d'une opération de vente d'or dans laquelle une banque coréenne aurait donné sa garantie ; que cette créance a une cause contractuelle, comme résultant des retraits opérés par sieur Sékou Lamine, dans le cadre des découverts bancaires concédés au titre du compte courant ouvert dans les livres de la SGBG ; que la réclamation de cette créance par la procédure d'injonction de payer est justifiée, étant donné ses caractères certain, liquide et exigible ; qu'en conséquence, elle sollicite la confirmation du jugement ;

Attendu que, de la combinaison des articles 1er et 2 de l'Acte uniforme portant organisation des procédures simplifiées de recouvrement et voies d'exécution, il résulte que le recouvrement d'une créance certaine, liquide et exigible, ayant une cause contractuelle, peut être poursuivi suivant la procédure d'injonction de payer ; qu'il ressort clairement des pièces du dossier de la procédure qu'une convention de compte courant est passée entre la SGBG et Sékou Lamine TOUNKARA, à l'issue de laquelle ce dernier doit à la banque la somme de 1.814.405.030 FG ; que le Tribunal de première instance de Conakry III, en rejetant l'opposition à l'injonction de payer, n'a en rien violé la loi et il échet de confirmer, en toutes ses dispositions, le jugement n°153 rendu le 27 mai 2009 ;

Attendu que le sieur Sékou Lamine TOUNKARA ayant succombé, sera condamné aux dépens ;

PAR CES MOTIFS

Statuant publiquement, après en avoir délibéré,

Casse l'arrêt n°076 rendu le 23 février 2010 par la Cour d'appel de Conakry ;

Evoquant et statuant sur le fond :

Confirme le jugement n°153 rendu le 27 mai 2009 par le Tribunal de première instance de Conakry III ;

Condamne le sieur Sékou Lamine TOUNKARA aux dépens.

L'arrêt d'appel ne peut se substituer à la décision d'injonction de payer (CCJA, 1ère Ch., n°98/2015, 23 juillet 2015)

Sommaire

Au sens de l'article 14 de l'AUPSRVE, seul le jugement de la juridiction saisie sur opposition se substitue à l'ordonnance d'injonction de payer. Viole ce texte l'arrêt d'appel qui décide qu'il se substitue à l'ordonnance d'injonction de payer.

La Cour Commune de Justice et d'Arbitrage (CCJA) de l'Organisation pour l'Harmonisation en Afrique du Droit des Affaires (OHADA), Première Chambre, a rendu l'arrêt suivant en son audience publique du 23 juillet 2015 où étaient présents :

Messieurs : Marcel SEREKOÏSSE-SAMBA,	Président, rapporteur
Mamadou DEME,	Juge
Vincent KOUA DIEHI,	Juge
César Apollinaire ONDO MVE,	Juge
Robert SAFARI ZIHALIRWA,	Juge
Et Maître ASSIEHUE Acka,	Greffier ;

Sur le pourvoi n° 036/2011/PC enregistré au greffe de la Cour de céans le 23 mai 2011, formé par Maître Guillaume BAKOUETE, Avocat Plaidant, 32 Avenue Emmanuel, Immeuble D.E.S.G, Rond Point 31 Juillet, Mess Mixte Garnison, Pointe Noire, ayant élu domicile en l'étude de Maître Yao Noëlle NGORAN, Avocat à la Cour, Cabinet sis Route du Lycée Technique, Immeuble Florida, 04 BP 1405, Abidjan 04, agissant pour le compte de Alassane Mamadou DOUCOURE, de nationalité congolaise, Gérant de Société, domicilié au quartier OCH, Arrondissement 1, Lumumba, Pointe Noire, dans le différend qui l'oppose à la Société URGAYA Sarl dont le siège social est à Ponte Noire,

en cassation de l'arrêt n°268 rendu le 31 décembre 2010 par la Cour d'appel de Pointe Noire et dont le dispositif suit :

« Par ces motifs :

Statuant publiquement, contradictoirement, en matière civile et en dernier ressort ;

En la forme

Reçoit les appels ;

Au fond

Infirme le jugement entrepris en toutes ses dispositions ;

Statuant à nouveau :

Dit et juge que la société URGAYA Sarl est créancière de Monsieur ALASSANE Mamadou Doucouré ;

Condamne en conséquence Monsieur ALASSANE Mamadou Doucouré à payer à la société URGAYA Sarl la somme de 43.406.200 FCFA en principal et celle de 20.000.000 FCFA à titre de dommages-intérêts, soit la somme totale de 63.406.200 FCFA ;

Dit que la présente décision est substituée à l'ordonnance d'injonction de payer en date du 03 avril 2009 ;

Condamne ALASSANE Mamadou DOUCOURE aux dépens » ;

Attendu qu'Allassane Mamadou DOUCOURE invoque à l'appui de son recours le moyen unique de cassation tel qu'il figure à la requête annexée au présent arrêt.

Sur le rapport de Monsieur Marcel SEREKOÏSSE-SAMBA, Président ;

Vu les dispositions des articles 13 et 14 du Traité relatif à l'harmonisation du droit des affaires en Afrique ;

Vu le Règlement de procédure de la Cour Commune de Justice et d'Arbitrage de l'OHADA ;

Attendu que pour avoir vendu à la société URGAYA Sarl un immeuble appartenant à autrui au prix de 130.000.000 FCFA et en avoir perçu un acompte de 112.000.000F, Alassane Mamadou DOUCOURE a reçu l'injonction de payer à ladite société la somme de 51.750.000 F CFA toutes causes confondues, représentant le reliquat de l'acompte dont il avait entamé le remboursement à hauteur de 68.593.800 F ;

Que sur opposition, le tribunal de grande instance de Pointe Noire, par jugement en date du 19 avril 2010, a annulé l'ordonnance d'injonction de payer du 03 avril 2009 et a en outre condamné la société URGAYA à payer au sieur DOUCOURE la somme de 15.000.000 FCFA à titre de dommages-intérêts pour procédure abusive ;

Sur la troisième branche du moyen, tirée de la violation de l'article 14 de l'Acte uniforme portant organisation des procédures simplifiées de recouvrement et des voies d'exécution

Attendu qu'il est fait grief à la Cour d'appel de Pointe Noire d'avoir décidé de substituer son arrêt à l'ordonnance d'injonction de payer, alors qu'aux termes de cet article 14 de l'Acte uniforme susvisé, seul le jugement de l'opposition se substitue à l'ordonnance, la décision d'appel étant autonome et distincte de celle de l'injonction de payer ;

Attendu que l'article 14 dispose : « la décision de la juridiction saisie sur opposition se substitue à la décision portant injonction de payer. » ;

Attendu qu'en conformité avec la jurisprudence constante de la Cour de céans et les dispositions combinées des articles 12 et 14 de l'Acte uniforme susvisé , il y a lieu de décider que la Cour d'appel de Pointe Noire, qui a infirmé le jugement rendu le 19 avril 2010 par Monsieur le Président du tribunal de grande instance de Pointe Noire et «Dit que la présente décision est substituée à l'ordonnance d'injonction de payer en date du

03 avril 2009 », a violé l'article 14 sus énoncé ; qu'il échet de casser l'arrêt querellé, d'évoquer et statuer à nouveau.

Sur l'évocation

Attendu que le Président du tribunal de grande instance de Pointe Noire a rendu le 03 avril 2009 une ordonnance enjoignant au sieur Alassane Mamadou DOUCOURE de payer à la société URGAYA Sarl la somme de 31.750.000 FCFA en principal et celle de 20.000.000 FCFA, soit la somme totale de 51.750.000 FCFA ;

Que sur opposition d'ALASSANE MAMADOU DOUCOURE et après l'échec de la tentative de conciliation, le Tribunal de grande instance de Pointe Noire a rendu le 19 avril 2010 le jugement dont le dispositif suit :

« Statuant publiquement, contradictoirement à l'égard de Monsieur MAMADOU DOUCOURE ALASSANE et par réputé contradictoire à l'égard de la société URGAYA SARL en matière civile et en premier ressort ;

En la forme

Reçoit la société URGAYA SARL en son action ;

Au fond

L'en dit mal fondée et l'en déboute ;

RECONVENTIONNELLEMENT

Reçoit Monsieur MAMADOU DOUCOURE ALASSANE en sa demande ;

Au fond

L'en dit bien fondé ;

En conséquence, condamne la société URGAYA SARL à lui payer la somme de 1.000.000 FCFA à titre de dommages-intérêts pour procédure abusive et vexatoire ;

Déboute Monsieur MAMADOU DOUCOURE ALASSANE du surplus de sa demande ;

Condamne la société URGAYA SARL aux dépens » ;

Attendu que la société URGAYA SARL a relevé appel de cette décision le 28 avril 2010 ;

Qu'elle soutient à l'appui de son recours que par l'intermédiaire de son représentant légal, sieur LEMA André, elle a conclu avec Monsieur Alassane Mamadou DOUCOURE un contrat de vente d'une propriété immobilière sise au quartier TCHIMBAMBA à Pointe Noire moyennant le prix de 130.000.000 FCFA ; que le vendeur a perçu un acompte total de 112.000.000 FCFA, mais s'est abstenu de lui délivrer une attestation de vente ;

Qu'ayant subi des troubles de jouissance de sa propriété du fait que celle-ci n'appartenait pas à son vendeur, elle a exigé et obtenu de lui le remboursement de la somme de 68.593.800 FCFA, représentant le reliquat exigible ;

Attendu que dans ses conclusions en défense, Alassane Mamadou DOUCOURE soutient que la société URGAYA SARL ne justifie pas d'une créance réunissant la triple caractéristique de certitude, de liquidité et d'exigibilité, l'Acte uniforme portant organisation des procédures simplifiées de recouvrement et des voies d'exécution ayant défini la créance certaine comme celle dont l'existence est incontestable et actuelle ;

Mais attendu qu'il ressort des pièces du dossier de la procédure qu' Alassane Mamadou DOUCOURE a effectué deux paiements par chèques de trente millions (30.000.000) de francs chacun, respectivement le 25 septembre 2007 et le 17 mars 2008, dont décharges manuscrites lui ont été faites par André LEMA, mandataire de la société URGAYA SARL ; qu'un autre paiement en espèces de quatre millions cinq cent mille (4.500.000) francs CFA a été également déchargé par le même mandataire le 05 août 2008 ; que les décharges mentionnent expressément le motif de chaque versement, à savoir : « 3e acompte sur le remboursement des 112.000.000 FCFA.... » ou encore : « remboursement sur la vente d'une villa.... » ;

Qu'Alassane Mamadou DOUCOURE ne contestant pas la nature contractuelle de la créance et n'opposant aux mentions de ces décharges aucune contestation sérieuse, il y a lieu de conclure à l'existence d'une créance certaine, liquide et exigible au bénéfice de la société URGAYA SARL, d'infirmer le jugement entrepris en toutes ses dispositions et de le condamner au paiement de ladite la somme de 51.750.000FCFA réclamée ;

Attendu que Alassane Mamadou DOUCOURE ayant succombé, il échet de le condamner aux dépens.

PAR CES MOTIFS

Statuant publiquement, après en avoir délibéré,

Déclare le pourvoi recevable ;

Casse l'arrêt n°268 rendu le 31 décembre 2010 par la Cour d'appel de Pointe Noire ;

Evoquant et statuant au fond,

Infirme le jugement rendu le 19 avril 2010 par le tribunal de grande instance de Pointe Noire ;

Dit et juge que la société URGAYA SARL est créancière de Alassane Mamadou DOUCOURE de la somme de 51.750.000FCFA toutes causes confondues ;

Condamne Alassane Mamadou DOUCOURE à lui payer cette somme

Le condamne en outre aux dépens.

II. Contentieux de l'exécution

A. Juge du contentieux de l'exécution

L'article 49 de l'AUPSRVE présente une insuffisance et doit être complété par le droit national pour la détermination du tribunal compétent (CCJA, 2e Ch., n°87/2015, 8 juillet 2015)

Sommaire

Aux termes de l'article 49 de l'Acte uniforme portant organisation des procédures simplifiées de recouvrement et voies d'exécution, tout litige relatif à une mesure d'exécution forcée, quelle que soit l'origine du titre exécutoire en vertu duquel elle est poursuivie, relève de la compétence du Président de la juridiction statuant en matière d'urgence. Viole ce texte l'arrêt qui lie la compétence du juge du contentieux de l'exécution à la nature judiciaire du titre exécutoire.

L'article 49 de l'AUPSRVE présente manifestement une insuffisance nécessitant l'application, en complément, des dispositions de la loi nationale puisque, tout en retenant la compétence du Président du tribunal ou du magistrat par lui délégué, ce texte n'a pas déterminé le tribunal compétent, lorsqu' il y a deux tribunaux de même degré dans la même ville.

La Cour Commune de Justice et d'Arbitrage (CCJA), de l'Organisation pour l'Harmonisation en Afrique du Droit des Affaires (OHADA), Deuxième chambre, a rendu l'Arrêt suivant en son audience publique du 08 juillet 2015 où étaient présents :

Messieurs Abdoulaye Issoufi TOURE, Président

Namuano Francisco DIAS GOMES, Juge

Djimasna N'DONINGAR, Juge, Rapporteur

et Maître Jean Bosco MONBLE, Greffier,

Sur le pourvoi enregistré au greffe de la cour de céans le 1er juillet 2011 sous le n°057/2011/PC et formé par Maître TCHUENTE Paul, Avocat à la cour, demeurant au 1204, Boulevard de la Liberté, B.P. 5674, Douala, agissant au nom et pour le compte de la Société Crédit et Epargne pour le financement du Commerce et de l'Industrie du Cameroun (CECIC), S.A. dont le siège social sis à l'Immeuble CICAM, Boulevard Ahmadou Ahidjo, BP 10071, Douala, dans la cause qui l'oppose à la Société AES SONEL, S.A. dont le siège social est à Douala, Avenue De Gaulle, BP 4077, ayant pour Conseil Maître AYATOU Gaston, Avocat à la Cour, demeurant immeuble LIPACAM, Boulevard Ahmadou Ahidjo, BP 15080, Douala, d'une part, et à la Société CHELCOM CAMEROUN, S.A. ayant son siège social à NDOKOTI- Douala, BP 7197,

en cassation de l'arrêt n°207/REF, rendu le 10 décembre 2008 par la cour d'appel du Littoral à Douala et dont le dispositif est le suivant :

« Statuant publiquement, contradictoirement, en matière de contentieux d'exécution, en appel ;

En la forme :

Reçoit l'appel ;

Déclare irrecevable l'intervention volontaire de la société CHELCOM CAMEROUN S.A. ;

Au fond :

Annule la décision entreprise ;

Evoquant et statuant à nouveau, dit le juge du contentieux incompétent à statuer en l'espèce ;

Renvoie les parties à se mieux pourvoir ;

Condamne la société CECIC aux dépends distraits au profit de Me AYATOU, avocat aux offres de droit » ;

Attendu que la requérante invoque à l'appui de son pourvoi les trois moyens de cassation, tels qu'ils figurent à la requête annexée au présent arrêt ;

Sur le rapport de Monsieur DJIMASNA N'doningar, Juge ;

Vu les dispositions des articles 13 et 14 du Traité relatif à l'harmonisation du droit des affaires en Afrique ;

Vu le Règlement de procédure de la Cour Commune de Justice et d'Arbitrage de l'OHADA ;

Attendu qu'il ressort des pièces du dossier de la procédure qu'en date du 14 juillet 2006, en exécution d'une grosse notariée, la Société CECIC S.A. a pratiqué une saisie-attribution au préjudice de la Société CHELCOM CAMEROUN S.A., entre les mains de la Société AES SONEL ; que, suite à la déclaration de AES SONEL qu'elle estime incomplète, la Société CECIC l'a attraite devant le Président du tribunal de première instance de Douala-Ndokoti, statuant comme juge du contentieux de l'exécution, aux fins de la voir condamnée au paiement des causes de la saisie ; que, par ordonnance n°170 du 03 juillet 2007, la juridiction présidentielle a fait droit à cette demande et condamné AES SONEL à payer la somme de 100 246 744 FCFA, représentant les causes de la saisie et les dommages-intérêts ; que, suite à l'appel de AES SONEL et à la demande d'intervention volontaire de la Société CHELCOM CAMEROUN, la cour d'appel du Littoral à Douala, a rendu, sous la référence n°207/REF du 10 décembre 2008, l'arrêt infirmatif dont pourvoi ;

Sur l'exception d'irrecevabilité tirée des articles 27.1 et 28.5 du Règlement de Procédure de la Cour de céans

Attendu que dans son mémoire en réponse à la requête, AES SONEL demande à la cour de déclarer irrecevable le pourvoi formé par la CECIC, aux motifs que les copies des pièces produites n'ont pas été certifiées conformes par cette dernière ; que ce défaut de certification est une violation manifeste de l'article 27.1 du Règlement de procédure de la cour de céans, entraînant ainsi la non-conformité du recours aux conditions exigées par ledit Règlement et sanctionnée à l'article 28.5 ;

Mais attendu que la prescription de l'article 27.1 susvisé suivant laquelle « …ces copies sont certifiées conformes par la partie qui les dépose. » n'est assortie d'aucune sanction ; que l'éventualité d'une irrecevabilité du recours prévue à l'article 28.5 du Règlement n'est envisagée que suite à une demande de régularisation du Greffier ; que cela n'étant pas fait et l'authenticité de ces pièces n'étant pas contestée dans le cas d'espèce, il s'en suit que cette exception ne peut être accueillie ; qu'il échet donc de dire que le pourvoi est recevable ;

Sur le premier moyen tiré de la violation de l'article 49 de l'Acte uniforme portant organisation des procédures simplifiées de recouvrement et voies d'exécution

Attendu que la CECIC reproche à l'arrêt attaqué d'avoir violé les dispositions de l'article visé au moyen, en ce qu'il a conditionné la compétence du juge du contentieux à l'existence d'une décision de justice, alors, selon le moyen, que l'article 49 donne compétence au Président de la juridiction statuant en matière d'urgence, ou au magistrat délégué par lui, pour statuer sur tout litige ou toute demande relative à une mesure d'exécution forcée ou à une saisie-conservatoire, sans distinguer l'origine du titre exécutoire en vertu duquel elle est poursuivie ; qu'en recherchant le socle de la mesure d'exécution pour déterminer la juridiction compétente, les juges d'appel de Douala ont ajouté à l'article 49 une condition qu'il n'a pas posée ;

Attendu en effet qu'aux termes de l'article 49 de l'Acte uniforme portant organisation des procédures simplifiées de recouvrement et voies d'exécution, tout litige relatif à une mesure d'exécution forcée, quelle que soit l'origine du titre exécutoire en vertu duquel elle est poursuivie, relève de la compétence du Président de la juridiction statuant en matière d'urgence ;

Attendu que pour annuler l'ordonnance entreprise, la cour d'appel a retenu que « la saisie-attribution querellée n'ayant pas pour socle une décision du tribunal de Première Instance de Douala-Ndokoti ou d'ailleurs, le Juge du contentieux de cette juridiction n'était pas compétent pour connaître des contestations soulevées » ; qu'en liant ainsi la compétence du juge du contentieux de l'exécution à la nature judiciaire du titre exécutoire, la cour d'appel a violé les dispositions de l'article 49 et fait encourir la cassation à sa décision ; qu'il échet de casser l'arrêt attaqué et d'évoquer, sans qu'il soit nécessaire d'analyser les autres moyens ;

Sur l'évocation

Attendu que, par requête en date du 12 juillet 2007, la Société AES SONEL relevait appel contre l'ordonnance n°170/07 rendue le 03 juillet 2007 par la juridiction présidentielle du tribunal de première instance de Douala-Ndokoti dans l'affaire l'opposant à la Société CECIC et dont le dispositif est ainsi conçu : « Statuant publiquement, contradictoirement, en matière du contentieux de l'exécution conformément à l'article 49 de l'Acte uniforme OHADA n°6 et en premier ressort ;

Recevons la demanderesse en son action ;

Constatons que la déclaration affirmative de AES SONEL du 19 juillet 2006 est inexacte et incomplète ;

En conséquence, condamnons la Société AES SONEL à payer à la Société CECIC la somme de 100 246 744 FCFA ventilée comme suit :

94 246 744 FCFA causes de la saisie-attributions ;

6 000 000 FCFA dommages-intérêts ;

Condamnons AES SONEL aux dépens distraits au profit de Maître TCHUENTE, avocat aux offres de droit » ;

Qu'au soutien de son appel, elle demande à la cour d'infirmer l'ordonnance entreprise en toutes ses dispositions et de déclarer le juge du contentieux de l'exécution du tribunal de première instance de Douala-Ndokoti incompétent ratione loci pour statuer dans la présente cause ; qu'elle expose que suite à une saisie-attribution par la CECIC au préjudice de la Société CHELCOM entre ses mains, elle a fait, par courrier adressé à l'huissier instrumentaire, une déclaration aussi complète qu'exacte, dans le délai prescrit par l'article 156 de l'Acte uniforme portant organisation des procédures simplifiées de recouvrement et voies d'exécution ; que de par son siège social sis à l'avenue De Gaulle, AES SONEL se trouve dans le ressort territorial du tribunal de Première Instance de Douala-Bonanjo ; que le juge du contentieux de l'exécution du tribunal de première instance de Douala-Ndokoti statuant dans une autre procédure qui oppose les mêmes parties s'étant déclaré incompétent ratione loci pour connaître de la cause, il ne pouvait avoir compétence territoriale pour statuer dans la procédure ayant généré l'ordonnance n°170/07 entreprise, en application l'article 3 alinéa 2 de la loi n°2007/001instituant le juge du contentieux de l'exécution et du décret n°2001/361 portant ouverture des tribunaux de première instance dans les villes de Douala et Yaoundé ; qu'elle sollicite l'infirmation de l'ordonnance querellée et le débouté de la société CECIC ;

Attendu que la Société CHELCOM CAMEROUN, intervenant volontaire dans la procédure, expose que toute action contre le défendeur doit être introduite devant le tribunal de son domicile ; que AES SONEL étant domiciliée Avenue De Gaulle, dans l'arrondissement de Douala 1er qui relève de la compétence du Tribunal de première instance de Douala-Bonanjo, l'action initiée par CECIC est mal orientée ; qu'elle sollicite l'infirmation de l'ordonnance querellée, rendue par un juge incompétent ;

Attendu que la Société CECIC, en réplique, demande de déclarer l'intervention de CHELCOM CAMEROUN irrecevable et de constater que la déclaration affirmative de AES SONEL est incomplète et inexacte en ce que le livre comptable produit était tronqué et que le contrat entre AES SONEL et CHELCOM n'était pas communiqué lors de la déclaration ; qu'elle conclut à la confirmation de l'ordonnance condamnant AES SONEL au paiement des causes de la saisie ;

Attendu que l'article 49 de l'Acte uniforme portant organisation des procédures simplifiées de recouvrement et voies d'exécution, tout en retenant la compétence du Président du tribunal ou du magistrat par lui délégué, n'a pas déterminé le tribunal compétent, lorsqu' il y a, comme c'est le cas, deux tribunaux de même degré dans la même ville ; qu'il y a manifestement une insuffisance, nécessitant l'application, en complément, des dispositions de la loi nationale ; qu'aux termes de l'article 4 de la Loi Camerounaise n°2007/001, lorsque l'exécution porte sur un titre exécutoire autre qu'une décision de justice, le juge du contentieux de l'exécution est « le Président du Tribunal de Première Instance du lieu où l'exécution a lieu ou est envisagée » ; qu'en l'espèce l'action étant dirigée contre AES SONEL dont le siège social dépend du ressort territorial du Tribunal de première instance de Douala- Bonanjo, conformément au Décret n°2001/361 portant ouverture des tribunaux de première instance dans les villes de Douala et Yaoundé, c'est à tort que le tribunal de Douala-Ndokoti s'est déclaré compétent ; qu'en conséquence, il echet d'annuler l'ordonnance querellée et de renvoyer la CECIC à mieux se pourvoir ;

Attendu que la société CECIC ayant succombé, sera condamnée aux dépens ;

PAR CES MOTIFS

Statuant publiquement, après en avoir délibéré,

Casse l'Arrêt n°207/REF, rendu le 10 décembre 2008 par la Cour d'appel du Littoral à Douala ;

Evoquant et statuant sur le fond :

Annule l'ordonnance n°170/07, rendue le 03 juillet 2007 par la juridiction présidentielle du tribunal de première Instance de Douala-Ndokoti ;

Renvoie la société CECIC à mieux se pourvoir ;

La condamne aux dépens.

Le premier président de la Cour d'appel est incompétent pour statuer en premier lieu (CCJA, 2e Ch., n°12/2015, 02 avril 2015)

Sommaire

La juridiction compétente pour statuer en tout premier lieu dans les contentieux relatifs aux mesures d'exécution et aux mesures conservatoires est le président du tribunal ou son délégué. Viole l'article 49 de l'AUPSRVE le premier président de la Cour d'appel qui se saisit directement d'une requête en mainlevée de saisie-attribution.

La Cour Commune de Justice et d'Arbitrage (CCJA), de l'Organisation pour l'Harmonisation en Afrique du Droit des Affaires (OHADA), Deuxième chambre, a rendu l'Arrêt suivant en son audience publique du 02 avril 2015 où étaient présents :

Messieurs Abdoulaye Issoufi TOURE,	Président, rapporteur
Namuano Francisco DIAS GOMES,	Juge
Djimasna N'DONINGAR,	Juge
et Maître Jean Bosco MONBLE,	Greffier,

Sur le pourvoi enregistré au greffe de la Cour de céans, sous le n°046/2011/PC en date du 26 mai 2011 et formé par maître FANNY Mory, Avocat à la cour demeurant carrefour Cocody Corniche, route du Lycée Technique, 04 BP 1001 Abidjan 04, agissant au nom et pour le compte de Monsieur DIARRA Oumar, opérateur économique, 30 BP 356 Abidjan 30, dans la cause l'opposant à la Société Ivoirienne de Construction et de Gestion Immobilière dite SICOGI, société anonyme dont le siège est Boulevard Général De Gaulle, 01 BP 1856 Abidjan 01, et au tiers saisi, la Société Générale de Banques en Côte d'Ivoire, société anonyme ayant son siège au 5 et 7 avenue Joseph Anoma, 01 BP 1355 Abidjan 01, ayant pour conseil la SCPA Dogué, Abbé YAO et Associés, Avocats à la cour, demeurant 29, Boulevard Clozel, 01 BP 174 Abidjan 01,

en cassation de l'ordonnance n°45 rendue le 08 mai 2001 par le premier président de la cour d'appel d'Abidjan dont le dispositif est le suivant :

« Statuant contradictoirement, en matière de référé d'heure à heure et en dernier ressort :

Au principal, renvoyons les parties à se pourvoir ainsi qu'elles en aviseront mais dès à présent, vu l'urgence et par provision ;

Déclare la SICOGI fondée en son action ;

Ordonne la mainlevée de la saisie pratiquée à son encontre par Diarra Oumar ;

Condamne le défendeur aux dépens. » ;

Le requérant invoque à l'appui de son pourvoi, le moyen unique de cassation tel qu'il figure à la requête annexée au présent arrêt ;

Sur le rapport de Monsieur Abdoulaye Issoufi TOURE, Premier Vice-président ;

Vu les dispositions des articles 13 et 14 du Traité relatif à l'harmonisation du droit des affaires en Afrique ;

Vu le Règlement de procédure de la Cour Commune de Justice et d'Arbitrage de l'OHADA ;

Attendu qu'il résulte des pièces du dossier que le sieur DIARRA Oumar détenteur de la grosse de l'arrêt n°1314 rendu le 14 juillet 1995 faisait signifier à la SICOGI commandement de payer la somme de 15 569 135 en principal, intérêt et frais ; que suite à un accord entre les parties, la SICOGI a pu éponger la totalité de la somme réclamée à raison de 3 892 283 francs par mois ; que c'est donc avec surprise que la SICOGI a été informée d'une saisie-attribution sur son compte ouvert à la SGBCI par le même créancier ; qu'aussi a-t-elle saisi le premier président de la cour d'appel d'Abidjan qui, par ordonnance dont pourvoi, en ordonnait la mainlevée ;

Attendu que le recours a été signifié à la SICOGI suivant la lettre n°197/2011/G2 en date du 21 juin 2011 ; que cette lettre reçue le 12 juillet 2011 est demeurée sans suite ; que le principe du contradictoire ayant été respecté, il échet de statuer ;

Sur le premier moyen tiré de la violation de l'article 49 de l'Acte uniforme portant organisation des procédures simplifiées de recouvrement et des voies d'exécution.

Attendu qu'il est fait grief à l'ordonnance déférée d'avoir violé l'article 49 visé au moyen en ce que « la juridiction compétente pour statuer sur tout litige ou toute demande relative à une mesure d'exécution forcée ou à une saisie conservatoire est le président de la juridiction statuant en matière d'urgence ou le magistrat délégué par lui ; sa décision est susceptible d'appel dans un délai de quinze jours à compter de son prononcé… » ; que, selon le moyen, il s'ensuit que le juge compétent en cette matière est le président du tribunal de première instance ; que c'est donc à tort que le premier président de la cour d'appel saisi directement par la SICOGI a ordonné la mainlevée de la saisie ;

Attendu en effet qu'aux termes des dispositions susmentionnées, la juridiction compétente pour statuer en tout premier lieu dans les contentieux relatifs aux mesures d'exécution et aux mesures conservatoires est le président du tribunal ou son délégué ; qu'en se saisissant directement d'une requête en mainlevée de saisie-attribution, le premier président a violé l'article 49 susvisé et l'ordonnance querellée doit être annulée ;

Attendu qu'en l'espèce, il s'agit non pas d'une cassation stricto sensu mais d'une annulation pour excès de pouvoir, il n'y a pas lieu d'évoquer et en conséquence, renvoyer les parties à mieux se pourvoir dans le respect du double degré de juridiction ;

Attendu qu'il échet de mettre les dépens à la charge de la SICOGI ;

PAR CES MOTIFS

Statuant publiquement, après en avoir délibéré ;

Annule l'ordonnance n°45 rendue le 08 mai 2001 par le premier président de la cour d'appel d'Abidjan ;

Dit n'y avoir lieu à évocation ;

Renvoie les parties à mieux se pourvoir ;

Condamne la SICOGI aux dépens.

Le Président de la Cour suprême ne peut se substituer au juge de l'article 49 de l'AUPSRVE (CCJA, 3e Ch., n°27/2015, 9 avril 2015)

> Sommaire
>
> À l'exception du juge instauré par l'article 49 de l'AUPSRVE, aucune juridiction ne peut se prononcer sur les demandes relatives à une mesure d'exécution forcée.

La Cour Commune de Justice et d'Arbitrage (CCJA) de l'Organisation pour l'Harmonisation en Afrique du Droit des Affaires (OHADA), Troisième chambre, a rendu l'Arrêt suivant en son audience publique du 09 avril 2015 où étaient présents :

Madame Flora DALMEIDA MELE,	Présidente, rapporteur
Messieurs Victoriano OBIANG ABOGO,	Juge
Idrissa YAYE,	Juge
et Maître Alfred Koessy BADO,	Greffier ;

Sur le pourvoi enregistré au greffe de la Cour de céans le 24 janvier 2012 sous le n°009/2012/PC et formé par Maître NIANGADOU ALIOU, avocat à la cour, demeurant à Abidjan-Plateau, Rue du commerce, résidence Nabil, 01 BP 2150 Abidjan 01, agissant au nom et pour le compte de Monsieur TAHA OMAR, commerçant, demeurant à Duékoué, BP365, de Monsieur KABALAN Albert, commerçant, demeurant à Man BP 99 et de la Société de Transport et de Distribution de Carburant dite STDC dont le siège est à Abidjan zone 4C, Rue Pierre et Marie Curie, 26 BP 776 Abidjan 26, représentée par Monsieur ADNAN MOGHNIEH, gérant, demeurant es-qualité audit siège, dans la cause les opposant à la société SHELL Côte d'Ivoire dont le siège social est à Abidjan zone industrielle de Vridi, rue des pétroliers, 15 BP 378 Abidjan 15, agissant aux poursuites et diligences de son Directeur général, monsieur Franck KONAN-YAHAUT, demeurant es-qualité audit siège, ayant pour conseils la SCPA M.FADIKA DELAFOSSE, K. FADIKA, C. KACOUTIE & Associés (FDKA), Avocats à la cour, Cabinet sis à l'angle du boulevard Carde et de la rue Docteur Jamot, immeuble Les Harmonies, 01 BP 2297 Abidjan 01,

en cassation des ordonnances N°234/CS/JP du 12 décembre 2011, N°85/CS/JP du 23 décembre 2011 et N°87/CS/JP du 28 décembre 2011 libellées respectivement en substance comme il suit : « … Ordonnons la suspension provisoire de l'exécution de l'arrêt n°398 du 22 novembre 2011 rendu par la Cour d'appel d'Abidjan ;…. » ; « …Donnons acte à la requérante , la Société Shell Côte d'Ivoire de son offre réelle de consigner la somme de 530 178 135 F au paiement de laquelle elle a été condamnée par l'arrêt n°398 du 22 novembre 2011 de la Cour d'Appel d'Abidjan ;… » ; « Donnons acte à la requérante , la Société Shell Côte d'Ivoire de son offre réelle de consigner la somme de cinq cent trente millions cent soixante-dix huit mille cent trente-cinq francs (530 178 135 f) saisie le 05 octobre 2010 par Monsieur TAHA OMAR, KABALAN Albert et la STDC sur les comptes de la société Shell Côte d'Ivoire au paiement de laquelle elle a été condamnée par l'arrêt n°398 du 22 novembre 2011 de la Cour d'Appel d'Abidjan ; le reste sans changement . » ;

Les requérants invoquent à l'appui de leur pourvoi les deux moyens de cassation tels qu'ils figurent à la requête annexée au présent arrêt ;

Sur le rapport de Madame Flora DALMEIDA MELE, Seconde Vice-présidente ;

Vu les dispositions des articles 13 et 14 du Traité relatif à l'harmonisation du droit des affaires en Afrique ;

Vu le Règlement de procédure de la Cour Commune de Justice et d'Arbitrage de l'OHADA ;

Attendu qu'il ressort des pièces du dossier qu'en contestation d'une saisie-attribution de créances pratiquée le 05 octobre 2010 au préjudice de la société Shell-CI en vertu de l'arrêt civil contradictoire n°71 rendu le 12 mars 2010 par la cour d'appel d'Abidjan, la juridiction présidentielle du tribunal de première instance d'Abidjan-Plateau a, par ordonnance n°2290 rendue le 26 octobre 2010, débouté la société Shell-CI de sa demande en mainlevée de saisie fondée sur l'ordonnance n°237/CS/IP du 06 octobre 2010 ayant ordonné la suspension de l'exécution de l'arrêt n°71 ; que sur appel de la société Shell, la Cour d'appel d'Abidjan a, par arrêt n°398/11 du 22 novembre 2011, confirmé l'ordonnance entreprise ; que la Société Shell-CI a formé, devant la cour suprême de la Côte d'Ivoire, un pourvoi en cassation assorti d'une requête aux fins de sursis à exécution contre l'arrêt sus indiqué ; que par les ordonnances numéros 234/CS/JP et 85/CS/JP des 12 et 23 décembre 2011, le Président de la Cour suprême de la Côte d'Ivoire a ordonné la suspension provisoire de l'exécution de l'arrêt n°398 et a donné acte à la société Shell de son offre de consignation de la somme à laquelle elle a été condamnée par l'arrêt n°398 du 22 novembre 2011 ; que par ordonnance N°87/CS/JP rendue le 28 décembre 2011, le Président de la Cour suprême a modifié l'ordonnance 85/CS/JP du 23 décembre 2011 ; que les requérants ont introduit un pourvoi en cassation contre ces différentes ordonnances;

Sur la compétence de la Cour de céans

Attendu que La Société SHELL Côte d'Ivoire soulève in limine litis l'incompétence de la Cour Commune de Justice et d'Arbitrage au motif que l'action de messieurs TAHA OMAR, KABALAN Albert et de la STDC, fondée sur la cassation des ordonnances rendues par la cour suprême de la Côte d'Ivoire, ne rentre pas dans le champ de compétence de la cour de céans défini par les articles 14 et 18 du Traité institutif OHADA ; que ces ordonnances ne peuvent faire l'objet de cassation devant celle-ci ; que les ordonnances attaquées ont été rendues par le Président de la cour suprême en vertu de l'article 214 du code de procédure civile qui lui reconnaisse le pouvoir discrétionnaire d'autoriser ou non, la suspension d'une décision d'appel en attendant que la chambre judiciaire statue sur le pourvoi ;

Mais attendu que les ordonnances attaquées qui suspendent l'exécution de l'arrêt n°398 rendu le 22 novembre 2011 et donnent acte à la société Shell de son offre de consignation de la somme à laquelle elle a été condamnée par l'arrêt sus cité sont rendues à la suite d'une procédure d'exécution forcée, notamment une saisie-attribution de créances, entreprise par application des règles édictées par l'Acte uniforme portant organisation des procédures simplifiées de recouvrement et des voies d'exécution ; que ces ordonnances portant sur des questions relatives à l'application d'un Acte uniforme, relèvent, en application de l'article 14 du Traité institutif de l'OHADA, de la compétence de la Cour de céans ; qu'il échet de déclarer la cour compétente pour connaître ledit recours

Sur le second moyen

Vu l'article 49 de l'Acte uniforme portant organisation des procédures simplifiées de recouvrement et des voies d'exécution

Attendu que les demandeurs au pourvoi reprochent aux ordonnances attaquées d'être rendues en violation de l'article 49 de l'Acte uniforme sus indiqué par le Président de la juridiction suprême alors que seul le juge du 49 a compétence pour statuer sur tout litige ou toute demande relative à une mesure d'exécution forcée ou à une saisie conservatoire ;

Attendu selon l'article 49 de l'Acte uniforme susindiqué que « la juridiction compétente pour statuer sur tout litige ou toute demande relative à une mesure d'exécution forcée (…) est le président de la juridiction statuant en matière d'urgence. » ; qu'il s'induit de cette disposition qu'à l'exception du juge instauré par l'article 49 de l'Acte uniforme précité, aucune juridiction ne peut se prononcer sur les demandes relatives à une mesure d'exécution forcée ;

Qu'en l'espèce, l'ordonnance n°237/CS/IP du 06 octobre 2010 ayant ordonné la suspension de l'exécution de l'arrêt n°71 du 12 mars 2010 est intervenue postérieurement à la saisie-attribution des créances pratiquée le 05 octobre 2010 en exécution dudit arrêt ;

Qu'en ordonnant , sur le fondement de l'article 214 du code de procédure civile, la suspension d'une exécution forcée déjà entamée au mépris des dispositions de l'article 49 de l'Acte uniforme suscité qui confère une compétence exclusive en cette matière au juge de l'exécution, la juridiction présidentielle de la cour suprême, en statuant comme elle l'a fait, a violé les dispositions susénoncées ; qu'il convient dès lors d'annuler les ordonnances attaquées sans qu'il soit besoin d'examiner le premier moyen et sans évocation ;

Attendu qu'ayant succombé, la Société Shell-CI doit être condamnée aux dépens ;

PAR CES MOTIFS

Statuant publiquement, après en avoir délibéré,

Se déclare compétente ;

Casse et annule les ordonnances numéros 234/CS/JP, 85/CS/JP et 87/CS/JP rendues respectivement les 12, 23 et 28 décembre 2011 par le Président de la Cour suprême de la Côte d'Ivoire ;

Dit n'y avoir lieu à évocation

Condamne la Société Shell-CI aux dépens.

B. Recours contre les décisions du juge du contentieux de l'exécution

Les dispositions de l'article 49 de l'AUPSRVE qui règlent les modalités de l'appel des décisions rendues par le juge du contentieux de l'exécution priment sur les dispositions du droit interne et se suffisent à elles-mêmes (CCJA, 3e Ch., n°23/2015, 9 avril 2015)

Sommaire

Les dispositions de l'article 49 de l'AUPSRVE qui règlent les modalités de l'appel des décisions rendues par le juge du contentieux de l'exécution priment sur les dispositions du droit interne et se suffisent à elles-mêmes.

La saisie simplifiée des créances d'aliments ne peut porter que sur le dernier arrérage échu et les arrérages à échoir. Viole l'article 213 de l'AUPSRVE et l'article 10 du Traité OHADA, l'arrêt qui, faisant application du droit interne, fait remonter les effets de la saisie de salaires sur plusieurs arriérages antérieurs.

La Cour Commune de Justice et d'Arbitrage (CCJA) de l'Organisation pour l'Harmonisation en Afrique du Droit des Affaires (OHADA), Troisième chambre, a rendu l'Arrêt suivant en son audience publique du 09 avril 2015 où étaient présents :

Madame Flora DALMEIDA MELE,	Présidente
Messieurs Victoriano OBIANG ABOGO,	Juge
Idrissa YAYE,	Juge, rapporteur
et Maître Alfred Koessy BADO	Greffier ;

Sur le pourvoi enregistré au greffe de la cour de céans le 9 juin 2011 sous le n°053/2011/PC et formé par Maître Anatole NGIMBIS, avocat à la cour, dont le cabinet est situé au 62, Place du Gouvernement, Rond-Point du Palais de Justice, BP 12127 à Douala-Cameroun, agissant au nom et pour le compte de la société ALPICAM INDUSTRIES, société à responsabilité limitée, ayant son siège social à Douala Bonabéri, BP 2130, représentée par son directeur général adjoint, dans la cause l'opposant à dame MOGUEM Justine, commerçante demeurant à Douala, ayant pour Conseil maître Désiré SIKATI, Avocat à la cour, BP 12081 Douala, Etude sise à AKWA 1392, Rue Franqueville, face Garage FLORA,

en cassation de l'arrêt n°258/REF rendu le 22 novembre 2010 par la cour d'appel du Littoral à Douala et dont le dispositif est le suivant :

« Statuant publiquement, contradictoirement à l'égard de parties en matière de contentieux de l'exécution, en appel et en dernier ressort, en formation collégiale et à l'unanimité ;

EN LA FORME

Reçoit l'appel ;

AU FOND

Confirme l'ordonnance entreprise ;

Condamne la société ALPICAM INDUSTRIES aux dépens distraits au profit de Me SIKATI, Avocat aux offres de droit ; » ;

La requérante invoque à l'appui de son pourvoi les deux moyens de cassation tels qu'ils figurent dans sa requête annexée au présent arrêt ;

Sur le rapport de Monsieur Idrissa YAYE, Juge ;

Vu les dispositions des articles 13 et 14 du Traité relatif à l'harmonisation du droit des affaires en Afrique ;

Vu le Règlement de procédure de la Cour Commune de Justice et d'Arbitrage de l'OHADA ;

Attendu qu'il résulte des pièces du dossier de la procédure qu'en exécution d'une ordonnance n°055/PTGI/W/DLA rendue par le juge conciliateur du tribunal de grande instance du Wouri, laquelle après avoir constaté la non conciliation des époux TAMOKWE, a, entre autres, ordonné la condamnation du mari à payer à son épouse et à ses quatre enfants une pension alimentaire de 150.000FCFA par mois, dame MOGUEM Justine a fait servir, le 07 février 2008, à son époux, un commandement d'avoir à payer la somme de 778 867 FCFA dont 150 000FCFA au titre de la pension alimentaire ; que ce dernier ayant formé une défense à exécution, la cour d'appel du Littoral a, par arrêt n°168/DE du 11 juin 2008, rejeté cette demande ; que le 25 juillet 2008, dame MOGUEM Justine a fait servir à la société ALPICAM INDUSTRIES, employeur de son époux, monsieur TAMOKWE, un procès-verbal de saisie des rémunérations de ce dernier ; qu'en réaction à cette saisie, la société ALPICAM INDUSTRIES, par courrier en date du 31 juillet 2008, l'informa que la rémunération globale de TAMOKWE est de 454 546 FCFA, mais que la quotité cessible et saisissable après déduction de taxes et prélèvements légaux, des indemnités représentatives de frais et des sommes dues au titre des emprunts en cours jusqu'en mars 2011 est de 29113 FCFA ; qu'estimant ces déductions injustifiées et illégales, dame MOGUEM Justine a saisi le juge du contentieux de l'exécution du tribunal de grande instance du Wouri, lequel, par ordonnance n°407/PTGI/W/DLA du 26 juin 2009, a fait droit à sa requête ; que sur appel de la société ALPICAM INDUSTRIES, la cour d'appel du Littoral, a rendu l'arrêt confirmatif n°258/REF du 22 novembre 2010, objet du présent pourvoi en cassation ;

Sur le premier moyen en ses trois branches

Vu les articles 10 du Traité de l'OHADA, 49 et 213 de l'Acte uniforme portant organisation des procédures simplifiées de recouvrement et des voies d'exécution ;

Attendu que la recourante reproche à l'arrêt entrepris d'avoir violé les dispositions des articles 213 et 49 de l'Acte uniforme précité et 10 du Traité en confirmant l'ordonnance n°407/PTGI/W/DLA du 26 juin 2009 qui a fixé à tort les effets de la saisie simplifiée des salaires à compter du mois de février 2008 au lieu du dernier arrérage à compter de l'acte de saisie du 25 juillet 2008 au motif que la voie de recours ouverte en l'espèce était la requête civile et non l'appel en application d'un texte de droit interne au mépris des règles communautaires qui ont pourtant vocation à s'appliquer ;

Attendu qu'aux termes des dispositions de l'article 10 du Traité précité : « Les Actes uniformes sont directement applicables et obligatoires dans les Etats Parties nonobstant toute disposition contraire de droit interne, antérieure ou postérieure. » ; qu'il ressort des termes de l'article 49 alinéa 2 de l'Acte uniforme précité que la décision du juge du contentieux de l'exécution forcée est susceptible d'appel dans un délai de quinze jours à compter de son prononcé ; qu'en application des dispositions de l'article 213 du même Acte uniforme la saisie simplifiée des créances d'aliments ne peut porter que sur le dernier arrérage échu et les arrérages à échoir ;

Attendu en l'espèce que la cour d'appel du Littoral statuant en matière de contentieux de l'exécution a, au mépris des dispositions des articles susmentionnés, refusé d'infirmer l'ordonnance entreprise ayant fait remonter les effets de la saisie des salaires sur plusieurs arrérages antérieurs, estimant : « Qu'en ordonnant le paiement de la cause de la saisie à compter de février 2008, alors que la créancière lui avait demandé de le faire à compter de juillet de la même année, le premier Juge a violé le principe de l'interdiction de statuer ultra petita ; qu'en conséquence la voie de recours ouverte est la requête civile et non l'appel ; » ;

Attendu qu'en statuant comme elle l'a fait, la cour d'appel du Littoral, a violé les dispositions des articles 10 du Traité précité qui consacre la prééminence du droit OHADA sur le droit interne et celles de l'article 49 de l'Acte uniforme susvisé qui règlent les modalités de l'appel des décisions rendues par le juge du contentieux de l'exécution qui priment sur les dispositions du droit interne et qui se suffisent à elles-mêmes ; que conséquemment en refusant de tirer les conséquences de la violation de l'article 213 dudit Acte uniforme, qu'elle a pourtant constatée, ladite cour d'appel viole les dispositions dudit article ; qu'il échet dès lors d'annuler ledit arrêt pour violation de la loi ;

Sur l'évocation

Attendu que par requête en date du 10 juillet 2009, la société ALPICAM INDUSTRIES a interjeté appel de l'ordonnance n°407 rendue le 29 juin 2009 par le juge du contentieux de l'exécution du tribunal de grande instance du Wouri dont le dispositif est ainsi conçu : « Statuant publiquement, contradictoirement à l'égard de toutes les parties, en matière de contentieux de l'exécution et en premier ressort ;

Recevons dame MOGUEM Justine épouse TAMOKWE en son action ;

La disons fondée ;

Y faisant droit ;

Constatons que les cessions faites sur le salaire de sieur TAMOKWE à l'initiative de la société ALPICAM INDUSTRIES SARL sont irrégulières et donc inopposables à dame TAMOKWE ;

Constatons en outre que dame TAMOKWE a formé pourvoi contre l'arrêt ayant modifié le quantum de la pension alimentaire ;

Disons que ce pourvoi est suspensif conformément aux dispositions de l'article 248 (6) du Code civil ;

Ordonnons par conséquent à la société ALPICAM INDUSTRIES SARL de payer directement à dame MOGUEM Justine épouse TAMOKWE la somme de FCFA 150.000 par mois à compter du mois de février 2008 à titre de pension alimentaire due par sieur TAMOKWE à celle-ci jusqu'à l'intervention d'une nouvelle décision définitive ; ceci sous astreinte de 50.000 FCFA par jour de retard à compter de la signification de la présente décision ;

Condamnons la défenderesse aux dépens distraits au profit de Maître SIKATI, Avocat aux offres de droit ; » ;

Attendu que la société ALPICAM INDUSTRIES sollicite à l'appui de son pourvoi, après évocation, l'infirmation de l'ordonnance querellée n°407/PTGI/W/DLA du 26 juin 2009 dans le sens où elle ne sera tenue envers dame MOGUEM du paiement des causes de la saisie que pour compter du dernier arrérage échu à la date de la saisie pratiquée le 25 juillet 2008 sur les salaires de sieur TAMOKWE ;

Attendu que la dame MOGUEM Justine pour sa part, sollicite la confirmation de l'ordonnance querellée ;

Attendu que pour les mêmes raisons ayant motivé la cassation de l'arrêt entrepris, il y a lieu de constater que le juge du contentieux de l'exécution en faisant remonter les effets de la saisie des salaires au mois de février 2008, soit sur plusieurs arrérages antérieurs, a violé les dispositions de l'article 213 de l'Acte uniforme précité ; il convient d'infirmer partiellement sa décision sur ce point précis et de ramener la condamnation de la société ALPICAM INDUSTRIES au paiement des causes de la saisie à compter du dernier arrérage échu à partir de la date de la saisie, soit à partir du mois de juillet 2008 ;

Attendu que la dame MOGUEM Justine ayant ainsi succombé, il ya lieu de la condamner aux dépens ;

PAR CES MOTIFS

Statuant publiquement, après en avoir délibéré,

Casse l'arrêt n°258/REF rendu le 22 novembre 2010 par la cour d'appel du Littoral à Douala ;

Evoquant et statuant sur le fond,

Infirme partiellement l'ordonnance n°407 rendue le 29 juin 2009 par le juge du contentieux de l'exécution du tribunal de grande instance du Wouri en ce qu'elle a, fait remonter les effets de la saisie des salaires au mois de février 2008 ;

Ramène le paiement des causes de la saisie dû par la société ALPICAM INDUSTRIES à compter du mois de juillet 2008 ;

Condamne Madame MOGUEM Justine aux dépens.

Recours contre la décision du juge de l'exécution : le délai d'appel court à compter du prononcé de la décision (CCJA, 3e Ch., n°93/2015, 23 juillet 2015)

Sommaire

La décision rendue par le juge de l'exécution est susceptible d'appel dans le délai de quinze jours à compter de son prononcé et non à partir de la notification de la décision.

La Cour Commune de Justice et d'Arbitrage (CCJA) de l'Organisation pour l'Harmonisation en Afrique du Droit des Affaires (OHADA), troisième chambre, a rendu l'Arrêt suivant en son audience publique du 23 juillet 2015 où étaient présents :

Madame Flora DALMEIDA MELE,	Présidente, rapporteur
Messieurs Victoriano OBIANG ABOGO,	Juge
Idrissa YAYE,	Juge
Jean Claude BONZI,	Juge
Fodé KANTE,	Juge
et Maître Alfred Koessy BADO,	Greffier ;

Sur le pourvoi enregistré au greffe de la Cour de céans le 17 février 2012 sous le n°013/2012/PC et formé par Maître OBENG-KOFI Fian, Avocat à la Cour, demeurant résidence Neuilly, boulevard Angoulvant, 01 BP 6514 Abidjan 01, agissant au nom et pour le compte de la Banque Nationale d'Investissement dite BNI, représentée par monsieur Eugène KASSY N'DA, directeur général et dont le siège social est situé à Abidjan-plateau, immeuble SCIAM, avenue marchand, 01 BP 670 Abidjan 01, dans la cause l'opposant à monsieur EHOLIE MALAN, demeurant à Abidjan cocody les II plateaux, immeuble ZIGLIBITY, 06 BP 374 Abidjan 06, ayant pour conseil Maître KPAKOTE Tété Ehimomo, Avocat à la cour, boulevard Clozel, immeuble les acacias, 25 BP 678 Abidjan 25,

en cassation de l'arrêt n°397 rendu le 22 novembre 2011 par la cour d'appel d'Abidjan dont le dispositif est le suivant :

« PAR CES MOTIFS

Statuant publiquement, contradictoirement, en matière civile, commerciale et administrative et en dernier ressort ;

Déclare la BNI irrecevable en son appel relevé le 28 juin 2011 de l'ordonnance de référé N°488/2011 rendue le 20 mai 2011 par la juridiction présidentielle du Tribunal de Première Instance d'Abidjan ;

Condamne la BNI aux dépens ; » ;

La requérante invoque à l'appui de son pourvoi les deux moyens de cassation tels qu'ils figurent à la requête annexée au présent arrêt ;

Sur le rapport de Madame Flora DALMEIDA MELE, seconde Vice-présidente ;

Vu les dispositions des articles 13 et 14 du Traité relatif à l'harmonisation du droit des affaires en Afrique ;

Vu le Règlement de procédure de la Cour Commune de Justice et d'Arbitrage de l'OHADA ;

Attendu qu'il ressort des pièces du dossier de la procédure que monsieur EHOLIE MALAN a fait pratiquer le 5 février 2011, une saisie attribution de créances entre les mains de la Banque Nationale d'Investissement dite BNI au préjudice du groupe scolaire la corniche ; qu'en contestation de cette saisie, le groupe scolaire la corniche a sollicité la mainlevée de ladite saisie auprès du juge des référés lequel a, par ordonnance n°710 rendue le 1er avril 2010, rejeté la demande ; que sur appel du groupe scolaire la corniche, la cour d'appel a, par arrêt n°40 en date du 28 janvier 2011, confirmé ladite ordonnance ; que monsieur EHOLIE MALAN a, par exploits en date du 21 février 2011, fait signifier l'arrêt à la BNI pour avoir paiement ; que face au refus de payer de la BNI et pour obtenir paiement du montant saisi, monsieur EHOLIE MALAN a, en application de l'article 49 de l'Acte uniforme portant organisation des procédures simplifiées de recouvrement et des voies d'exécution, saisi le juge de l'exécution lequel a ordonné , par ordonnance n°488 rendue le 20 mai 2011, le paiement des sommes saisies sous astreinte de 500 000 FCFA par jour de retard et a condamné la BNI au paiement de la somme de 10 000 000 FCFA à titre de dommages et intérêts ; que sur appel formé le 28 juin 2011 par la BNI contre l'ordonnance précitée sur le fondement de l'article 172 de l'Acte uniforme sus indiqué, la cour d'appel d'Abidjan a rendu le 22 novembre 2011 l'arrêt n°397 dont pourvoi ;

Sur la recevabilité du recours

Attendu que dans son mémoire en réponse reçu au greffe de la Cour de céans le 28 juin 2012, monsieur EHOLIE MALAN soulève in limine litis l'irrecevabilité du pourvoi de la BNI pour violation, d'une part, des articles 1er , 2 et 17 de l'Acte uniforme relatif au droit des sociétés commerciales et du GIE, 3 et 123 du code de procédure civile en ce que le recours en cassation de la BNI n'indique aucune mention de son immatriculation au registre du commerce et du crédit mobilier et, d'autre part, des articles 487 , 488 et 491 du même Acte uniforme en ce que le directeur général par intérim ayant initié le pourvoi n'a pas la qualité de représentant légal de la société reconnue au seul directeur général et en cas d'empêchement temporaire ou définitif de ce dernier, le conseil d'administration doit pourvoir immédiatement à son remplacement en nommant sur proposition du président du conseil d'administration un autre directeur général et non un directeur général par intérim ; qu'enfin, le défendeur au pourvoi soulève l'irrecevabilité du pourvoi au motif qu'il a été formé contre le même arrêt d'abord devant la cour suprême de la Côte d'ivoire respectivement les 29 décembre 2011 et 3 janvier 2012 et ensuite devant la cour de céans le 17 février 2012 ;

Attendu qu'il ressort des pièces du dossier que BNI a produit ses statuts pour justifier son existence juridique ; qu'au sens de l'article 28 du règlement de procédure de la cour de céans, le pourvoi doit être formé dans les deux mois de la signification de la décision attaquée ; qu'en l'espèce, l'arrêt attaqué ayant été signifié le 19 décembre 2011, le pourvoi formé devant celle-ci le 17 février 2012 est régulier nonobstant la saisine aux mêmes fins dans la même affaire d'une autre juridiction nationale de cassation qui, en application de l'article 16 du traité institutif OHADA , doit suspendre la procédure engagée devant elle ; qu'enfin, la BNI étant une entreprise publique, le directeur général par intérim est le représentant légal avec les pouvoirs les plus étendus pour agir au nom et pour le compte de celle-ci comme il résulte du décret n°73-2011 du 14 avril 2011 qui l'a nommé ; qu'il s'ensuit que l'irrecevabilité du recours soulevée par la partie défenderesse n'est pas fondée ;

Sur les premier et second moyens réunis

Attendu que la demanderesse au pourvoi fait grief à l'arrêt attaqué d'avoir violé l'article 164 de l'Acte uniforme portant organisation des procédures simplifiées de recouvrement et des voies d'exécution en jugeant que le créancier saisissant et le groupe scolaire LA CORNICHE, débiteur saisi, sont bénéficiaires d'une décision exécutoire et qu'en exigeant la production d'un certificat de greffe ou une décision exécutoire de la juridiction rejetant la contestation, avant de libérer les fonds objets de la saisie, la BNI crée une difficulté relative à une mesure d'exécution forcée alors, selon le moyen, que le paiement par le tiers saisi ne peut s'effectuer que sur présentation d'un certificat du greffe ou d'une décision exécutoire rejetant la contestation ; qu'elle fait aussi grief à l'arrêt attaqué d'avoir erré en se fondant sur l'article 49 de l'Acte uniforme sus indiqué pour déclarer irrecevable le recours de la BNI comme tardif alors que le litige a trait à la saisie-attribution de créances dont les contestations sont réglées par les dispositions des articles 169 et suivants de l'Acte uniforme sus indiqué et que le délai applicable en cas d'appel est celui de l'article 172 du même Acte uniforme dont le point de départ court à la notification de la décision ;

Mais attendu que le litige opposant la BNI et le saisissant porte sur une procédure d'exécution forcée engagée par le créancier devant le juge de l'exécution ; qu'aux termes de l'article 49 de l'Acte uniforme sus indiqué, la décision rendue par le juge de l'exécution est susceptible d'appel dans le délai de quinze jours à compter de son prononcé et non , contrairement aux assertions de la BNI, à partir de la notification de la décision en application de l'article 172 du même Acte uniforme ; que c'est donc à bon droit que la cour d'appel a déclaré irrecevable l'appel de BNI ; que par ailleurs, le moyen de BNI fondé sur l'article 164 de l'Acte uniforme sus indiqué, ne peut non plus prospérer, la cour d'appel ayant uniquement statué sur la recevabilité de l'appel ;

Attendu que la BNI ayant succombé, il y a lieu de la condamner aux dépens ;

PAR CES MOTIFS

Statuant publiquement, après en avoir délibéré,

Déclare recevable le recours ; Le rejette ; Condamne la BNI aux dépens.

III. Saisie-attribution

A. Conditions de la saisie-attribution

1. Conditions relatives à la créance

Exigibilité de la créance et accord amiable des parties (CCJA, Ass. Plén., n°81/2015, 29 avril 2015)

Sommaire
L'exigibilité de la créance ne peut être remise en cause par le demandeur lorsque l'accord de règlement amiable dont il se prévaut n'a jamais été signé et de ce fait n'a aucune valeur.

La Cour Commune de Justice et d'Arbitrage (CCJA) de l'Organisation pour l'Harmonisation en Afrique du Droit des Affaires (OHADA), Assemblée plénière, a rendu l'Arrêt suivant, en son audience foraine tenue le 29 avril 2015 à Ouagadougou au Burkina Faso où étaient présents :

Messieurs Marcel SEREKOISSE SAMBA,	Président
Abdoulaye Issoufi TOURE,	Premier Vice-président
Madame Flora DALMEIDA MELE,	Snde Vice-présidente
Messieurs Victoriano OBIANG ABOGO,	Juge, rapporteur
Mamadou DEME,	Juge
Idrissa YAYE,	Juge
et Maître Paul LENDONGO,	Greffier en chef ;

Sur le pourvoi enregistré au greffe de la Cour de Céans le 02 septembre 2013 sous le n°103/2013/PC et formé par Maître Mamadou SAVADOGO, Avocat à la Cour, demeurant 212, Avenue de la Cathédrale, 01 BP 6042 Ouagadougou 01, agissant au nom et pour le compte de monsieur BEOUINDE Armand Roland Pierre, gestionnaire, de nationalité burkinabé, demeurant à Ouagadougou, dans la cause qui l'oppose à la Société Générale de Banque au Burkina, société anonyme avec Conseil d'Administration, dont le siège est à Ouagadougou, 248, rue de l'Hôtel de ville, 01 BP 585 Ouagadougou 01, représentée par son Directeur Général, ayant pour Conseil le Cabinet d'Avocats Maître Mamadou TRAORE, Avocat à la Cour à Dakar,

en cassation de l'Ordonnance n° 109 rendue le 13 juin 2013 par la Cour d'appel de Ouagadougou et dont le dispositif est le suivant :

« Statuant publiquement contradictoirement, en la forme des référés, en dernier ressort :

En la forme,

Recevons l'appel de BEOUINDE Armand Roland Pierre ;

Au fond,

Confirmons l'ordonnance n°018-1/2012 datée du 23 mai 2012 du juge des référé du Tribunal du commerce ;

Déboutons l'appelant de sa demande de frais exposés et non compris dans les dépens comme étant mal fondée ;

Condamnons BEOUINDE Armand Roland Pierre aux dépens ; » ;

Le requérant invoque, à l'appui de son pourvoi le moyen unique de cassation tel qu'il figure à la requête annexée au présent arrêt ;

Sur le rapport de Monsieur Victoriano OBIANG ABOGO, juge ;

Vu les articles 13 et 14 du Traité relatif à l'harmonisation du droit des affaires en Afrique ;

Vu le Règlement de procédure de la Cour Commune de Justice et d'Arbitrage de l'OHADA ;

Attendu qu'il résulte des pièces du dossier de la procédure qu'en exécution de l'arrêt n° 062 rendu le 4 juin 2010 par la cour d'appel de Ouagadougou, la société Générale des Banques du Burkina a fait pratiquer au préjudice de monsieur BEOUINDE Armand Roland Pierre, des saisies-attributions de créances entre les mains des banques de la place et une saisie-ventes de droits d'associés et de valeurs mobilières entre les mains de Ecobank-Burkina, BOA, GRAPHI IMPRIM et SBIF ; que prétendant bénéficier d'un protocole d'accord passé entre son créancier et lui, monsieur BEOUINDE Armand Roland Pierre a élevé une contestation devant le juge des référés lequel, par ordonnance n°018 du 23 mai 2012, l'a débouté de sa demande en annulation et de mainlevée des saisies pratiquées ; que sur son appel, la cour d'appel de Ouagadougou a rendu le 13 juin 2013, l'ordonnance n°109 dont pourvoi ;

Sur la compétence de la Cour Commune de Justice et d'Arbitrage

Attendu que dans son mémoire en réponse du 06 janvier 2014, la SGBB soulève in liminé litis l'incompétence de la Cour de céans soutenant que tant dans l'exploit d'assignation en référé que dans ses conclusions d'appel, le problème de droit soulevé par monsieur BEOUINDE Armand Roland Pierre est celui de savoir si les courriers échangés entre eux ont pu faire naître un contrat au sens des articles 1101 et 1134 du code civil et si la CCJA est compétente pour apprécier la validité d'un tel contrat ;

Mais attendu qu'aux termes de l'article 14, alinéas 3 et 4 du Traité institutif de l'OHADA, « saisie par la voie du recours en cassation, la Cour se prononce sur les décisions rendues par les juridictions d'appel des Etats parties dans toutes les affaires soulevant des questions relatives à l'application des Actes uniformes et des Règlements prévus au présent Traité à l'exception des décisions appliquant des sanctions pénales ;

Elle se prononce dans les mêmes conditions sur les décisions non susceptibles d'appel rendues par toute juridiction des Etats parties dans les mêmes contentieux » ;

Attendu qu'il résulte tant de l'ordonnance du premier juge que de celle du juge d'appel que les questions soulevées en l'espèce portent sur les nullités et mainlevées des saisies pratiquées et l'existence du titre exécutoire ; que dès lors, l'affaire soulevant des questions relatives à l'application d'un Acte uniforme conformément à l'article 14, alinéas 3 sus indiqué, la Cour de céans est compétente ;

Sur le moyen unique

Attendu que le demandeur au pourvoi fait grief à l'ordonnance attaquée d'avoir violé, par mauvaise application, l'article 153 de l'Acte uniforme portant organisation de procédures simplifiées de recouvrement en considérant exigible une créance non exigible suite à l'accord de règlement amiable intervenue entre les parties alors , selon le moyen, que la saisie attribution de créances ou la saisie-vente est subordonnée à l'existence d'un titre exécutoire constatant une créance liquide et exigible ;

Mais attendu qu'il est constant que par arrêt n° 062 du 04 juin 2010, monsieur BEOUINDE Armand Roland Pierre a été condamné à payer à la SGBB la somme de 135.243.593 F CFA ; qu'il ressort des pièces du dossier que les parties ont échangé des courriers en vue d'un règlement amiable de la créance et qu'un projet de protocole devait intervenir entre elles ; que l'accord de règlement amiable dont se prévaut le demandeur au pourvoi n'a jamais été signé et de ce fait n'a aucune valeur ; qu'il ne rapporte pas non plus la preuve qu'il s'est totalement libéré vis à vis de son créancier ; qu'aux termes de l'article 153 de l'Acte uniforme portant organisation de procédures simplifiées de recouvrement et des voies d'exécution : « Tout créancier muni d'un titre exécutoire constant une créance liquide et exigible, peut, pour en obtenir le paiement, saisir entre les mains d'un tiers, les créances de son débiteur portant sur une somme d'argent, sous réserve des dispositions particulières à la saisie des rémunérations. » ; que muni de l'arrêt n° 062 du 4 juin 2010, la SGBB a fait pratiquer des saisies au préjudice de son débiteur ; qu'en constatant que les saisies ont été pratiquées en vertu de l'arrêt n° 062 du 4 juin 2010 , titre exécutoire, la cour d'appel n'a en rien violé l'article sus indiqué ; que dès lors, le moyen doit être rejeté ;

Attendu que monsieur BEOUINDE Armand Roland Pierre ayant succombé, il y a lieu de le condamner aux dépens ;

PAR CES MOTIFS :

Statuant publiquement, après en avoir délibéré,

Se déclare compétente ;

Rejette le pourvoi formé par monsieur BEOUINDE Armand Roland Pierre ;

Le condamne aux dépens.

Extinction de la créance : le débiteur ne peut opposer au créancier l'extinction de la créance dès lors que celui-ci n'a pas été destinataire du chèque objet du paiement (CCJA, 2e Ch., n°133/2015, 12 novembre 2015)

Sommaire

La saisie-attribution de créances est une mesure d'exécution forcée régie par l'Acte uniforme portant organisation des procédures simplifiées de recouvrement et des voies d'exécution dont le contrôle et l'interprétation relèvent exclusivement de la compétence de la Cour Commune de Justice et d'Arbitrage (CCJA).

On ne saurait opposer au saisissant l'extinction de sa créance par paiement transactionnel dès lors qu'il n'a pas été destinataire du chèque objet du paiement.

La Cour Commune de Justice et d'Arbitrage (CCJA) de l'Organisation pour l'Harmonisation en Afrique du Droit des Affaires (OHADA), Deuxième Chambre, a rendu l'Arrêt suivant en son audience publique du 12 novembre 2015 où étaient présents :

Messieurs Abdoulaye Issoufi TOURE, Président

Namuano Francisco DIAS GOMES, Juge, rapporteur

Djimasna N'DONINGAR, Juge

et Maître Jean Bosco MOMBLE, Greffier,

Sur le pourvoi enregistré au greffe de la Cour de céans le 19 février 2013 sous le numéro n°020/2013/PC et formé par Maître Charles TCHAKOUTE PATIE, Avocat au Barreau du Cameroun, demeurant à 469, Avenue King Akwa, B.P. 12.288 Douala, agissant au nom et pour le compte de la Société CHANAS ASSURANCES, société anonyme dont le siège est au 1, Rue du Dwarf, Place du Gouvernement, B.P. 109 Douala, dans la cause l'opposant à EKOBO DIN Marianne, PENKA Félix, TIOTSOP Maurice, NSEKE OH Jean, TALACHELE MEKONTSO Oscar Biaise, MABO Dieudonné, EKWALLA Alice épouse

EDIMO, NJI Henry NDEH NGASHU et SONKOUAT Charlotte, ayant tous pour Conseils Maîtres BONDJE Laurent, Avocat au Barreau du Cameroun demeurant à BP 5131 Douala Maître NDOUMOU Paul, Avocat au Barreau du Cameroun demeurant à Yaoundé B.P. 15.054 Yaoundé et Maître BELIBA Joseph Avocat à la Cour, BP 15054 Yaoundé,

en cassation de l'arrêt n°090/CE rendu le 26 novembre 2012 par la Cour d'appel du Littoral à Douala, dont le dispositif est le suivant :

« Statuant publiquement, contradictoirement à l'égard de toutes les parties, en matière contentieux de l'exécution, en appel, en formation collégiale et à l'unanimité ;

EN LA FORME :

Reçoit l'appel ;

AU FOND :

Passe outre l'arrêt n°121/CE/ADD du 21 Novembre 2011 ;

Confirme l'ordonnance entreprise ;

Condamne la société CHANAS Assurances S.A. aux dépens distraits au profit de Maîtres BONDJE Laurent et NDOUMOU Paul, Avocats aux offres de droit » ;

La requérante invoque à l'appui de son pourvoi les quatre moyens de cassation tels qu'ils figurent dans sa requête annexée au présent arrêt ;

Sur le rapport de Monsieur Namuano Francisco DIAS GOMES, Juge ;

Vu les dispositions des articles 13 et 14 du Traité relatif à l'harmonisation du droit des affaires en Afrique ;

Vu le Règlement de procédure de la Cour Commune de Justice et d'Arbitrage de l'OHADA ;

Attendu qu'il ressort des pièces du dossier de la procédure que dans la nuit du 23 avril 2005 est survenu un accident de la circulation au boulevard de la république à Douala, causé par un véhicule de marque DATSUN immatriculé LT 0751 L, assuré à la CHANAS Assurances, occasionnant des blessures à : EKOBO DIN Marianne, PENKA Félix, TIOTSOP Maurice, NSEKE OH Jean, TALACHELE MEKONTSO Oscar Biaise, MABO Dieudonné, EKWALLA

Alice épouse EDIMO, NJI Henry NDEH NGASHU et SONKOUAT Charlotte ; que par jugement n°286/COR en date du 28 mai 2007 le Tribunal première instance de Mbouda condamnait le prévenu DEKOU janvier à un mois d'emprisonnement avec sursis ainsi qu'à la somme de 5.000 FCFA d'amende, allouait aux parties civiles susnommées, la somme totale de 106.073.051 FCFA, déclarait TCHIGAKO Jean-Baptiste civilement responsable et la compagnie CHANAS ASSURANCES garante des condamnations ; que par la suite, arguant d'un arrangement à l'amiable consacré par des procès-verbaux de transaction signés en mars 2007 avec un prétendu représentant des victimes et de la remise subséquente de chèques le 16 avril 2007 par le biais de Maître BONGEN Jacques, la Chanas Assurances refusait de régler les sommes dues ; que les véritables victimes, lasses d'attendre un règlement amiable, servaient un commandement de payer en date du 08 décembre 2009 par exploit de Maître TOWA Pierre Huissier de justice à Douala; que la Société Chanas Assurances n'ayant toujours pas réagi dans les délais, une saisie attribution des créances était pratiquée à son préjudice pour recouvrer les sommes d'argent allouées, par le Tribunal ; qu'alors la Société Chanas Assurances saisissait le Juge du contentieux de l'exécution du Tribunal de première instance de Douala-Bonanjo pour solliciter la nullité et la mainlevée subséquente de la saisie ; que ce juge rendait l'ordonnance n°lll en date du 03 juin 2010, déboutant Chanas Assurances de toutes ses demandes ; que sur appel, la Cour d'appel du Littoral à Douala, a d'abord rendu un arrêt avant-dire-droit n°121/CE/ADD du 21 novembre 2011 ordonnant le sursis à statuer en attendant l'issue de faction publique mise en œuvre par la société

CHANAS ASSURANCES à travers une plainte avec constitution de partie civile du 09 novembre 2009, pour le faux dont elle a été victime ; que saisie une deuxième fois suite à une ordonnance de renvoi du juge d'instruction en date du 21 juin 2012, la même Cour d'appel par arrêt n°090/CE rendu le 26 Novembre 2012, confirmait l'ordonnance entreprise ; arrêt dont pourvoi ;

A/- EN LA FORME

Au principal

Sur la compétence de la CCJA au regard des dispositions du Code pénal, du Code de procédure pénale, du Code de la route et du Code CIMA

Attendu que les défendeurs au pourvoi soulèvent dans leur mémoire reçu le 24 juin 2013 l'incompétence de la CCJA aux motifs que le pourvoi, serait fallacieux, injustifié et concernerait surtout le contentieux de l'exécution d'une décision pénale rendue par une juridiction pénale de la République du Cameroun sur la base du Code Pénal, du Code de Procédure Pénale et du Code CIMA applicables en matière d'accident de la circulation et dont le contrôle échappe clairement à la Cour de céans ;

Mais attendu qu'en l'espèce la Cour d'appel du Littoral à Douala, siégeant en matière de contentieux de l'exécution, s'est prononcée relativement à une requête introduite par la Chanas Assurances en nullité et mainlevée d'une saisie- attribution de créances pratiquée à son préjudice le 08 décembre 2009 ; que la saisie-attribution de créances est une mesure d'exécution forcée régie par l'Acte uniforme portant organisation des procédures simplifiées de recouvrement et des voies d'exécution dont le contrôle et l'interprétation relèvent exclusivement de la compétence de la Cour Commune de Justice et d'Arbitrage (CCJA) ; qu'il y a lieu de rejeter cette exception ;

Sur la recevabilité du mémoire en réponse tiré de la violation de l'article 23-1 du Règlement de procédure de la CCJA.

Attendu que la société Chanas Assurances dans un mémoire reçu le 20 janvier 2014 soulève l'irrecevabilité du mémoire en réponse au motif que, d'une part, il est accompagné de faux mandats, en ce que tous ces 08 actes, pourtant censés être établis par des personnes différentes, ont été élaborés avec le même caractère d'imprimerie, à la même date du 16 septembre 2013, et légalisés le 23 septembre 2013 auprès du commissariat du 1er arrondissement de Douala, sous la signature supposée d'un certain Jean Paul TCHOUAFFA qui serait Officier de Police Principal et que ces mandats sont postérieures aux dates de rédaction et de dépôt du mémoire en réponse au greffe de la CCJA, en violation de l'article 23- 1 ; que, d'autre part, les défendeurs ne font pas l'élection de domicile au lieu où la Cour a son siège et ni n'indiquent le nom de la personne qui est autorisée ou qui a consenti à recevoir toutes significations, violant ainsi les articles 28-3 et 30-3 du Règlement de procédure de la CCJA ;

Mais attendu que de première part, les mandats n'ont pas été argués de faux par Chanas et n'ont pas non plus été mis en cause par les mandants ; que, d'autre part, l'élection de domicile n'est plus qu'une faculté depuis l'entrée en vigueur du nouveau Règlement de procédure de la Cour de céans ; que les mandats ont été produits suite à une demande de régularisation du greffier en chef ; qu'il echet donc de rejeter les exceptions ;

B/- AU FOND

Sur le premier moyen tiré de la violation du principe général de droit selon lequel « le criminel tient le civil en l'état ».

Attendu que la Chanas Assurances fait grief à l'arrêt attaqué d'avoir violé le principe général de droit selon lequel « le criminel tient le civil en l'état », au motif que la Cour d'appel du Littoral a décidé de passer outre l'arrêt avant-dire- droit n°121/CE/ADD du 21 novembre 2011 par lequel la même juridiction avait précédemment ordonné le sursis à statuer «... jusqu'à décision définitive sur l'action publique », en application du principe général de droit « le criminel tient le civil en l'état » ;

Mais attendu qu'il n'y a lieu à application du principe « le criminel tient le civil en l'état » que si les deux actions sont concomitantes et relèvent d'un même fait générateur ; qu'en l'occurrence l'action publique est basée sur la plainte avec constitution de partie civile et l'action civile, qui est la mainlevée, résulte de la saisie du 08 décembre 2009 ; que les deux conditions n'étant pas remplies, il echet de rejeter le moyen ;

Sur le second moyen tiré de la violation de l'article 7 de la Loi n°2006/015 du 29 Décembre 2006 portant organisation judiciaire au Cameroun, ensemble le défaut de motivation.

Attendu que la Chanas Assurances fait grief à l'arrêt attaqué d'avoir violé l'article 7 de la Loi n°2006/015 du 29 décembre 2006 portant organisation judiciaire au Cameroun, ensemble le défaut de motivation, en ce que dans l'arrêt confirmatif, la Cour d'appel du Littoral a déclaré avoir statué par adoption des motifs du premier juge, sans pour autant préciser le contenu de ceux-ci ;

Mais attendu qu'il s'agit d'un arrêt confirmatif et que cette disposition n'interdit pas l'adoption si cette motivation est explicite dans la première décision ; qu'en l'espèce les motifs ne prêtent à aucune équivoque, il y a lieu d'écarter ce moyen ;

Sur le troisième moyen tiré de la violation de l'article 1234 alinéa 1er du Code Civil Camerounais, ensemble l'article 153 de l'Acte uniforme OHADA portant organisation des procédures simplifiées de recouvrement et des voies d'exécution.

Attendu que la Chanas Assurances fait grief à l'arrêt attaqué d'avoir violé l'article 1234 alinéa 1er du Code civil Camerounais, ensemble l'article 153 de l'Acte uniforme portant organisation des procédures simplifiées de recouvrement et des voies d'exécution, au motif qu'en confirmant l'ordonnance n°lll rendue le 03 juin 2010 par le juge du contentieux de l'exécution du Tribunal de première instance de Douala-Bonanjo, l'arrêt dont pourvoi a implicitement reconnu l'existence de la créance des saisissants, alors que la créance revendiquée par ceux-ci était éteinte par le paiement consécutif aux actes transactionnels, avant même l'opération de saisie et qu'une telle créance n'était plus exigible selon l'article 153 de l'Acte uniforme portant organisation des procédures simplifiées de recouvrement et des voies d'exécution ;

Mais attendu qu'il ressort des pièces du dossier de la procédure que les défendeurs n'ont pas été destinataires des chèques objets du paiement, de sorte que la transaction ne leur est pas opposable ; que, par ailleurs, la société Chanas

Assurances S.A., reconnaissant implicitement avoir transigé avec des faux mandataires, a saisi le juge pénal en faux, usage de faux et escroquerie, lequel juge a mis hors cause les défendeurs ; qu'ainsi la créance dont se prévalent les défendeurs n'était pas éteinte ; qu'en statuant comme elle l'a fait, la Cour d'appel du Littoral à Douala n'a aucunement violé les dispositions des articles 1234 alinéa 1er du Code Civil Camerounais et 153 de l'Acte uniforme portant organisation des procédures simplifiées de recouvrement et des voies d'exécution ; que dès lors, ce moyen est mal fondé et sera rejeté ;

Sur le quatrième moyen tiré de la violation du principe général de droit selon lequel la fraude corrompt tout « fraus omnia corrumpit ».

Attendu qu'enfin la Chanas Assurances fait grief à l'arrêt attaqué d'avoir violé le principe général de droit selon lequel la fraude corrompt tout au motif que la Cour d'appel a entériné une saisie-attribution de créances fondées sur un concert frauduleux d'actes, du fait que les victimes visées dans le jugement n°286/COR du 28 Mai 2007 susvisé n'ont jamais été vues physiquement à ce jour et que les documents médicaux présentés sont tout aussi suspects ; que la saisie- attribution de créances du 08 décembre 2009 querellée reposait ainsi sur des actes frauduleux, et que dès lors, elle était entachée de nullité en application du principe général de droit « la fraude corrompt tout » ; qu'à cet égard, l'arrêt dont pourvoi, qui a entériné cette saisie, encourait cassation ;

Mais attendu que ce moyen n'ayant pas été soumis au juge d'appel est un moyen nouveau qui doit être déclaré irrecevable en cassation ;

Attendu qu'il y a donc lieu de rejeter le pourvoi ;

Attendu que la société CHANAS Assurances ayant succombé, il y a lieu de la condamner aux dépens.

PAR CES MOTIFS

Statuant publiquement, après en avoir délibéré, En la Forme,

Se déclare compétente ;

Reçoit le mémoire en réponse ;

Au Fond,

Déclare le pourvoi mal fondé ;

Le rejette ;

Condamne la société CHANAS Assurances aux dépens.

2. Conditions relatives à l'acte de saisie

Pas d'obligation de commandement préalable pour la saisie-attribution (CCJA, 3e Ch., n°95/2015, 23 juillet 2015)

Sommaire

Il résulte des articles 92 et 153 de l'AUPSRVE que le commandement préalable est exigé pour la saisie-vente et pas pour la saisie-attribution de créances.

La Cour Commune de Justice et d'Arbitrage (CCJA) de l'Organisation pour l'Harmonisation en Afrique du Droit des Affaires (OHADA), troisième chambre, a rendu l'arrêt suivant, en son audience publique du 23 juillet 2015, où étaient présents :

Madame Flora DALMEIDA MELE,	Présidente,
Messieurs Victoriano OBIANG ABOGO,	Juge, rapporteur
Idrissa YAYE,	Juge
Birika Jean Claude BONZI,	Juge
Fode KANTE,	Juge
et Maître Alfred Koessy BADO,	Greffier ;

Sur le renvoi de la cour suprême de la Côte d'Ivoire par arrêt n°205/12 du 08 mars 2012, en application de l'article 15 du Traité relatif à l'harmonisation du droit des affaires en Afrique, de l'affaire enregistrée au greffe de la cour de céans le 06 juin 2012 sous le n°060/2012/PC et opposant Monsieur KONE Lassina, demeurant à Abidjan, Marcory zone 4, ayant pour conseil la SCPA KABA et associés, Avocats à la cour, demeurant Cocody-Ambassade, rue Booker Washington, 2ème ruelle à droite, après l'immeuble Ariane, villa n° 500, 01 BP 4297 Abidjan 01, à monsieur AMON KOUASSI Richard, Notaire, demeurant à Abidjan-Plateau, ayant pour conseil la SCPA Abel KASSI-KOBON et Associés, Avocats à la Cour, Cocody 2 Plateaux, Boulevard Latrille, résidence SICOGI, prés de la mosquée d'Aghien, immeuble L, 1er étage, porte 136, 06 BP 1774 Abidjan 06,

en cassation de l'arrêt n°635 rendu le 30 juillet 2010 par la cour d'appel d'Abidjan dont le dispositif est ainsi conçu:

« Statuant publiquement, contradictoirement, en matière commerciale et en dernier ressort ;

En la forme

Reçoit Monsieur AMON Kouassi Richard en son appel ;

Au fond

L'y dit bien fondé ;

Infirme l'ordonnance attaquée en toutes ses dispositions ;

Statuant à nouveau :

Annule le procès-verbal de signification commandement du 14 avril 2006 ;

Annule en conséquence la saisie-attribution de créances pratiquée le 25 mars 2010 ;

Ordonne la mainlevée sur le compte des époux AMON ;

Condamne Monsieur KONE Lassina aux dépens ; »

La requérante invoque à l'appui de son pourvoi l'unique moyen de cassation tel qu'il figure à la requête annexée au présent arrêt ;

Sur le rapport de Monsieur Victoriano OBIANG ABOGO, Juge ;

Vu les articles 13, 14 et 15 du Traité relatif à l'harmonisation du droit des affaires en Afrique ;

Vu le Règlement de procédure de la Cour Commune de Justice et d'Arbitrage de l'OHADA ;

Attendu qu'il résulte des pièces du dossier de la procédure que suivant arrêt civil contradictoire n° 958 du 24 mai 1996, la cour d'appel d'Abidjan a condamné monsieur AMON Kouassi Richard à payer à monsieur KONE Lassina la somme totale de 22.000.000 francs CFA ; qu'un exploit de signification commandement a été servi à Monsieur AMON le 14 avril 2006 ; que le 25 mars 2010, une saisie-attribution de créances a été pratiquée sur le compte de monsieur AMON ouvert dans les livres de la SGBCI ; que monsieur AMON Kouassi Richard a initié une action en nullité de l'exploit de signification-commandement susvisé et des actes subséquents ; que par ordonnance n°877/2010 rendue le 26 avril 2010, la juridiction des référés a déclaré nul le commandement de payer et maintenu la saisie-attribution de créances du 25 mars 2010 ; que sur appel de monsieur AMON Kouassi, la cour d'appel a rendu le 30 juillet 2010 l'arrêt n° 635/10 dont pourvoi ;

Sur la deuxième branche du moyen unique tiré du défaut de base légale

Attendu que le requérant reproche à l'arrêt attaqué de manquer de base légale en ce que pour annuler la saisie-attribution de créances pratiquée le 25 mars 2010, la cour d'appel a étendu à la saisie-attribution de créances , la nullité de l'exploit de signification commandement du 14 avril 2006 prononcée en application de l'article 92 de l'Acte uniforme portant organisation des procédures simplifiées de recouvrement et des voies d'exécution alors que le commandement de payer , acte préalable à toute saisie vente selon l'article 92 sus indiqué, n'est pas exigé pour la saisie attribution de créances ;

Attendu que les articles 92 et 153 de l'Acte uniforme portant organisation des procédures simplifiées de recouvrement et des voies d'exécution disposent respectivement que « la saisie [vente] est précédée d'un commandement de payer signifié au moins huit jours avant la saisie au débiteur, qui contient : à peine de nullité... 1) mention du titre exécutoire .... ; 2) commandement d'avoir à payer la dette dans un délai de huit jours... » ; « Tout créancier muni d'un titre exécutoire constatant une créance liquide et exigible, peut, pour en obtenir le paiement, saisir entre les mains d'un tiers les créances de son débiteur portant sur une somme d'argent... » ; qu'il résulte de ces énonciations que l'article 92 prescrit le commandement préalable pour la saisie-vente et que cet acte n'est pas exigé pour la saisie-attribution de créances ; qu'en considérant que la nullité de l'acte de signification commandement du 14 avril 2006 entraine subséquemment la nullité de la saisie-attribution de créances du 25 mars 2010, la cour d'appel d'Abidjan n'a pas donné de base légale à sa décision et expose ainsi l'arrêt attaqué à la cassation sans qu'il soit besoin d'examiner les autres branches du moyen unique ;

Sur l'évocation

Attendu que par exploit du 12 mai 2010, monsieur AMON Kouassi Richard a relevé appel de l'ordonnance de référé numéro 877/2010 rendue le 26 avril 2010 par le juge des référés du tribunal de première instance d'Abidjan dont le dispositif suit :

« PAR CES MOTIFS

Statuant publiquement, contradictoirement, en matière de référé et en premier ressort ;

Déclarons Amon Kouassi Richard recevable en son action ;

L'y disons partiellement fondé ;

Déclarons nul le commandement de payer servi le 14 avril 2006 ;

Déboutons cependant le demandeur de sa demande en annulation de la saisie attribution de créances pratiquée le 25 mars 2010 entre les mains de la SGBCI ;

Mettons les dépens à la charge de chacune des parties pour moitié »

Qu'au soutien de son appel, monsieur AMON Kouassi Richard expose qu'en exécution d'un arrêt de la cour d'appel d'Abidjan l'ayant condamné à payer la somme de 6.000.000 F CFA à monsieur KONE Lassina, ce dernier a fait pratiquer, le 25 mars 2010, sur le compte bancaire des époux AMON, domicilié à la SGBCI, une saisie-attribution de créances laquelle a été dénoncée par exploit d'huissier en date du 30 mars 2010 ; que le 09 avril 2010, monsieur AMON Kouassi Richard a assigné monsieur KONE Lassina pour voir prononcer la nullité de l'exploit de signification-commandement du 14 avril 2010 et en conséquence, voir prononcer la nullité de la procédure subséquente et obtenir ainsi, la mainlevée de ladite saisie-attribution ; que le juge a annulé le commandement de payer servi le 14 avril 2010 et a décidé que cette nullité n'affectait pas les actes subséquents ; qu'il demande à la cour d'infirmer l'ordonnance attaquée puis, statuant à nouveau, de faire droit à sa demande de mainlevée ;

Attendu que monsieur KONE Lassina rétorque qu'en exécution d'un arrêt de la cour d'appel d'Abidjan, il a fait pratiquer une saisie-attribution de créances sur le compte bancaire de monsieur AMON Kouassi Richard ; qu'estimant que ladite saisie-attribution pratiquée est irrégulière, monsieur AMON Kouassi Richard a saisi le juge des référés pour en obtenir l'annulation et par voie de conséquence, la mainlevée de son compte ; que statuant, le juge a annulé le commandement de payer et a décidé que cette nullité n'affectait pas les actes subséquents ; qu'il sollicite la confirmation de la décision entreprise ;

Attendu que pour les mêmes motifs que ceux pour lesquels l'arrêt attaqué a été cassé, il échet de confirmer le jugement entrepris ;

Attendu qu'ayant succombé, monsieur AMON Kouassi Richard doit être condamné aux dépens ;

PAR CES MOTIFS

Statuant publiquement, après en avoir délibéré,

Casse l'arrêt n°635/2010, rendu le 30 juillet 2010 par la cour d'appel d'Abidjan ;

Evoquant et statuant sur le fond,

Confirme l'ordonnance n°877/2010 rendue le 26 avril 2010 par le juge de référés du tribunal de première instance d'Abidjan ;

Condamne Monsieur AMON Kouassi Richard aux dépens.

L'indication de la date de saisie est une condition de validité de l'acte de saisie (CCJA, 3e Ch., n°190/2015, 23 décembre 2015)

Sommaire

Il résulte de l'article 157 alinéa 2 de l'AUPSRVE que l'indication de la date de saisie est une condition de validité de l'acte de saisie et que son défaut entraine la nullité de l'acte de saisie.

La Cour Commune de Justice et d'Arbitrage (CCJA) de l'Organisation pour l'Harmonisation en Afrique du Droit des Affaires (OHADA), Troisième chambre, a rendu l'Arrêt suivant en son audience publique du 23 décembre 2015 où étaient présents :

Madame Flora DALMEIDA MELE,

Messieurs Victoriano OBIANG ABOGO,

Idrissa YAYE,

Jean Claude BONZI,

Fodé KANTE,

et Maître Alfred Koessy BADO, Greffier ;

Sur le pourvoi enregistré au greffe de la Cour de céans le 19 octobre 2012 sous le n° 143/2012/PC et formé par messieurs Tiemoko Koffi et Alain Guillemain, agissant ès qualité de syndics de la liquidation judiciaire de la LCCI, demeurant respectivement à cocody II Plateaux Angré La Djibi, 27 BP 956 Abidjan 27 et Treichville, boulevard Nana YAMOUSSO, immeuble SIMO, 01 BP 154 Abidjan 01, ayant pour conseil maître Myriam DIALLO, avocat à la cour demeurant rue des jardins, résidence du vallon II Plateaux, immeuble Bubale, 08 BP 1501 Abidjan 08, dans la cause les opposant à monsieur KOUAME SIGNO demeurant à Abidjan II Plateaux, 27 BP 210, Abidjan 27, ayant pour conseil maître ASSAMOI N'guessan Alexandre, Avocat à la Cour, demeurant cité RAN, avenue Pierre Semart, lot 13, 04 BP 537 Abidjan 04,

en cassation de l'arrêt N°446 rendu le 8 juin 2012 par la cour d'appel d'Abidjan et dont le dispositif est le suivant :

« PAR CES MOTIFS

Statuant publiquement, contradictoirement, en matière de référé et en dernier ressort ;

En la forme :

Déclare KOUAME SIGNO recevable en son appel relevé de l'ordonnance de référé numéro 1403 rendue le 21 mars 2012 par la Juridiction Présidentielle du Tribunal de Première Instance d'Abidjan ;

Au fond :

L'y dit bien fondé ;

Infirme l'ordonnance entreprise ;

Statuant à nouveau, déclare nul comme irrégulier l'acte de saisie ;

Ordonne en conséquence la mainlevée de la saisie pratiquée ;

Condamne les intimés aux dépens. »

Les requérants invoquent à l'appui de leur pourvoi le moyen unique de cassation tel qu'il figure à la requête annexée au présent arrêt ;

Sur le rapport de Madame Flora DALMEIDA MELE, seconde Vice- présidente ;

Vu les dispositions des articles 13 et 14 du Traité relatif à l'harmonisation du droit des affaires en Afrique ;

Vu le Règlement de procédure de la Cour Commune de Justice et d'Arbitrage de l'OHADA ;

Attendu qu'il ressort des pièces du dossier de la procédure que par jugement commercial N°2213-CIV en date du 22 septembre 2006 du tribunal d'Abidjan Plateau et confirmé par arrêt N°1216 rendu le 30 novembre 2006 par la Cour d'appel d'Abidjan, la société LCCI a été admise en liquidation judiciaire ; que messieurs Tiemoko Koffi et Alain Guillemain ont été désignés syndics ; qu'à l'issue de l'évaluation de l'état financier de la société, le syndic, estimant que les ex-dirigeants ont commis des fautes de gestion, a saisi le tribunal d'Abidjan pour voir appliquer à ces derniers, les dispositions de l'article 183 de l'Acte uniforme portant organisation des procédures collectives d'apurement du passif ; que le 26 novembre 2009, le tribunal a rendu le jugement n°2634/10 qui condamnait messieurs KAGNASSY Cheickna, KAGNASSY SIDI Mohamed, CAILLAT Pascal et KOUAME Signo à supporter en tout ou en partie avec ou sans solidarité les dettes de la société LCCI ; qu'ayant interjeté appel contre ledit jugement, monsieur KOUAME Signo en a été débouté ; qu'en exécution du jugement précité , les liquidateurs ont fait pratiquer le 24 janvier 2012 , une saisie attribution de créances au détriment de monsieur KOUAME Signo ; que contestant ladite saisie, le juge de l'exécution a, par ordonnance n°1403/2012 du 21 mars 2012, débouté monsieur KOUAME Signo de sa demande ; que sur appel de ce dernier, la cour d'appel d'Abidjan a rendu, le 8 juin 2012, l'arrêt infirmatif n°446 dont pourvoi ;

Sur le moyen unique

Attendu que les demandeurs au pourvoi reprochent à l'arrêt attaqué d'avoir violé les articles 157 alinéa 2 et 160 de l'Acte uniforme portant organisation des procédures simplifiées de recouvrement et des voies d'exécution en ce que les juges ont déclaré nul l'acte de saisie comme irrégulier pour défaut d'indication des date et heure et ordonné la mainlevée de la saisie pratiquée alors, selon le moyen, que le procès-verbal de saisie attribution comporte bien une date et que l'huissier a procédé à la saisie attribution dans les livres de la STANDARD CHARTERED BANK CI le 27 février 2012 et que dénonciation en a été faite le 1er mars 2012 ;

Mais attendu qu'aux termes de l'article 157alinéa 2 de l'Acte uniforme sus indiqué, « Le créancier procède à la saisie par un acte signifié au tiers par l'huissier ou l'agent d'exécution. Cet acte contient à peine de nullité... L'acte indique l'heure à laquelle il a été signifié. » ; qu'il résulte de cet article que l'indication de la date de saisie est une condition de validité de l'acte de saisie et que son défaut entraine la nullité de l'acte de saisie ;

Qu'en l'espèce, la saisie a été opérée auprès de plusieurs banques dont la STANDARD CHARTERED BANK CI ; que l'heure de la signification de l'acte de saisie à ladite banque n'est indiquée nulle part sur l'acte ; qu'en déclarant nul l'acte de saisie comme irrégulier pour défaut d'indication des date et heure, le juge d'appel n'a en rien commis le grief à lui reproché ; qu'il convient donc de rejeter le moyen ;

Attendu qu'ayant succombé, les requérants doivent être condamnés aux dépens ;

PAR CES MOTIFS

Statuant publiquement, après en avoir délibéré, Déclare recevable le pourvoi ;

Le rejette comme mal fondé ;

Condamne solidairement les requérants aux dépens.

Pas d'obligation de décompte des intérêts dans l'acte de saisie si ces sommes ne sont pas réclamées (CCJA, 3e Ch., n°94/2015, 23 juillet 2015)

Sommaire

Au sens des dispositions de l'article 157 de l'AUPSRVE, l'inobservation de l'obligation de décompte distinct des sommes réclamées en principal frais et intérêts échus n'entraine la nullité de l'acte de saisie que si le créancier saisissant les a réclamées.

La Cour Commune de Justice et d'Arbitrage (CCJA) de l'Organisation pour l'Harmonisation en Afrique du Droit des Affaires (OHADA), troisième chambre, a rendu l'Arrêt suivant en son audience publique du 23 juillet 2015 où étaient présents :

Madame Flora DALMEIDA MELE,	Présidente
Messieurs Victoriano OBIANG ABOGO,	Juge
Idrissa YAYE,	Juge, rapporteur
Birika Jean Claude BONZI,	Juge
Fodé KANTE,	Juge
et Maître Alfred Koessy BADO,	Greffier ;

Sur le pourvoi enregistré au greffe de la Cour de céans le 24 février 2012 sous le n°015/2012/PC et formé par Maître OBENG-KOFI Fian, Avocat à la cour, demeurant à la résidence Neuilly, boulevard Angoulvant, 2ème étage aile gauche, 01 BP 6514 Abidjan 01, agissant au nom et pour le compte de la Banque Nationale d'Investissement, société d'Etat, ayant son siège social à Abidjan Plateau, immeuble SCIAM, avenue Marchand, 01 BP 670 Abidjan, représentée par son directeur général monsieur KASSY N'DA Eugène, dans la cause l'opposant à monsieur AKOBE Georges Armand, économiste financier, demeurant à Abidjan Cocody Riviera IV le Golf rue AFFI, lot 238, îlot 13, 01 BP 2940 Abidjan 01, ayant pour conseil Maître KAUDJHIS OFFOUMOU, Avocat à la cour, demeurant à Abidjan Plateau, immeuble Thomasset, 1er étage porte 102, 8 boulevard Roume, 3 avenue Thomasset, face RASCOM près de l'hôtel IBIS Plateau, 08 BP 803 Abidjan 08,

en cassation de l'arrêt n°466 rendu le 20 décembre 2011 par la 5ème chambre civile et commerciale de la cour d'appel d'Abidjan et dont le dispositif est le suivant :

« Statuant publiquement, contradictoirement, en matière civile et commerciale et en dernier ressort ;

Déclare monsieur AKOBE ARMAND recevable en son appel relevé de l'ordonnance de référé n°1368 rendue le 27 Septembre 2011 par la Juridiction des référés du Tribunal de Première Instance d'Abidjan ;

L'y dit bien fondé ;

Infirme l'ordonnance entreprise ;

Statuant à nouveau ;

Déboute la BNI de sa demande de main levée de la saisie attribution de créances pratiquées le 29 Août 2011 sur ses comptes bancaires ;

Condamne la BNI aux dépens ; » ;

La requérante invoque à l'appui de son pourvoi les trois moyens de cassation tels qu'ils figurent dans sa requête annexée au présent arrêt ;

Sur le rapport de monsieur Idrissa YAYE, Juge ;

Vu les dispositions des articles 13 et 14 du Traité relatif à l'harmonisation du droit des affaires en Afrique ;

Vu le Règlement de procédure de la Cour Commune de Justice et d'Arbitrage de l'OHADA ;

Attendu qu'il résulte des pièces du dossier de la procédure qu'en exécution d'un arrêt rendu en matière sociale en sa faveur, monsieur AKOBE Georges Armand a, par acte d'huissier de justice, en date du 26 août 2011, fait servir à la BNI, signification dudit arrêt avec commandement d'avoir à lui payer la somme de 83 390 000 FCFA ; que suivant un exploit d'huissier de justice, du 29 août 2011, il a fait pratiquer une saisie-attribution de créances entre les mains de la BFA, la VERSUS BANK, la CNCE, la SIB et la STANDARD CHARTERED BANK sur les avoirs de la BNI pour obtenir le paiement de la somme de 84 307 750 FCFA ; que cette saisie a été dénoncée par exploit d'huissier en date du 1er septembre 2011 ; que par ordonnance en date du 27 septembre 2011, le juge des référés a prononcé la main levée de ladite saisie-attribution ; que sur appel de monsieur AKOBE Georges Armand, la cour d'appel d'Abidjan a rendu l'arrêt infirmatif n°466 du 20 décembre 2011, objet du présent pourvoi ;

Sur le premier moyen

Attendu que la recourante reproche à l'arrêt entrepris d'avoir omis de statuer sur son moyen d'appel tiré de la nullité de l'acte de saisine pour non indication en tête de celui-ci de l'heure à laquelle chacune des saisies a été pratiquée ;

Mais attendu, d'une part, que contrairement aux allégations de la BNI, il ne résulte ni de l'arrêt querellé ni des pièces versées aux débats que celle-ci a plaidé en cause d'appel la nullité de l'acte de saisine pour non indication de la date et de l'heure de chacune des saisies ; que, d'autre part, la BNI ne verse pas aux débats ses conclusions, du 20 novembre 2011, par lesquelles elle aurait soulevé ce moyen ; qu'il ne peut être reproché à l'arrêt querellé d'avoir omis de statuer sur un moyen qui ne lui a pas été soumis ; d'où il suit que ce moyen ne saurait être accueilli ;

Sur les deuxième et troisième moyens réunis

Attendu que la BNI fait grief à l'arrêt attaqué d'avoir, sur le décompte des éléments de la créance, statué en ces termes : « considérant que s'il est exact qu'aux termes de l'article 157 de l'Acte Uniforme portant Voies d'Exécution « l'acte de saisie doit comporter à peine de nullité le décompte distinct des sommes réclamées en principal, frais et intérêts échus majorés d'une provision pour les intérêts à échoir dans le délai d'un mois prévu pour élever une contestation », la jurisprudence bien établi de la Cour Commune de Justice et d'Arbitrage a admis que la mention et la réclamation de ces intérêts dépendent de la seule volonté du saisissant ; », d'avoir ainsi affirmé que la jurisprudence bien établie de la CCJA a admis que le défaut de mention et de réclamation des intérêts n'entraine pas la nullité de l'acte de saisie si ce défaut ne cause aucun préjudice au débiteur saisi ; que la BNI fait grief également à l'arrêt querellé d'avoir ainsi violé l'article 157 de l'Acte uniforme précité aux termes duquel en substance l'acte de saisie doit contenir entre autre le décompte distinct des sommes réclamées en principal, frais et intérêts échus ;

Mais attendu qu'au sens des dispositions de l'article 157 précité, l'inobservation de l'obligation de décompte distinct des sommes réclamées en principal frais et intérêts échus n'entraine la nullité de l'acte de saisie que si le créancier saisissant les a réclamées ;

Attendu qu'en l'espèce, l'acte de saisie comporte bien le décompte de toutes les sommes réclamées à l'exception des intérêts échus qui ne sont pas réclamés ici ; que l'article 157 de l'Acte uniforme précité ne faisant aucune obligation d'avoir à réclamer ces intérêts , le défaut d'indication des intérêts dans l'acte de saisie ne remet pas en cause la validité de celui-ci dès lors que ceux-ci ne sont pas réclamés par le saisissant ; que par ce motif de pur droit, substitué au motif erroné et surabondant, la décision attaquée se trouve légalement justifiée ; qu'il y a lieu de rejeter ces moyens comme étant non fondés ;

Attendu que la BNI ayant succombé, il y a lieu de la condamner aux dépens ;

PAR CES MOTIFS

Statuant publiquement, après en avoir délibéré,

En la forme :

Déclare recevable le recours de la BNI ;

Au fond :

Le rejette comme étant non fondé ;

Condamne la BNI aux dépens.

Pas d'obligation de décompte des éléments de la créance si celle-ci ne comporte pas plusieurs éléments (CCJA, 2e Ch., n°115/2015, 22 octobre 2015)

Sommaire

L'obligation d'indiquer le décompte des différents éléments du montant de la somme réclamée n'a lieu d'être que lorsque la créance en cause comporte plusieurs éléments engendrés par les relations ayant donné lieu au litige. Tel n'est pas le cas lorsqu'un montant global est arrêté par les deux parties et reconnu comme somme due par l'une d'elles à l'autre, au titre du compte courant.

La Cour Commune de Justice et d'Arbitrage (CCJA), de l'Organisation pour l'Harmonisation en Afrique du Droit des Affaires (OHADA), Deuxième chambre, a rendu l'Arrêt suivant en son audience publique du 22 octobre 2015 où étaient présents :

Messieurs Abdoulaye Issoufi TOURE,	Président
Namuano Francisco DIAS GOMES,	Juge
Djimasna N'DONINGAR,	Juge, Rapporteur
et Maître Jean Bosco MONBLE,	Greffier,

Sur le renvoi, en application de l'article 15 du Traité relatif à l'harmonisation du droit des affaires en Afrique, devant la Cour de céans, de l'affaire Société Equatour Voyages et ZAHER Ayman contre la Société Générale de Banques en Côte d'Ivoire (SGBCI), par arrêt n°013/11 du 13 janvier 2011 de la Cour Suprême de la République de Côte d'Ivoire, saisie d'un pourvoi formé par Maître VIERA Georges Patrick, Avocat à la cour, demeurant au 3, rue des fromagers, Abidjan Plateau Indénié, Immeuble CAPSY-Indénié, 01 BP V 159 Abidjan 01, agissant au nom et pour le compte de la Société Equatour Voyages, SARL sise à Abidjan, rue de Commerce, Immeuble EBRIN, 01 BP 6506 Abidjan 01 et de monsieur ZAHER Ayman, Directeur de société, demeurant à Abidjan-Plateau, 01 BP 6517 Abidjan 01, dans la cause qui l'oppose à la Société Générale de Banques en Côte d'Ivoire (SGBCI), SA sise à Abidjan-Plateau, 5-7 avenue Joseph Anoma, 01 BP 1355 Abidjan 01, ayant pour Conseils la SCPA DOGUE-Abbé Yao et associés, Avocats à la Cour, demeurant à Abidjan Plateau, 29, boulevard Clozel, 01 BP 174 Abidjan 01 ;

En cassation de l'Arrêt n°653 rendu le 24 juin 2005 par la Cour d'appel d'Abidjan et dont le dispositif est le suivant :

« Statuant publiquement, contradictoirement, en matière civile et en dernier ressort ;

Déclare la société EQUATOUR VOYAGES recevable en son appel ;

L'y dit mal fondé ;

Confirme le jugement querellé en toutes ses dispositions ;

Condamne la société EQUATOUR VOYAGES aux dépens » ;

Attendu que les requérants invoquent à l'appui de leur pourvoi les deux moyens de cassation, tels qu'ils figurent à la requête annexée au présent arrêt ;

Sur le rapport de Monsieur Djimasna N'DONINGAR, Juge ;

Vu les dispositions des articles 13, 14 et 15 du Traité relatif à l'harmonisation du droit des affaires en Afrique ;

Vu le Règlement de procédure de la Cour Commune de Justice et d'Arbitrage de l'OHADA ;

Attendu qu'il ressort des pièces du dossier de la procédure que, pour les besoins de ses activités, la société Equatour Voyages a obtenu de la SGBCI plusieurs concours ; qu'au 31 décembre 1999, la société Equatour Voyages restait devoir à la banque la somme de 54.316.587 FCFA ; qu'en vue d'apurer cette dette, les deux parties ont signé une convention aux termes de laquelle Equatour Voyages reconnaît devoir cette somme et s'est engagée à la rembourser suivant un échéancier de douze mensualités ; que, par acte sous seing privé du 29 février 2000, monsieur ZAHER Ayman, gérant de Equatour Voyages, s'est porté caution des engagements pris par sa société ; qu'à la date du 06 juin 2000, aucune mensualité n'ayant été payée, la SGBCI a dénoncé la convention et informé monsieur ZAHER Ayman, en sa qualité de caution, de la défaillance de la débitrice principale ; qu'après une sommation de payer restée infructueuse, la SGBCI a sollicité et obtenu du Président du Tribunal de première instance d'Abidjan une ordonnance d'injonction de payer en date du 19 juillet 2000, condamnant la Société Equatour Voyages et sa caution, monsieur ZAHER Ayman, à lui payer la somme de 54.316.587 FCFA, outre les intérêts de droit, les frais et les dépens ; que le tribunal de première instance d'Abidjan, par jugement n°498/CIV2 B2 du 07 mai 2001, rejeta l'opposition formée par la société Equatour Voyages et monsieur ZAHER Ayman ; que la Cour d'appel d'Abidjan, sur appel de la Société EQUATOUR VOYAGES et de sa caution, a rendu, le 24 juin 2005, l'arrêt confirmatif n°653 sus énoncé, objet du présent pourvoi ;

Sur le premier moyen tiré du défaut de base légale résultant de l'absence, de l'insuffisance, de l'obscurité ou de la contrariété des motifs

Attendu qu'au soutien de leur recours, les requérants reprochent à l'arrêt déféré d'avoir fait droit à la réclamation de la SGBCI sur la base d'un protocole d'accord abusivement dénoncé par cette dernière ; qu'en l'absence d'une décision de justice prononçant la résiliation de la convention passée entre les deux parties, la SGBCI ne pouvait saisir la juridiction présidentielle d'une demande d'injonction de payer ; que la cour d'appel, en donnant effet aux clauses d'un protocole ainsi dénoncé, n'a pas donné de base légale à sa décision ;

Mais attendu que la dénonciation du protocole d'accord est prévue par les deux parties à l'article 7 de leur convention ; que, dès lors que cette clause de dénonciation est mise en œuvre par le créancier, la créance dont la liquidité, la certitude et l'exigibilité sont expressément reconnues par le débiteur peut être recouvrée par la procédure d'injonction de payer ; qu'en confirmant le jugement qui a restitué à l'ordonnance d'injonction de payer son plein et entier effet, la cour d'appel, qui a bien caractérisé l'exigibilité et les caractères certain et liquide de la créance résultant du solde d'un compte courant ouvert par la Société Equatour Voyages dans les livres de la SGBCI, a bien donné une base légale à sa décision ; qu'il s'ensuit que le moyen n'est pas fondé et doit être rejeté ;

Sur le deuxième moyen, pris en ses deux branches, tiré de la violation des articles 4 et 13 de l'Acte uniforme portant organisation des procédures simplifiées de recouvrement et voies d'exécution

Attendu qu'il est fait grief à l'arrêt déféré d'avoir, d'une part, violé les dispositions de l'article 4 susvisé, en ce qu'il a admis la requête aux fins d'injonction de payer qui indiquait une somme globale de 54.316.587 FCFA, alors, selon le moyen, que ce texte fait obligation au requérant de préciser le décompte des différents éléments de la créance réclamée ainsi que le fondement de celle-ci ; que, d'autre part, la SGBCI n'a produit aucune pièce pour prouver sa créance, alors, selon le moyen, qu'aux termes de l'article 13, le requérant supporte la charge de la preuve de sa créance ;

Mais attendu que, de première part, l'obligation d'indiquer le décompte des différents éléments du montant de la somme réclamée n'a lieu d'être que lorsque la créance en cause comporte plusieurs éléments engendrés par les relations ayant donné lieu au litige ; que tel n'est pas le cas en l'espèce dans la mesure où un montant global de 54.316.587 FCFA est arrêté par les deux parties et reconnu comme somme due par la Société Equatour Voyages à SGBCI, au titre du compte courant ; que, de deuxième part, il ressort des pièces du dossier que la SGBCI a fourni la preuve de sa créance par la production du protocole d'accord dans lequel la Société Equatour Voyages a bien admis devoir la somme réclamée par son créancier ; qu'en confirmant sur ces points le jugement déféré, la Cour d'appel d'Abidjan a fait une saine application des articles visés ; qu'il y a également lieu de rejeter le moyen comme étant non fondé ;

Attendu qu'il échet en conséquence de rejeter le pourvoi ;

Attendu que la Société Equatour Voyages et monsieur ZAHER Ayman ayant succombé seront condamnés aux dépens ;

PAR CES MOTIFS

Statuant publiquement, après en avoir délibéré,

Rejette le pourvoi formé par la société Equatour Voyages et Monsieur ZAHER Ayman ;

Les condamne aux dépens.

Il ne résulte pas de l'Acte uniforme que le procès-verbal de dénonciation et celui de la saisie-attribution doivent être confondus en un seul et même acte (CCJA, 3e Ch., n°141/2015, 19 novembre 2015)

Sommaire

Il ne résulte pas de la lecture des dispositions de l'article 160 alinéa 1 de l'AUPSRVE que, le procès-verbal de dénonciation et celui de la saisie attribution doivent être confondus en un seul et même acte. Il en résulte plutôt que le procès-verbal de la saisie attribution doit être visé dans l'exploit de dénonciation et sa copie jointe à l'acte de dénonciation. Par conséquent, l'huissier instrumentaire, ne viole pas lesdites dispositions lorsqu'il vise dans l'acte de dénonciation le procès-verbal de saisie qu'il joint effectivement au procès-verbal de dénonciation.

La Cour Commune de Justice et d'Arbitrage (CCJA) de l'Organisation pour l'Harmonisation en Afrique du Droit des Affaires (OHADA), Troisième chambre, a rendu l'Arrêt suivant en son audience publique du où étaient présents :

Madame Flora DALMEIDA MELE,

Messieurs Victoriano OBIANG ABOGO,

Idrissa YAYE,

Birika Jean Claude BONZI,

et Maître Alfred Koessy BADO, Greffier ;

Sur le pourvoi enregistré au greffe de la Cour de céans le 12 juin 2012 sous le n°067/2012/PC et formé par le cabinet d'avocats GOMES, représenté aux fins des présentes par maître Alexis-Vincent GOMES, avocat à la cour, cabinet sis dans le premier arrondissement E.P Lumumba, au n°23 de l'avenue du docteur Dénis LOEMBA, immeuble les Manguiers, centre-ville, BP 542, Pointe-Noire, République du Congo, agissant au nom et pour le compte de la société BOURBON Offshore SURF, S.A.S, ayant son siège social à Marseille, République Française, BP 13007, opérant au Congo sous autorisation temporaire d'exercer, unité de Pointe-Noire, immeuble SDV, à l'entrée du Port Autonome de Pointe-Noire, représentée par son directeur général monsieur Éric VERRIERE, dans la cause l'opposant à monsieur TATY Jean Claude, de nationalité congolaise, demeurant dans le quatrième arrondissement Loandjili, quartier MONT KAMBA,

en cassation de l'arrêt, répertoire n°157, rôle civil n°100 rendu le 4 juin 2012 par la cour d'appel de Pointe-Noire et dont le dispositif est le suivant :

« Statuant publiquement, contradictoirement, en matière civile en référé et en dernier ressort ;

En la forme :

Reçoit l'appel ;

Au fond :

Confirme en toutes ses dispositions le jugement entrepris ;

Condamne la société BOURBON OFF SHORE SURF aux dépens ; » ;

La requérante invoque à l'appui de son pourvoi les trois moyens de cassation tels qu'ils figurent dans sa requête annexée au présent arrêt ;

Sur le rapport de monsieur Idrissa YAYE, Juge ;

Vu les dispositions des articles 13 et 14 du Traité relatif à l'harmonisation du droit des affaires en Afrique ;

Vu le Règlement de procédure de la Cour Commune de Justice et d'Arbitrage de l'OHADA ;

Attendu qu'il résulte des pièces du dossier de la procédure qu'en exécution de l'arrêt exécutoire en date du 26 janvier 2006 de la cour d'appel de Pointe-Noire, rendu en matière correctionnelle en sa faveur, monsieur TATY Jean Claude a, par acte d'huissier de justice en date du 17 janvier 2012, fait pratiquer une saisie attribution de créances entre les mains de la société TOTAL E&P Congo sur les avoirs de la société BOURBON Offshore SURF pour obtenir le paiement de sa créance ; que dénonciation de cette saisie a été faite à l'unité de Pointe-Noire de ladite société le 23 janvier 2012 ; que la société BOURBON Offshore SURF a, par acte d'huissier de justice en date du 20 février 2012, assigné, en référé d'heure à heure, monsieur TATY Jean Claude aux fins de nullité et de mainlevée de la saisie attribution de créances ; que par ordonnance de référé, rôle civil n°210, répertoire n°136 en date du 21 mars 2012, le juge des référés du tribunal de grande instance de Pointe-Noire constatant que l'huissier instrumentaire a observé les prescrits de l'article 160 de l'Acte uniforme portant organisation des procédures simplifiées de recouvrement et des voies d'exécution, l'a débouté de toutes ses demandes ; que sur appel de la société BOURBON Offshore SURF, la cour d'appel de Pointe-Noire a rendu l'arrêt confirmatif du 4 juin 2012, objet du présent pourvoi ;

Attendu que la lettre n°394/2012/G2 du 20 juin 2012 du greffier en chef, adressée par courrier recommandé avec accusé de réception au défendeur au pourvoi, conformément aux articles 24 et 30 du Règlement de procédure de la Cour de céans, est revenue avec la mention « non réclamé » ; que le principe du contradictoire ayant ainsi été respecté, il y a lieu d'examiner la cause ;

Sur le premier moyen

Attendu que la recourante reproche à l'arrêt entrepris d'avoir été rendu par la cour d'appel présidé par David ANDZILANDO, lequel a également présidé la composition ayant rendu l'arrêt correctionnel, objet de l'exécution, en violation du principe général de droit et de la jurisprudence constante selon lesquels un même juge ne peut connaître d'un recours afférent à une décision qu'il a précédemment rendu et conclut à la cassation de l'arrêt attaqué pour violation du principe d'impartialité du magistrat ;

Mais attendu qu'il ne résulte ni des pièces du dossier de la procédure, ni de la décision attaquée que le moyen tiré de la violation du principe général de droit relatif à l'impartialité du magistrat a été soutenu devant les juges du fond ; que ce moyen nouveau, mélangé de fait et de droit, doit être déclaré irrecevable ;

Sur le deuxième moyen pris en ses première, troisième et quatrième branches réunies

Attendu que la recourante reproche à l'arrêt critiqué d'avoir, d'une part, violé les dispositions de l'article 1356 du code civil sur l'aveu judiciaire, en ce que pour rejeter ce moyen, la cour d'appel a évoqué une prétendue contrariété de moyen pour soutenir que c'est à bon droit que le premier juge a retenu l'aveu judiciaire, alors même qu'il est constant que l'aveu fait au cours d'une instance précédente, même opposant les mêmes parties, comme c'est le cas en l'espèce, n'a pas le caractère d'un aveu judiciaire et ne produit pas les mêmes effets et conclut à la cassation de l'arrêt ; que, d'autre part, elle lui reproche d'avoir violé les dispositions de l'article 160 alinéa 2 de l'Acte uniforme précité, motifs pris de ce que, la désignation de la juridiction compétente faite dans l'exploit de dénonciation est erronée, car son siège social est sis au N°148 de la rue Sainte à Marseille ; qu'en application de l'article 169 dudit Acte uniforme, la juridiction compétente pour connaitre des contestations suscitées par cette saisie est bien le président du tribunal de grande instance de Marseille, statuant en référé et non celui de Pointe-Noire retenue à tort ; que par conséquent encourt cassation l'arrêt ayant retenu la compétence de la juridiction du lieu de son unité de Pointe-Noire en lieu et place de celui du lieu de son siège social connu ; qu'elle lui reproche enfin d'avoir violé les dispositions de l'article 160 alinéa 1 de l'Acte uniforme sus visé, en ce qu'en ne dénonçant pas la saisie à la bonne personne, c'est-à-dire à son siège social, dans le délai de 8 jours prescrits par ledit article, celle-ci est caduque ; que par conséquent en refusant d'accéder à son moyen tiré de la caducité de la saisie querellée, la cour d'appel a exposé son arrêt à la censure de la Cour de céans ;

Mais attendu d'une part que, les juges du fond, en appréciant les faits soumis à leur appréciation, ont pu déduire, souverainement, des éléments de preuve qui leur sont soumis, un comportement non équivoque de la société BOURBON Offshore SURF tendant à faire de son unité de Pointe-Noire une succursale en visant non seulement l'aveu judiciaire, mais aussi la turpitude de ladite société, demanderesse au procès, pour retenir leur compétence ; que cette appréciation des faits échappe au contrôle du juge de cassation ; qu'il s'ensuit qu'en statuant comme elle l'a fait, la cour d'appel n'a pas commis le grief qui lui ai reproché ; que, d'autre part, la violation alléguée de la désignation erronée de la juridiction compétente et la branche du moyen tirée de la caducité de la saisie ne peuvent non plus prospérer pour les mêmes raisons ; qu'il échet de rejeter le deuxième moyen en ses première, troisième et quatrième branches réunies comme étant non fondé ;

Sur le deuxième moyen pris en sa deuxième branche

Attendu que la recourante reproche à l'arrêt entrepris d'avoir violé les dispositions de l'article 160 alinéa 1 de l'Acte uniforme portant organisation des procédures simplifiées de recouvrement et des voies d'exécution, motifs pris de ce que, l'huissier instrumentaire lui a servi, par actes distincts, le procès-verbal de saisie attribution de créances et l'exploit de dénonciation de ladite saisie ; que la cour d'appel en relevant pour rejeter ce moyen que le procès-verbal de saisie étant visé dans l'exploit de dénonciation et joint à l'exploit, a violé les dispositions de l'article 160 alinéa 1 dudit Acte uniforme, selon lesquelles l'exploit de dénonciation doit reproduire l'acte de saisie et sa décision encourt annulation ;

Mais attendu que contrairement aux allégations de la recourante, il ne résulte pas de la lecture des dispositions de l'article 160 alinéa 1 de l'Acte uniforme précité que, le procès-verbal de dénonciation et celui de la saisie attribution doivent être confondus en un seul et même acte ; qu'il en résulte plutôt que le procès-verbal de la saisie attribution doit être visé dans l'exploit de dénonciation et sa copie jointe à l'acte de dénonciation ; que par conséquent, l'huissier instrumentaire, comme c'est le cas en l'espèce, ne viole pas lesdites dispositions lorsqu'il vise dans l'acte de dénonciation le procès-verbal de saisie qu'il joint effectivement au procès-verbal de dénonciation ; qu'ainsi ne viole pas l'article 160 alinéa 1 de l'Acte uniforme sus visé, la cour d'appel qui, après avoir relevé : « que dans l'exploit de dénonciation de saisie attribution, il est mentionné ce qui suit : copie de l'acte de saisie-attribution pratiquée par exploit de mon Ministère en date du 17 janvier 2012 entre les mains de la société TOTAL E&P CONGO, Pointe-Noire ; Qu'effectivement dans le dossier se retrouvent ces pièces probantes », avant d'écarter le moyen ; qu'il s'en suit que cette branche du moyen doit être rejeté ;

Sur le deuxième moyen pris en ses cinquième et sixième branches réunies

Attendu que la recourante reproche à l'arrêt critiqué d'avoir, d'une part, violé les dispositions de l'article 153 de l'Acte uniforme précité, en ce que le titre exécutoire sur le fondement duquel l'huissier instrumentaire a pratiqué sa saisie, condamne plutôt la société SURF ; qu'il est par conséquent indéniable que la saisie attribution querellée a été pratiquée en violation de l'article 153 susdit ; que pour ne l'avoir pas relevé, s'abritant derrière les procédures initiées par la société BOURBON Offshore SURF pour rejeter sa contestation, alors même que le titre exécutoire en cause n'est pas orienté contre elle, la cour d'appel a manifestement violé lesdites dispositions et expose sa décision à la censure de la Cour de céans ; que, d'autre part, elle lui fait grief d'avoir violé les dispositions de l'article 171 de l'Acte uniforme précité, motifs pris de ce que, les premiers juges, pour déterminer la somme à payer, ont estimé que le titre exécutoire fixe la créance à la somme de 445.000.000FCFA et retenu que ce montant n'est pas contesté, malgré qu'elle affirme n'être pas redevable de monsieur TATY Jean Claude ; que, dès lors, les juges du fond ne pouvaient pas statuer sur le fondement des dispositions de l'article 171 alinéa 1, car il y a contestation ; qu'en procédant comme elle l'a fait, la cour d'appel expose son arrêt à la cassation ;

Mais attendu qu'il résulte des pièces du dossier de la procédure que les juges du fond ont relevé souverainement des éléments de preuve à eux soumis que, la société BOURBON Offshore SURF était partie au procès pénal dont l'exécution de la décision définitive est ici poursuivie ; qu'en outre celle-ci n'apporte pas la preuve de ce qu'elle est différente de la société SURF dont elle a défendu, au vu des pièces produites, les intérêts ; qu'il s'ensuit que les griefs de personnalité juridique distincte et de créance contestable ne sont pas établis ;

Sur le troisième moyen pris en ses deux branches réunies

Attendu que la recourante reproche à l'arrêt critiqué d'avoir, d'une part, retenue, par une motivation erronée, qu'elle dispose d'une succursale à Pointe- Noire en écartant les constatations faites au greffe par un agent assermenté et le fait qu'elle n'a pas élu domicile au cabinet de son conseil et n'a fait référence à aucune succursale dans son assignation ; qu'elle reproche, d'autre part, à la décision critiquée une contrariété entre le motif et le dispositif, en ce que la cour d'appel en confirmant en toutes ses dispositions l'ordonnance attaquée, alors que dans les motifs adoptés par l'arrêt, elle ordonne le paiement de l'intégralité des sommes saisies, qui font 644.660.000 FCFA, alors que l'ordonnance confirmée n'a ordonné que le paiement du principal qui s'élève à 445.000.000FCFA ; qu'elle conclut à l'annulation de l'arrêt querellé pour défaut de motifs et pour contrariété entre le motif et le dispositif ;

Mais attendu que la contrariété alléguée entre le motif et le dispositif de l'arrêt attaqué n'est pas établie, le juge ayant dans son dispositif confirmé le jugement querellé dans toutes ses dispositions ; qu'en outre, le moyen tiré du défaut de motifs ne peut non plus prospérer à cause des raisons ci-dessus décrites tirées de l'appréciation souveraine et suffisante faites par les juges du fond des éléments de preuve soumis à leur appréciation ; qu'il y a lieu dès lors de rejeter le recours de la société BOURBON Offshore SURF comme étant mal fondé ;

Attendu que la société BOURBON Offshore SURF ayant succombé, il y a lieu de la condamner aux dépens ;

PAR CES MOTIFS

Statuant publiquement, après en avoir délibéré,

Rejette le recours de la société BOURBON Offshore SURF comme étant non fondé ;

Condamne la société BOURBON Offshore SURF aux dépens.

B. Tiers saisi

1. Notion de tiers saisi

Notion de tiers saisi au sens de l'Acte uniforme (CCJA, 1ère Ch., n°151/2015, 26 novembre 2015)

Sommaire

La notion de tiers saisi au sens de l'article 156 de l'AUPSRVE renvoie au tiers débiteur du débiteur entre les mains duquel le créancier de ce dernier a réellement pratiqué une saisie, parce que détenant effectivement des sommes d'argent dues au saisi en vertu d'un pouvoir propre ou indépendant, même s'il les tient pour le compte d'autrui.

La Cour Commune de Justice et d'Arbitrage (CCJA), Première Chambre, de l'Organisation pour l'Harmonisation en Afrique du Droit des Affaires (OHADA), a rendu l'arrêt suivant en son audience publique du 26 novembre 2015 où étaient présents :

Messieurs Marcel SEREKOÏSSE-SAMBA,	Président
Mamadou DEME,	Juge
Diéhi Vincent KOUA,	Juge
César Apollinaire ONDO MVE,	Juge, rapporteur
Robert SAFARI ZIHALIRWA,	Juge
et Maître Acka ASSIEHUE,	Greffier;

Sur le recours enregistré au greffe de la Cour de céans le 06 juillet 2010 sous le n°060/2010/PC formé par la Banque pour le Financement de l'Agriculture (BFA), société anonyme dont le siège social est sis à Abidjan, Côte d'ivoire, rue Lecœur, Immeuble Alliance B, 2ème étage, 103 BP Post'Entreprise Cedex 1 Abidjan, agissant aux poursuites et diligences de son représentant légal, Wenceslas APPIA, ayant pour conseil Maître Ange Rodrigue DADJE, avocat à la Cour d'appel d'Abidjan, demeurant à Abidjan, Plateau, boulevard Clozel, Immeuble les Acacias, 4ème étage, porte 401, 08 BP 594 Abidjan 08, en l'Etude duquel domicile élu, dans le différend qui l'oppose à la société Représentation de Matériels Allemands (REMA), société à responsabilité limitée domiciliée à Abidjan, Treichville, 05 BP 966 Abidjan 05, agissant aux poursuites et diligences de Gbessi Balliet Raymond DJADOU, ayant pour conseil Maître David GOBA, avocat à la Cour d'appel d'Abidjan, demeurant à Abidjan-Treichville, Gare de Bassam, Résidence Kobeissi, Escalier C, 2ème étage, 02 BP 839 Abidjan 02, en l'Etude duquel domicile élu,

en cassation de l'arrêt n°142 rendu le 23avril 2010 par la Cour d'appel d'Abidjan, dont le dispositif est le suivant :

« PAR CES MOTIFS

Statuant sur le siège, publiquement, contradictoirement, en matière civile et commerciale et en dernier ressort ;

Déclare la BFA recevable en son appel relevé de l'ordonnance de référé n°256 rendue le 12 février 2006 par la juridiction des référés du Tribunal de Première Instance d'Abidjan ;

L'y dit mal fondée et l'en déboute ;

Confirme l'ordonnance entreprise en toutes ses dispositions ;

Condamne la BFA aux dépens (...) »;

La demanderesse invoque un moyen unique de cassation tel qu'il figure dans sa « requête en cassation » annexée au présent arrêt ;

Sur le rapport de Monsieur le Juge César Apollinaire ONDO MVE ;

Vu les dispositions des articles 13 et 14 du Traité relatif à l'harmonisation du droit des affaires en Afrique ;

Vu le Règlement de procédure de la Cour Commune de Justice et d'Arbitrage de l'OHADA ;

Attendu qu'il résulte des pièces du dossier de la procédure que la société REMA a fait pratiquer contre la société SOCOBIN, une saisie-attribution de créances pour sûreté et paiement de sa créance, entre les mains de la BFA, suivant procès-verbal du 20 novembre 2009 ; qu'après avoir déclaré à la société REMA le solde des comptes de la société Nouvelle Société SOCOBIN dite SN SOCOBIN ouverts dans ses livres le 23 novembre 2009, la BFA a été assignée par la société REMA devant la juridiction des référés du Tribunal de Première Instance d'Abidjan en paiement des causes de ladite saisie, motif pris du caractère tardif de sa déclaration ; que par ordonnance n°256/2010 du 12 février 2010, la BFA a été condamnée à payer la somme de 414.330.915 FCFA ; que l'arrêt objet du présent pourvoi a été rendu sur appel de la BFA, par la Première Chambre civile et commerciale de la Cour d'appel d'Abidjan ;

Sur la deuxième branche du moyen unique tirée de la violation de l'article 156 de l'Acte uniforme portant organisation des procédures simplifiées de recouvrement et des voies d'exécution

Attendu qu'il est reproché à l'arrêt attaqué d'avoir violé les dispositions de l'article visé au moyen, en ce qu'il a condamné la requérante au paiement des causes de la saisie, alors qu'elle n'avait pas la qualité de tiers saisi ;

Attendu que les dispositions de l'article 156 de l'Acte uniforme susvisé, selon lesquelles « toute déclaration inexacte, incomplète ou tardive expose le tiers saisi à être condamné au paiement des causes de la saisie, sans préjudice d'une condamnation au paiement de dommages-intérêts, sauf son recours contre le débiteur», ne s'appliquent qu'au tiers saisi, à savoir le tiers débiteur du débiteur entre les mains duquel le créancier de ce dernier a réellement pratiqué une saisie, parce que détenant effectivement des sommes d'argent dues au saisi en vertu d'un pouvoir propre ou indépendant, même s'il les tient pour le compte d'autrui ;

Attendu qu'en l'espèce, il ressort des énonciations de l'arrêt attaqué que procédant d'une confusion liée aux dénominations de ces deux sociétés, la BFA a plutôt déclaré l'état des comptes de la société SN SOCOBIN ouverts dans ses livres, et non ceux de la société SOCOBIN Sari, débiteur saisi de la société REMA, qui n'a aucun compte ouvert dans les écritures de la BFA ; que n'étant pas tiers saisi, malgré sa déclaration indiscutablement tardive, la BFA ne devait pas être condamnée en cette qualité au paiement des causes de la saisie ; qu'en confirmant la décision qui a décidé du contraire, l'arrêt attaqué viole le texte visé au moyen, et encourt cassation ;

Sur l'évocation

Attendu que la BFA a relevé appel de l'ordonnance de référé n°256/2010 rendue le 12 février 2010 par laquelle la juridiction des référés du Tribunal de Première Instance d'Abidjan Ta condamnée au paiement des causes de la saisie pratiquée par la société REMA contre la société SOCOBIN ;

Attendu qu'il convient de déclarer l'appel recevable en la forme ;

Attendu qu'au fond et pour les mêmes motifs que ceux justifiant la cassation, il sied d'infirmer ladite décision et de débouter la société REMA de sa demande ;

Sur les dépens

Attendu que la société REMA ayant succombé, il convient de la condamner aux entiers dépens ;

PAR CES MOTIFS

Statuant publiquement, après en avoir délibéré,

En la forme :

Reçoit la Banque pour le Financement de l'Agriculture en son recours ;

Au fond :

Casse et annule en toutes ses dispositions l'arrêt n°142 rendu le 23 avril 2010 par la Cour d'appel d'Abidjan ;

Evoquant et statuant au fond,

Infirme l'ordonnance n°256/2010 du 12 février 2010 rendue par la juridiction des référés du Tribunal de Première Instance d'Abidjan ;

Déboute la société REMA de sa demande ;

La condamne aux dépens.

Dispositions particulières en cas de saisie pratiquée entre les mains d'un établissement de crédit (CCJA, Ass. Plén., n°55/2015, 27 avril 2015)

Sommaire

Est rejeté le mémoire qui ne porte que la signature de l'Avocat du domicile élu ; et ne porte ni l'entête, ni la signature et encore moins un cachet des Avocats régulièrement constitués pour la défense du demandeur.

Il résulte des articles 58 et 161 de l'AUPSRVE que lorsqu'il s'agit d'une banque ou d'un établissement financier, les dispositions de l'article 161 dudit Acte uniforme s'appliquent en plus des autres dispositions applicables aux saisies conservatoires et à la responsabilité du tiers saisi.

La Cour Commune de Justice et d'Arbitrage (CCJA) de l'Organisation pour l'Harmonisation en Afrique du Droit des Affaires (OHADA), en Assemblée plénière, a rendu l'Arrêt suivant en son audience foraine tenue le 27 avril 2015 à Bamako (République du Mali), où étaient présents :

Messieurs Marcel SEREKOÏSSE-SAMBA,	Président
Abdoulaye Issoufi TOURE,	Premier Vice-président
Madame Flora DALMEIDA MELE,	Seconde Vice-présidente
Messieurs Mamadou DEME,	Juge
Djimasna N'DONINGAR,	Juge
et Maître Paul LENDONGO,	Greffier en chef ;

Sur le pourvoi enregistré au greffe de la cour de céans le 20 juillet 2012 sous le n°082/2012/PC et formé par la SCP Mayacine TOUNKARA & Associés, Avocats à la cour, dont le siège est à Dakar-Sénégal,15 Boulevard Djily Mbaye, Immeuble XEWEEL, 1er étage et Maître Soulèye MBAYE, Avocat à la cour, sis à Dakar, 1 Entrée VDN Angle Bourguiba, immeuble SENEMAR, 1er étage, agissant au nom et pour le compte de ECOBANK SENEGAL, société anonyme, ayant son siège social à Dakar, km5 avenue Cheikh Anta DIOP, représentée par son Directeur Général Monsieur Yves COFFI QUAM-DESSOU, dans la cause l'opposant à la Banque Sahélo Saharienne pour l'Investissement, dite BSIC SA, ayant son siège social à Dakar, place de l'Indépendance, Angle rue MALENFANT, représentée par son Directeur Général, ayant pour conseil Maître Babacar NDIAYE, Avocat à la cour, demeurant à Dakar, 52 Rue Saint-Michel (ex Dr Thèze),

en cassation de l'arrêt n°110 rendu le 05 avril 2012 par la cour d'appel de Dakar et dont le dispositif est le suivant :

« Statuant publiquement, contradictoirement, en matière de référé et en dernier ressort ;

Vu l'ordonnance de clôture ;

Confirme l'ordonnance entreprise ;

Condamne l'appelante aux dépens ; » ;

La requérante invoque à l'appui de son pourvoi les trois moyens de cassation tels qu'ils figurent dans sa requête annexée au présent arrêt ;

Sur le rapport de Monsieur Idrissa YAYE, Juge ;

Vu les dispositions des articles 13 et 14 du Traité relatif à l'harmonisation du droit des affaires en Afrique ;

Vu le Règlement de procédure de la Cour Commune de Justice et d'Arbitrage de l'OHADA ;

Attendu qu'il résulte des pièces du dossier de la procédure que, dans le cadre d'une procédure de recouvrement de sa créance évaluée à la somme de 1.750.000.000 FCFA suivant ordonnance à pied de requête n°960/2011, dirigée contre la société ATEX COMMODITIES, la BSIC a, par acte d'huissier de justice, en date des 8, 9, 10, 14, 15, 16 et 17 juin 2011, fait pratiquer une saisie conservatoire de créances entre les mains de ECOBANK Sénégal de toutes sommes détenues ou qui seront détenues par cette dernière au profit de la société ATEX COMMODITIES ; que par une autre ordonnance en date du 18 août 2011, la BSIC a été autorisée à pratiquer une saisie complémentaire sur les biens de la société ATEX COMMODITIES ; qu'en vertu de celle-ci, la BSIC a fait procéder à une deuxième saisie entre les mains de ECOBANK suivant exploit du 23 août 2011 ; que par acte d'huissier en date du 21 septembre 2011, la BSIC a servi à ECOBANK Sénégal un acte de conversion de saisie conservatoire en saisie attribution de créance, signifié à ATEX COMMODITIES par exploit du même huissier de justice, le 23 septembre 2011 ; que suivant exploit d'huissier de justice du 29 septembre 2011, la Société ATEX COMMODITIES a attrait la BSIC et l'ECOBANK SENEGAL en contestation de l'acte de saisie-attribution ; que par ordonnance n°5065 rendue le 18 novembre 2011, le juge des référés du tribunal régional hors classe de Dakar, l'a débouté de sa demande en annulation des actes de conversion et de signification et a ordonné à ECOBANK de payer à la BSIC la somme de 618.254.064 francs logés dans les comptes de la Société ATEX COMMODITIES ouverts dans les livres de la banque ECOBANK ; que cette ordonnance assortie de l'exécution provisoire a été signifiée à ECOBANK suivant exploit en date du 22 novembre 2011 ; que ECOBANK refusant de procéder au paiement de ladite somme, la BSIC l'a attrait devant le juge des référés du tribunal régional hors classe de Dakar à l'effet de la voir déclarer débiteur des causes de la saisie ; que par ordonnance n°5228 du 29 novembre 2011, le juge des référés a fait droit à cette requête ; que par acte d'huissier de justice en date du 2 décembre 2011, ECOBANK SENEGAL a interjeté appel de ladite ordonnance ; que la cour d'appel de Dakar a par l'arrêt n°110 du 5 avril 2012, objet du présent pourvoi, confirmé ladite ordonnance ;

Sur la recevabilité du mémoire en réplique, soulevé d'office

Vu les articles 23 nouveau et 28 nouveau du Règlement de procédure de la Cour Commune de justice et d'Arbitrage ;

Attendu que le mémoire en réplique produit au nom de la Société ECOBANK SENEGAL, en date du 15 mars 2013 et enregistré au greffe de la cour de céans le 21 mars 2013, n'a été signé que par Me Karim Fadika, qui n'est que le domicile élu de la Société ECOBANK SENEGAL ; qu'il ne porte ni l'entête, ni la signature et encore moins un cachet des avocats régulièrement constitués pour la défense de cette société ; qu'il échet en conséquence, en application des articles 23 nouveau et 28 nouveau du Règlement de procédure de la cour de céans, d'écarter, d'office, ledit mémoire en réplique des débats ;

Sur le premier moyen en sa première branche

Attendu que la recourante reproche à l'arrêt entrepris la violation des articles 58 et 161 de l'Acte uniforme portant procédures simplifiées de recouvrement et voies d'exécution, motifs pris de ce que la cour d'appel ne pouvait pas sans violer les dispositions desdits articles admettre l'existence et la réalité du solde du seul compte courant et lui faire en même temps le reproche de n'avoir pas déclaré une créance conditionnelle ; qu'en statuant ainsi, l'arrêt encourt la cassation pour violation desdits ;

Mais attendu que contrairement aux allégations de ECOBANK Sénégal, l'article 58 de l'Acte uniforme précité indique bien que : « Lorsque la saisie est pratiquée entre les mains d'un établissement financier assimilé, les dispositions de l'article 161 sont applicables. » ; qu'ainsi, il s'en infère que lorsqu'il s'agit d'une banque ou d'un établissement financier, les dispositions de l'article 161 dudit Acte uniforme s'appliquent en plus des autres dispositions applicables aux saisies conservatoires et à la responsabilité du tiers saisi ; que dès lors, le grief reproché à l'arrêt entrepris d'avoir engagé la responsabilité de la banque pour n'avoir pas déclaré une créance conditionnelle constituée avant la saisie conservatoire et réalisée dans les quinze jours de l'exécution de ladite saisie, n'est pas fondé et doit être rejeté ;

Sur le premier moyen en sa deuxième branche

Attendu que la recourante reproche à l'arrêt entrepris la violation de l'article 155 in fine de l'Acte uniforme portant procédures simplifiées de recouvrement et voies d'exécution, motifs pris de ce que la cour d'appel en relevant que : « que même si la production du relevé de compte et des actes de constitution du DAT et de son nantissement par ATEX montre que la somme de 600.000.000. FCFA n'a été versée que le 23 juin 2011, il reste que, sachant que la saisie du 08 juin 2011 était toujours en cours, ainsi que cela apparaît dans sa lettre adressée le 19 juillet 2011 à ATEX COMMODITIES SA, ECOBANK ne pouvait faire fi au point de déclarer préférable la saisie ultérieure faite le 22 août 2011 par la Société TIGER DENREES ; » ; alors que, selon elle, lors de la saisie opérée le 08 juin 2011, elle a effectué une déclaration négative faisant ressortir le solde débiteur de ATEX dans ses livres et qu'aucune opération comptable susceptible de donner lieu à une déclaration modificative dans les 15 jours de la saisie n'est venue impacter le compte de ATEX ; qu'il s'en suit que la saisie infructueuse du 08 juin 2011 s'est trouvée privée d'effet à l'expiration du délai imparti ; que ce faisant, l'arrêt attaqué viole les dispositions de l'article 155 précité et encourt cassation de ce chef ;

Mais attendu qu'il ne résulte pas des faits de la cause que la saisie du 8 juin 2011 dont aucune mainlevée n'a pas été ordonnée, était privée d'effet ; que dès lors ne viole pas ledit article 155 in fine, la cour d'appel qui, appréciant souverainement les faits, engage la responsabilité de la banque pour n'avoir pas, au moment de la saisie et dans les délais de quinze jours de celle-ci, déclarer une créance conditionnelle née avant ladite saisie ; qu'ainsi le reproche fait à l'arrêt attaqué n'est pas fondé ; qu'il y a lieu d'écarter cette branche du moyen ;

Sur le premier moyen en sa troisième branche

Attendu que ECOBANK reproche à l'arrêt critiqué la violation de l'article 154 de l'Acte uniforme précité, motifs pris de ce que la cour d'appel a affirmé que : « ECOBANK a révélé que le compte 001 TTDE11178000 était nanti à son profit de sorte que la saisie de ce créancier ne pouvait porter que sur le compte 1001833501011 créditeur de 5.254.068 FCFA ; que la BSIC ayant saisi conservatoirement le montant du DAT logé dans le compte 001TTDE11178000 par procès-verbal du 26 août 2011 , ECOBANK ne pouvait arbitrairement considérer que TIGERS DENREES était premier saisissant du DAT ; » ; qu'elle estime que la cour d'appel, ayant souverainement constaté et relevé la saisie faite le 22 août 2011 par TIGERS DENREES, qu'en affirmant expressément que la somme de 600.000.000FCFA a été versée le 23 juin 2011, devait en tirer la conséquence logique que la saisie du 08 juin 2011 effectuée par la BSIC n'avait appréhendé aucune créance comme l'atteste du reste la déclaration négative effectuée par ECOBANK Sénégal ; que ce faisant, elle viole l'article 154 précité et expose sa décision à l'annulation ;

Mais attendu justement que l'arrêt critiqué reproche à ECOBANK de n'avoir pas, au cours de la saisie du 08 juin 2011 et dans la quinzaine l'ayant suivie, déclaré la créance conditionnelle du tiers saisi qui existait pourtant à ce moment ; que tirant les conséquences de la validité de ladite saisie et de son antériorité à la saisie effectuée par TIGERS DENREES, ladite cour d'appel qui a ainsi engagé la responsabilité de ECOBANK Sénégal, n'encourt point le reproche qui lui est fait ;

Sur le premier moyen en sa dernière branche

Attendu que ECOBANK reproche à l'arrêt entrepris la violation de l'article 100 du code des obligations civiles et commerciales du Sénégal (COCC) en donnant un autre sens à une disposition de la convention et à un écrit clair et précis régissant les rapports entre les parties ;

Mais attendu qu'en l'espèce la cour d'appel de Dakar en appréciant souverainement que c'est le nantissement du DAT qui constituait la condition suspensive de la mise en place du crédit, ne commet en rien le grief qui lui ai fait ; qu'il échet dès lors de déclarer le premier moyen non fondé ;

Sur le deuxième moyen en ses deux branches réunies

Attendu que la recourante reproche à l'arrêt critiqué, une insuffisance de motifs et une contrariété de motifs ; en ce que d'une part, en se référant exclusivement à sa lettre, adressée à ATEX COMMODITIES le 19 juillet 2011, pour en tirer la conséquence juridique que la saisie du 08 juin 2011 était toujours en cours, la cour d'appel a manifestement insuffisamment motivé sa décision ; que d'autre part, la cour d'appel, en affirmant dans un premier temps : « la précision des termes de cette clause ne pouvait nullement laisser penser que le DAT était constitué » et en relevant expressément que la somme de 600.000.000FCFA a été versée à la date du 23 juin 2011, ne pouvait sans se contredire, estimer que c'est à juste raison que le premier juge a pu retenir que la condition suspensive était uniquement référée au nantissement du DAT ;

Mais attendu que le premier moyen tiré de la violation de la loi ayant ainsi été écarté comme non fondé ; qu'aucune insuffisance de motifs ne peut être retenue contre l'arrêt critiqué, suffisamment et bien motivé en l'espèce ; qu'au demeurant, il ne résulte pas des faits de l'espèce que la cour d'appel a fondé sa conviction sur la base de la seule lettre du 19 juillet 2011 ; qu'enfin, ladite cour d'appel ne se contredit point en engageant la responsabilité de ECOBANK Sénégal pour déclarations inexactes et mensongères sur la base d'un faisceau d'indices appréciés souverainement et tirés notamment, de l'antériorité de la saisie du 08 juin 2011, de l'existence antérieur du contrat de prêt et du versement de la somme de 600.000.000 FCFA dans la quinzaine de ladite saisie ; qu'il s'en suit qu'en statuant comme elle l'a fait, la cour d'appel a bien motivé sa décision, laquelle n'encourt pas les griefs d'insuffisance de motifs et de contrariété de motifs qui lui sont faits à tort ;

Sur le troisième moyen

Attendu que la recourante fait grief à l'arrêt querellé de n'avoir pas répondu à ses arguments fondés sur les dispositions de l'article 161 de l'Acte uniforme précité ; que cette disposition est strictement applicable en matière de saisie pratiquée entre les mains d'un établissement bancaire ou d'un établissement financier assimilé ; que par conséquent, en s'abstenant de répondre à cette partie de ses conclusions, l'arrêt attaqué mérite cassation ;

Mais attendu qu'il apparait des termes de l'arrêt critiqué qu'il a implicitement répondu à toutes les conclusions de ECOBANK qui ne visait en réalité qu'à le disculper, notamment, en confirmant la décision du juge des référés, ayant souverainement sur la base des faisceaux d'indice développés, engagé la responsabilité de ECOBANK et l'a condamné à payer à la BSIC les causes de la saisie ; qu'il échet dès lors de rejeter également ce moyen comme non fondé ;

Attendu qu'ECOBANK SENEGAL ayant succombé, il y a lieu de la condamner aux dépens ;

PAR CES MOTIFS

Statuant publiquement, après en avoir délibéré,

En la forme :

Déclare recevable le recours d'ECOBANK Sénégal ;

Au fond :

Le rejette comme étant non fondé ;

Condamne ECOBANK Sénégal aux dépens.

2. Obligations et déclarations du tiers saisi

Il pèse sur le tiers saisi deux obligations : l'obligation de déclaration et l'obligation de paiement (CCJA, 3e Ch., n°24/2015, 9 avril 2015)

Sommaire

Il ressort des articles 35, 156 et 164 de l'AUPSRVE deux types d'obligations à la charge du tiers saisi : D'une part une obligation de déclaration de l'étendue de ses obligations à l'égard du débiteur saisi ; et d'autre part une obligation de paiement des sommes saisies sur présentation d'un certificat du greffe attestant qu'aucune contestation n'a été formée dans le mois suivant la dénonciation de la saisie ou sur présentation de la décision exécutoire de la juridiction rejetant la contestation.

La Cour Commune de Justice et d'Arbitrage (CCJA) de l'Organisation pour l'Harmonisation en Afrique du Droit des Affaires (OHADA), Troisième chambre, a rendu l'arrêt suivant en son audience publique du 09 avril 2015 où étaient présents :

Madame Flora DALMEIDA MELE,	Second Vice-présidente,
Messieurs Victoriano OBIANG ABOGO,	Juge
Idrissa YAYE,	Juge, rapporteur
et Maître Alfred Koessy BADO	Greffier ;

Sur le pourvoi enregistré au greffe de la Cour de céans le 07 octobre 2011 sous le n°085/2011/PC et formé par la SCPA DOGUE-Abbé YAO & Associés, Avocats à la cour, dont le siège est à Abidjan, 29 Boulevard Clozel, 01 BP 174 Abidjan 01, agissant au nom et pour le compte de la BIAO-CI, Société anonyme, ayant son siège social à Abidjan-Plateau, 8-10, Avenue Joseph ANOMA, 01 BP 1274 Abidjan 01, représentée par son directeur général Monsieur ATTOBRA Philippe, dans la cause l'opposant aux sieurs KOUASSI Bertin, propriétaire de l'entreprise individuelle dénommée Recherche et Réalisation Industrielle dite RRI, demeurant à Abidjan-Marcory, Boulevard Lorraine, 01 BP 2535 Abidjan 01, ayant pour conseils la SCPA 2YK & Associés, avocats à la cour, demeurant à Cocody-Abidjan, Boulevard des Martyrs, 2 Plateaux SICOGI, Immeuble BOTIWA, Escalier E, 2ème étage, Porte 547, 04 BP 1405 Abidjan 04, et KOUA KOMENAN Bilé, ingénieur en électricité, demeurant à Yopougon-Abidjan, Cité EECI, Villa 237, ayant pour conseil Maître NOUAMA Appia Antoine Marie, Avocat à la cour, demeurant à Treichville-Abidjan, Avenue 02, Rue 09 barrée, face à la Maison du PDCI-RDA, Immeuble NOUAMA, 20 BP 655 Abidjan 20,

en cassation de l'arrêt n°224 rendu le 24 juin 2011 par la cour d'appel d'Abidjan et dont le dispositif est le suivant :

« Statuant en audience publique, par décision contradictoire, en matière civile et en dernier ressort ;

Reçoit la SOCIETE BIAO-CI en son appel principal et KOUASSI BERTIN en son appel incident ;

Déclare la BIAO-CI mal fondée ;

La déboute ;

Déclare en revanche KOUASSI BERTIN bien fondé ;

Réformant le jugement entrepris sur le quantum des dommages et intérêts ;

Condamne solidairement la société BIAO-CI et KOUA KOMENAN BILE à lui payer la somme de 9 000 000 francs à titre de dommages et intérêts ;

Confirme le jugement attaqué en ses autres dispositions ;

Met les dépens de la procédure à la charge de la SOCIETE BIAO-CI ; » ;

La requérante invoque à l'appui de son pourvoi les deux moyens de cassation tels qu'ils figurent dans sa requête annexée au présent arrêt ;

Sur le rapport de monsieur Idrissa YAYE, Juge ;

Vu les dispositions des articles 13 et 14 du Traité relatif à l'harmonisation du droit des affaires en Afrique ;

Vu le Règlement de procédure de la Cour Commune de Justice et d'Arbitrage de l'OHADA ;

Attendu qu'il résulte des pièces du dossier de la procédure que, s'estimant créancier de Monsieur KOUASSI Bertin, Monsieur KOUA KOMENAN Bilé a saisi le tribunal de première instance d'Abidjan, le 31 juillet 2000, d'une requête d'injonction de payer ; lequel a, suivant une ordonnance d'injonction de payer n°5842/2000 en date du 1er août 2000, fait droit à ladite requête en condamnant RRI et KOUASSI Bertin à lui payer la somme de 51 720 000 francs ; que sur opposition de RRI et de KOUASSI Bertin, ledit tribunal a, suivant jugement avant dire droit n°272 du 06 mars 2000, déclaré, l'opposition de RRI irrecevable, mais celle de KOUASSI Bertin recevable, et a ordonné le sursis à statuer jusqu'à l'aboutissement d'une procédure pénale en cours ; que cette décision a été confirmée par arrêt n°238 CIV 2A du 06 avril 2007 rendu par la cour d'appel d'Abidjan ; qu'à l'issue de la procédure pénale qui s'est soldée par un non lieu et sur la base de l'arrêt définitif n°238, doublé de l'ordonnance d'injonction de payer, monsieur KOUA KOMENAN Bilé a fait pratiquer, suivant procès verbal en date du 12 juin 2007, une saisie-attribution de créances sur les comptes de l'entreprise RRI ouverts dans les livres de la BIAO-CI pour avoir paiement de la somme de 75 541 243 F CFA ; que sur opposition de Monsieur KOUASSI Bertin, le juge des référés du tribunal de première instance d'Abidjan-Plateau, l'a, par ordonnance n°1380/07 du 14 septembre 2007, débouté de son opposition comme étant mal fondé ; que cette ordonnance a été signifiée à Monsieur KOUASSI Bertin le 26 octobre 2007 ; que n'ayant pas relevé appel contre ladite ordonnance, à l'expiration du délai requis, un certificat de non appel a été délivré à Monsieur KOUA KOMENAN Bilé ; que ce dernier muni de ladite ordonnance de référé et du certificat de non appel, a, fait signifier un commandement de payer à la

BIAO-CI, tiers saisi, qui s'est dessaisie de la somme de 28 285 600 FCFA cantonnée lors de la saisie attribution de créances du 12 juin 2007 à son profit ; que par exploit d'huissier de justice en date du 12 mars 2009, Monsieur KOUASSI Bertin a assigné la BIAO-CI et Monsieur KOUA KOMENAN Bilé en répétition de l'indu et en paiement de dommages et intérêts ; que le tribunal de première instance d'Abidjan-Plateau a, par jugement n°2687/CIV 3ème B du 29 juillet 2009, condamné solidairement Monsieur KOUA KOMENAN Bilé et la BIAO-CI à lui payer la somme de 28 285 600 FCFA à titre de paiement de l'indu et à la somme de 8 000 000FCFA à titre de dommages et intérêts ; que sur appel de la BIAO-CI et Monsieur KOUASSI Bertin la cour d'appel d'Abidjan a, par l'arrêt n°224 du 24 juin 2011, objet du présent pourvoi, réformé ledit jugement sur le quantum des dommages et intérêts et l'a confirmé en toutes ses autres dispositions ;

Sur le premier moyen en sa troisième branche

Vu les articles 35, 156 et 164 de l'Acte uniforme portant organisation des procédures simplifiées de recouvrement et des voies d'exécution ;

Attendu que la recourante reproche à l'arrêt entrepris de l'avoir condamnée en estimant que l'arrêt n°238 du 06 avril 2007, en vertu duquel la saisie a été pratiquée, ne comportait pas de condamnation et qu'en tant que professionnel de banque, elle ne pouvait pas ignorer qu'il ne s'agissait pas d'un titre exécutoire constatant une créance certaine, liquide et exigible de sorte que c'est à bon droit que le premier juge a retenu qu'elle avait failli à son obligation de précaution, sans rechercher si le tiers, a, en application des articles 35, 156 et 164 de l'Acte uniforme précité une telle obligation ;

Attendu qu'aux termes de l'article 35 de l'Acte uniforme susvisé : « Toute personne qui, à l'occasion d'une mesure propre à assurer l'exécution ou la conservation d'une créance, se prévaut d'un document, est tenue de le communiquer ou d'en donner copie si ce n'est dans le cas où il aurait été notifié antérieurement, à moins que le présent Acte uniforme n'en dispose autrement. » ;

Attendu qu'aux termes de l'Article 156, alinéa 1er dudit Acte uniforme : « Le tiers saisi est tenu de déclarer au créancier l'étendue de ses obligations à l'égard du débiteur ainsi que les modalités qui pourraient les affecter et, s'il y a lieu, les cessions de créances, délégations ou saisies antérieures. Il doit communiquer copie des pièces justificatives. » ;

Attendu enfin qu'aux termes de l'article 164, alinéa 1, susvisé : « Le tiers saisi procède au paiement sur présentation d'un certificat du greffe attestant qu'aucune contestation n'a été formée dans le mois suivant la dénonciation de la saisie ou sur présentation de la décision exécutoire de la juridiction rejetant la contestation. » ;

Attendu qu'il ressort de ces dispositions que l'Acte uniforme précité met à la charge du tiers saisi deux types d'obligations à savoir :

Une obligation de déclaration de l'étendue de ses obligations à l'égard du débiteur saisi ;

Une obligation de paiement des sommes saisies sur présentation d'un certificat du greffe attestant qu'aucune contestation n'a été formée dans le mois suivant la dénonciation de la saisie ou sur présentation de la décision exécutoire de la juridiction rejetant la contestation ;

Attendu en l'espèce qu'il résulte des pièces de la procédure que la BIAO-CI n'a procédé au paiement des sommes saisies dans ses livres que, sur présentation, d'une part, d'une ordonnance du juge du contentieux de l'exécution, seul à même d'apprécier la légalité des saisies, validant lesdites saisies en rejetant la demande de mainlevée desdites saisies, et d'autre part, d'un certificat de non appel régulier, l'appel contre une telle décision ne courant que dans le délai de 15 jours à compter de son prononcé ;

Attendu qu'ainsi, en décidant que « Cet arrêt ne comportant aucune condamnation, la BIAO-CI qui est un professionnel de la banque n'ignorait pas qu'il ne s'agissait pas du « titre exécutoire constatant une créance liquide et exigible » exigé par l'article 153 de l'Acte uniforme suscité ;

Il s'ensuit que c'est à bon droit que le premier juge a estimé qu'elle avait failli à son obligation de précaution ; », la cour d'appel d'Abidjan, a violé les dispositions susdites en y ajoutant une obligation de précaution supplémentaire qu'elles ne renferment pas ; que dès lors le moyen étant fondé, il y a lieu de casser l'arrêt attaqué, d'évoquer et de statuer sur le fond, sans qu'il soit nécessaire d'examiner le second moyen ;

Sur l'évocation

Attendu que par acte d'huissier de justice en date du 28 septembre 2010, la BIAO-CI a relevé appel du jugement n°2687 rendu le 29 juillet 2009 par le tribunal de première instance d'Abidjan-Plateau et dont le dispositif est ainsi conçu :

« Statuant publiquement, contradictoirement, en matière civile et en premier ressort.

Déclare KOUASSI Bertin et KOUA KOMELAN Bile recevables en leurs demandes principale et reconventionnelle.

Dit et juge KOUA KOMELAN Bile mal fondé en la sienne, l'en déboute.

Dit et juge en revanche KOUASSI Bertin bien fondé en sa demande principale.

Condamne in solidum KOUA KOMELAN Bilé et la BIAO-CI à lui payer la somme de (28.285.600f) Vingt Huit Millions Deux Cent Quatre Vingt Cinq Mille Six Cents francs au titre du payement de l'indu et (8 000 000F) Huit Millions de francs à titre de dommages et intérêts

Les condamne aux dépens. » ;

Attendu que la BIAO-CI, appelant, sollicite l'infirmation dudit jugement aux motifs qu'elle s'est scrupuleusement conformée aux dispositions de l'article 164 de l'Acte uniforme portant organisation des procédures simplifiées de recouvrement et des voies d'exécution et n'a commis aucune faute ;

Attendu que Monsieur KOUA KOMENAN Bilé a conclu aussi au mal fondé de l'action en estimant que dès lors que le demandeur n'a pas relevé appel de l'ordonnance de référé se rapportant à la contestation de la saisie, l'ordonnance aux fins d'injonction de payer se trouve consolidée ; qu'à titre reconventionnel, il sollicite la condamnation du demandeur à lui payer la somme de 7 000 000 de francs à titre de dommages et intérêts pour action abusive et vexatoire ;

Attendu qu'en réplique Monsieur KOUASSI Bertin soutient que la BIAO-CI n'a pas pris le soin de vérifier si le titre exécutoire qui lui a été présenté contenait sa condamnation au paiement d'une somme d'argent au profit du créancier saisissant ; que KOUA KOMENAN Bilé s'est fait payer une somme d'argent qui ne lui était pas due et donc sujet à répétition et conclut en conséquence à l'infirmation du jugement attaqué, en sollicitant la condamnation de la BIAO-CI et de Monsieur KOUA KOMENAN Bilé à lui payer la somme de 10 000 000 de francs à titre de dommages et intérêts pour compenser l'aggravation du préjudice qu'il a subi ;

Attendu que pour les mêmes motifs que ceux ayant conduit la cour de céans à faire droit au premier moyen de cassation en sa troisième branche, il y a lieu d'infirmer le jugement entrepris, de dire que la BIAO-CI a scrupuleusement respecté les obligations mises à charge par les dispositions des articles 35, 156 et 164 de l'Acte uniforme précité et conséquemment de déclarer mal fondée l'action en répétition de Monsieur KOUASSI Bertin et de l'en débouter ;

Attendu qu'il y a lieu cependant, de débouter Monsieur KOUA KOMENAN Bilé de sa demande reconventionnelle en paiement de dommages et intérêts pour action abusive et vexatoire comme étant insuffisamment prouvée ;

Attendu que Monsieur KOUASSI Bertin ayant succombé, il y a lieu de le condamner aux dépens ;

PAR CES MOTIFS

Statuant publiquement, après en avoir délibéré,

Casse l'arrêt n°224 rendu le 24 juin 2011 par la cour d'appel d'Abidjan ;

Evoquant et statuant sur le fond,

Infirme le jugement n°2687/CIV 3ème B rendu le 29 juillet 2009 par le tribunal de première instance d'Abidjan-Plateau ;

Déboute Monsieur KOUASSI Bertin de sa demande en répétition comme étant mal fondée ;

Déboute Monsieur KOUA KOMENAN Bilé de sa demande reconventionnelle comme étant non prouvée ;

Condamne Monsieur KOUASSI Bertin aux dépens.

Déclarations du tiers saisi : Le tiers saisi doit communiquer le document relatif au gage dont il fait état à son profit (CCJA, 2e Ch., n°17/2015, 2 avril 2015)

Sommaire

Le tiers saisi qui fait état d'un gage à son profit sans communication sur-le-champ du document y relatif, fait une déclaration incomplète tombant sous le coup de la sanction portée à l'article 156 de l'AUPSRVE car la déclaration de l'étendue de ses obligations par le tiers saisi va de pair avec les modalités qui pourraient affecter ces obligations, modalités qui, elles- mêmes, doivent être justifiées par la production immédiate des pièces.

La Cour Commune de Justice et d'Arbitrage (CCJA), de l'Organisation pour l'Harmonisation en Afrique du Droit des Affaires (OHADA), Deuxième chambre, a rendu l'Arrêt suivant en son audience publique du 02 avril 2015 où étaient présents :

Messieurs Abdoulaye Issoufi TOURE, Président, rapporteur

Namuano Francisco DIAS GOMES, Juge

Djimasna N'DONINGAR, Juge

et Maître Jean Bosco MONBLE, Greffier,

Sur le pourvoi enregistré au greffe de la cour sous le n°111/2011/PC en date du 18 novembre 2011 et formé par la SCPA F.D.K.A, Avocats à la cour, demeurant boulevard Carde, avenue du Docteur Jamot, immeuble les harmonies 01 BP 2297 Abidjan, agissant au nom et pour le compte de la Société Shell-Côte d'Ivoire, société anonyme dont le siège est à Abidjan, zone industrielle de Vridi, 15 BP 378, dans la cause l'opposant à la Société Générale de Banques en Côte d'Ivoire dite SGBCI, société anonyme dont le siège est à Abidjan 5 et 7 avenue Joseph Anoma, 01 BP 1355, ayant pour conseils la SCPA Dogué, Abbé YAO et associés, Avocats à la cour demeurant 29, boulevard clozel 01 BP 174 Abidjan,

en cassation de l'arrêt n°397 rendu le 31 décembre 2010 par la cour d'appel d'Abidjan et dont le dispositif est le suivant :

« Statuant sur le siège, publiquement, contradictoirement, en matière civile et en dernier ressort ;

Reçoit la SGBCI en son appel ;

L'y dit bien fondée ;

Infirme l'ordonnance querellée en toutes ses dispositions ;

Statuant à nouveau ;

Déboute Shell Côte d'Ivoire de sa demande en paiement des causes de la saisie ;

La condamne aux dépens » ;

La requérante invoque à l'appui de son pourvoi, les deux moyens de cassation tels qu'ils figurent à la requête annexée au présent arrêt ;

Sur le rapport de Monsieur Abdoulaye Issoufi TOURE, Premier Vice-président ;

Vu les dispositions des articles 13 et 14 du Traité relatif à l'harmonisation du droit des affaires en Afrique ;

Vu le Règlement de procédure de la Cour Commune de Justice et d'Arbitrage de l'OHADA ;

Attendu qu'il résulte des pièces du dossier que la Société Shell, munie de la grosse d'une ordonnance d'injonction de payer, a fait pratiquer une saisie-attribution sur les avoirs de la SOTRA entre les mains de la SGBCI le 05 octobre 2009 ; qu'à cette date la SGBCI a déclaré à l'huissier instrumentaire que la SOTRA disposait de deux comptes dans ses livres dont l'un est débiteur, et l'autre créditeur de 572 578 021 francs, ajoutant que cette somme était affectée à un gage à son profit ; que n'ayant produit aucun document justifiant ce gage, la SGBCI a été assignée par Shell aux fins de paiement des causes de la saisie pour déclaration incomplète ; que par ordonnance n°380 en date du 02 mars 2010, il a été fait droit à cette requête ; que suite à l'appel, la cour d'appel d'Abidjan par arrêt n°397 du 31 décembre 2010, dont pourvoi, infirmait l'ordonnance et déboutait Shell ;

Sur le premier moyen tiré de la violation de l'article 156 de l'Acte uniforme portant organisation des procédures simplifiées de recouvrement et des voies d'exécution.

Attendu qu'il est fait grief à l'arrêt déféré d'avoir violé l'article 156 visé en ce qu'il a déclaré que l'obligation de communication des pièces par le tiers saisi, contrairement à celle relative à la déclaration, n'est assortie d'aucune sanction ; alors que cet article met à la charge du tiers saisi une seule et même obligation de renseignement qui se décompte en deux éléments : une déclaration attestée par la production immédiate des pièces justificatives ;

Attendu en effet que contrairement aux énonciations de l'arrêt déféré relativement à un distinguo, la déclaration de l'étendue de ses obligations par le tiers saisi va de pair avec les modalités qui pourraient affecter ces obligations, modalités qui, elles mêmes, doivent être justifiées par la production immédiate des pièces ; qu'en l'occurrence la SGBCI, en faisant état d'un gage à son profit sans communication sur-le-champ du document y relatif, a fait une déclaration incomplète tombant sous le coup de la sanction portée à l'article 156 visé ; qu'il y a lieu de casser l'arrêt susvisé et d'évoquer, sans qu'il soit nécessaire d'analyser le deuxième moyen ;

Sur l'évocation

Attendu que par exploit en date du 17 mars 2010, la SGBCI a fait assigner la société Shell en appel de l'ordonnance n°380 rendue le 02 mars 2010 par le Président du tribunal de première instance d'Abidjan Plateau ;

Attendu qu'au soutien de son appel, la SGBCI conclut à l'infirmation de l'ordonnance entreprise en exposant qu'à l'occasion de la saisie-attribution opérée par Shell le 05 octobre 2009, elle avait déclaré : « - compte n°11630134276 solde débiteur de 1 156 788 486 francs, - compte n°11647248514 solde créditeur 572 578 021 francs gagé à notre profit, sauf erreur ou omission et sous réserve des opérations en cours et nos droits : ci-joint relevé » ; que nonobstant cette déclaration, elle a été condamnée pour défaut de communication des pièces justificatives, alors que la communication des pièces n'est nullement sanctionnée ; qu'en outre Shell a déjà assigné la Banque Nationale d'Investissement pour le même motif ; qu'enfin Shell n'ayant pas fait la preuve d'un préjudice souffert du défaut de communication comme le recommande la jurisprudence de la CCJA, son action est infondée alors surtout que la somme objet du gage ne pouvait lui être attribuée avant l'arrivée du terme ;

Attendu qu'en réplique, Shell a exposé que l'article 156 susindiqué met à la charge du tiers saisi non seulement une obligation de renseignement mais aussi une obligation de justification par la communication de toutes pièces soutenant les déclarations ; qu'en omettant de produire la convention de gage, la SGBCI a failli à l'obligation légale de communication et dès lors sa déclaration est incomplète, étant entendu que le gage n'est opposable au tiers que s'il est constaté par écrit dûment enregistré ; que la poursuite contre la Banque Nationale d'Investissement n'empêche l'assignation d'un autre tiers saisi, qu'elle conclut à la confirmation de l'ordonnance querellée ;

Attendu que pour les mêmes motifs que ceux ayant entrainé la cassation et par adoption des autres motifs du premier juge, il y a lieu de confirmer l'ordonnance querellée ;

Attendu que la SGBCI succombant sera condamnée aux dépens.

PAR CES MOTIFS

Statuant publiquement après en avoir délibéré ;

Casse l'arrêt n°397 rendu le 31 décembre 2010 par la cour d'appel d'Abidjan ;

Evoquant et Statuant au fond :

Confirme l'ordonnance n°380 du 02 mars 2010 rendue par le juge des référés du tribunal de première instance d'Abidjan-Plateau ;

Condamne la SGBCI aux dépens.

Le tiers saisi ne peut opérer de prélèvement sur les sommes saisies (CCJA, 3e Ch., n°30/2015, 9 avril 2015)

Sommaire

L'article 165 de l'AUPSRVE n'autorise point le prélèvement d'une quelconque somme d'argent sur le montant des sommes saisies. Ne viole par conséquent pas ce texte la cour d'appel qui condamne au paiement des frais de saisie indûment retenus sur le montant des sommes saisies.

La Cour Commune de Justice et d'Arbitrage (CCJA) de l'Organisation pour l'Harmonisation en Afrique du Droit des Affaires (OHADA), Troisième chambre, a rendu l'Arrêt suivant en son audience publique du 09 avril 2015 où étaient présents :

Madame Flora DALMEIDA MELE,	Présidente
Messieurs Victoriano OBIANG ABOGO,	Juge
Idrissa YAYE,	Juge, rapporteur
et Maître Alfred Koessy BADO	Greffier ;

Sur le pourvoi enregistré au greffe de la Cour de céans le 14 mai 2012 sous le n°048/2012/PC et formé par Maître Togba ZOGBELEMOU, Avocat à la cour, demeurant au quartier Manquepas, rue KA017, derrière l'église anglicane de Guinée, BP 473 Conakry-Guinée, agissant au nom et pour le compte d'ECOBANK Guinée, société anonyme, ayant son siège social à l'immeuble AL IMAM, Avenue de la République, BP 5687 Conakry, représentée par son Directeur général Monsieur Moukaramou CHANOU ALAO, dans la cause l'opposant à Monsieur Donald MOOR, expert en projet d'assainissement, demeurant au 20, rue de Valmont 1010 Lausanne-Suisse, ayant pour conseil Maître Doula FADIGA, Avocat à la cour, demeurant à Conakry, boulevard Telly DIALLO, angle 5è avenue, BP 2630,

en cassation de l'arrêt n°70 rendu le 16 février 2012 par la cour d'appel de Conakry et dont le dispositif est le suivant :

« Statuant publiquement, contradictoirement, en matière de référé ;

En la forme : Reçoit l'appel interjeté par M Donald MOOR contre l'ordonnance N°141 du 03 Novembre 2011 du juge du Tribunal de première instance de Kaloum ;

Au fond : Constate que l'arrêt N°129 du 12 Avril 2011 de la Cour d'Appel de Conakry et l'ordonnance N°116 du 12 Septembre 2011 du juge du Tribunal de première instance de Kaloum sont passés en force de chose jugée ;

Infirme en conséquence l'ordonnance déférée N°141 du 03 Novembre 2011 en toutes ses dispositions ;

Statuant à nouveau :

Condamne Ecobank à verser à Donald MOOR le montant d'une valeur de 1.595.491 FG par elle indûment retenu sous astreinte de 200 000 FG par jour de retard à compter de la signification de la présente décision ;

Condamne en outre Ecobank aux dépens ;

Dit que cette décision est exécutoire sur minute et avant enregistrement ; » ;

La requérante invoque à l'appui de son pourvoi le moyen unique de cassation tel qu'il figure dans sa requête annexée au présent arrêt ;

Sur le rapport de Monsieur Idrissa YAYE, Juge ;

Vu les dispositions des articles 13 et 14 du Traité relatif à l'harmonisation du droit des affaires en Afrique ;

Vu le Règlement de procédure de la Cour Commune de Justice et d'Arbitrage de l'OHADA ;

Attendu qu'il résulte des pièces du dossier de la procédure qu'en exécution des décisions de justice, rendues en matière sociale en sa faveur, Monsieur Donald MOOR a, par acte d'huissier de justice, en date du 30 janvier 2009, fait pratiquer une saisie-attribution de créances entre les mains d'ECOBANK Guinée sur les avoirs de l'ONG ADRA INTERNATIONAL pour obtenir le paiement de la somme de 792.180.000 FG ; qu'ECOBANK Guinée a déclaré détenir la somme de 500.243.491 FG sous réserve du prélèvement des frais de saisie ; que sur requête de Monsieur Donald MOOR, le président du tribunal de première instance de Kaloum-Conakry a, par ordonnance de référé n°116 en date du 12 septembre 2011, ordonné le paiement de cette somme ; qu'ECOBANK Guinée a alors procédé au paiement de la somme de 498.646.000 FG, retenant la somme de 1.595.491 FG au titre de ses frais ; que sur requête de Monsieur Donald MOOR qui conteste ce prélèvement, le juge des référés du tribunal de première instance de Kaloum, par ordonnance n°141 du 03 novembre 2011, l'a débouté de sa requête comme étant non fondée ; que sur appel de Monsieur Donald MOOR, la cour d'appel de Conakry a rendu l'arrêt infirmatif n°70 du 16 février 2012, objet du présent pourvoi ;

Sur l'exception d'incompétence de la Cour de céans

Attendu que dans son mémoire en réponse, le défendeur au pourvoi soulève, in limine litis, l'incompétence manifeste de la Cour de céans dit-il, en application de l'article 16 alinéa 1 du contentieux relatif à l'interprétation et à l'application des Actes uniformes, de l'article 46 du Règlement de procédure de la Cour Commune de Justice et d'Arbitrage et de l'article 49 de l'Acte uniforme portant organisation des procédures simplifiées de recouvrement et des voies d'exécution, motifs pris, d'une part, de ce que selon l'article 16 alinéa 1 du contentieux : « La saisine de la Cour Commune de Justice et d'Arbitrage suspend toute procédure de cassation engagée devant une juridiction nationale contre la décision attaquée. Toutefois cette règle n'affecte pas les procédures d'exécution », d'autre part, qu'en application de l'article 49 de l'Acte uniforme précité les procédures d'exécution ne rentrent pas dans le champ de la compétence de la Cour de céans et, enfin, il ressort des termes de l'article 46 du Règlement de procédure de la Cour de céans que l'exécution forcée des arrêts de la Cour est régie par les règles de la procédure civile en vigueur dans l'Etat sur le territoire duquel elle a lieu ;

Mais attendu qu'aux termes des dispositions de l'article 14 du Traité de l'OHADA : « La Cour Commune de Justice et d'Arbitrage assure l'interprétation et l'application communes du Traité ainsi que des règlements pris pour son application, des Actes uniformes et des décisions. » ;

Attendu qu'en l'espèce le litige tranché en dernier ressort par l'arrêt objet du pourvoi est bien relatif au contentieux de l'exécution d'une saisie-attribution de créances ;

Attendu que cette matière est régie par un Acte uniforme ; qu'il y a lieu dès lors de dire que la Cour de céans est exclusivement compétente pour connaître en cassation de tout contentieux relatif à l'application d'un Acte uniforme ; qu'il échet en conséquence de rejeter cette exception fondée, entre autres, sur un texte régissant un contentieux relatif à l'interprétation et à l'application des Actes uniformes qui n'existe pas, comme étant non fondée ;

Sur le moyen unique

Attendu que la recourante reproche à l'arrêt entrepris d'avoir, en décidant qu'elle a indûment retenu la somme de 1.595.491 FG, violé les dispositions de l'article 165 de l'Acte uniforme portant organisation des procédures simplifiées de recouvrement et des voies d'exécution, motifs pris de ce que pendant la durée de la saisie, la banque, tiers saisi, gardait la somme saisie et que cette prestation doit être rémunérée par imputation sur le montant de la somme saisie ;

Mais attendu que contrairement aux allégations d'ECOBANK Guinée, l'article 165 de l'Acte uniforme dont la violation est invoquée n'autorise point le prélèvement d'une quelconque somme d'argent sur le montant des sommes saisies ; que du reste, la saisie-attribution a pour effet, en application de l'article 154 dudit Acte uniforme, de procéder à l'attribution immédiate au profit du créancier saisissant du montant des sommes saisies jusqu'à concurrence des sommes pour lesquelles elle est pratiquée y compris tous ses accessoires ; qu'ainsi ne viole point l'article 165 sus énoncé la cour d'appel qui condamne au paiement des frais de saisie indûment retenus sur le montant des sommes saisies ; que dès lors, le grief reproché à l'arrêt entrepris n'est pas fondé et doit être rejeté ;

Attendu qu'ECOBANK Guinée ayant succombé, il y a lieu de la condamner aux dépens ;

PAR CES MOTIFS

Statuant publiquement, après en avoir délibéré,

En la forme :

Déclare recevable le recours d'ECOBANK Guinée ;

Au fond :

Le rejette comme étant non fondé ; Condamne ECOBANK Guinée aux dépens.

Le tiers saisi ne peut intenter une action en répétition de l'indu (CCJA, Ass. Plén., n°39/2015, 27 avril 2015)

Sommaire

Il résulte de l'article 170 de l'AUPSRVE que seul le débiteur n'ayant pas élevé de contestation dans les délais peut intenter une action en répétition de l'indu devant une juridiction du fond. Le tiers saisi n'a pas qualité pour intenter une telle action et le juge des référés n'a pas compétence pour statuer sur cette action.

La Cour Commune de Justice et d'Arbitrage (CCJA) de l'Organisation pour l'Harmonisation en Afrique du Droit des Affaires (OHADA), Assemblée plénière, a rendu l'Arrêt suivant en son audience foraine tenue le 27 avril 2015 à Bamako (République du Mali), où étaient présents :

Monsieur Marcel SEREKOÏSSE-SAMBA,	Président, rapporteur
Madame Flora DALMEIDA MELE,	Seconde Vice-Présidente
Messieurs Mamadou DEME,	Juge
Djimasna NDONINGAR,	Juge
et Maître Paul LENDONGO,	Greffier en chef

Sur le recours enregistré au greffe de la cour de céans le 22 octobre 2007 sous le n° 092/2007/PC et formé par la SCPA JURIFIS CONSULT, Avocats au Barreau du Mali, agissant au nom et pour le compte de la COTECNA INSPECTION sa, Société de droit Suisse, dans la cause qui l'oppose à la Banque Internationale pour le Commerce et l'Industrie au Mali (BICIM), dont le siège social est sur le boulevard du 22 octobre 1946, quartier du Fleuve, BP 72 Bamako Mali, représentée par Monsieur Pierre BEREGOVOY, Président directeur général, ayant pour Conseil, maître Mamadou Moustapha SOW, Avocat au Barreau du Mali, demeurant zone ACI 2000 Hamdallaye, immeuble TOUNKARA, BP 2955 Bamako et maître Bertrand CHAMBREUIL, avocat au barreau de Paris, demeurant 127 boulevard Haussmann, 75008 Paris,

en cassation de l'Arrêt n°215 rendu le 24 août 2007 par la Cour d'appel de Bamako et dont le dispositif est le suivant :

« Statuant publiquement, contradictoirement en matière de référé et en dernier ressort ;

<u>En la forme</u> : Reçoit l'appel interjeté ;

<u>Au fond</u> : Reçoit l'exception d'incompétence relative à la répétition de l'indu ; annule l'ordonnance entreprise, se déclare incompétente ;

Renvoie la cause et les parties devant la juridiction de fond ;

Rejette toutes autres demandes fins et conclusions ;

Met les dépens à la charge de l'intimé. » ;

La requérante invoque, à l'appui de son pourvoi les deux moyens de cassation tels qu'ils figurent à la requête annexée au présent arrêt ;

Sur le rapport de Monsieur Victoriano OBIANG ABOGO, Juge ;

Vu les articles 13 et 14 du Traité relatif à l'harmonisation du droit des affaires en Afrique ;

Vu le Règlement de procédure de la Cour Commune de Justice et d'Arbitrage de l'OHADA ;

Attendu qu'il résulte de l'examen des pièces du dossier de la procédure qu'en exécution de l'Ordonnance d'injonction de payer n° 20 délivrée le 17 janvier 2007 par le tribunal de commerce de Bamako, la société COTECNA INSPECTION a fait pratiquer des saisies attributions entre les mains de plusieurs établissements financiers dont la Banque Atlantique Mali (BAM) et la Banque Internationale pour le Commerce et l'Industrie au Mali (BICIM), ce, au préjudice du Programme de Vérification des Importations dont le Conseil National du Patronat du Mali (CNPM) est mandataire ; qu'en l'absence de toute contestation dans les délais, la société COTECNA INSPECTION s'est faite délivrer un certificat de non contestation en vertu duquel elle a fait servir à la BICIM un commandement de main vidange entre ses mains des sommes saisies ; que face à son refus de s'exécuter, la société COTECNA INSPECTION a saisi le président du tribunal de première instance de la commune II du District de Bamako qui a, par ordonnance de référé n°117 rendue le 17 avril 2007, ordonné à la BICIM et à la BAM de payer les sommes saisies sous astreinte de 500.000FCFA par heure de retard ; qu'en vertu de cette ordonnance, la société COTECNA INSPECTION a fait servir à la BICIM un second commandement aux fins de main-vidange ; que la BICIM n'ayant pas déféré immédiatement audit commandement, la société COTECNA INSPECTION a saisi à nouveau le même juge lequel a, par ordonnance n°128 du 23 avril 2007, liquidé les astreintes et révisé à la hausse le taux de l'astreinte à 1.000.000 FCFA par heure de retard ; que suivant un nouveau commandement aux fins de main vidange, la BICIM a remis, le 25 avril 2007, en mains propres, à maître Mamadou Konaté, conseil de la société COTECNA INSPECTION, un chèque établi à l'ordre de la SCPA JURIFIS CONSULT d'un montant de 1.414.505.184 FCFA représentant les avoirs du CNPM qu'elle détenait dans ses livres ; qu'entre temps, le CNPM a saisi en contestation le juge des référés du Tribunal de Commerce de Bamako lequel a, par ordonnance de référé n°48/07 du 16 avril 2007, ordonné la mainlevée des saisies pratiquées ; que sur appels des deux parties contre les ordonnances de référé n°48 et 117, la cour d'appel de Bamako a, par arrêt n° 91 bis du 27 avril 2007, annulé lesdites ordonnances et évoquant, a déclaré la requête en main vidange sous astreinte, mal fondée et l'a rejetée ; que par contre, elle a déclaré celle en main levée bien fondée et a ordonné la main levée des saisies pratiquées sur les comptes du CNPM domiciliés à la BICIM et à la BAM ; que le CNPM a saisi le juge des référés d'une action en restitution des sommes qui se trouvaient dans son compte contre la BICIM; que la BICIM a soulevé des exceptions et fins de non recevoir ; que par ordonnance N°52/07 du 4 mai 2007, le juge des référés a rejeté les exceptions et fins de non recevoir soulevées par la BICIM et a ordonné à la BICIM de restituer au CNPM la somme de 1.414.505.184 FCFA sous astreinte de 2000 000

FCFA par jour de retard; que sur appels de la BICIM et de la société COTECNA INSPECTION, la Cour d'appel de Bamako a , par arrêt n°124 du 1er juin 2007, confirmé l'ordonnance entreprise ; que suivant procès verbal du 13 juin 2007, la BICIM a fait pratiquer à l'encontre de la société COTECNA INSPECTION une saisie conservatoire de créances entre les mains de plusieurs établissements financiers, saisie avérée infructueuse ; que suite à une action en restitution de somme introduite par la BICIM, le président du tribunal de commerce de Bamako a, par ordonnance n°81/07 du 17 juillet 2007, ordonné à la société COTECNA INSPECTION de restituer à la BICIM la somme de 1 414 505 184 FCFA sous astreinte; que sur appel de la société COTECNA INSPECTION, la BICIM a attrait en intervention forcée, la SCPA JURIFIS CONSULT et son associé maître Mamadou Konaté ; que le 24 août 2007, la cour d'appel de Bamako a rendu l'arrêt n° 215 dont pourvoi ;

Attendu que dans son mémoire en réponse reçu au greffe de la cour de céans le 11 avril 2008, la BICIM, défenderesse au pourvoi, a formé un pourvoi incident ; qu'elle invoque à l'appui de son pourvoi incident deux moyens de cassation et sollicite qu'en évoquant après cassation, la cour de céans constate qu'elle a reçu en cours d'instance un paiement partiel de 1.092.701.642 FCFA, ramenant ainsi sa demande à la somme de 321.803.542 FCFA, et demande qu'il soit ordonné à COTECNA INSPECTION sa ainsi qu'à son conseil de lui restituer cette somme sous astreinte de 2.000.000 FCFA par jour de retard à compter de l'arrêt, tout en les condamnant in solidum aux dépens ;

Sur le premier moyen

Vu l'article 170, alinéa 2 de l'Acte uniforme portant organisation des procédures simplifiées de recouvrement et des voies d'exécution

Attendu que la demanderesse au pourvoi fait grief à l'arrêt attaqué d'avoir violé l'article 170, alinéa 2 de l'Acte uniforme portant organisation des procédures simplifiées de recouvrement et des voies d'exécution en retenant que la BICIM a bien qualité pour agir en répétition de l'indu du fait de l'intérêt qu'elle a à récupérer des fonds de ses caisses alors, selon le moyen, que l'action en répétition de l'indu n'est ouverte qu'au débiteur ;

Attendu qu'aux termes de l'article 170, alinéa 2 de l'Acte uniforme susvisé, « ... le débiteur saisi qui n'aurait pas élevé de contestation dans le délai prescrit peut agir en répétition de l'indu devant la juridiction du fond compétente selon les règles applicables à cette action » ; qu'il résulte de ces dispositions que seul le débiteur n'ayant pas élevé de contestation dans les délais peut intenter une action en répétition de l'indu ; qu'en l'espèce, la BICIM est le tiers saisi et seul le CNPM, débiteur saisi, avait qualité pour exercer l'action en répétition de l'indu devant la juridiction compétente ; qu'en reconnaissant cette qualité à la BICIM, tiers saisi, la Cour d'appel de Bamako a commis le grief visé au moyen ; qu'il échet dès lors de casser l'arrêt attaqué sans qu'il soit besoin d'examiner les autres moyens ;

Sur l'évocation

Attendu que par acte n°40 reçu au greffe le 17 juillet 2007, la SCPA JURIFIS CONSULT, agissant au nom et pour le compte de la société COTECNA INSPECTION, a déclaré relever appel de l'ordonnance de référé n°81/07 rendue le même jour par le Tribunal de commerce de Bamako dans une instance en restitution de fonds sous astreinte, opposant sa cliente à la BICIM et dont le dispositif est le suivant :

« PAR CES MOTIFS

NOUS, JUGE DES REFERES

Statuant publiquement contradictoirement et en premier ressort ;

Au principal renvoyons les parties à se pourvoir ainsi qu'elles aviseront mais dès à présent vu l'urgence et par provision ; rejetons l'exception d'incompétence et la fin de non recevoir soulevées par la défenderesse ;

En la forme : recevons la requête de BICIM SA ;

Au fond : ordonnons à COTECNA INSPECTION SA de restituer à la BICIM SA la somme de 1 414 505 184 FCFA ; disons que cette restitution est ordonnée sous astreinte de 2 000 000 FCFA (deux millions de francs CFA) par jour de retard à compter de la date de la présente décision ; déboutons la BICIM SA du surplus de sa demande ; ordonnons en outre l'exécution de notre décision sur minute et avant enregistrement ; mettons les dépens à la charge de COTECNA INSPECTION SA ; » ;

Dans ces conclusions après cassation, la société COTECNA INSPECTION soulève l'incompétence du juge des référés pour avoir ordonné la mesure de restitution sollicitée par la BICIM ; qu'elle fait remarquer que la procédure en restitution initiée par la BICIM à la suite de l'arrêt n°91 bis du 27 avril de la cour d'appel de Bamako qui a annulé la saisie attribution est intervenue après que la saisie attribution était devenue effective puisque la BICIM , tiers saisi , avait vidé ses mains ; que dans ces cas, seuls les articles 32 ou 170 alinéa 2 de l'Acte uniforme sus indiqué sont applicables et que les actions prévues par l'Acte uniforme en ses domaines relèvent exclusivement de la compétence du juge du fond ; qu'elle soutient qu'il soit constaté que la BICIM n'a aucune qualité pour agir contre la société COTECNA INSPECTION et qu'elle n'a procédé au paiement qu'en sa qualité de tiers détenteur en exécution d'une décision de condamnation et non en tant que débitrice de COTECNA INSPECTION ; elle sollicite en outre la mise hors de cause de la SCPA JURIFIS CONSULT et son associé Mamadou KONATE au motif que la BICIM ne justifie pas de faute qu'ils auraient commis à son encontre et qui engagerait leur responsabilité ;

La BICIM réplique que le juge des référés est compétent dans la mesure où ses demandes visaient à une remise en état ; qu'elle a qualité pour agir puisque c'est à elle, BICIM, qu'il a été ordonné de payer à la société COTECNA INSPECTION les sommes qu'elle a déclarées détenir pour le compte du CNPM, et ce, sous astreinte ; que c'est aussi contre elle que l'exécution forcée a été poursuivie et que c'est elle qui a établi le chèque de règlement tiré sur ses caisses et libellé à l'ordre du conseil de la société COTECNA INSPECTION qui l'a reçu personnellement ; qu'enfin, c'est elle qui a été condamnée sous astreinte à remettre en état, le compte du CNPM dans l'état où il se trouvait avant la saisie aux termes de l'ordonnance n°52 du 4 mai 2007confirmée par arrêt de la cour d'appel le 1er juin 2007 ; elle demande à la cour de céans de constater qu'elle a reçu en cours d'instance un paiement partiel de 1.092.701.642 FCFA, ramenant ainsi sa demande à la somme de 321.803.542 FCFA, et qu'il soit ordonné à COTECNA INSPECTION sa ainsi qu'à son conseil de lui restituer cette somme sous astreinte de 2.000.000 FCFA par jour de retard à compter de l'arrêt, tout en les condamnant in solidum aux dépens ;

Sur l'incompétence du juge des référés

Attendu qu'il ressort des pièces du dossier que la BICIM a saisi le juge des référés du tribunal de commerce de Bamako d'une action en restitution de somme sous astreinte contre la société COTECNA INSPECTION ; que cette demande est intervenue après l'exécution forcée puisque la BICIM , tiers saisi, avait procédé au paiement à la société COTECNA INSPECTION, créancière ; que selon l'article 170, alinéa 2 de l'Acte uniforme portant organisation des procédures simplifiées de recouvrement et des voies d'exécution, seul le débiteur saisi a le pouvoir d'agir en répétition de l'indu devant une juridiction de fond compétente ; que dès lors , le juge des référés est incompétent pour statuer ;

Sur le défaut de qualité d'agir en répétition de l'indu de la BICIM

Attendu que pour les mêmes motifs que ceux ayant prévalu à la cassation de l'arrêt, il convient de dire que la BICIM n'a pas qualité pour agir en répétition de l'indu contre la société COTECNA INSPECTION ;

Sur la demande de restitution formulée par la BICIM de la somme de 321.803.542 FCFA par la société COTECNA INSPECTION et son conseil sous astreinte de 2.000.000 FCFA par jour de retard à compter de l'arrêt

Attendu que la qualité d'agir de la BICIM faisant défaut, la demande en restitution des sommes par la société COTECNA INSPECTION et son conseil, conditionnée par le pouvoir d'agir en justice de la BICIM, ne peut prospérer ; qu'il convient de l'en débouter ;

Sur la mise hors de cause de la SCPA JURIFIS CONSULT et son associé Mamadou KONATE

Attendu que pour les mêmes raisons évoquées ci-dessus, il convient de dire n'y avoir lieu à statuer en l'état sur cette demande ;

Attendu qu'ayant succombé, la BICIM doit être condamnée aux dépens ;

PAR CES MOTIFS :

Statuant publiquement, après en avoir délibéré,

Déclare le juge des référés incompétent ;

Annule l'ordonnance de référé n°81/07 rendue le 17 juillet 2007 par le président du tribunal de commerce de Bamako ;

Evoquant et statuant à nouveau ;

Constate le défaut de qualité d'agir en répétition de l'indu de la BICIM ;

Déboute la BICIM de sa demande en restitution de la somme de 321.803.542 FCFA ;

Dit n'y avoir lieu à statuer en l'état sur la demande de la mise hors de cause de la SCPA JURIFIS CONSULT et son associé Mamadou KONATE ;

Condamne la BICIM sa aux dépens.

3. La contestation de la saisie par le tiers saisi

Le tiers saisi n'a aucune qualité pour contester la saisie (CCJA, 3e Ch., n°118/2015, 22 octobre 2015)

Sommaire

Le tiers saisi n'a aucune qualité pour intenter l'action en contestation de la saisie-attribution. Il découle de l'article 170 de l'AUPSRVE que le tiers saisi ne peut, par une action personnelle directe principale, demander à la place du débiteur saisi, la nullité de la saisie-attribution de créances à lui signifiée, surtout lorsqu'il y a eu un paiement même partiel qui illustre l'acquiescement à la saisie-attribution de créances par le débiteur qui n'a élevé aucune contestation.

La Cour Commune de Justice et d'Arbitrage (CCJA) de l'Organisation pour l'Harmonisation en Afrique du Droit des Affaires (OHADA), Troisième Chambre, a rendu l'Arrêt suivant en son audience publique du 22 octobre 2015 où étaient présents :

Madame Flora DALMEIDA MELE,	Présidente
Messieurs Victoriano OBIANG ABOGO,	Juge
Idrissa YAYE,	Juge
Birika Jean Claude BONZI,	Juge, rapporteur
Fodé KANTE,	Juge
et Maître Alfred Koessy BADO,	Greffier ;

Sur le pourvoi enregistré au greffe de la Cour de céans le 30 septembre 2010 sous le n°088/2010/PC et formé par Maître SOLO PACLIO, Avocat à la cour, demeurant Avenue LAMBLIN, Résidence MATCA Plateau, 04 BP 2227 Abidjan 04, agissant au nom et pour le compte de la BICICI S.A ayant son siège social à l'Avenue Franchet d'Esperey, 01 BP 1298 Abidjan 01, dans la cause l'opposant à Josiane KOFFI BREDOU ayant pour conseils SCPA OUATTARA & BILE, Avocats à la Cour,

en cassation de l'arrêt n°368 CIV 3A du 11 juin 2010 par la Cour d'appel d'Abidjan et dont le dispositif est le suivant :

« Statuant publiquement, contradictoirement en matière civile et en dernier ressort ;

Déclare Josiane Koffi BREDOU recevable en son recours ;

L'y dit bien fondée ;

Infirme la décision attaquée ;

Statuant à nouveau ;

Dit que la saisie attribution du 16 juin 2008 est nulle ;

En ordonne la main levée ;

Met les dépens à la charge de l'intimée. » ;

La requérante invoque à l'appui de son pourvoi sept moyens de cassation tels qu'ils figurent à la requête annexée au présent arrêt ;

Sur le rapport de Monsieur Birika Jean Claude BONZI, Juge ;

Vu les dispositions des articles 13 et 14 du Traité relatif à l'harmonisation du droit des affaires en Afrique ;

Vu les dispositions du Règlement de procédure de la Cour Commune de Justice et d'Arbitrage de l'OHADA ;

Attendu, qu'il résulte des pièces du dossier de la procédure que par arrêt n°515 du 08 juin 2006, la Cour d'appel d'Abidjan, dans le litige qui oppose la BICICI à Monsieur YOUSSOUFFOU SERME, condamnait la banque à payer à Youssoufou SERME la somme de 17 746 618 francs en principal et frais pour licenciement abusif ; que pour s'exécuter de sa condamnation, la BICICI remettait à Madame Josiane KOFFI BREDOU, conseil de Youssoufou SERME, un chèque du montant de la créance au profit de son client ; que par exploit d'huissier de justice du 16 juin 2008, la BICICI faisait pratiquer une saisie attribution de créances entre les mains de maître Josiane KOFFI BREDOU portant sur des sommes appartenant à YOUSSOUFOU SERME pour obtenir paiement de la somme de 8.042 923 francs que ce dernier lui doit ; que Maître Josiane KOFFI BREDOU a saisi le juge de l'exécution pour voir déclarer nul l'exploit de saisie attribution de créances à lui signifié sur le fondement de l'article 157, alinéa 3 de de l'Acte Uniforme portant organisation des procédures simplifiées de recouvrement et des voies d'exécution ; que par ordonnance n°364 du 1er mars 2010, le juge du contentieux de l'exécution déclarait Maître Josiane KOFFI BREDOU irrecevable en son action ; que sur appel du 10 mars 2010 de Maître Josiane KOFFI BREDOU, la Cour d'appel d'Abidjan, par arrêt n°368 CIV 2A du 11 juin 2010 dont pourvoi, infirmait l'ordonnance n°364 du 1er mars 2010 ;

Sur la recevabilité du pourvoi

Attendu que le pourvoi formé le 30 septembre 2010 contre l'arrêt n°368 rendu le 11 juin 2010 et signé par un avocat muni d'un pouvoir spécial, est intervenu dans les conditions, termes et délai de l'article 28 nouveau du Règlement de procédure de la Cour de céans et est recevable en la forme ;

Sur le premier moyen

Vu les dispositions de l'article 170 de l'Acte Uniforme portant organisation des procédures simplifiées de recouvrement et des voies d'exécution

Attendu que le demandeur au pourvoi fait grief à l'arrêt attaqué d'avoir d'une part, rejeté le moyen plaidé sur le fondement des articles 160, 164 et 170 de l'Acte uniforme précité pour demander l'irrecevabilité de la contestation formée par Maître KOFFI Bredou, tiers saisi, et, d'autre part, admis l'action du tiers saisi à contester une saisie-attribution de créances alors même que, selon l'article 170 de l'Acte uniforme précité, seule disposition applicable à la contestation de la saisie-attribution de créances, c'est au débiteur seul à qui la loi accorde la possibilité de contester la saisie-attribution de ses avoirs ; que la cour d'appel en décidant que le tiers saisi avait qualité et intérêt pour agir, a violé les dispositions de l'article 170 sus invoqué ; que la Cour d'appel pour rejeter cette demande a retenu qu'il « est évident que l'appelante a basé son action sur les articles 49 et 172 du même Acte Uniforme, en sa qualité de tiers saisi, qu'ainsi elle a qualité et intérêt » alors même que les régimes juridiques des deux dispositions sont contraires et se rapportent nécessairement à deux actions aux procédures différentes ; qu'en statuant comme elle l'a fait , la Cour d'appel n'a pas répondu à la demande présentée pour dire en quoi l'action fondée sur les articles 160, 164 et 170 sus indiqués n'était pas justifiée ; que n'ayant pas répondu en fait comme en droit à la demande, l'arrêt manque de base légale et doit être cassé ;

Attendu, en effet, qu'il est constant que le juge saisi d'une demande a l'obligation de répondre à cette demande en motivant sa réponse en fait et en droit ; qu'en l'espèce, la BICICI a soulevé l'exception d'irrecevabilité de l'action de contestation élevée par Maître KOFFI Bredou, tiers saisi, en invoquant les dispositions des articles 160, 164 et 170 ci-dessus visés comme fondement légal de sa requête ; que la cour, a retenu qu' « il est évident que l'action de Maître KOFFI Bredou repose sur les articles 49 et 172 de l'Acte Uniforme portant organisation des procédures simplifiées de recouvrement et des voies d'exécution » sans répondre au chef de demande à lui soumis ni motiver en quoi l'action du tiers saisi trouve son fondement dans les dispositions des textes précités et a par ailleurs soulevé d'office un moyen de droit inapplicable en l'espèce ; que d'autre part, au sens des dispositions de l'article 170 visé, le législateur OHADA a régi les rapports entre le débiteur saisi et le créancier saisissant et le tiers saisi en matière de contestation de la saisie-attribution de créances ; que le débiteur, pour contester la saisie, doit agir dans un délai d'un mois à compter de la dénonciation de la saisie qui lui a été faite, le tiers saisi étant appelé à l'audience ; qu'il en découle que le tiers saisi ne peut, par une action personnelle directe principale, demander à la place du débiteur saisi, la nullité de la saisie-attribution de créances à lui signifiée, surtout lorsqu'il y a eu un paiement même partiel qui illustre l'acquiescement à la saisie-attribution de créances par le débiteur qui n'a élevé aucune contestation ; qu'en statuant comme elle a fait, la cour d'appel, non seulement n'a pas répondu aux chefs de demandes à lui soumis, ni motivé sa décision en la privant ainsi d'une base légale ; mais également a violé les dispositions de l'article 170 invoqué ; que l'arrêt dans ces conditions encourt cassation sans qu'il soit besoin d'examiner les autres moyens ;

Sur l'évocation

Attendu que suivant exploit d'appel en date du 10 mars 2010, Maître Josiane KOFFI BREDOU a interjeté appel contre l'ordonnance n°364 rendue le 1er mars 2010 et dont le dispositif est ainsi conçu :

« Statuant publiquement, contradictoirement en matière de référé d'heure à heure et en premier ressort ;

Déclare Maitre Josiane Koffi- BREDOU irrecevable en son action ;

Mettons les dépens à sa charge » ;

Qu'elle soutient à l'appui de son appel la nullité de l'acte de saisie attribution de créances sur le fondement de l'article 157 de l'Acte uniforme précité en ce que ledit acte ne contient pas le décompte des sommes réclamées en principal, frais et intérêts échus ; et partant la nullité de la saisie pratiquée ;

Qu'en réplique, la BICICI SA soulève l'irrecevabilité de l'action de Maître Josiane KOFFI BREDOU pour défaut de qualité et d'intérêt aux motifs que l'action en contestation d'une saisie attribution de créances n'est ouverte qu'en faveur du débiteur saisi ; qu'elle soulève également la fin de non-recevoir tirée de la forclusion de l'action de Maître Josiane KOFFI BREDOU sur le fondement de l'article 170 précité qui fixe le délai de la contestation à un mois à compter de la dénonciation de la saisie au débiteur ;

Sur l'irrecevabilité de l'action de Maître Josiane KOFFI BREDOU

Attendu que pour les mêmes raisons ayant motivé la cassation de l'arrêt de la Cour d'appel entrepris, il y a lieu d'annuler le jugement entrepris en ce qu'il a reçu l'action en contestation de la saisie attribution de créances émanant de Maître Josiane KOFFI BREDOU, tiers saisi, mais l'a déclarée irrecevable pour forclusion ; qu'ainsi le tiers saisi n'ayant aucune qualité pour initier au principal une telle action, il convient de déclarer son action irrecevable pour défaut de qualité sans qu'il soit besoin d'examiner son action en nullité de l'exploit de saisie attribution de créances ;

PAR CES MOTIFS

Statuant publiquement, après en avoir délibéré,

Déclare recevable le pourvoi ;

Casse et annule l'arrêt n°368 du 11 juin 2010 de la cour d'appel d'Abidjan ;

Evoquant et statuant sur le fond,

Annule l'ordonnance n°364 du 1er mars 2010 du tribunal de première instance d'Abidjan ;

Statuant à nouveau,

Déclare irrecevable l'action en contestation de la saisie attribution de créances de Maître Josiane KOFFI BREDOU, tiers saisi, pour défaut de qualité ;

La condamne aux dépens.

Le tiers saisi, poursuivi en paiement des causes de la saisie, peut contester la régularité de la saisie (CCJA, 1ère Ch., n°126/2015, 29 octobre 2015)

Sommaire

Selon les principes généraux du droit processuel, l'accessoire suit le principal, et l'appel d'un jugement avant-dire-droit a lieu en même temps que celui frappant la décision statuant sur le fond qui, en définitive, dessaisit le premier juge en liquidant les dépens réservés par la décision avant-dire-droit.

Le tiers saisi peut être admis à contester la régularité de la saisie, notamment lorsqu'il est poursuivi en paiement des causes de celles-ci.

La Cour Commune de Justice et d'Arbitrage (CCJA) de l'Organisation pour l'Harmonisation en Afrique du Droit des Affaires (OHADA), Première Chambre, a rendu l'arrêt suivant, en son audience publique du 29 octobre 2015 où étaient présents :

Messieurs : Marcel SEREKOÏSSE-SAMBA,	Président
Mamadou DEME,	Juge
César Apollinaire ONDO MVE,	Juge, rapporteur
et Maître ASSIEHUE Acka,	Greffier ;

Sur le recours enregistré au greffe de la Cour de céans sous le n°120/2011/PC du 02 décembre 2011, et formé par la société Douala International Terminal (DIT) SA, dont le siège social est situé à la zone portuaire, Immeuble Terminal à conteneurs, BP 3945 Douala, agissant poursuites et diligences de son représentant légal, monsieur Anthony SAMZUN, directeur général, demeurant audit siège, ayant pour conseil Maître Agnès OUANGUI, avocate à la Cour d'Appel d'Abidjan, y demeurant, 24 Boulevard Clozel, immeuble Sipim, 5ème étage, Plateau, 01 BP 1306 Abidjan 01, dans le différend qui l'oppose à la société Nimbah Trading Compagny Ltd, ayant pour conseil Maître Celline EVINEBA, avocate au Barreau du Cameroun, BP 8569 Douala-Cameroun, quartier AKWA, rue Jamot, face école primaire et maternelle PR,

en cassation de l'arrêt n°075/CE rendu le 25 juillet 2011 par la Cour d'appel du Littoral à Douala statuant en matière de contentieux de l'exécution, dont le dispositif est libellé ainsi qu'il suit :

« PAR CES MOTIFS,

Statuant publiquement, contradictoirement à l'égard des parties, en matière de contentieux de l'exécution, en appel, en dernier ressort, en formation collégiale et à l'unanimité ;

EN LA FORME

-Reçoit l'appel ;

AU FOND

-Rejette, comme non fondée, la fin de non-recevoir tirée par l'appelante du non-paiement dans les délais par l'intimé de la caution judicatum solvi ;

-Dit irrecevables pour défaut de qualité les contestations tirées par l'appelante de la caducité de la saisie et de l'absence de preuve de l'effectivité de la créance cause de ladite saisie ;

-Dit non fondé le grief de la violation par le premier juge de l'article 1148 du Code Civil ;

-Confirme en conséquence l'ordonnance entreprise ;

-Condamne la Douala International Terminal (DIT) aux dépens (…) » ;

La requérante invoque à l'appui de son recours trois moyens de cassation tels qu'ils figurent dans son « pourvoi en cassation » annexé au présent arrêt ;

Sur le rapport de Monsieur le Juge César Apollinaire ONDO MVE ;

Vu les dispositions des articles 13 et 14 du Traité relatif à l'harmonisation du droit des affaires en Afrique ;

Vu le Règlement de procédure de la Cour Commune de Justice et d'Arbitrage de l'OHADA ;

Attendu qu'il résulte des pièces du dossier de la procédure que pour sureté et paiement d'une créance évaluée en principal et frais à la somme de 61.016.660 FCFA, et suivant exploit d'huissier en date du 08 avril 2009, la société Nimbah Trading Compagny Ltd pratiquait au préjudice de Maurice Saturnin TSAGO, des Etablissements Tsago et Fils et de la société Pacific International Business, une saisie conservatoire d'un conteneur de 1120 cartons de pommes de France, entre les mains de la société DIT ; que celle-ci ayant malgré cette mesure remis ledit conteneur à la société Pacific International Business peu de temps après, la société Nimbah Trading Compagny Ltd l'assignait, par exploit d'huissier du 6 mai 2009, devant le juge du contentieux de l'exécution du Tribunal de Première Instance de Douala-Bonanjo, qui la condamnait au paiement des causes de la saisie et des dommages-intérêts ; que sur appel de la société DIT, la Cour d'appel du Littoral à Douala rendait l'arrêt confirmatif dont pourvoi ;

Sur le premier moyen

Attendu qu'il est fait grief à l'arrêt attaqué d'avoir confirmé l'ordonnance du premier juge sans pour autant préciser de quelle ordonnance il s'agit, dès lors que le recours était dirigé contre deux décisions, à savoir l'ordonnance n°164/ADD relative à l'exception de caducité de la saisie rendue le 8 octobre 2009 d'une part, et l'ordonnance n°3 rendue le 7 janvier 2010 ayant condamné la société DIT au paiement de diverses sommes d'autre part ; qu'en statuant ainsi, la Cour d'Appel du Littoral à Douala a, selon le moyen, affecté sa décision d'un vice de forme, n'a pas donné à celle-ci de base légale, ne l'a pas suffisamment motivée et, partant, l'a exposée à cassation ;

Attendu cependant que selon les principes généraux du droit processuel, l'accessoire suit le principal, et l'appel d'un jugement avant-dire-droit a lieu en même temps que celui frappant la décision statuant sur le fond qui, en définitive, dessaisit le premier juge en liquidant les dépens réservés par la décision avant-dire-droit ;

Attendu qu'il en résulte que lorsque la Cour d'appel est saisie d'une affaire ayant donné lieu d'abord à un jugement avant-dire-droit puis à un jugement au fond, le destin qu'elle réserve au jugement au fond emporte celui de la décision avant-dire-droit, d'une part, et que c'est principalement le jugement sur le fond qui, en cause d'appel, est attaqué, l'appelant dût-il, pour en obtenir l'infirmation ou la réformation, se prévaloir de griefs tirés des seuls termes de la décision avant-dire-droit, d'autre part ; que dès lors, si une Cour d'appel doit nécessairement examiner tous les moyens des parties dirigés contre les deux décisions ainsi simultanément attaquées, il est évident, comme résultant du simple jeu des principes généraux du droit sus-rappelés, que la décision par laquelle elle confirme celle du premier juge concerne principalement le jugement au fond d'avec lequel fait corps celui avant-dire-droit, lequel en subit nécessairement et accessoirement le sort, sans que la juridiction d'appel ne soit alors obligée d'apporter cette précision dans son arrêt; que le moyen manque alors de pertinence en droit ;

Attendu que de plus, le premier juge a bien relevé en l'espèce que l'appel a été formé contre les deux ordonnances et, après avoir répondu à chacun des moyens sur lesquels l'appelante a fondé les deux appels, a conclu sa motivation en ses termes : « qu'il y lieu de confirmer les deux ordonnances entreprises par application des dispositions de l'article 50 du code de procédure civile et commerciale et de condamner l'appelante aux dépens » ; qu'il résulte ainsi des motifs de l'arrêt déféré que la confirmation concerne les deux ordonnances attaquées ; que dès lors, l'emploi du singulier dans le dispositif dudit arrêt, qui relève manifestement d'une simple erreur matérielle, ne peut entrainer l'infirmation de ladite décision ;

D'où il suit que le moyen doit être rejeté ;

Sur la première branche du deuxième moyen

Attendu qu'il est reproché à l'arrêt attaqué d'avoir, en violation de l'article 61 de l'Acte uniforme relatif aux voies d'exécution, décidé que le tiers-saisi n'a aucune qualité pour contester une saisie conservatoire pratiquée sans titre exécutoire frappée de caducité, alors que, s'agissant d'une exception d'ordre public au sens de l'article 61 de l'Acte uniforme précité, quiconque peut valablement s'en prévaloir pour la défense de ses intérêts; qu'en statuant autrement, l'arrêt déféré encourt cassation ;

Attendu que, contrairement aux motifs du premier juge, le tiers saisi peut être admis à contester la régularité de la saisie, notamment lorsqu'il est poursuivi en paiement des causes de celles-ci ; que toutefois, en l'espèce, il est constant comme résultant des énonciations de l'arrêt attaqué, que le grief fait à la société DIT, en l'occurrence la remise à la société Pacific International Business du conteneur régulièrement saisi, et qui doit être apprécié à sa date de commission, a eu lieu avant l'expiration du délai que l'article 61 de l'Acte uniforme susvisé impartit au créancier saisissant ; qu'en l'état de telles constatations, la requérante est malvenue à se prévaloir dudit texte ; que par ce motif substitué à celui de la Cour d'appel, il y a lieu de rejeter le moyen proposé comme inopérant en la cause ;

Sur les deuxième, troisième et quatrième branches du deuxième moyen

Attendu que le pourvoi reproche à l'arrêt déféré d'avoir violé les articles 73 et 74 du Code de procédure civile et commerciale du Cameroun, 1148 du Code civil et 9, alinéa 2, de la loi n°2006/015 portant organisation judiciaire en République du Cameroun, en ce que les juges d'appel ont : 1/ méconnu l'autorité de l'ordonnance n°164/ADD du 8 octobre 2009 fixant le délai du paiement de la caution, 2/ jugé que l'appelante n'a pas prouvé le bug informatique qu'elle invoquait et ont octroyé des dommages-intérêts malgré cette force majeure, 3/ indiqué que leur décision a été prise non pas à la majorité des voix, mais à l'unanimité des juges ;

Mais attendu que les dispositions des articles 73 et 74 du Code de procédure civile et commerciale du Cameroun ne fixent aucun délai de paiement de la caution judicatum solvi ; que de plus, l'examen du dossier de la procédure révèle que la caution dont le versement avait été prescrit par l'ordonnance n°164/ADD du 8 octobre 2009 était déjà payée au moment où la Cour d'appel du Littoral à Douala statuait en la cause, de sorte que cette juridiction ne peut avoir méconnu une quelconque autorité rattachée à ladite décision ; qu'en outre, si la force majeure constitue effectivement l'une des causes exonératoires de responsabilité au sens de l'article 1148 du Code civil, il appartient à la partie qui l'invoque, d'une part, d'administrer la preuve de son existence et d'autre part, de démontrer en quoi elle aura rendu l'exécution de l'obligation impossible ; que l'appelante n'ayant pas fait ces démonstrations devant les premiers juges, ceux-ci ont donc à bon droit écarté le moyen considéré ; qu'enfin, tout en prévoyant que les décisions des juges sont prises à la majorité des voix en cas de collégialité, la loi camerounaise du 29 décembre 2006 susvisée n'écarte pas l'hypothèse idéale d'une unanimité des juges délibérants, pas plus qu'elle ne sanctionne de nullité toute décision résultant d'un tel mode de délibération ;

Que les moyens n'étant pas fondés, il convient de les rejeter ;

Sur le troisième moyen

Attendu qu'il est reproché à l'arrêt attaqué d'avoir accueilli les prétentions de la société Nimbah Trading Compagny Ltd qui, ayant son siège en Afrique du Sud, peut être considérée au Cameroun comme une société fantôme non inscrite au registre du commerce, alors, d'une part, qu'il est unanimement admis que l'inexistence légale d'une partie au procès constitue un risque évident de conséquences manifestement irréversibles qu'un plaideur peut invoquer pour la première fois en cassation comme étant d'ordre public, et que, d'autre part, l'obligation de paiement incombant à la demanderesse au pourvoi risque de laisser des traces indélébiles extrêmement graves ;

Attendu cependant que le moyen qui n'a pas été présenté devant la Cour d'appel du Littoral à Douala, est nouveau et mélangé de fait et de droit ; qu'il doit par conséquent être déclaré irrecevable ;

Attendu qu'il échet, en définitive, de rejeter le recours formé par la société DIT et de condamner celle-ci aux entiers dépens de la présente instance ;

PAR CES MOTIFS

Statuant publiquement, après en avoir délibéré,

En la forme :

Reçoit la société Douala International Terminal (DIT) en son recours ;

Au fond :

Rejette ledit recours ;

Condamne la société Douala International Terminal (DIT) aux entiers dépens.

Contestation de la saisie : la désignation d'un séquestre ne peut se faire qu'à la suite d'une procédure sur requête (CCJA, 1ère Ch., n°101/2015, 23 juillet 2015)

Sommaire

Il résulte de l'article 166 de l'AUPSRVE qu'« en cas de contestation, toute partie peut demander à la juridiction compétente, sur requête, la désignation d'un séquestre, à qui le tiers saisi versera les sommes saisies ». Ainsi, la procédure prévue est celle de l'ordonnance sur requête. En désignant un séquestre suite à la saisine du juge des référés sur le fondement de l'article 169 du même Acte uniforme, la cour d'appel a violé les dispositions précitées.

La Cour Commune de Justice et d'Arbitrage (CCJA) de l'Organisation pour l'Harmonisation en Afrique du Droit des Affaires (OHADA), Première Chambre, a rendu l'arrêt suivant, en son audience publique du 23 juillet 2015 où étaient présents :

Messieurs : Marcel SEREKOÏSSE-SAMBA,	Président
Mamadou DEME,	Juge, rapporteur
Diehi Vincent KOUA,	Juge
César Apollinaire ONDO MVE,	Juge
Robert SAFARI ZIHALIRWA,	Juge
et Maître ASSIEHUE Acka	Greffier ;

Sur le recours enregistré au greffe de la Cour de céans le 1er mars 2012 sous le n°019/2012/PC et formé par NIGER GAZ, société à responsabilité limitée ayant son siège social à Niamey, Route de l'Aéroport, ayant pour conseils la SCPA MANDELA, avocats au Barreau de la République du Niger, 468 Boulevard des Zarmakoy, B.P. 12.040-Niamey, dans la cause qui l'oppose à la SONIHY, société anonyme ayant également son siège à Niamey, zone industrielle, ayant pour conseil Maître Moukaïla YAYE, avocat au Barreau de la République du Niger, B.P 11.972-Niamey,

en cassation de l'arrêt n°100 rendu le 07 décembre 2011 par la Cour d'appel de Niamey, dont le dispositif est le suivant :

« Statuant publiquement, contradictoirement à l'égard de toutes les parties, en matière d'exécution et en dernier ressort ;

Reçoit la Sonihy SA en son appel régulier en la forme ;

Annule l'ordonnance attaquée pour violation de la loi (omission de statuer) ;

Evoque et statue à nouveau ;

Reçoit Sonihy en sa requête ;

Constate que la saisie n'a pas été opérée en violation de l'article 157 de l'AUPSRVE ;

La déclare bonne et valable ;

Ordonne la consignation du montant saisi entre les mains du greffier en chef près le Tribunal de Grande Instance Hors Classe de Niamey en application de l'article 166 de l'AUPSRVE ;

Condamne Niger Gaz aux dépens » ;

La requérante invoque à l'appui de son pourvoi les deux moyens de cassation tels qu'ils figurent à sa requête annexée au présent arrêt ;

Sur le rapport de Monsieur Mamadou DEME, Juge ;

Vu les articles 13 et 14 du Traité relatif à l'harmonisation du droit des affaires en Afrique ;

Vu le Règlement de procédure de la Cour Commune de Justice et d'Arbitrage de l'OHADA ;

Attendu qu'il résulte des pièces du dossier de la procédure que par arrêt n°130 du 11 octobre 2010, la Cour d'appel de Niamey a condamné la société SONIHY à payer à la société NIGER GAZ la somme de 50.000.000 FCFA ; qu'en exécution de cet arrêt, la société NIGER GAZ a fait pratiquer une saisie-attribution des avoirs de sa débitrice auprès de la SONIBANK, suivant procès-verbal du 2 mai 2011 ; que par ordonnance n°169 rendue le 19 juillet 2011, le juge de l'exécution du Tribunal de Grande Instance Hors Classe de Niamey a rejeté les contestations élevées par la SONIHY, ainsi que la demande de celle-ci tendant à la consignation des sommes saisies entre les mains du greffier en chef du tribunal ; que sur l'appel formé par la SONIHY contre cette ordonnance, la Cour d'appel de Niamey a rendu l'arrêt frappé du pourvoi ;

Sur le premier moyen de cassation tiré de la violation des articles 166 et 169 de l'Acte uniforme portant organisation des procédures simplifiées de recouvrement et des voies d'exécution

Attendu que NIGER GAZ reproche à la Cour d'appel d'avoir fait droit à la demande de la SONIHY tendant à la désignation d'un séquestre pour la consignation entre ses mains des causes de la saisie, alors qu'en violation de l'article 166 de l'Acte uniforme précité, la demande de la SONIHY n'a pas été faite par requête, mais présentée dans le cadre de l'instance en jugement des contestations prévues à l'article 169, lesquelles sont portées par assignation devant la juridiction compétente ; elle ajoute que la société SONIHY a fait cette demande pour paralyser la saisie, que les dispositions de l'article 166 de l'Acte uniforme n'ont pas vocation à accorder un sursis ou un délai de grâce au débiteur, ni à paralyser les effets de la saisie-attribution ; que dès lors que la validité du titre exécutoire n'était pas contestée et que la saisie a été déclarée exempte de vice, le juge d'appel ne pouvait pas, sans violer les dispositions invoquées au moyen, désigner un séquestre à la demande du débiteur saisi ;

Vu les dispositions de l'article 166 de l'Acte uniforme portant organisation des procédures simplifiées de recouvrement et des voies d'exécution ;

Attendu qu'il résulte de ce texte qu' « En cas de contestation, toute partie peut demander à la juridiction compétente, sur requête, la désignation d'un séquestre, à qui le tiers saisi versera les sommes saisies » ; qu'ainsi, la procédure prévue est celle de l'ordonnance sur requête ; qu'en désignant un séquestre suite à la saisine du juge des référés sur le fondement de l'article 169 du même Acte uniforme, la cour d'appel a violé les dispositions précitées ; qu'il échet de casser l'arrêt et d'évoquer ;

SUR L'EVOCATION

Attendu que par exploit en date du 21 juillet 2011, la SONIHY a formé appel contre l'ordonnance n°169 rendue le 19 juillet 2011 par le juge des référés du Tribunal de Grande Instance Hors Classe de Niamey, dont le dispositif est ainsi conçu :

« En la forme

Reçoit la requête de la SONIHY SA en ce qu'elle est régulière ;

Au fond :

La déclare mal fondée en droit ;

Déboute la SONIHY SA de toutes ses demandes fins et conclusions ;

La condamne en outre aux dépens » ;

Attendu qu'il échet de déclarer l'appel recevable ;

AU FOND :

Attendu que pour demander l'infirmation de l'ordonnance déférée, la SONIHY soutient que c'est à tort que le premier juge a déclaré la saisie du 2 mai 2011 régulière, alors que l'exploit par lequel elle a été pratiquée a violé les articles 157-1et 3 de l'Acte uniforme portant organisation des procédures simplifiées de recouvrement et des voies d'exécution, en ce qu'il mentionne sans aucune précision que son siège social est à la Zone Industrielle, d'une part et, d'autre part, que le décompte des sommes dues a été fait dans l'exploit sur la base de la somme de 56.666.500 F CFA au lieu de celle de 50.000.000 F CFA à laquelle elle a été condamnée ; qu'elle demande également l'annulation de l'ordonnance au motif que le juge a omis de statuer sur sa demande tendant à la désignation d'un séquestre et à la consignation des sommes saisies ;

Attendu que la société NIGER GAZ conclut quant à elle à la confirmation de l'ordonnance ;

Sur la violation de l'article 157 de l'Acte uniforme :

Attendu qu'aux termes de l'article 157-1) de l'Acte uniforme portant organisation des procédures simplifiées de recouvrement et des voies d'exécution, l'acte de saisie contient, à peine de nullité, « l'indication des noms, prénoms et domiciles des débiteurs et créanciers ou, s'il s'agit de personnes morales, de leur forme, dénomination et siège social

Attendu que l'exploit de saisie du 2 mai 2011 mentionne expressément que celle-ci est pratiquée contre « la société SONIHY, société anonyme ayant son siège social à la zone industrielle » ; que la forme, la dénomination et le lieu de situation du siège social étant ainsi suffisamment indiqués, c'est à bon droit que le juge d'instance a rejeté la nullité invoquée de ce chef ;

Sur la violation de l'article 157-3) de l'Acte uniforme

Attendu qu'aux termes de l'article 157-3) de l'Acte uniforme portant organisation des procédures simplifiées de recouvrement et des voies d'exécution, l'acte de saisie contient, à peine de nullité « le décompte distinct des sommes réclamées en principal, frais et intérêts échus, majorés d'une provision pour les intérêts à échoir dans le délai d'un mois prévu pour élever une contestation » ;

Attendu que c'est également à bon droit que le premier juge a rejeté la demande d'annulation fondée sur la discordance entre la somme de 50.000.000 F CFA réclamée et celle de 56.000.000 F CFA sur laquelle le décompte a été fait, la simple erreur sur le décompte des sommes dues n'étant pas sanctionnée par les dispositions susvisées ;

Sur la désignation d'un séquestre :

Attendu qu'en vertu des dispositions des articles 480 et suivants du code de procédure civile du Niger, l'omission de statuer n'est pas une cause d'annulation du jugement, mais un cas d'ouverture à la requête civile ;

Attendu qu'à défaut d'une telle procédure, il appartient à la cour d'appel saisie, le cas échéant, de statuer sur la demande éludée, en raison de l'effet dévolutif de l'appel ;

Et attendu que pour les mêmes motifs que ceux ayant conduit à la cassation, il échet de déclarer la demande en désignation de séquestre irrecevable, pour violation de l'article 166 de l'Acte uniforme portant organisation des procédures simplifiées de recouvrement et des voies d'exécution ;

Attendu que la société SONIHY qui a succombé doit être condamnée aux dépens ;

PAR CES MOTIFS

Statuant publiquement, après en avoir délibéré,

Casse l'arrêt n°100 rendu le 07 décembre 2011 par la Cour d'appel de Niamey ;

Evoquant et statuant sur le fond,

Confirme l'ordonnance n°169 rendue le 19 juillet 2011 par le juge des référés du Tribunal de Grande Instance Hors Classe de Niamey en toutes ses dispositions ;

Déclare la demande de désignation de séquestre irrecevable ;

Condamne la SONIHY SA aux entiers dépens.

4. Sanctions des déclarations du tiers saisi

Le tiers saisi qui méconnait ses obligations s'expose au paiement des causes de la saisie (CCJA, 2e Ch., n°88/2015, 8 juillet 2015)

> Sommaire
>
> Le tiers saisi est tenu de déclarer au créancier l'étendue de ses obligations à l'égard du débiteur ainsi que les modalités qui pourraient les affecter et, s'il y a lieu, les cessions de créances, délégations ou saisies antérieures. Il doit communiquer copie des pièces justificatives… Toute déclaration inexacte, incomplète ou tardive expose le tiers saisi à être condamné au paiement des causes de la saisie.

La Cour Commune de Justice et d'Arbitrage (CCJA), de l'Organisation pour l'Harmonisation en Afrique du Droit des Affaires (OHADA), Deuxième chambre, a rendu l'Arrêt suivant en son audience publique du 08 juillet 2015 où étaient présents :

Messieurs Abdoulaye Issoufi TOURE,	Président
Namuano Francisco DIAS GOMES,	Juge
Djimasna N'DONINGAR,	Juge, Rapporteur
et Maître Jean Bosco MONBLE,	Greffier,

Sur le pourvoi enregistré au greffe de la cour de céans le 10 janvier 2011 sous le n°002/2011/PC et formé par Maître Barthélemy KERE, Avocat à la cour, demeurant : 01 BP 2173 Ouagadougou 01, agissant au nom et pour le compte de l'Etat du Burkina Faso, Ministère de l'Enseignement de Base et de l'Alphabétisation (MEBA), représenté par l'Agent Judiciaire du Trésor, 03 BP 7015 Ouagadougou 03, dans la cause qui l'oppose à la Société Générale de Banques au Burkina, S.A. dont le siège social est au 248, Rue de l'Hôtel de Ville, 01 BP 585 Ouagadougou 01, ayant pour Conseil Bannitouo SOME, Avocat à la Cour, demeurant : 01 BP 2173 Ouagadougou 01,

en cassation de l'ordonnance n°093, rendue le 15 juillet 2010 par le magistrat délégué par le Président de la cour d'appel de Ouagadougou et dont le dispositif est le suivant :

« Statuant publiquement, contradictoirement, en matière de référé et en dernier ressort ;

Déclarons l'Etat burkinabè recevable en son appel ;

Confirmons l'ordonnance attaquée ;

Mettons les dépends à la charge de l'appelant »

Le condamnons à payer à la SGBB la somme de 150 000 FCFA au titre des frais exposés et non compris les dépens » ;

Attendu que le requérant invoque à l'appui de son pourvoi un moyen unique de cassation, tels qu'il figure à la requête annexée au présent arrêt ;

Sur le rapport de Monsieur DJIMASNA N'doningar, Juge ;

Vu les dispositions des articles 13 et 14 du Traité relatif à l'harmonisation du droit des affaires en Afrique ;

Vu le Règlement de procédure de la Cour Commune de Justice et d'Arbitrage de l'OHADA ;

Attendu qu'il ressort des pièces du dossier de la procédure que la Société Générale de Banque au Burkina (SGBB), détenant une créance matérialisée par décisions judiciaires sur la société EBTPE, a fait pratiquer une saisie conservatoire de créances, le 27 février 2007, entre les mains du Ministère de l'Enseignement de Base et de l'Alphabétisation (MEBA) ; que, après dénonciation de cette saisie à la débitrice EBTPE le 1er mars 2007, la SGBB signifiait le 20 juillet 2009 au MEBA la conversion de la saisie conservatoire en saisie-attribution ; que, suite à l'abstention du MEBA de procéder à la déclaration requise sur l'étendue de ses obligations à l'égard de la débitrice saisie, la SGBB l'a attrait devant le juge du contentieux de l'exécution du tribunal de grande instance de Ouagadougou, aux fins de le voir condamné au paiement des causes de la saisie ; que, par ordonnance de référé n°101-1 du 20 novembre 2009, le juge a fait droit à cette demande et a condamné le MEBA à payer la somme de 911 306 905 FCFA, représentant les causes de la saisie ; que, suite à l'appel du MEBA, la cour d'appel de Ouagadougou a rendu, sous la référence n°093 du 15 juillet 2010, l'arrêt confirmatif dont pourvoi ;

Sur l'exception d'irrecevabilité tirée des articles 27.1 et 28 du Règlement de Procédure de la Cour de céans

Attendu que dans son mémoire en réponse, la SGBB demande à la Cour de déclarer irrecevable le pourvoi formé par le MEBA, aux motifs que le délai qui lui a été imparti pour payer les frais de consignation n'a pas été observé, alors qu'aux termes de l'article 28.5 susvisé, à défaut de régulariser le recours dans le délai imparti, la cour décide de la recevabilité, d'une part ; que, d'autre part, la requête est signée par un avocat autre que celui à qui le MEBA a donné mandat spécial ; que l'avocat mandaté, étant omis du tableau de l'Ordre des Avocats du Burkina Faso, ne répond plus aux conditions de l'article 28.1 du Règlement de procédure de la Cour des céans alors que, selon le moyen, en application de l'article 27.1 dudit Règlement, l'original de tout acte de procédure doit être signé par l'avocat de la partie ;

Mais attendu que, suite à la demande de régularisation adressée par le Greffe de la cour de céans, le MEBA s'est acquitté des frais de consignation ; que c'est l'accomplissement de cette formalité qui a permis de remettre l'affaire au rôle de la cour ; que, par ailleurs, la requête a été introduite avant l'omission et le mémoire ampliatif a été signé par une suppléante, conformément à la Loi 16-2000/AN/ du 23 mai 2000 portant règlementation de la profession d'avocat au Burkina Faso ; qu'il échet donc de dire que le pourvoi est recevable ;

Sur le moyen unique de cassation pris de la violation de l'article 156 de l'Acte uniforme portant organisation des procédures simplifiées de recouvrement et voies d'exécution

Attendu qu'au soutien de son recours, le requérant reproche à l'ordonnance entreprise d'avoir violé les termes de l'article 156 de l'Acte uniforme portant organisation des procédures simplifiées de recouvrement et voies d'exécution, en ce que ceux-ci ne peuvent s'appliquer qu'au tiers saisi ; que le MEBA ne détenait aucune somme d'argent pour le compte du débiteur à la date de la saisie ; qu'il ne peut donc être considéré comme tiers saisi au sens de l'article 156 suscité ;

Mais attendu qu'il n'est pas contesté que la société EBTPE, débitrice saisie, était en relation contractuelle avec le MEBA ; que c'est au regard de cette relation que la saisie conservatoire était pratiquée au préjudice de ladite débitrice entre ses mains ; qu'aux termes l'article 80 de l'Acte uniforme portant organisation des procédures simplifiées de recouvrement et voies d'exécution « le tiers saisi est tenu de fournir à l'huissier ou à l'agent d'exécution les renseignements prévus à l'article 156 ci-après et de lui remettre copies de toutes pièces justificatives… » ; que ledit article 156 énonce « le tiers saisi est tenu de déclarer au créancier l'étendue de ses obligations à l'égard du débiteur ainsi que les modalités qui pourraient les affecter et, s'il y a lieu, les cessions de créances, délégations ou saisies antérieures. Il doit communiquer copie des pièces justificatives… Toute déclaration inexacte, incomplète ou tardive expose le tiers saisi à être condamné au paiement des causes de la saisie… » ;

Attendu qu'il est établi que le MEBA, lors de l'opération de saisie conservatoire, puis de sa conversion en saisie-attribution, s'est abstenu de toute déclaration, aux mépris des articles 80 et 156 susvisés ; qu'en décidant, dans ces conditions, que le MEBA a méconnu ses obligations de tiers saisi et s'expose à payer les sommes pour lesquelles la saisie a été pratiquée si celle-ci est convertie en saisie-attribution, la cour d'appel de Ouagadougou n'a pas violé les dispositions de l'article 156 susmentionné ; qu'il y a lieu de rejeter le moyen unique comme étant non fondé et, par la suite, rejeter le pourvoi ;

Attendu que le MEBA, ayant succombé, sera condamné aux dépens ;

PAR CES MOTIFS

Statuant publiquement, après en avoir délibéré,

Rejette le pourvoi formé par le MEBA ;

Le condamne aux dépens.

Ainsi fait, jugé et prononcé les jour, mois et an que dessus et ont signé.

Déclarations du tiers saisi : la sanction ne peut être la condamnation au paiement de la somme qu'il a reconnue détenir pour le débiteur (CCJA, 3e Ch., n°06/2015, 26 février 2015)

Sommaire

Il résulte de l'article 156, alinéa 2 de l'AUPSRVE que lorsque la signification au tiers saisi d'une saisie-attribution de créances est faite à personne, ledit tiers est tenu de faire sur le champ, à l'huissier instrumentaire ou à l'agent d'exécution, une déclaration exacte et complète sur l'étendue de ses obligations à l'égard du débiteur saisi ; que la sanction de l'inobservation de cette prescription par le tiers saisi est sa condamnation au paiement des causes de la saisie attribution sans préjudice d'une condamnation au paiement de dommage-intérêts. Est par conséquent cassé l'arrêt qui condamne le tiers saisi au paiement, non pas des causes de la saisie, mais au paiement de la somme qu'il avait reconnue détenir pour le compte du débiteur saisi.

La Cour Commune de Justice et d'Arbitrage (CCJA) de l'Organisation pour l'Harmonisation en Afrique du Droit des Affaires (OHADA), Troisième chambre, a rendu l'arrêt suivant en son audience publique du 26 février 2015 ou étaient présents :

Madame Flora DALMEIDA MELE,	Présidente
Messieurs Victoriano OBIANG ABOGO,	Juge, rapporteur
Idrissa YAYE,	Juge
et Maitre Alfred Koessy BADO	Greffier,

Sur le pourvoi enregistré au greffe de la Cour de céans sous le n°093/2011/PC du 27 octobre 2011 et formé par Maître Simone Anic KACOU, Avocat à la cour, demeurant à Cocody Boulevard de France, résidence APPI, 2ème

étage, porte 5, agissant au nom et pour le compte de la Société Ivoire Coton, société anonyme dont le siège social est à Abidjan-Treichville, 17 boulevard de Marseille, BP 3419 Abidjan 18, prise en la personne de son représentant légal, Monsieur Vamissa DIOMANDE, dans la cause l'opposant à la société ECOBANK société anonyme, dont le siège social est à Abidjan-Plateau, immeuble alliance, 01 BP 4107 Abidjan 01, agissant aux poursuites et diligences de son représentant légal demeurant au siège de ladite société,

en cassation de l'arrêt n°12/2011 rendu le 14 janvier 2011 par la Cour d'Appel d'Abidjan et dont le dispositif est le suivant :

« Statuant sur le siège, publiquement, contradictoirement, en matière civile et en dernier ressort ;

Reçoit ECOBANK SA en son appel ;

L'y dit cependant mal fondée et l'en déboute ;

Confirme l'ordonnance entreprise en toutes ses dispositions ;

La condamne aux dépens. » ;

La requérante invoque a l'appui de son pourvoi le moyen unique de cassation tel qu'il figure à la requête annexée au présent arrêt ;

Sur le rapport de Monsieur Victoriano OBIANG ABOGO, Juge ;

Vu les dispositions des articles 13 et 14 du Traité relatif à l'harmonisation du droit des affaires en Afrique ;

Vu les dispositions du Règlement de procédure de la Cour Commune de Justice et d'Arbitrage de l'OHADA ;

Attendu qu'il ressort des pièces de la procédure que pour obtenir le recouvrement de sa créance d'un montant de 407 128 555 FCFA auprès de la Société Filature Tissage de Gonfreville dite FTG, la Société IVOIRE COTON a fait pratiquer le 16 juin 2003, une saisie conservatoire de créances sur les comptes de sa débitrice dans les livres de la Société ECOBANK SA ; que répondant à l'interpellation de l'huissier instrumentaire, la Société ECOBANK SA a déclaré trois comptes bancaires comme il suit : a) compte n°3707058012, débiteur de 269 253 385 F CFA ; b) compte n°3107858019, débiteur de 67 941 310 F CFA ; c) compte n°3607058023, créditeur de 41 686 921 F CFA ; qu'ayant obtenu un titre exécutoire par la suite condamnant la Société FTG à lui payer la somme de 407 128 555 F CFA en principal, la Société IVOIRE COTON a procédé par exploit du 29 février 2008, à la conversion de la saisie conservatoire de créances du 16 juin 2003 en saisie-attribution de créances ; que la société FTG a initié une action en mainlevée de la saisie conservatoire ; que la Société IVOIRE COTON a donné mainlevée amiable de la saisie conservatoire par exploit d'huissier de justice en date du 18 avril 2008 et a procédé le même jour à une saisie attribution de créances pour avoir paiement de la somme totale de 513 837 722 F CFA, en principal, intérêts de droit et dépens ; que lors de cette saisie-attribution de créances, la Société ECOBANK SA a déclaré un seul compte de sa cliente FTG qui était non seulement débiteur, mais différent des trois premiers comptes pour lesquels la mainlevée venait d'être donnée ; que face à cette déclaration, la Société IVOIRE COTON a saisi le Président du Tribunal de Première Instance d'Abidjan-Plateau, statuant en matière d'urgence, pour obtenir la condamnation de la Société ECOBANK SA, tiers saisie, au paiement des causes de la saisie, soit la somme de 513 837 722 F CFA, en vertu de l'article 156, alinéa 2 de l'Acte uniforme portant organisation des procédures simplifiées de recouvrement et des voies d'exécution ; que par ordonnance de référé n°828 du 4 juin 2008, le juge des référés du Tribunal de Première Instance d'Abidjan a condamné la Société ECOBANK au paiement de la somme de 41 686 921 FCFA ; que sur appel de ECOBANK, la Cour d'Appel d'Abidjan a, par arrêt n°12 du 14 janvier 2011, rendu l'arrêt dont pourvoi ;

Sur le moyen unique

Vu l'article 156, alinéa 2 de l'Acte uniforme portant organisation des procédures simplifiées de recouvrement et des voies d'exécution ;

Attendu que la requérante reproche à l'arrêt attaqué d'avoir violé l'article 156 alinéa 2 de l'Acte uniforme portant organisation des procédures simplifiées de recouvrement et des voies d'exécution, en ce que la Cour d'Appel a confirmé l'ordonnance du juge des référés condamnant le tiers saisi qui a fait une déclaration inexacte au paiement de la somme qu'il avait reconnu détenir pour le compte du débiteur saisi, alors, selon le moyen, que le tiers saisi qui fait des déclarations inexactes est condamné au paiement des causes de la saisie ;

Attendu qu'aux termes de l'article 156 de l'Acte uniforme susvisé, « le tiers saisi est tenu de déclarer au créancier l'entendue de ses obligations à l'égard du débiteur ainsi que les modalités qui pourraient les affecter et, s'il y a lieu, les cessions de créances, délégations ou saisies antérieures. Il doit communiquer copie des pièces justificatives.

Ces déclarations et communication doivent être faites sur le champ à l'huissier ou l'agent d'exécution et mentionnées dans l'acte de saisie au plus tard, dans les cinq jours si l'acte n'est pas signifié à personne. Toute déclaration inexacte, incomplète ou tardive expose le tiers saisi à être condamné au paiement des causes de la saisie, sans préjudice d'une condamnation au paiement de dommages-intérêts. » ;

Attendu qu'il résulte de cette disposition que lorsque la signification au tiers saisi d'une saisie-attribution de créances est faite à personne, ledit tiers est tenu de faire sur le champ, à l'huissier instrumentaire ou à l'agent d'exécution, une déclaration exacte et complète sur l'étendue de ses obligations à l'égard du débiteur saisi ; que l'inobservation de cette prescription par le tiers saisi est sa condamnation au paiement des causes de la saisie attribution sans préjudice d'une condamnation au paiement de dommage-intérêts ;

Attendu en l'espèce, qu'il ressort des pièces du dossier que le 18 avril 2008, la Société IVOIRE COTON a donné mainlevée amiable de la saisie conservatoire faite le 16 juin 2003, et a, le même jour, fait procéder à une saisie- attribution de créances sur les comptes de sa débitrice, la Société FTG, pour avoir paiement de la somme de 513 837 722 F CFA (principal, intérêts de droit et dépens) ; que si lors de la saisie conservatoire du 16 juin 2003, la société ECOBANK SA a déclaré trois comptes dont deux débiteurs et un créditeur de la somme de 41 686 921 F CFA, elle a, pendant la saisie attribution de créances du 18 avril 2008, déclaré un seul compte débiteur différent des trois autres comptes déclarés lors de la saisie conservatoire ; que cette attitude constitue une déclaration inexacte, passible de la sanction prévue à l'alinéa 2 de l'article 156 de l'Acte uniforme susvisé ; qu'en outre, en condamnant ECOBANK non pas au paiement des causes de la saisie tel que le prescrit l'alinéa 2 de l'article 156 de l'Acte uniforme sus indiqué, mais au paiement de la somme qu'elle avait reconnue détenir pour le compte du débiteur saisi, la Cour d'Appel a commis le grief visé au moyen et expose son arrêt à la cassation ;

Sur l'évocation

Attendu que par exploit d'huissier en date du 13 juin 2008, la Société ECOBANK a interjeté appel de l'ordonnance n° 828 rendue le 04 juin 2008 par la juridiction présidentielle du Tribunal d'Abidjan-Plateau et dont le dispositif est le suivant :

« PAR CES MOTIFS

Statuant publiquement, contradictoirement en matière d'urgence et en premier ressort ;

Déclarons recevable l'action de la société IVOIRE COTON ;

L'y disons partiellement fondée ;

Disons que la société ECOBANK a fait des déclarations inexactes ;

La condamnons au paiement de la cause de la saisie dans les limites de ses obligations à l'égard du débiteur saisi, à savoir la somme de 41 686 921 FCFA qu'elle avait déclaré détenir pour le compte de la société FTG lors de la saisie conservatoire de créances ; » ;

Qu'à l'appui de son appel, elle demande à la Cour d'infirmer l'ordonnance n°828 pour violation des articles 32 et 106 du code ivoirien de procédure civile aux motifs d'une part que le montant du litige étant supérieure à 25 000 000 FCFA la non communication de la cause au ministère public entache de nullité l'ordonnance et d'autre part, seul le Président du Tribunal, compte tenu du montant de la condamnation pouvait présider l'audience ;

Attendu pour sa part, que la Société Ivoire Coton par son conseil Maître Simone Anic KACOU a relevé appel incident contre l'ordonnance n°828 du 04 juin 2008 au motifs que, le juge des référés a condamné la Société ECOBANK à payer la somme de 41.686.921 FCFA correspondant au montant de la saisie opérée lors de la saisie conservatoire alors que les causes de la saisie s'élevaient dans l'exploit de saisie-attribution de créances à la somme de 513.837.722 FCFA ; que le juge des référés ayant fait une mauvaise application de l'article 156 de l'Acte uniforme susvisé, elle sollicite la rétractation de l'ordonnance en ce sens et la condamnation de ECOBANK aux causes de la saisie ;

Sur la violation des articles 32 et 106 du code de procédure civile

Attendu que l'Acte uniforme applicable en l'espèce n'a, en aucune de ses dispositions, prévu une communication préalable au ministère public, tout comme, il n'a fixé un montant plancher pour les montants des affaires devant nécessairement être prises par le chef de juridiction ; qu'il convient dès lors de déclarer lesdites dispositions des articles 32 et 106 du code de procédure civile contraire à l'Acte uniforme et donc inapplicable en l'espèce et de débouter conséquemment ECOBANK de ces demandes ;

Sur la demande de rétractation de l'ordonnance n° 828 du 04 juin 2008

Attendu que pour les mêmes motifs que ceux sur le fondement desquels l'arrêt attaqué a été cassé, il échet d'infirmer l'ordonnance n°828 et par voie de conséquence, déclarer l'appel incident de la Société IVOIRE COTON recevable et bien fondé, rétracter l'ordonnance n°828 du 4 juin 2008 ; dire que les causes de la saisie s'élèvent à la somme de 513.837.722 FCFA ; condamner la Société ECOBANK à payer à la Société IVOIRE COTON la somme de 513.837.722 FCFA ;

Attendu que la Société ECOBANK ayant succombé, elle sera condamnée aux dépens ;

PAR CES MOTIFS

Statuant publiquement, après en avoir délibéré ;

Casse l'arrêt n° 12 rendu le 14 janvier 2011 par la Cour d'Appel d'Abidjan ;

Evoquant et statuant sur le fond,

Rétracte l'ordonnance n° 828 du 4 juin 2008 en ce qu'elle a condamné la Société ECOBANK à payer la somme de 41.686.921 FCFA à la Société IVOIRE COTON ;

Dit que les causes de la saisie s'élèvent à la somme de 513.837.722 FCFA ;

Condamne en conséquence la Société ECOBANK à payer à la Société IVOIRE COTON la somme de 513.837.722 FCFA ;

Condamne la Société ECOBANK aux dépens.

Le tiers saisi ne peut être condamné au paiement des causes de la saisie si celle-ci a été levée (CCJA, 3e Ch., n°144/2015, 19 novembre 2015)

Sommaire

Tout manquement par un tiers saisi à l'obligation de déclaration et de communication lors de la saisie entre ses mains peut entrainer sa condamnation au paiement des causes de la saisie et de dommages intérêts. Ces sanctions, prévues pour garantir les saisies régulières, ne peuvent s'appliquer contre un tiers saisi si la saisie a cessé d'exister, notamment par l'effet d'une ordonnance de mainlevée.

La Cour Commune de Justice et d'Arbitrage (CCJA) de l'Organisation pour l'Harmonisation en Afrique du Droit des Affaires (OHADA), Troisième Chambre, a rendu l'Arrêt suivant en son audience publique du 19 novembre 2015 où étaient présents :

Madame Flora DALMEIDA MELE,

Messieurs Victoriano OBIANG ABOGO,

Idrissa YAYE,

Birika Jean Claude BONZI,

et Maître Alfred Koessy BADO,

Sur les pourvois enregistrés au greffe de la Cour de céans le 08 juillet 2013 sous le numéro 087/2013/PC et le 29 juillet 2013 sous le numéro 096/2013/ PC et formés respectivement par la SCPA NTOUTOUME & MEZHER, Avocats à la cour , étude sise pont Gué-Gué, BP 2565 Libreville-Gabon, agissant au nom et pour le compte de la Financial Bank Gabon devenue ORABANK, boulevard de l'Indépendance, immeuble « Frangipaniers », BP 20333, Libreville - Gabon, et, Maître MOUBEYI BOUALE, Avocat à la cour , BP 9428 Libreville, agissant au nom et pour le compte de la Société PAMIKO MARITIME COMPANY et monsieur PANOURGIAS NARKELIS, Président directeur général de la Société PAMIKO MARITIME COMPANY dans la cause les opposant ;

en cassation de l'arrêt n°56/12-13 rendu le 20 juin 2013 par la cour d'appel de Libreville et dont le dispositif est le suivant :

« Statuant publiquement, contradictoirement, en matière commerciale et en dernier ressort ;

Dit n'y avoir lieu à réouverture des débats ;

Rétracte l'arrêt du 28 février 2013 ;

Déclare recevable l'appel interjeté par PAMIKO MARITIME COMPAGNY et sieur PANOURGIAS NARKELIS ;

Dit et juge que la FINANCIAL BANK a violé les dispositions des articles 38 et 156 al 1 de l'AUPSRVE en ce qu'elle n'a pas satisfait à son obligation d'information et a fait obstacle au paiement de la saisie attribution pratiquée ;

Constate cependant que la société PAMIKO MARITIME COMPAGNY et PANOURGIAS NARKELIS ont déjà été désintéressés des causes de la saisie ;

Dit désormais sans objet la demande y relative ;

Condamne toutefois la FINANCIAL BANK à leur payer la somme de cent millions (100 000 000) francs cfa au titre de dommages intérêts sur la base des articles sus visés ;

Déboute FINANCIAL BANK de sa demande reconventionnelle ; Condamne FINANCIAL BANK aux dépens ; » ;

Chacun des requérants invoque à l'appui de son pourvoi le même moyen unique de cassation tel qu'il figure à la requête annexée au présent arrêt ;

Sur le rapport de Madame Flora DALMEIDA MELE, seconde vice-présidente ;

Vu les dispositions des articles 13 et 14 du Traité relatif à l'harmonisation du droit des affaires en Afrique ;

Vu les dispositions du Règlement de procédure de la Cour Commune de Justice et d'Arbitrage de l'OHADA ;

Attendu qu'il résulte des pièces du dossier de la procédure qu'en exécution de l'arrêt n°002/04-05 du 6 février 2006 ayant condamné la SDV au paiement de la somme de 202 000 000FCFA, monsieur PANOURGIAS NARKELIS a fait pratiquer le 30 juillet 2008 une saisie attribution de créances entre les mains de différentes banques dont la Financial Bank Gabon devenue ORABANK ; qu'estimant que celle- ci n'a pas déclaré sur le champ à l'huissier instrumentaire l'étendue de ses obligations à l'égard du débiteur saisi, et qu'elle s'était en plus opposée au transport de créances, monsieur PANOURGIAS NARKELIS l'a assignée en paiement des causes de la saisie et de dommages intérêts devant la chambre commerciale du tribunal judicaire de première instance de Libreville ; que par jugement N°110/2011-2012 du 8 mai 2012, ledit tribunal a débouté monsieur PANOURGIAS NARKELIS et la société PAMIKO Maritime Company de toutes leurs demandes et les a condamnés reconventionnellement à payer à la Financial Bank SA la somme de 5.000.000 FCFA à titre de dommages et intérêts pour procédure abusive et malicieuse ; que sur leur appel, la cour d'appel de Libreville a, par arrêt N°31/12-13 du 28 février 2013, infirmé partiellement le jugement entrepris en ce qu'elle a condamné PANOURGIAS NARKELIS au paiement des dommages intérêts à la Financial Bank SA; que sur requête en rétractation de l'arrêt sus indiqué, la cour d'appel de Libreville a rendu le 20 juin 2013, l'arrêt N°56/12-13 qui a fait l'objet de deux recours les 8 et 29 juillet 2013 respectivement par la Financial Bank Gabon devenue ORABANK et par la Société PAMIKO MARITIME COMPANY ;

Sur la jonction des deux pourvois

Attendu que la cour de céans est saisie de deux recours enregistrés sous les numéros 087/2013/PC du 08/07/2013 et 096/2013/ PC du 29/07/2013 formés contre le même arrêt par les différentes parties en litige ; que conformément à l'article 33 de son Règlement de procédure et, pour une bonne administration de la justice, il convient d'en ordonner la jonction pour y être statué par un seul et même arrêt ;

Sur la première branche du moyen unique

Vu les articles 38 et 156 de l'Acte uniforme portant organisation des procédures simplifiées de recouvrement et des voies d'exécution ;

Attendu que la demanderesse au pourvoi reproche à l'arrêt attaqué d'avoir, par mauvaise interprétation, violé les articles 38 et 156 alinéa de l'Acte uniforme portant organisation des procédures simplifiées de recouvrement et des voies d'exécution en ce que, pour rétracter l'arrêt du 28 février 2013, la cour indique que les pièces du dossier renseignent que la FINANCIAL BANK n'a pas donné suite à l'huissier instrumentaire de la situation dans ses livres, des avoirs de la SDV alors qu'il ressort de l'arrêt du 28 février 2013 rétracté que PANOURGIAS avait lui-même déclaré que la FINANCIAL BANK les avait informés du solde créditeur du compte de la société SDV d'un montant de plus de dix millions de FCFA et qu'il ressort de la lettre du 31 juillet 2008 adressée à l'huissier instrumentaire par FINANCIAL BANK que : « ... nous vous informons que la saisie attribution de créances à l'encontre de la société SDV GABON a trouvé aliment à hauteur de 10125502 ... » de sorte que l'information donnée sur l'étendue des obligations du débiteur saisi est exacte et ponctuelle au sens de l'Acte uniforme précité ; que par ailleurs, elle ne s'est jamais opposée à l'exécution de la saisie ;

Attendu que selon les articles sus visés, tout manquement par un tiers saisi à l'obligation de déclaration et de communication lors de la saisie entre ses mains peut entrainer sa condamnation au paiement des causes de la saisie et de dommages intérêts ; que ces sanctions, prévues pour garantir les saisies régulières, ne peuvent s'appliquer contre un tiers saisi si la saisie a cessé d'exister ; qu'en l'espèce, par ordonnance n°001/2008-2009 du 3 octobre 2008 , le juge des référés avait ordonné la mainlevée pleine et entière des saisies dont objet ; qu'il est constant qu'en prononçant la condamnation du tiers saisi au paiement de dommages intérêts pour avoir manqué à ses obligations de déclaration lors de la saisie alors que, d'une part, la mainlevée de ladite saisie a été ordonnée bien avant l'introduction de l'instance en responsabilité du tiers saisi le 30 décembre 2008 et, d'autre part, le créancier saisissant ne rapportant pas la preuve d'un quelconque préjudice à être réparé par l'allocation de dommages intérêts, la Cour d'appel a, par mauvaise interprétation, violé les dispositions des articles sus indiquées et expose son arrêt à la cassation ;

Sur l'évocation

Attendu que le 15 mai 2012, monsieur PANOURGIAS NARKELIS et la société PAMIKO MARITIME COMPAGNY ont interjeté appel du jugement N°110/2011-2012 rendu le 8 mai 2012 par la chambre commerciale du tribunal judicaire de première instance de Libreville et dont le dispositif est le suivant :

« PAR CES MOTIFS

Statuant publiquement, contradictoirement, à l'égard de toutes les parties, en matière commerciale et en premier ressort ;

- Vu le jugement du 09 mars 2011 ;

rejette l'exception de nullité soulevée par la Financial Bank ;

déboute le Sieur NARKELIS PANOURGIAS et la société PAMIKO Maritime Compagnie de toutes leurs demandes ;

Les condamne reconventionnellement à payer à la Financial Bank SA la somme de 5.000.000FCFA à titre de dommages et intérêts pour procédure abusive et malicieuse ;

Les condamne aux dépens ; » ;

Que monsieur PANOURGIAS NARKELIS et la société PAMIKO MARITIME COMPAGNY soutiennent à l'appui de leur appel que la FINANCIAL BANK n'a pas, lors des opérations de saisie, fait les déclarations requises sur le compte de son débiteur logé dans ses livres ; que sa responsabilité en tant que tiers est engagée de ce fait et entraine conséquemment sa condamnation au paiement des causes de la saisie et de dommages intérêts conformément aux articles 38 et 156 de l'Acte uniforme sus indiqué ; qu'ils sollicitent l'infirmation du jugement ;

Que la FINANCIAL BANK réplique que pour engager sa responsabilité en tant que tiers saisi, il faut que le manquement qui lui est reproché soit démontré ; qu'à la suite de la saisie du 30 juillet 2008, elle a répondu à l'huissier instrumentaire par correspondance du 31 juillet 2008 ; qu'en outre, elle relève que la SDV, débitrice, a sollicité et obtenu la main levée de ladite saisie et la Banque Internationale pour le Commerce et l'Industrie du Gabon (BICIG) avait été désignée en qualité de séquestre ; qu'elle conclut au débouté de PANOURGIAS NARKELIS de ses demandes ; que reconventionnellement, elle sollicite le paiement de la somme de 200 000 000 FCFA à titre de dommages et intérêts pour action abusive, malicieuse et vexatoire ;

Sur la demande de monsieur PANOURGIAS NARKELIS et la société PAMIKO MARITIME COMPAGNY

Attendu qu'il ressort des pièces du dossier que la mainlevée de la saisie attribution de créances a été ordonnée par ordonnance n°001/2008-2009 du juge des référés le 3 octobre 2008 , bien avant l'introduction de l'instance en paiement des causes de la saisie et dommages intérêts du 30 décembre 2008 ; que pour les mêmes motifs que ceux ayant prévalu à la cassation de l'arrêt, il convient d'annuler le jugement entrepris ; que statuant à nouveau, il y a lieu de débouter monsieur PANOURGIAS NARKELIS et la société PAMIKO MARITIME COMPAGNY de leur demande en condamnation de paiement des causes de la saisie et de dommages intérêts ;

Sur la demande reconventionnelle de la FINANCIAL BANK

Attendu que la FINANCIAL BANK sollicite reconventionnellement la condamnation de monsieur PANOURGIAS NARKELIS et la société PAMIKO

MARITIME COMPAGNY au paiement de la somme de 200 000 000 FCFA à titre de dommages et intérêts pour action abusive, malicieuse et vexatoire ;

Attendu que Faction exercée par monsieur PANOURGIAS NARKELIS et la société PAMIKO MARITIME COMPAGNY est régulière et ne relève d'aucun abus ; qu'il échet dès lors de débouter la FINANCIAL BANK de sa demande reconventionnelle ;

Attendu qu'ayant succombé, monsieur PANOURGIAS NARKELIS et la société PAMIKO MARITIME COMPAGNY doivent être condamnés aux dépens ;

PAR CES MOTIFS

Statuant publiquement, après en avoir délibéré,

Ordonne la jonction des procédures des pourvois numéros 087/2013/PC du 08 juillet 2013 et 096/2013/ PC du 29 juillet 2013 ;

Casse et annule l'arrêt N°56/12-13 rendu le 20 juin 2013 par la cour d'appel de Libreville ;

Evoquant et statuant sur le fond,

Annule le jugement n°l 10/2011-2012 rendu le 8 mai 2012 par la chambre commerciale du tribunal judicaire de première instance de Libreville ;

Statuant à nouveau,

Déboute monsieur PANOURGIAS NARKELIS et la société PAMIKO MARITIME COMPAGNY de leur demande en paiement des causes de la saisie et de dommages intérêts ;

Déboute la FINANCIAL BANK de sa demande reconventionnelle ;

Condamne monsieur PANOURGIAS NARKELIS et la société PAMIKO MARITIME COMPAGNY aux dépens.

Condamnation du tiers saisi au paiement des causes de la saisie : la preuve d'un préjudice n'est pas nécessaire (CCJA, 1ère Ch., n°163/2015, 17 décembre 2015)

Sommaire

Les dispositions de l'article 156 de l'AUPSRVE ne subordonnent pas la condamnation du tiers saisi au paiement des causes de la saisie à la démonstration d'un préjudice qu'aurait subi le créancier saisissant du fait de la déclaration inexacte du tiers-saisi.

La saisie ne peut être dénoncée au débiteur que si le tiers saisi a régulièrement collaboré à l'opération de saisie en rendant immédiatement disponible au profit du saisissant la propriété du fonds saisi sans y opposer le moindre obstacle.

La Cour Commune de Justice et d'Arbitrage (CCJA), Première Chambre, de l'Organisation pour l'Harmonisation en Afrique du Droit des Affaires (OHADA), a rendu l'arrêt suivant en son audience publique du 17 décembre 2015 où étaient présents :

Messieurs Marcel SEREKOISSE-SAMBA,	Président, rapporteur
Mamadou DEME,	Juge
Vincent Diehi KOUA,	Juge
César Apollinaire ONDO MVE,	Juge
Robert SAFARI ZIHALIRWA,	Juge
Et Maître ASSIEHUE Acka,	Greffier ;

Sur le renvoi, en application de l'article 15 du Traité relatif à l'harmonisation en Afrique du droit des affaires, devant la Cour de céans, de l'affaire Société Générale de Banque en Côte d'ivoire dite SGBCI contre Société Ivoirienne de Ciments & Matériaux dite SOCIMAT, sise à Abidjan, Boulevard du Port 01 BP 8887 Abidjan 01, représentée par son Directeur Général

PACHLER Joann, par arrêt n°057/ll du 03 février 2011 de la Chambre Judiciaire, Formation Civile, de la Cour Suprême de la République de Côte d'ivoire, saisie d'un pourvoi formé le 20 juillet 2009 par la SGBCI S.A, sise à Abidjan-Plateau, 5 et 7 Avenue Joseph ANOMA, 01 BP 1135 Abidjan 01, représentée par son Directeur Général Bernard LABADENS et ayant pour Conseils la SCPA SORO et BAECO, Avocats à la Cour, demeurant Cocody-Les- Deux-Plateaux, rue des jardins, villa 2179, renvoi enregistré sous le n°059/2012/PC le 06juin2012,

en cassation de l'arrêt n°101/civ6/B rendu le 24 février 2009 par la Cour d'appel d'Abidjan et dont le dispositif suit :

« Par ces motifs, statuant publiquement, contradictoirement en matière commerciale en référé et en dernier ressort ;

Déclare les Sociétés SGBCI et SOCIMAT recevables en leurs recours respectifs ;

Déclare la SGBCI mal fondée en son appel principal et l'en déboute ;

Dit que la SOCIMAT est partiellement fondée en son appel incident ;

Infirme l'ordonnance entreprise en ce qu'elle a débouté la SOCIMAT de sa demande en dommages-intérêts ;

Statuant à nouveau ;

Déclare la SOCIMAT partiellement fondée en son appel incident ;

Condamne la SGBCI à lui payer la somme de cinq millions (5.000.000) francs à titre de dommages-intérêts ;

Confirme ladite ordonnance pour le surplus ;

Condamne la SGBCI aux dépens. » ;

Attendu que la requérante invoque à l'appui de son recours deux moyens de cassation tels qu'ils figurent à la « requête aux fins de pourvoi en cassation » annexée au présent arrêt ;

Sur le rapport de Monsieur Marcel SEREKOÏS SE-SAMBA, Président ;

Vu les dispositions des articles 13, 14 et 15 du Traité relatif à l'harmonisation du droit des affaires en Afrique ;

Vu les dispositions du Règlement de procédure de la Cour Commune de Justice et d'Arbitrage de TOHADA ;

Attendu qu'il ressort des pièces du dossier de la procédure qu'en exécution de l'arrêt n°460 du 21 avril 2006 de la Cour d'appel d'Abidjan, la Société de Ciment et Matériaux (SOCIMAT), créancière de la Société Constructions

Métalliques Ivoiriennes (CMI) a, par exploit en date du 30 avril 2008, fait pratiquer saisie attribution de créances au préjudice de la CMI, entre les mains de la Société Générale de Banques en Côte d'ivoire (SGBCI), pour sûreté et paiement de la somme de 29.221.452 FCFA ;

Que la SGBCI, sur interpellation de l'huissier instrumentaire, a déclaré n'avoir dans ses livres aucun compte ouvert au nom de la CMI ;

Que cependant à l'occasion d'une autre saisie le 16 octobre 2008, la SGBCI a déclaré détenir en ses livres un compte débiteur de la somme de 392.665.186 FCFA ouvert au nom de la Société CMI sous le numéro 116330922710 ;

Qu'estimant que la SGBCI a failli à ses obligations légales, la SOCIMAT a saisi le juge des référés du Tribunal de première instance d'Abidjan à l'effet de la voir condamner au paiement des causes de la saisie attribution du 30 avril 2008 ;

Que faisant droit à cette saisine, le juge des référés, par ordonnance n°1885 rendue le 04 décembre 2008, a condamné la SGBCI à payer à la SOCIMAT la somme de 48.747.660 FCFA ;

Que sur appel de la SGBCI, la Cour d'appel d'Abidjan a rendu le 24 février 2009 l'arrêt n°101/CIV6/B sus énoncé ;

Attendu que par courrier en date du 20 juin 2012 reçu en l'Etude du Conseil de SOCIMAT le 25 juin 2012, le Greffier en chef de la Cour de céans a invité la SOCIMAT, défenderesse au pourvoi, à déposer dans un délai d'un mois à compter de la réception de la correspondance, ses écritures ainsi que les pièces utiles pour la défense de ses intérêts ; que cette lettre est demeurée sans suite ; que dès lors, le principe du contradictoire ayant été respecté, il y a lieu de statuer contradictoirement à l'égard de toutes les parties ;

Sur le premier moyen tiré de la violation de la loi ou erreur dans l'application ou l'interprétation de la loi,

- en sa première branche, prise de la violation de l'article 1382 du Code civil

Attendu qu'il est reproché à la Cour d'appel d'avoir invoqué l'article 1382 susvisé pour condamner la SGBCI sans établir un lien de causalité entre une faute qui serait commise par la SGBCI et un préjudice qu'aurait subi la SOCIMAT, alors qu'aux termes dudit article, la réunion d'une faute, d'un préjudice et d'un lien de causalité entre les deux, est indispensable à la justification de la condamnation pour faute ;

Mais attendu que pour condamner la SGBCI au paiement de dommages- intérêts, la Cour d'appel énonce qu' « il est également établi que du fait de la déclaration inexacte faite par la SGBCI, la Société SOCIMAT a perdu toute chance d'avoir paiement de sa créance au moment de la saisie du 30 avril 2008, dans la mesure où à cette date, la déclaration inexacte n'a pas permis de connaître d'une part l'existence du compte mais surtout si le compte était créditeur ; qu'ainsi la SGBCI a fait perdre au créancier saisissant de faire valoir ses droits avant la date de la dernière saisie qui a fait ressortir le solde créditeur ; le comportement fautif de la SGBCI a donc eu pour conséquence de nuire à la société saisissante, de sorte que cette dernière est fondée à obtenir réparation.. » ; qu'ayant ainsi démontré l'existence d'une faute, d'un dommage et d'un lieu de causalité, la Cour n'encourt pas le grief formulé par le moyen ;

- en sa seconde branche, prise de la violation de l'article 156 de l'Acte uniforme portant organisation des procédures simplifiées de recouvrement et des voies d'exécution (AUPSRVE)

Attendu qu'il est reproché à la Cour d'appel d'Abidjan d'avoir estimé, pour condamner le tiers saisi au paiement des causes de la saisie, qu'il n'y avait pas lieu de rechercher si le compte du débiteur saisi, s'il existait à la date de la saisie, était créditeur ou débiteur, pour établir que du fait de la déclaration inexacte ou mensongère du tiers saisi, le saisissant a pu perdre une chance de se faire payer, alors qu'aux termes du texte susvisé, pour condamner le tiers saisi du fait de sa déclaration, il faut établir que celle-ci a pu faire subir au créancier saisissant un préjudice ;

Mais attendu que les dispositions de l'article ne subordonnent pas la condamnation du tiers saisi au paiement des causes de la saisie à la démonstration d'un préjudice qu'aurait subi le créancier saisissant du fait de la déclaration inexacte du tiers-saisi ; qu'il échet de rejeter également le moyen en cette branche ;

Sur le second moyen tiré de la violation ou erreur dans l'application ou l'interprétation de l'article 160 de l'AUPSRVE

Attendu qu'il est fait grief à la Cour d'appel d'avoir délibérément exclu le tiers saisi des personnes habilitées à invoquer la caducité d'une saisie non dénoncée, en retenant notamment que la dénonciation de la saisie est prescrite dans l'intérêt du débiteur saisi qui ne s'en est pas prévalu, alors qu'en application de l'article 160 susvisé, le tiers saisi peut invoquer la caducité d'une saisie non dénoncée s'il est poursuivi sur la base de ladite saisie ;

Mais attendu qu'il est de jurisprudence que la saisie ne peut être dénoncée au débiteur que si le tiers saisi a régulièrement collaboré à l'opération de saisie en rendant immédiatement disponible au profit du saisissant la propriété du fonds saisi sans y opposer le moindre obstacle ; qu'en l'espèce, la SGBCI, en faisant sur le champ une déclaration mensongère au saisissant, refusant ainsi implicitement d'exécuter la saisie-attribution, n'a pas permis à la procédure de saisie attribution d'être menée à son terme, le saisissant ne pouvant ainsi pas dénoncer une saisie dont il n'est pas encore attributaire ; que c'est à bon droit que le juge d'appel a déclarer la SGBCI malvenue à invoquer la non dénonciation de la saisie ; qu'i 1 s'ensuit que le recours de la SGBCI doit être rejeté comme non fondé ;

Attendu que la SGBCI ayant succombé, il y a lieu de la condamner aux dépens ;

PAR CES MOTIFS

Statuant publiquement, après en avoir délibéré,

En la forme :

Déclare le pourvoi recevable ;

Au fond :

Le rejette ;

Condamne la Société Générale de Banques en Côte d'Ivoire aux dépens.

5. L'arrêt d'exécution de la saisie-attribution

Le juge ne peut suspendre l'exécution d'une saisie-attribution entamée (CCJA, 3e Ch., n°31/2015, 9 avril 2015)

Sommaire

Dès lors qu'une saisie-attribution de créances est entamée, le juge ne peut, sans enfreindre les articles 32 et 164 de l'AUPSRVE, en suspendre l'exécution qui doit se poursuivre aux risques du créancier poursuivant.

La Cour Commune de Justice et d'Arbitrage (CCJA) de l'Organisation pour l'Harmonisation en Afrique du Droit des Affaires (OHADA), Troisième chambre, a rendu l'Arrêt suivant en son audience publique du 09 avril 2015 où étaient présents :

Madame Flora DALMEIDA MELE,	Présidente
Messieurs Victoriano OBIANG ABOGO,	Juge
Idrissa YAYE,	Juge, rapporteur
et Maître Alfred Koessy BADO	Greffier ;

Sur le pourvoi enregistré au greffe de la Cour sous le n°154/2012/PC en date du 05 novembre 2012 et formé par Maître DAH Frédéric Florent du Cabinet BOA Olivier Thierry et Associés, Avocats à la Cour, dont l'étude est sise à Abidjan-Plateau, Immeuble BIAO-CI, 15ème étages, 12 BP 172 Abidjan, agissant au nom et pour le compte de Monsieur KOUADIO Konan, Officier des FANCI à la retraite, demeurant à Abidjan 20 BP 229 Abidjan 20, dans la cause l'opposant à Monsieur KACOU APPIA Justin, fondateur d'établissement scolaire et Madame AIMAN Christiane Laure épouse KACOU APPIA Justin, gérante d'entreprise familiale, domiciliés à Abengourou BP 993, ayant pour Conseil maître GUYONNET Paul, Avocat à la cour, demeurant à Abidjan-Cocody II Plateaux, résidence du vallon, immeuble SIROCCO, 2ème étage, porte 147, 08 BP 723 Abidjan 08, y demeurant,

en cassation de l'ordonnance n°534 rendue le 22 août 2012 par le Premier président de la cour d'appel d'Abidjan et dont la teneur est la suivante :

« Nous, Diallo Mahammadou, président de chambre suppléant le Premier Président de la Cour d'Appel d'Abidjan ;

Vu la requête qui précède, et les pièces y annexées ;

Vu les dispositions de l'article 181 nouveau du Code de Procédure Civile, Commerciale et Administrative ;

Vu les conclusions écrites de Monsieur le Procureur Général ;

Estimons que la requête est fondée ;

Ordonnons la suspension de l'exécution de l'Ordonnance N°3969/2012 en date du 1er Août 2012 rendue par la Juridiction Présidentielle du Tribunal de Première Instance d'Abidjan-Plateau.

DISONS QU'IL NOUS EN SERA REFERE EN CAS DE DIFFICULTE. » ;

Le requérant invoque à l'appui de son pourvoi le moyen unique de cassation tel qu'il figure à la requête annexée au présent arrêt ;

Sur le rapport de Monsieur Idrissa YAYE, Juge ;

Vu les dispositions des articles 13 et 14 du Traité relatif à l'harmonisation du droit des affaires en Afrique ;

Vu les dispositions du Règlement de procédure de la Cour Commune de Justice et d'Arbitrage de l'OHADA ;

Attendu qu'il ressort des pièces du dossier de la procédure qu'en exécution de différents titres exécutoires, Monsieur KOUADIO Konan a fait pratiquer, le 31 mai 2012, une saisie attribution de créances entre les mains de l'Etat de Côte d'Ivoire, représenté par l'agent judiciaire du trésor au préjudice de Monsieur et Madame KACOU APPIA ; que cette saisie a été dénoncée le 1er juin 2012 avec l'indication de la juridiction d'Abidjan-Plateau comme étant la juridiction devant laquelle les contestations devaient être portées ; que les époux estimant qu'ils sont domiciliés à Abengourou ont porté leur contestation devant la juridiction de cette localité ; qu'à l'expiration du délai imparti pour élever les contestations, le greffe de la juridiction d'Abidjan-Plateau, sur requête de KOUADIO Konan, a délivré un certificat de non contestation ; que les époux KACOU APPIA ont alors saisi le juge de l'exécution du tribunal de première instance d'Abidjan-Plateau pour voir annuler le certificat de non contestation ainsi délivré ; que par ordonnance n°3969 en date du 1er août 2012, le juge de l'exécution les a débouté de cette demande et a déclaré valable le certificat de non contestation de saisie-attribution n°2216 du 06 juillet 2012 ; que les époux KACOU APPIA ont relevé appel de cette décision et ont sollicité du Premier président de la cour d'appel d'Abidjan une suspension de l'exécution de l'ordonnance n°3969 du 1er août 2012 ; que par ordonnance n°534/2012 du 22 août 2012, dont pourvoi, le Premier président de la cour d'appel d'Abidjan a fait droit à leur requête ;

Sur l'exception d'incompétence de la Cour de céans

Attendu que les époux KACOU APPIA soulèvent, dans leur mémoire en défense, l'incompétence de la Cour Commune de Justice et d'Arbitrage (CCJA) à connaître du présent litige, motifs pris de ce que l'ordonnance entreprise résulte de l'application de l'article 181 du code de procédure civile de Côte d'Ivoire, lequel ne rentre pas dans les attributions de la CCJA, telles que prévues par l'article 14 du Traité de l'OHADA, même si la cause du litige est relative à une saisie de créance ;

Mais attendu qu'aux termes des dispositions de l'article 10 du Traité institutif de l'OHADA : « Les Actes uniformes sont directement applicables et obligatoires dans les Etats Parties nonobstant toute disposition contraire de droit interne, antérieure ou postérieure. » ; qu'aux termes de l'alinéa 1er de l'article 14 dudit Traité : « La Cour

Commune de Justice et d'Arbitrage assure l'interprétation et l'application communes du Traité ainsi que des règlements pris pour son application, des Actes uniformes et des décisions. » ;

Attendu qu'il résulte des pièces versées aux débats que le litige objet du présent pourvoi est relatif au contentieux d'une saisie attribution de créance ; que cette matière est régie par un Acte uniforme ; que par conséquent en application des articles 10 et 14 suscités du Traité, la Cour de céans est exclusivement compétente pour connaître en cassation de toute décision y relative ; qu'il échet en conséquence de rejeter l'exception d'incompétence soulevée par les époux KACOU APPIA comme non fondée ;

Sur le moyen unique du pourvoi

Vu les articles 32 et 164 de l'Acte uniforme portant organisation des procédures simplifiées de recouvrement et des voies d'exécution ;

Attendu que le requérant fait grief à l'arrêt attaqué d'avoir suspendu l'exécution d'une saisie déjà entamée en violation des articles 32 et 164 de l'Acte uniforme portant organisation des procédures simplifiées de recouvrement et des voies d'exécution ;

Attendu qu'aux termes des dispositions de l'article 32 de l'Acte uniforme susvisé : « A l'exception de l'adjudication des immeubles, l'exécution forcée peut être poursuivie jusqu'à son terme en vertu d'un titre exécutoire par provision.

L'exécution est alors poursuivie aux risques du créancier, à charge pour celui-ci, si le titre est ultérieurement modifié, de réparer intégralement le préjudice causé par cette exécution sans qu'il y ait lieu de relever de faute de sa part. » ; qu'aux termes des dispositions de l'article 164, alinéa 1, du même Acte uniforme : « Le tiers saisi procède au paiement sur présentation d'un certificat du greffe attestant qu'aucune contestation n'a été formée dans le mois suivant la dénonciation de la saisie ou sur présentation de la décision exécutoire de la juridiction rejetant la contestation. » ;

Attendu qu'en l'espèce, la saisie attribution de créance est entamée et a même fait l'objet d'un premier paiement intervenu le 17 août 2012 ; qu'ainsi le Premier président de la cour d'appel d'Abidjan ne peut, sans enfreindre les dispositions des articles 32 et 164 de l'Acte uniforme précité, suspendre l'exécution de ladite saisie qui doit se poursuivre aux risques du créancier poursuivant ; qu'il échet dès lors d'annuler l'ordonnance querellée ;

Mais attendu que l'ordonnance du premier président de la cour d'appel d'Abidjan, ayant ainsi été annulée, la Cour de céans n'étant pas saisi du fond de l'affaire, il convient de dire qu'il n'y a pas lieu à évocation ;

Sur les dépens

Attendu enfin que les époux KACOU APPIA ayant succombé, il y a lieu de les condamner aux dépens ;

PAR CES MOTIFS

Statuant publiquement, après en avoir délibéré,

Annule l'ordonnance n°534/2012 rendue le 22 août 2012 par le Premier président de la cour d'appel d'Abidjan ;

Dit n'y avoir lieu à évocation ;

Condamne les époux KACOU APPIA aux dépens.

L'exécution forcée, ne peut être suspendue lorsqu'elle est entamée (CCJA, Ass. Plén., n°60-2/2015, 29 avril 2015)

Sommaire

Aux termes de l'article 32 de l'AUPSRVE : « A l'exception de l'adjudication des immeubles l'exécution forcée peut être poursuivie jusqu'à son terme en vertu d'un titre exécutoire par provision... ». Il en résulte que l'exécution forcée entamée, ne peut être suspendue.

La Cour Commune de Justice et d'Arbitrage (CCJA), de l'Organisation pour l'Harmonisation en Afrique du Droit des Affaires (OHADA), Assemblée plénière, a rendu l'Arrêt suivant en son audience publique foraine tenue le 29 avril 2015 à Ouagadougou au Burkina Faso où étaient présents :

Messieurs Marcel SEREKOÏSSE SAMBA	Président
Abdoulaye Issoufi TOURE,	1er Vice-président
Madame Flora DALMEIDA MELE,	Snde Vice-présidente
Victoriano OBIANG ABOGO,	Juge
Mamadou DEME	Juge
Idrissa YAYE,	Juge
et Maître Paul LENDONGO,	Greffier en chef,

Sur le pourvoi enregistré au Greffe de la Cour de céans le 02 mars 2007 sous le n°019/2007/PC et formé par Maître THIERNO IBRAHIMA BARRY, Avocat, à la Cour, demeurant à Koulewondy 8ème Avenue, Commune de Kaloum BP 831 Conakry, agissant au nom et pour le compte de Salématou KOUROUMA, informaticienne domiciliée au quartier Ratoma à Conakry, dans la cause l'opposant à la Compagnie Shell de Guinée, à la Banque Internationale pour le Commerce et l'Industrie en Guinée dite BICIGUI et à l'Union Internationale des Banques en Guinée dite UIBG, ayant pour Conseil le cabinet Maître Alpha Bakar Barry, Avocat à la Cour,

en cassation de l'Arrêt n°27 rendu le 01 juin 2006 par la Cour d'appel de Conakry, dont le dispositif est le suivant :

« Statuant publiquement, contradictoirement, en matière de référé en dernier ressort et sur appel ;

En la forme : Reçoit l'appel de Mlle Salématou KOUROUMA ;

Au fond : Le déclare mal fondé ;

En conséquence confirme l'ordonnance n°033 d 26 avril 2006 du Président du Tribunal de Première Instance de Conakry-I, en toutes ses dispositions ;

Met les dépens à la charge de l'appelante » ;

La requérante invoque à l'appui de son pourvoi les deux moyens de cassation tels qu'ils figurent à la requête annexée au présent arrêt ;

Sur le rapport de Monsieur Namuano Francisco DIAS GOMES, Juge ;

Vu les articles 13 et 14 du Traité relatif à l'harmonisation du droit des affaires en Afrique ;

Vu le Règlement de procédure de la Cour Commune de Justice et d'Arbitrage de l'OHADA ;

Attendu qu'il résulte des pièces de la procédure que par jugement n°15 rendu le 21 décembre 2005 par la justice de Paix de Kissidougou, la Société Shell a été condamnée à payer à la demoiselle KOUROUMA Salématou, la somme de 52.026.000.000 F avec exécution provisoire pour le quart du montant ; que la demoiselle KOUROUMA a, munie de la grosse, fait saisir les avoirs de Shell dans les caisses de la BICIGUI et de l'UIBG, les 12 et 16 janvier 2006 ; que Shell, en lieu et place du Tribunal de Mafanco-Conakry III compétent pour connaître des contestations, saisissait le Tribunal de Kaloum-conakry I ; que le Président de cette juridiction par Ordonnance n°8 du 16 janvier 2006, ordonnait la mainlevée des saisies ; que cette décision sera infirmée par la Cour d'appel de Conakry suivant l'Arrêt n°11 du 27 janvier 2006 ; que par Ordonnance n°12 du 10 février 2006, le Président de ladite Cour rétractait cet arrêt, et confirmera sa décision par une autre Ordonnance n°15 du 23 février 2006, toutes deux frappées de pourvoi devant la CCJA ; que Salématou KOUROUMA suite à l'Arrêt de la Cour d'appel du 27 janvier 2006, en l'absence de toute contestation devant le Tribunal de Mafanco-Conakry III, et au refus des tiers saisis de se dessaisir des sommes saisies, assignait ceux-ci en paiement des montants des saisies et en dommages-intérêts ; qu'elle a été déboutée par le juge des référés du Tribunal de Kaloum-Conakry I par Ordonnance n°21 du 20 février 2006 au motif que le 14 février 2006, le Président de la Cour suprême a ordonné le sursis à l'exécution du Jugement n°15 du Tribunal de Kissidougou ; qu'alors que Salématou KOUROUMA attendait la suite à l'appel relevé contre cette ordonnance, elle sera assignée par Shell aux fins de mainlevée sur les comptes ; que l'Ordonnance de référé n°033 du 26 avril 2006 du Président du Tribunal de Kaloum qui a fait droit à cette requête, a été confirmée par la Cour d'appel par arrêt dont pourvoi ;

Attendu que les lettres n°116 et 117 du 20 février 2009 adressées par le Greffier en chef respectivement à Maître Sékou Koundiano et Maître Abdoul Karim Conseils de Shell et de la BICIGUI sont demeurées sans suite ; que le principe du contradictoire ayant été respecté, il échet d'examiner le pourvoi ;

Sur la violation de l'article 32 de l'Acte uniforme portant organisation des procédures simplifiées de recouvrement et des voies d'exécution (relevé d'office)

Attendu que pour confirmer l'Ordonnance n°33 rendue le 26 avril 2006 par le Président du Tribunal de Kalum-Conakry I, la Cour d'appel a pris comme motif que « l'ordonnance de sursis à exécution de la Cour Suprême de Conakry a un effet suspensif du jugement rendu par la Justice de Paix de Kissidougou… » ;

Mais attendu qu'aux termes de l'article 32 visé au moyen : « A l'exception de l'adjudication des immeubles l'exécution forcée peut être poursuivie jusqu'à son terme en vertu d'un titre exécutoire par provision... » et que de la jurisprudence constante de la Cour de céans, il appert que l'exécution forcée entamée, ne peut être suspendue ; qu'en l'occurrence des saisies avaient déjà été pratiquées les 12 et 16 janvier 2006 lorsque survenait l'ordonnance du premier Président de la Cour suprême le 14 février 2006, au moment où les tiers saisis étaient assignés au paiement des causes de la saisie ; que la Cour en confirmant une ordonnance rendue en violation de l'article 32 visé au moyen, fait encourir la cassation à l'arrêt déféré ;

Sur l'évocation

Attendu que par acte du 26 avril 2006, la demoiselle Salématou KOUROUMA, a interjeté appel de l'Ordonannce n°33 rendue le même jour par le Président du Tribunal de Kaloum-Conakry I ;

Attendu que par l'organe de son conseil, Maître Thierno Ibrahima BARRY, elle a exposé que le premier Juge a ordonné la remise des fonds à la disposition de Shell en violation des articles 154 alinéa 4, 164, et 168 de l'Acte uniforme portant organisation des procédures simplifiées de recouvrement et des voies d'exécution ; qu'il n'a pas répondu à tous les chefs de demande ; que l'exécution a été entreprise en vertu d'un jugement assorti de l'exécution provisoire ; que les présidents de la Cour d'appel et de la Cour suprême étaient incompétents, l'affaire relevant de la Cour Commune de Justice et d'Arbitrage ; qu'elle sollicite l'infirmation de l'Ordonnance querellée et le maintien des saisies ;

Attendu qu'en réplique, la Société Shell, sous la plume de son conseil, Maître Sékou Koudiana a conclu à la confirmation en expliquant que les saisies ont été pratiquées suivant un jugement qui fait l'objet d'un sursis à exécution ordonné par le premier Président de la Cour suprême ; que c'est en vertu de cette ordonnance qu'elle a assigné les tiers saisis pour demander la mainlevée des saisies et la mise à sa disposition des fonds saisis ;

Attendu que pour sa part, la BICIGUI, tiers saisi, soutient qu'il y a une ordonnance du Premier Président de la Cour d'appel de Conakry qui a annulé toutes les décisions de saisie et ladite ordonnance n'a fait l'objet d'aucun recours de la part de Salématou KOUROUMA ;

Attendu que l'UIBG, autre tiers saisi, soutient qu'elle a libéré les fonds en vertu de l'ordonnance de référé du Tribunal de Kaloum-Conakry I qui lui en fait injonction ;

Attendu que l'ordonnance n°12 du 10 février 2006 du Premier Président de la Cour d'appel de Conakry a été infirmée et celle n°15 du 23 février 2006 du même magistrat, a été cassée suivant l'arrêt n°28 rendu le 18 avril 2013 par la Cour de céans ; que l'ordonnance n°6 du 14 février 2006 du Premier Président de la Cour suprême a été rendue en violation de l'article 32 suscité ; qu'enfin l'ordonnance querellée ayant été frappée d'appel, son exécution était suspendue en l'absence de motivation spéciale conformément à l'article 172 de l'Acte uniforme visé ; qu'il échet d'infirmer l'ordonnance entreprise et dire qu'il n'y a pas lieu à remettre les fonds à la disposition de Shell, en la déboutant ;

Attendu que la Société Shell, la BICIGUI et l'UIBG succombant seront condamnées aux dépens ;

PAR CES MOTIFS

Statuant publiquement, après en avoir délibéré,

Casse l'Arrêt n°027 rendu le 1er juin 2006 par la Cour d'appel de Conakry ;

Evoquant et statuant à nouveau,

Infirme l'ordonnance de référé n°033 rendue le 26 avril 2006 par le Président du Tribunal de Kaloum-Conakry I ;

Déboute la Société Shell de sa requête ;

Condamne la BICIGUI, L'UIBG et la Société Shell aux dépens.

6. Effets de la saisie

Effets d'une fusion sur la saisie pratiquée sur l'une des sociétés parties à la fusion (CCJA, 2e Ch., n°117/2015, 22 octobre 2015)

Sommaire

Si les articles 189 et 190 de l'Acte uniforme relatif au droit des sociétés commerciales font un distinguo entre les opérations de fusion et de scission, il reste que ces deux opérations ont toutes deux pour conséquence juridique majeure la transmission à titre universel du patrimoine de la société, qui disparaît de ce fait, aux sociétés bénéficiaires.

Si la fusion entraine transmission à la société absorbante des actifs de la société absorbée, il en est de même du passif de la société absorbée dont la charge sera désormais supportée par la société absorbante. C'est donc à bon droit que la Cour d'appel a validé la saisie pratiquée sur les biens de la société absorbante pour le recouvrement d'une dette de la société absorbée.

La Cour Commune de Justice et d'Arbitrage (CCJA), de l'Organisation pour l'Harmonisation en Afrique du Droit des Affaires (OHADA), Deuxième chambre, a rendu l'Arrêt suivant en son audience publique du 22 octobre 2015 où étaient présents :

Messieurs Abdoulaye Issoufi TOURE,	Président
Namuano Francisco DIAS GOMES,	Juge
Djimasna N'DONINGAR,	Juge, Rapporteur
et Maître Jean Bosco MONBLE,	Greffier,

Sur le renvoi, en application de l'article 15 du Traité relatif à l'harmonisation du droit des affaires en Afrique, devant la Cour de céans, de l'affaire Société SIFCA-CI contre SISSOKO ALIOU, par arrêt n°476/04 du 07 octobre 2004 de la Cour suprême de la République de Côte d'Ivoire, saisie d'un pourvoi formé par la SCPA FDKA, Avocats à la cour, cabinet sis au boulevard Carde, Avenue du Docteur Jamot, Immeuble Les Harmonies, 01 BP 2297 Abidjan 01, agissant au nom et pour le compte de la Société SIFCA-CI, SA sise au boulevard du Havre, 01 BP 1289 Abidjan 01, dans la cause qui l'oppose à monsieur SISSOKO ALiou, Acheteur de produits domicilié à Gadouan, BP 333, Daloa, Côte d'Ivoire, ayant pour Conseil Maître Mawa FOFANA, Avocat à la Cour, demeurant à Abidjan Plateau, Rue du Commerce, Immeuble « la Maison du Mali », Porte 115 ;

En cassation de l'Arrêt n°1209, rendu le 02 novembre 2001 par la Cour d'appel d'Abidjan et dont le dispositif est le suivant :

« Vu l'arrêt de recevabilité n°1110 du 27 juillet 2001 de la cour d'appel de ce siège ;

Déclare la SIFCA mal fondée en son appel relevé du jugement civil n°555 rendu le 22 juin 2001 par le Tribunal de première instance d'Abidjan ;

Confirme ledit jugement en toutes ses dispositions ;

Condamne l'appelante aux dépens » ;

Attendu que la requérante invoque à l'appui de son pourvoi les trois moyens de cassation, tels qu'ils figurent à la requête annexée au présent arrêt ;

Sur le rapport de Monsieur Djimasna N'DONINGAR, Juge ;

Vu les dispositions des articles 13, 14 et 15 du Traité relatif à l'harmonisation du droit des affaires en Afrique ;

Vu le Règlement de procédure de la Cour Commune de Justice et d'Arbitrage de l'OHADA ;

Attendu qu'il ressort des pièces du dossier de la procédure que le sieur SISSOKO ALiou, muni d'une ordonnance d'injonction de payer délivrée le 08 juillet 1999 contre la Société JEAN ABIL GAL (JAG) à lui payer la somme de 18 640 741 FCFA, procédait le 02 mai 2000 à des opérations de saisies vente sur les biens mobiliers de la Société SIFCA-JAG, entité créée suite à la scission de la société JAG intervenue le 19 juillet 1999 ; que la société SIFCA-JAG, s'estimant tiers à ce litige et propriétaire des biens saisis, a intenté une action en distraction d'objets saisis devant le Tribunal de première instance d'Abidjan, qui la rejeta ; que la Cour d'appel d'Abidjan, sur appel de SIFCA-JAG devenue entretemps SIFCA-CI, a rendu, le 02 novembre 2001, l'arrêt confirmatif n°1209 sus énoncé, objet du présent pourvoi ;

Sur le premier moyen tiré de la violation de l'article 246 du code de Procédure civile Ivoirienne

Attendu qu'au soutien de son recours, la requérante reproche à l'arrêt d'avoir ignoré les dispositions de l'article 246 du code de Procédure Civile en retenant que, dans la mesure où la saisie a eu lieu dans les locaux de JAG-CI et non dans ceux de la société SIFCA-CI, la preuve que les biens saisis appartiennent à la Société SIFCA-CI n'a pas été rapportée, alors, selon le moyen qu'il ressort clairement des différents actes de procédure qu'ils ont été délivrés à la société JAG-CI, dans les locaux de la société SIFCA-CI ; que ces deux sociétés sont deux personnes distinctes et, par conséquent, la requérante ne saurait être valablement destinataire des actes délivrés à la société JAG-CI ;

Mais attendu que le moyen ne précise pas en quoi l'article 246, qui ne détermine que les mentions devant figurer dans un exploit, a été violé ; qu'il échet de le déclarer irrecevable ;

Sur le deuxième moyen tiré de la violation des articles 189 et 190 de l'Acte uniforme relatif au droit des sociétés commerciales et GIE (non revisé)

Attendu qu'il est fait grief à l'arrêt déféré d'avoir violé les dispositions des articles visés au moyen, en ce qu'il a estimé qu'une fusion était intervenue entre la société JAG et la société SIFCA, à la suite de la création de SIFCA-JAG, alors, selon le moyen, qu'il est établi que les actifs et passifs de la société JAG ont été repartis entre deux sociétés existantes et une troisième nouvellement créée, la SIFCA-JAG ; que cette opération de scission, qui suppose que le patrimoine de la société scindée soit d'abord divisé, puis ensuite apporté à d'autres sociétés, ne peut être assimilée à la fusion, laquelle implique que l'intégralité du patrimoine d'une société soit apportée à un seul bénéficiaire qui, dans ces conditions, est également tenu de l'intégralité du passif ;

Attendu que si les articles 189 et 190 de l'Acte uniforme relatif au droit des sociétés commerciales font un distinguo entre les opérations de fusion et de scission, il reste que ces deux opérations ont toutes deux pour conséquence juridique majeure la transmission à titre universel du patrimoine de la société, qui disparaît de ce fait, aux sociétés bénéficiaires ;

Attendu qu'en l'occurrence la scission n'a été affectée d'aucune modalité ; qu'en effet, il ne ressort nulle part du traité de scission de JAG-CI, établi le 19 juillet 1999 en l'Etude notariale de Maître Marcelle Denise-Richmond, déposé au greffe du tribunal le 14 août 1999 et publié dans un journal d'annonces légales, que seul le passif bancaire est transmis à la charge de SIFCA-JAG ; que dudit traité de scission, il est apparu une transmission à SIFCA-JAG des actifs évalués à 19.798.000.000 FCFA et un passif de 13.788. 000.000 FCFA, sans autre précision sur la nature des dettes ainsi transférées ; qu'en estimant, dans ces conditions, que la créance de monsieur SISSOKO ALiou sur la société JAG-CI est transférée et opposable à la société SIFCA-JAG, la cour d'appel d'Abidjan a fait une saine application des articles visés au moyen ; qu'il s'ensuit que ce moyen n'est pas fondé et doit être rejeté ;

Sur le troisième moyen tiré de la violation des articles 91 et 141 de l'Acte uniforme portant organisation des procédures simplifiées de recouvrement et voies d'exécution

Attendu qu'il est fait grief à l'arrêt déféré d'avoir violé les dispositions susvisées en déclarant mal fondée l'action en distraction des objets saisis, au motif que la société SIFCA-CI n'a pas rapporté la preuve que les biens lui appartenaient en propre, alors, selon le moyen, qu'il résulte des dispositions du traité de scission que les actifs de la société JAG-CI transmis à la requérante incluaient le bénéfice du bail emphytéotique des locaux où est situé son siège social et des biens mobiliers garnissant ces locaux ; qu'il apparaît ainsi que les saisies pratiquées sur ces biens, pour paiement d'une dette de la société JAG-CI, sont illégales et abusives ;

Mais attendu que, suivant les dispositions de l'alinéa 3 de l'article 190 de l'Acte uniforme relatif au droit des sociétés commerciales, « la scission entraîne transmission à titre universel du patrimoine de la société, qui disparaît du fait de la scission, aux sociétés existantes ou nouvelles » ; que, s'il n'est pas contesté que les actifs de JAG-CI sont transmis à SIFCA-JAG, devenue par la suite SIFCA-CI, et que, de ce fait, les biens saisis appartiennent à la société absorbante, il l'est tout aussi pour une partie du passif de JAG-CI dont la charge est désormais dévolue à SIFCA-CI ; qu'en considération de cette universalité du patrimoine, la cour d'appel, en estimant que les biens saisis sont ceux du débiteur poursuivi, n'a pas méconnu les dispositions des articles 91 et 141 visés au moyen ; qu'il y a également lieu de rejeter le moyen comme étant non fondé ;

Attendu qu'il échet en conséquence de rejeter le pourvoi ;

Attendu que la Société SIFCA-CI ayant succombé sera condamnée aux dépens ;

PAR CES MOTIFS

Statuant publiquement, après en avoir délibéré,

Rejette le pourvoi formé par la Société SIFCA-CI ;

La condamne aux dépens.

IV. Saisie conservatoire

Le paiement des causes de la saisie est subordonné à la conversion de la saisie conservatoire (CCJA, 3e Ch., n°36/2015, 24 avril 2015)

Sommaire

Il résulte de l'alinéa 1 de l'article 81 de l'AUPSRVE que le paiement des causes de la saisie est subordonné à la conversion de la saisie conservatoire en saisie-attribution en cas de défaut de renseignements sur les comptes du débiteur par le tiers saisi. L'alinéa 2 quant à lui ne subordonne pas la condamnation du tiers saisi aux dommages intérêts à une telle conversion.

La Cour Commune de Justice et d'Arbitrage (CCJA) de l'Organisation pour l'Harmonisation en Afrique du Droit des Affaires (OHADA), troisième chambre, a rendu l'arrêt suivant en son audience publique du 24 avril 2015 où étaient présents :

Madame Flora DALMEIDA MELE,	Présidente, rapporteur
Messieurs Victoriano OBIANG ABOGO,	Juge
Idrissa YAYE,	Juge
et Maître Alfred Koessy BADO,	Greffier ;

Sur le pourvoi enregistré au greffe de la Cour de céans le 23 mars 2012 sous le n°028/2012/PC et formé par Maîtres OBENG-KOFI FIAN, Avocats à la cour, demeurant Résidence Neuilly, boulevard Angoulvant, 2ème étage aile gauche, 01 BP 6514 Abidjan 01, agissant au nom et pour le compte de la Banque Nationale d'Investissement dite BNI dont le siège social est à Abidjan Plateau, immeuble SCIAM, Avenue Marchand 01 BP 670 Abidjan 01, représentée par Monsieur KASSY N'DA Eugène, directeur général par intérim, demeurant audit siège, dans la cause l'opposant à la Société Générale de Banques dite SGBCI dont le siège social est à Abidjan plateau , 5 et 7 Avenue Joseph Anoma, 01 BP 1355 Abidjan 01, agissant aux poursuites et diligences de son représentant légal, Monsieur Bernard Labadens, directeur général demeurant au siège de ladite société, ayant pour Conseils la SCPA DOGUE-ABBE YAO & Associés, Avocats à la cour, demeurant à Abidjan Plateau, 29, boulevard CLOZEL, 01 BP 174 Abidjan 01,

en cassation de l'arrêt n°128 rendu le 11 mars 2011 par la cour d'appel d'Abidjan dont le dispositif est le suivant :

« Statuant publiquement, contradictoirement, en matière de voies d'exécution et en dernier ressort ;

En la forme

Déclare la SGBCI recevable en son appel relevé de l'ordonnance de référé n°1451 rendue le 16 juillet 2010 par la Juridiction Présidentielle du Tribunal de Première Instance d'Abidjan ;

Au fond

L'y dit bien fondée ;

Infirme ladite ordonnance ;

Statuant à nouveau

Déclare la BNI recevable en son action ;

Déclare ses contestations bien fondées ;

En revanche, constate qu'il n'y a pas de conversion de la saisie conservatoire de créances en saisie-attribution de créances ;

Par conséquent, la déboute de sa demande de dommages et intérêts ;

Condamne la BNI aux dépens. » ;

La requérante invoque à l'appui de son pourvoi le moyen unique de cassation tel qu'il figure à la requête annexée au présent arrêt ;

Sur le rapport de Madame Flora DALMEIDA MELE, Seconde Vice-présidente ;

Vu les dispositions des articles 13 et 14 du Traité relatif à l'harmonisation du droit des affaires en Afrique ;

Vu le Règlement de procédure de la Cour Commune de Justice et d'Arbitrage de l'OHADA ;

Attendu qu'il ressort des pièces du dossier qu'en vertu du protêt faute de paiement daté du 9 décembre 2008, la Banque Nationale d'Investissement dite BNI a fait pratiquer, le 11 décembre 2008, entre les mains de la Société Générale de Banques en Côte d'Ivoire dite SGBCI, une saisie conservatoire de créances au préjudice de la société de Conditionnement de Café et de Cacao dite CONDICAF SA pour sûreté et avoir paiement de la somme totale de 252 776 800 FCFA ; que lors des opérations de ladite saisie, la SGBCI a déclaré le compte n°066 401 028 41 créditeur de 72 737 124 FCFA et celui n°066 401 105 21 créditeur de 80 067 233 FCFA ; que le 13 janvier 2009, la BNI a donné mainlevée de ladite saisie et a aussitôt pratiqué une nouvelle saisie sur les mêmes comptes avec le même titre, saisie au cours de laquelle la SGBCI a déclaré que le compte n°066 401 028 41 est débiteur de 234 430 138 FCFA et que le compte n°066 401 105 21 est créditeur de 80 067 233 FCFA et qu'en raison d'une lettre d'unité de comptes, le solde cumulé débiteur est de 154 362 905 sauf erreur ou omission et sous réserves des droits et opérations en cours ; que considérant que la SGBCI a manqué à ses obligations, la BNI l'a assignée devant le président du tribunal de première instance d'Abidjan pour la voir condamner au paiement de la somme de 1 744 958 440 FCFA à titre de dommages intérêts ; que par ordonnance n°1451 rendue le 16 juillet 2010, le juge a fait droit à sa demande ; que sur appel de la SGBCI, la cour d'appel d'Abidjan a infirmé l'ordonnance entreprise par arrêt n°128 rendue le 11 mars 2011 dont pourvoi ;

Sur le moyen unique

Vu l'article 81, alinéa 2 de l'Acte uniforme portant organisation des procédures simplifiées de recouvrement et des voies d'exécution

Attendu que la demanderesse au pourvoi fait grief à l'arrêt attaqué d'avoir violé l'article 81, alinéa 2 de l'Acte uniforme portant organisation des procédures simplifiées de recouvrement et des voies d'exécution en ce qu'il a subordonné la conversion préalable de la saisie conservatoire en saisie attribution pour condamner le tiers saisi au paiement des dommages-intérêts alors, selon le moyen, que la condamnation du tiers saisi à des dommages-intérêts nécessite simplement de prouver que sa déclaration est inexacte ou mensongère ou relève d'une négligence fautive

Attendu que l'article 81 de l'Acte uniforme précité dispose : « le tiers saisi qui, sans motif légitime, ne fournit pas les renseignements prévus, s'expose à devoir payer les sommes pour lesquelles la saisie a été pratiquée si celle-ci est convertie en saisie-attribution, sauf son recours contre le débiteur.

Il peut aussi être condamné à des dommages-intérêts en cas de négligence fautive ou de déclaration inexacte ou mensongère.

A défaut de contestation des déclarations du tiers avant l'acte de conversion, celles-ci sont réputées exactes pour les seuls besoins de la saisie. » ;

Attendu qu'il s'infère de l'alinéa 1 de l'article précité, que le paiement aux causes de la saisie est subordonné à la conversion de la saisie conservatoire en saisie-attribution en cas de défaut de renseignements sur les comptes du débiteur par le tiers saisi ; que selon l'alinéa 2, le tiers saisi peut également être condamné à des dommages-intérêts dès qu'une négligence fautive est relevé ou s'il a fait des déclarations inexactes ou mensongères sur l'étendue de ses obligations à l'égard du débiteur tel que prescrit à l'article 156 du même Acte uniforme ;

Attendu en l'espèce que la BNI sollicite la condamnation de la SGBCI au paiement des dommages-intérêts pour avoir fait des déclarations inexactes lors de la saisie conservatoire du 13 janvier 2009 ; qu'en subordonnant, sur le fondement de l'article 81 alinéa 2 de l'Acte uniforme sus indiqué, la conversion de la saisie conservatoire en saisie attribution pour condamner le tiers saisi au paiement des dommages intérêts, la cour a, par mauvaise interprétation, violé l'article 81 alinéa 2 sus indiqué ; que dès lors, le grief visé au moyen est fondé et l'arrêt encourt cassation sans qu'il soit nécessaire d'examiner le moyen d'irrecevabilité soulevé par la défenderesse au pourvoi ;

Sur l'évocation

Attendu que suivant exploit d'huissier du 22 juillet 2010, la SGBCI a interjeté appel contre l'ordonnance n°1451 rendue le 16 juillet 2010 par le juge des référés et dont le dispositif est le suivant : « Par ces motifs, statuant publiquement, contradictoirement en matière de référé d'heure à heure et en premier ressort ; recevons la Banque Nationale d'Investissement dite BNI en son action ; l'y disons bien fondée ; condamnons la Société Générale de Banques en Côte d'Ivoire dite SGBCI à lui payer la somme de 1 744 958 440 FCFA à titre de dommages et intérêts » ;

Attendu que la BNI sollicite dans ses écritures après cassation la confirmation pure et simple de l'ordonnance entreprise en ce qu'elle a condamné la SGBCI au paiement de dommages-intérêts ; qu'elle soutient que la SGBCI n'était pas en mesure de justifier le solde cumulé des comptes bancaires de la CONDICAF qui ont varié à l'intervalle de quelques minutes puisque débiteurs de 154 362 905 FCFA alors que la seconde saisie a suivi, à l'intervalle de cinq minutes, la première où les comptes étaient créditeurs d'un montant total de 152 804 357 FCFA ; que ce comportement signifie que la SGBCI a aidé la société CONDICAF à dissimuler une partie des fonds et a fait ainsi une déclaration inexacte qui justifie sa condamnation au paiement de dommages-intérêts conformément à l'article 81 alinéa 2 de l'Acte uniforme portant organisation des procédures simplifiées de recouvrement et des voies d'exécution ; qu'au terme de l'article 161 de l'Acte uniforme précité, la SGBCI devait indiquer dans le délai de quinze jours ouvrables qui a suivi la première saisie que le solde a été affecté par des opérations de débit et fournir dans les huit jours après l'expiration du délai de contre-passation, un relevé de toutes les opérations qui ont affecté ledit compte ; que n'ayant nullement accompli ces diligences, elle est mal venue à se prévaloir des prétendues variations entre les deux saisies qui seraient dues à l'automaticité du logiciel ; que la deuxième saisie ayant été pratiquée par la BNI pour avoir paiement de la somme de 1 744 958 440 FCFA à elle due par la CONDICAF, les manquements de la SGBCI à ses obligations légales de tiers saisi ont empêché le recouvrement de cette créance ; qu'elle sollicite la condamnation de la SGBCI au paiement de la somme de 1 744 958 440 FCFA à titre de dommages-intérêts en vertu des articles 38, 80 ,81, et 156 de l'Acte uniforme précité ;

Attendu que dans ses conclusions en évocation, la SGBCI excipe que la saisie pratiquée par la BNI est une saisie conservatoire de créances dont l'acte de conversion ne lui a pas encore été notifié ni le certificat de non contestation ; qu'en l'absence de toute conversion, la BNI ne peut prétendre au paiement de la somme de 1 744 958 440 FCFA correspondant aux causes de la saisie ; qu'elle soutient que la déclaration inexacte ou mensongère pouvant entrainer la condamnation du tiers saisi au paiement de dommages-intérêts doit être prouvée par des documents attestant de la réalité de la situation du compte au moment de la saisie et non être déduite de la simple spéculation du compte au moment de la saisie ; que les comptes étant gérés par des logiciels de façon automatique, une mainlevée d'un compte, même pour quelques secondes, peut impacter le solde créditeur ou débiteur avant la mainlevée ; qu'en l'espèce, le compte n°066 401 028 41 a continué à fonctionner à découvert après la saisie du 11décembre 2008 de sorte que dès la mainlevée du 13 janvier 2009, le jeu des écritures a fait ressortir un solde débiteur global déclaré dans le procès verbal ; qu'elle n'a donc pas fait de déclaration inexacte ou mensongère puisqu'elle a déclaré la situation du compte litigieux au moment de la saisie du 13 janvier 2009 ;

Sur la demande de la BNI tendant à la violation par la SGBCI des articles 80, 156, 38 de l'Acte uniforme portant organisation des procédures simplifiées de recouvrement et des voies d'exécution et sa condamnation au paiement de dommages-intérêts

Attendu que la BNI estime que les déclarations faites le 13 janvier 2009 par la SGBCI sont tronquées au motif qu'elles sont différentes de celles faites lors d'une première saisie en date du 11 décembre 2008 dont la mainlevée a été ordonnée juste 5 minutes avant la nouvelle saisie du 13 janvier 2009 où l'on dénote une variation dans les montants ; qu'elle sollicite en conséquence la condamnation de la SGBCI au paiement de la somme de 1 744 958 440 FCFA à titre de dommages-intérêts ;

Attendu que pour obtenir la condamnation du tiers saisi à des dommages-intérêts, il est indispensable de rapporter la preuve de sa négligence fautive ou de sa déclaration inexacte ou mensongère ; qu'en l'espèce, la SGBCI a fait des déclarations dès qu'elle en a été requise ; qu'en fondant sa demande en condamnation au paiement des dommages-intérêts sur des déclarations faites lors d'une précédente saisie ayant fait l'objet d'une mainlevée sans rapporter la preuve de l'inexactitude des déclarations de la SGBCI faites lors de la nouvelle saisie du 13 janvier 2009, la BNI ne prouve pas la violation des articles qu'elle allègue ; que dès lors, la preuve de l'inexactitude des déclarations de la SGBCI n'étant pas rapportée pour justifier sa condamnation au paiement des dommages-intérêts, il convient de débouter la BNI de sa demande ;

Attendu que la BNI ayant succombé, il échet de la condamner aux dépens ;

PAR CES MOTIFS

Statuant publiquement, après en avoir délibéré,

Déclare recevable le recours de la BNI ;

Casse et annule l'arrêt n°128 rendu le 11 mars 2011 par la cour d'appel d'Abidjan ;

Evoquant et statuant sur le fond ;

Infirme en toutes ses dispositions l'ordonnance n°1451 rendue le16 juillet 2010 par le juge des référés du tribunal de première instance d'Abidjan

Statuant à nouveau ;

Déclare l'action de la BNI recevable

L'en dit mal fondée ;

L'en déboute ;

Condamne la BNI aux dépens.

V. Titre exécutoire

Constitue un titre exécutoire définitif un jugement n'ayant pas fait l'objet d'appel (CCJA, 3e Ch., n°22/2015, 9 avril 2015)

Sommaire

Un jugement sur le fondement duquel est pratiquée la saisie qui n'a pas fait l'objet d'appel dans les délais constitue un titre exécutoire définitif. La saisie pratiquée en vertu de ce titre est régulière dès lors que l'acte de saisie en fait mention conformément à l'article 157 de l'AUPSRVE.

La Cour Commune de Justice et d'Arbitrage (CCJA) de l'Organisation pour l'Harmonisation en Afrique du Droit des Affaires (OHADA), Troisième chambre, a rendu l'Arrêt suivant en son audience publique du 09 avril 2015 où étaient présents :

Madame Flora DALMEIDA MELE,	Présidente, rapporteur
Messieurs Victoriano OBIANG ABOGO,	Juge
Idrissa YAYE,	Juge
et Maître Alfred Koessy BADO,	Greffier ;

Sur le renvoi en application de l'article 15 du Traité relatif à l'harmonisation du droit des affaires en Afrique devant la cour de céans de l'affaire monsieur Edmond ZEGBEHI BOUAZO contre Monsieur LOBA AYE Evrard, la Banque Atlantique de Côte d'Ivoire dite BACI, la Société Générale de Banque en Côte d'Ivoire dite SGBCI par Arrêt n°493/10 en date du 08 juillet 2010 de la cour suprême de Côte d'Ivoire, saisie d'un pourvoi formé par Monsieur Edmond ZEGBEHI BOUAZO, demeurant à Abidjan Cocody les II Plateaux , rue K 35, villa n°499, 04 BP 502 Abidjan 04, ayant pour conseils la SCPA KOSSOUGRO & Associés, Avocats à la cour, demeurant 35, Avenue Général de Gaulle, Abidjan-plateau, immeuble COLINA , 14 BP 279 Abidjan 14 ou 01 BP 7285 Abidjan 01 dans la cause l'opposant à Monsieur LOBA AYE Evrard demeurant à Abidjan , 01 BP 12612 Abidjan 01, ayant pour Conseils la SCPA KONE et N'GUESSAN, avocats à la cour, demeurant à Treichville, avenue 19, rue 38, 09 BP 3138 Abidjan 09, la Banque Atlantique de Côte d'Ivoire dite BACI et la Société Générale de Banque en Côte d'Ivoire dite SGBCI, renvoi enregistré au greffe de la cour de céans sous le n°039/2011/PC du 24 mai 2011,

en cassation de l'arrêt n°35 CIV6/B rendu le 13 janvier 2009 par la cour d'appel d'Abidjan et dont le dispositif est le suivant :

« **PAR CES MOTIFS**

Statuant publiquement, contradictoirement en matière d'urgence et en dernier ressort ;

En la forme

Déclare Mr Edmond ZEGBEHI BOUAZO recevable en son appel

Au fond

L'y dit mal fondé

L'en déboute ;

Confirme l'ordonnance entreprise en toutes ses dispositions ;

Met les dépens à la charge de Mr Edmond ZEGBEHI BOUAZO ; » ;

Le requérant invoque à l'appui de son pourvoi les deux moyens de cassation tels qu'ils figurent à la requête annexée au présent arrêt ;

Sur le rapport de Madame Flora DALMEIDA MELE, Seconde Vice-présidente ;

Vu les dispositions des articles 13, 14 et 15 du Traité relatif à l'harmonisation du droit des affaires en Afrique ;

Vu le Règlement de procédure de la Cour Commune de Justice et d'Arbitrage de l'OHADA ;

Attendu qu'il ressort des pièces du dossier qu'en exécution de la grosse du jugement civil contradictoire n°2313/CIV/2C rendu le 16 octobre 2006 par le tribunal de première instance d'Abidjan, Monsieur LOBA AYE Evrard a fait pratiquer le 12 mars 2008 une saisie-attribution de créances entre les mains de la Banque Atlantique de Côte d'Ivoire dite BACI et la Société Générale de Banque en Côte d'Ivoire dite SGBCI au préjudice de Monsieur Edmond ZEGBEHI BOUAZO ; qu'en contestation, celui-ci a saisi le juge des référés du tribunal de première instance d'Abidjan lequel par ordonnance n°836 rendu le 05 juin 2008, s'est déclaré compétent et l'a débouté de son action comme mal fondée ; que sur appel de Monsieur Edmond ZEGBEHI BOUAZO, la cour d'appel d'Abidjan a rendu le 13 janvier 2009, l'arrêt confirmatif n°35 CIV6/B dont pourvoi ;

Sur le second moyen

Vu l'article 28 bis nouveau du Règlement de procédure révisé de la Cour Commune de Justice et d'Arbitrage

Attendu que le demandeur au pourvoi reproche au juge d'appel d'avoir omis de statuer sur le moyen pris de la violation de l'article 34 de l'Acte uniforme portant organisation des procédures simplifiées de recouvrement et des voies d'exécution alors que ce moyen a été invoqué dans ses conclusions d'appel ;

Attendu qu'il ressort des conclusions d'appel du demandeur au pourvoi enregistré au greffe de la cour d'appel le 26 juin 2008 sous le numéro 867/08 que celui-ci a invoqué le moyen tiré de la violation de l'article 34 de l'Acte uniforme précité ; que la cour d'appel n'a pas répondu au moyen et expose ainsi sa décision à la cassation ; qu'il échet de casser l'arrêt sans qu'il soit besoin d'examiner le premier moyen ;

Sur l'évocation

Attendu que Monsieur Edmond ZEGBEHI BOUAZO a interjeté appel contre l'ordonnance n°836 rendue le 05 juin 2008 par le juge des référés du tribunal de première instance d'Abidjan et dont le dispositif est le suivant :

« Statuant publiquement, contradictoirement, en matière d'urgence et en premier ressort ;

Au principal renvoyons les parties à mieux se pourvoir ainsi qu'elles aviseront, mais dès à présent

Vu l'urgence ;

Rejetons l'exception d'incompétence soulevée pour le défendeur ;

Nous nous déclarons compétent ;

Recevons Monsieur Edmond ZEGBEHI BOUAZO en son action ;

L'y disons mal fondé ;

L'en déboutons ; … » ;

Qu'il demande à la Cour de céans d'infirmer l'ordonnance sus énoncée et sollicite la main levée de la saisie-attribution de créances pratiquée le 12 mars 2008 sur ses comptes logés dans les livres de la SGBCI et de la BACI ; qu'il excipe que le jugement n°2313/CIV/2C sur le fondement duquel la saisie-attribution de créances a été pratiquée ne constitue pas un titre exécutoire comme l'exige l'article 157 2) de l'Acte uniforme précité pour avoir été frappé d'appel ; que la mainlevée de la saisie opérée doit donc être ordonnée ; que les prescriptions de l'article 34 de l'Acte uniforme sus indiqué sur la production du certificat de non appel et de non opposition de la décision juridictionnelle invoquée à l'égard d'un tiers n'ont pas été respectées ; que le certificat de non appel et de non opposition délivré le 03 janvier 2008 à Monsieur LOBA AYE Evrard est nul et de nul effet pour avoir été délivré avant que le délai d'un mois imparti pour interjeter appel n'expire puisqu'ayant reçu signification de la décision par voie postale le 10 décembre 2007, il avait jusqu'au 11 janvier 2008 pour relever appel contre le jugement suscité ;

Attendu que Monsieur LOBA AYE Evrard conclut à la confirmation de l'ordonnance N°836 ; qu'il soutient que le certificat de non appel et de non opposition est régulier ;

Sur la demande relative à la nullité du certificat de non appel et de non opposition

Attendu que Monsieur Edmond ZEGBEHI BOUAZO demande la nullité du certificat de non appel et de non opposition pour violation de l'article 34 de l'Acte uniforme précité au motif que le certificat daté du 03 janvier 2008 a été délivré avant même l'expiration du délai d'appel qui courait jusqu'au 11 janvier 2008, la signification de la décision ayant été reçue par voie postale le 10 décembre 2007 ;

Mais attendu qu'il ressort des pièces du dossier que le jugement a été signifié le 23 novembre 2007 au domicile de Monsieur Edmond ZEGBEHI BOUAZO et remis à son fils David BOUAZO par Maître BAMBA Mounini, huissier de justice ; que le délai d'un mois court à compter du 24 novembre 2007 ; que dès lors , le certificat de non appel délivré le 03 janvier 2008 par le greffe est conforme à l'article 34 sus indiqué et donc régulier ; qu'au surplus, l'attestation de plumitif d'audience indique que la cour d'appel d'Abidjan a, par arrêt n°384/CIV4/B rendu le 16 mai 2008, déclaré irrecevable l'appel formé par Monsieur Edmond ZEGBEHI BOUAZO contre le jugement n°2313/CIV/2C ; qu'il échet donc de débouter Monsieur Edmond ZEGBEHI BOUAZO de ce chef de demande ;

Sur la demande relative à la mainlevée de saisie attribution de créances pour absence du titre exécutoire

Attendu que Monsieur Edmond ZEGBEHI BOUAZO soutient que la saisie-attribution de créances a été pratiquée sans titre exécutoire, ce, en violation de l'article 157.2) de l'Acte uniforme portant organisation des procédures simplifiées de recouvrement et des voies d'exécution ; qu'il sollicite pour cela la mainlevée de ladite saisie ;

Mais attendu que le jugement n°2313/CIV/2C sur le fondement duquel est pratiqué la saisie n'a pas fait l'objet d'appel dans les délais tel que démontré plus haut et constitue un titre exécutoire définitif mentionné dans l'acte de saisie tel que prescrit par l'article sus visé ; que dès lors, la mainlevée de saisie sollicitée ne peut être ordonnée ; qu'il échet de débouter le requérant de cette demande ;

Attendu qu'ayant succombé, Monsieur Edmond ZEGBEHI BOUAZO doit être condamné aux dépens ;

PAR CES MOTIFS

Statuant publiquement, après en avoir délibéré,

Déclare le recours recevable ;

Casse l'arrêt n°35 CIV6/B rendu le 13 janvier 2009 par la cour d'appel d'Abidjan ;

Evoquant et statuant sur le fond,

Confirme l'ordonnance n°836 rendue le 5 juin 2008 par le juge des référés du tribunal de première instance d'Abidjan ;

Déboute Monsieur Edmond ZEGBEHI BOUAZO de ses demandes ;

Le condamne aux dépens.

Le créancier peut conduire une exécution forcée sur la base d'un titre exécutoire par provision (CCJA, Ass. Plén., n°52/2015, 27 avril 2015)

Sommaire

L'article 32 de l'AUPSRVE pose deux principes :

- Le créancier saisissant peut conduire une procédure d'exécution jusqu'à son terme, sauf en matière immobilière, sur la base d'un titre exécutoire par provision,

- Cette exécution se fera à ses risques et périls et, si le titre est ultérieurement modifié, il sera tenu de réparer intégralement le préjudice causé par l'exécution même s'il ne commet aucune faute dans ladite exécution.

La Cour Commune de Justice et d'Arbitrage (CCJA), de l'Organisation pour l'Harmonisation en Afrique du Droit des Affaires (OHADA), Assemblée plénière, a rendu l'Arrêt suivant en son audience foraine tenue à Bamako (République du Mali), le 27 avril 2015 où étaient présents :

Monsieur Marcel SEREKOÏSSE-SAMBA,	Président, rapporteur
Madame Flora DALMEIDA MELE,	Seconde Vice-Présidente
Messieurs Mamadou DEME,	Juge
Djimasna NDONINGAR,	Juge
et Maître Paul LENDONGO,	Greffier en chef

Sur le pourvoi enregistré au greffe de la Cour de céans le 19 janvier 2012 sous le n°008/2012/ PC et formé par la SCP Guédel NDIAYE & Associés, Avocats à la cour, dont le cabinet est sis 73 bis rue Amadou Assane NDOYE à Dakar, agissant au nom et pour le compte de la Société Nationale de Recouvrement (SNR) dont le siège social est à Dakar, 7 avenue Léopold Sédar Senghor, représentée par son directeur général, dans la cause l'opposant à

1°) La Compagnie Bancaire de l'Afrique Occidentale (CBAO) , dont le siège social est à Dakar ;

2°) Monsieur Aliou DIOUF et 150 autres dont les noms suivent :

Mbaye Ndiaye, Mamadou DIENG, Ousmane DIOP, Moussa DIOP, Ameth LO DIENG, Mbaye BA, Mor NGOM, Tamsir WADE, Mor FALL, Sidy NDIAYE, Simon SENGHOR, Mbacké DIENG, Mamadou DIAGNE, Mamadou GUEYE, Ismaïla FALL, Saliou Diop, Samba FAYE, Elly SY, Moussa NDIAYE, Lamine SOW, Aliou DIEME, Moussa DIALLO, Ibrahima SARR, Babacar THIAM, Oumar Diouf, Demba Boubou SOW, Amdy DIOP, Arona SOW, Oumar DIAW, Joseph MANKABOU, Alassane DIATTA, Ngagne DIOP, Malick SARR, Ngor FAYE, Moussa WADE, Amadou Ardo DIA, Samba FAYE, Harold MBAYE, Alioune CISS, Ousmane DIENG,

Aliou FAYE, Thierno FAYE, Babacar FALL, Mamadou CISSE, Fallou DIAW, Mamadou G. DIALLO, Anta DIONE, Mamadou Dimé GUEYE, Moda DIOP, Laurent Diockel DIOP, Abdou THIAM, Amady Afo SAM, Ibrahima KONE, Alassane DIOP, Saliou CISS, SambaLOUM, Aliou KA, Samba DIAGNE, Alassane AW, Moussa BA, Abdoulaye CAMARA, Ibrahima SARR, Khalifa CISSE, Malick FALL NDOUR, Youssoupha MANGANE, Seoubeyrou DIOP, Mbar FAYE, Abdou NDIAYE, Karim SOW, Ndèye Ngane DIENG, Habib THIAM, Oumar SYLLA BAH, Ibrahima POUYE, El H. Rawane GUEYE, Mamadou S. DIALLO, Souleymane BA, Djibril DIOUF, Ibrahima KA, Bassirou NIANG, Saliou DIOUF, Abdou DIENG, Lémou GUEYE, Aliou SENE, Mor SOUMARE, MB Mouhamédine DIOP, Yéro DIA, Moussa GUEYE, El Hadji SECK, Robane DIAGNE, Ousseyou Silèye DIALLO, Mamadou NDIAYE, Idrissa NDIAYE, Bassirou SARR, Sarah Tening BAH, Macodou NDOUR, Aly DIAKHATE, Hamady Samba SY, Adama NDIAYE, Ndane DIOUF, Sana Diouf, Ndiawar WADE, Cheikh WATTARA, Modou GUEYE, Baboucar GAYE, Mamadou BADJI, S ; Oumar NGOM, Daouda Diouf, Amadou KEITA, Babacar SAMB, Rémy GUENEGUES, Patrick RICCHETTI, Oulane FALL, Ousmane CAMARA, Alioune NDIATH, Abdou DIOUF, Moustapha DIOP, Y. Ould MEISSARA, Gorgui DIONE, Maguette DIOUF, Makha DIAKHATE, M. Mbengue FALL, Seyni TANDINE, D. Biloty DIALLO, Djibril NIANG, Ibrahima LAM, C. Tidiane BA, Fally DIALLO, Toubèye DIOUF, Oury Diouma BA, André NELSON, Fatou NDIAYE, M. Alpha Diallo, Demba Samba LY, Joseph KO GOMIS, EL H. Bara Diop, Mamadou DIOP, Assane SY, Gora DIOP, Magatte DIAGNE, Awa DIATTE, Oumar SECK, M. Boubou SOW, Lamine NDAO, Magatte DIOP, Rose CORREA, Moussa ou Moussé GUEYE, Demba Diallo, Serigne BA, Mbaye Diop ; Tous demeurant à Dakar ;

3°) La société SEDIS, dont le siège social est à Dakar ;

4°) La société DAMETAL, dont le siège social est à Dakar ;

5°) La Caoutchouc & Plastiques, dont le siège social est à Dakar,

en cassation de l'arrêt n°560 rendu le 29 juillet 2011 par la cour d'appel de Dakar et dont le dispositif est le suivant :

« PAR CES MOTIFS

Statuant publiquement contradictoirement en matière commerciale et en dernier ressort :

Donne défaut contre la SEDIS ;

Vu l'ordonnance de clôture ;

Infirme le jugement entrepris et statuant à nouveau,

Déclare l'action recevable ;

Déboute la SNR de ses demandes ;

La condamne aux dépens. » ;

La requérante invoque à l'appui de son pourvoi les trois moyens de cassation tels qu'ils figurent dans sa requête annexée au présent arrêt ;

Sur le rapport de Monsieur Idrissa YAYE, Juge ;

Vu les dispositions des articles 13 et 14 du Traité relatif à l'harmonisation du droit des affaires en Afrique ;

Vu le Règlement de procédure de la Cour Commune de Justice et d'Arbitrage de l'OHADA ;

Attendu que les défendeurs auxquels le présent recours en cassation a été signifié, suivant lettres n°107/2012/G2, n°108/2012/G2, n°109/2012/G2, n°110/2012/G2 et n°121/2012/G2 en date du 1er mars 2012, revenues ou non retournées, n'ont développé aucun moyen de défense ; que le principe du contradictoire ayant été observé, il y a lieu de passer outre et de statuer au fond ;

Attendu qu'il ressort des pièces du dossier de la procédure que par ordonnance n°1417/ter en date du 20 décembre 2001, le juge de la distribution du tribunal régional hors classe de Dakar a ordonné la distribution du prix de l'adjudication d'un immeuble objet du titre foncier numéro 19785/DG saisi sur EGCAP et vendu à l'audience des criées de ladite juridiction ; que cette décision étant assortie de l'exécution provisoire, le greffier en chef du tribunal a procédé à son exécution par la remise des sommes à leur bénéficiaire ; que sur appel de la SNR, la cour d'appel de Dakar a, par son arrêt n°508 en date du 10 septembre 2004, infirmé ladite ordonnance et a réparti autrement le prix de vente de l'immeuble ; que sur la base de cet arrêt, la SNR a, sur le fondement de l'article 32 de l'Acte uniforme portant procédures simplifiées de recouvrement et voie d'exécution, saisi le tribunal régional hors classe de Dakar d'une action en remboursement des sommes indûment perçues par les défendeurs en exécution de ladite ordonnance infirmée en appel ; que par le jugement n°1294 rendu le 2 juin 2009, ce tribunal a déclaré son action irrecevable pour défaut de qualité ; que sur appel relevé par la SNR, la cour d'appel de Dakar a rendu le 29 juillet 2011, l'arrêt infirmatif n°560, objet du présent pourvoi ;

Sur les premier et deuxième moyens réunis

Attendu que la recourante, à travers ces deux moyens réunis, reproche à l'arrêt entrepris la violation de l'article 32 de l'Acte uniforme portant organisation des procédures simplifiées de recouvrement et des voies d'exécution et reproche en substance audit arrêt une insuffisance de motifs constitutive d'un manque de base légale consécutive à la méprise des conditions de mise en œuvre des dispositions dudit article 32 et au refus de l'application des dispositions dudit article au cas de l'espèce ;

Mais attendu qu'aux termes des dispositions de l'article 32 de l'Acte uniforme précité que : « A l'exception de l'adjudication des immeubles, l'exécution forcée peut être poursuivie jusqu'à son terme en vertu d'un titre exécutoire par provision. L'exécution est alors poursuivie aux risques du créancier, à charge pour celui-ci, si le titre est ultérieurement modifié, de réparer intégralement le préjudice causé par cette exécution sans qu'il y ait lieu de relever de faute de sa part. » ; qu'ainsi, l'article 32 susmentionné n'énonce que le principe selon lequel, d'une part, le créancier saisissant peut conduire une procédure d'exécution jusqu'à son terme, sauf en matière immobilière, sur la base d'un titre exécutoire par provision, d'autre part, cette exécution se fera à ses risques et périls et, si le titre est ultérieurement modifié, il sera tenu de réparer intégralement le préjudice causé par l'exécution même s'il ne commet aucune faute dans ladite exécution ; que c'est ce qui justifie la place dudit article 32 de l'Acte uniforme portant organisation des procédures simplifiées de recouvrement et des voies d'exécution, incluse au Titre I « DISPOSITIONS GENERALES » du livre II intitulé « VOIES D'EXECUTION » dédié aux exécutions forcées des décisions de justice ;

Attendu, en l'espèce, que la SNR a saisi les juges du fond, sur le fondement de l'article 32 susmentionné, d'une action en paiement des sommes perçues en trop par les défendeurs en exécution de l'ordonnance n°1417/ter du 20 décembre 2001, infirmé en appel par la cour d'appel de Dakar par arrêt n°508 du 20 septembre 2004 et qui a réparti autrement le prix de vente de l'immeuble ; que la SNR ne vise pas, par la présente procédure, à obtenir l'exécution dudit arrêt n°508 et n'adopte même pas la procédure d'exécution forcée, mais cherche plutôt, comme le lui a si bien fait remarquer la décision critiquée, à obtenir la condamnation des défendeurs à lui payer les sommes en trop perçues ; or en l'espèce, comme l'a si bien relevé la cour d'appel de Dakar, aucune procédure d'exécution forcée n'a ici été entamée, l'ordonnance ayant été exécutée spontanément par le greffier en chef en l'absence de toute procédure formelle d'exécution forcée ; que par conséquent, l'article 32 précité ne peut dès lors servir de fondement pour une action en condamnation de paiement de trop perçu obtenu en dehors de toute procédure d'exécution ; que dès lors ne viole pas la loi et ne commet pas une insuffisance de motivation, la cour d'appel qui refuse d'accueillir une telle action exercée faussement sur le fondement dudit article 32 ; qu'il échet d'écarter les premier et deuxième moyens de cassation soulevés à tort par la SNR ;

Sur le troisième moyen

Attendu que la recourante reproche également à l'arrêt entrepris une contrariété de motifs, en ce qu'elle lui a reproché de se faire justice soi-même, alors qu'elle a entrepris une procédure judiciaire pour faire consacrer son droit ; que la SNR qui a diligenté une action de cette nature ne peut pas être invitée, sans contrariété de motifs, « à saisir l'autorité compétente à qui il appartient exclusivement d'appliquer les termes de l'arrêt » ; que dès lors que seule l'autorité judiciaire est compétente, en exécution de l'arrêt de distribution ayant déterminé la quote-part de chaque créancier, à condamner les créanciers ayant trop perçu à rembourser ce qu'ils ont trop perçu ; que n'ayant rien compris de tout cela, l'arrêt attaqué a procédé par motifs contraires, et encourt la cassation et l'annulation ;

Mais attendu que les premier et deuxième moyens de cassation ayant ainsi été écartés pour les raisons sus évoquées, qu'il échet d'écarter également ce troisième moyen tiré de la contrariété de motifs et pour les mêmes raisons, sans qu'il soit besoin de s'attarder sur les expressions employées dans ledit arrêt qui ne vicient en rien la solution juridique retenue ; qu'ainsi, l'arrêt, en refusant d'accueillir, sur le fondement de l'article 32 susmentionné, cette action en condamnation en l'absence de toute procédure d'exécution forcée, ne se contredit en rien ; qu'il échet dès lors d'écarter également ce moyen comme non fondé ;

Attendu qu'ayant succombé, il y a lieu de condamner la SNR aux dépens ;

PAR CES MOTIFS

Statuant publiquement, après en avoir délibéré,

En la forme :

Déclare recevable le recours de la SNR ;

Au fond :

Le rejette comme étant non fondé ;

Condamne la SNR aux dépens.

La grosse d'un jugement peut constituer un titre exécutoire (CCJA, 1ère Ch., n°165/2015, 17 décembre 2015)

Sommaire

La grosse rendue exécutoire d'une décision de justice, régulièrement signifiée et dont les mentions, bien que ne contenant pas une condamnation formelle, permettent d'identifier le créancier et le débiteur et de déterminer une créance certaine, liquide et exigible du premier sur le second, constitue un titre exécutoire au sens de l'article 33 de l'AUPSRVE, susceptible de servir valablement de fondement à une mesure d'exécution forcée.

La Cour Commune de Justice et d'Arbitrage (CCJA), Première Chambre, de l'Organisation pour l'Harmonisation en Afrique du Droit des Affaires (OHADA), a rendu l'arrêt suivant en son audience publique du 17 décembre 2015 où étaient présents :

Messieurs Marcel SEREKOÏSSE-SAMBA,	Président
Mamadou DEME,	Juge, rapporteur
Vincent Diehi KOUA,	Juge
César Apollinaire ONDO MVE,	Juge
Robert SAFARI ZIHALIRWA,	Juge
Et Maître ASSIEHUE Acka,	Greffier ;

Sur le recours enregistré au greffe de la Cour le 27 juin 2012 sous le numéro 072/2012/PC, formé par la société Omnium de Gestion Immobilière, dite O.G.I, société à responsabilité limitée ayant son siège à Abidjan, 05 B.P 646 Abidjan 05, ayant pour conseil Maître Comlan S. Pacôme ADIGBE, avocat à la Cour à Abidjan, 01 B.P : 5806 Abidjan 01, dans la cause qui l'oppose à KPOKOU KOMLAN Maurice, domicilié à Cocody Val Doyen, 04 B.P:2145 Abidjan 04, ayant pour conseil Maître KAUDJHIS-OFFOUMOU Françoise, avocate à la Cour à Abidjan, 08 B.P 803 Abidjan 08,

en cassation de l'arrêt n° 555/12 rendu le 08 mai 2012 par la Cour d'appel d'Abidjan, dont le dispositif est ainsi conçu :

« Statuant publiquement, contradictoirement, en matière civile et commerciale et en dernier ressort ;

Ordonne la jonction des procédures RG 0062/12 ET 0068/12 ;

EN LA FORME

Déclare la société AGENCE OMNIUM DE GESTION IMMOBILIERE recevable en son appel relevé de l'ordonnance de référé n° 1606 rendue le 16 novembre 2011 par le Tribunal de Première Instance d'Abidjan ;

AU FOND

L'y dit mal fondé ;

L'en déboute ;

Confirme la décision entreprise en toutes ses dispositions ;

La condamne aux dépens » ;

La société demanderesse invoque à l'appui de son pourvoi le moyen unique de cassation tel qu'il figure à sa requête annexée au présent arrêt ;

Sur le rapport de Monsieur Mamadou DEME, Juge ;

Vu les articles 13 et 14 du Traité relatif à l'harmonisation du droit des affaires en Afrique ;

Vu le Règlement de procédure de la Cour Commune de Justice et d'Arbitrage de l'OHADA ;

Attendu qu'il résulte des pièces du dossier de la procédure que suivant jugement n°1353/CIV 3 B rendu le 22 avril 2009 par le Tribunal de première instance d'Abidjan, la société O.G.I Sari a été condamnée à payer à KPOKOU KOMLAN Maurice la somme de 5.561.692 F CFA; que ce jugement a été confirmé en appel par arrêt n°2002/ll du 27 mai 2011; qu'en exécution de cette dernière décision, KPOKOU KOMLAN Maurice a fait pratiquer une saisie attribution de créances sur les comptes de la société O.G.I Sari ouverts dans les écritures de la S.G.B.C.I ; que l'opposition formée par la société O.G.I Sari a été rejetée suivant ordonnance n°1606 en date du 16 novembre 2011 ; que par l'arrêt frappé du pourvoi, la Cour d'appel d'Abidjan a déclaré mal fondé le recours formé par la société O.G.I Sari ;

Sur le moyen unique de cassation pris de la violation de la loi ou erreur dans l'application ou l'interprétation de la loi

Attendu qu'en sa première branche, le moyen fait valoir en substance qu'en confirmant l'ordonnance qui a déclaré la saisie régulière, alors que celle-ci a été pratiquée en vertu de l'arrêt n°202/ll du 27 mai 2011 et non du jugement n°1353/CIV 3 B du 22 avril 2009, qui porte les condamnations prononcées contre le débiteur saisi ; que la requérante soutient qu'en cas de confirmation d'un jugement, c'est la décision confirmée qui doit faire l'objet d'exécution et non l'arrêt confirmatif ; qu'en statuant comme elle l'a fait, la Cour d'appel a violé les articles 157-2 de l'Acte uniforme portant organisation des procédures simplifiées de recouvrement et des voies d'exécution et 182 du code de procédure civile, commerciale et administrative de la République de Côte d'ivoire, qui dispose que « Si le jugement est confirmé, l'exécution appartiendra au Tribunal qui l'a rendu » ;

Attendu qu'en sa seconde branche, le moyen fait grief à l'arrêt d'avoir violé les articles 160 alinéa 2-2) et 335 du même Acte uniforme, en ce qu'il a confirmé l'ordonnance ayant déclaré la saisie régulière, alors que dans l'exploit de dénonciation de la saisie, il est mentionné que le délai imparti au débiteur pour contester celle-ci expirait le 17 octobre

2011, et qu'en raison du caractère franc dudit délai, celui-ci expirait en réalité le 16 octobre 2011 ;

Mais attendu, sur la première branche du moyen, qu'il résulte des mentions du procès-verbal de saisie en date du 8 septembre 2001 et des pièces produites au dossier que la saisie a été pratiquée en exécution de la grosse rendue exécutoire de l'arrêt n°2002/ll du 27 mai 2011, régulièrement signifiée le 25 août 2011 ; que les mentions de cette décision, bien que ne contenant pas une condamnation formelle, permettent d'identifier le créancier et le débiteur et de déterminer une créance certaine, liquide et exigible du premier sur le second ; qu'il constitue dès lors un titre exécutoire au sens de l'article 33 de l'Acte uniforme portant organisation des procédures simplifiées de recouvrement et des voies d'exécution, susceptible de servir valablement de fondement à une mesure d'exécution forcée ;

Attendu sur la seconde branche du moyen, que l'exploit de dénonciation de la saisie ayant été servi le 16 septembre 2011, le délai d'un mois imparti par l'article 160 alinéa 2-2) a commencé à courir, en raison du caractère franc du délai, le 17 septembre 2011, pour expirer le 17 octobre 2011 à minuit, comme indiqué dans l'acte ; qu'en confirmant l'ordonnance qui a déclaré la saisie régulière, la Cour d'appel n'a en rien violé les dispositions invoquées aux moyens ;

Qu'il y lieu de rejeter le pourvoi et de condamner la société Omnium aux dépens ;

PAR CES MOTIFS

Statuant publiquement, après en avoir délibéré,

Déclare le pourvoi recevable en la forme ;

Au fond, le rejette ;

Condamne la société O.G.I Sari aux dépens.

La grosse de l'ordonnance d'injonction de payer peut fonder une saisie-attribution (CCJA, 2e Ch., n°171/2015, 17 décembre 2015)

Sommaire

Est valable la saisie-attribution pratiquée en vertu de la grosse de l'ordonnance d'injonction de payer dès lors que la régularité de ce titre n'a été utilement contestée ni quant à la délivrance du certificat de non opposition ni quant à l'apposition de la formule exécutoire.

La Cour Commune de Justice et d'Arbitrage (CCJA), de l'Organisation pour l'Harmonisation en Afrique du Droit des Affaires (OHADA), Deuxième chambre, a rendu l'Arrêt suivant en son audience publique du 17 décembre 2015 où étaient présents :

Messieurs Abdoulaye Issoufi TOURE, Président, rapporteur

Namuano Francisco DIAS GOMES, Juge

DjimasnaN'DONINGAR, Juge

et Maître Jean Bosco MONBLE, Greffier,

Sur le renvoi en application de l'article 15 du Traité relatif à l'harmonisation du droit des affaires en Afrique, devant la Cour de céans de l'affaire Société Atlas Assurances contre la Société RIMCO par Arrêt n°298 du 12 avril 2012 de la Cour Suprême de Côte d'ivoire saisie d'un pourvoi formé le 10 juillet 2012 par Maître Agnès OUANGUI, Avocat à la Cour, demeurant à l'immeuble SIPIM, 24, boulevard Clozel, 01 BP 1306 à Abidjan 01, agissant au nom et pour le compte de la Société Atlas Assurances, Société anonyme dont le siège est à Abidjan Plateau, 04 BP 314 Abidjan 04, dans la cause l'opposant à la société RIMCO, société anonyme dont le siège est sis à Abidjan Treichville, 9, me du canal, 01 BP 230 Abidjan 01, ayant pour conseil Maître Kamil TAREK, Avocat à la Cour demeurant Marcory résidentiel, me de la Paix, 05 BP 1404 Abidjan 05,

en cassation de l'arrêt n°284 rendu le 08 juillet 2011 par la Cour d'appel d'Abidjan dont le dispositif est le suivant :

« Statuant publiquement, contradictoirement en matière civile et en dernier ressort ;

En la forme

Déclare recevable l'appel de la société RIMCO ; Au fond

L'y dit bien fondé ;

Infirme, en toutes ses dispositions l'ordonnance entreprise ;

Statuant à nouveau

Dit que la saisie-attribution de créances pratiquée par la Société RIMCO sur le compte de la Société Atlas Assurances, logé à la SIB, a été faite en vertu d'un titre exécutoire ;

Déboute en conséquence, la Société Atlas Assurances de sa demande en mainlevée de saisie ;

La condamne aux dépens. » ;

La requérante invoque à l'appui de son pourvoi, les trois moyens de cassation, tels qu'ils figurent à la requête annexée au présent arrêt ;

Sur le rapport de Monsieur Abdoulaye Issoufi TOURE, Premier vice- président ;

Vu les articles 13 et 14 du Traité relatif à l'harmonisation du droit des affaires en Afrique ;

Vu le Règlement de procédure de la Cour Commune de Justice et d'arbitrage de l'OHADA ;

Attendu qu'il ressort des pièces du dossier de la procédure que le 05 mai 2010, la société RIMCO a sollicité et obtenu du Président du Tribunal de première instance d'Abidjan, l'ordonnance n°1399 faisant injonction à la Société Atlas Assurances, de lui payer la somme de 9.004.810 francs au principal, outre les intérêts de droit et frais de procédure ; que cette ordonnance signifiée le 30 juin 2010 n'a pas fait l'objet d'opposition dans le délai légal ; que suite à la délivrance du certificat de non opposition, la Société RIMCO a fait apposer la formule exécutoire sur ladite ordonnance ; que munie de cette grosse la Société RIMCO a pratiqué une saisie-attribution sur le compte de Atlas Assurances, ouvert à la SIB ; qu'Atlas Assurances qui a contesté cette saisie, en obtenait la mainlevée suivant ordonnance n°2573 en date du 29 décembre 2010 ; que sur appel, la Cour d'appel d'Abidjan a rendu l'arrêt infirmatif dont pourvoi ;

Sur le premier moyen tiré de l'omission de statuer

Attendu qu'il est fait grief à l'arrêt déféré d'avoir omis de statuer sur les conclusions de Atlas Assurances en date du 03 mars 2011, par lesquelles elle a plaidé la mainlevée de la saisie-attribution pour violation des dispositions de l'article 160-2 de l'Acte uniforme relatif aux voies d'exécution, en ce que dans l'acte de dénonciation du 17 novembre 2010, il n'est pas indiqué la date d'expiration du dernier délai de contestation ; que l'arrêt ayant omis de statuer sur ce chef de demande, encourt la cassation ;

Attendu en effet que de l'examen des pièces du dossier et notamment des conclusions du 03 mars 2011 et de l'arrêt querellé lui-même en sa page 13, il appert que la société Atlas Assurance a sollicité de la Cour d'appel la nullité de l'exploit de dénonciation du 17 novembre 2010 ; que nulle part dans l'arrêt on ne trouve la réponse à ce chef de demande ; que l'omission ou le refus de réponse étant un cas d'ouverture à cassation prévu à l'article 28 bis (nouveau) du Règlement de procédure de la Cour de céans, il échet de casser l'arrêt déféré et d'évoquer, sans qu'il ne soit besoin d'examiner les autres moyens ;

Sur l'évocation

Attendu que par exploit du 25 février 2011, la Société RIMCO a déclaré interjeter appel de l'ordonnance n°2573 du 29 décembre 2010 du Président du tribunal d'Abidjan qui a ordonné mainlevée de la saisie-attribution pratiquée sur Atlas Assurances ;

Attendu qu'au soutien de l'appel, RIMCO a expliqué que sa créance était certaine liquide et exigible ; qu'elle a bénéficié d'une ordonnance d'injonction de payer qui n'a pas fait l'objet d'opposition dans les 15 jours qui suivent la signification ; que c'est à la suite de la délivrance du certificat de non opposition et de l'apposition de la formule exécutoire que la saisie a été pratiquée ; que c'est donc à tort que le premier juge a estimé que l'opposition bien que tardive, constituait un obstacle à la saisie ; que la société RIMCO conclut à l'infirmation de l'ordonnance ;

Attendu que Atlas assurances a réplique que nonobstant l'opposition à l'ordonnance d'injonction qui a un caractère suspensif, une saisie-attribution a été irrégulièrement opérée ; que la demande de mainlevée se fondait sur la violation des articles 153 et 160-2 de l'Acte uniforme portant organisation des procédures simplifiées de recouvrement et des voies d'exécution ; que selon l'article 153, la mesure de saisie-attribution n'est ouverte qu'au créancier détenant un titre exécutoire constatant une créance liquide et exigible ; que dans le cas d'espèce l'ordonnance d'injonction de payer n'était pas encore définitive du fait de l'opposition du 09 août 2010 ; que le juge des référés en ordonnant la mainlevée a porté préjudice sur le fond qui est l'instance de l'opposition non encore vidée ; que de même aux termes de l'article 160-2, l'exploit de dénonciation de la saisie-attribution doit indiquer la date à laquelle expire le délai d'un mois prévu pour élever une contestation ; qu'en l'occurrence le procès-verbal du 17 novembre 2010 n'indique pas de manière exacte cette date ; que ce vice entraine la nullité de l'acte ; qu'en conséquence Atlas Assurances sollicite la confirmation de la première décision en toutes ses dispositions ;

Attendu qu'à l'examen des pièces du dossier, il appert que la sais- attribution a été pratiquée en vertu de la grosse de l'ordonnance d'injonction de payer ; que la régularité de ce titre n'a été utilement contestée ni quant à la délivrance du certificat de non opposition ni quant à l'apposition de la formule exécutoire ; que par rapport à l'article 160-2, contrairement aux affirmations de l'intimé, l'exploit du 17 novembre 2010 a bien indiqué que « l'acte de dénonciation ayant été signé le 17 novembre 2010, la débitrice a jusqu'au 19 décembre 2010 pour soulever les contestations. » ;

Attendu donc qu'il échet de dire que l'ordonnance n°2573 du 29 décembre 2010, ne relève ni d'une bonne appréciation des faits, ni d'une saine application de la loi ; qu'il y a lieu de l'infirmer ;

Attendu que la société Atlas Assurances, succombant sera condamnée aux dépens ;

PAR CES MOTIFS

Statuant publiquement, après en avoir délibéré ;

Casse l'Arrêt n°248 du 08 juillet 2011 de la Cour d'appel d'Abidjan ;

Evoquant et statuant au fond ;

Infirme l'ordonnance n°2573 rendue le 29 décembre 2010 par le Président du tribunal de première instance d'Abidjan ;

Statuant à nouveau

Déboute la Société Atlas Assurances de sa requête ;

La condamne aux dépens.

VI. Saisie-vente

Le commandement de saisie doit indiquer le titre exécutoire qui fonde les poursuites (CCJA, 3e Ch., n°185/2015, 23 décembre 2015)

Sommaire

L'article 92 de l'AUPSRVE exige que la mention du titre exécutoire en vertu duquel les poursuites sont exercées figure bien dans le commandement.

La Cour Commune de Justice et d'Arbitrage (CCJA), troisième chambre, de l'Organisation pour l'Harmonisation en Afrique du Droit des Affaires (OHADA) a rendu l'Arrêt suivant en son audience publique du 23 décembre 2015 où étaient présents :

Madame Flora DALMEIDA MELE,	Présidente
Messieurs Victoriano OBIANG ABOGO,	Juge, rapporteur
Idrissa YAYE,	Juge
Birika Jean Claude BONZI,	Juge
Fodé KANTE,	Juge
et Maître Alfred Koessy BADO,	Greffier ;

Sur le pourvoi enregistré au greffe de la Cour de céans sous le 05 septembre 2012 sous le n°108/2012/PC et formé par la Banque Internationale pour le Commerce et l'Industrie de la Cote d'ivoire dite BICICI, dont le siège social est à Abidjan Plateau, Avenue Franchet d'ESPEREY, Tour BICICI, 01 BP 1298 Abidjan 01, représentée par son Administrateur Directeur Général, monsieur Frédéric Fabien Gilbert RIGUET, demeurant en cette qualité au siège social de la susdite société, ayant pour conseils la SCPA DOGUE-ABBE YAO & Associés, demeurant au 29, boulevard CLOZEL, 01 BP 174 Abidjan 01, dans la cause l'opposant à la Société Nationale de Transports Terrestres dite SONATT dont le siège social est situé au KM1 , boulevard de Marseille , 01 BP 11726 Abidjan 01, représentée par monsieur Issouf TRAORE, son Directeur général, ayant pour conseil Maitre SORO Navoun Idrissa, avocat à la cour, demeurant à cocody, route lycée technique près la pharmacie du lycée technique, 04 BP 238 Abidjan 04,

en cassation de l'arrêt n°146 CIV 3A rendu le 25 mars 2011 par la Cour d'appel d'Abidjan et dont le dispositif est le suivant :

« Statuant publiquement, contradictoirement en matière civile, en référé et en dernier ressort ;

EN LA FORME

Déclare la BICICI recevable en son appel ;

AU FOND L'y dit mal fondé ;

L'en déboute ;

Confirme l'ordonnance querellée en toutes ses dispositions ;

Mets les dépens à la charge de la BICICI ; » ;

La requérante invoque à l'appui de son pourvoi le moyen unique de cassation tel qu'il figure à la requête annexée au présent arrêt ;

Sur le rapport de monsieur Victoriano OBIANG ABOGO, Juge ;

Vu les dispositions des articles 13 et 14 du Traité relatif à l'harmonisation du droit des affaires en Afrique ;

Vu les dispositions du Règlement de procédure de la Cour Commune de Justice et d'Arbitrage de l'OHADA ;

Attendu qu'il ressort des pièces du dossier de la procédure que par arrêt n°512 du 15 juillet 2010, la cour d'appel d'Abidjan ordonnait la mainlevée d'une saisie attribution de créance pratiquée le 17 mars 2010 au préjudice de la SONATT entre les mains de la BICICI et de la Banque Nationale d'investissement, dite BNI et les condamnait à restituer à la SONATT la somme de 36 518 482 francs CFA et ce sous astreinte comminatoire de 500.000 F CFA par jour de retard à compter de la signification ; que le 13 octobre 2010 la SONATT a notifié à la BICICI un exploit de signification commandement ; que suivant exploit du 22 novembre 2010, la SONATT a pratiqué au préjudice de la BICICI, une saisie vente de biens meubles corporels pour avoir paiement de la somme de 37 389 318 F CFA ; qu'en estimant irrégulière cette saisie, la BICICI a saisi la juridiction des référés du Tribunal de première instance d'Abidjan Plateau d'une action en contestation laquelle, par ordonnance n°19 du 6 janvier 2011, l'a déboutée ; que sur son appel, la cour d'appel a rendu le 25 mars 2011, l'arrêt confirmatif n°146 CIV 3 A dont pourvoi ;

Sur la première branche du moyen unique

Attendu qu'il fait grief à l'arrêt attaqué d'avoir violé l'article 92 de l'Acte uniforme OHADA portant organisation des procédures simplifiées de recouvrement et des voies d'exécution en ce que pour confirmer l'ordonnance entreprise et dire que l'exploit de signification commandement du 13 octobre 2012 n'est pas nul, la cour a affirmé que : « contrairement aux affirmations de la BICICI, le titre exécutoire en vertu duquel les poursuites sont exercées a été mentionné dans la signification commandement produit », sans dire en quoi mention de ce titre exécutoire figurait dans l'acte de signification commandement alors, selon le moyen, que l'exploit de commandement doit expressément indiquer que le commandement est fait en vertu d'un titre exécutoire bien précis, ce qui implique l'indication du terme « en vertu de » ;

Mais attendu qu'il résulte des pièces du dossier que la mention du titre exécutoire en vertu duquel les poursuites sont exercées comme le prescrit l'article 92 de l'Acte uniforme précité figure bien dans le commandement comme l'a relevé la cour d'appel ; que dès lors le moyen n'est pas fondé ;

Sur la deuxième tranche du moyen unique

Attendu que la demanderesse au pourvoi fait grief à l'arrêt attaqué d'avoir violé, par mauvaise application, l'article 100 de l'Acte uniforme portant organisation de procédures simplifiées de recouvrement et des voies d'exécution en ce que pour confirmer l'ordonnance entreprise et dire que l'acte de saisie vente du 22 novembre 2012 est valable, la cour d'appel a affirmé que : « il ressort du procès-verbal de saisie que les personnes qui ont assisté aux opérations de saisie ont signé ; mieux, le cachet de la BICICI est apposé sur ledit procès-verbal de saisie. », sans dire en quoi lesdites mentions figurent dans l'acte de saisie et en quoi le cachet de la BICICI s'assimile aux signatures de personnes ayant assisté aux opérations de la saisie ;

Mais attendu qu'aux termes de l'article 100 alinéa 9 de l'Acte uniforme précité, les noms et qualités des personnes qui ont assisté aux opérations de saisie doivent être indiqués ; elles devront en outre apposer leur signature sur les actes ; qu'il ressort des pièces produites que lesdites mentions figurent bien sur les actes comme le relève l'arrêt attaqué ; qu'il échet de dire mal fondé ce moyen et de le rejeter ;

Attendu qu'ayant succombé, la BICICI doit être condamnée aux dépens ;

PAR CES MOTIFS

Statuant publiquement, après en avoir délibéré,

Déclare recevable le pourvoi formé par la BICICI ;

Le rejette ;

Condamne la BICICI aux dépens.

L'action en nullité de la vente n'est pas reconnue au débiteur (CCJA, 3e Ch., n°05/2015, 26 février 2015)

Sommaire

Il résulte de l'article 144 de l'AUPSRVE que seule l'action en nullité de saisie et non l'action en nullité de vente est reconnue au débiteur.

La Cour Commune de Justice et d'Arbitrage (CCJA) de l'Organisation pour l'Harmonisation en Afrique du Droit des Affaires (OHADA) Troisième chambre, a rendu l'arrêt suivant en son audience publique du 26 février 2015 où étaient présents :

Madame Flora DALMEIDA MELE,	Présidente
Messieurs Victoriano OBIANG ABOGO,	Juge, rapporteur
Idrissa YAYE,	Juge
et Maître Alfred Koessy BADO,	Greffier ;

Sur le pourvoi enregistré au greffe de la Cour de céans le 10 avril 2008, sous le numéro 018/2008/PC, formé par Maître BENE K. Lambert, Avocat à la Cour, demeurant Boulevard des martyrs, Cocody II Plateaux, résidence Latrille SICOGI, 20 BP 1214 Abidjan 20, agissant au nom et pour le compte de Monsieur PRAO KOUASSI, domicilié à Kouassi-Anandjenou, S/P d'Agnibilékrou, BP 86 dans la cause l'opposant à Monsieur COULIBALY Lassinan,

en cassation de l'arrêt n°1109 du 16 décembre 2005 rendu par la Cour d'Appel d'Abidjan et dont le dispositif est le suivant :

« Statuant publiquement, par défaut, en en matière civile et en dernier ressort ;

EN LA FORME

Reçoit PRAO KOUASSI en son appel relevé du jugement civil n°16 rendu le 12 mai 2005 par le tribunal de première instance d'Abengourou ;

AU FOND

Infirme le jugement querellé en ce qu'il a déclaré irrecevable les actions de PRAO KOUASSI en paiement de la somme de 6.600.000 francs et en annulation de vente aux enchères ou restitution du prix ;

Statuant à nouveau ;

Déclare recevables lesdites actions ;

Met les dépens à la charge de l'appelant ;

Sur le rapport de Monsieur Victoriano OBIANG ABOGO, Juge ;

Vu les dispositions des articles 13, 14 du Traité relatif à l'harmonisation du droit des affaires en Afrique ;

Vu les dispositions du Règlement de procédure de la Cour Commune de Justice et d'Arbitrage de l'OHADA ;

Attendu qu'il résulte des pièces du dossier de la procédure que pour obtenir paiement de sa créance, Monsieur COULIBALY Lassinan a fait pratiquer une saisie conservatoire sur le véhicule de marque KIA MOTORS immatriculé 2085 CX 08, appartenant à son débiteur Monsieur PRAO KOUASSI , par exploit d'huissier de justice en date du 02 août 2004, saisie dénoncée à ce dernier par exploit en date du 06 août 2004 ; que par la suite, pour l'obtention d'un titre exécutoire, Monsieur COULIBALY Lassinan a saisi le Président du Tribunal de Première Instance d'Abengourou qui a rendu, le 1er septembre 2004, l'ordonnance d'injonction de payer n°190/2004, signifiée à Monsieur PRAO KOUASSI le 08 septembre 2004, le condamnant à lui payer la somme de 1 803 000 f CFA ; qu'en contestation de la saisie conservatoire pratiquée sur son véhicule, Monsieur PRAO KOUASSI, prétextant plutôt avoir donné en location ledit véhicule au requérant pour une durée de 45 jours à raison de 40.000F CFA par jour, lequel a continué à utiliser le véhicule pendant 165 jours, a saisi le Président du Tribunal de Première Instance d'Abengourou qui, par ordonnance n°54/04 du 11 novembre 2004, a déclaré nul le procès-verbal de dénonciation de la saisie conservatoire dressé le 6 août 2004 et a ordonné la mainlevée de ladite saisie ; que malgré cette décision, Monsieur COULIBALY Lassinan a fait vendre ledit véhicule par l'huissier de justice ; que Monsieur PRAO KOUASSI a assigné monsieur COULIBALY Lassinan devant le Tribunal de Première Instance d'Abengourou aux fins de le voir condamner à lui payer la somme de 6 600 000 F CFA correspondant au montant des 165 jours pendant lesquels Monsieur COULIBALY Lassinan a gardé le véhicule par devers lui, de prononcer la nullité de la vente de son véhicule et de le voir reverser la somme de 4 000 000 F CFA représentant la valeur de son véhicule vendu illégalement ; que par jugement n°16/2005 du 12 mai 2005, le Tribunal de Première Instance d'Abengourou a déclaré Monsieur PRAO KOUASSI irrecevable en son action ; que sur appel de Monsieur PRAO KOUASSI , la Cour d'Appel d'Abidjan a rendu le 16 décembre 2005, l'arrêt n°1109 dont pourvoi ;

Attendu qu'il résulte des pièces du dossier de la procédure qu'en règlement d'une dette de 1 803 000 FCFA, Monsieur PRAO KOUASSI a donné en location à Monsieur COULIBALY Lassinan, son véhicule de marque KIA MOTORS immatriculé 2085 CX 08 pour une durée de 45 jours à raison de 40.000 f CFA par jour ; qu'au terme de ce délai, Monsieur COULIBALY Lassinan a continué à utiliser ledit véhicule pendant 165 jours ; qu'en outre, il a fait pratiquer une saisie conservatoire sur ledit véhicule par exploit d'huissier de justice en date du 02 août 2004, saisie dénoncée à Monsieur PRAO KOUASSI par exploit en date du 06 août 2004 ; que par la suite, pour l'obtention d'un titre exécutoire, Monsieur COULIBALY Lassinan a saisi le Président du Tribunal de Première Instance d'Abengourou qui a rendu, le 1er septembre 2004, l'ordonnance d'injonction de payer n°190/2004, signifiée à Monsieur PRAO KOUASSI le 08 septembre 2004, le condamnant à lui payer la somme de 1 803 000 f CFA ; qu'en contestation de la saisie conservatoire pratiquée sur son véhicule, Monsieur PRAO KOUASSI a saisi le Président du Tribunal de Première Instance d'Abengourou qui, par ordonnance n°54/04 du 11 novembre 2004, a déclaré nul le procès-verbal de dénonciation de la saisie conservatoire dressé le 6 août 2004 et a ordonné la mainlevée de ladite saisie ; que malgré cette décision, Monsieur COULIBALY Lassinan a fait vendre ledit véhicule par l'huissier de justice ; que Monsieur PRAO KOUASSI a assigné Monsieur COULIBALY Lassinan devant le Tribunal de Première Instance d'Abengourou aux fins de le voir condamner à lui payer la somme de 6 600 000 F CFA correspondant au montant des 165 jours pendant lesquels Monsieur COULIBALY Lassinan a gardé le véhicule par devers lui, de prononcer la nullité de la vente de son véhicule et de le voir reverser la somme de 4 000 000 F CFA représentant la valeur de son véhicule vendu illégalement ; que par jugement n°16/2005 du 12 mai 2005, le Tribunal de Première Instance d'Abengourou a déclaré Monsieur PRAO KOUASSI irrecevable en son action ; que sur appel de Monsieur PRAO KOUASSI , la Cour d'Appel d'Abidjan a rendu le 16 décembre 2005, l'arrêt n° 1109 dont pourvoi ;

Attendu que par courrier n°389/2008/G2 du 14 août 2008 demeuré sans réponse, le Greffier en chef a signifié le recours à Monsieur COULIBALY Lassinan, par lettre recommandée avec accusé de réception à son adresse postale en lui impartissant un délai de trois mois pour présenter un mémoire en réponse ; qu'une deuxième signification a été faite par le Greffier en chef par lettre n°450/213/G2 du 12 juin 2013 revenue comme courrier non réclamé ; que malgré toutes les diligences faites, Monsieur COULIBALY Lassinan n'a pu être joint, qu'il convient d'examiner le recours ;

Sur la première branche du premier moyen

Attendu qu'il est fait grief à l'arrêt attaqué d'être dépourvu de base légale en ce que pour débouter PRAO KOUASSI de sa demande en paiement de la somme de 6 600 000 FCFA représentant 165 jours de location de son véhicule, par Monsieur COULIBALY Lassinan, la cour d'appel a retenu que « PRAO KOUASSI n'a pas été en mesure de rapporter la preuve d'une part, que ledit véhicule a effectivement été utilisé par son prétendu débiteur, et d'autre part, que de fait , un contrat de location a existé entre les parties au litige », alors qu' il ressort de différentes procédures initiées par PRAO KOUASSI devant le Tribunal de Première Instance d'Abengourou, que Monsieur COULIBALY Lassinan a reconnu avoir reçu son véhicule en location ;

Mais attendu qu'en se fondant sur l'article 1315 du code civil selon lequel celui qui entend solliciter l'exécution d'une obligation doit en rapporter la preuve pour retenir que PRAO KOUASSI n'a pas pu rapporter la preuve que son véhicule a été abusivement utilisé par Monsieur COULIBALY Lassinan et qu'un contrat de location a existé entre les deux parties, la Cour d'Appel a légalement justifié sa décision ; qu'il échet de rejeter ce moyen ;

Sur la seconde branche du premier moyen

Attendu qu'il est fait grief à l'arrêt attaqué d'avoir violé les articles 142 et 144 de l'Acte uniforme portant organisation des procédures simplifiées de recouvrement et des voies d'exécution aux motifs que la Cour d'Appel a retenu qu'à défaut d'annulation de la saisie vente du véhicule objet du litige, la demande de PRAO KOUASSI en restitution du prix de vente aux enchères publiques est dépourvue de tout fondement alors, selon le moyen, que la nullité de la vente n'est pas une condition préalable à la restitution du prix de vente au propriétaire du bien vendu ;

Mais attendu qu'aux termes de l'article 144 de l'Acte uniforme ci-dessus « la nullité de la saisie pour vice de forme ou de fond autre que l'insaisissabilité des biens compris dans la saisie , peut être demandée par le débiteur jusqu'à la vente des biens ; ... » ; qu'il résulte de cette disposition que seule l'action en nullité de saisie et non l'action en nullité de vente est reconnue au débiteur ; qu'en se déterminant comme elle l'a faite, la Cour d'Appel n'a pas commis le grief visé au moyen ; qu'il échet de rejeter le moyen ;

Attendu qu'ayant succombé, Monsieur PRAO KOUASSI doit être condamné aux dépens ;

PAR CES MOTIFS

Statuant publiquement, après en avoir délibéré,

En la forme

Déclare le pourvoi recevable ;

Au fond

Le rejette ;

Condamne Monsieur PRAO KOUASSI aux dépens.

VII. Saisie immobilière

A. Conditions de la saisie

Les conditions de la saisie portant sur un immeuble commun aux époux (CCJA, 3e Ch., n°186/2015, 23 décembre 2015)

Sommaire

L'immeuble demeure un bien indivis et ne peut faire l'objet de vente aussi longtemps que la communauté de biens n'a pas été liquidée après le divorce des époux communs en biens.

La Cour Commune de Justice et d'Arbitrage (CCJA) de l'Organisation pour l'Harmonisation en Afrique du Droit des Affaires (OHADA), troisième chambre, a rendu l'Arrêt suivant en son audience publique du 23 décembre 2015 où étaient présents :

Madame Flora DALMEIDA MELE,

Messieurs Victoriano OBIANG ABOGO,

Idrissa YAYE,

Birika Jean Claude BONZI,

Fodé KANTE,

et Maître Alfred Koessy BADO, Greffier ;

Sur le pourvoi enregistré au greffe de la Cour de céans le 10 septembre 2012 sous le n°l 13/2012/PC et formé par la SCPA SAKHO-YAPOBI-FOFANA, avocats à la cour, cabinet sis au 118 rue PITOT, Cocody Danga, 08 BP 1933 Abidjan 08, agissant au nom et pour le compte de monsieur SYLLA YOUSSOUFFOU, administrateur de société, demeurant à Abidjan Cocody les II Plateaux, les Vallon, dans la cause l'opposant à madame KOUAKOU MARIE HELENE BRIGITTE, juriste, domiciliée à Abidjan, assistée de la SCPA KONAN-KAKOU-LOAN & Associés, avocats à la cour, demeurant à Abidjan Plateau, 19 boulevard Angoulvant résidence Neuilly, 1er étage, aile gauche, 01 BP1366 Abidjan 01,

en cassation de l'arrêt n°125CIV6B rendu 03 mars 2009 par la chambre civile et commerciale de la cour d'appel d'Abidjan et dont le dispositif est le suivant :

« Statuant publiquement, contradictoirement, en matière civile et en dernier ressort ;

EN LA FORME

-Déclare l'appel de SYLLA YOUSSOUFFOU recevable ;

AU FOND

Rejette l'exception de communication soulevée par la BACI comme non fondée ;

Déclare les appelants mal fondés ;

Les déboute de leurs prétentions ;

Confirme le jugement attaqué en toutes ses dispositions ;

Mets les dépens à la charge de SYLLA YOUSSOUFFOU et de la BACI » ;

Le requérant invoque à l'appui de son pourvoi le moyen unique de cassation tel qu'il figure dans sa requête annexée au présent arrêt ;

Sur le rapport de monsieur Idrissa YAYE, Juge ;

Vu les dispositions des articles 13 et 14 du Traité relatif à l'harmonisation du droit des affaires en Afrique ;

Vu le Règlement de procédure de la Cour Commune de Justice et d'Arbitrage de l'OHADA ;

Attendu qu'il résulte des pièces du dossier de la procédure que monsieur KOUAKOU, débiteur de la Banque Atlantique de Côte d'ivoire dite BACI, a donné pour sûreté du paiement de sa dette, en hypothèque, le lot objet du titre foncier n° 26797 ; que suite au non-paiement de la totalité de sa créance, la BACI a introduit une procédure de vente forcée dudit immeuble ; que par jugement n°589 du 26 mars 2007, l'immeuble hypothéqué a été adjugé à monsieur SYLLA YOUSSOUFFOU ; que par exploit d'huissier en date du 26 mars 2007, madame KOUAECOU MARTE HELENE BRIGITTE a saisi le tribunal de première instance d'Abidjan d'une action en annulation de ce jugement d'adjudication ; que par jugement n°1534 en date du 19 mai 2008, ledit tribunal a fait droit à sa requête ; que sur appel de monsieur SYLLA YOUSSOUFFOU, la cour d'appel d'Abidjan a rendu, le 03 mars 2009, l'arrêt confirmatif n°125CIV6B, objet du présent pourvoi en cassation ;

Sur le moyen unique

Attendu que le recourant fait grief à l'arrêt attaqué de la cour d'appel d'Abidjan d'avoir violé les dispositions de l'article 250 de l'Acte uniforme portant organisation des procédures simplifiées de recouvrement et des voies d'exécution, en confirmant le jugement d'annulation de l'adjudication, estimant que l'immeuble en cause serait un bien indivis qui ne peut être mis en vente avant le partage ou la liquidation de la communauté, sur la base d'un jugement civil intervenu le 02 juin 2000 qui a prononcé le divorce des époux KOUAKOU, lequel jugement n'a pas été versé aux débats ; qu'il est constant que par convention notariée intervenue les 19 et 20 octobre 1981, dame KOUAECOU MARTE HELENE BRIGITTE s'est portée caution personnelle et solidaire de la dette de son époux, qu'elle a signé la convention notariée par laquelle la villa adjugée a été donnée en hypothèque à la BACI ; qu'elle a renoncé au bénéfice de discussion et de division ; que le lot litigieux était la propriété commune des époux KOUAKOU ; que dès lors la BACI a bien respecté les prescriptions de l'article 250 de l'Acte uniforme précité en exerçant son action sur les biens des époux KOUAKOU, débiteurs de la BACI ; qu'en statuant ainsi, la cour d'appel a manifestement violé les dispositions dudit article et sa décision encourt cassation ;

Mais attendu qu'aux termes des dispositions de l'article 249 de l'Acte uniforme portant organisation des procédures simplifiées de recouvrement et des voies d'exécution « La part indivise d'un immeuble ne peut être mise en vente avant le partage ou la liquidation que peuvent provoquer les créanciers d'un indivisaire. » ;

Attendu, en l'espèce, qu'il est constant comme ressortant des pièces du dossier de la procédure que les époux KOUAKOU, mariés sous le régime de la communauté des biens, ont divorcé suivant jugement de divorce n°520/6 CIV du 02 juin 2000, versé au dossier ; que cette communauté des biens n'ayant pas été liquidée, l'immeuble objet de l'adjudication demeure un bien indivis ; qu'il est également constant que madame KOUAKOU MARIE HELENE BRIGITE, quoi que caution personnelle et solidaire de la dette de son ex époux, n'est pas partie à la procédure d'exécution forcée qui ne pouvait être dirigée contre elle, caution personnelle et solidaire, juste tenue solidairement du paiement de la dette contractée par son ex époux ; qu'ainsi ne commet pas le grief qui lui est reproché la cour d'appel qui, tirant conséquence de ces faits constants, confirme le jugement annulant l'adjudication en application de l'article 249 de l'Acte uniforme susvisé après avoir constaté que la procédure a été engagée après le divorce des époux et avant la liquidation de la communauté ; qu'il échet dès lors de rejeter le moyen comme étant non fondé ;

Attendu que monsieur SYLLA YOUSSOUFFOU ayant ainsi succombé, il y a lieu de le condamner aux dépens ;

PAR CES MOTIFS

Statuant publiquement, après en avoir délibéré,

Rejette le recours de monsieur SYLLA YOUSSOUFFOU comme étant non fondé.

Commandement de payer : l'huissier n'a pas obligation de signifier à personne (CCJA, 1ère Ch., n°99/2015, 23 juillet 2015)

Sommaire

Les dispositions de l'article 254, alinéa 2 ne font pas obligation à l'huissier instrumentaire de procéder à la signification de l'acte à personne, mais seulement de respecter les formes prescrites par le doit interne de l'État partie pour la signification des exploits d'huissier.

La Cour Commune de Justice et d'Arbitrage (CCJA) de l'Organisation pour l'Harmonisation en Afrique du Droit des Affaires (OHADA), Première Chambre, a rendu l'arrêt suivant, en son audience publique du 23 juillet 2015 où étaient présents :

Messieurs : Marcel SEREKOÏSSE-SAMBA,	Président
Mamadou DEME,	Juge, rapporteur
Diehi Vincent KOUA,	Juge
César Apollinaire ONDO MVE,	Juge
Robert SAFARI ZIHALIRWA,	Juge
et Maître ASSIEHUE Acka,	Greffier ;

Sur le recours enregistré au greffe de la Cour de céans le 28 décembre 2012 sous le n°125/2012/PC et formé par la Société Nigérienne de Banque dite SONIBANK, société anonyme ayant son siège à Niamey, avenue de la Mairie, B.P. 891-Niamey, représentée par son directeur général, ayant pour conseil la SCPA THEMIS, avocat au Barreau du Niger, 380 avenue du Kawar, B.P. 12.517-Niamey, dans la cause qui l'oppose à Mahaman Rabiou MOUSSA, demeurant à Maradi, rue 36, Bourja,

en cassation du jugement n°55/2011 rendu le 12 octobre 2011 par le Tribunal de Grande Instance de Maradi, dont le dispositif est ci-dessous reproduit :

« Statuant publiquement, en audience éventuelle, contradictoirement à l'égard de la demanderesse, par défaut à l'encontre du défendeur, en matière de saisie immobilière et en premier ressort ;

Déclare recevable la SONIBANK en son action ;

Au fond :

Constate que le commandement n'a pas été signifié dans les conditions prescrites par l'article 254 de l'AUPSR/VE ;

Annule en conséquence ledit commandement ainsi que tous les actes subséquents, en application des articles 246 et 254 de l'Acte uniforme sus-indiqué ;

Met les dépens à la charge de la SONIBANK.

Avis délai d'appel : Deux mois » ;

La SONIBANK invoque à l'appui de son pourvoi les deux moyens de cassation tels qu'ils figurent à sa requête annexée au présent arrêt ;

Sur le rapport de Monsieur Mamadou DEME, Juge ;

Vu les articles 13 et 14 du Traité relatif à l'harmonisation du droit des affaires en Afrique ;

Vu le Règlement de procédure de la Cour Commune de Justice et d'Arbitrage de l'OHADA ;

Attendu que par correspondance n°002/2012/G2 du 10 janvier 2012, reçue le 16 janvier 2012, le Greffier en chef de la CCJA a signifié le recours au défendeur, qui n'a cependant ni comparu, ni été représenté à l'audience ; que le principe du contradictoire ayant été respecté, il convient d'examiner le recours ;

Attendu qu'il résulte des pièces du dossier que par exploit du 27 avril 2011, la SONIBANK a fait servir à Mahaman Rabiou MOUSSA un commandement aux fins de saisie immobilière, en exécution de l'ordonnance d'injonction de payer n°68/V-PTGI/MI/2010 du 30 septembre 2010 ; qu'à l'audience éventuelle tenue le 5 octobre 2011, le Tribunal de Grande Instance de Maradi a annulé ledit commandement ainsi que tous les actes subséquents, pour violation de l'article 254 alinéa 2 de l'Acte uniforme portant organisation des procédures simplifiées de recouvrement et des voies d'exécution ; que le pourvoi est formé contre ce jugement ;

Sur le deuxième moyen de cassation

Attendu que le moyen est pris de la mauvaise interprétation de l'article 254 alinéa 2 de l'Acte uniforme portant organisation des procédures simplifiées de recouvrement et des voies d'exécution, en ce que le juge du fond a retenu que ce texte fait obligation au créancier saisissant de ne signifier le commandement qu'à la personne du débiteur, alors qu'en disposant que « … *ce commandement doit être signifié au débiteur et le cas échéant au tiers détenteur…* », ledit texte ne fait pas de distinction entre la signification à personne et à domicile, et que la signification arguée de nullité a été faite conformément aux prescriptions de l'article 68 du code de procédure civile nigérien ;

Attendu qu'aux termes de l'article 254 alinéa 2 de l'Acte uniforme portant organisation des procédures simplifiées de recouvrement et des voies d'exécution, « *A peine de nullité, (le) commandement doit être signifié au débiteur et le cas échéant au tiers détenteur de l'immeuble…* » ;

Attendu que le jugement déféré s'est fondé sur la violation de ce texte pour constater la nullité du commandement, au motif que l'acte « *…a été signifié au gardien du débiteur et non à la personne du débiteur lui-même…* » ;

Mais attendu que les dispositions susvisées ne font pas obligation à l'huissier instrumentaire de procéder à la signification de l'acte à personne, mais seulement de respecter les formes prescrites par le doit interne de l'Etat partie pour la signification des exploits d'huissier ; qu'en l'espèce, l'exploit ayant été servi au domicile du débiteur et remis à son gardien, conformément aux dispositions de l'article 68 du code de procédure civile du Niger, l'irrégularité retenue par le premier juge n'est pas avérée ; qu'il échet en conséquence, sans qu'il y ait lieu de statuer sur les autres moyens du pourvoi, de casser l'arrêt attaqué et d'évoquer ;

SUR L'EVOCATION

Attendu que par exploit du 3 septembre 2011, la SONIBANK a fait servir à Mahaman Rabiou MOUSSA sommation de prendre communication du cahier des charges qu'elle a déposé le 2 septembre 2011, avec assignation à comparaître à l'audience éventuelle, dont la date a été fixée au 5 octobre 2015 ; que le défendeur n'ayant pas déposé de dires dans les délais prescrits, il y a lieu d'en prendre acte et d'ordonner la continuation des poursuites devant le même tribunal, à la diligence de la SONIBANK ;

Attendu que Mahaman Rabiou MOUSSA qui a succombé doit être condamné aux dépens ;

PAR CES MOTIFS

Statuant publiquement, après en avoir délibéré,

Casse le jugement n°55/2011 rendu le 12 octobre 2011 par le Tribunal de Grande Instance de Maradi ;

Evoquant et statuant sur le fond,

Ordonne la continuation des poursuites devant le même tribunal, à la diligence de la SONIBANK ;

Condamne Mahaman Rabiou MOUSSA aux entiers dépens.

B. Recours contre les décisions en matière de saisie immobilière

La décision judiciaire statuant sur l'adjudication est insusceptible de recours (CCJA, 2e Ch., n°16/2015, 2 avril 2015)

Sommaire

La décision judiciaire ou le procès-verbal d'adjudication établi par le notaire ne pouvant faire objet d'aucune voie de recours, doit être déclaré irrecevable le pourvoi formé contre une telle décision.

La Cour Commune de Justice et d'Arbitrage (CCJA), de l'Organisation pour l'Harmonisation en Afrique du Droit des Affaires (OHADA), Deuxième chambre, a rendu l'Arrêt suivant en son audience publique du 02 avril 2015 où étaient présents :

Messieurs Abdoulaye Issoufi TOURE,	Président
Namuano Francisco DIAS GOMES,	Juge, rapporteur
Djimasna N'DONINGAR,	Juge
et Maître Jean Bosco MONBLE,	Greffier,

Sur le renvoi, en application des articles 14 et 15 du Traité relatif à l'harmonisation du droit des affaires en Afrique, devant la cour de céans, par l'arrêt n°202/2011 du 16 juin 2011 rendu par la cour suprême de Côte d'Ivoire, chambre judiciaire, d'un pourvoi formé le 18 août 2008 par Cheikhou BADIO, demeurant à Abidjan-Riviera III, lot n°1045, îlot n°107, 01 BP 5690 Abidjan 06 et Madame Hélène VARLET, épouse BADIO, demeurant à Abidjan-Riviera III, lot n°1045, îlot n°107, 01 BP 5690 Abidjan 01, dans la cause les opposant à la CITIBANK NA, sise à New-York (USA) 10022-399 Park Avenue, ayant une succursale à Abidjan-Plateau, 28, Avenue Delafosse, Immeuble Botreau ROUSSEL, 01 BP 3698 Abidjan 01, ayant pour conseil Maître AKA F. Félix, Avocat à la Cour, y demeurant Plateau, Résidence Roume, 20 BP 693 Abidjan 20,

en cassation de l'arrêt n°167 rendu le 28 mars 2008 par la cour d'appel d'Abidjan, dont le dispositif est le suivant :

« Statuant publiquement contradictoirement, en matière civile et en dernier ressort ;

<u>En la forme :</u>

- Déclare irrecevable pour violation des dispositions combinées des articles 299, 300, 313 de l'Acte Uniforme relatif aux voies d'exécution l'appel relevé par Mr et Mme CHEIKHOU BADIO du jugement d'adjudication n°1807 rendu le 23/07/2007 par le Tribunal de Première Instance d'Abidjan ;

- Condamne les appelants aux dépens » ;

Les requérants invoquent à l'appui de leur pourvoi les deux moyens de cassation tels qu'ils figurent dans leur requête annexée au présent arrêt ;

Sur le rapport de Monsieur Namuano Francisco DIAS GOMES, Juge ;

Vu les dispositions des articles 13, 14 et 15 du Traité relatif à l'harmonisation du droit des affaires en Afrique ;

Vu le Règlement de procédure de la Cour Commune de Justice et d'Arbitrage de l'OHADA ;

Attendu qu'il ressort des pièces du dossier de la procédure que le tribunal d'Abidjan, saisi par la CITIBANK NA d'une procédure de saisie immobilière contre les époux CHEIKHOU BADIO, constatait en audience éventuelle du 13 juin 2005 que les formalités légales prescrites avaient été régulièrement accomplies, validait le commandement aux fins de saisie et renvoyait la cause à l'audience d'adjudication fixée au 18 juillet 2005 ; que par arrêt n°907 du 21 juillet 2006, la cour d'appel d'Abidjan déclarait irrecevable l'appel des époux Cheikhou BADIO du jugement susvisé et ordonnait la continuation de la procédure ; que cet arrêt n'a pas été contesté, aussi la CITIBANK ayant satisfait aux formalités de publicité exigées, le tribunal d'Abidjan par jugement n°1807 du 23 juillet 2007 constatait qu'il n'y a eu aucune enchère ; qu'en conséquence, il déclarait la CITIBANK NA adjudicataire de l'immeuble faisant l'objet du titre foncier n°44467 de la circonscription foncière de Bingerville sis à la Riviera III, Commune de Cocody, à concurrence du montant de la mise à prix fixée à la somme de 50.000.000 F ; que par arrêt n°167 du 28 mars 2008, la cour d'appel d'Abidjan déclarait irrecevable, pour violation des dispositions de l'Acte uniforme relatif aux voies d'exécution, l'appel relevé par les époux CHEIKHOU BADIO du jugement entrepris ; que ceux-ci formaient pourvoi en cassation contre cet arrêt, devant la cour suprême de la Côte d'Ivoire, qui à son tour se dessaisissait au profit de la Cour Commune de Justice et d'Arbitrage, compétente ;

Sur la recevabilité du recours

Attendu que la CITIBANK soulève in limine litis l'irrecevabilité du pourvoi, au motif qu'il est dirigé contre le jugement n°1440 rendu le 13 juin 2005, en lieu et place de l'arrêt n°167 rendu le 28 mars 2008 ; que l'arrêt dont pourvoi a été rendu sur appel interjeté contre le jugement d'adjudication n°l807/CIV 2 C du 23 juillet 2007 ; que les demandeurs n'ont articulé que des moyens faisant griefs au jugement n°1440 qui a été rendu en audience éventuelle le 13 juin 2005 ; que dès lors, le pourvoi ne faisant pas grief à l'arrêt attaqué, doit être déclaré irrecevable pour défaut d'objet ;

Attendu que non seulement les moyens de cassation sont tous relatifs au jugement du 13 juin 2005 rendu à l'audience éventuelle, sur lequel la cour d'appel ne s'est pas prononcée mais ensuite et surtout l'arrêt n°167 du 28 mars 2008 a été rendu consécutivement au jugement d'adjudication, alors qu'aux termes de l'article 293 de l'Acte uniforme portant organisation des procédures simplifiées de recouvrement et des voies d'exécution « la décision judiciaire ou le procès-verbal d'adjudication établi par le notaire ne peut faire objet d'aucune voie de recours, sans préjudice des dispositions de l'article 313 ci-dessous » ; qu'il echet donc de dire que le pourvoi est irrecevable ;

Attendu que les époux Cheikhou BADIO ayant succombé, il y a lieu de les condamner aux dépens ;

PAR CES MOTIFS

Statuant publiquement, après en avoir délibéré ;

Déclare le pourvoi irrecevable ;

Condamne les époux Cheikhou BADIO aux dépens.

Recours contre les décisions rendues en matière de saisie immobilière : l'indication « droit commun » portée à l'article 300 de l'AUPSRVE ne renvoie pas au droit national (CCJA, Ass. Plén., n°43/2015, 27 avril 2015)

Sommaire

L'indication « droit commun » portée à l'article 300 de l'AUPSRVE renvoie, non pas aux dispositions du droit national, mais aux dispositions de l'article 49, alinéa 2, qui fixe un délai d'appel de quinze jours à compter du prononcé de la décision.

La Cour Commune de Justice et d'Arbitrage (CCJA), de l'Organisation pour l'Harmonisation en Afrique du Droit des Affaires (OHADA), Assemblée plénière, a rendu l'Arrêt suivant en son audience publique foraine tenue le 27 avril 2015 à Bamako (République du Mali) où étaient présents :

Messieurs Marcel SEREKOÏSSE-SAMBA,	Président, rapporteur
Abdoulaye Issoufi TOURE	Premier Vice-Président,
Madame Flora DALMEIDA MELE,	Seconde Vice-Présidente
Messieurs Mamadou DEME,	Juge
Djimasna NDONINGAR,	Juge
et Maître Paul LENDONGO,	Greffier en chef

Sur le pourvoi enregistré au Greffe de la Cour de céans le 29/09/2010 sous le n°087/2010/PC et formé par Me Guédel NDIAYE & Associés, Avocats au Barreau du Sénégal, 73 bis Rue Amadou Assane NDOYE, agissant au nom et pour le compte de sieur Abdoulaye LO demeurant au 129 Cité Assemblée, Ouakam à Dakar, dans la cause l'opposant à la Société Générale de Banques au Sénégal dite SGBS ayant ses bureaux au 19, Avenue du Président Léopold Sédar SENGHOR Dakar, ayant pour conseils Maîtres Sadel Ndiaye & Pape Seyni Mbodj, Avocats à la Cour, 47 Boulevard de la République,

en cassation de l'arrêt n°325 rendu le 03 mai 2010 par la cour d'appel de Dakar, dont le dispositif est le suivant :

« Statuant publiquement, contradictoirement, en matière de criées et en dernier ressort :

EN LA FORME

Déclare l'appel recevable ;

AU FOND

Infirme le jugement et, statuant à nouveau,

Rejette les Dires ;

Ordonne la continuation des poursuites ;

Condamne Abdoulaye Lô aux dépens » ;

Le requérant invoque à l'appui de son pourvoi les neuf moyens de cassation tels qu'ils figurent à la requête annexée au présent arrêt ;

Sur le rapport de Monsieur Namuano Francisco DIAS GOMES, Juge ;

Vu les articles 13 et 14 du Traité relatif à l'harmonisation du droit des affaires en Afrique ;

Vu le Règlement de procédure de la Cour Commune de Justice et d'Arbitrage de l'OHADA ;

Attendu qu'il résulte de l'examen des pièces de la procédure que le 19 juillet 2004, par acte notarié, le sieur Abdoulaye LO consentait une hypothèque en faveur de la SGBS, sur son Lot n°129 à distraire du TF 19.876 devenu le TF 13.174/GRD, pour garantir un prêt de 90.000.000F ; qu'à la suite du non-paiement de certaines échéances, la SGBS initiait une procédure de saisie immobilière contre le débiteur ; que statuant en audience éventuelle sur les dires et observations du sieur Abdoulaye LO, le tribunal de Dakar annulait les poursuites initiées par la SGBS suivant jugement du 05 janvier 2010 ; que sur appel, la Cour de Dakar infirmait cette décision, rejetait tous les dires et ordonnait la continuation des poursuites par l'arrêt dont pourvoi ;

Sur le deuxième et le troisième moyen tirés de la violation des articles 49 et 300 de l'Acte uniforme portant organisation des procédures simplifiées de recouvrement et des voies d'exécution.

Attendu qu'il est fait grief à l'arrêt déféré d'avoir violé les articles 49 et 300 en ce qu'il a déclaré l'appel recevable en vertu de l'article 17 du code de procédure civile sénégalais alors qu'en matière d'incident de saisie « les voies de recours sont exercées dans les conditions du droit commun » c'est-à-dire conformément à l'article 49 ; que c'est à tort qu'il a été fait application des dispositions du droit national ;

Attendu en effet que pour déclarer recevable l'appel de la SCBS, la cour d'appel de Dakar a motivé comme suit : « Considérant qu'aux termes de l'article 300 de l'AUPSRVE, les voies de recours contre les décisions rendues en matière de saisie immobilière sont exercées dans les conditions du droit commun; que l'expression droit commun renvoie nécessairement au droit national et donc au code de procédure civile du Sénégal ; que contrairement à ce qu'affirme l'intimé, le code de procédure civile du Sénégal a bien prévu un délai de droit commun en matière d'appel contre les jugements; que l'article 17 dudit code dispose que « le délai pour interjeter appel des jugements en premier ressort est de deux mois...». Considérant qu'en l'espèce, l'appel contre la décision du 05 janvier 2010 a été interjeté le 08 février 2010, donc dans le délai requis ; Qu'il échet de la déclarer recevable. » ;

Attendu que suivant une jurisprudence constante de la Cour de céans, l'indication « droit commun » portée à l'article 300 renvoie aux dispositions de l'article 49, alinéa 2, qui fixe un délai d'appel de quinze jours à compter du prononcé de la décision ; que l'arrêt déféré, qui a fait application de l'article 17 du code de procédure civile sénégalais suivant lequel le délai d'appel est de deux mois, a violé les articles 49 et 300 visés aux moyens ; qu'il échet de le casser et d'évoquer sans qu'il soit besoin d'analyser les autres moyens ;

Sur l'évocation

Attendu que suivant exploit en date du 08 février 2010 de Maître Malick NDIAYE, huissier de justice à Dakar, la Société Générale de Banques au Sénégal, dite SGBS, a interjeté appel du jugement rendu le 05 janvier 2010 par le Tribunal Régional de Dakar ;

Attendu que Maître Sadel NDIAYE pour le compte de la SGBS, appelante, a déposé des conclusions écrites tendant à ce que la Cour déclare l'appel recevable et au fond infirme le jugement entrepris en toutes ses dispositions ; statuant à nouveau, dire et juger que la procédure est régulière, ordonner la continuation des poursuites, renvoyer les parties à l'audience d'adjudication et mettre les dépens à la charge de Abdoulaye Lô ;

Attendu qu'en réplique, maître Guédel NDIAYE & Associés pour le compte d'Abdoulaye Lô ont conclu à ce que la Cour, au principal, déclare irrecevable l'appel de la SGBS, et à titre subsidiaire, au fond, qu'elle confirme le jugement entrepris en toutes ses dispositions et condamne la SGBS aux dépens ;

Attendu que pour les mêmes motifs que ceux ayant entrainé la cassation, il échet de dire que l'appel est irrecevable ;

Attendu que la SGBS ayant succombé, il y a lieu de la condamner aux dépens.

PAR CES MOTIFS

Statuant publiquement, après en avoir délibéré,

Casse l'arrêt N°325 rendu par la Cour d'appel de Dakar ;

Evoquant et statuant à nouveau,

Déclare l'appel irrecevable ;

Condamne la SGBS aux dépens.

Recours contre les décisions rendues en matière de saisie immobilière : précisions sur la notion d'incapacité (CCJA, Ass. Plén., n°51/2015, 27 avril 2015)

Sommaire

Il résulte de l'article 300 de l'AUPSRVE une énumération limitative des cas d'appel d'une décision de justice rendue en matière de saisie immobilière dont le moyen de fond tiré de l'incapacité d'une partie ; l'incapacité au sens de ce texte s'entend de l'état d'une personne privée par la loi de la jouissance ou de l'exercice de certains droits et ne s'assimile pas à la qualité à agir.

La Cour Commune de Justice et d'Arbitrage (CCJA) de l'Organisation pour l'Harmonisation en Afrique du Droit des Affaires (OHADA), Assemblée plénière, a rendu l'Arrêt suivant en son audience foraine tenue le 27 avril 2015 à Bamako (République du Mali), où étaient présents :

Messieurs Marcel SEREKOISSE SAMBA,	Président
Abdoulaye Issoufi TOURE,	Premier Vice-président
Madame Flora DALMEIDA MELE,	Seconde Vice-présidente
Messieurs Mamadou DEME,	Juge
Djimasna N'DONNINGAR,	Juge
Et Maître Paul LENDONGO,	Greffier en chef ;

Sur le pourvoi enregistré au greffe de la cour de céans sous le n° 123/2011/PC du 27 décembre 2011 et formé par le Cabinet NDIAYE, NDIONE et PADONOU, Avocats au Barreau du Sénégal, Dakar 30, rue Liberté VI extension VDN, agissant au nom et pour le compte de Monsieur Amsatou GUEYE, de nationalité sénégalaise, demeurant à la Sicap Liberté II villa n°1615 à Dakar, dans la cause l'opposant à la Société National de Recouvrement dite SNR, ayant son siège au 07, Avenue Léopold Sédar SENGHOR à Dakar, ayant pour conseil Maître Ibrahima GUEYE, Avocat à la cour,

en cassation de l'Arrêt n°558 rendu le 26 juillet 2011 par la cour d'appel de Dakar et dont le dispositif est le suivant :

« Statuant publiquement, contradictoirement, en matière de criées et en dernier ressort ;

Vu l'ordonnance de clôture des débats rendue par le conseiller de la mise en état le 28 juin 2011 ;

Au fond:

Déclare l'appel recevable sur le fondement des dispositions de l'article 300 de l'Acte Uniforme sur les Procédures Simplifiées de Recouvrement et des Voies d'Exécution ;

Infirme le jugement entrepris en toutes ses dispositions et statuant à nouveau :

Dit et juge que la SNR a qualité à agir en application des dispositions de l'article 241 du COCC.

Condamne Amsatou GUEYE aux dépens. » ;

Le requérant invoque à l'appui de son pourvoi le moyen unique de cassation tel qu'il figure à la requête annexée au présent arrêt ;

Sur le rapport de Monsieur Victoriano OBIANG ABOGO, Juge ;

Vu les dispositions des articles 13 et 14 du Traité relatif à l'harmonisation du droit des affaires en Afrique ;

Vu les dispositions du Règlement de procédure de la Cour Commune de Justice et d'Arbitrage de l'OHADA ;

Attendu qu'il ressort des pièces du dossier de la procédure qu'en vertu d'une Grosse dûment en forme exécutoire d'un acte d'ouverture de crédit en date des 06 et 14 août 1984 de Maîtres Papa Ismaïla KA et Alioune KA, Notaires associés à Dakar, le sieur Amsatou GUEYE a volontairement et spécialement affecté en hypothèque de premier rang au profit de l'ex Banque Commerciale du Sénégal dite BCS, l'immeuble bâti formant le lot N°1615, sis à la Sicap Liberté 2, à distraire du Titre Foncier N°9976/DG à Dakar d'une superficie de 374 m2, et objet du titre foncier N°24.794/DG devenu 7563/GRD ; que ladite hypothèque a fait l'objet d'une inscription au livre foncier de Grand Dakar ainsi que cela résulte de deux certificats d'inscriptions en date des 25 octobre 1993 et 14 août 2007 ; que dans le cadre de la liquidation de l'ex Banque Commerciale du Sénégal dite BCS, le liquidateur nommé par arrêté du Ministre de l'Economie et des Finances en date du 27 mai 1987 a cédé l'ensemble des actifs de ladite BCS à la Société ASSURBANK ; que cette cession de créances, publiée au journal officiel de la République du Sénégal, a été régulièrement signifiée au sieur Amsatou GUEYE par exploit du 20 octobre 1987 de Maître Assane DIENE, huissier de justice à Dakar ; qu'ainsi, la Société ASSURBANK par l'effet de cette cession de créances a été régulièrement subrogée aux droits et obligations de la BCS et est ainsi devenue créancière de Amsatou GUEYE, débiteur cédé ; que par la suite, dans sa politique de restructuration et d'assainissement du secteur bancaire parapublic, l'Etat du Sénégal a adopté la loi n°91-21 du 16 février 1991 portant création de la Société Nationale de Recouvrement dite SNR dont la mission est de procéder au recouvrement des créances des banques du secteur parapublic liquidées à savoir : ASSURBANK, la Banque Nationale de Développement du Sénégal dite BNDS, l'Union Sénégalaise de Banque dite USB, la Société Nationale de Banque dite SONABANQUE , la Société Financière Sénégalaise pour le Développement de l'Industrie et du Tourisme dite SOFISED, la Banque Sénégalo-Koweitienne dite BSK ; qu'en application de cette loi, la SNR est venue aux droits et obligations de l'ensemble des banques susvisées dont notamment ASSURBANK ; qu'à cet effet, la SNR avait servi au requérant un commandement valant saisie réelle en date des 15 janvier et 16 février 2009, par exploit de Maître Oumar Tidiane DIOUF, Huissier de justice à Dakar ; qu'à l'audience éventuelle du 07 avril 2009, le juge des criées statuant sur les dires déposés par le concluant, a annulé le commandement des 15 et 16 février 2009 objet des poursuites, pour violation de l'article 241 du code des obligations civiles et commerciales du Sénégal; que par exploit en date du 18 mai 2009 de Maître Malick Sèye FALL, Huissier de justice à Dakar, la SNR a interjeté appel de cette décision; la cour d'appel de Dakar, en son audience du 26 juillet 2011, statuant sur l'appel interjeté par la SNR contre le jugement des criées du 07 avril 2009, a rendu l' arrêt infirmatif, objet de la présente procédure devant la cour de céans ;

Sur la recevabilité du recours

Attendu que dans son mémoire en réponse en date du 06 avril 2012, la SNR soulève l'irrecevabilité du recours pour violation de l'article 28.3 du Règlement de procédure aux motifs que le requérant indique avoir domicilié sa procédure chez Maître Mohamed Lamine FAYE, Avocat à la cour, Résidence du Front Lagunaire, Avenue Charles de Gaulle, Plateau Abidjan en Côte d'Ivoire mais ne verse aucune attestation de domiciliation prouvant que la personne auprès de qui elle a élu domicile a consenti à recevoir toutes les significations ;

Mais attendu qu'aux termes des dispositions de l'article 28.3 du Règlement de procédure de la Cour Commune de Justice et d'Arbitrage : « Aux fins de la procédure, l'élection de domicile au lieu où la cour a son siège n'est pas obligatoire. L'élection de domicile indique, les cas échéants, le nom de la personne qui est autorisée et a consenti à recevoir toutes significations. » ; qu'ainsi l'élection de domicile n'est pas une condition de recevabilité du pourvoi au regard de l'article 28 du Règlement de procédure de la cour, mais plutôt une faculté offerte à une partie à une procédure d'indiquer l'adresse où lui seront adressés les actes de procédures ; que dès lors, il y a lieu de déclarer ledit recours recevable ;

Sur le moyen unique

Vu l'article 300 de l'Acte uniforme portant organisation des procédures simplifiées de recouvrement et des voies d'exécution

Attendu que le requérant fait grief à l'arrêt attaqué d'avoir violé l'article 300 de l'Acte uniforme portant organisation des procédures simplifiées de recouvrement et des voies d'exécution en ce que pour déclarer recevable l'appel, la cour d'appel a considéré que le défaut de qualité à agir comme une incapacité au sens de l'article visé au moyen alors, selon le moyen, que l'incapacité est la situation juridique d'une personne privée de la jouissance ou de l'exercice de certains droits ;

Attendu qu'aux termes de l'article 300 de l'Acte uniforme précité, « les décisions judicaires rendues en matière de saisie immobilière ne sont pas susceptibles d'opposition. Elles ne peuvent être frappées d'appel que lorsqu'elles statuent sur le principe même de la créance ou sur des moyens de fond tirés de l'incapacité d'une partie, de la propriété, de l'insaisissabilité ou de l'inaliénabilité de biens saisis… » ; qu'il résulte de cet article une énumération limitative des cas d'appel contre une décision de justice rendue en matière de saisie immobilière dont le moyen de fond tiré de l'incapacité d'une partie ; cette incapacité s'entend de l'état d'une personne privée par la loi de la jouissance ou de l'exercice de certains droits ; qu'au contraire, la notion de qualité à agir , retenue à tort par la cour d'appel , s'entend par le pouvoir d'agir en justice , que la loi nationale a attribué dans l'espèce ici à certaines personnes ; qu'ainsi qu'en assimilant le défaut de qualité à agir à une incapacité au sens de l'article 300 de l'Acte Uniforme précité pour déclarer recevable l'appel, la cour d'appel a commis le grief visé au moyen ; que dès lors l'arrêt encourt cassation ;

Sur l'évocation

Attendu que suivant exploit du 18 mai 2009, la SNR a interjeté appel contre le jugement n°702 rendu le 07 avril 2009 par le tribunal régional hors classe de Dakar et dont le dispositif est le suivant :

« PAR CES MOTIFS :

Statuant publiquement, contradictoirement, en matière de criées et en premier ressort ;

En la forme :

Reçoit les dires ;

Au fond :

Déclare le moyen tiré du défaut de qualité à agir de la SNR fondé ;

Annule en conséquence le commandement en date des 15 janvier et 16 février 2009 ainsi que tous les actes subséquents ;

Condamne la SNR aux dépens. » ;

Qu'à l'appui de son appel, la SNR conclut à l'infirmation du jugement entrepris et au débouté des demandes de Monsieur Amsatou GUEYE ; qu'elle excipe que l'ensemble des actifs de la Banque Commerciale du Sénégal dite BCS dont Monsieur Amsatou GUEYE était débiteur, avait été cédé, dans le cadre de sa liquidation, à ASSURBANK qui figure parmi les Sociétés dont les créances lui ont été transférées pour recouvrement ; qu'elle indique que conformément aux dispositions de l'article 241 du code des obligations civiles et commerciales, cette cession a été notifiée à Monsieur Amsatou GUEYE et que par l'effet de cette cession, ASSURBANK, cessionnaire, devient ainsi créancière de ce dernier ; que sa créance sur Amsatou est bien fondée et que justifiant d'un titre exécutoire, il sollicite la continuation des poursuites par la vente forcée de l'immeuble ;

Attendu que Monsieur Amsatou GUEYE conclut à l'irrecevabilité de l'appel pour violation de l'article 300 de l'Acte Uniforme portant organisation des procédures simplifiées de recouvrement et des voies d'exécution en alléguant que le jugement entrepris n'a pas remis en cause le principe de la créance mais n'a statué que sur le moyen de forme relatif à l'absence de qualité à agir de la SNR ;

Attendu que pour les mêmes motifs que ceux ayant prévalu à la cassation de l'arrêt attaqué, il y a lieu de déclarer irrecevable l'appel de la SNR ;

Attendu que la Société Nationale de Recouvrement (SNR) ayant succombé, il y a lieu de la condamner aux dépens ;

PAR CES MOTIFS

Statuant publiquement après en avoir délibéré ;

Déclare recevable le pourvoi ;

Casse et annule l'arrêt n°558 rendu le 26 juillet 2011 par la cour d'appel de Dakar ;

Evoquant et statuant à nouveau,

Déclare irrecevable l'appel formé par la SNR contre le jugement n°702 rendu le 07 avril 2009 par le tribunal régional hors classe de Dakar ;

Confirme en conséquence en toutes ses dispositions le jugement entrepris ;

Condamne la Société Nationale de Recouvrement SNR aux dépens.

Recours contre les décisions rendues en matière de saisie immobilière : les cas de recours sont limitatifs (CCJA, 2e Ch., n°89/2015, 8 juillet 2015)

Sommaire

Les moyens relatifs aux irrégularités sur la désignation des immeubles et de la mise à prix ne font pas partie des exceptions limitativement énumérées par l'article 300 de l'AUPSRVE.

La Cour Commune de Justice et d'Arbitrage (CCJA), de l'Organisation pour l'Harmonisation en Afrique du Droit des Affaires (OHADA), Deuxième chambre, a rendu l'Arrêt suivant en son audience publique du 08 juillet 2015 où étaient présents :

Messieurs Abdoulaye Issoufi TOURE, Président, rapporteur

Namuano Francisco DIAS GOMES, Juge

Djimasna N'DONINGAR, Juge

et Maître Jean Bosco MONBLE, Greffier,

Sur le pourvoi enregistré au greffe de la cour de céans le 27 avril 2012 sous le numéro 039/2012/PC et formé par Maître Assamoi N'GUESSAN Alexandre, Avocat à la cour demeurant Cité Ran, Avenue Pierre Semart, 04 BP 537 Abidjan 04, agissant au nom et pour le compte de la Société Services Médicaux dite SERMED, société Anonyme ayant son siège Avenue Terrassons de Fougères et Rue Gourgas 17 BP 25 à Abidjan 17, dans la cause l'opposant à la Bank Of Africa dite BOA, société Anonyme ayant son siège Avenue Terrassons de Fougères BP 4132 à Abidjan et ayant pour conseil la SCPA Anthony, Fofana et Associés, Avocats à la Cour demeurant Cocody les deux Plateaux, résidence du Vallon BP 1126 Abidjan 11 ;

en cassation de l'arrêt n°46 rendu le 27 janvier 2012 par la cour d'appel d'Abidjan et dont le dispositif est le suivant :

« Statuant publiquement, contradictoirement, en matière civile et en dernier ressort ;

Déclare la Société de Services Médicaux dite SERMED irrecevable en son appel relevé du jugement civil n°55 rendu le 10 janvier 2011 par le tribunal de première instance d'Abidjan ;

Condamne la SERMED aux dépens… » ;

La requérante invoque à l'appui de son pourvoi le moyen unique de cassation tel qu'il figure à la requête annexée au présent arrêt ;

Sur le rapport de Monsieur Abdoulaye Issoufi TOURE, Premier Vice Président ;

Vu les dispositions des articles 13 et 14 du Traité relatif à l'harmonisation du droit des affaires en Afrique ;

Vu le Règlement de procédure de la Cour Commune de Justice et d'Arbitrage de l'OHADA ;

Attendu qu'il ressort des pièces du dossier de la procédure que la Société de Services Médicaux a, par acte notarié, obtenu de la Banque Ouest Africaine de Développement dite BOAD, un crédit de 661.000.000 F ; que pour garantir ce prêt, la SERMED consentait une hypothèque de premier rang sur son titre foncier n°54498 de la circonscription foncière de Bingerville ; que par la suite la BOAD cédait sa créance à la Bank Of Africa, BOA ; que celle-ci, outre ce transfert, fera elle-même un prêt à la SERMED de 425.196.972 francs en garantie duquel, elle obtenait une inscription hypothécaire de deuxième rang sur le même titre foncier ; que la BOA n'ayant pas été remboursée à l'échéance, engageait une procédure de saisie immobilière sur ledit titre foncier notamment sur 13 lots ; qu'à l'audience éventuelle du 10 janvier 2011, le tribunal de première instance d'Abidjan rejetait les dires et observations de la SERMED ; que l'appel sera déclaré irrecevable suivant l'arrêt dont pourvoi ;

Sur le moyen unique tiré de la violation de l'article 300 de l'Acte uniforme portant organisation des procédures simplifiées de recouvrement et des voies d'exécution.

Attendu qu'au soutien de ce moyen, la SERMED a exposé que la cour d'appel a déclaré l'appel irrecevable au motif que les moyens développés devant le tribunal n'étaient que de pure forme alors qu'elle a conclu par des arguments de fond ; qu'elle a, en effet, soulevé l'irrecevabilité dans la désignation des immeubles ainsi que l'irrégularité de la mise à prix ; qu'à cet égard, selon le moyen, il ressort clairement de la cession de créance intervenue entre la BOAD et la Bank Of Africa, que l'hypothèque portait sur l'ensemble du titre foncier n°54498 et qu'en phase de réalisation, ladite hypothèque est limitée à un ensemble de 13 lots au mépris de l'article 120 de l'Acte uniforme portant organisation des sûretés ; que de même il y a des obstacles juridiques à la réalisation de l'inscription hypothécaire de second rang à la Bank Of Africa en raison des conditions suspensives à la constitution de garanties qui ne sont pas réalisées ;

Mais attendu qu'à l'examen des pièces du dossier et notamment du jugement du 10 janvier 2011, il appert que la SERMED a d'abord soulevé « l'irrégularité dans la désignation des immeubles saisis car estime t-elle, ces immeubles constitués de 13 lots selon la BOA CI d'une superficie totale de 967,08 m^2 composé d'un ensemble de bureaux et de parking lui auraient été attribués par suite de la liquidation-partage de la SCI SERMED le 10 décembre 2004 alors que l'hypothèque de 1er rang qui lui a été transférée du fait de la cession de créance de la BOA-CI à son profit, concerne plus largement une parcelle de terrain de 1589 m2, objet du titre foncier 54498 avec les constructions y édifiées et à y édifier ; en ce qui concerne l'hypothèque de second rang obtenue par la BOA, elle ne peut soutendre la présente saisie d'autant qu'elle a été consentie sous conditions suspensives.... Ensuite pour la SERMED SA, la mise à prix fixée est irrégulière dans la mesure où elle ne tient pas compte de la valeur réelle tant du terrain que des constructions y édifiées qui valent au moins quatre fois plus que celle indiquée. » ;

Attendu que ces moyens relatifs à deux irrégularités sur la désignation des immeubles et de la mise à prix ne font pas partie des exceptions limitativement énumérées par l'article 300 visé ; que donc la cour d'appel, en déclarant l'appel irrecevable, n'a en rien violé cette disposition ; qu'il échet donc de rejeter le moyen et subséquemment le pourvoi ;

Attendu que la SERMED, succombant, sera condamnée aux dépens ;

PAR CES MOTIFS

Statuant publiquement, après en avoir délibéré ;

Rejette le recours formé par la SERMED ;

La Condamne aux dépens.

Recours contre une décision rendue en matière de saisie immobilière : quelques cas possibles d'appel (CCJA, 1ère Ch., n°155/2015, 26 novembre 2015)

Sommaire

Les décisions rendues en matière de saisie immobilière ne sont susceptibles d'appel que dans les seuls cas limitativement prévus à l'article 300 de l'AUPSRVE. Elles ne sont par conséquent pas susceptibles d'appel lorsqu'elles ont statué sur la nullité du commandement, l'incertitude de la créance quant à son montant, la nullité de la sommation de prendre communication du cahier des charges et la nullité du cahier des charges.

La Cour Commune de Justice et d'Arbitrage (CCJA), Première Chambre, de l'Organisation pour l'Harmonisation en Afrique du Droit des Affaires (OHADA), a rendu l'arrêt suivant en son audience publique du 26 novembre 2015 où étaient présents :

Messieurs Marcel SEREKOISSE-SAMBA,

Mamadou DEME,

Diéhi Vincent KOUA,

César Apollinaire ONDO MVE,

Robert SAFARI ZIHALIRWA,

et Maître Acka AS SIEHUE,

Sur le pourvoi enregistré au greffe de la Cour de céans le 08 novembre 2012 sous le numéro 156/2012/PC et formé par Maître Sylvain SOUOP, Avocat au barreau du Cameroun, agissant au nom et pour le compte de la Société Hôtelière du Cameroun dont le siège social est à Yaoundé, quartier Fouda, poursuites et diligences de son Directeur général, BP 8409 Yaoundé, dans la cause qui l'oppose à la Société Afriland First Bank dite First Bank SA, ayant pour conseils la SCPA Kouengoua & Ngantio Mbattang Anne,19 me des Ecoles Akwa, BP 3792 Douala, domicile élu au cabinet de Maître Catherine KONE, avocate au Barreau de Côte d'ivoire, 01BP 8577 Abidjan 01,

en cassation de l'Arrêt n° 082/C en date du 18 mai 2012 rendu par la Cour d'appel du Littoral à Douala (Cameroun) et dont le dispositif suit :

« Par ces motifs :

Statuant publiquement, contradictoirement à l'égard des parties, en matière civile et commerciale, en appel, en dernier ressort, à l'unanimité des membres ;

Reçoit la fin de non-recevoir soulevée par la société Afriland First Bank ;

Y faisant droit ;

Déclare l'appel de la Société Hôtelière du Cameroun irrecevable ;

La condamne aux dépens...;

Attendu que la requérante invoque à l'appui de son pourvoi sept moyens de cassation tels qu'ils figurent à la requête annexée au présent arrêt ;

Sur le rapport de Monsieur Marcel SEREKOÏSSE-SAMBA, Président ;

Vu les dispositions des articles 13 et 14 du Traité relatif à l'harmonisation du droit des affaires en Afrique ;

Vu le Règlement de procédure de la Cour Commune de Justice et d'Arbitrage de l'OHADA ;

Attendu qu'il ressort des pièces du dossier de la procédure que par acte notarié en date des 21 et 28 mars 2005, la Société Afriland First Bank dite FIRST BANK S.A a passé avec la Société Hôtelière du Cameroun dite SHC SA une convention de compte courant aux termes de laquelle la première octroie à la seconde un crédit à moyen terme d'un montant de 500.000.000 FCFA, remboursables en 60 mensualités dont 54 mensualités consécutives et un différé de 6 mensualités dès la mise en place du crédit, pour les travaux de finition et d'équipements de hôtel de la SHC ;

Que pour sûreté et garantie de remboursement de ce concours financier en principal, intérêts, commissions, frais, accessoires et garantie de l'exécution de toutes les obligations résultant de ce prêt, la SHC a affecté en hypothèque ferme de premier rang au profit de la First Bank deux de ses immeubles, objets des titres fonciers numéros 5787, volume 30, folio 79 et 8046 volume 41 folio 148, sis dans le Département du Wouri (Douala) ;

Que la SHC, n'honorant pas ses engagements conformément aux échéances convenues, a vu son compte clôturé par la First Bank qui lui a aussitôt servi un commandement valant saisie des deux immeubles hypothéqués, déposé un cahier des charges et délivré une sommation a en prendre connaissances ;

Que par ses dires et observations, la SHC s'oppose à la vente des deux immeubles en excipant de la nullité tant du commandement que de celle des poursuites subséquentes relatives à la procédure de la saisie immobilière ;

Que par jugement civil n° 1195 du 20 octobre 2011, le Tribunal de grande instance du Wouri à Douala a débouté la SHC de son action, ordonné la continuation des poursuites sur les immeubles et a fixé leur adjudication au 15 décembre 2011 après l'accomplissement des formalités prévues aux articles 276 et 277 de l'Acte uniforme portant organisation des procédures simplifiées de recouvrement et des voies d'exécution ;

Que sur appel de la SHC, la Cour d'appel du Wouri à Douala a rendu l'arrêt sus énoncé, objet du présent pourvoi devant la Cour de céans ;

Sur la recevabilité du recours

Attendu que la Société Afriland First Bank soulève in limine litis l'irrecevabilité du pourvoi, au seul motif que l'arrêt attaqué n'a pas été préalablement signifié ;

Mais attendu que le défaut de signification préalable de l'arrêt entrepris n'est pas une cause d'irrecevabilité du pourvoi ; qu'il échet de déclarer l'exception mal fondée ;

Sur le premier moyen de cassation

Attendu que le moyen reproche en substance à l'arrêt entrepris d'avoir déclaré l'appel irrecevable, sur le fondement de l'article 300 de l'Acte uniforme portant organisation des procédures simplifiées de recouvrement et des voies d'exécution, au motif que la SHC a contesté le montant et non le principe de la créance, alors que tant dans ses dires et observations, que dans sa requête et ses conclusions d'appel, la SHC n'a eu de cesse de contester le principe même de la créance ;

Attendu qu'il résulte des dispositions de l'article 300 de l'Acte uniforme portant organisation des procédures simplifiées de recouvrement et des voies d'exécution que les décisions rendues en matière de saisie immobilière ne sont susceptibles d'appel que lorsqu'elles ont statué « sur le principe même de la créance ou sur des moyens de fond tirés de l'incapacité d'une des parties, de la propriété, de l'insaisissabilité ou de l'inaliénabilité des biens saisis » ;

Attendu qu'en l'espèce, les dires et observations sur lesquels le jugement frappé d'appel a statué sont contenus dans les écritures de la SHC en date du 22 août 2010, qu'elle a régulièrement produites aux débats ; que les contestations y élevées sont relatives à la nullité du commandement, l'incertitude de la créance quant à son montant, la nullité de la sommation de prendre communication du cahier des charges et la nullité du cahier des charges ;

Attendu que de telles contestations ne relevant pas de celles énumérées à l'article 300 de l'Acte uniforme susvisé, c'est à bon droit que l'appel a été déclaré irrecevable ;

Qu'il échet de rejeter le moyen comme mal fondé ;

Sur les six autres moyens réunis

Attendu que par ces moyens, la société requérante s'est évertuée à démontrer la nullité du commandement et la violation par le saisissant des articles 259 alinéa 3, 267 alinéas 8 et 10, 268 et 269 de l'Acte uniforme portant organisation des procédures simplifiées de recouvrement et des voies d'exécution ; que ces moyens qui ne critiquent en rien l'arrêt attaqué, lequel n'a statué que sur la recevabilité de l'appel, doivent être déclarés inopérants ;

Attendu aue la Société Hôtelière du Cameroun ayant succombé, il y a lieu de la condamner aux dépens ;

PAR CES MOTIFS

Statuant publiquement, après en avoir délibéré,

En la forme :

Déclare le pourvoi recevable ;

Au fond : Le rejette ; Condamne la Société Hôtelière du Cameroun S.A aux dépens.

Recours contre les décisions rendues en matière de saisie immobilière : l'article 300 de l'AUPSRVE s'applique même à la suspension de l'adjudication (CCJA, 2e Ch., n°108/2015, 22 octobre 2015)

Sommaire

L'article 300 de l'AUPSRVE est applicable à toutes les phases de la saisie immobilière, y compris s'agissant d'une suspension de l'adjudication. C'est donc à tort qu'un arrêt l'a écarté s'agissant d'une suspension de l'adjudication.

La Cour Commune de Justice et d'Arbitrage (CCJA), de l'Organisation pour l'Harmonisation en Afrique du Droit des Affaires (OHADA), Deuxième chambre, a rendu l'Arrêt suivant en son audience publique du 22 octobre 2015 où étaient présents :

Messieurs Abdoulaye Issoufi TOURE, Président, rapporteur

Namuano Francisco DIAS GOMES, Juge

Djimasna N'DONINGAR, Juge

et Maître Jean Bosco MONBLE, Greffier,

sur le pourvoi enregistré au greffe de la Cour de céans le 11 mars 2010 sous le n°026/2010/PC et formé par la SCPA Ahoussou, Konan et Associés, Avocats à la Cour, demeurant 19 Boulevard Angoulvant, 01 BP 1366 Abidjan 01, agissant au nom et pour le compte de la SCI Les Merveilles, ayant son siège social à Abidjan Treichville, 16 BP 76, dans la cause l'opposant à la Banque Atlantique de Côte d'Ivoire, société anonyme ayant son siège à Abidjan-Plateau, Avenue Noguès, 04 BP 1036 Abidjan 04 ayant pour conseil, Maître AKA Félix, Avocat à la Cour, demeurant à Abidjan-Plateau 20, 22 Boulevard Clozel, 20 BP 97 Abidjan 20,

en cassation de l'arrêt n°372/CIV6/B rendu le 09 juin 2009 par la Cour d'appel d'Abidjan et dont le dispositif est le suivant ;

« Statuant publiquement, contradictoirement en matière civile et en dernier ressort ;

En la forme

Déclare l'appel de la Banque Atlantique de Côte d'Ivoire dite BACI recevable ;

Au fond

l'y dit bien fondé

infirme le jugement entrepris en toutes ses dispositions ;

statuant à nouveau ;

Déclare irrecevable la SCI les Merveilles en ses contestations.

Fixe l'audience d'adjudication au 22 mars 2010. » ;

La requérante invoque à l'appui de son pourvoi les deux moyens de cassation, tels qu'ils figurent à la requête annexée au présent arrêt ;

Sur le rapport de Monsieur Abdoulaye Issoufi TOURE, Premier vice-président ;

Vu les articles 13 et 14 du Traité relatif à l'harmonisation du droit des affaires en Afrique ;

Vu le Règlement de procédure de la Cour Commune de Justice et d'arbitrage de l'OHADA ;

Attendu qu'il ressort des pièces du dossier de la procédure que le 27 juin 2007, la BACI accordait un prêt d'un montant de 500.000.000 F à la SCI Les Merveilles ; qu'en garantie du remboursement, la SCI affectait en hypothèque son titre foncier n°5062 sis à Abidjan –marcory, zone 4 ; que la SCI Les Merveilles n'ayant pu tenir ses engagements, la BACI a introduit une procédure de saisie immobilière pour le reliquat de 437.555.090 F ; qu'à l'audience éventuelle du 28 juillet 2008, le tribunal de première instance d'Abidjan Plateau rejetait les dires et observations de la Société SCI Les Merveilles mais, par application de l'article 265 de l'Acte uniforme portant organisation des procédures simplifiées de recouvrement et des voies d'exécution, ordonnait la suspension de la vente, la SCI Les Merveilles s'étant engagée à éponger sa dette avec les revenus de l'immeuble ; que la BACI ayant estimé que ce nouvel engagement n'a pas été tenu, saisissait le Président du tribunal qui par ordonnance du 09 janvier 2009, décidait de la reprise des poursuites et fixait l'audience d'adjudication au 16 février 2009 ; que s'opposant à cette ordonnance, la SCI saisissait le tribunal qui par jugement n°402 en date du 16 février 2009, ordonnait à nouveau la suspension de la vente ; que sur appel de la BACI, la Cour d'Abidjan a rendu l'arrêt dont pourvoi ;

Sur le premier moyen tiré de la violation de la loi en sa première branche

Attendu qu'il est fait grief à l'arrêt querellé d'avoir infirmé le jugement ayant suspendu la vente, en violation de l'article 300 de l'Acte uniforme portant organisation des procédures simplifiées de recouvrement et des voies d'exécution, en ce qu'il a déclaré l'appel recevable pour avoir été interjeté conformément aux dispositions relatives à l'audience éventuelle ;

Attendu que l'article 300 dont la violation est arguée, est ainsi libellé : « les décisions judiciaires en matière de saisie immobilière ne sont pas susceptibles d'opposition ;

Elles ne peuvent être frappées d'appel que lorsqu'elles statuent sur le principe même de la créance ou sur des moyens de fond tirés de l'incapacité d'une des parties, de la propriété, de l'insaisissabilité ou de l'inaliénabilité des biens saisis… » ;

Attendu qu'il appert que cette disposition est applicable à toutes les phases de la saisie immobilière ; que c'est donc à tort qu'elle a été écartée par la Cour d'appel s'agissant d'une suspension de l'adjudication ; qu'il échet donc de casser l'arrêt déféré sans qu'il soit nécessaire d'examiner le deuxième moyen ;

Sur l'évocation

Attendu que, par acte d'huissier en date du 02 mars 2009 la BACI a relevé appel du jugement n°402, rendu le 16 février 2009 par le Tribunal de première-instance d'Abidjan-

Plateau ; que par l'organe de son conseil, Maître AKA F. Félix, elle a expliqué, qu'alors que toutes les conditions étaient réunies pour procéder à l'adjudication, le Tribunal s'est transformé en juridiction Présidentielle pour ordonner la suspension de l'adjudication au motif que la SCI Les Merveilles aurait versé entre la première suspension et l'audience du 16 février 2009, plus de 108.000.000 F sur le montant de sa dette et cela en faisant mauvaise application de l'article 265 de l'Acte uniforme portant organisation des procédures simplifiées de recouvrement et des voies d'exécution ; qu'un tel jugement doit être déclaré nul ou inexistant ;

Attendu que la SCI Les Merveilles sous la plume de son conseil la SCPA Ahoussou, Konan et Associés a soulevé l'irrecevabilité de l'appel en se fondant sur les dispositions de l'article 300 susvisé ; qu'elle sollicite subsidiairement la confirmation du jugement entrepris ;

Attendu qu'il est constant que le jugement dont appel n'a statué que sur la suspension de l'adjudication eu égard aux paiements entrepris sur les revenus ; qu'un tel cas ne relavant pas des exceptions limitativement énumérées par l'article 300, il échet de déclarer l'appel irrecevable ;

Attendu que la BACI succombant doit être condamnée aux dépens ;

PAR CES MOTIFS

Statuant publiquement, après en avoir délibéré,

Casse l'arrêt n°372/CIV6/B rendu le 09 juin 2009 par la Cour d'appel d'Abidjan ;

Evoquant et statuant sur le fond ;

Déclare l'appel interjeté par la BACI, irrecevable ;

Condamne la BACI aux dépens.

L'acte d'appel contre une décision rendue en matière de saisie immobilière doit contenir l'énoncé des moyens de l'appelant (CCJA, Ass. Plén., n°74/2015, 29 avril 2015)

Sommaire

Méconnait les dispositions impératives de l'article 301 de l'AUPSRVE l'arrêt qui déclare recevable l'appel alors que l'acte d'appel ne contient pas l'énoncé des moyens de l'appelant.

La Cour Commune de Justice et d'Arbitrage (CCJA), de l'Organisation pour l'Harmonisation en Afrique du Droit des Affaires (OHADA), Assemblée plénière, a rendu l'Arrêt suivant en son audience publique foraine tenue le 29 avril 2015 à Ouagadougou au Burkina Faso où étaient présents :

Messieurs Marcel SEREKOÏSSE-SAMBA,	Président, rapporteur
Abdoulaye Issoufi TOURE,	Premier Vice-président,
Madame Flora DALMEIDA MELE,	Seconde Vice-présidente
Messieurs Victoriano ABOGO OBIANG,	Juge
Mamadou DEME ,	Juge
Idrissa YAYE,	Juge
et Maître Paul LENDONGO,	Greffier en chef ;

Sur le recours enregistré au greffe de la cour de céans le 19 mars 2010 sous le n°031/2010/PC et formé par Les Héritiers de El Hadj Mamadou OURY DIALLO, représentés par la veuve Bilkhissa CHERIF, administratrice de la succession, demeurant au quartier Kobaya, commune de Ratoma, Conakry, ayant pour Conseil Maître BERETE Sidiki et Santiba KOUYATE, Avocats au Barreau de Guinée, Conakry, dans la cause qui l'oppose à EL HADJ Mamadou DEM , commerçant, demeurant au quartier Hamdallaye 1, commune de Ratoma, Conakry, ayant pour Conseil Maître Saliou DANFAKHA et Maurice Lamey KAMANO**,** Avocats à la Cour,

en cassation de l'arrêt n° 064 rendu le 10 septembre 2009 par la Cour d'appel de Conakry, dont le dispositif est le suivant :

« Statuant publiquement, contradictoirement, en matière de référé, en dernier ressort et sur appel ;

En la forme :

Reçoit l'appel de Elhadj Mamadou Oury DIALLO

Au fond :

Infirme partiellement l'ordonnance déférée en ce qu'elle a statué sur l'action paulienne ;

Renvoie les parties devant la juridiction de droit sur l'action paulienne ;

Ordonne la continuation de la procédure de saisie devant le Tribunal de Première Instance auprès le règlement de l'action paulienne ;

Déboute les parties du surplus de leur demande ;

Met les frais et dépens à la charge des parties. »

Sur le rapport de Monsieur Marcel SEREKOÏSSE-SAMBA, Président ;

Vu les articles 13 et 14 du Traité relatif à l'harmonisation du droit des affaires en Afrique (OHADA) ;

Vu le Règlement de procédure de la Cour Commune de Justice et d'Arbitrage de l'OHADA ;

Attendu qu'il résulte des pièces du dossier de la procédure que par l'arrêt n°32 du 11 juillet 2005, la Chambre correctionnelle de la Cour d'appel de Conakry a condamné Mohamed DIALLO, Abdoul Gadiry DIALLO et Hadja M'Ballou KABA à payer solidairement à El Hadj Mamadou DEM les sommes de 594.726,70 Dollars, 83.246,63 Euros et 50.000.000 Francs Guinéens en réparation des préjudices qu'il a subis du fait de leurs agissements répréhensibles ;

Qu'en exécution dudit arrêt dûment revêtu de la formule exécutoire, El Hadj Mamadou DEM a, suivant exploit en date du 14 novembre 2008 de Maîtres Mohamed KONATE, Ahmadou Paraya BAH et Aboubacar CAMARA, Huissiers de justice près les Cours et Tribunaux de Conakry, fait signifier commandement aux fins de saisie immobilière à Mme DIALLO née Hadja M'Ballou KABA et à Monsieur Mohamed DIALLO, visant leur expropriation des parcelles n°18 du lot 8, immatriculées sous le n°08370/TF/2006 du 13 juillet 2006 et celle n°05 du lot 19 de Kobaya Briqueterie secteur 4, immatriculée sous le n°10268/2007/TF, le tout pour sûreté et avoir paiement du montant des condamnations ci-dessus spécifiées ;

Que par un autre exploit des mêmes huissiers en date du 11 mars 2009, El Hadj Mamadou DEM a sommé les débiteurs de prendre connaissance au greffe du Tribunal de Première Instance de Conakry 2 du cahier des charges, en leur indiquant que l'adjudication des immeubles aura lieu les 17 avril et 22 mai 2009 par devant ledit Tribunal.

Que par ordonnance n°212/CAB/P/TPI/C2/2009 rendue le 21 juillet 2009, le Président du Tribunal de Première Instance de Conakry 2, statuant en matière de référé, a constaté que la parcelle n°05 du lot 19 du plan cadastral de Kobaya Briqueterie secteur 4 appartenait aux héritiers de feu Mamadou Oury DIALLO représentés par la veuve Bilkhissa CHERIF et en a ordonné la distraction à leur profit ;

Que sur appel de El Hadj Mamadou DEM, la Cour d'appel a rendu le 10 septembre 2009 l'arrêt n°064 sus-énoncé.

Sur le premier moyen en ses deux branches réunies

Attendu que Veuve Bilkhissa CHERIF soulève l'irrecevabilité de l'appel formé par El Hadj Mamadou DEM et autres, tirée de la violation de l'article 301 de l'Acte uniforme portant organisation des procédures simplifiées de recouvrement et des voies d'exécution (AUPSRVE), en ce que, d'une part, l'acte d'appel de El Hadj Mamadou DEM contre l'ordonnance de référé n°212 ne comporte pas les motifs de l'appel interjeté et se borne à indiquer que « les moyens seront développés ultérieurement devant la Cour d'appel », alors qu'aux termes du texte sus visé, l'acte d'appel contient l'exposé des moyens de l'appelant à peine de nullité ; que d'autre part, El Hadj Mamadou DEM n'a pas notifié son appel aux autres parties, alors qu'aux termes du texte susvisé, l'appel est notifié à toutes les parties en cause à leur domicile réel ou élu ;

et qu'enfin, la Cour d'appel n'a pas statué dans les quinze jours à lui impartis à compter de l'acte d'appel, alors qu'aux termes du texte susvisé, la Cour d'appel doit statuer sur l'appel dans les quinze jours de l'acte d'appel ;

Attendu que dans son mémoire en défense, Mamadou DEM soutient que l'absence de moyens de l'appel dans l'acte d'appel, le défaut de notification de l'appel ainsi que le défaut de statuer dans le délai de quinze jours ne sont pas fondés et quand bien même ils le seraient, ces manquements ne sont pas assortis de sanctions.

Mais attendu qu'après avoir reçu au greffe de la Cour de céans le 03 juin 2010 le mémoire en réponse déposé par Maître Saliou DANFAKHA, Avocat au Barreau de Guinée pour le compte de El Hadj Mamadou DEM, le Greffier en chef lui a adressé le 29 juin 2010, par l'intermédiaire de son domicile élu à Abidjan, la correspondance n°378/2010/G2 l'invitant à produire le mandat spécial à lui délivré par son client, tel que l'exige l'article 28 du Règlement de procédure de la Cour ; que ladite correspondance étant demeurée sans réponse, il convient dès lors de déclarer ledit mémoire irrecevable pour ce motif ;

Qu'en outre, l'appel interjeté par correspondance de Mamadou DEM a pour objet "déclaration d'appel" et indique de manière laconique que "les moyens seront développés ultérieurement devant la Cour d'appel" ;

Qu'aux termes de l'article 301 alinéa 3 de l'AUPSRVE, "l'acte d'appel contient l'exposé des moyens de l'appelant à peine de nullité" ; qu'en l'espèce, l'acte d'appel de El Hadj Mamadou DEM n'ayant pas invoqué les moyens qui le sou-tendent, la Cour d'appel, en déclarant cet appel recevable en la forme, a méconnu les dispositions impératives de l'article 301 de l'Acte uniforme sus énoncées ; qu'il échet de casser l'arrêt querellé, d'évoquer et statuer, sans qu'il soit nécessaire d'examiner les autres moyens ;

Sur l'évocation

Attendu que El Hadj Mamadou DEM a interjeté appel de l'Ordonnance des référés n° 212 rendue le 21 juillet 2009 par le Président du Tribunal de Première Instance de Conakry 2 et dont le dispositif est ainsi libellé :

« Statuant contradictoirement en matière commerciale sur référé en premier ressort ;

Constatons que l'immeuble saisi appartient aux héritiers de feu Mamadou Oury DIALLO représentés par veuve Bilkhissa CHERIF ;

Ordonnons la distraction dudit immeuble au profit des héritiers indivis de Mamadou Oury DIALLO ;

Rejetons les autres demandes » ;

Attendu qu'à l'appui de son appel, El Hadj Mamadou DEM soutient d'une part, que le moyen de l'appel est connu depuis l'introduction de l'instance : la distraction de la parcelle de terrain, objet de la saisie ; que d'autre part, Hadja MBALLOU KABA a fait don de l'une des parcelles litigieuses à Fatoumata Gbaté DIALLO et Bintou Gbè KABA, organisant ainsi un acte d'appauvrissement ;

Que dans leurs conclusions en défense, les Héritiers de Oury DIALLO soulèvent l'exception d'irrecevabilité de l'acte d'appel qui ne contient pas l'exposé des moyens de l'appelant, lesquels sont prescrits à peine de nullité ;

Attendu que pour les mêmes motifs ci-dessus qui ont servi à la cassation de l'arrêt déféré devant la Cour de céans, il convient de déclarer nul l'acte d'appel du 22 juillet 2009 et confirmer en toutes ses dispositions l'ordonnance n°212 du 21 juillet 2009 rendue par le Président du Tribunal de Première Instance de Conakry 2 ;

Attendu que Mamadou DEM ayant succombé, il échet de le condamner aux dépens ;

PAR CES MOTIFS

Statuant publiquement, après en avoir délibéré,

Déclare le pourvoi recevable en la forme ;

Casse l'arrêt n° 064 rendu le 10 septembre 2009 par la Cour d'appel de Conakry ;

Evoquant et statuant,

Déclare nul l'acte d'appel du 22 juillet 2009 ;

Confirme en toutes ses dispositions l'ordonnance n°212 du 21 juillet 2009 rendue par le Président du Tribunal de Première Instance de Conakry 2 ;

Condamne El Hadj DEM Mamadou aux dépens.

C. La vente de l'immeuble

1. L'adjudication de l'immeuble

Adjudication de l'immeuble : les mentions de l'article 277 de l'AUPSRVE sont prescrites à peine de nullité (CCJA, Ass. Plén., n°54/2015, 27 avril 2015)

Sommaire

Les mentions obligatoires de l'article 277 de l'AUPSRVE sont prescrites à peine de nullité de l'adjudication. C'est à bon droit que le juge a annulé l'adjudication dès lors qu'il ressortait du dossier que l'extrait du cahier des charges qui ne contenait aucune date n'avait été publié, qu'aucune insertion dans un journal d'annonce légale n'avait eu lieu, et que les placards n'avaient pas été apposés, ni à la porte du domicile du saisi, ni à la porte de la juridiction compétente.

La Cour Commune de Justice et d'Arbitrage (CCJA), de l'Organisation pour l'Harmonisation en Afrique du Droit des Affaires (OHADA), Assemblée plénière, a rendu l'Arrêt suivant en son audience foraine tenue à Bamako (République du Mali), le 27 avril 2015 où étaient présents :

Monsieur Marcel SEREKOÏSSE-SAMBA,	Président, rapporteur
Madame Flora DALMEIDA MELE,	Seconde Vice-Présidente
Messieurs Mamadou DEME,	Juge
Djimasna NDONINGAR,	Juge
et Maître Paul LENDONGO,	Greffier en chef

Sur le pourvoi enregistré au greffe de la Cour de céans le 10 mai 2012 sous le n°046/2012/PC et formé par Maître Sékou Oumar BARRY, Avocat au Barreau du Mali, avenue Cheick Zayed hamdallaye ACI 2000 immeuble DJIRE BP 4644 Bamako, agissant pour le compte de la Banque Régionale de solidarité du Mali (BRS Mali)SA ayant son siège social à l'immeuble investim avenue route du Farako, représentée par son Directeur général Monsieur Alpha Bocar NAFO, dans la cause qui l'oppose à Madame Fatoumata DIABY, ménagère domiciliée à Missira, rue 31 porte 444 et la Kibanaise SA, ayant son siège social avenue de l'OUA, représentée par son gérant Monsieur Soumaïla DIABY

en cassation de l'Arrêt n°105 du 08 février 2012 rendu par la Cour d'appel de Bamako dont le dispositif suit :

Statuant publiquement, contradictoirement en matière civile et en dernier ressort ;

En la forme : reçoit l'appel interjeté ;

Au fond : confirme le jugement entrepris ;

Met les dépens à la charge de l'intimé »

La requérante invoque à l'appui de son pourvoi le moyen unique de cassation tel qu'il figure à la requête annexée au présent arrêt ;

Sur le rapport de Monsieur Marcel SEREKOÏSSE-SAMBA, Président ;

Vu les dispositions des articles 13 et 14 du Traité relatif à l'harmonisation du droit des affaires en Afrique ;

Vu les dispositions du Règlement de procédure de la Cour Commune de Justice et d'Arbitrage de l'OHADA ;

Attendu qu'il ressort des pièces du dossier de la procédure que par convention de prêt notariée, la BRS SA avait octroyé à la Société « La KIBANAISE » SA un prêt garanti par Mme Fatoumata DIABY, caution hypothécaire, pour un montant non précisé ;

Que La KIBANAISE n'ayant pas respecté ses engagements à l'échéance convenue, la BRS avait entrepris de réaliser la garantie par la procédure de saisie immobilière sur la parcelle sise à Dougourakoro, objet du titre foncier n°5833 Vol. XXXI fol. 40 du livre foncier de Kati, appartenant à dame Fatoumata DIABY ;

Qu'ainsi, sur la base de la grosse en forme exécutoire en date du 03 juin 2010 délivrée par Maître Sidiki DIAWARA, Notaire à Bamako, la BRS a servi à dame Fatoumata, par exploit d'huissier du 16 juin 2010, un commandement aux fins de saisie de l'immeuble susvisé, et a déposé le 22 juillet 2010 au greffe du tribunal de première instance de Kati le cahier de charges y afférent ;

Que par jugement n°287 rendu à l'audience éventuelle statuant sur les dires et observations de dame Fatoumata insérés au cahier de charges, le tribunal de première instance de Kati a déclaré recevables et fondés les dires et observations et a annulé les poursuites ;

Que sur appel de la BRS, la Cour d'appel de Bamako, par arrêt n°370 rendu le 22 octobre 2010, a infirmé ledit jugement sus, a déclaré irrecevables les dires et observations de dame Fatoumata et a ordonné la continuation des poursuites ; Qu'une nouvelle date de vente forcée ayant été fixée au 28 février 2011, le tribunal de première instance de Kati, a décidé par jugement n°68/JGT de l'adjudication de la parcelle au profit de la BRS Mali au montant de la mise à prix, soit 75 000 000 F ;

Que par un autre jugement n°265 rendu le 1er août 2011, le tribunal de première instance de Kati a déclaré recevable et fondée la demande d'annulation de l'adjudication présentée par dame Fatoumata et a annulé ladite adjudication ;

Que sur appel de la BRS, la cour d'appel de Bamako rendait le 08 février 2012 l'arrêt n°105 confirmatif sus énoncé.

Sur le moyen unique du pourvoi, tiré de la violation de l'article 297 alinéa 2 de l'Acte uniforme portant organisation des procédures simplifiées de recouvrement et des voies d'exécution (AUPSRVE) ;

Attendu que la demanderesse fait grief à l'arrêt attaqué d'avoir retenu, pour annuler l'adjudication, la violation de l'article 277 de l'AUPSRVE constituée par l'absence d'indication des noms, prénoms, profession, domicile ou demeure des parties et de leurs avocats, dans la publication de l'extrait du cahier des charges annonçant la vente, sans qu'un préjudice soit invoqué du fait de cette violation, alors qu'aux termes de l'article 297 alinéa 2 susvisé, la nullité de l'article 277 de l'AUPSRVE n'est prononcée que si l'irrégularité a eu pour effet de causer un préjudice aux intérêts de celui qui l'invoque ;

Mais attendu que qu'il ressort des pièces du dossier de la procédure que l'extrait du cahier des charges qui ne contenait aucune date n'a pas été publié, qu'aucune insertion dans un journal d'annonce légale n'a eu lieu, et que les placards n'ont pas été apposés, ni à la porte du domicile du saisi, ni à la porte de la juridiction compétente ; que les mentions obligatoires étant prescrites par l'article 277 à peine de nullité, c'est à bon droit que les premiers ont prononcé l'annulation de l'adjudication ; qu'il y a lieu de rejeter comme non fondé le recours de la BSR Mali SA ;

Attendu que la BSR Mali SA ayant succombé, il y a lieu de la condamner aux dépens ;

PAR CES MOTIFS

Statuant publiquement, après en avoir délibéré,

En la forme

Déclare le pourvoi recevable

Au fond, le rejette

Condamne la BRS Mali SA aux dépens.

Adjudication : l'article 295 de l'AUPSRVE ne s'applique qu'à l'action du créancier et non à celle du propriétaire (CCJA, Ass. Plén., n°67/2015, 29 avril 2015)

Sommaire
Adjudication : l'article 295 de l'AUPSRVE ne s'applique qu'à l'action du créancier et non à celle du propriétaire.

La Cour Commune de Justice et d'Arbitrage (CCJA), de l'Organisation pour l'Harmonisation en Afrique du Droit des Affaires (OHADA), Assemblée plénière, a rendu l'Arrêt suivant en son audience publique du 29 avril 2015 à Ouagadougou au Burkina Faso où étaient présents :

Messieurs Marcel SEREKOÏSSE SAMBA	Président
Abdoulaye Issoufi TOURE,	1er Vice-président
Madame Flora DALMEIDA MELE,	Snde Vice-présidente
Messieurs Victoriano OBIANG ABOGO,	Juge
Mamadou DEME,	Juge
Idrissa YAYE,	Juge
et Maître Paul LENDONGO,	Greffier en chef,

Sur le pourvoi enregistré au greffe de la Cour de céans le 05 juin 2008 sous le n°046/2008/PC et formé par Maître Abdou KANE, Avocat à la Cour, demeurant 28, Rue Moussé Diop à Dakar, agissant au nom et pour le compte de la Société Massata High Fashion Inc, sise au Lot n°53 à la SODIDA à Dakar, dans la cause qui l'oppose à la Compagnie Bancaire de l'Afrique Occidentale dite CBAO S.A dont le siège est à Dakar, 2 place de l'Indépendance ayant pour conseils la SCPA Nafy et Souley demeurant 5, Rue de Calmette x Amadou A. Ndoye ;

en cassation de l'Arrêt n°454 rendu le 19 juin 2007 par la Cour d'appel de Dakar et dont le dispositif est le suivant :

« Statuant publiquement, contradictoirement en matière civile et en dernier ressort ;

Reçoit l'appel de la CBAO interjeté contre l'ordonnance de clôture des débats rendue par le conseiller de la mise en état le 26 décembre 2006 ;

Vu la jonction ordonnée le 13 mars 2007 entre ledit appel et la procédure du fond ;

Au fond :

Confirme l'ordonnance de clôture rendue le 26 décembre 2006 ;

Confirme en outre le Jugement rendu le 08 janvier 2005 en matière de criées par le Tribunal Régional hors classe de Dakar en toutes ses dispositions. » ;

La requérante invoque à l'appui de son pourvoi, le moyen unique de cassation tel qu'il figure à la requête annexée au présent arrêt ;

Sur le rapport de Monsieur Abdoulaye Issoufi TOURE, Premier Vice-président ;

Vu les dispositions des articles 13 et 14 du Traité relatif à l'harmonisation du droit des affaires en Afrique ;

Vu le Règlement de procédure de la Cour Commune de Justice et d'Arbitrage de l'OHADA ;

Attendu qu'il ressort des pièces du dossier de la procédure que, par acte notarié du 31 octobre 2001, la CBAO consentait un crédit de 100.000.000 francs et un découvert de 50.000.000 Francs à la Société Massata Sénégal ; qu'en garantie, Massata Thioune, le gérant accordait un nantissement sur le lot n°53 du TF7072 situé à la SODIDA ; que suite à la défaillance de Massata Sénégal, un commandement lui a été servi le 13 janvier 2003 ; qu'à l'audience éventuelle du 06 mai 2003 le Tribunal Régional de Dakar rejetait les dires de Massata Sénégal et ordonnait la continuation des poursuites en fixant l'audience d'adjudication au 10 juin 2003 ; que l'appel de ce jugement sera déclaré irrecevable ; qu'à l'audience d'adjudication du 08 février 2005, la société Massata High Fashion actionnaire de Massata Sénégal intervenait volontairement pour demander la distraction du bien saisi ; que cette demande a été rejetée par Jugement n°304 rendu le 08 février 2005 ; que c'est contre l'arrêt confirmatif de cette décision que le présent pourvoi est dirigé ;

Sur la recevabilité du pourvoi

Attendu que dans son mémoire en réponse en date du 29 mai 2009 la CBAO a conclu à l'irrecevabilité du pourvoi au visa de l'article 295 de l'Acte uniforme portant organisation des procédures simplifiées de recouvrement et des voies d'exécution en ce que, en cas de saisie sur des impenses réalisées par le débiteur et si l'adjudication est définitive, les créanciers n'ont d'action que sur le prix ;

Mais attendu qu'en l'occurrence, la Société Massata High Fashion n'agit pas en tant que créancière mais en tant que propriétaire du bien adjugé, que l'article 295 ne s'appliquant pas à un tel cas, il échet de dire que le pourvoi est recevable ;

Sur le moyen unique tiré de la violation de la loi

Attendu que ce moyen est présenté en trois branches :

Dans une première branche, il est fait grief de la violation de l'article 63 de l'Acte uniforme portant sur les sûretés, en ce qu'à l'énumération limitative dudit article, ne figure pas de nantissement des peines et soins revêtant un caractère immobilier ; que c'est à tort que la Cour a admis le nantissement sur le lot n°53 ;

Dans la deuxième branche, il est fait état de la violation de l'article 253 de l'Acte uniforme portant organisation des procédures simplifiées de recouvrement et des voies d'exécution, en ce que la vente a eu lieu avant la délivrance du titre de propriété à la demanderesse ;

Dans une troisième branche, il est reproché à l'arrêt déféré d'avoir fait droit à la garantie consentie par Massata Thioune alors qu'il n'était pas propriétaire du bien et d'avoir ainsi violé l'article 127 de l'Acte uniforme portant organisation des sûretés ;

Mais attendu que ce moyen, mélangé de fait et de droit en ses deux premières branches, est présenté pour la première fois devant la Cour de céans ; qu'à ce titre, il est irrecevable ; que, quant à la troisième branche, elle ne fait état d'aucune pièce attestant de la propriété de Massata Fashion ; qu'il échet de la rejeter ;

Attendu que le pourvoi est mal fondé ;

Attendu que la Société Massata High Fahion, succombant sera condamnée aux dépens ;

PAR CES MOTIFS

Statuant publiquement, après en avoir délibéré,

Reçoit le pourvoi ;

Le rejette ;

Condamne la Société Massata High Fashion aux dépens.

Adjudication de l'immeuble : l'article 320 de l'AUPSRVE exclut toute communication préalable obligatoire (CCJA, Ass. Plén., n°61-2/2015, 29 avril 2015)

Sommaire

L'article 320 de l'Acte uniforme portant organisation des procédures simplifiées de recouvrement et des voies d'exécution dispose que le fol enchérisseur a la faculté de produire la preuve de l'accomplissement des formalités jusqu'au jour de la revente, excluant ainsi toute communication préalable obligatoire.

Les juges du fond apprécient souverainement si les documents versés constituent des preuves matérielles de l'accomplissement dans les délais des formalités prévues aux articles 314 et 320 de l'Acte uniforme portant organisation des procédures simplifiées de recouvrement et des voies d'exécution.

La Cour Commune de Justice et d'Arbitrage (CCJA), de l'Organisation pour l'Harmonisation en Afrique du Droit des Affaires (OHADA), Assemblée plénière, a rendu l'Arrêt suivant en son audience publique foraine tenue le 29 avril 2015 à Ouagadougou au Burkina Faso où étaient présents :

Messieurs Marcel SEREKOÏSSE SAMBA	Président
Abdoulaye Issoufi TOURE,	1er Vice-président
Madame Flora DALMEIDA MELE,	Snde Vice-président
Messieurs Victoriano OBIANG ABOGO,	Juge
Mamadou DEME	Juge
Idrissa YAYE,	Juge
et Maître Paul LENDONGO,	Greffier en chef,

Sur le renvoi, en application de l'article 15 du Traité relatif à l'harmonisation du droit des affaires en Afrique, devant la Cour de céans, de la présente affaire, par l'arrêt n°98 du 20 décembre 2006 de la Cour de cassation du Sénégal, saisie d'un pourvoi initié le 21 juillet 2004, enregistré au Greffe de la Cour de céans le 22/03/2007, sous le n°030/2007/PC et formé par Maître Papa Omar NDIAYE, Avocat à la Cour, agissant au nom et pour le compte de Birahim DIAGNE, domicilié à Dakar, villa n° 3, Route de Ngor, dans la cause l'opposant à :

1°) Houtinkine LOPY, domicilié chez sa mère Johanna LOPY, sise au Point E en face de l'école des Assistantes Sociales derrière le supermarché,

2°) La Société Nationale de Recouvrement dite SNR, pris en la personne de son directeur, en ses bureaux 7, Avenue Léopold Sédar SENGHOR, ayant pour conseil l'étude de Maître Nafissatou DIOUF, Avocat à la Cour, en cassation de l'Arrêt n° 320 du 12 juin 2003 rendu par la Cour d'appel de Dakar, dont le dispositif est le suivant :

« Statuant publiquement, par défaut à l'encontre du greffier en chef du Tribunal Régional hors Classe de Dakar, contradictoirement à l'égard des autres parties, en matière de saisie immobilière et en dernier ressort ;

En la forme

Reçoit l'appel du sieur Birahim DIAGNE ;

Au fond

Confirme le jugement entrepris en toutes ses dispositions ;

Condamne Birahim DIAGNE aux dépens. »

Le requérant invoque à l'appui de son pourvoi les quatre moyens de cassation tels qu'ils figurent à la requête annexée au présent arrêt ;

Sur le rapport de Monsieur Namuano Francisco DIAS GOMES, Juge ;

Vu les articles 13, 14 et 15 du Traité relatif à l'harmonisation du droit des affaires en Afrique ;

Vu le Règlement de procédure de la Cour Commune de Justice et d'Arbitrage de l'OHADA ;

Attendu qu'il résulte des pièces du dossier que suite à une saisie immobilière initiée contre le sieur Birahim DIAGNE, le Tribunal Régional adjugeait le 09 mai 2000, le titre foncier n°186 SSD6, à Houtinkine LOPY ; que muni d'un certificat de non paiement et d'une réquisition de la conservation foncière attestant que les formalités de mutation n'ont pas été accomplies, Birahim DIAGNE introduisait une procédure aux fins de folle enchère ; que par jugement en date du 14 novembre 2000, l'action était rejetée ; que sur appel, la Cour rendait l'arrêt confirmatif dont pourvoi ;

Attendu que par exploit en date de 26 mai 2004, Maître Malick Sèye FALL, Huissier de Justice à Dakar, a signifié le recours en cassation contre l'arrêt n°320 du 12 juin 2003 de la Cour d'appel de Dakar au Sieur Hotinkine LOPY ; que cette signification est demeurée sans suite ; que le principe du contradictoire ayant été respecté, il y a lieu d'examiner le présent recours ;

Sur le premier moyen tiré de la violation de l'article 129 du code de procédure civile et commerciale

Attendu qu'il est fait grief à l'arrêt déféré d'avoir violé cette disposition qui édicte une communication obligatoire des pièces ; que selon le moyen le certificat de paiement délivré par le Greffier en chef dont se prévaut l'adjudicataire n'a pas fait l'objet d'une communication régulière et n'a cependant pas été écarté des débats ;

Mais attendu que l'article 320 de l'Acte uniforme portant organisation des procédures simplifiées de recouvrement et des voies d'exécution dispose que le fol enchérisseur a la faculté de produire la preuve de l'accomplissement des formalités jusqu'au jour de la revente, excluant ainsi toute communication préalable obligatoire, il échet de rejeter le moyen ;

Sur le deuxième et troisième moyens tirés de la violation des articles 314 et 320 de l'Acte uniforme portant organisation des procédures simplifiées de recouvrement et des voies d'exécution

Attendu qu'il est fait grief à l'arrêt attaqué d'avoir violé ces dispositions en ce que, nonobstant la production du certificat de non paiement délivré par le Greffier en chef et la réquisition de la conservation foncière, prouvant que l'adjudication n'a pas respecté les délais prévus à cet article, il a confirmé le jugement de rejet de la folle enchère ; qu'en outre le Président de la juridiction compétente n'a fixé aucune somme devant être consignée par l'adjudicataire ;

Mais attendu que c'est par une appréciation souveraine des faits que les juges du fond ont estimé que les documents versés après confrontation avec d'autres, constituaient des preuves matérielles de l'accomplissement dans les délais des formalités prévues aux articles 314 et 320 de l'Acte uniforme portant organisation des procédures simplifiées de recouvrement et des voies d'exécution ; que cette appréciation échappant au contrôle de la Cour de céans, il échet de déclarer le moyen irrecevable ;

Sur le quatrième moyen tiré de la violation des articles 324 et suivants de l'Acte uniforme portant organisation des procédures simplifiées de recouvrement et des voies d'exécution

Attendu, selon le moyen qu'aux termes de ces textes, une distribution est faite par le Greffier en chef, entre les mains de qui le montant de l'adjudication est versé, sur la base d'une convention sous seing privé ou d'une décision de répartition du Tribunal, le solde étant remis au débiteur ; qu'en la cause, le prix de l'adjudication n'a pas été versé entre les mains du Greffier en chef qui n'a procédé à aucune distribution ;

Mais attendu que le recourant ne rapporte pas la preuve de l'existence de plusieurs créanciers qui n'auraient pas bénéficié de la distribution conformément aux dispositions visées au moyen ; qu'il échet d'écarter le moyen ;

Attendu qu'il échet de rejeter le pourvoi ;

Attendu que Birahim DIAGNE succombant sera condamné aux dépens ;

PAR CES MOTIFS

Statuant publiquement, après en avoir délibéré,

Rejette le pourvoi ;

Condamne Birahim DIAGNE aux dépens.

2. Annulation de l'adjudication

Conditions d'annulation de la décision d'adjudication (CCJA, 3e Ch., n°184/2015, 23 décembre 2015)

Sommaire

La décision d'adjudication est susceptible de recours en annulation par voie d'action principale à la triple condition que le recours intervienne dans le délai de quinze jours suivant l'adjudication, qu'il soit demandé pour des causes concomitantes ou postérieures à l'audience éventuelle et qu'il soit introduit par une personne autre que l'adjudicataire

Il résulte de l'article 313 de l'AUPSRVE que le recours en annulation est un recours autonome devant être fondé, non pas sur des griefs rattachés à la décision d'adjudication, mais plutôt sur des causes concomitantes ou postérieures à l'audience éventuelle.

La Cour Commune de Justice et d'Arbitrage (CCJA) de l'Organisation pour l'Harmonisation en Afrique du Droit des Affaires (OHADA), troisième chambre, a rendu l'Arrêt suivant en son audience publique du 23 décembre 2015 où étaient présents :

Madame Flora DALMEIDA MELE,	Présidente
Messieurs Victoriano OBIANG ABOGO,	Juge
Idrissa YAYE,	Juge, rapporteur
Birika Jean Claude BONZI,	Juge
Fodé KANTE,	Juge
et Maître Alfred Koessy BADO,	Greffier ;

Sur le pourvoi enregistré au greffe de la Cour de céans le 24 juillet 2012 sous le n°085/2012/PC et formé par maître Jean-Luc VARLET, avocat à la cour, cabinet sis au 29 boulevard CLOZEL, immeuble TF, 2 ème étage, porte 2C, 25 BP 7 Abidjan 25, agissant au nom et pour le compte de la société ACCESS BANK, SA, dont le siège social est à Abidjan Plateau, avenue NOGUES, immeuble WOODIN CENTER, 01 BP 6928 Abidjan 01, représentée par son directeur général, dans la cause l'opposant à la société METAL TRADING SA dite MT, ayant son siège social au boulevard de Marseille, résidence HOME, représentée par son président directeur général et assistée de la SCPA LEX WAYS, avocats à la cour, demeurant à Abidjan Cocody, derrière l'ENA, rue J 34, 25 BP1592 Abidjan 25,

En cassation de l'arrêt n° 677/civ3 rendu le 25 mai 2012 par la chambre civile et commerciale de la cour d'appel d'Abidjan et dont le dispositif est le suivant :

« Statuant publiquement, contradictoirement, en matière civile et en dernier ressort ;

-reçoit la société ACCESS BANK en son appel relevé du jugement n°1549 rendu le 07 juillet 2011 par le Tribunal de Première Instance d'Abidjan-

Plateau ;

-l'y dit mal fondée ;

-l'en déboute ;

-confirme le jugement entrepris en toutes ses dispositions ;

-condamne l'appelante aux dépens. » ;

La requérante invoque à l'appui de son pourvoi le moyen unique de cassation tel qu'il figure dans sa requête annexée au présent arrêt ;

Sur le rapport de monsieur Idrissa YAYE, Juge ;

Vu les dispositions des articles 13 et 14 du Traité relatif à l'harmonisation du droit des affaires en Afrique ;

Vu le Règlement de procédure de la Cour Commune de Justice et d'Arbitrage de l'OHADA ;

Attendu qu'il résulte des pièces du dossier de la procédure que, suivant audience éventuelle du 3 mai 2010, la deuxième chambre civile du tribunal de première instance d'Abidjan a adjugé l'immeuble appartenant à la société METAL TRADING dite MT à hauteur du montant de la mise à prix fixé à la somme de 221.289.750 FCFA à ACCESS BANK ; que la société MT releva appel de ce jugement ; que la cour d'appel d'Abidjan par arrêt n°643 du 30 juillet 2010 déclarait son appel irrecevable ; que la société METAL TRADING SA, fort d'une ordonnance du tribunal n°2650 du 30 avril 2010, lui accordant le bénéfice du règlement préventif, signifiée à ACCESS BANK le 3 mai 2010, et d'une ordonnance n°70/CS/JP en date du 3 mai 2010, du Président de la Cour suprême, suspendant l'exécution de l'arrêt n°504 du 20 novembre 2009, de la cour d'appel d'Abidjan, ayant permis la fixation de l'audience éventuelle, au cours de laquelle l'immeuble a été vendu aux enchères, a, par exploit d'huissier en date du 12 mai 2010, assigné, sur le fondement de l'article 313 de l'Acte uniforme portant organisation des procédures simplifiées de recouvrement et des voies d'exécution, la société ACCESS BANK, devant le tribunal de première instance d'Abidjan, en annulation pure et simple du jugement d'adjudication du 3 mai 2010 ; que par jugement n°1549 en date du 7 juillet 2011, ledit tribunal faisait droit à sa requête ; que sur appel de la société ACCESS BANK, la cour d'appel d'Abidjan rendait, le 25 mai 2012, l'arrêt confirmatif n°677/civ3, objet du présent pourvoi en cassation ;

Sur le moyen unique ;

Attendu que la recourante fait grief à l'arrêt attaqué de la cour d'appel d'Abidjan d'avoir, d'une part, confirmé le jugement d'annulation de l'adjudication en motivant sa décision comme suit : « Considérant que l'appelante reproche au jugement entrepris d'avoir fait une mauvaise application de la loi en accueillant la demande en annulation de la décision d'adjudication ;

Que pour elle, le premier juge aurait dû faire application des articles 281 alinéa 1, 297 alinéa 1 et 299 du traité OHADA sur les voies d'exécution et rejeter cette demande car présentée tardivement ;

Considérant, cependant, que l'article 313 de l'Acte Uniforme OHADA sur les voies d'exécution a ouvert la possibilité de demander l'annulation de la décision d'adjudication pour « des causes concomitantes ou postérieures à l'audience éventuelle » à condition d'agir dans les quinze jours suivant l'adjudication ;

Considérant que le tribunal a à juste titre estimé que c'est à tort que l'adjudication litigieuse a eu lieu dans la mesure où la société METAL TRADING bénéficie d'une ordonnance aux fins de règlement préventif et d'une ordonnance de sursis à l'encontre de l'arrêt n°504/2009 de la cour d'appel en vertu duquel l'audience éventuelle a été fixée et ce d'autant que le juge n'ignorait pas à cette audience l'existence de ces ordonnances » ; qu'en statuant ainsi, la cour d'appel a violé les dispositions des articles 280 et 281 de l'Acte uniforme portant organisation des procédures simplifiées de recouvrement et des voies d'exécution, lesquelles prescrivent de procéder à la vente sur réquisition, même verbale de l'avocat du poursuivant ou de tout créancier inscrit sauf si l'adjudication est remise pour causes graves et légitimes par décision judiciaire motivée rendue sur requête déposée cinq jours avant le jour fixé pour la vente ; que le tribunal n'ayant reçu aucune requête lui permettant de rendre une décision dans ce sens et ce, cinq jours avant le jour fixé pour la vente, le juge de l'adjudication en rejetant le moyen tiré de l'existence d'une ordonnance de règlement préventif a sainement appliqué la loi ; que dès lors, l'article 297 prévoyant que le délai de cinq jours fixés à l'article 281 était prescrit à peine de déchéance, la société METAL TRADING qui n'a pas respecté ce délai est déchue, de telle sorte que sa demande ne peut être reçue ; que cette société qui se savait en difficulté avait toute la latitude depuis l'ouverture de la présente procédure de saisie immobilière de solliciter à temps utile le règlement préventif en élevant cette contestation huit jours avant l'adjudication comme le lui prescrivait l'article 299 dudit Acte uniforme ; que le juge de l'adjudication a sainement appliqué les dispositions des articles 297 et 299 de l'Acte uniforme précité en constatant la déchéance de la société METAL TRADING du droit de se prévaloir des moyens excipés par elle à l'audience d'adjudication ; qu'enfin relativement à l'ordonnance aux fins de sursis à exécution de l'arrêt n°504/2009, elle ne lui a été signifiée que le 6 mai 2010, soit 3 jours après l'audience d'adjudication, les juges du fond en ayant tenu compte pour annuler la décision d'adjudication ont ainsi violé la loi ; qu'elle conclut en conséquence à l'annulation de l'arrêt attaqué pour violation des articles 280, 281 ; 297 et 299 de l'Acte uniforme précité ; que d'autre part, elle reproche audit arrêt, dans son mémoire en réplique, la violation de l'article 313 de l'Acte uniforme précité en confirmant sur ce fondement le jugement d'annulation au lieu de renvoyer l'affaire sine die jusqu'à ce que la Cour suprême vide sa saisine ; qu'elle produit en cours de délibéré un jugement n°761/CIV-lF du 22 mai 2013, prononçant la caducité de l'ordonnance n°2650 du 30 avril 2010 ;

Mais attendu qu'aux termes des dispositions de l'article 313 de l'Acte uniforme portant organisation des procédures simplifiées de recouvrement et des voies d'exécution, ayant fondé le recours en annulation du jugement d'adjudication dispose que : « La nullité de la décision judiciaire ou du procès- verbal notarié d'adjudication ne peut être demandée par voie d'action principale en annulation portée devant la juridiction compétente dans le ressort de laquelle l'adjudication a été faite que dans un délai de quinze jours suivant l'adjudication.

Elle ne peut être demandée que pour des causes concomitantes ou postérieures à l'audience éventuelle, par tout intéressé, à l'exception de l'adjudicataire.

L'annulation a pour effet d'invalider la procédure à partir de l'audience éventuelle ou postérieurement à celle-ci selon les causes de l'annulation. » ;

Qu'ainsi aux termes de l'article 313 de l'Acte uniforme précité la décision d'adjudication est susceptible de recours en annulation par voie d'action principale à la triple condition que le recours intervienne dans le délai de quinze jours suivant l'adjudication, qu'il soit demandé pour des causes concomitantes ou postérieures à l'audience éventuelle et qu'il soit introduit par une personne autre que l'adjudicataire ; qu'au sens dudit texte, le recours en annulation est un recours autonome devant être fondé, non pas sur des griefs rattachés à la décision d'adjudication, mais plutôt sur des causes concomitantes ou postérieures à l'audience éventuelle ;

Attendu en l'espèce que, les causes de l'annulation du jugement d'adjudication, sur lesquels les juges du fond se sont prononcés, sont l'ordonnance du tribunal n°2650 du 30 avril 2010, lui accordant le bénéfice du règlement préventif, signifiée à ACCESS BANK le 3 mai 2010, et l'ordonnance n°70/CS/JP en date du 3 mai 2010, du Président de la Cour suprême, suspendant l'exécution de l'arrêt n°504 du 20 novembre 2009 de la cour d'appel d'Abidjan ayant permis la fixation de l'audience éventuelle au cours de laquelle l'immeuble a été vendu aux enchères ;

Qu'ainsi ces causes étant concomitantes ou postérieures à l'audience éventuelle, les juges du fond en ayant, sur cette base, annulé le jugement d'adjudication en écartant les dispositions des articles 280, 281, 297 et 299 de l'Acte uniforme précité, n'ont en rien violé lesdites dispositions inapplicables en l'espèce et, ont sainement appliqué les dispositions de l'article 313 de l'Acte uniforme susvisés ; que par ailleurs, la décision de caducité du 22 mai 2014, présentée en cours de délibéré, ne peut avoir aucun effet, en cassation, sur la décision des juges du fond prise avant son intervention ; qu'il échet dès lors de rejeter le moyen comme étant non fondé ;

Attendu que la société ACCESS BANK ayant ainsi succombé, il y a lieu de la condamner aux dépens ;

PAR CES MOTIFS

Statuant publiquement, après en avoir délibéré,

Rejette le recours de la société ACCESS BANK comme étant non fondé ;

La condamne aux dépens.

L'action en annulation d'une décision d'adjudication ne peut se faire que devant la juridiction l'ayant rendue (CCJA, Ass. Plén., n°62/2015, 27 avril 2015)

Sommaire

Une action en annulation d'une décision d'adjudication ne peut être exercée que par voie principale devant la juridiction l'ayant rendue dans un délai de quinze jours à compter du prononcé de ladite décision. La requête introduite auprès de la CCJA en annulation de la procédure qui a abouti à l'adjudication doit donc être déclarée irrecevable.

La Cour Commune de Justice et d'Arbitrage (CCJA) de l'Organisation pour l'Harmonisation en Afrique du Droit des Affaires (OHADA), Assemblée plénière, a rendu l'Arrêt suivant en son audience foraine tenue le 27 avril 2015 à Bamako (République du Mali), où étaient présents :

Messieurs Marcel SEREKOÏSSE-SAMBA,	Président
Abdoulaye Issoufi TOURE,	Premier Vice-président
Madame Flora DALMEIDA MELE,	2nd Vice-Présidente, rapporteur
Messieurs Mamadou DEME,	Juge,
Djimasna N'DONINGAR,	Juge,
et Maître Paul LENDONGO,	Greffier en chef ;

Sur le pourvoi enregistré au greffe de la cour de céans le 13 septembre 2012 sous n°123/2012/PC et formé par Maître Landing BADJI, Avocat à la cour, VDN numéro 6, cité COMICO Liberté 6 Extension, 4ème étage, Dakar, agissant au nom et pour le compte de Monsieur Abdoulaye DIA, demeurant à la cité Fadia n°419, dans la cause l'opposant à la Banque Sahélo-Saharienne pour l'Investissement et le Commerce dite BSIC, représentée par Monsieur Amadou DIAW, Directeur Général et dont le siège social est à Dakar, place de l'indépendance angle Malenfant, ayant pour conseil, Maître Babacar NDIAYE, Avocat à la cour, étude sis 52, rue Saint Michel (ex docteur Théze), Dakar,

en cassation du jugement n°765 rendu le 10 avril 2012 par le tribunal régional hors classe de Dakar siégeant en audience d'adjudication et dont le dispositif est le suivant :

« PAR CES MOTIFS :

Statuant publiquement, contradictoirement en matière de criées et en premier ressort ;

Vu l'extinction des feux voulus par la loi ;

Adjuge les peines et soins portant sur le lot N°54 à distraire du TF N°8879/DG devenu 2205/GRD devenu 6952/NGA sis à Ngor Almadies lotissement complémentaire de Ngor au prix de 141 000 000 F CFA à la BSIC Sénégal ;

Ordonne sur la signification du présent jugement à tous les détenteurs ou possesseurs de délaisser ledit immeuble du profit e l'adjudicataire sous peine d'y être contraint par toutes les voies de droit et par voie d'expulsion ; » ;

La requérante invoque à l'appui de son pourvoi le moyen unique de cassation tel qu'il figure à la requête annexée au présent arrêt ;

Sur le rapport de Madame Flora DALMEIDA MELE, Seconde Vice-Présidente ;

Vu les dispositions des articles 13 et 14 du Traité relatif à l'harmonisation du droit des affaires en Afrique ;

Vu le Règlement de procédure de la Cour Commune de Justice et d'Arbitrage de l'OHADA ;

Attendu qu'il ressort des pièces de la procédure que la Banque Sahélo-Saharienne pour l'Investissement et le Commerce dite BSIC et la Société ATEX Commodités ont signé les06 et 08 octobre 2010, un contrat de crédit ; que pour sûreté du crédit tel qu'il ressort des clauses de la convention, Monsieur Abdoulaye DIA s'est porté caution avec affectation hypothécaire en premier rang de son immeuble sis à Ngor Almadies à Dakar ; que faute de paiement des différentes échéances et après avoir clôturé le compte, la BSIC a saisi le tribunal régional hors classe de Dakar d'une procédure en saisie immobilière qui a abouti, le 10 avril 2012, au jugement n°765 dont pourvoi, adjugeant l'immeuble à la BSIC ;

Sur la recevabilité du pourvoi soulevée d'office

Attendu qu'il ressort des pièces du dossier que le tribunal hors classe de Dakar a adjugé l'immeuble à la BSIC à son audience du 10 avril 2012 ;

Attendu que l'article 313 de l'Acte uniforme portant organisation des procédures simplifiées de recouvrement et des voies d'exécution dispose que : « La nullité de la décision judiciaire ou du procès-verbal notarié d'adjudication ne peut être demandée par voie d'action principale en annulation portée devant la juridiction compétente dans le ressort de laquelle l'adjudication a été faite que dans un délai de quinze jours suivant l'adjudication… » ; que selon les dispositions sus énoncées, une action en annulation contre une décision d'adjudication ne peut être exercée que par voie principale devant la juridiction l'ayant rendue dans un délai de quinze jours à compter du prononcé de ladite décision; que c'est donc à tort que la cour de céans a été saisie d'une requête en annulation de la procédure qui a abouti à l'adjudication ; qu'il convient de déclarer irrecevable le recours ;

Attendu qu'ayant succombé, Monsieur Abdoulaye DIA doit être condamné aux dépens ;

PAR CES MOTIFS

Statuant publiquement, après en avoir délibéré

Déclare le pourvoi irrecevable ;

Condamne Monsieur Abdoulaye DIA aux dépens.

Contestations du prix de l'immeuble : la désignation de l'expert ne relève pas de la compétence du juge des criées (CCJA, 1ère Ch., n°158/2015, 17 décembre 2015)

Sommaire

Il résulte de l'article 272.2 de l'AUPSRVE qu'en cas de contestation du prix de l'immeuble dans une procédure de saisie immobilière, la désignation de l'expert relève de la compétence du Président de la juridiction compétente et non du juge des criées.

La Cour Commune de Justice et d'Arbitrage (CCJA), Première Chambre, de l'Organisation pour l'Harmonisation en Afrique du Droit des Affaires (OHADA), a rendu l'arrêt suivant en son audience publique du 17 décembre 2015 où étaient présents :

Messieurs Marcel SEREKOÏSSE-SAMBA,	Président, rapporteur
Mamadou DEME,	Juge
Vincent Diehi KOUA,	Juge
César Apollinaire ONDO MVE,	Juge
Robert SAFARI ZIHALIRWA,	Juge
Et Maître Acka ASSIEHUE,	Greffier ;

Sur le pourvoi enregistré au greffe de la Cour de céans sous le n° 131/2009/PC en date du 31 décembre 2009 et formé par la SCPA TALL & Associés, Avocats à la

Cour, 192 avenue du Président Lamine GUEYE x Rue Emile Zola à Dakar, agissant pour le compte de Madame Alimatou Sadiya GUEYE DIA, demeurant à Dakar au Complexe dit «SADIYA» route des Mamelles à Ouakam, dans la cause qui l'oppose à la SOCIETE NATIONALE DE RECOUVREMENT dite SNR dont le siège social est à Dakar, 7 Avenue Léopold SEDAR SENGHOR représentée par son Directeur Général et ayant pour Conseil Maître Saër LO THIAM, Avocat à la Cour, 01 Place de l'Indépendance, Immeuble des Allumettes, Porte G à Dakar ; domicile élu en l'étude de Maître NGOAN-ASMAN & Associés SCPA, 37 rue de la Canebière- Cocody, 01 BP 3361 Abidjan 01 (Côte d'ivoire),

en cassation du jugement n° 002 bis rendu le 06 janvier 2009 par le Tribunal Régional Hors Classe de Dakar, dont le dispositif est le suivant :

« Statuant publiquement, contradictoirement, en matière civile et en premier ressort ;

En la forme :

Reçoit les dires ;

Au fond :

Les déclare mal fondés ;

Renvoie la cause et les parties à l'audience d'adjudication du 10 février 2009 ; » et

du jugement n°1974 rendu le 11 août 2009 par lequel le même tribunal a donné suite au jugement précité, en statuant en ces termes :

« Statuant publiquement, contradictoirement, en matière de Criées et en dernier ressort ;

Vu l'extinction des feux voulus par la loi ;

Adjuge à la Société Nationale de Recouvrement dite SNR au prix de 320.000.000 F le droit au bail inscrit sur le lot n°8 du TF N° 4.407/DG devenu le n°350/GRD saisi sur Alimatou Sadya GUEYE épouse DIA, sous réserve de la déclaration de command, aux clauses et conditions du cahier des charges ... » ;

La requérante invoque à l'appui de son pourvoi deux moyens de cassation tels qu'ils figurent à la requête annexée au présent arrêt ;

Sur le rapport de Monsieur Marcel SEREKOÏSSE-SAMBA, Président ;

Vu les dispositions des articles 13 et 14 du Traité relatif à l'harmonisation du droit des affaires en Afrique ;

Vu les dispositions du Règlement de procédure de la Cour Commune de Justice et d'Arbitrage de l'OHADA ;

Attendu qu'il ressort des pièces du dossier de la procédure que la Société Nationale de Recouvrement a pris une inscription hypothécaire sur le droit au bail grevant le lot n°8 du titre foncier n° 4407 des Communes de Dakar et Gorée (DG) appartenant à Madame Gueye Alimatou Sadiya épouse DIA en garantie du paiement de sa créance de 320.492.504 FCFA ;

Que poursuivant le recouvrement de sa créance, la SNR a réalisé la garantie en servant le 27 août 2008 à dame Alimatou Sadiya Gueye un commandement valant saisie réelle et a déposé le cahier de charges, sommant dame Gueye Alimatou Sadiya d'en prendre connaissance aux fins d'y insérer ses dires ;

Que par les dires de la débitrice Gueye reçus au greffe du Tribunal Régional Hors Classe de Dakar le 30 décembre 2008, celle-ci soulève la nullité du commandement valant saisie réelle, la nullité du cahier des charges et des contestations sur le rapport de l'Expert désigné par le Tribunal aux fins d'évaluer l'immeuble saisi ;

Que par décision n°002 bis du 06 janvier 2009, le tribunal a déclaré les dires mal fondés et a renvoyé la cause et les parties à l'audience d'adjudication ;

Que sur appel de dame Gueye, la Cour d'appel de Dakar a rendu le 09 juin 2009 une ordonnance d'irrecevabilité du recours ;

Que suivant procès-verbal n°1974 du 11 août 2009, le tribunal a adjugé l'immeuble saisi à la somme de 320.000.000 FCFA au profit de la SNR ;

Que c'est contre le jugement n°002 bis du 06 juin 2009 et le procès-verbal n°1974 du 11 août 2009, pris ensemble, que dame Gueye a formé le présent pourvoi devant la Cour de céans ;

Sur la recevabilité du recours

Attendu que suivant mémoire en réponse en date du 12 juillet 2010, la SNR soulève l'irrecevabilité du pourvoi, aux motifs, d'une part, qu'en tant que dirigé contre le jugement n° 002 bis du le 06 janvier 2009, il est tardif, et que, d'autre part, le jugement n°1974 du le 11 août 2009, qui n'a statué sur aucune contestation, ne peut faire l'objet d'aucun recours ;

Attendu, sur la recevabilité du pourvoi dirigé contre le jugement n°1974 du 11 août 2009, qu' il échet de faire droit à l'exception en application des dispositions de l'article 293 de l'Acte uniforme portant organisation des procédures simplifiées de recouvrement et des voies d'exécution, desquelles il résulte que « La décision judiciaire ou le procès-verbal d'adjudication établi par le notaire ne peut faire l'objet d'aucune voie de recours, sans préjudice des dispositions de l'article 313 ci- dessous. » ;

Attendu, sur la recevabilité du pourvoi dirigé contre le jugement n° 002 bis du 06 janvier 2009, qu'il résulte des dispositions de l'article 28 alinéa 1er du Règlement de procédure que « Lorsque la Cour est saisie par l'une des Parties à l'instance par la voie du recours en cassation prévu au troisième ou quatrième alinéa de l'article 14 du traité, le recours est présenté au greffe dans les deux mois de la signification de la décision attaquée par l'avocat du requérant dans les conditions fixées à l'article 23 ci- dessus » ; qu'il résulte de ce texte que le délai du recours court à compter de la signification en bonne et due forme de la décision attaquée ; qu'en l'espèce, il résulte de l'exploit d'huissier en date du 30 octobre 2009, régulièrement produit, que ce n'est qu'à cette date que le jugement a été signifié à la requérante ; que le pourvoi reçu au greffe le 31 décembre 2009 est donc recevable ;

Sur le premier moyen pris de la violation de l'article 267 alinéa 10 et 272- 2 de l'Acte uniforme portant organisation des procédures simplifiées de recouvrement et des voies d'exécution

Vu les dispositions de l'article 267 alinéa 10 de l'Acte uniforme portant organisation des procédures simplifiées de recouvrement et des voies d'exécution ;

Attendu qu'il est reproché au premier juge d'avoir rejeté les contestations de la requérante portant sur le montant de la mise à prix, alors que l'immeuble valant plus d'un milliard de FCFA, la mise à prix fixée par le poursuivant à la somme de 145.000.000 F CFA est de loin inférieure au quart de la valeur de l'immeuble, montant minimum prévu à l'article 267 alinéa 10 de l'Acte uniforme portant organisation des procédures simplifiées de recouvrement et des voies d'exécution ;

Attendu qu'aux termes de l'article 267.10) de l'Acte uniforme susvisé, « la mise à prix fixée par le poursuivant, laquelle ne peut être inférieure au quart de la valeur vénale de l'immeuble. La valeur de l'immeuble doit être appréciée, soit au regard de l'évaluation faite par les parties lors de la conclusion de l'hypothèque conventionnelle, soit, à défaut, par comparaison avec les transactions portant sur des immeubles de nature et de situation semblables. » ;

Attendu, en l'espèce, que contrairement à ce que soutiennent les requérants, il résulte de l'examen des pièces du dossier de la procédure, notamment du rapport d'expertise immobilière établi le 27 mai 2008 par El Hadji Falou TOURE, expert immobilier, que l'estimation de la valeur de l'immeuble litigieux a été faite à dire d'expert à la somme de 567.567.500 F CFA ; qu'ainsi, en fixant la mise à prix dudit immeuble à la somme de 145.000.000 F CFA, soit plus du quart de la valeur de l'immeuble, le créancier poursuivant s'est conformé à l'article 267 alinéa 10 invoqué ; qu'il échet de rejeter le moyen comme mal fondé ;

Sur le deuxième moyen pris de la violation de l'article 272-2 de l'Acte uniforme portant organisation des procédures simplifiées de recouvrement et des voies d'exécution

Attendu qu'il est reproché à la Cour d'appel d'avoir violé ce texte en ce que Alimatou Sadiya GUEYE ayant demandé par voie de conclusions écrites au juge des criées la désignation d'un expert, le tribunal a répondu de façon laconique ;

Mais attendu qu'il résulte du texte dont la violation est alléguée que « Lorsque le montant de la mise à prix est contesté, il appartient à celui qui formule cette contestation de rapporter la preuve du bien fondé de celle-ci. Il peut demander au Président de la juridiction compétente la désignation d'un expert à ses frais avancés » ; qu'il résulte de ce texte que la désignation de l'expert relève de la compétence du Président de la juridiction compétente et non du juge des crées ; qu'ainsi, en rejetant la demande de désignation d'un expert au motif qu'elle relève de la compétence de la juridiction des criées, le tribunal n'a violé en rien les dispositions invoquées au moyen ;

Qu'il échet de rejeter également ce moyen comme mal fondé ;

Attendu que la requérante qui a succombé doit être condamnée aux dépens ;

PAR CES MOTIFS

Statuant publiquement, après en avoir délibéré,

Déclare le pourvoi dirigé contre le jugement n°1974 du 11 août 2009 irrecevable ;

Déclare le pourvoi dirigé contre le jugement n° 002 bis du le 06 janvier 2009 recevable en la forme ;

Au fond, le rejette ;

Condamne Alimatou Sadiya GUEYE épouse DIA aux dépens.

L'action en annulation formée plus de 15 jours après l'adjudication est irrecevable (CCJA, 3e Ch., n°122/2015, 22 octobre 2015)

> Sommaire
>
> Viole l'article 313 de l'AUPSRVE l'arrêt d'appel qui, sans relever la forclusion du demandeur, déclare recevable l'action en annulation formée plus de 15 jours après l'adjudication.

La Cour Commune de Justice et d'Arbitrage (CCJA) de l'Organisation pour l'Harmonisation en Afrique du Droit des Affaires (OHADA), Troisième chambre, a rendu l'Arrêt suivant en son audience publique du 22 octobre 2015 où étaient présents :

Madame Flora DALMEIDA MELE,	Présidente
Messieurs Victoriano OBIANG ABOGO,	Juge
Idrissa YAYE,	Juge
Birika Jean Claude BONZI,	Juge, rapporteur
Fodé KANTE,	Juge
et Maître Alfred Koessy BADO,	Greffier ;

Sur le recours enregistré au greffe de la Cour de céans le 05 juin 2012 sous le n°054/2012/PC et formé par Maître Henri JOB, avocat à la Cour, sis au 1059, boulevard de la République, Rez-de-chaussée de l'Immeuble Stamatiades, BP 5482 Douala, agissant au nom et pour le compte de la Banque Internationale du Cameroun pour l'Epargne et le Crédit (B.I.C.E.C) S.A, siège social Douala-Bonanjo, avenue du Général de Gaulle, BP 1925 Douala-Cameroun, dans la cause l'opposant à la Société Belle Hollandaise, siège social Douala, BP 4746 Douala, Monsieur Roland Holst Jean Willem Hendrik et Madame NGO NJIKI Perpétue épouse Roland HOLST demeurant tous à Douala, BP 4746 Douala,

en cassation de l'arrêt n°20/civ rendu le 22 mai 2009 par la cour d'appel de Ebolowa et dont le dispositif est le suivant :

« Statuant publiquement, contradictoirement à l'égard des parties, en matière civile et commerciale, en formation collégiale à l'unanimité des voix et en deuxième ressort ;

EN LA FORME

Reçoit les appels principal et incident ;

AU FOND

Confirme le jugement entrepris ;

Condamne la BICEC aux dépens dont distraction au profit de Maître Lucien Faustin NWANAG, Avocat aux offres de droit. » ;

La requérante invoque à l'appui de son pourvoi le moyen unique de cassation tel qu'il figure à la requête annexée au présent arrêt ;

Sur le rapport de Monsieur Birika Jean Claude BONZI, Juge ;

Vu les dispositions des articles 13 et 14 du Traité relatif à l'harmonisation du droit des affaires en Afrique ;

Vu le Règlement de procédure de la Cour Commune de Justice et d'Arbitrage de l'OHADA ;

Attendu qu'il ressort des pièces de la procédure que par acte notarié n°1179 du 26 juin 2002, la société Belle Hollandaise passait avec la BICEC, une convention d'ouverture de crédit à hauteur de cent millions (100.000.000) de F CFA, garantie par une caution solidaire donnée par Madame NGO NJIKI Perpétue épouse HOLST et une Hypothèque consentie par la société Belle Hollandaise sur l'immeuble appartenant à Monsieur Roland HOLST Jean Willer Hendrik, époux de Madame NGO NJIKI Perpétue ; qu'une mise en demeure datée du 28 juillet 2004 a été adressée à la société Belle Hollandaise pour rappeler qu'elle n'exécutait plus ses engagements entrainant un solde débiteur sur le compte évalué au 30 juin 2004 à la somme de 130.631.851 FCFA ce non compris les intérêts et les frais ; que par lettre datée du 02 septembre 2004, la BICEC procédait à la clôture du compte de la Société Belle Hollandaise ; que la société Belle Hollandaise a, par exploit du 25 août 2004, saisi le juge des référés du tribunal de première instance de Yaoundé Centre Administratif aux fins d'obtenir un délai de grâce lequel a, par ordonnance n°494/C du 24 mars 2005, accordé un délai de grâce de huit (8) mois ; qu'entretemps, le 9 mars 2005, la BICEC a fait servir un commandement aux fins de saisie-immobilière portant sur l'immeuble appartenant à Monsieur Holst, objet du titre foncier n°1991/0 sis à Kribi, objet de l'Hypothèque ; que l'acte a été dénoncé à la société Belle Hollandaise qui, par acte du 31 mars 2005, demandait au Président du tribunal, juge de l'exécution, la discontinuation des poursuites ; que par ordonnance du 18 mai 2005, celui-ci s'est déclaré incompétent ; que poursuivant sa procédure d'exécution forcée, la BICEC a déposé au greffe du tribunal un cahier de charges relatif à la vente sur une saisie-immobilière le 20 juin 2005, suivi d'une sommation faite le 21 juin 2005 à madame NGO NJIKI Perpétue de prendre connaissance du cahier des charges ; que le 12 juillet 2005, la débitrice a fait déposer ses dires et observations pour soulever la nullité de la saisie immobilière effectuée ; que le juge de l'audience éventuelle a, par jugement n°20/CIV rendu le 16 janvier 2006, rejeté les dires et observations insérés et a confirmé la date de la vente de l'immeuble au 23 mars 2006 par devant Maitre BOMMA, notaire convenu ; que le jugement rejetant les dires et observations a été signifié aux parties notamment les époux HOLST, le 1er mars 2006, et l'huissier a procédé le même jour à l'apposition des placards annonçant la vente de l'immeuble saisi ;

Que le 17 mars 2006, les époux HOLST et la société Belle Hollandaise signifiaient à la BICEC, créancière saisissante, un certificat de dépôt d'une requête aux fins de sursis à exécution du jugement n°20/CIV sus indiqué devant la juridiction du président de la Cour suprême ; que le 23 mars 2006, l'immeuble a été vendu aux enchères publiques suivant acte de vente n°1798 et notification a été faite aux époux Holst et à la société Belle Hollandaise le 27 juin 2006 ; que par exploit d'huissier en date du 16 août 2006, la

Société Belle Hollandaise a saisi le tribunal de grande instance de l'Océan à Kribi aux fins d'annulation de la vente immobilière intervenue le 23 mars 2006 lequel a , par jugement n°46/CIV/G1 rendu le 18 octobre 2007, fait droit à la demande des époux Holst et de la société Belle Hollandaise et a annulé ladite vente ; que sur appel des époux Holst, la Cour d'appel du Sud à Ebolowa a, par arrêt n°20/CIV du 22 mai 2009 dont pourvoi, confirmé le jugement entrepris ;

Attendu qu'invités par lettre n°426/2013/G2 du 7 juin 2013 par le greffier en chef à présenter un mémoire en réponse dans un délai de trois mois de la signification du recours en cassation, les défendeurs au pourvoi, qui ont reçu le courrier par messagerie expresse depuis le 25 juillet 2013, n'ont pas fait parvenir leur mémoire à la cour ; que le principe du contradictoire ayant été respecté, il y a lieu d'examiner le présent recours ;

Sur la première branche du moyen unique

Vu l'article 313 de l'Acte Uniforme portant organisation des procédures simplifiées de recouvrement et des voies d'exécution ;

Attendu qu'il est fait grief à l'arrêt attaqué d'avoir déclaré l'action en annulation de l'adjudication recevable alors même que le délai pour agir, à peine de forclusion, est de quinze jours et court à compter de la date de l'adjudication ; que l'adjudication ayant eu lieu le 23 mars 2006, l'action intentée le 16 août 2006 est frappée par la forclusion et l'arrêt, en recevant une telle action, viole les dispositions de l'article 313 précité ;

Attendu qu'en effet, l'arrêt relève que l'adjudication a été prononcée le 23 mars 2006, et l'action en annulation de l'adjudication a été introduite le 16 août 2006 soit plus de quinze jours à compter de la date de l'adjudication ; que la Cour d'appel, en statuant comme elle l'a fait, sans relever la forclusion à l'égard du demandeur, a violé les dispositions de l'article 313 invoqué ; que l'arrêt encourt ainsi cassation sans qu'il y ait lieu d'analyser les autres branches du moyen unique de cassation ;

Sur l'évocation

Attendu que par requête en date du 4 mars 2008, la BICEC a interjeté appel du jugement n°46/CIV/G1 rendu le 18 octobre 2007 par le tribunal de grande instance de l'Océan à Kribi et dont le dispositif est le suivant :

« Statuant publiquement, contradictoirement à l'égard des autres parties, par défaut vis-à-vis de Maître Marie Térence BEMMA MANDENGUE Din, en matière civile et commerciale, en dernier ressort, en collégialité et à l'unanimité des membres ;

Rejette l'exception d'irrecevabilité soulevée par les conseils des défendeurs ;

Reçoit l'action des demanderesses en la forme ;

Les y dit fondées ;

Annule l'acte de vente objet du procès-verbal d'adjudication n°1798 du 23 Mars 2006 du répertoire de Maître Marie Térence BEMMA MANDENGUE Din, Notaire à Kribi relative à l'immeuble objet du titre foncier n°1991/0 du Département de l'Océan ;

Condamne les défendeurs aux dépens solidaires dont distractions au profit de Maître NWANAG Lucien Faustin, Avocat aux offres de droit ; ... » ;

Qu'elle soutient que l'immeuble objet du titre foncier n°1991/0 sis à Kribi appartenant à monsieur HOLST lui a été donné en garantie dans le cadre d'une convention d'ouverture de crédit passée entre elle et la société la Belle Hollandaise ; qu'elle expose que l'immeuble a été vendu suivant procédure de saisie immobilière par voie d'adjudication prononcée le 23 mars 2006 devant notaire ; que par exploit du 16 août 2006, la société Belle Hollandaise a saisi le tribunal de l'Océan à Kribi aux fins de voir prononcer l'annulation de ladite vente; que par jugement n°46/CIV/GI du 18 octobre 2007 , le tribunal a fait droit à la demande et a annulé l'adjudication ; que les demandeurs à l'action en nullité ayant saisi le juge plus de quinze jours après la date de l'adjudication, doivent voir leur requête déclarée irrecevable pour forclusion en application des dispositions de l'article 313 de l'Acte Uniforme portant organisation des procédures simplifiées de recouvrement et des voies d'exécution selon lesquelles l'action en nullité de l'adjudication doit être exercée dans un délai de 15 jours à compter de l'adjudication ;

Attendu que pour les mêmes motifs que ceux ayant conduit à la cassation de l'arrêt, il convient d'annuler le jugement n°46/CIV/G1 rendu le 18 octobre 2007 par le tribunal de grande instance de l'Océan à Kribi ; qu'il y a lieu conséquemment de relever la tardiveté de l'action de la société Belle Hollandaise, de monsieur Roland Holst Jean Willem Hendrik et de Madame NGO NJIKI Perpétue épouse Roland Holst et de la déclarer irrecevable pour cause de forclusion ;

Attendu qu'ayant succombé, la société Belle Hollandaise, Monsieur Roland Holst Jean Willem Hendrik et Madame NGO NJIKI Perpétue épouse Roland Holst doivent être condamnés aux dépens ;

PAR CES MOTIFS

Statuant publiquement, contradictoirement, après en avoir délibéré,

En la forme

Reçoit le pourvoi ;

Au fond

Casse et annule l'arrêt n°20/civ rendu le 22 mai 2009 par la Cour d'appel de Ebolowa ;

Evoquant et statuant sur le fond,

Annule le jugement n°46/CIV/G1 rendu le 18 octobre 2007 par le tribunal de grande instance de l'Océan à Kribi ;

Statuant à nouveau,

Déclare l'action en annulation de l'adjudication introduite par la Belle Hollandaise, monsieur Roland Holst Jean Willem Hendrik et Madame NGO NJIKI Perpétue épouse Roland Holst, irrecevable pour forclusion ; Les condamne aux dépens.

D. Les incidents de la saisie immobilière

La requête en nullité du commandement révélé postérieurement à l'audience éventuelle fait partie des exceptions légales et est recevable après l'audience éventuelle (CCJA, 2e Ch., n°130/2015, 12 novembre 2015)

Sommaire

La requête reposant sur la nullité du commandement révélé aux héritiers postérieurement à l'audience éventuelle fait partie des exceptions de l'article 299, alinéa 2 de l'AUPSRVE et peut par conséquent être présentée après l'audience éventuelle et jusqu'au huitième jour avant l'adjudication.

La Cour Commune de Justice et d'Arbitrage (CCJA), de l'Organisation pour l'Harmonisation en Afrique du Droit des Affaires (OHADA), Deuxième chambre, a rendu l'Arrêt suivant en son audience publique du 12 novembre 2015 où étaient présents :

Messieurs Abdoulaye Issoufi TOURE, Président, rapporteur

Namuano Francisco DIAS GOMES, Juge

Djimasna N'DONINGAR, Juge

et Maître Jean Bosco MONBLE, Greffier,

Sur le pourvoi enregistré le 04 octobre 2012 au greffe de la Cour de céans sous le n°134/2012/PC et formé par Maître TEPPI KOLLOKO Fidèle, Avocat à la Cour, BP 030 Nkongsamba, agissant au nom et pour le compte de la Société Afriland First Bank, société anonyme dont le siège est à Yaoundé, BP 11834, dans la cause qui l'oppose à la succession de TANKEU Félix ayant pour conseil Maître TCHUENTE Paul, Avocat à la Cour, BP 5674 à Douala,

en cassation du jugement n°02/CIV/TGI rendu le 09 avril 2012 par le tribunal de grande instance de la Menoua à Dschang et dont le dispositif est le suivant :

« Statuant publiquement, contradictoirement à l'égard des parties, en matière civile et commerciale en premier ressort et après en avoir délibéré ;

Déclare la requête aux fins de distraction d'immeuble recevable ;

Annule le commandement du 16 novembre 2011 aux fins de saisie immobilière pour violation de l'article 255 de l'AUVE OHADA ;

Dépens à la charge de Afriland First Bank… » ;

La requérante invoque à l'appui de son pourvoi les trois moyens de cassation, tels qu'ils figurent à la requête annexée au présent arrêt ;

Sur le rapport de Monsieur Abdoulaye Issoufi TOURE, Premier vice-président ;

Vu les articles 13 et 14 du Traité relatif à l'harmonisation du droit des affaires en Afrique ;

Vu le Règlement de procédure de la Cour Commune de Justice et d'arbitrage de l'OHADA ;

Attendu qu'il ressort des pièces du dossier de la procédure que par acte notarié en date du 15 décembre 1998, la dame TANKEU Clémentine concluait avec la CCEI Bank devenue Afriland First Bank une convention d'ouverture de crédit aux termes de laquelle elle hypothéquait des immeubles, objets des titres fonciers n°1272, n°2640, n°4984 et n°4986 pour près de 120.000.000 F ; que dame TANKEU n'ayant pu honorer ses engagements, la banque a entrepris une procédure de saisie immobilière sur les biens susindiqués par un commandement en date du 16 novembre 2011 ; que bien que ce commandement ne fût signifié ni au tiers détenteur d'un des immeubles, ni aux autres cohéritiers, la procédure se poursuivra jusqu'à l'audience éventuelle à laquelle l'adjudication sera fixée au 09 avril 2012 ; que les cohéritiers de dame clémentine, ayant été informés de la vente par les mesures de publicité légales, introduisaient le 28 mars 2012 une requête aux fins d'annulation du commandement et subséquemment la distraction des immeuble indivis de la saisie ; que par le jugement querellé, le Tribunal de grande instance de la Menoua faisait droit à la requête ;

Sur le premier moyen tiré de la violation de l'article 299 de l'Acte uniforme portant organisation des procédures simplifiées de recouvrement et des voies d'exécution

Attendu qu'il est fait grief au jugement querellé d'avoir violé l'article 299 visé, en ce qu'il a déclaré recevable la requête en annulation du commandement alors que cette requête déposée le 30 mars 2012 était tardive, l'audience d'adjudication étant fixée au 09 avril 2012 et encourt la déchéance prévue, du fait qu'aux termes de l'article 335 du même Acte uniforme, les délais sont des délais francs ;

Mais attendu que c'est à tort que le moyen a présenté la date du 09 avril prévue pour l'adjudication comme le dies adquem alors qu'il est en réalité le dies a quo ; que la computation à compter de ce jour laisse apparaitre huit jours francs au 30 mars, date de la requête ; que donc la requête en annulation n'a pu encourir la déchéance ; qu'il échet donc de rejeter le moyen ;

Sur le deuxième moyen tiré du défaut de réponse à conclusions

Attendu qu'il est fait grief au jugement entrepris d'avoir omis de répondre aux conclusions relatives à l'autorisation accordée à la dame Tankeu Clémentine par le jugement n°136 du 16 mai 1991 du Tribunal de Dschang suivant lequel, elle avait reçu pouvoir de la succession de vendre les biens de feu leur père pour rembourser ses dettes ; que selon le moyen, cette autorisation lui conférait le pouvoir de les hypothéquer ;

Mais attendu que l'annulation du commandement étant encourue aux termes d'une motivation explicite relative au défaut de signification au tiers détenteur en vertu de l'article 255 de l'Acte uniforme visé, la réponse à toute autre conclusion devenait superfétatoire ; qu'en tout état de cause, la vente et l'hypothèque n'ont pas les mêmes effets pour les cohéritiers ; qu'il y a lieu d'écarter ce moyen ;

Sur le troisième moyen tiré de la violation de l'article 311 de l'Acte uniforme portant organisation des procédures simplifiées de recouvrement et des voies d'exécution

Attendu qu'il est fait grief au jugement querellé d'avoir fait une mauvaise application de l'article 311 en ce que la formalité de la signification du commandement au tiers détenteur est antérieure à l'audience éventuelle et l'exception de nullité qui s'y rattache devait être présentée par un dire annexé au cahier des charges et devait être faite dans un délai maximumde cinq jours avant l'audience éventuelle ;

Mais attendu que l'article 311 visé au moyen a, lui-même fait des exceptions relativement aux cas visés par l'article 299 alinéa 2 de l'Acte uniforme parmi lesquels figurent les faits ou actes survenus ou révélés postérieurement à l'audience éventuelle, les demandes en distraction, la nullité de tout ou partie de la procédure suivie à l'audience éventuelle et la radiation de la saisie ; que toutes ces demandes peuvent être présentées après l'audience éventuelle et jusqu'au huitième jour avant l'adjudication ; qu'en l'occurrence la requête reposait sur la nullité du commandement révélé aux héritiers postérieurement à l'audience éventuelle et qui de surcroit devait entrainer la distraction ; qu'il y a donc lieu de rejeter ce moyen ;

Attendu que le pourvoi est mal fondé et sera rejeté ;

Attendu que Afriland First Bank sera condamnée aux dépens ;

PAR CES MOTIFS

Statuant publiquement, après en avoir délibéré, Rejette le pourvoi formé par Afriland First Bank ;

Condamne Afriland First Bank aux dépens.

Celui qui intente l'action en distraction de l'immeuble doit prouver sa propriété sur l'immeuble (CCJA, 2e Ch., n°135/2015, 12 novembre 2015)

Sommaire

L'article 308 de l'AUPSRVE sous-entend que le prétendu propriétaire qui peut introduire la requête en distraction, doit in fine, prouver effectivement sa propriété sur l'immeuble.

La Cour Commune de Justice et d'Arbitrage (CCJA), de l'Organisation pour l'Harmonisation en Afrique du Droit des Affaires (OHADA), Deuxième chambre, a rendu l'Arrêt suivant en son audience publique du 12 novembre 2015 où étaient présents :

Messieurs Abdoulaye IssoufiTOURE, Président, rapporteur

Namuano Francisco DI AS GOMES, Juge

DjimasnaN'DONINGAR, Juge

et Maître Jean Bosco MONBLE, Greffier,

Sur le pourvoi enregistré le 11 avril 2014 au greffe de la Cour de céans sous le n°069/2014/PC et formé par Maître Ibrah Mahamane SANI, Avocat à la Cour, BP 13.765, agissant au nom et pour le compte de DJIBO Seydou Amadou, commerçant domicilié à Niamey dans la cause qui l'oppose à SEYNI Adamou, commerçant domicilié à Niamey ayant pour conseil Maître DIORI Oumarou, Avocat à la Cour, BP 10.902 Niamey,

en cassation de l'arrêt n°08 rendu le 27 novembre 2013 par la Cour d'appel de Niamey et dont le dispositif est le suivant :

« statuant publiquement, contradictoirement en matière de référé et en dernier ressort :

Reçoit l'appel de Djibo Seydou Amadou régulier en la forme ;

Au fond, confirme la décision attaquée ;

Condamne l'appelant aux dépens... » ;

Le requérant invoque à l'appui de son pourvoi les trois moyens de cassation, tels qu'ils figurent à la requête annexée au présent arrêt ;

Sur le rapport de Monsieur Abdoulaye Issoufi TOURE, Premier vice-président ;

Vu les articles 13 et 14 du Traité relatif à l'harmonisation du droit des affaires en Afrique ;

Vu le Règlement de procédure de la Cour Commune de Justice et d'arbitrage de TOHADA ;

Attendu qu'il ressort des pièces du dossier de la procédure que, SEYNI Adamou muni de la grosse du jugement commercial n°266 rendu le 09 mai 2012 par le Tribunal de grande instance hors classe de Niamey, signifiait le 12 juin 2012, un commandement aux fins de saisie immobilière à son débiteur oumarou Abdou ; qu'à l'expiration du délai, le commandement inscrit et publié auprès de la conservation foncière, sera signifié au nommé Djibo Seydou Amadou occupant de l'immeuble ; que ce dernier s'estimant propriétaire dudit immeuble saisissait le 23 juillet 2012 le tribunal aux fins de distraction de l'immeuble de la saisie ; qu'il sera débouté suivant ordonnance n°223 du 20 novembre 2012 ; que cette décision sera confirmée en appel par l'arrêt dont pourvoi ;

Sur la compétence de la Cour

Attendu que dans son mémoire en réponse en date du 25 juin 2014 le défendeur SEYNÎ Adamou a soulevé l'incompétence de la Cour de céans au motif que le litige porté devant la Cour n'est autre qu'une question de droit de propriété régi au Niger par les dispositions du Décret du 26 juillet 1932 notamment en ses articles 6 et 21 sur lesquels la Cour d'appel a fondé sa décision ;

Mais attendu qu'il ressort des pièces du dossier, que le contentieux porté devant les juridictions nationales est relatif à la distraction d'un immeuble, d'une saisie immobilière ; qu'une telle matière est traitée par l'Acte uniforme organisant les procédures simplifiées de recouvrement et des voies d'exécution et donc relève de la compétence de la Cour de céans ;

Sur la recevabilité du recours

Attendu que dans le même mémoire, SEYNI Adamou a conclu à T irrecevabilité du recours en exposant qu'aux termes de l'article 28 alinéa 3 du Règlement de procédure de la Cour de céans : « aux fins de la procédure le recours contient élection de domicile au lieu où la cour a son siège. Elle indique le nom de la personne qui est autorisée et qui a consenti à recevoir toutes significations... » ; que dans la pratique cette formalité est remplie à travers la production des attestations en bonne et due forme ; qu'en l'absence de tels justificatifs, il y a lieu de déclarer le recours irrecevable ;

Mais attendu que depuis le nouveau Règlement entré en vigueur le 04 février 2014, l'élection de domicile n'est plus obligatoire ; que dès lors le recours est recevable ;

Sur le deuxième moyen en sa première branche tirée de la dénaturation des faits

Attendu qu'il est fait grief à l'arrêt déféré d'avoir retenu que l'immeuble, objet du titre foncier n°23254 est grevé d'hypothèque au profit de SEYNÎ Adamou alors que celui-ci ne bénéficie d'aucune forme d'hypothèque légalement admise et d'avoir ainsi dénaturé les faits pour parvenir au rejet de la requête en distraction par la confirmation du jugement entrepris ;

Attendu en effet que pour confirmer le débouté de DJ1BO Seydou Amadou, l'arrêt querellé a soutenu « qu'en outre, il convient de relever que la saisie immobilière est dirigée contre l'appelant en tant que tiers détenteur car l'immeuble objet de la poursuite, est grevé au profit de l'intimé, qu'exerçant son droit de suite, l'intimé créancier hypothécaire, a le droit de saisir cet immeuble quand bien même celui-ci serait entre les mains d'une autre personne que le débiteur.. » ; alors que de l'examen des pièces de la procédure, il n'apparaît nulle part une hypothèque au profit de SEYNÎ Adamou ; qu'il échet de casser l'arrêt déféré et d'évoquer ;

Sur l'évocation

Attendu que suivant exploit du 29 novembre 2012, le sieur DJ1BO Seydou Amadou par l'organe de son conseil, Maître fbrah Mahamne SANÎ, Avocat à la Cour, a interjeté appel contre l'ordonnance n°223 rendue le 20 novembre 2012 par le Président du tribunal de Niamey ;

Attendu qu'au soutien de son appel, il expose que les articles 6 et 21 du Décret du 26 juillet 1932 portant réorganisation de la propriété foncière ne sont pas applicables en ce qu'ils ne règlent pas la question de la propriété mais traitent du caractère définitif du titre foncier et de son irréversibilité ; que l'ordonnance querellée viole l'article 1165 du code civil en considérant que l'inopposabilité de la vente pour défaut de mutation est une cause de nullité de ladite vente alors que l'immeuble en cause n'est plus la propriété de Oumarou Abdou, le propriétaire originel, depuis le 24 janvier 2011 date à laquelle il l'a vendu à Oumarou Amadou qui à son tour l'a revendu à lui DJIBO Seydou Amadou le 08 septembre 2011 ; qu'en poursuivant la saisie immobilière, le premier juge viole les articles 246 et 308 de l'Acte uniforme portant organisation des procédures simplifiées et des voies d'exécution en ce que le créancier ne peut vendre que les immeubles appartenant à son débiteur et que lui en tant que propriétaire, doit obtenir la distraction ;

Attendu que l'intimé SEYNI Adamou, par la voix de son conseil, Oumarou DIORI, Avocat à la Cour, a conclu au rejet des moyens tirés de la fausse application des articles 6 et 21 du décret du 26 juillet 1932, de la violation de l'article 1165 du code civil et des article 246 et 308 de l'Acte uniforme suscité et a sollicité la confirmation pure et simple de l'ordonnance querellée ;

Attendu que l'article 308 de l'Acte uniforme susvisé sous-entend que le prétendu propriétaire qui peut introduire la requête en distraction, doit in fine, prouver effectivement sa propriété sur l'immeuble ;

Attendu que contrairement aux prétentions de l'appelant, les articles 6 et 21 du Décret visé ne règlent pas seulement le caractère définitif et irréversible du titre foncier mais aussi l'opposabilité des droits réels et en cela ont vocation à s'appliquer au cas d'espèce en lieu et place de l'article 36 alinéa 3 de la loi 98-06 du 28 avril 1998 portant statut des notaires au Niger, qui lui, traite des actes notariés d'une manière générale ; que l'article 21 stipule que : « les droits réels énumérés en l'article précédent ne se conservent et ne produisent effet à, l'égard des tiers qu'autant qu'ils ont été rendus publics... »; qu'il résulte de ces dispositions que la propriété de DJIBO Seydou Amadou bien qu'établie par acte notarié n'est pas opposable au saisissant SEYNI Amadou ; que subséquemment son action en distraction ne peut prospérer ;

Attendu donc que l'ordonnance querellée relève d'une bonne appréciation des faits et d'une bonne application de la loi ; qu'il déchet de la confirmer ;

Attendu que DJIBO Seydou Amadou succombant sera condamné aux dépens ;

PAR CES MOTIFS

Statuant publiquement, après en avoir délibéré,

Se déclare compétente ;

Déclare le pourvoi recevable ;

Casse l'arrêt n°008 rendu le 27 novembre 2013 par la Cour d'appel de Niamey ;

Evoquant et statuant sur le fond ;

Confirme l'ordonnance n°223 en date du 20 novembre 2012 du Président du tribunal de grande instance de Niamey ;

Condamne DJIBO Seydou Amadou aux dépens.

VIII. Immunité d'exécution

Domaine de l'immunité d'exécution de la BCEAO (CCJA, 1ère Ch., n°149/2015, 26 novembre 2015)

Sommaire

L'immunité d'exécution conférée à la BCEAO s'applique non seulement à ses biens et avoirs propres, mais également aux sommes inscrites au crédit des comptes ouverts dans ses écritures par les banques primaires. Une cour d'appel ne saurait en conséquence ordonner la restitution par la BCEAO des sommes saisies entre ses mains.

La Cour Commune de Justice et d'Arbitrage (CCJA), Première Chambre, de l'Organisation pour l'Harmonisation en Afrique du Droit des Affaires (OHADA), a rendu l'arrêt suivant en son audience publique du 26 novembre 2015 où étaient présents :

Messieurs Marcel SEREKOISSE-SAMBA,

Mamadou DEME,

Diéhi Vincent KOUA,

César Apollinaire ONDO MVE,

Robert SAFARI ZIHALIRWA,

et Maître Acka ASSIEHUE,

Sur le pourvoi n° 067/2005/PC enregistré au greffe de la Cour de céans le 23 décembre 2005 formé par Maître Marc LE BIHAN, Cabinet d'Avocats Marc LE BIHAN & Collaborateurs, domicile élu en la Société d'Avocats N'GOAN, ASMAN & Associés, 37 rue de la Canebière, 05 BP 2163 ABIDJAN, agissant pour le compte de la Banque Centrale des Etats de l'Afrique de l'Ouest (BCEAO), Direction Nationale pour le Niger, rue de l'Uranium BP 487 Niamey, poursuites et diligences de son Directeur National Monsieur Abdoulaye SOUMANA, dans la cause l'opposant à El Hadj Rabiou DJITAOU, mandataire de la Succession Mamane DJITAOU, commerçant demeurant à Maradi,

en cassation de l'arrêt n°110 rendu le 10 août 2005 par la Cour d'appel de Niamey et dont le dispositif suit :

« Par ces motifs :

Statuant publiquement, contradictoirement par décision en dernier ressort en matière de référé ;

Reçoit l'appel de EL HADJI RABIOU DJITAOU régulier en la forme ;

Infirme l'ordonnance attaquée ;

Se déclare compétente ;

Ordonne à la BCEAO de se libérer des fonds jusqu'à concurrence du montant de la saisie, soit la somme de 265.126.442 f sous astreinte de 500.000 f par jour de retard ;

Condamne la BCEAO aux dépens. » ;

Attendu que la BCEAO invoque à l'appui de son recours le moyen unique de cassation tel qu'il figure à la requête annexée au présent arrêt ;

Sur le rapport de Monsieur Marcel SEREKOÏSSE-SAMBA, Président ;

Vu les dispositions des articles 13 et 14 du Traité relatif à l'harmonisation du droit des affaires en Afrique ;

Vu le Règlement de procédure de la Cour Commune de Justice et d'Arbitrage de TOHADA ;

Attendu qu'il ressort des pièces du dossier de la procédure que par exploit d'huissier à Niamey en date du 09 mars 2005, les Ayants droits de Mamane Djitaou ont pratiqué saisie attribution entre les mains de la BCEAO-Niger sur les avoirs de la banque primaire, la BIA-Niger, en vertu d'une grosse de l'arrêt n°14 rendu le 19 avril 2002 par la Cour d'appel de Zinder, pour sûreté et paiement de la somme de 265 126 442 FCFA ;

Que les contestations élevées par la BIA Niger ont été rejetées le 03 mai 2005 en première instance puis le 1er juin en appel ;

Que fort de ces décisions juridictionnelles, les Ayants droits de Mamane Djitaou ont saisi la BCEAO en reversement des sommes saisies entre ses mains ;

Que face au refus de la Banque Centrale de s'exécuter, les créanciers ont saisi le juge des référés de Niamey à l'effet d'ordonner à la BCEAO le paiement sous astreinte, sur le fondement de l'article 168 de l'Acte uniforme portant organisation des procédures simplifiées de recouvrement et des voies d'exécution ; que par ordonnance n°103 rendue le 02 août 2005, le Président du Tribunal de Grande Instance Hors Classe de Niamey, constatant les immunités de juridiction et d'exécution dont bénéficiait la BCEAO, s'est déclaré incompétent à statuer ;

Que sur appel des saisissants, la Cour d'appel de Niamey, par l'arrêt n°110 du 10 août 2005 frappé du présent pourvoi, a infirmé l'ordonnance attaquée et ordonné à la BCEAO de se libérer des sommes saisies sous astreinte de 500 000 FCFA par jour de retard ;

Attendu que par courrier en date du 08 juin 2006, le Greffier en chef de la Cour a notifié aux défendeurs le recours en cassation de la BCEAO, les invitant à constituer avocat et à produire leur mémoire en réponse dans un délai de trois mois à compter de la réception du recours ; que ces derniers n'ayant pas donné de suite à ladite correspondance, il y a lieu de constater que le principe du contradictoire a été respecté et de statuer contradictoirement à l'égard de toutes les parties ;

Sur le moyen unique, tiré de la violation de l'article 30 de l'Acte uniforme portant organisation des procédures simplifiées de recouvrement et des voies d'exécution ;

Attendu que la requérante fait grief à l'arrêt attaqué de lui avoir ordonné, sous astreinte journalière de 500.000 FCFA et en méconnaissance des immunités et privilèges qui lui sont reconnus, de se libérer des fonds saisis entre ses mains, alors qu'aux termes, tant des dispositions de l'article 30 de l'Acte uniforme visé au moyen, que de celles notamment de l'article 17 du Traité du 14 novembre 1973 constituant l'Union Monétaire Ouest Africaine (UMOA), de l'article 4 des statuts de la BCEAO annexés au Traité et des articles 5.2, 8 et 9 du protocole relatif aux privilèges et immunités de la BCEAO, celle-ci «jouit en toutes matières de l'immunité de juridiction et d'exécution sauf renonciation expresse de sa part dans un cas particulier notifié par le Gouverneur ou son représentant » ; qu'enfin, il n'est versé ni prouvé dans le dossier de la procédure que le Gouverneur ou son représentant ont expressément approuvé les mesures d'exécution opérées entre ses mains contre la BIA-NIGER ou ont accepté d'y donner suite ;

Attendu qu'aux termes de l'article 30 de l'Acte uniforme sus évoqué, « l'exécution forcée et les mesures conservatoires ne sont pas applicables aux personnes qui bénéficient d'une immunité d'exécution » ;

Attendu qu'il résulte de l'article 4 des statuts de la BCEAO qu' : « En vue de permettre à la Banque Centrale de remplir ses fonctions, le statut, les privilèges et les immunités des institutions financières internationales lui sont reconnus sur le territoire de chacun des Etats membres de l'Union, dans les conditions précisées par le Protocole annexé aux présents statuts, qui fait partie intégrante desdits statuts » ; que selon l'article 8 du protocole relatif aux privilèges et immunités de la BCEAO, « La Banque Centrale jouit en toutes matière de l'immunité de juridiction et d'exécution, sauf renonciation expresse de sa part, dans un cas particulier notifié par le Gouverneur ou son représentant » ; que l'article 9 du protocole susvisé ajoute que « les biens et avoirs de la Banque Centrale en quelque lieu qu'ils se trouvent et quels qu'en soient les détenteurs, sont exempts de perquisition, confiscation, réquisition, expropriation et de toute mesure administrative, judiciaire ou autre de coercition ou d'exécution » ; qu'enfin, l'article 5.2 du même texte précise que « L'exécution des actes de procédure, y compris la saisie de biens privés ne pourra avoir lieu dans les locaux de la Banque Centrale que dans les conditions approuvées par le Gouverneur ou son représentant » ;

Attendu qu'il résulte sans équivoque de ces textes que l'immunité d'exécution conférée à la BCEAO s'applique non seulement à ses biens et avoirs propres, mais également aux sommes inscrites au crédit des comptes ouverts dans ses écritures par les banques primaires ; que dès lors, , c'est en leur violation flagrante que la Cour d'appel de Niamey a ordonné sous astreinte à la BCEAO de reverser à El Hadj RABIOU DJITAOU les sommes saisies entre ses mains ; qu'il y a lieu, en conséquence, de casser sa décision, d'évoquer et statuer à nouveau ;

Sur l'évocation

Attendu qu'en date du 09 mars 2005, El Hadj RABIOU DJITOUA, agissant pour le compte de l'ensemble des Ayants droits de Mamane Djitaou, a pratiqué saisie attribution de la somme de 265 126 442 FCFA entre les mains de la BCEAO- Niger sur les avoirs de la banque BIA-Niger, en vertu de la grosse de l'arrêt n°14 rendu le 19 avril 2002 par la Cour d'appel de Zinder ;

Que la Banque Centrale ayant refusé de reverser aux créanciers ladite somme, ceux-ci ont saisi le juge des référés de Niamey, à F effet de F entendre ordonner à la BCEAO le paiement sous astreinte ; que par ordonnance n°103 rendue le 02 août 2005, le Président du Tribunal de grande instance hors classe de Niamey a rendu T ordonnance dont le dispositif suit :

« Statuant publiquement, contradictoirement à l'égard des parties en matière d'exécution et en premier ressort :

-Se déclare incompétent ;

-Renvoie les parties à mieux se pourvoir.

Avis d'appel : 15 jours. » ;

Que le mandataire El Hadj RABIOU DJITAOU a relevé appel de cette ordonnance ;

Qu'il échet de déclarer l'appel recevable en la forme ;

Attendu qu'au soutien de son recours, l'appelant fait reproche au juge des référés de s'être déclaré incompétent pour connaître de sa demande d'injonction sous astreinte en raison de l'immunité de juridiction invoquée par la BCEAO, alors qu'en l'espèce la BCEAO n'est pas le débiteur mais le tiers saisi, et que même l'Etat du Niger est attrait devant les juridictions ;

Mais attendu que c'est à bon droit que le juge des référés s'est fondé sur les dispositions de l'article 4 des statuts de la BCEAO, 17 du Traité instituant l'Union Monétaire Ouest-Africaines et 8 du Protocole relatif aux privilèges et immunités de la Banque Centrale des Etats de l'Afrique de l'Ouest, qui confèrent à cette banque l'immunité de juridiction et d'exécution, pour se déclarer incompétent ; qu'il échet de déclarer l'appel mal fondé et de condamner l'appelant aux dépens ;

Par ces motifs

Statuant publiquement, après en avoir délibéré,

Déclare le pourvoi recevable ;

Casse et annule l'arrêt n°110 rendu le 10 août 2005 par la Cour d'appel de Niamey ;

Evoquant et statuant au fond,

Confirme en toutes ses dispositions l'ordonnance n°143 rendue le 02 août 2005 par le Président du tribunal de grande instance de Niamey, Juge des référés ;

Condamne El Hadj RABIOU DJITAOU es-qualité de représentant des ayants droits de Mamane DJITAOU aux dépens.

IX. Supranationalité de l'AUPSRVE

La non communication de la procédure au ministère public n'est pas un cas d'irrecevabilité ou de déchéances au sens de l'AUPSRVE qui est supérieur au droit interne (CCJA, 2e Ch., n°105/2015, 22 octobre 2015)

Sommaire

Même si le référé ne couvre pas toute la réalité de l'article 49 de l'AUPSRVE, il constitue bien un cas d'urgence permettant de régler tous les incidents consécutifs à une mesure d'exécution.

L'Acte uniforme portant organisation des procédures simplifiées de recouvrement et des voies d'exécution a, lui-même, limitativement énuméré les cas d'irrecevabilité et de déchéance au nombre desquels, n'existe pas la communication de la procédure au Ministère public ; C'est donc à bon droit que la Cour d'appel a écarté l'application de l'article 106 du code ivoirien.

La Cour Commune de Justice et d'Arbitrage (CCJA), de l'Organisation pour l'Harmonisation en Afrique du Droit des Affaires (OHADA), Deuxième chambre, a rendu l'Arrêt suivant en son audience publique du 22 octobre 2015 où étaient présents :

Messieurs Abdoulaye Issoufi TOURE,	Président, rapporteur
Namuano Francisco DIAS GOMES,	Juge
Djimasna N'DONINGAR,	Juge
et Maître Jean Bosco MONBLE,	Greffier,

Sur le pourvoi enregistré au greffe de la Cour de céans le 19 août 2005 sous le n°037/2005/PC et formé par Maître MOBIOT Gabin D.J.M, Avocat à la Cour, demeurant Boulevard Giscard d'Estaing zone 3 Treichville, immeuble Drocolor, 05 BP 1392 Abidjan 05 agissant au nom et pour le compte de la Poste de Côte d'Ivoire, Société d'Etat dont le siège social est à Abidjan-Plateau, 2001, Rue Lecoeur, 17 BP 105 Abidjan 17, dans la cause l'opposant à SAIDI Nehme Hassan Hussein commerçant domicilié à Abidjan zone 4, 01 BP BP 3401 Abidjan 01,

en cassation de l'Arrêt n°710 rendu le 05 juillet 2005 par la Cour d'appel d'Abidjan dont le dispositif est le suivant :

« Déclare la poste de Côte d'Ivoire recevable mais mal fondée en son appel relevé de l'ordonnance de référé n°606/2005 rendue le 19 avril 2005 par la juridiction présidentielle du Tribunal de première instance d'Abidjan-Plateau ;

L'en déboute ;

Confirme l'ordonnance entreprise… » ;

La requérante invoque à l'appui de son pourvoi les trois moyens de cassation, tels qu'ils figurent à la requête annexée au présent arrêt ;

Sur le rapport de Monsieur Abdoulaye Issoufi TOURE, Premier vice-président ;

Vu les articles 13 et 14 du Traité relatif à l'harmonisation du droit des affaires en Afrique ;

Vu le Règlement de procédure de la Cour Commune de Justice et d'arbitrage de l'OHADA ;

Attendu qu'il ressort des pièces du dossier de la procédure que le 18 février 2005, le sieur SAIDI Nehme Hassan Hussein, détenteur de la grosse de l'arrêt n°001/05-Pe rendu le 27 janvier 2005 par la Cour suprême de Côte d'Ivoire, pratiquait saisie-attribution sur les avoirs de la Poste, entre les mains de la Société Générale de Banque en Côte d'Ivoire ; que cette saisie dénoncée le 23 février 2005, sera contestée par la Poste par assignation du 23 mars 2005 devant le Juge des référés ; que par ordonnance n°606 du 19 avril 2005, le juge délégué déclarait irrecevable l'action de la Poste de Côte d'Ivoire ; que la Cour d'appel, par Arrêt n°710 du 05 juillet 2005 dont pourvoi, confirmait cette décision ;

Attendu que le recours a été signifié par le Greffier en chef de la Cour de céans suivant une lettre n°567 en date du 18 novembre 2005 ; que cette lettre est revenue « non réclamée » ; que donc le principe du contradictoire ayant été respecté, il échet de statuer sur le pourvoi ;

Sur le premier moyen tiré de la violation de l'article 49 de l'Acte uniforme portant organisation des procédures simplifiées de recouvrement et des voies d'exécution

Attendu qu'il est fait grief à l'arrêt déféré d'avoir indiqué que le magistrat de l'article 49 « statue en matière de référé quoique dans le cadre de l'article 49, le juge des référés ait une compétence plus étendue que dans le cadre du référé du droit commun », alors que le Président de la juridiction statuant en matière d'urgence ne statue pas en matière de référé sur les matières à lui soumises dans le cadre de l'article 49, puisque sa décision peut porter préjudice au principal ; qu'en ne déclarant pas nulle l'ordonnance du premier juge « statuant en référé d'heure en heure », la Cour d'appel a, selon le moyen, violé les dispositions visées ;

Mais attendu que, même si le référé ne couvre pas toute la réalité de l'article 49 visé, il constitue bien un cas d'urgence permettant de régler tous les incidents consécutifs à une mesure d'exécution ; qu'à ce titre, la Cour d'appel qui a confirmé la compétence du Juge des référés en matière de contestation de saisie-attribution, ne viole en rien l'article 49 de l'Acte uniforme portant organisation des procédures simplifiées de recouvrement et des voies d'exécution ; qu'il échet de rejeter ce moyen ;

Sur le deuxième moyen tiré de la violation des articles 10 et 13 du Traité relatif à l'harmonisation du droit des affaires en Afrique ;

Attendu qu'il est fait grief à la Cour d'appel d'avoir violé les dispositions visées au moyen, en ce que celles-ci sont directement applicables et obligatoires dans les Etats parties et que leur contentieux est réglé en première instance et en appel par les juridictions nationales en respectant leurs formes légales de procédures prescrites à peine de nullité ou de déchéance sauf, si ces procédures contiennent des dispositions de droit interne contraires aux Actes uniformes ; qu'à cet égard selon le moyen, l'article 106 du code de procédure civile administrative et commerciale ivoirien prescrit que « sont obligatoirement communicables au Ministère public trois (3) jours au moins avant l'ordonnance de clôture ou avant l'audience… » ; que donc, la communication du dossier au Ministère public n'étant pas contraire aux Actes uniformes, c'est à tort que la Cour d'appel a exigé sa prévision par l'Acte uniforme susvisé ;

Mais attendu que l'Acte uniforme portant organisation des procédures simplifiées de recouvrement et des voies d'exécution a, lui-même, limitativement énuméré les cas d'irrecevabilité et de déchéance au nombre desquels, n'existe pas la communication de la procédure au Ministère public ; que c'est donc à bon droit que la Cour d'appel a écarté l'application de l'article 106 du code ivoirien ; que ce moyen ne peut prospérer ;

Sur le troisième moyen tiré de la violation de l'article 170 de l'Acte uniforme portant organisation des procédures simplifiées de recouvrement et des voies d'exécution

Attendu qu'il est fait grief à la Cour d'appel d'avoir estimé que l'assignation non enrôlée est devenue caduque et que le délai d'un mois prévu à l'article 170 visé n'a pu être interrompu ; alors que ledit article n'a pas prévu cette caducité et que l'avenir d'audience ne se substitue pas à l'acte sur lequel il s'appuie, il fait corps avec lui ;

Mais attendu que la Cour d'appel a fait une nette distinction entre l'assignation du 23 mars 2005 servie uniquement à Saidi Nehme Hassan Hussein et non enrôlée, et l'avenir du 07 avril 2005, largement hors délai, qui comportait comparution pour l'audience du 12 avril 2005 ; qu'en statuant comme elle l'a fait la Cour d'appel a fait une exacte application de l'article susvisé ; qu'il échet donc d'écarter le moyen ;

Attendu que le pourvoi étant mal fondé, sera rejeté ;

Attendu que la Poste de Côte d'Ivoire succombant sera condamnée aux dépens ;

PAR CES MOTIFS

Statuant publiquement, après en avoir délibéré,

Rejette le pourvoi formé par la Poste de Côte d'Ivoire ;

La condamne aux dépens.

DROIT DE L'ARBITRAGE

A. Convention d'arbitrage

La convention d'arbitrage s'apprécie d'après la commune intention des parties (CCJA, Ass. Plén., n°69/2015, 29 avril 2015)

Sommaire

Les articles 11 et 4 de l'AUA posent le principe de la « compétence-compétence » des arbitres et du principe de la validité de la convention d'arbitrage qui doit s'apprécier, sans référence nécessaire à un droit étatique, donc d'après la commune volonté des parties.

La Cour Commune de Justice et d'Arbitrage (CCJA) de l'Organisation pour l'Harmonisation en Afrique du Droit des Affaires (OHADA), Assemblée plénière, a rendu l'Arrêt suivant, en son audience publique foraine tenue le 29 avril 2015 à Ouagadougou au Burkina Faso où étaient présents :

Messieurs Marcel SEREKOÏSSE-SAMBA,	Président
Abdoulaye Issoufi TOURE,	1er Vice-Président
Madame Flora DALMEIDA MELE,	Snde Vice-Présidente
Messieurs Victoriano OBIANG ABOGO,	Juge
Mamadou DEME,	Juge
Idrissa YAYE,	Juge, rapporteur
et Maître Paul LENDONGO,	Greffier en chef ;

Sur le recours enregistré au greffe de la Cour de céans sous le numéro 067/2009/PC en date du 16 juillet 2009 et formé par la SCPA Guédel NDIAYE & Associés, avocat au Barreau du Sénégal, cabinet sis 73 bis rue Amadou Assane NDOYE à Dakar, agissant au nom et pour le compte de la société Bougainvilliers SA, dont le siège social est à Dakar, 47 rue Carnot, BP 1686, la société Immobilière Thiam Banda, devenue société d'Investissements Thiam Banda, dont le siège est à Dakar, 55 rue Carnot, BP 2791, représentées par leurs représentants légaux et les héritiers de feu Mayoro Wade, dans la cause les opposant à monsieur Paul Mochet, demeurant à Dakar, 07 avenue Hassan II, ayant pour conseils, maitre Abdoul Aziz Ngom, la SCPA Lo & Kamara et la SCPA Kanjo, Koita & Houda, Avocats au Barreau du Sénégal, dont les cabinets sont situés respectivement à Scat urbain Grand Yoff, villa n°13/T Dakar BP 11206 Dakar-Peytain, 38 rue Wagane Diouf à Dakar et 66 boulevard de la République immeuble Seydou Nourou Tall à Dakar,

en cassation de l'arrêt n°485 rendu le 3 juin 2008 par la Cour d'appel de Dakar et dont le dispositif est le suivant :

« Statuant publiquement, contradictoirement, en matière civile et en dernier ressort ;

Vu l'ordonnance d'irrecevabilité du Conseiller de la mise en état du 14 août 2007 ;

Déclare recevable l'appel contre l'ordonnance d'irrecevabilité ;

Infirme l'ordonnance de clôture en toutes ses dispositions ;

Déclare recevable le recours en annulation contre les sentences arbitrales ;

Au fond

Rejette le recours en annulation comme mal fondé ;

Met les dépens à la charge des requérants. » ;

Les recourants invoquent à l'appui de leur pourvoi les deux moyens de cassation tels qu'ils figurent dans leur requête annexée au présent arrêt ;

Sur le rapport de monsieur Idrissa YAYE, Juge ;

Vu les articles 13 et 14 du Traité relatif à l'harmonisation du droit des affaires en Afrique (OHADA) ;

Vu les articles 10 à 27 de l'Acte uniforme relatif au droit de l'arbitrage ;

Vu le Règlement de procédure de la Cour Commune de Justice et d'Arbitrage de l'OHADA ;

Attendu qu'il ressort des pièces de la procédure qu'en vertu de l'article 7 de la convention de compte courant bloqué, conclue le 5 août 1997 entre monsieur Paul Mochet et la société les Bougainvilliers SA, celui-là a saisi, le 15 février 2004, le Centre d'Arbitrage, de Médiation et de Conciliation de la Chambre de Commerce, d'Industrie et d'Agriculture de la Région de Dakar, d'une demande d'arbitrage ; que le tribunal arbitral constitué sous l'égide dudit centre a rendu les sentences partielle et définitive respectivement le 5 mai 2005 et 7 novembre 2005 ; que suivant exploit en date des 26 mai 2005 et 13 janvier 2006, la société Bougainvilliers, Mayoro Wade et la société civile Immobilière Thiam Banda ont saisi la cour d'appel de Dakar d'un recours en annulation contre lesdites sentences arbitrales ; que la cour d'appel de Dakar a rendu le 3 juin 2008, l'arrêt de rejet n°485, objet du présent pourvoi ;

Sur le premier moyen

Attendu que les recourants font grief à la Cour d'appel d'avoir violé les dispositions des articles 5, 10, 11, 13 et 25 de l'Acte uniforme relatif au droit de l'arbitrage en considérant que le fait pour une partie de désigner un arbitre et de participer à la procédure d'arbitrage, constitue pour elle, un obstacle à pouvoir plaider, dans la procédure d'arbitrage, la nullité de la convention d'arbitrage ; que l'arrêt attaqué en statuant comme il l'a fait a violé l'article 11 de l'Acte uniforme précité et a donné aux dispositions organisant la procédure d'arbitrage un sens et une portée qu'elles ne peuvent avoir ;

Mais attendu qu'aux termes des dispositions de l'article 11 de l'Acte uniforme précité : « Le tribunal arbitral statue sur sa propre compétence, y compris sur toutes questions relatives à l'existence ou à la validité de la convention d'arbitrage.

L'exception d'incompétence doit être soulevée avant toute défense au fond, sauf si les faits sur lesquels elle est fondée ont été révélés ultérieurement.

Le tribunal arbitral peut statuer sur sa propre compétence dans la sentence au fond ou dans une sentence partielle sujette au recours en annulation. » ; que l'article 4 du même Acte uniforme pose le principe de l'autonomie de la convention d'arbitrage en ces termes : « La convention d'arbitrage est indépendante du contrat principal

Sa validité n'est pas affectée par la nullité de ce contrat et elle est appréciée d'après la commune volonté des parties, sans référence nécessaire à un droit étatique.

Les parties ont toujours la faculté, d'un commun accord, de recourir à une convention d'arbitrage, même lorsqu'une instance a déjà été engagée devant une autre juridiction. » ; qu'il s'en suit que ces dispositions posent le principe de la « compétence-compétence » des arbitres et du principe de la validité de la convention d'arbitrage qui doit s'apprécier, sans référence nécessaire à un droit étatique, donc d'après la commune volonté des parties ;

Attendu qu'en l'espèce la cour d'appel de Dakar qui, « Considérant que les parties qui excipent du caractère nul de la convention d'arbitrage et qui en poursuivent l'annulation, l'ont exécuté en partie en participant à la conférence préparatoire à l'arbitrage même pour avoir désigné un arbitre et déposé leurs conclusions et même souhaité l'extension de l'arbitrage à d'autres qui ne sont pas parties à la convention d'arbitrage ; », n'a, contrairement aux affirmations des recourants, en rien commis les reproches qui lui sont faits ; que ladite cour d'appel qui en refusant d'annuler les sentences arbitrales soumises à sa censure aux motifs que le tribunal arbitral a dû souverainement déduire des faits de la cause, dont notamment, le fait de souhaiter « l'extension de l'arbitrage à d'autres qui ne sont pas parties à la convention d'arbitrage ; », une volonté commune des parties d'accepter ledit arbitrage nonobstant l'annulation de la convention de compte courant, n'a en rien violé la loi ; qu'il s'ensuit que le moyen doit être rejeté ;

Sur le second moyen

Attendu que les recourants reprochent à la cour d'appel de Dakar d'avoir violé les articles 11, 13 alinéa 1 et 26 de l'Acte uniforme relatif au droit de l'arbitrage en ce qu'elle a exigé une procédure préalable à l'arbitrage proprement dit dans laquelle la convention d'arbitrage devrait d'abord être annulée, pour que la sentence arbitrale rendue sur la procédure d'arbitrage proprement dite puisse être attaquée d'annulation ;

Mais attendu que le moyen d'annulation tiré de la nullité de la convention d'arbitrage ayant été ci-dessus rejeté, il convient, nonobstant lesdites affirmations de la cour d'appel qui n'ont aucun effet sur le bien-fondé des motifs d'annulation limitativement fixés par l'article 26 de l'Acte uniforme précité, d'écarter ledit moyen comme mal fondé ;

Attendu que les recourants ayant succombé, il y a lieu de les condamner aux dépens ;

PAR CES MOTIFS :

Statuant publiquement, après en avoir délibéré ;

Rejette le pourvoi ;

Condamne la société Bougainvilliers, les héritiers de feu Mayoro Wade et la société d'Investissements Thiam Banda aux dépens.

La convention d'arbitrage est autonome par rapport au contrat principal (CCJA, 1ère Ch., n°97/2015, 23 juillet 2015)

Sommaire

La convention d'arbitrage est autonome par rapport au contrat qui la contient et la nullité de celui-ci est sans effet sur sa validité.

La Cour Commune de Justice et d'Arbitrage (CCJA) de l'Organisation pour l'Harmonisation en Afrique du Droit des Affaires (OHADA), Première Chambre, a rendu l'arrêt suivant, en son audience publique du 23 juillet 2015 où étaient présents :

Messieurs : Marcel SEREKOÏSSE-SAMBA,	Président
Mamadou DEME,	Juge rapporteur
Diehi Vincent KOUA,	Juge
César Apollinaire ONDO MVE,	Juge
Robert SAFARI ZIHALIRWA,	Juge
et Maître ASSIEHUE Acka,	Greffier ;

Sur le recours enregistré au greffe de la Cour de céans le 25 août 2010 sous le n°074/2010/PC et formé par la SODIMA, devenue SANIA-Cie, société anonyme ayant son siège social à Abidjan, rue des Galions, Zone Portuaire, 92 Post'entreprise Abidjan, ayant pour conseil la SCPA LEX WAYS, avocats au Barreau de Côte d'Ivoire, demeurant à Cocody II Plateaux, derrière l'ENA, rue J34, dans la cause qui l'oppose à DRAMERA Mamadou, domicilié à Cocody II Plateaux, 01 B.P. 38 Abidjan 01, ayant pour conseil la SCPA NAMBEYA-DOGBEMIN et Associés, avocats au Barreau de Côte d'Ivoire, demeurant à Cocody, Cité des Arts, 323 Logements, immeuble 0, 1er étage, porte n°6, 04 B.P.968 Abidjan 04,

en cassation de l'arrêt n°634/10 rendu le 30 juillet 2010 par la Cour d'appel d'Abidjan, dont le dispositif est ci-dessous reproduit :

« Statuant publiquement, contradictoirement, en matière civile et en dernier ressort ;

Vu les conclusions du Ministère Public en date du 12 juillet 2010 ;

<u>En la forme</u> :

Reçoit Monsieur DRAMERA Mamadou en son appel ;

<u>Au fond :</u>

L'y dit fondé ;

Infirme le jugement civil contradictoire 2327/CIV2C/2007 rendu le 26 novembre 2007 par le Tribunal de Première Instance d'Abidjan ;

Statuant à nouveau :

Dit que le Tribunal est compétent pour connaître de la validité du contrat ;

Dit que le contrat est en réalité un contrat de garantie ne respectant pas les dispositions d'ordre public du titre 8 de l'acte uniforme OHADA portant organisation des procédures simplifiées de recouvrement et des voies d'exécution relatif à la matière immobilière ;

Annule ledit contrat de vente ;

Condamne la société SODIMA devenue SANIA-Cie aux dépens » ;

La requérante invoque à l'appui de son pourvoi les trois moyens de cassation tels qu'ils figurent à sa requête annexée au présent arrêt ;

Sur le rapport de Monsieur Mamadou DEME, Juge ;

Vu les articles 13 et 14 du Traité relatif à l'harmonisation du droit des affaires en Afrique (OHADA) ;

Vu le Règlement de procédure de la Cour Commune de Justice et d'Arbitrage de l'OHADA ;

Attendu qu'il résulte des pièces du dossier de la procédure que la société SODIMA, la société SICOM-CI et DRAMERA Mamadou ont signé un protocole d'accord en date du 10 septembre 2004, par lequel la SICOM-CI et DRAMERA ont, entre autres, reconnu devoir à la SODIMA la somme totale de 664.674.081 francs, qu'ils se sont engagés à rembourser suivant un échéancier précis ; que pour garantir le respect de cet engagement, les parties sont convenues de la vente à la SODIMA de l'immeuble objet du lot n°1019 ILOT n°32 du titre foncier n°47475, et en exécution de cet accord, un acte de vente a été signé à la même date par les parties, sous la condition suspensive d'une défaillance quelconque des débiteurs à l'exécution de leur obligations ; que la SODIMA s'étant par la suite prévalue de cet acte pour revendiquer la propriété de l'immeuble, la SICOM et DRAMERA ont saisi le Tribunal de Première Instance d'Abidjan pour en demander l'annulation ; que le Tribunal s'est déclaré incompétent suivant jugement n°2327/CIV2C/2007 du 26 novembre 2007, en raison de la clause compromissoire stipulée à l'article 11 du protocole ; que sur appel de la SICOM-CI et de DRAMERA contre ce jugement, la Cour d'appel d'Abidjan a rendu l'arrêt infirmatif frappé du pourvoi ;

Sur le premier moyen de cassation

Attendu que la requérante fait grief à la Cour d'appel d'avoir infirmé le jugement et retenu la compétence des juridictions étatiques, alors qu'à l'article 11 du protocole d'accord liant les parties, celles-ci sont convenues de recourir à un arbitrage pour toutes les contestations pouvant s'élever entre elles à l'occasion de l'exécution de leurs accords ; que c'est en application de l'article 7 du protocole que le contrat de vente contesté a été passé, et qu'elle n'a pas renoncé à l'application de la clause compromissoire contrairement aux énonciations de l'arrêt ;

Attendu qu'il résulte des termes de l'article 11 du protocole d'accord signé par les parties que :

« *Article 11-Règlement des litiges* :

Le présent contrat est régi et interprété conformément aux lois applicables en Côte d'Ivoire.

Les parties conviennent que toute contestation née directement ou indirectement de l'interprétation ou de l'exécution du Contrat ou en relation avec celui-ci sera soumis à une conciliation obligatoire préalable.

En cas d'échec, le litige sera définitivement tranché par la Chambre d'Arbitrage de la Cour Commune de Justice et d'Arbitrage de l'OHADA par trois arbitres nommés conformément au Règlement *de ladite Cour.* » ;

Attendu que pour infirmer le jugement et retenir sa compétence, nonobstant les termes de cette clause compromissoire, le juge d'appel énonce que : « *Il n'est pas contesté que les parties ont annexé à leur convention du 10 septembre 2004 modifiée et complétée par l'avenant du 27 janvier 2005, une clause compromissoire fixant la procédure à suivre en cas de litige* ;

Il est également constant qu'aux termes des dispositions de l'article 4 de l'Acte uniforme OHADA relatif à l'Arbitrage, la convention d'arbitrage est indépendante du contrat principal ;

Toutefois, il y a lieu d'indiquer que bien qu'elle soit indépendante du contrat principal dont la nullité est sans effet sur elle, la convention d'arbitrage n'a de sens qu'insérée dans la convention liant les parties ;

Par conséquent, la validité du contrat dit principal auquel elle se greffe, conditionne son effectivité. Aussi, c'est à tort que le Tribunal s'est déclaré compétent alors qu'il est constant que ladite clause n'est pas applicable ex nihilo ; » ;

Attendu qu'il résulte de ces motifs que le juge d'appel a subordonné l'application de la clause d'arbitrage à la validité de la convention dans laquelle elle est insérée ; qu'en se déterminant ainsi, alors qu'il est de principe constant que la convention d'arbitrage est autonome par rapport au contrat qui la contient et que la nullité de celui-ci est sans effet sur sa validité, la Cour d'appel a violé les dispositions visées au moyen ; qu'il échet en conséquence, sans qu'il y ait lieu de statuer sur les autres moyens du pourvoi, de casser l'arrêt attaqué et d'évoquer ;

SUR L'EVOCATION

Attendu que par exploit du 20 avril 2010, DRAMERA Mamadou a formé appel contre le jugement n°2327/CIV 2C rendu le 26 novembre 2007 par le Tribunal de Première Instance d'Abidjan, dont le dispositif est le suivant :

« *Statuant publiquement, contradictoirement, en matière civile et commerciale et en premier ressort ;*

Reçoit la société SICOM-CI et monsieur DRAMERA Mamadou en leur action ;

Se déclare incompétent pour connaître de la demande ;

Met les dépens à la charge des demandeurs ; » ;

Attendu qu'il échet de déclarer tel appel recevable en la forme ;

Au fond :

Attendu que pour conclure à l'infirmation du jugement et à la compétence du Tribunal, DRAMERA fait valoir que la SODIMA-CI qui, d'une part, a saisi la juridiction présidentielle du Tribunal de Première Instance d'Abidjan d'une requête aux fins d'hypothèque conservatoire et, d'autre part, lui a signifié un certificat de propriété de l'immeuble avec mention de l'article 1690 du code civil, a par ces actes dénoncé la convention d'arbitrage dont elle se prévaut ; qu'elle soutient que la question de la validité ou de la nullité du protocole, qui conditionne la validité de la clause d'arbitrage y insérée, est bien de la compétence des juridictions de droit commun, en application des dispositions de l'article 4 de l'Acte uniforme sur l'arbitrage ;

Mais attendu que ni la saisine des juridictions de droit commun d'une demande de mesures simplement conservatoires, ni la signification d'un certificat de propriété comme en l'espèce, ne permettent par elles-mêmes de présumer la renonciation par leur auteur à une clause compromissoire, laquelle ne peut résulter que d'une manifestation de volonté des parties dépourvue d'équivoque ;

Attendu, sur le moyen tiré de la compétence des juridictions de droit commun pour connaître de la validité du protocole, qu'il convient de le rejeter pour les mêmes motifs que ceux qui ont conduit à la cassation ;

Attendu qu'il échet en définitive de confirmer le jugement entrepris ;

Attendu que DRAMERA Mamadou qui a succombé doit être condamné aux dépens ;

PAR CES MOTIFS

Statuant publiquement, après en avoir délibéré,

Casse l'arrêt n°634/10 rendu le 30 juillet 2010 par la Cour d'appel d'Abidjan ;

Evoquant et statuant sur le fond,

Confirme le jugement n°2327/CIV 2C/2007 rendu le 26 novembre 2007 par le Tribunal de Première Instance d'Abidjan ;

Condamne DRAMERA Mamadou aux entiers dépens.

B. Pouvoirs du tribunal arbitral

Le tribunal arbitral peut donner des injonctions à l'État sans contrarier à l'ordre public international (CCJA, Ass. Plén., n°103/2015, 15 octobre 2015)

Sommaire

Convention d'arbitrage. Toute clause renvoyant à l'arbitrage conformément aux dispositions du Traité de l'OHADA, renvoie à l'arbitrage institutionnel sous l'égide de la CCJA.

Principe du contradictoire. Le principe du contradictoire suppose que chacune des parties ait été mise en mesure de discuter l'énoncé des faits et les moyens juridiques que ses adversaires lui ont opposés.

Ordre public international. Le tribunal arbitral n'enfreint en rien les prérogatives régaliennes de l'État et ne contrarie en rien à l'ordre public international en enjoignant à l'État de surseoir à l'exécution de sa décision de suspension du contrat qu'il a librement conclu ou d'avoir à réparer les effets de son acte.

La Cour du Commune de Justice et d'Arbitrage (CCJA) de l'Organisation pour l'Harmonisation en Afrique du Droit des Affaires (OHADA), a rendu, en Assemblée plénière, l'arrêt suivant en son audience publique du 15 octobre 2015 où étaient présents :

Messieurs : Marcel SEREKOÏSSE-SAMBA,	Président
Abdoulaye Issoufi TOURE,	Premier Vice-président
Madame : Flora DALMEIDA MELE,	Second Vice-présidente
Messieurs : Namuano F. DIAS GOMES,	Juge
Victoriano OBIANG ABOGO,	Juge
Mamadou DEME,	Juge
Idrissa YAYE,	Juge-rapporteur
Djimasna N'DONINGAR,	Juge
Birika Jean Claude BONZI,	Juge
Robert SAFARI ZIHALIRWA,	Juge
et Maître Paul LENDONGO,	Greffier en chef ;

Sur les procédures suivantes :

1/- la requête aux fins d'exequatur de la sentence rendue le 13 mai 2014, enregistrée au greffe de la Cour de céans le 21 mai 2014 sous le n°093/2014/PC, introduite par maîtres Jules AVLESSI, Karim Fadika, Joseph DJEGBENOU et Roch Gnahoui

DAVID, Cyrille DJIKUI, Elie VLAVONOU-KPONOU, Zakari SAMBAOU, Charles Badou, tous avocats à la cour, élisant domicile pour la suite de la procédure au cabinet de maître Jules AVLESSI, avocat à la cour d'appel d'Abidjan, demeurant aux II Plateaux, boulevard des Martyrs, résidence Sicogi Latrille B, bâtiment O, porte 174, 01 BP 8643 Abidjan 01, agissant au nom et pour le compte de la société Benin Control SA dont le siège social est sis au lot 4233 parcelle F, quartier Zongo, zone industrielle, 01 BP 150 Cotonou-Bénin, représentée par son directeur général, monsieur Abel BOYA, demeurant et domicilié ès qualité audit siège ;

2/- le recours en contestation de validité de ladite sentence, enregistré au greffe de la Cour le 30 mai 2014 sous le n°100/2014/PC, formé par maître Sadikou Ayo ALAO, avocat à la cour, demeurant à la Haie-Vive Cotonou, 01 BP 4424, agissant au nom et pour le compte de l'Etat du Bénin, représenté par l'agent judiciaire du trésor, demeurant et domicilié en ses bureaux sis à la direction générale du trésor et de la comptabilité publique, route de l'aéroport, 01 BP 410 Cotonou-Bénin ;

Sur le rapport de monsieur Idrissa YAYE, Juge ;

Vu le Traité relatif à l'harmonisation du droit des affaires en Afrique en ses articles 21 à 26 ;

Vu le Règlement d'arbitrage de la Cour Commune de Justice et d'Arbitrage de l'OHADA ;

Vu le Règlement de procédure de ladite Cour ;

Attendu qu'il ressort des pièces du dossier de la procédure que la société Benin Control SA et l'Etat du Bénin étaient liés par un contrat de marché n°20 en date du 9 février 2011 relatif à la mise en place d'un programme de vérification des importations de nouvelle génération, suivant lequel l'Etat du Bénin confiait à la société Benin Control, moyennant rémunération, les fonctions d'inspection avant embarquement des marchandises, de fourniture, mise en service et exploitation de scanners à rayon X, de fourniture, mise en service et exploitation d'un système de suivi électronique du transit, de gestion automatisée des magasins, aires d'exploitation de dédouanement, scanning des bagages et palettes de fret à l'aéroport de Cotonou ; qu'après plusieurs péripéties, l'Etat du Bénin notifiait à son cocontractant la suspension provisoire dudit contrat par correspondance en date du 2 mai 2012 ; que la société Benin Control sur le fondement de l'article 49 dudit contrat, saisissait le centre d'arbitrage de la Cour Commune de Justice et d'Arbitrage d'une demande d'arbitrage ayant abouti à la constitution d'un tribunal arbitral, lequel rendait la sentence arbitrale du 13 mai 2014 dont le dispositif est ainsi conçu :

« Par les motifs analysés et exposés ci-dessus, le Tribunal arbitral prononce la sentence suivante :

1)- le Tribunal arbitral, après avoir analysé et rejeté les motifs d'incompétence soulevés par l'Etat du Bénin, se déclare compétent pour connaître du présent litige soumis à l'arbitrage ;

2)- le Tribunal arbitral reçoit la Société Benin Control SA en ses demandes ;

3)- le Tribunal arbitral déclare fondées les demandes de la Société Benin Control SA ;

4)- le Tribunal arbitral constate la faute contractuelle de l'Etat du Bénin ;

5)-le Tribunal arbitral constate que cette faute contractuelle a causé des préjudices matériel, économique et moral à la Société Benin Control SA ;

6)-) -condamne l'Etat du Bénin à payer à la Société Benin Control SA, au titre de la réparation du préjudice qu'elle a subi du fait de la suspension abusive du contrat de marché, la somme de 12.879.216.238 F.CFA hors taxes représentant des sommes recouvrées et non reversées par le Trésor public et qui doivent être payées même en cas de reprise de l'exécution du contrat de marché ;

7)-enjoint à l'Etat du Bénin de reprendre et de poursuivre l'exécution du contrat de marché n° 20/MEF/MPDEPP-CAG/MDCEMTMIP/DNCMP du 9 février relatif à la mise en place du Programme de Vérification des Importations (PVI) de Nouvelle Génération avec la Société Benin Control SA, dans les termes et conditions convenus dans un délai de soixante (60) jours à compter de la notification de la sentence ;

8)-dit et juge que la reprise de l'exécution dudit contrat dans le délai prescrit entraîne la prorogation de la durée initiale au titre de chaque type de prestations d'une période de temps égale à la période pendant laquelle le contrat aura été suspendu ;

A défaut de reprise de l'exécution du contrat de marché dans le délai prescrit :

9)-condamne l'Etat du Bénin à payer à la Société Benin Control SA, la somme de 129.000.000.000 F.CFA au titre du manque à gagner qu'elle a subi ;

10)-condamne l'Etat du Bénin à payer à la Société Benin Control SA la somme de 2.000.000.000 F. CFA hors taxes au titre de son préjudice moral ;

11)-en application de l'article 24-1 et 2 du Règlement d'arbitrage de la CCJA, met l'ensemble des frais d'arbitrage évalués à la somme de 186.098.420 F. CFA hors taxes à la charge de l'Etat du Bénin ;

Le condamne à payer ladite somme à la Société Benin Control SA ;

12)-déboute la Société Benin Control SA de sa demande de paiement de la somme de 5.518.859.869 F. CFA au titre des dépenses exposées, comme non justifiées ;

13)-la sentence a été délibérée et rendue à l'unanimité des trois arbitres. » ;

Que suivant requête enregistrée au greffe de la Cour de céans sous le n°093/2014/PC du 21/05/2014, la société Benin Control SA sollicitait l'exequatur de ladite sentence ;

Que suivant recours enregistré au greffe de la Cour sous le n°100/2014/PC en date du 30/05/2014, l'Etat du Bénin contestait la validité de la même sentence arbitrale ;

Sur la jonction des procédures

Attendu que la Cour de céans étant saisie sur la même sentence d'une requête en exequatur et d'un recours en contestation de validité, il y a lieu, conformément à l'article 30.3 du Règlement d'arbitrage et eu égard au lien étroit de connexité de ces deux procédures, pour une bonne administration de la justice, d'ordonner la jonction de ces procédures pour être statué par une seule et même décision ;

Sur la recevabilité de la requête aux fins d'exequatur

Attendu que par mémoire en défense en date du 21 juillet 2014, reçu au greffe de la Cour de céans le 22 juillet 2014, signé par le bâtonnier Joachim BILE-AKA, l'Etat du Bénin soulève, in limine litis, l'irrecevabilité de la requête aux fins d'exequatur, motifs pris de ce qu'elle est adressée au président de la Cour et non à la Cour ; que subsidiairement, il sollicite la jonction des deux procédures et le rejet de la demande d'exequatur en application des dispositions de l'article 30.6 du Règlement d'arbitrage de la Cour de céans ;

Mais attendu qu'il résulte des pièces de la procédure que la société Benin Control SA a sollicité l'exéquatur de la sentence arbitrale litigieuse par la requête sus évoquée enregistrée à la Cour de céans le 21 mai 2014 ; qu'à cette date le recours en contestation de validité de la sentence arbitrale n'avait pas encore été introduite par l'Etat du Bénin ; que dans ces conditions, aux termes des dispositions des articles 30.2, 30.4 et 30.5 du Règlement d'arbitrage de la Cour de céans, seul le Président de ladite Cour ou le Juge par lui délégué à cet effet est habilité, par une procédure non contradictoire, à accorder ou refuser l'exéquatur par ordonnance motivée ; que c'est donc à bon droit que le demandeur a sollicité l'exéquatur au Président de la Cour et non à la Cour ; qu'il échet dès lors de déclarer, en la forme, cette requête aux fins d'exéquatur recevable ;

Sur la contestation de validité de la sentence

Attendu que pour contester la validité de la sentence, l'Etat du Bénin, excipe des quatre motifs d'annulation tirés de l'absence de convention d'arbitrage, de ce que le tribunal arbitral a statué sans se conformer à la mission qui lui a été confiée, de ce que le tribunal arbitral a violé le principe du contradictoire et de la violation de l'ordre public international ; que la société Benin Control SA par courrier en date du 20 juin 2014, versé au dossier, n'estime pas utile de présenter un mémoire en réponse, préférant s'en remettre à la clairvoyance de la Haute Cour pour constater que ledit recours est irrecevable ; que cependant, à l'audience du 18 juin 2015 où l'affaire a été retenue et plaidée, en l'absence des avocats de l'Etat du Bénin ayant préféré quitter la salle d'audience après la décision d'irrecevabilité de leur requête en récusation de tous les juges de la CCJA, la société Benin Control SA a conclu, par le canal de ses conseils, au rejet du recours en contestation de validité de la sentence introduit par l'Etat du Bénin ;

Sur l'absence de convention d'arbitrage

Attendu que l'Etat du Bénin conteste la validité de la sentence, estimant que la clause contenue dans l'article 49 du contrat de marché n°20/MEF/MPDEPP/CAG/MDCEMTMIP/DNCMP du 9 février 2011, renvoyant aux dispositions du Traité de l'OHADA, est vague et imprécise et ne peut permettre d'affirmer que la commune volonté des parties est de retenir l'arbitrage CCJA ;

Mais attendu qu'il est constant que, toute clause renvoyant à l'arbitrage conformément aux dispositions du Traité de l'OHADA, renvoie à l'arbitrage institutionnel sous l'égide de la CCJA ; qu'en effet, le titre IV du traité, intitulé « L'ARBITRAGE », auquel sont dédiés les articles 21 à 25, ne règlemente que l'arbitrage institutionnel de la CCJA, les arbitrages ad 'hoc et les autres arbitrages institutionnels étant régis par l'Acte uniforme relatif à l'arbitrage ; qu'ainsi, il y a lieu de rejeter comme non fondé ce grief formulé à tort contre la sentence entreprise ;

Sur le fait que le tribunal arbitral a statué sans se conformer à sa mission

Attendu, par ailleurs, que l'Etat du Bénin conteste la validité de ladite sentence, estimant que le tribunal arbitral a statué sans vérifier si la conciliation préalable obligatoire prévue à l'alinéa 1er de l'article 49 du contrat de marché a été respectée, méconnaissant ainsi une règle de procédure expressément formulée par les parties ; que ledit tribunal, en soutenant que l'Etat est mal venu à relever appel d'une décision d'incompétence rendue par le tribunal de première instance de Cotonou qui lui est totalement favorable, et arguant de ce que la preuve d'une instance pendante devant la cour d'appel n'est pas produite à la procédure, a largement excédé sa mission ; qu'au surplus les arbitres, n'ayant pas été constitués en amiables compositeurs, sont tenus de statuer en droit et doivent évaluer les différents chefs de préjudices en toute objectivité;

Mais attendu qu'il résulte des pièces du dossier de la procédure, notamment, de la demande d'arbitrage en date du 7 mai 2013 et de la lettre du 19 novembre 2012, signifiée par exploits d'huissier en date du 20 novembre 2012, que la société Benin control a satisfait aux exigences de la conciliation préalable en notifiant à l'Etat du Bénin l'existence du différend, en souhaitant le recours à la procédure de conciliation préalable et en prenant même le soin de proposer un conciliateur ; que dès lors le grief tiré du non-respect de la procédure de conciliation préalable, nonobstant le fait que le tribunal arbitral n'ait pas expressément répondu à ce moyen, n'est pas fondé ; qu'en outre, les affirmations des arbitres sur les faits soumis à leur appréciation et l'évaluation souveraine du montant des dommages et intérêts sur la base des éléments de faits soumis à leur appréciation ne sont pas de nature à justifier l'annulation de la sentence ; qu'il échet dès lors de rejeter ce motif ;

Sur la violation du principe du contradictoire

Attendu, en outre, qu'il est reproché à la sentence attaquée la violation du principe du contradictoire, en ce que, le tribunal ne s'est pas assuré que la demande formulée par la partie comparante est justifiée par des pièces probantes ; qu'à titre d'exemple, le tribunal arbitral a évalué le manque à gagner à 129.000.000.000 F CFA, sans aucune base contradictoirement discutée et en l'absence de toute évaluation du préjudice à dires d'experts, invoquant à l'appui de sa sentence la pure et simple vraisemblance face à un préjudice résultant d'une matière aussi complexe où le recours à un expert est indispensable et a ainsi failli à sa mission ;

Mais attendu que le principe du contradictoire suppose que chacune des parties ait été mise en mesure de discuter l'énoncé des faits et les moyens juridiques que ses adversaires lui ont opposés ; qu'en l'espèce, il résulte de la sentence contestée que les deux parties au litige ont été mises en état, non seulement de faire connaitre tout ce qui est nécessaire au succès de leur demande ou de leur défense, mais aussi d'examiner et de discuter les pièces ainsi que les moyens soumis au tribunal arbitral ; que l'article 19.3 du Règlement d'arbitrage de la Cour laisse le soin de recourir à un expert à la discrétion de l'arbitre ; qu'il échet dès lors de rejeter également ce moyen comme étant non fondé ;

Sur la violation de l'ordre public international

Attendu, enfin, qu'il est fait grief à la sentence attaquée d'avoir violé l'ordre public international, en ce que, le tribunal arbitral a sanctionné le fait que le contrat relatif à la mise en place du programme de vérification des importations de nouvelle génération ait été suspendu par décret pris souverainement par l'Etat du Bénin ; qu'il est contraire à l'ordre public béninois et international qu'une sentence arbitrale ordonne à un Etat souverain de reprendre et de poursuivre l'exécution d'un marché conclu avec un particulier au détriment de l'intérêt général ; que, donner effet au dispositif de la sentence reviendrait à violer l'ordre public international résultant des dispositions concurrentielles de l'Union Economique et Monétaire Ouest Africaine (UEMOA) ;

Mais attendu qu'en l'espèce, le tribunal, en enjoignant à l'Etat de surseoir à l'exécution de sa décision de suspension du contrat qu'il a librement conclu ou d'avoir à réparer les effets de son acte, n'enfreint en rien les prérogatives régaliennes de l'Etat et ne contrarie en rien à l'ordre public international ; qu'il échet dès lors de rejeter également ce motif et conséquemment de rejeter le recours en contestation de validité de la sentence arbitrale introduite par l'Etat du Bénin ;

Sur la demande d'exequatur

Attendu que le recours en contestation de validité de la sentence arbitrale ayant ainsi été rejeté, il y a lieu en application de l'article 30 du Règlement d'arbitrage de la Cour, d'ordonner l'exequatur de ladite sentence ;

Sur les dépens

Attendu que l'Etat du Bénin succombant, il y a lieu en application de l'article 43-3 du Règlement de procédure de la Cour de céans, de le condamner aux dépens ;

PAR CES MOTIFS

Statuant publiquement après en avoir délibéré,

Ordonne la jonction des procédures ;

Rejette le recours en contestation de validité de la sentence arbitrale du 13 mai 2014 ;

Ordonne l'exequatur de ladite sentence ;

Condamne l'Etat du Bénin aux dépens.

C. Fixation des Honoraires des arbitres

Arbitrage CCJA : les honoraires des arbitres sont fixés exclusivement par la CCJA (CCJA, Ass. Plén., n°139/2015, 19 novembre 2015)

Sommaire

Il résulte des dispositions combinées des articles 24.2, 24.3, 25.1 du Règlement d'arbitrage de la CCJA et 9 de la Décision n°004/99/CCJA du 3 février 1999 relative aux frais d'arbitrage que dans l'arbitrage sous l'égide de la CCJA, les honoraires des arbitres sont exclusivement fixés par la Cour, conformément au barème annexé à la Décision n°004/99/CCJA du 3 février 1999. La CCJA peut fixer les honoraires des arbitres à un montant supérieur ou inférieur à ce qui résulterait de l'application de ce barème, si les circonstances de l'espèce le rendent exceptionnellement nécessaire. Tout accord séparé entre les parties et l'arbitre sur ses honoraires est nul et de nul effet. Ces dispositions ont pour objet de garantir aux parties qui ont décidé de soumettre leur litige à l'arbitrage de la Cour, le paiement d'honoraires prévisibles, proportionnels à la valeur réelle du litige et déterminés selon un barème connu à l'avance.

Les dispositions de l'article 10 de l'Acte uniforme sur l'arbitrage ne sont pas applicables à l'arbitrage sous l'égide de la CCJA qui est soumis au seul Règlement d'arbitrage de ladite Cour.

La Cour Commune de Justice et d'Arbitrage (CCJA) de l'Organisation pour l'Harmonisation en Afrique du Droit des Affaires (OHADA) a rendu, en Assemblée plénière, l'arrêt suivant en son audience publique du 19 novembre 2015 où étaient présents :

Messieurs Marcel SEREKOISSE-SAMBA,

Abdoulaye Issoufi TOURE,

Namuano F. DI AS GOMES,

Victoriano OBIANG ABOGO,

Mamadou DEME

Idrissa YAYE,

Djimasna N'DONINGAR,

Birika Jean Claude BONZI,

Diehi Vincent KOUA,

Fodé KANTE,

César Apollinaire ONDO MVE, Robert SAFARI ZIHALIRWA,

et Maître Paul LENDONGO,

Sur le recours enregistré au greffe de la Cour de céans le 25 juillet 2014 sous le numéro 130/2014/PC, formé par la République de Guinée, représentée par l'Agent Judiciaire de l'Etat, B.P : 1005-Conakry, ayant pour conseils Maîtres Mamadou TRAORE et Christophe BIRBA, avocats au Barreau du Burkina Faso, 11 Place Naba Koom, 11 BP 721CMS-Ouagadougou, ainsi que Maîtres Pascal AGBOYIBOR et Laurent JAEGER, avocats au Barreau de Paris, 31 avenue Pierre 1er de Serbie, 75116-Paris, France, dans la cause qui l'oppose à la société GETMA International, société par actions simplifiée dont le siège social est au 66, rue Pierre Charron, 75008-Paris, France, ayant pour conseils Maître Mamadou KONATE, avocat au Barreau du Mali et le cabinet d'avocats FISCHER, TANDEAU DE MARSAC, SUR et ASSOCIES, avocats au Barreau de Paris, 67 Bd Malesherbes, 75008-Paris, France,

en contestation de validité de la sentence arbitrale rendue le 29 avril 2014 dans l'affaire n°001/2011/ARB du 10 mai 2011, dont le dispositif est le suivant :

« 1- Rejette la demande de la République de Guinée de bénéficier d'un délai de quatre mois pour réunir les preuves de la corruption alléguée à l'encontre de la société GETMA international SAS ;

Statuant au fond,

Dit irrégulière la résiliation de la Convention de mise en concession du Terminal à conteneurs conclue le 22 septembre 2008 entre la République de Guinée et la Société GETMA International SAS ;

Constate que, du fait de la nouvelle convention de concession conclue le 11 mars 2011 avec BAL ou toute autre société du Groupe BOLLORE, le retour au statu quo ante est désormais impossible ;

Condamne la défenderesse à indemniser la société GETMA International SAS du préjudice subi du fait de la résiliation, qui se décompose ainsi :

Une indemnité forfaitaire de résiliation de 20.884.966 € ;

Une indemnité de résiliation relative aux biens concédés de 3.234.995 € ;

Le montant non amorti du Ticket d'entrée de 14.201.096 € ;

Condamne en outre la Défenderesse à verser à GETMA une indemnité relative aux stocks non restitués de 210.070 € ;

Rejette toutes les autres indemnités demandées par GETMA International SAS ;

Dit que les montants alloués aux paragraphes 4 et 5 ci-dessus produiront intérêts, au taux d'escompte de la Banque Centrale Européenne majoré d'un pour cent, et ce depuis la requête d'arbitrage, le 10 mai 2011, jusqu 'à complet paiement ;

Maintient la confidentialité de la pièce R 107, dans le cadre de la procédure d'arbitrage, sous réserve des droits de la défense ;

Sur les frais :

- Laisse à chaque Partie la charge de ses propres frais légaux (avocats, consultations, experts, témoins) ;

Dit que les Parties supporteront à égalité les autres frais de l'arbitrage ;

Constate que la Cour a fixé les frais d'arbitrage à 100.480.332 FCFA, dont 40.480.332 FCFA comme honoraires pour les arbitres ;

Dit que la Partie qui aura payé plus que sa part a le droit d'exiger de l'autre le remboursement du surplus ;

Rejette toutes les autres demandes des parties ; »

Suivant mémoire en réponse reçu au greffe de la Cour le 23 décembre 2014, GETMA International demande Texequatur de la sentence attaquée ;

La République de Guinée invoque à l'appui de son recours les trois moyens d'annulation tels qu'ils figurent à sa requête annexée au présent arrêt ;

Sur le rapport de Monsieur Mamadou DEME, Juge ;

Vu les articles 21 à 25 du Traité relatif à l'harmonisation du droit des affaires en Afrique ;

Vu les dispositions des articles 29 et 30 du Règlement d'arbitrage de la Cour Commune de Justice et d'Arbitrage de l'OHADA ;

Vu le Règlement de procédure de ladite Cour ;

Attendu qu'il résulte des pièces du dossier de la procédure qu'à la suite de la résiliation unilatérale par la République de Guinée de la convention du 22 septembre 2008, par laquelle elle avait attribué à la société GETMA la concession du Terminal à conteneurs du port de Conakry, ladite société a saisi la Cour d'une requête d'arbitrage, sur le fondement de la clause d'arbitrage stipulée à la convention de concession susvisée ; que le tribunal arbitral qui a statué sur cette requête a rendu la sentence objet du présent recours ;

Sur le troisième moyen d'annulation fondé sur la violation par les arbitres de leur mission

Vu les dispositions des articles 24.2, 24.3, 25.1 du Règlement d'arbitrage de la CCJA et 9 de la Décision n°004/99/CCJA du 3 février 1999 relative aux frais d'arbitrage ;

Attendu que la requérante demande l'annulation de la sentence au motif que le tribunal arbitral ne s'est pas conformé à sa mission, en ignorant délibérément les dispositions impératives des textes précités, qui interdisent les accords entre parties et arbitres sur le montant de leurs honoraires ; qu'elle expose que par décision n°56/2011/CCJA/ADM/ARB du 24 octobre 2011, la Cour a fixé le montant de la provision pour frais de l'arbitrage à la somme globale de 100.480.332 FCFA, dont 40.480.332 FCFA au titre des honoraires des trois arbitres ; que suivant Décision n°081/2013/CCJA/ADM/ARB en date du 1er août 2013, confirmée par Décision n°096/2013/CCJA/ADM/ARB du 3 octobre 2013, la Cour a rejeté la demande de révision du montant des honoraires qui lui a été soumise par le président du tribunal arbitral ; que nonobstant ce rejet, le président du tribunal a sollicité et obtenu des parties leur accord pour porter le montant desdits honoraires à la somme de 450.000 €, soit 295.180.650 F CFA ; qu'en outre, suivant correspondance du 30 avril 2014 adressée directement aux parties, le président du tribunal les a informées de ce que la sentence définitive a été signée le 29 avril 2014, et « qu'il conviendrait que les arbitres soient réglés de leurs honoraires préalablement à la transmission de la décision à la CCJA » ; que pour encourager l'une ou l'autre des parties à procéder au paiement réclamé, le tribunal arbitral a inséré dans sa décision une disposition autorisant la partie qui aurait payé l'intégralité des honoraires qu'il a fixés, à exercer une action récursoire contre l'autre partie, pour obtenir le remboursement du trop versé ; que le président du tribunal a retenu la sentence pendant 23 jours après sa signature, pour obtenir des parties le paiement effectif du montant réclamé ; que ce n'est qu'à la date du 22 mai 2014 que la sentence a été transmise à la CCJA ; que par ailleurs, le président du tribunal a adressé la version électronique de la sentence directement aux parties, avant toute notification officielle de celle-ci par le Secrétaire Général de la Cour, seul habilité à procéder à cette formalité ; que cette violation du Règlement d'arbitrage a porté atteinte à la confidentialité de la procédure arbitrale prévue par l'article 14 dudit Règlement, puisque le contenu de la sentence a été publié par l'hebdomadaire Jeune Afrique avant même sa notification officielle aux parties par le Secrétaire Général de la Cour ;

Attendu qu'en réponse, la société GETMA sollicite l'exequatur de la sentence ; qu'elle invoque les dispositions de l'article 10 de l'Acte uniforme du 11 mars 1999 relatif au droit de l'arbitrage, aux termes desquelles « Le fait pour les parties de s'en remettre à un organisme d'arbitrage les engage à appliquer les Règlement d'arbitrage de cet organisme, sauf pour les parties à en écarter expressément certaines dispositions » ; qu'elle soutient que les parties, en prévoyant dans la clause d'arbitrage que « chacune des Parties supportera le coût de l'arbitre qu 'elle désigne. Les autres coûts engendrés par l'arbitrage seront supportés à égalité entre les parties », d'une part, et en donnant leur accord sur le montant des honoraires proposés par le président du tribunal arbitral, d'autre part, ont entendu écarter expressément les dispositions des articles 24.1 et 24.2 du Règlement d'arbitrage de la Cour, ainsi que les y autorisent les dispositions de l'article 10 de l'Acte uniforme susvisé ; qu'elle ajoute qu'au surplus, même avérée, la violation par les arbitres des dispositions du Règlement d'arbitrage relatives la fixation des frais de l'arbitrage ne pourrait entraîner l'annulation de la sentence ;

Mais attendu qu'il résulte des dispositions combinées des textes visés au moyen que dans l'arbitrage sous l'égide de la CCJA, les honoraires des arbitres sont exclusivement fixés par la Cour, conformément au barème annexé à la Décision n°004/99/CCJA du 3 février 1999 ; que la Cour peut fixer les honoraires des arbitres à un montant supérieur ou inférieur à ce qui résulterait de l'application de ce barème, si les circonstances de l'espèce le rendent exceptionnellement nécessaire ; que tout accord séparé entre les parties et l'arbitre sur ses honoraires est nul et de nul effet ;

Attendu que ces dispositions ont pour objet de garantir aux parties qui ont décidé de soumettre leur litige à l'arbitrage de la Cour, le paiement d'honoraires prévisibles, proportionnels à la valeur réelle du litige et déterminés selon un barème connu à l'avance ;

Attendu que les dispositions de l'article 10 de l'Acte uniforme sur l'arbitrage invoquées par la société GETMA ne sont pas applicables dans la présente espèce, s'agissant d'un arbitrage sous l'égide de la CCJA, et donc soumis au seul Règlement d'arbitrage de ladite Cour ;

Attendu qu'il résulte des dispositions de l'article 10.1 dudit Règlement d'arbitrage de la CCJA que « Lorsque les parties sont convenues d'avoir recours à l'arbitrage de la Cour, elles se soumettent par là même aux dispositions du titre IV du Traité de l 'OHADA, au présent Règlement, au Règlement intérieur de la Cour, à leurs annexes et au barème des frais d'arbitrage, dans leur rédaction en vigueur à la date de l'introduction de la procédure d'arbitrage indiquée à l'article 5 ci-dessus » ;

Attendu qu'il est constant comme résultant du dossier qu'à la suite de la fixation par la Cour du montant des honoraires des arbitres à la somme de 40.480.332 FCFA, le président du tribunal arbitral a directement négocié avec les conseils des parties en litige et obtenu leur accord pour que le montant desdits honoraires soit porté à la somme de de 450.000 €, soit 295.180.650 F CFA ; qu'ayant ensuite saisi la Cour pour obtenir la régularisation de cette majoration, ses requêtes ont été successivement rejetées par les décisions n°081/2013/CCJA/ADM/ARB en date du 1er août 2013 et n°096/2013/CCJA/ADM/ARB du 3 octobre 2013 ; que nonobstant ces décisions, le président du tribunal arbitral a obtenu de GETMA le paiement de sa quote-part sur la somme réclamée, outre la condamnation de cette dernière au paiement de la quote-part de la République de Guinée ;

Qu'en écartant ainsi délibérément des dispositions essentielles du Règlement d'arbitrage auquel les parties ont convenu de soumettre le traitement de leur différend par la clause compromissoire insérée au contrat de concession, le tribunal arbitral ne s'est pas conformé à sa mission ; qu'il échet d'annuler la sentence, sans qu'il soit besoin d'examiner les autres moyens du recours ;

Attendu qu'en conséquence de ce qui précède, il y a lieu de rejeter la demande d'exequatur de la société GETMA International ;

Attendu que GETMA qui a succombé doit être condamnée aux dépens ;

PAR CES MOTIFS

Statuant publiquement, après en avoir délibéré,

Déclare recevable le recours en contestation de validité de sentence arbitrale formé par la République de Guinée ;

Le déclarant fondé, annule la sentence arbitrale rendue le 29 avril 2014 dans l'affaire n°001/2011/ARB du 10 mai 2011 ;

Rejette en conséquence la demande d'exequatur de GETMA ;

Dit que la procédure arbitrale pourra être reprise à la requête de la partie la plus diligente ;

Condamne GETMA aux entiers dépens.

D. Ordre public international

Viole l'ordre public international le tribunal arbitral qui annule un décret (CCJA, Ass. Plén., n°104/2015, 15 octobre 2015)

Sommaire

Si une juridiction arbitrale est compétente pour connaître des litiges engendrés par l'exercice par un Etat de ses prérogatives de puissance publique, autant que cet Etat peut recourir à l'arbitrage relativement à ses droits, ce pouvoir juridictionnel ne doit se limiter qu'à la question des réparations dues à une personne physique ou morale privée, et lesquelles sont consécutives à des dommages résultant de l'exercice de ces prérogatives de puissance publique, sans avoir à juger de la validité des actes pris par l'Etat dans l'exercice de ses prérogatives. En conséquence, viole l'ordre public international et expose dès lors à annulation sa sentence le tribunal arbitral qui décide qu'un Décret est de nul effet sur la convention des parties et que la convention n'est pas suspendue du fait de ce décret.

La Cour Commune de Justice et d'Arbitrage (CCJA), de l'Organisation pour l'Harmonisation en Afrique du Droit des Affaires (OHADA), en Assemblée plénière, a rendu l'Arrêt suivant en son audience publique du 15 octobre 2015 où étaient présents :

Messieurs Marcel SEREKOÏSSE SAMBA,	Président, rapporteur
Abdoulaye Issoufi TOURE	Premier Vice-président
Madame Flora DALMEIDA MELE,	Seconde Vice-présidente
Messieurs Namuano Francisco Dias GOMES,	Juge
Victoriano OBIANG ABOGO,	Juge
Mamadou DEME,	Juge
Idrissa YAYE,	Juge
Djimasna N'DONINGAR,	Juge
Birika Jean-claude BONZI,	Juge
Robert SAFARI ZIHALIRWA,	Juge
et Maître Paul LENDONGO,	Greffier en chef ;

Sur les procédures suivantes :

1/ - la requête, enregistrée au greffe de la Cour de céans le 21 mai 2014 sous le n° 094/2014/ PC, introduite par Maîtres Jules AVLESSI, Avocat à la cour d'appel d'Abidjan, demeurant au II Plateaux, boulevard des Martyrs, résidence Sicogi Latrille B, bâtiment O, porte 174, 01 BP 8643 Abidjan 01 ; SCPA FDKA, avocats à la Cour d'appel d'Abidjan, demeurant et domicilié ès qualité à la résidence « Les Harmonies », rue du Docteur Jamot, Abidjan-Plateau (Côte d'Ivoire), 01 BP 2297 Abidjan 01 ; Maître

Bernard PARAÏSO, Avocat près la Cour d'appel de Cotonou (Benin) demeurant et domicilié ès qualité à Cotonou, 137/A, avenue Mgr STEINMETZ, 01 BP 50, RP, Cotonou, élisant domicile pour la suite de la procédure au cabinet de Maître Jules AVLESSI, avocat à la cour d'appel d'Abidjan, agissant au nom et pour le compte de :

la Société Commune de Participation dont le siège social est sis à l'immeuble SDI, Toklégbé PK 7 route de Porto-Novo (Cotonou) et immatriculée au RCCM de Cotonou sous le n° RB/COT/07B 1968,

Et

Patrice TALON, né le 01er mai 1958 à ABOMEY, de nationalité béninoise, Administrateur de Société, domicilié à l'immeuble SDI, Toklégbé PK 7 route de Porto-Novo (Cotonou),

aux fins d'exequatur de la sentence arbitrale rendue le 13 mai 2014 par le tribunal arbitral composé de Maître KOYO Sylvère, Docteur DIENG Amadou, co-arbitres et Docteur THERA Fatoma, Président ;

2/- le recours, enregistré au greffe de la Cour le 30 mai 2014 sous le numéro 099/2014/PC, formé par l'Etat du Bénin représenté par l'Agent Judiciaire du Trésor, demeurant et domicilié en ses bureaux sis à la Direction Générale du Trésor et de la Comptabilité Publique, route de l'aéroport 01 BP 410 Cotonou et assisté de Maître Sadikou Ayo ALAO, avocat inscrit au Barreau du BENIN, résidence Ayo, Haie-Vive Cotonou, 01 BP 4424, agissant au nom et pour le compte de l'Etat du Bénin,

en contestation de validité de la sentence sus-indiquée, dont le dispositif suit :

« Par les motifs analysés et exposés ci-dessus ;

LE TRIBUNAL ARBITRAL,

Ecartant et rejetant toutes autres demandes et défenses,

Rejette l'exception d'irrecevabilité soulevée par le défendeur ;

Constate les manquements et la faute contractuelle de l'Etat du Bénin ;

Constate que ces manquements ont causé des préjudices financiers et un préjudice moral ;

Dit les demandes de la SCP et de Monsieur Patrice TALON recevables et bien fondées ;

Enjoint à l'Etat du Bénin de permettre à la SODECO d'exercer son objet principal qui a nécessité sa création, dans les termes et conditions convenus, notamment l'achat du coton-graine, son égrenage et la vente des fibres et graines de coton issues de l'égrainage avec notification expresse au plus tard le 01er octobre 2014, date de démarrage des activités de la prochaine campagne cotonnière pour les sociétés d'égrenage, et ce, sous astreintes comminatoires de sept cent cinquante millions (750.000.000) de Francs CFA par jour de retard à compter du 01er octobre 2014 ;

Dit que le Tribunal ne peut être saisi pour ce qui est de la liquidation de l'astreinte ;

Constate que la totalité des 48,9% des actions détenues par l'Etat du Bénin a été automatiquement cédée à la date du 2 octobre 2013 à la SCP qui en est devenue propriétaire et en a la pleine jouissance depuis cette date ;

Autorise que le règlement du prix de cession automatique des actions, soit douze milliards quatre cent cinquante-quatre millions cent quarante mille cinq cent dix(12.454.140.510) francs CFA, soit opéré par compensation avec les créances liquides et exigibles que la SCP détient ou détiendra sur l'Etat du Bénin, telles qu'elles résultent des condamnations ci-après prononcées ;

Rejette la demande de la SCP et de Monsieur Patrice TALON aux fins de conférer à la présente sentence un titre de propriété de ces actions ;

Déclare la décision prise par l'Etat du Bénin de reprise des 17,5% d'actions de nul effet juridique ;

Décide que le décret n° 2013-485 du 18 novembre 2013 est de nul effet sur la convention de création de la SODECO en date du 10 octobre 2008 et par conséquent, décide que ladite convention n'est pas suspendue du fait de ce décret ;

Condamne le Défendeur à payer aux Demandeurs les sommes ci-après :

Treize milliards deux cent quarante-six millions neuf cent quarante-neuf mille deux cent cinquante (13.265.949.250) Francs CFA à la SCP et à Monsieur Patrice TALON, au titre du préjudice financier pour la campagne 2012-2013 ;

Cinq milliards huit cent quatre-vingt-huit millions cinq cent soixante-huit mille huit cent quarante-sept (5.888.568.847) Francs CFA à la SCP et à Monsieur Patrice TALON, au titre du préjudice financier pour la campagne 2013-2014 ;

Trois milliards (3.000.000.000) Francs CFA au titre du préjudice moral subi par Monsieur Patrice TALON ;

Dit que les frais d'arbitrage, fixés à quatre-vingt-dix neuf millions quatre cent quarante-quatre mille (99.444.000) Francs CFA seront intégralement supportés par le Défendeur ;

Condamne le Défendeur à payer aux demandeurs la somme de quatre cent cinq millions (405.000.000) Francs CFA au titre de leurs frais raisonnables de défense. » ;

Sur le rapport de Monsieur Marcel SEREKOÏSSE-SAMBA, Président ;

Vu le Traité relatif à l'harmonisation du droit des affaires en Afrique ;

Vu le Règlement de procédure de la Cour Commune de Justice et d'Arbitrage de l'OHADA ;

Vu le Règlement d'arbitrage de ladite Cour ;

Attendu qu'il ressort des pièces du dossier de la procédure qu'au courant de l'année 1995, l'Etat du Bénin a procédé à la libéralisation de la filière coton en l'ouvrant au secteur privé et a lancé un appel d'offres ;

Que la Société Commune de Participation S.A (SCP), dont le capital est détenu en totalité par Monsieur Patrice TALON, a été déclarée adjudicataire pour l'acquisition de 33,5% des parts sociales qu'elle a libérées en numéraires, tandis que l'Etat conserve 66,5% du capital, constitués d'apports en nature portant sur l'outil industriel de l'ancienne société SONAPRA ;

Que le 07 octobre 2008, un décret a constitué « une société d'économie mixte dénommée SODECO » (Société pour le Développement du Coton) ;

Que le 10 octobre 2008, l'Etat du Bénin et Monsieur Patrice TALON ont conclu, conformément aux dispositions du règlement de l'appel d'offres, la « Convention de création de la Société pour le Développement du Coton » (SODECO), dont l'objet social principal est l'égrenage du coton- graine, la commercialisation et la transformation de produits et sous-produits du coton-graine ainsi que la contribution au développement durable de la production du coton ; que l'article 4 du décret du 07 octobre 2008 soumet la SODECO à une gestion de type privé ;

Attendu qu'en application de l'article 3 de la convention déterminant une répartition des actions, évolutive dans le temps, il a été procédé le 24 décembre 2009 par devant Maître Francine E. VITTIN, Notaire à Cotonou, à la cession au bénéfice de la SCP, de 17,5% d'actions que l'Etat détenait en portage pour le compte du public, celui-là n'ayant pas réalisé la « promesse irrévocable et sans réserve » de cession à la SCP desdites actions en portage ;

Que les 25, 28, 29 avril 2012 et le 27 juin 2012, l'Etat du Bénin a pris une série d'actes règlementaires remettant en cause les différents Accords conclus avec les partenaires sociaux de la filière-coton et a ressuscité la SONAPRA qui a repris le monopole des activités cotonnières en assurant pour le compte de l'Etat l'approvisionnement et la distribution des intrants, le suivi de la campagne de production, l'organisation et le suivi de la commercialisation du coton-graine et la gestion de flux physiques et financiers ;

Que dès juillet 2012, la SODECO et d'autres sociétés d'égrainage ont adressé plusieurs correspondances aux membres du Gouvernement compétents pour s'enquérir du déroulement des activités cotonnières de la campagne 2012-2013 ;

Que de son côté, la SCP et Monsieur Patrice TALON ont adressé successivement les 14, 16 et 24 mai 2013 des lettres à l'Agent Judiciaire du Trésor pour lui solliciter, suite à la décision du 27 juin 2012, un règlement amiable du différend qui les oppose ;

Que par lettre du 17 septembre 2013, le Secrétaire Général du Gouvernement a notifié à la SCP la décision de l'Etat du Bénin de renoncer à la cession des 48,9% d'actions qu'il détient en propre et en portage dans le capital de la SODECO ;

Qu'en réponse à cette renonciation, la SCP a écrit à l'Etat du Bénin le 10 octobre 2013, non seulement pour contester la renonciation, mais surtout pour l'inviter encore à un règlement amiable dans le respect de l'article 11 de la convention de création de la SODECO ;

Que c'est alors qu'en réplique, l'Etat du Bénin a décidé le 12 novembre 2013, au détriment de la SCP, du retrait et la reprise du portage par lui des 17,5% d'actions de la SODECO ;

Que le 22 novembre 2013, la SCP s'est vue notifier le décret 2013-485 portant suspension de la Convention portant création de la SODECO ;

Attendu que la SCP et Patrice TALON, se fondant sur l'article 11 de la convention, ont saisi le centre d'arbitrage de la Cour Commune de Justice et d'Arbitrage d'une demande d'arbitrage ;

Que le tribunal arbitral constitué sous l'égide de ladite Cour, a rendu la sentence sus-énoncée ;

Sur la jonction des procédures

Attendu que la Cour de céans étant saisie sur la même sentence arbitrale d'une requête en exequatur et d'un recours en contestation de validité, il y a lieu, conformément à l'article 30.3 du Règlement d'arbitrage et au regard du lien de connexité entre les deux procédures, d'ordonner leur jonction pour être statué par une seule et même décision ;

Sur la recevabilité de la requête aux fins d'exequatur

Attendu que par mémoire en défense en date du 21 juillet 2014, reçu au greffe de la Cour de céans le 22 juillet 2014, signé par le Bâtonnier Joachim BILE-AKA, l'Etat du Bénin soulève, in limine litis, l'irrecevabilité de la requête aux fins d'exequatur, motifs pris de ce qu'elle est adressée au Président de la Cour et non à la Cour ; que subsidiairement, il sollicite la jonction des deux procédures et le rejet de la demande d'exequatur en application des dispositions de l'article 30.6 du Règlement d'arbitrage de la Cour de céans ;

Mais attendu qu'il résulte des pièces de la procédure que la Société Commune de Participation et Monsieur Patrice TALON ont sollicité l'exequatur de la sentence arbitrale litigieuse par la requête sus évoquée enregistrée à la Cour de céans le 21 mai 2014 ; qu'à cette date le recours en contestation de validité de la sentence arbitrale n'avait pas encore été introduite par l'Etat du Bénin ; que dans ces conditions, aux termes des dispositions des articles 30.2, 30.4 et 30.5 du Règlement d'arbitrage de la Cour de céans, seul le Président de ladite Cour ou le Juge par lui délégué à cet effet est habilité, par une procédure non contradictoire, à accorder ou refuser l'exequatur par ordonnance motivée ; que c'est donc à bon droit que les demandeurs ont sollicité l'exequatur au Président de la Cour et non à la Cour ; qu'il échet dès lors déclarer, en la forme, cette requête aux fins d'exéquatur recevable ;

Sur la contestation de la validité de la sentence

Attendu que pour contester la validité de la sentence arbitrale du 13 mai 2014, l'Etat du Bénin soulève trois motifs : le tribunal arbitral a statué sans se conformer à la mission qui lui a été confiée ; le tribunal a violé le principe du contradictoire ; le tribunal a violé l'ordre public international ;

Attendu que par correspondance en date du 20 juin 2014, confirmée par une autre du 08 juillet 2014, enregistrée au greffe de la Cour sous le n° 358 et versées au dossier, la SCP et Monsieur Patrice TALON « n'estiment pas utile de déposer un mémoire en réponse, préférant s'en remettre à la clairvoyance de la Haute Cour pour constater que ledit recours est irrecevable » ; que cependant, à l'audience du 18 juin 2015 où l'affaire a été retenue et plaidée, en l'absence des avocats de l'Etat du Bénin ayant préféré quitter la salle d'audience après la décision d'irrecevabilité de leur requête en récusation de tous les juges de la CCJA, la Société Commune de Participation et Monsieur Patrice TALON ont conclu, par le canal de leurs conseils, au rejet du recours en contestation de validité de la sentence introduit par l'Etat du Bénin ;

Sur le premier motif de contestation tiré du non-respect par le tribunal arbitral de sa mission

Attendu que l'Etat du Bénin conteste la validité de la sentence, estimant que le Tribunal arbitral a statué sans se conformer à la mission qui lui a été confiée, en ce que le Tribunal relève, d'une part, que la recherche de règlement amiable ne constitue pas un préalable obligatoire au recours à l'arbitrage ; que d'autre part, il y a eu de la part des demandeurs une réelle volonté de rechercher de bonne foi un règlement amiable ; alors que le Tribunal arbitral devait, d'abord, s'assurer du respect par les deux parties du préalable obligatoire de règlement amiable prévu à l'alinéa 1er de l'article 11 de la Convention de création de la SODECO du 10 octobre 2008 et ensuite, rechercher et apprécier la volonté de règlement amiable auprès des deux parties et non d'une seule ;

Mais attendu qu'il résulte de la sentence arbitrale querellée que :

- Les demandes d'éclaircissements formulées en juillet 2012 par la SODECO et d'autres sociétés d'égrainage adressées aux membres du Gouvernement compétents pour s'enquérir du déroulement des activités cotonnières de la campagne 2012-2013,
- Les lettres de la SCP et Monsieur Patrice TALON adressées successivement les 14, 16 et 24 mai 2013 à l'Agent Judiciaire du Trésor pour demander, suite à la décision du 27 juin 2012, un règlement amiable du différend qui les oppose,
- La lettre de la SCP du 10 octobre 2013 contestant la renonciation de l'Etat du Bénin à la cession des 48,9% d'actions en portage et invitant celui-ci à un règlement amiable dans le respect de l'article 11 de la Convention de création de la SODECO,

sont toutes des éléments qui prouvent à suffisance la volonté réelle des défendeurs à la contestation d'aboutir à un règlement amiable ;

Et qu'à l'inverse :

- La lettre du 17 septembre 2013 du Secrétaire Général du Gouvernement notifiant à la SCP la décision de renoncer à la cession des 48,9% d'actions,
- Le retrait et la reprise du portage par l'État du Bénin des 17,5% d'actions au détriment de la SCP,

- Le décret 2013-485 du 22 novembre 2013 portant suspension de la Convention portant création de la SODECO,

traduisent l'impossibilité d'exécuter ce préalable ; qu'ainsi, en statuant comme il l'a fait, le tribunal arbitral ne s'est pas écarté de sa mission ; qu'il y a lieu de rejeter comme non fondé ce premier motif de contestation ;

Sur le deuxième motif de contestation tiré du non-respect du principe du contradictoire

Attendu que l'État du Bénin fait grief au tribunal arbitral d'avoir violé le principe du contradictoire, en ce qu'il a attribué aux demandeurs à la procédure arbitrale des préjudices qui leur sont étrangers, alors que le principe du contradictoire implique que même en l'absence d'une partie, le juge ou l'arbitre s'assure de ce que la demande formulée par la partie comparante est justifiée ;

Mais attendu qu'il y a lieu de relever que ce motif est conçu en de termes vagues, sans spécifier de quelle « demande formulée par la partie comparante » il s'agit, ni de quels « préjudices qui leur sont étrangers » ont profité aux demandeurs ;

Qu'en outre, le principe du contradictoire a été respecté à l'égard de l'État du Bénin qui, a eu connaissance de la procédure, a même déposé un mémoire en réponse ; que le deuxième motif doit également être rejeté comme non fondé ;

Sur le troisième motif de contestation tiré de la contrariété de la sentence à l'ordre public international

Attendu que l'Etat du Bénin reproche au tribunal arbitral d'avoir violé l'ordre public international, en ce qu'il a, non seulement fait injonction à l'Etat d'exécuter une obligation, notamment de laisser poursuivre l'exécution du contrat, mais surtout en allant plus loin pour annuler le décret n° 2013-485 du 18 novembre 2013, pris par un Etat souverain ;

Attendu en effet que s'il est constant qu'une juridiction arbitrale est compétente pour connaître des litiges engendrés par l'exercice par un Etat de ses prérogatives de puissance publique, autant que cet Etat peut recourir à l'arbitrage relativement à ses droits, ce pouvoir juridictionnel ne doit se limiter qu'à la question des réparations dues à une personne physique ou morale privée, consécutives à des dommages résultant de l'exercice de ces prérogatives de puissance publique, sans avoir à juger de la validité des actes pris par l'Etat dans l'exercice de ses prérogatives ;

Qu'en l'espèce, la sentence arbitrale du 13 mai 2014, au lieu de ne se limiter qu'aux condamnations pécuniaires, a déclaré que « le décret n° 2013-485 du 18 novembre 2013 est de nul effet sur la convention de création de la SODECO en date du 10 octobre 2008 et par conséquent, décide que ladite convention n'est pas suspendue du fait de ce décret » ; que ce faisant, cette sentence a contrarié l'ordre public international ; qu'il échet de prononcer son annulation ;

Sur la demande d'exequatur

Attendu que la sentence arbitrale devant être annulée, il y a lieu de rejeter la demande d'exequatur de ladite sentence ;

Sur les dépens

Attendu que la SCP et Patrice TALON ayant succombé, il y a lieu, en application de l'article 43-3 du Règlement de procédure de la Cour de céans, de les condamner aux dépens ;

PAR CES MOTIFS

Statuant publiquement, après en avoir délibéré,

Ordonne la jonction des procédures de demande d'exéquatur et en contestation de validité de la sentence arbitrale attaquée ;

Annule la sentence arbitrale du 13 mai 2014 ;

Rejette la demande d'exequatur ;

Dit que la procédure arbitrale sera reprise à la requête de la partie la plus diligente ;

Condamne la SCP et Patrice TALON aux dépens.

E. Recours contre les sentences arbitrales

La sentence arbitrale n'est pas susceptible d'opposition, d'appel, ni de pourvoi en cassation. (CCJA, 3e Ch., n°21/2015, 9 avril 2015)

Sommaire

Aux termes de l'article 25 alinéa 1er de l'Acte uniforme « La sentence arbitrale n'est pas susceptible d'opposition, d'appel, ni de pourvoi en cassation ». Il en résulte que le pourvoi en cassation dirigé contre une sentence arbitrale rendue par un tribunal ad hoc doit être déclaré irrecevable.

La Cour Commune de Justice et d'Arbitrage (CCJA) de l'Organisation pour l'Harmonisation en Afrique du Droit des Affaires (OHADA), Troisième chambre, a rendu l'Arrêt suivant en son audience publique du 09 avril 2015 où étaient présents :

Madame Flora DALMEIDA MELE,	Présidente
Messieurs Victoriano OBIANG ABOGO,	Juge
Idrissa YAYE,	Juge, rapporteur
et Maître Alfred Koessy BADO,	Greffier ;

Sur le pourvoi enregistré au greffe de la Cour sous le n°030/2011/PC en date du 24 mars 2011 et formé par Maître André BATCHI, Avocat à la cour, dont l'étude est sise au Consulat du Bénin, Arrondissement n°1, Pointe-Noire BP 1277, agissant au nom et pour le compte de la Société EMCICA Congo, SARL, dont le siège social est à Pointe-Noire, BP 483 et 1196, représentée par son gérant, Monsieur TANGANHO MORAIS Serra José, dans la cause l'opposant à la Société EMCICA Congo, société anonyme, dont le siège social est à 6 Rue TCHIBASSA, centre ville de Pointe-Noire, BP 209, représentée par son président directeur général, Monsieur Roberto di GLERIA, ayant pour conseils Maîtres Alfred MINGAS et Edouard MABOYA NGANGA, Avocats à la cour, dont l'étude est sise entre la pharmacie Croix du Sud et la clinique Océan au marché Plateau, BP 1194 Pointe-Noire,

en cassation de la sentence arbitrale rendue le 26 février 2011 par un tribunal arbitral ad 'hoc constitué d'un arbitre unique en la personne de Madame Sylvie Viviane TCHIGNOUMBA-MOUANZA et dont le dispositif est le suivant :

« Statuant contradictoirement, en droit, dans sa sentence définitive, en dernier ressort :

Constate l'accord des parties en date du 24 avril 2010 ;

EN CONSEQUENCE

Condamne la société EMCICA-CONGO à payer à la société ELECTRA la somme de 102.308137 francs ;

Ordonne le paiement pour moitié, par chaque partie de la somme de 25.577034 francs au titre d'honoraires de résultat ;

Partage les dépens de l'instance entre les parties ;

Ordonne l'exécution provisoire de la sentence. » ;

La requérante invoque à l'appui de son pourvoi les deux moyens de cassation tels qu'ils figurent à la requête annexée au présent arrêt ;

Sur le rapport de Monsieur Idrissa YAYE, juge ;

Vu les dispositions des articles 13 et 14 du Traité relatif à l'harmonisation du droit des affaires en Afrique ;

Vu les dispositions du Règlement de procédure de la Cour Commune de Justice et d'Arbitrage de l'OHADA ;

Attendu qu'il ressort des pièces du dossier de la procédure que la Société ELECTRA attributaire d'un marché d'adduction d'eau potable de la ville d'Impfondo a signé un contrat de sous-traitance avec la Société EMCICA Congo aux fins de la réalisation desdits travaux ; qu'à la suite d'un différend né dans l'exécution de ce contrat de sous-traitance, la Société ELECTRA a sollicité et obtenu, le 07 septembre 2007, une ordonnance du président du tribunal de commerce de Pointe-Noire, l'autorisant à pratiquer une saisie conservatoire des biens meubles et immeubles appartenant à la Société EMCICA Congo ; que le 20 septembre 2007, en cours de procédure, les deux parties au litige ont signé une transaction valant mainlevée immédiate des saisies, par laquelle, elles ont décidé de soumettre leur litige à un tribunal arbitral ad 'hoc constitué d'un arbitre unique, lequel a rendu la décision objet du présent pourvoi ;

Sur la recevabilité du pourvoi

Vu l'article 25 alinéa 1er de l'Acte uniforme relatif au droit de l'arbitrage ;

Attendu que la défenderesse au pourvoi soulève, in limine litis, l'irrecevabilité de la requête de la Société EMCICA Congo, motifs pris de ce qu'en application des dispositions des articles 25 et 26 de l'Acte uniforme précité, la sentence arbitrale n'est pas susceptible de pourvoi en cassation et doit être déclaré irrecevable ;

Attendu qu'aux termes de l'article 25 alinéa 1er de l'Acte uniforme susvisé : « La sentence arbitrale n'est pas susceptible d'opposition, d'appel, ni de pourvoi en cassation.» ;

Attendu qu'il ressort des pièces du dossier que la décision ayant fait l'objet du présent pourvoi en cassation est une sentence arbitrale rendue le 26 février 2011 par un tribunal arbitral ad 'hoc ; qu'elle est dès lors en application de l'article 25 alinéa 1er de l'Acte uniforme précité insusceptible d'être attaqué par la voie du pourvoi en cassation ; qu'il y a lieu dès lors de déclarer ledit pourvoi irrecevable ;

Attendu que la Société EMCICA Congo ayant succombé, elle doit être condamnée aux dépens ;

PAR CES MOTIFS

Statuant publiquement après en avoir délibéré,

Déclare irrecevable le pourvoi en cassation formé par la Société EMCICA Congo contre la sentence arbitrale rendue le 26 février 2011 par un tribunal arbitral ad 'hoc constitué d'un arbitre unique en la personne de Madame Sylvie Viviane TCHIGNOUMBA-MOUANZA

Condamne la Société EMCICA Congo aux dépens.

La renonciation à la contestation de la validité de la sentence arbitrale doit être expresse (CCJA, Ass. Plén., n°33/2015, 23 avril 2015)

Sommaire

La renonciation des parties à toute contestation de la validité de sentence arbitrale ne peut résulter que de leur volonté clairement exprimée et sans aucune équivoque. Les termes « toute sentence prononcée par le Tribunal arbitral sera définitive, opposable aux parties » contenus dans la clause compromissoire ne sont que des périphrases traduisant la règle de l'autorité de la chose jugée qui s'attache à la sentence rendue sous l'égide de la CCJA. Ils signifient qu'une telle sentence ne peut être remise en cause et n'est susceptible d'aucune autre voie de recours que celle de la contestation de validité à laquelle ne saurait faire obstacle la seule mention du caractère « définitif » de la sentence contenue dans la clause compromissoire.

Le grief tiré du non-respect par l'arbitre de sa mission ne peut avoir pour objet la révision au fond de la sentence. Il permet seulement à la CCJA de vérifier si les arbitres se sont ou non conformés à leur mission, sur les points où leur décision est critiquée, sans avoir à apprécier le bien-fondé de leur décision.

Le respect du principe du contradictoire suppose que chacune des parties ait été mise en mesure de discuter l'énoncé des faits et les moyens juridiques que ses adversaires lui ont opposés.

La Cour Commune de Justice et d'Arbitrage (CCJA), de l'Organisation pour l'Harmonisation en Afrique du Droit des Affaires (OHADA), en Assemblée plénière, a rendu l'Arrêt suivant en son audience publique du 23 avril 2015 où étaient présents :

Monsieur Marcel SEREKOÏSSE SAMBA,	Président
Madame Flora DALMEIDA MELE,	Seconde Vice-présidente
Messieurs Namuano Francisco Dias GOMES,	Juge
Victoriano OBIANG ABOGO,	Juge
Idrissa YAYE,	Juge
Djimasna N'DONINGAR,	Juge, rapporteur
et Maître Paul LENDONGO,	Greffier en chef

Sur le recours enregistré au greffe de la Cour de céans le 24 janvier 2014 sous le n°011/2014/PC et formé par Maître François MEYER, Avocat à la Cour de Paris, demeurant 129 boulevard Saint-Germain, 75006 Paris, et Maître Georges ARAMA, Avocat à la Cour de Paris, demeurant 44 avenues des Champs-Elysées, 75008 Paris, agissant au nom et pour le compte de l'Etat du MALI, représenté par la Direction Générale du Contentieux de l'Etat, sise à Hamdallaye ACI 2000, rue 385, porte 315, Bamako, dans la cause qui l'oppose à la Société Groupe TOMOTA S.A. dont le siège social est à Bamako au MALI, Quartier Hamdallaye – ACI 2000, Avenue Cheick Zayed,

Immeuble Aliou Tomota, ayant pour Conseils Maître Béatrice CASTELLANE, Avocate au Barreau de Paris, 14 rue des Sablons, 75116 Paris et Maître Lamissa COULIBALY, Avocat, sis à Immeuble Momo, rue 286, Porte 1635, Bamako,

en contestation de validité de la sentence rendue le 08 novembre 2013, dans l'affaire n°007/2012/ARB du 17/07/2012, par le tribunal arbitral composé de Messieurs Gaston KENFACK DOUAJNI et Alain FENEON, co-arbitres, et du Professeur Joseph ISSA-SAYEGH, Président, et dont le dispositif est le suivant :

« Le Tribunal arbitral, statuant contradictoirement :

Se déclare compétent ratione materiae et ratione loci pour connaître du présent litige ;

Rejette l'exception de prescription opposée à l'action de remise en cause de la cession des actions et en responsabilité du Groupe TOMOTA contre l'Etat du Mali ;

Rejette la prescription opposée à l'action du Groupe TOMOTA SA contre l'Etat du Mali en réparation des préjudices subis du fait du non-respect par ce dernier des obligations envers le cessionnaire dans l'exécution du Protocole d'accord ;

Dit la demande recevable et bien fondée ;

Dit que l'Etat du Mali a eu un comportement dolosif et déloyal envers le Groupe TOMOTA SA, tant lors de la procédure de soumission d'offres destinées à la privatisation de HUICOMA, que de la négociation du Protocole d'accord et encore lors de la cession des actions de cette société le 16 mai 2005 et, à ce titre, condamne l'Etat du Mali au versement des sommes suivantes :

12.199.000.000 FCFA, à titre de d'indemnisation du préjudice subi du fait du comportement dolosif de l'Etat du Mali à l'occasion de la cession de HUICOMA ; dit que cette somme produira intérêts à compter du 05 juin 2005 jusqu'à complet paiement au taux de 12,65% l'an ;

11.100.000.000 FCFA, à titre d'indemnisation du préjudice subi postérieurement à cette cession et 1.450.000.000 FCFA au titre de la perte de chance à compter du prononcé de la sentence au taux d'intérêt légal en vigueur au Mali ;

175.108.492 FCFA à titre de remboursement des frais et honoraires engagés ;

1 FCFA à titre de dommage-intérêts au titre du préjudice moral ;

Dit que les frais et honoraires de l'arbitrage d'un montant de 116.690.321 FCFA seront supportés intégralement par l'Etat du Mali et condamne celui-ci à rembourser à la demanderesse les sommes avancées par elle au titre des frais de l'arbitrage au taux légal en vigueur au Mali :

Rejette toutes autres demandes, fins ou conclusions » ;

Attendu que le requérant invoque à l'appui de son recours les trois motifs d'annulation, tels qu'ils figurent à la requête annexée au présent arrêt ;

Sur le rapport de Monsieur Djimasna N'DONINGAR, Juge ;

Vu les dispositions des articles 21 et 25 du Traité relatif à l'harmonisation du droit des affaires en Afrique ;

Vu le Règlement de procédure de la Cour Commune de Justice et d'Arbitrage de l'OHADA ;

Vu les dispositions du Règlement d'arbitrage de la Cour Commune de Justice et d'Arbitrage ;

Attendu qu'il ressort des pièces du dossier de la procédure que, dans le cadre de la restructuration du secteur coton, l'Etat du Mali a cédé à titre onéreux 84,13% du capital de la société Huilerie Cotonnière du Mali, en abrégé HUICOMA, au Groupe TOMOTA S.A. pour un montant de 9.000.000.000 FCFA, en s'engageant à assister l'acquéreur dans la conclusion d'un contrat commercial de fourniture de grain de coton avec la CMDT ; qu'à la suite du transfert des actions et de la reprise effective de la société vendue, le Groupe TOMOTA S.A., confronté à des graves difficultés d'approvisionnement en coton grains, a fait réaliser un audit technique, organisationnel, financier et comptable, lequel a révélé une situation réelle de la société, en rien comparable à celle qui avait été présentée par le vendeur et convenue des deux parties ; que, n'ayant pu obtenir à l'amiable le soutien de l'Etat du Mali face à ces difficultés, dans le cadre des garanties stipulées dans la convention de cession, le Groupe TOMOTA S.A., en application de la clause compromissoire contenue dans ladite convention, a saisi la CCJA, en date du 17 juillet 2012, aux fins d'arbitrage ; que le tribunal arbitral a rendu, le 08 novembre 2013, la sentence dont la validité est contestée par le présent recours ;

Sur l'exception d'irrecevabilité tirée des articles 23, 27 et 28 du Règlement de procédure de la Cour de céans

Attendu que, dans ses mémoires en réponse et en duplique en date des 16 juin, 1er août, 17 novembre et 02 décembre 2014, le Groupe TOMOTA S.A. sollicite que, d'une part, la requête déposée par l'Etat du Mali soit déclarée irrecevable comme non conforme aux exigences des prescriptions sus-énoncées du Règlement de procédure de la Cour de céans aux motifs que plusieurs pages de cette requête sont inexistantes, que les copies ne sont pas certifiées conformes, qu'aucun mandat des avocats n'est produit et que les noms et domiciles du défendeur à la procédure et de ses avocats ne figurent dans la requête ; que, d'autre part, les pièces n°2, 3 et 11 relatives à l'objet du litige et au contrat de fourniture de graines de coton soient considérées comme nulles et écartées du débat, motif pris de ce qu'elles sont incomplètes et bafouent les droits de la défense ;

Mais attendu que les griefs ainsi relevés avant la fin de la procédure ont été comblés avant la clôture des débats, en application de l'article 28.6 (nouveau) du Règlement de procédure de la Cour de céans, dans les mémoires complémentaires et en réplique déposés par le requérant les 10 et 11 juillet 2014, suite à la demande de régularisation adressée par la Cour de céans le 24 juin 2014 ; qu'ainsi, l'exception doit être rejetée ;

Sur l'exception d'irrecevabilité tirée de l'article 29.2 du Règlement d'arbitrage de la Cour de céans

Attendu que, dans ses mémoires en réponse et en duplique des 16 juin, 1er août, 17 novembre et 02 décembre 2014, le Groupe TOMOTA S.A demande aussi à la Cour de déclarer irrecevable la contestation formée par le requérant, aux motifs que la convention ayant permis la saisine du Tribunal arbitral contient une clause de renonciation à toute contestation de la sentence arbitrale et qu'aux termes de l'article 29.2 du Règlement d'arbitrage de la Cour de céans, la « contestation de la validité de la sentence n'est recevable que si, dans la convention d'arbitrage, les parties n'y ont pas renoncé » ;

Mais attendu qu'il est de jurisprudence de la Cour de céans que la renonciation des parties à toute contestation de la validité de sentence arbitrale ne peut résulter que de leur volonté clairement exprimée et sans aucune équivoque ; qu'en l'espèce, les termes « toute sentence prononcée par le Tribunal arbitral sera définitive, opposable aux parties » contenus dans la clause compromissoire ne sont que des périphrases traduisant la règle de l'autorité de la chose jugée qui s'attache à la sentence rendue sous l'égide de la Cour de céans ; qu'ils signifient qu'une telle sentence ne peut être remise en cause et n'est susceptible d'aucune autre voie de recours que celle de la contestation de validité à laquelle ne saurait faire obstacle la seule mention du caractère « définitif » de la sentence contenue dans la clause compromissoire ; qu'il s'en suit que cette exception ne peut être accueillie ;

Sur l'exception d'irrecevabilité tirée de l'article 29.3 du Règlement d'arbitrage de la Cour de céans

Attendu que dans son mémoire du 17 novembre 2014, en réponse au mémoire complémentaire déposé le 10 juillet 2014 par l'Etat du Mali, le Groupe TOMOTA S.A. soutient que le « mémoire complémentaire » déposé le 10 juillet 2014 par le recourant, est en réalité un « recours complémentaire », introduit hors délai et irrecevable au regard de l'article 29.3 du Règlement d'arbitrage de la Cour de céans, suivant lequel, la requête en contestation de la validité de sentence « cesse d'être recevable si elle n'a pas été déposée dans les deux mois de la notification de la sentence… » ;

Mais attendu qu'aux termes de l'article 28.6 (nouveau) du Règlement de procédure de la Cour de céans « Si le recours n'est pas conforme aux conditions fixées au présent article, le juge rapporteur fixe au requérant un délai aux fins de régularisation du recours ou de production des pièces mentionnées ci-dessus. A défaut de cette régularisation ou de production dans le délai imparti, la Cour décide de la recevabilité du recours » ; qu'il appert que c'est pour faire suite à la demande de régularisation à lui adressée par la Cour de céans le 24 juin 2014 que l'Etat du Mali a déposé, le 10 juillet 2014, un mémoire complémentaire pour se conformer aux exigences de l'article 28 ; que ce faisant, ledit mémoire, qui ne contient pas de moyen nouveau, s'inscrit dans la suite de la requête initiale avec laquelle elle fait corps et ne saurait être considéré comme un « recours complémentaire » ; qu'il échet de rejeter cette exception ;

Sur le premier motif tiré du non-respect de la mission impartie aux arbitres

Attendu que l'Etat du Mali reproche au Tribunal arbitral d'avoir statué en amiable compositeur, sans fonder sa sentence sur des motivations tirées de la loi malienne applicable à la cause ; qu'en estimant que l'Etat du Mali aurait dû réaliser une donation par subvention au profit du Groupe TOMOTA, sans indiquer les dispositions de la loi malienne qui permettent de transformer une cession en subvention ou donation, et en condamnant l'Etat du Mali sans déterminer la règle de droit malien ou même comptable qui fixe sa participation au préjudice lié à la gestion de HUICOMA et sans indiquer la base d'évaluation de la perte de chance, le Tribunal a statué en équité, teinté d'une subjectivité évidente, d'une part ; que, d'autre part, en condamnant l'Etat du Mali à réparer des préjudices dont l'existence n'est pas prouvée, le Tribunal arbitral a violé le droit malien ; que, ce faisant, le Tribunal ne s'est pas conformé à la mission à lui assignée et qu'il échet d'annuler sa sentence pour ce motif ;

Mais attendu que le grief tiré du non-respect par l'arbitre de sa mission ne peut avoir pour objet la révision au fond de la sentence ; qu'il permet seulement à la Cour de céans de vérifier si les arbitres se sont ou non conformés à leur mission, sur les points où leur décision est critiquée, sans avoir à apprécier le bien-fondé de leur décision ; qu'aux termes de l'article 15 du Règlement d'arbitrage de la Cour Commune de Justice et d'Arbitrage, la mission de l'arbitre est délimitée principalement par les prétentions des parties, telles qu'elles résultent du procès-verbal constatant l'objet de l'arbitrage et fixant le déroulement de la procédure ;

Attendu qu'en l'espèce, le Tribunal arbitral a estimé, en application de la loi malienne n°87-31 du 29 août 1987 portant régime général des obligations, et dans le respect de sa mission, après analyse des différents éléments produits et discutés par les parties, que l'Etat du Mali a failli à ses obligations contractuelles et a souverainement fixé la réparation des préjudices qui en ont résultés pour le cocontractant ; qu'il n'a donc pas tranché en amiable compositeur ; qu'ainsi le motif pris de ce que les arbitres ne se sont pas conformés à leur mission doit être rejeté ;

Sur le deuxième motif, tiré du non-respect du principe du contradictoire

Attendu qu'il est fait grief au Tribunal d'avoir violé le principe du contradictoire, en se fondant, pour apprécier l'ensemble des dommages prétendument subis par le Groupe TOMOTA et fixer les réparations demandées, sur des rapports d'audit établis à la seule demande de ce Groupe, postérieurement à la cession, de façon non contradictoire et en reprenant dans sa sentence, sans esprit critique, ni prudence élémentaire, les évaluations financières et comptables établies en l'absence du cédant ; qu'à défaut de diligenter une mesure d'expertise contradictoire, de nature à rétablir l'égalité entre les parties, le Tribunal arbitral aurait dû faire preuve de mesure et de pertinence dans l'appréciation de ces rapports ; Qu'en s'abstenant de le faire, le Tribunal a méconnu le principe du contradictoire et la sentence dont la motivation demeure arbitraire et sans fondement doit être annulé de ce chef ;

Mais attendu que le respect du principe du contradictoire suppose que chacune des parties ait été mise en mesure de discuter l'énoncé des faits et les moyens juridiques que ses adversaires lui ont opposés ; qu'en l'espèce, il résulte de la sentence contestée que les deux parties au litige ont été mises en état, non seulement de faire connaître tout ce qui est nécessaire au succès de leur demande ou de leur défense, mais aussi d'examiner et de discuter les pièces ainsi que les moyens soumis au tribunal arbitral ; que le recours ou non à un expert est une faculté à la discrétion de l'arbitre, aux termes de l'article 19.3 du Règlement d'arbitrage de la Cour de céans, et ne saurait constituer une violation du principe du contradictoire ; qu'il échet dès lors de rejeter ce motif comme étant non fondé ;

Sur le troisième motif pris de la violation de l'ordre public international

Attendu, enfin, que l'Etat du Mali estime que la sentence entreprise est contraire à l'ordre public international, en ce que le Tribunal arbitral a anéanti une partie des dispositions contractuelles convenues par les parties, sous couvert d'une certaine forme d'équité ; qu'il s'est arrogé le pouvoir de modifier le prix de cession, de déplafonner le montant de l'indemnisation prévue et d'empêcher le jeu de la forclusion de s'opérer, d'une part ; que, d'autre part, il n'a pas été tenu compte d'un jugement rendu en première instance par une juridiction malienne dans un litige opposant le Groupe TOMOTA, via HUICOMA, à la CMDT dont appel est pendant devant la Cour de Bamako ; que, contrairement à ce qu'a jugé le Tribunal arbitral, la mission de l'Etat du Mali était uniquement de faciliter la conclusion d'un contrat d'approvisionnement entre HUICOMA et CMDT ; qu'en retenant la responsabilité de l'Etat du Mali, la sentence a condamné une personne tierce à un contrat unissant deux sociétés et est aussi, de ce fait, contraire à l'ordre public international ;

Mais attendu que, pour retenir la responsabilité de l'Etat du Mali qui s'est engagé contractuellement à assister l'acquéreur dans la conclusion d'un contrat commercial de fourniture de grain de coton avec la CMDT, le tribunal arbitral a procédé à l'analyse des éléments en liaison avec la convention litigieuse conclue entre l'Etat du Mali et le Groupe TOMOTA S.A., produits et débattus contradictoirement par les parties ; qu'il en a déduit, en s'appuyant sur la loi malienne, que l'Etat a manqué à ses obligations contractuelles et l'a condamné à réparer les dommages subis par TOMOTA ; que, dès lors, la sentence arbitrale n'est en rien contraire à l'ordre public international et le motif doit être rejeté ;

Sur les dépens

Attendu que l'Etat du Mali ayant succombé, il y a lieu de le condamner aux dépens ;

PAR CES MOTIFS

Statuant publiquement, après en avoir délibéré,

Rejette le recours en contestation de validité de la sentence arbitrale du 08 novembre 2013 ;

Condamne l'Etat du Mali aux dépens.

Les conditions du recours en contestation de la validité d'une sentence (CCJA, Ass. Plén., n°102/2015, 15 octobre 2015)

Sommaire

Renonciation à l'arbitrage. Si l'article 29 du règlement d'arbitrage de la CCJA prévoit que la contestation de la validité de la sentence n'est recevable que si les parties n'y ont pas renoncé, le seul usage du vocable « en dernier ressort » dans les statuts n'est pas suffisant pour traduire une renonciation expresse audit recours.

Principe d'indépendance et d'impartialité des arbitres. Ne viole pas l'article 4 du Règlement d'arbitrage et le principe d'indépendance et d'impartialité des arbitres, le tribunal arbitral, constitué sous l'égide de la CCJA, qui s'est déclaré incompétent pour apprécier une demande de récusation d'un arbitre et qui s'est contenté de prendre acte de la décision de confirmation dudit arbitre par la Cour.

Cas d'ouverture du recours en contestation de validité de la sentence arbitrale. La violation de la loi et la contrariété des motifs de la sentence ne rentrent pas dans les cas d'ouverture du recours en contestation de validité des sentences tels que prévus aux articles 25 du Traité et 30 du règlement d'arbitrage.

Applicabilité du règlement d'arbitrage. S'agissant d'un recours en contestation de validité d'une sentence arbitrale rendue sous l'égide de la CCJA, seul le règlement d'arbitrage de ladite Cour est applicable.

L'Acte uniforme relatif au droit de l'arbitrage ne figure pas au nombre des actes juridiques cités à l'article 10 qui sont applicables en l'espèce à l'arbitrage institutionnel spécifique de la CCJA. La validité de la sentence ne peut donc être contestée pour violation des dispositions de cet Acte uniforme dès lors qu'il s'agit d'un arbitrage spécifique à la CCJA.

Sanction de la violation de l'article 15.4 du règlement d'arbitrage. La violation de l'article 15.4 du règlement d'arbitrage n'est pas assortie de nullité.

Les missions de l'arbitre. Le déroulement du calendrier de la procédure a un caractère prévisionnel, susceptible de modification. Dès lors la modification d'un tel calendrier fait conformément à l'article 15.4 du Règlement d'arbitrage ne saurait être valablement considérée comme une violation par le tribunal des termes de sa mission.

Le fait pour le tribunal arbitral de se prononcer sur une demande de condamnation au titre de dommages-intérêts et en ventilant le montant de ladite condamnation ne constitue pas une violation de sa mission ; qu'il s'en suit que ce moyen ne peut être accueilli.

Principe du contradictoire. Le principe du contradictoire suppose que chacune des parties ait été mise en mesure de discuter l'énoncé des faits et les moyens juridiques que ses adversaires lui ont opposés.

La Cour Commune de Justice et d'Arbitrage (CCJA) de l'Organisation pour l'Harmonisation en Afrique du Droit des Affaires (OHADA), a rendu, en Assemblée plénière, l'arrêt suivant en son audience publique du 15 octobre 2015 où étaient présents :

Messieurs : Marcel SEREKOÏSSE-SAMBA,	Président
Abdoulaye Issoufi TOURE,	Premier Vice-président
Madame : Flora DALMEIDA MELE,	Second Vice-présidente
Messieurs : Namuano F. DIAS GOMES,	Juge
Victoriano OBIANG ABOGO,	Juge
Mamadou DEME,	Juge
Idrissa YAYE,	Juge-rapporteur
Djimasna N'DONINGAR,	Juge
Birika Jean Claude BONZI,	Juge
Robert SAFARI ZIHALIRWA,	Juge
et Maître Paul LENDONGO,	Greffier en chef ;

Sur la requête enregistrée au greffe de la Cour le 27 mars 2014 sous le n° 059/2014/PC, formé par maître La Fortune Pélagie MBENGUE MOUKOURI, avocat au barreau du Cameroun, demeurant à Yaoundé-Cameroun, BP 4922, agissant au nom et pour le compte de monsieur Léopold EKWA NGALLE, madame Hélène NJANJO NGALLE, la société anonyme Len Holding, la société International Business Corporation SA, sis à Douala-Cameroun BP 3629,

en contestation de validité de la sentence rendue le 15 janvier 2014 par le tribunal arbitral composé de Maître Benoit Le Bars et du Docteur Joseph Stella Francis Magloire ZOCK ATARA à NGONN, coarbitres, et de Maître Frédérique Chifflot Bourgeois, Présidente, dont le dispositif est le suivant :

« Par ces motifs, le Tribunal arbitral :

1. donne acte de la notification par voie d'huissier par les Demandeurs de la Demande d'Arbitrage et d'un bordereau de pièces aux Défendeurs ;

2. dit recevable les Demandeurs et les Défendeurs en leur action ;

3. déclare recevable les prétentions des Demandeurs et des Défendeurs sauf celles qui ont été formulées tardivement ainsi qu'indiqué en Partie V au Titre 5 ;

4. donne acte aux Demandeurs du retrait de leurs demandes de désignation d'un séquestre des actions de la SNH et d'un médiateur ;

5. rejette la demande de violation sur le fondement de l'article 4 de l'Acte uniforme relatif au droit des sociétés commerciales et du GIE et de dire et juger que les actes passés par

la SNH et le Personnel tant lors des Conseils d'Administration, des Assemblées Générales et dans la vie de la Société sont contraires au pacte social liant les actionnaires ;

6. rejette la demande de dire et juger que la SNH a exécuté de mauvaise foi ses obligations ;

7. rejette la demande de dire et juger que la SNH n'a pas respecté ses obligations sur le fondement de l'article 1134 du Code civil ;

8. rejette la demande des Demandeurs de dire et juger que les arguments de la SNH sont contestés et sans fondement au regard des pièces versées au débat ;

9. rejette la prétention des Demandeurs de dire et juger que l'abus de majorité est manifeste et qu'il ne saurait dès lors y avoir abus de minorité dont les conditions ne sont pas réunies ;

10. rejette la prétention des Demandeurs de dire et juger qu'il n'y a pas abus de minorité ;

11. constate que le Procès-verbal du 16 décembre 2011 contient des éléments de droit pénal ;

12. dit et juge que cette matière relève du droit pénal

13. se déclare en conséquence incompétent pour statuer sur la validité du Procès-verbal du 16 décembre 2011 ;

14. dit et juge que l'article 3 du pacte d'actionnaires est contraire aux dispositions de l'article 484 de l'Acte uniforme relatif au droit des sociétés commerciales et du GIE et qu'en conséquence cette clause est réputée non écrite ;

15. dit et juge que la proposition de réaménagement de l'équipe dirigeante d'IBC faite par la SNH est conforme à l'article 3 du pacte d'actionnaires ;

16. dit et juge que la SNH n'a pas violé l'article 6 du pacte d'actionnaires en proposant un avenant ;

17. dit et juge que la dénonciation du pacte d'actionnaires par la SNH est conforme à l'article 9 de ladite convention.

18. rejette en conséquence la demande de violation des dispositions des articles 3, 6 et 9 du pacte d'actionnaires ;

19. dit et juge que la demande d'arbitrage n'est pas une action sociale en vertu des articles 165, 166 et 171 de l'Acte uniforme relatif au droit des sociétés commerciales et du GIE.

20. rejette les prétentions des Demandeurs formées sur le fondement des articles 562, 573 et 593 de l'Acte uniforme relatif au droit des sociétés commerciales et du GIE ;

21. déboute les Demandeurs de l'intégralité de leurs demandes ;

22. rejette en conséquence, la demande de dommages et intérêts des Demandeurs d'un montant total de 21 678 674 580 FRANCS CFA ;

23. rejette la demande des Demandeurs de dire et juger que la SNH supportera l'ensemble des condamnations pécuniaires prononcées ;

24. rejette la demande des Défendeurs de condamner le Président Directeur Général, M. Léopold Ekwa Ngalle, à signer le procès-verbal du Conseil d'Administration du 16 décembre 2011 ;

25. rejeter la demande des Défendeurs de condamner les Demandeurs à signer le nouveau pacte d'actionnaires proposé par la SNH ;

26. dit et juge que les fautes reprochées aux Demandeurs par les Défendeurs relèvent du droit pénal et en conséquence se déclare incompétent ;

27. dit et juge que les Demandeurs ont commis un acte constitutif d'un abus de minorité ;

28. déclare en conséquence recevable la demande de dommages-intérêts formée à titre reconventionnel par les Défendeurs ;

29. condamne en conséquence solidairement les Demandeurs à verser à la SNH la somme de 1 912 877 218 FRANCS CFA et au PERSONNEL DE LA SNH la somme de 233 897 414 FRANCS CFA ;

30. rejette pour le surplus la demande de dommages et intérêts des Défendeurs ;

31. prend acte de la production des documents relatifs à l'existence de la SOCIETE LEN HOLDING ;

32. constate la réalité du prêt d'un montant de 400 000 euros consenti par la SOCIETE LEN HOLDING à la SOCIETE IBC SA et l'absence de preuve du versement des sommes dudit prêt ;

33. dit et juge que les conditions de la validité du prêt ne sont pas réunies ;

34. dit et juge que la Demande d'Arbitrage ne constitue pas une action sociale aux termes des articles 165, 166, 167 et 171 de l'Acte uniforme relatif au droit des sociétés commerciales et du GIE et en conséquence exclut la SOCIETE IBC SA de toute condamnation ;

35. rejette la demande des Défendeurs visant à écarter le rapport d'expertise de M. Jean-Paul Ndemba ;

36. rejette pour le surplus les prétentions des Demandeurs et des Défendeurs.

37. dit et juge que les Demandeurs prendront solidairement à leur charge 100% des coûts de l'arbitrage fixés par la Cour, soit la somme de 162 024 265 FRANCS CFA sous déduction des frais exposés en lieu et place des Défendeurs par les Demandeurs ;

38. dit et juge que les Demandeurs prendront solidairement à leur charge une partie des frais exposés par les Défendeurs pour assurer la défense de leurs intérêts et qu'elles sont condamnées à payer solidairement en conséquence aux Défendeurs la somme de 20 000 000 FRANCS CFA ;

39. rejette la demande d'exécution provisoire sur l'intégralité de la sentence à venir nonobstant tout recours. » ;

Les requérants invoquent à l'appui de leur recours les trois motifs d'annulation tels qu'ils figurent à leur requête en contestation de validité contre la sentence arbitrale rendue le 15 janvier 2014 annexée au présent arrêt ;

Sur le rapport de monsieur Idrissa YAYE, Juge ;

Vu le Traité relatif à l'harmonisation du droit des affaires en Afrique en ses articles 21 à 26 ;

Vu le Règlement d'arbitrage de la Cour Commune de Justice et d'Arbitrage de l'OHADA ;

Vu le Règlement de procédure de ladite Cour ;

Attendu qu'il ressort des pièces du dossier de la procédure que courant année 1993, monsieur Léopold EKWA NGALLE a créé la société à responsabilité limitée dénommée IBC, transformée en 1999 en société anonyme ; que depuis 2005, cette société entretient des relations commerciales avec la SNH ayant abouti, à l'entrée au capital d'IBC à hauteur de 51% de la SNH, de son personnel à hauteur de 10% et, le 12 janvier 2006, à la conclusion d'un protocole d'accord pour la construction d'une usine de transformation des aciers industriels au Cameroun aux termes duquel les parties se sont engagées à :

- Rechercher les financements nécessaires pour la construction de ladite usine ;
- Rechercher des partenaires techniques et financiers en vue de la création en joint venture d'une unité de transformation des aciers industriels ;

Que malgré plusieurs prêts consentis à IBC, en 2006 et 2007, par la SNH, en vue de la réalisation de cet objectif, des multiples difficultés de fonctionnement et de financement des activités de la société IBC l'ont conduite à la quasi cessation de paiement ; que les requérants, estimant que la SNH devenue majoritaire n'avait pas respecté ses engagements et avait multiplié des actes illégaux à l'effet de prendre le contrôle total de la société, ont décidé, le 18 juin 2012, de mettre en œuvre la convention d'arbitrage en saisissant le centre d'arbitrage de la Cour Commune de Justice et d'Arbitrage d'une demande d'arbitrage ayant abouti à la constitution d'un tribunal arbitral, lequel a rendu la sentence arbitrale contestée ;

Sur la recevabilité du recours en contestation de validité

Attendu que la SNH et son personnel sollicitent de la Cour de céans de déclarer irrecevable le recours en contestation de validité, motifs pris de ce qu'en application de l'article 29.2 du Règlement d'arbitrage de la Cour, la contestation de la validité de la sentence n'est recevable que si les parties n'y ont pas renoncé, alors même qu'il résulte des termes de l'article 45 des statuts de la société IBC que les parties ont expressément renoncé à ce recours par l'usage de la mention « en dernier ressort » ; que dès lors aucune instance ou procédure n'est plus possible après que la sentence arbitrale ait été rendue le 15 janvier 2014 ;

Mais attendu qu'il ne résulte pas des termes de l'article 45 des statuts que les parties aient renoncé expressément à tout recours en contestation de validité ; qu'en effet le seul usage du vocable « en dernier ressort » n'est pas suffisant pour traduire une renonciation expresse audit recours ; qu'il échet dès lors de déclarer ledit recours recevable ;

Sur la recevabilité du mémoire en duplique des demandeurs du 18 mars 2015

Attendu que dans leur mémoire en réponse n°3, du 29 avril 2015, reçu au greffe de la Cour de céans le 30 avril 2015, la SNH et son personnel soulèvent l'irrecevabilité du mémoire en duplique des demandeurs en date du 18 mars 2015 et reçu au greffe de la Cour le 20 mars 2015, motifs pris de ce qu'il n'a été signé que de Maître TAPE MANAKALE Ernest, seul, alors qu'il n'est que domicile élu et qu'il n'est titulaire d'aucun mandat spécial de représentation des demandeurs au recours en contestation de validité de la sentence arbitrale ;

Mais attendu qu'il résulte de l'examen des pièces versées au dossier de la procédure que, par courrier en date du 30 octobre 2014, le mandat spécial de représentation, daté du même jour, de Maître TAPE MANAKALE Ernest, avocat à la cour, est produit ; qu'il échet dès lors de déclarer cette exception irrecevable ;

Sur la contestation de validité de la sentence

Attendu que pour contester la validité de la sentence, les requérants, excipent des trois motifs d'annulation tirés de la violation de l'ordre public international, de ce que le tribunal arbitral a statué sans se conformer à la mission qui lui a été confiée, et de ce que le tribunal arbitral a violé le principe du contradictoire ; que la SNH et le personnel de la SNH ont conclu, par le canal de leurs conseils, au rejet dudit recours en contestation de validité comme non fondé ;

Sur la violation de l'ordre public international

Attendu que les requérants contestent la validité de la sentence et en demandent l'annulation, arguant, d'une part, du fait que le tribunal a évacué par fraude, la question fondamentale de l'impartialité et de l'indépendance de l'arbitre Joseph Stella Francis Magloire ZOCK ATARA A NGONN, nommé par les défendeurs ; que d'autre part, arguant des énonciations contradictoires, le tribunal, qui a feint d'écarter l'Acte uniforme relatif au droit de l'arbitrage, a appliqué les dispositions de son article 1er pour conclure à l'inapplication de l'article 7 du même Acte uniforme en ces termes : « Le Tribunal arbitral rappelle sur le fond que l'Acte Uniforme du 11 mars 1999 relatif au droit de l'arbitrage est applicable aux termes de son article 1 ainsi qu'il suit : « le présent acte uniforme a vocation à s'appliquer à tout arbitrage lorsque le siège du tribunal arbitral se trouve dans l'un des Etats parties.

Le siège de l'arbitrage ayant été fixé par la Cour à Paris, cet acte uniforme n'a pas vocation à s'appliquer à la présente procédure et, en conséquence, il en est à fortiori de même de son article 7 » ; que par ces énonciations contradictoires, le tribunal ne met pas la Cour en mesure d'exercer son contrôle sur la légalité de sa décision et viole l'ordre public international ; qu'en plus, le tribunal, en insinuant que, du fait de la fixation à Paris du siège de l'arbitrage, il était affranchi du respect de cet Acte uniforme au profit de la loi française dont les dispositions, sur l'indépendance et l'impartialité des arbitres, sont d'ordre public et, en méconnaissant curieusement et paradoxalement ces dispositions en estimant que la demande de récusation ne pouvait pas être portée devant le tribunal arbitral, la sentence attaquée viole la lex arbitrii française ; qu'il est enfin reproché à la sentence attaquée une violation de l'ordre public international pour, notamment, violation du principe d'indépendance et d'impartialité d'un arbitre par manquement des défendeurs à leur obligation procédurale de loyauté et pour tardiveté, pour violation de la loi dans la désignation d'un administrateur par le conseil d'administration, pour contrariété des motifs de la sentence, pour violation de la loi dans la désignation par le conseil d'administration, d'un administrateur, en cours de vie sociale et pour abus de minorité ;

Mais attendu qu'en application de l'article 4 du Règlement d'arbitrage de la CCJA, régissant les arbitrages institutionnels sous l'égide de ladite Cour la décision de confirmation, de récusation ou de remplacement d'un arbitre, incombe à la Cour, sa décision est insusceptible de recours ; qu'en l'espèce, la sentence arbitrale du 16 février 2010, produite pour soutenir la demande d'annulation pour violation de l'ordre public international, n'est pas un élément nouveau susceptible de mettre en cause l'indépendance de l'arbitre ZOCK ATARA, lequel avait dans sa déclaration d'acceptation et d'indépendance en date du 23 octobre 2012 et dans le curriculum vitae qui l'accompagne, visés par les défendeurs au recours dans leur mémoire en réponse n°3 du 29 avril 2015, clairement indiqué sa qualité de fonctionnaire et de chargé pendant 14 ans du suivi du contentieux de l'Etat à l'international ; qu'il y a lieu dès lors de dire que ne viole pas ledit Règlement d'arbitrage, le tribunal arbitral, constitué sous l'égide de la CCJA, qui s'est déclaré incompétent pour apprécier une demande de récusation d'un arbitre et qui s'est contenté de prendre acte de la décision de confirmation dudit arbitre par la Cour ; qu'il y a lieu de rejeter conséquemment la demande en annulation de la sentence arbitrale pour violation du principe d'indépendance et d'impartialité d'un arbitre comme étant non fondée ;

Attendu enfin que, la violation de la loi et la contrariété des motifs de la sentence ne rentrent pas dans les cas d'ouverture du recours en contestation de validité des sentences tels que prévus aux articles 25 du Traité et 30 du règlement d'arbitrage susvisé ;

Attendu au surplus que la violation de « la lex arbitrii française » ne peut non plus prospérer ; que s'agissant d'un recours en contestation de validité d'une sentence arbitrale rendue sous l'égide de la Cour de céans, seul le règlement d'arbitrage de ladite Cour est applicable ; qu'il échet dès lors de rejeter ce moyen comme étant non fondé ;

Sur le fait de statuer sans se conformer à sa mission

Attendu que les requérants contestent, par une argumentation en trois branches, la validité de ladite sentence ; que d'une part, ils estiment que le tribunal arbitral, en retenant - dans sa sentence - que les documents produits par les conseils des défendeurs, en l'occurrence, la lettre par courriel du notaire à monsieur BAYIHA, contenant le projet des procès-verbaux des assemblées générales des 23 et 28 décembre 2011, sans qu'ils aient été à même d'en débattre contradictoirement, a méconnu les dispositions impératives de l'article 14 de l'Acte uniforme précité et ne s'est par conséquent pas conformé à sa mission procédurale ; que d'autre part, les requérants reprochent au tribunal d'avoir statué en violation de l'article 16 de l'Acte uniforme précité et de l'article 16 du Règlement d'arbitrage de la Cour, en ce que le tribunal arbitral a, rendu sa sentence le 15 janvier 2014, alors que cette sentence n'aurait pas pu et n'aurait pas dû être rendue au-delà du 16 décembre 2013, date ultime fixée par la Cour ; que cette méconnaissance de sa mission arbitrale est fondée et doit entrainer l'annulation de la sentence entreprise ; qu'enfin, estimant que la sentence arbitrale querellée a été rendue ultra petita, motifs pris de ce que la mission des arbitres consiste exclusivement à trancher le litige qui leur est soumis, pas plus, ni moins ; que les limites de ce litige sont déterminées par le procès-verbal de cadrage, ainsi que les mémoires ultérieurs des parties et leurs plaidoiries ; que s'agissant de la demande précise de dommages et intérêts formulée à titre reconventionnel par les défendeurs, celle-ci est libellée comme suit :

« Condamner les demandeurs à payer solidairement à la SNH et au personnel la somme de 10.000.000.000 de francs CFA au titre de dommages-intérêts, toutes causes de préjudices confondus. » ; que le tribunal a cru pouvoir, préciser les postes de préjudice dont la réparation est demandée, et ventiler le montant des condamnations prononcées entre la SNH et son personnel sans que cela lui soit demandé et sans avoir au préalable invité les parties, en application de l'article 14 dudit Acte uniforme, à présenter leurs observations sur ce projet unilatéral ; qu'ainsi le tribunal en se prononçant sur la notion de perte subie, non demandée et non débattue par les parties et en procédant à la ventilation du montant de la condamnation, a excédé les limites de sa mission et sa décision encourt la cassation ;

Mais attendu qu'aux termes de l'article 10.1 du règlement d'arbitrage susvisé de la Cour de céans : « lorsque les parties sont convenues d'avoir recours à l'arbitrage de la Cour, elles se soumettent par là-même aux dispositions du titre IV du Traité de l'OHADA, au présent règlement, au règlement intérieur de la Cour, à leurs annexes et au barème des frais d'arbitrage dans leur rédaction en vigueur à la date de l'introduction de la procédure d'arbitrage...... » ; qu'il est constant que l'Acte uniforme relatif au droit de l'arbitrage ne figure pas au nombre des actes juridiques précités qui sont applicables en l'espèce à l'arbitrage institutionnel spécifique de la CCJA ; qu'ainsi en application de l'article 10.1 précité, il y a lieu d'écarter les violations alléguées des articles 14 et 16 de l'Acte uniforme sur l'arbitrage, inapplicables en l'espèce ; que s'agissant de la branche du moyen fondée sur la violation de l'article 15.4 dudit Règlement d'arbitrage, il y a lieu de relever que la violation dudit article n'est pas assortie de nullité et qu'il est de jurisprudence que le déroulement du calendrier de la procédure a un caractère prévisionnel, susceptible de modification ; que dès lors la modification d'un tel calendrier fait conformément à l'article 15.4 du Règlement précité ne saurait être valablement considérée comme une violation par le tribunal des termes de sa mission ; qu'en outre, le fait pour le tribunal arbitral de se prononcer sur une demande de condamnation au titre de dommages-intérêts et en ventilant le montant de ladite condamnation ne constitue pas une violation de sa mission ; qu'il s'en suit que ce moyen ne peut être accueilli ;

Sur la violation du principe du contradictoire

Attendu que les requérants contestent la validité de la sentence arbitrale, motifs pris de ce que, d'une part, la procédure contradictoire entraine l'obligation pour le tribunal de veiller à ce qu'une discussion s'établisse entre les parties à la procédure, et que chacune puisse, en temps utile, non seulement discuter les arguments présentés par l'autre partie, mais aussi faire valoir ses propres arguments ; que par conséquent encourt une annulation automatique, la sentence dans laquelle a été retenu par les arbitres un argument non soumis à la libre discussion de toutes les parties, comme c'est le cas en l'espèce où une pièce importante leur a été dissimulée et que le tribunal a fondé exclusivement sa décision sur ladite pièce ; que d'autre part, le tribunal arbitral, statuant sur l'abus de minorité reproché aux requérants, a cru devoir s'appuyer sur un document versé au dossier de la procédure après la clôture des débats, en l'occurrence, la lettre du notaire, sans prendre aucune disposition dans le cadre de leur ordonnance de procédure n°4, pour permettre que s'établisse entre les parties, une libre discussion sur ce document ; qu'il s'est écoulé six mois entre la production de ce document et la transmission du projet de sentence, temps largement suffisant pour permettre aux arbitres de requérir leurs observations sur cette pièce ; que c'est de manière délibérée que le tribunal arbitral s'est permis de soustraire ladite pièce qu'il avait jugée essentielle à la détermination de sa décision sur l'abus de minorité, à leur observation ; qu'enfin, les requérants reprochent au tribunal arbitral d'avoir accepté les demandes reconventionnelles des défendeurs tendant à leur faire supporter les frais exposés par les défendeurs, incluses- pourtant- au nombre de celles que le tribunal prétendait avoir rejetées comme nouvelles et tardives, ce qui est constitutif d'un manquement au principe du contradictoire et constitue une contrariété entre les motifs et le dispositif de la décision attaquée et donnera lieu à l'annulation de la sentence en cause ;

Mais attendu que le principe du contradictoire suppose que chacune des parties ait été mise en mesure de discuter l'énoncé des faits et les moyens juridiques que ses adversaires lui ont opposés ; qu'en l'espèce, il résulte des pièces de la procédure que la lettre du notaire leur a été communiquée durant les débats et qu'ils se sont même librement prononcés sur ladite pièce ; qu'ainsi, contrairement aux affirmations des requérants, il ne résulte pas des pièces de la procédure qu'il y ait eu soustraction des pièces ou que les parties n'ont pas été mises en état de faire connaitre tout ce qui est nécessaire au succès de leur demande ou de leur défense ni que la sentence contestée a été rendue sur la base exclusive de la lettre du notaire ;

Attendu qu'enfin, il ne résulte aucune contradiction à ce que le tribunal qui a rejeté les demandes reconventionnelles de la SNH et de son personnel tendant à faire supporter par les requérants les frais par eux exposés dans le cadre de la procédure d'arbitrage, comme étant nouvelles et qu'il se soit prononcé sur ces mêmes demandes, car il a l'obligation légale en application de l'article 24 du règlement précité de liquider les frais de l'arbitrage et de décider à laquelle des parties le paiement incombe, ou dans quelle proportion ils sont partagés entre elles ; qu'il suit que ce moyen, non plus, ne saurait prospérer ;

Sur les dépens

Attendu que les requérants succombant, il y a lieu en application de l'article 43-3 du Règlement de procédure de la Cour de céans, de les condamner aux dépens ;

PAR CES MOTIFS

Statuant publiquement après en avoir délibéré,

En la forme

Déclare le recours en contestation de validité de la sentence arbitrale du 15 janvier 2014 recevable ;

Au fond

Le rejette comme non fondé ;

Condamne les requérants aux dépens.

DROIT DES SÛRETÉS

L'Acte uniforme ne s'applique qu'aux sûretés consenties après son entrée en vigueur (CCJA, Ass. Plén., n°42/2015, 27 avril 2015)

Sommaire

Les sûretés consenties ou constituées antérieurement à l'Acte uniforme restent soumises à la loi nationale alors en vigueur jusqu'à leur extinction. Il en résulte que le contentieux portant sur ces sûretés ne soulève aucun problème relatif aux Actes uniformes et la CCJA n'a pas compétence pour y statuer.

La Cour Commune de Justice et d'Arbitrage (CCJA), de l'Organisation pour l'Harmonisation en Afrique du Droit des Affaires (OHADA), Assemblée plénière, a rendu l'Arrêt suivant en son audience foraine tenue le 27 avril 2015 à Bamako (République du Mali), où étaient présents :

Messieurs Marcel SEREKOISSE-SAMBA,	Président
Abdoulaye Issoufi TOURE,	1er Vice-Président, rapporteur
Madame Flora DALMAIDA MELE,	Seconde Vice-Présidente
Mamadou DEME,	Juge
Djimasna N'DONINGAR,	Juge
et Maître Paul LENDONGO,	Greffier en chef,

Sur le pourvoi enregistré au greffe de la cour sous le n°083/2010/PC du 13 septembre 2010 et formé par le Cabinet F.D.K.A, Avocats à la cour, demeurant, Boulevard Carde, Avenue du Docteur Jamot, 01 BP 2297 Abidjan 01, agissant au nom et pour le compte de la Société Ivoirienne de Banques dite SIB, Société Anonyme dont le siège est à Abidjan 34, Avenue de la République, 01 BP 1300 Abidjan 01, dans la cause qui l'oppose au sieur RAMBAUD Fernand demeurant à Dakar 159, Avenue Lamine Gueye, ayant pour conseils Maître Mayacine TOUNKARA et Associés, Avocats à la cour, 15, Boulevard Djibly Mbaye x Rue de Thann à Dakar et Maître Mamadou Samassi, Avocat à la Cour 17, Rue Marchand, 05 BP 982 Abidjan 05,

en cassation de l'Arrêt n°354 rendu le 28 avril 2008 par la cour d'appel de Dakar et dont le dispositif est le suivant :

« Statuant publiquement, contradictoirement en matière civile et commerciale et en dernier ressort après cassation ;

En la forme

Déclare la procédure régulière ;

Au fond

Infirme le jugement entrepris, statuant à nouveau ;

Déboute la SIB de ses demandes ;

Déboute Fernand RAMBAUD de sa demande en dommage et intérêts ;

Condamne la SIB aux dépens. » ;

La requérante invoque à l'appui de son pourvoi, les deux moyens de cassation tels qu'ils figurent à la requête annexée au présent arrêt ;

Sur le rapport de Monsieur Abdoulaye Issoufi TOURE, Premier Vice-Président ;

Vu les dispositions des articles 13 et 14 du Traité relatif à l'harmonisation du droit des affaires en Afrique ;

Vu le Règlement de procédure de la Cour Commune de Justice et d'Arbitrage de l'OHADA ;

Attendu qu'il résulte des pièces de la procédure que le 08 décembre 1986 la SIB émettait au Profit du Crédit Lyonnais une lettre de garantie par laquelle elle se portait caution de la Société ETAPERU bénéficiaire d'un découvert ; que la garantie de la SIB sera contre garantie par le sieur Fernand RAMBAUD actionnaire principal de ETAPERU ; que le 25 février 1994 le Crédit Lyonnais mettait en œuvre la garantie contre la SIB pour un montant de 2.806.000 francs Français ; que la SIB s'étant exécutée se retournait contre ETAPERU qu'elle assignait devant le tribunal de première instance d'Abidjan ; que par jugement du 27 décembre 1995, il était fait droit à la requête ; que la cour d'appel d'Abidjan infirmait partiellement, ce jugement en ramenant la créance à 140.300.000 F CFA ; que devant l'impossibilité d'exécuter cette décision contre ETAPERU, la SIB assignait Fernand RAMBAUD devant le Tribunal Régional de Dakar qui le condamnait à payer le même montant ; que l'arrêt de la cour d'appel de Dakar qui a confirmé ce jugement sera cassé ; que c'est sur renvoi qu'à été rendu l'arrêt infirmatif de débouté, objet du présent pourvoi ;

Sur la compétence

Attendu qu'aussi bien le Tribunal régional de Dakar par son jugement du 18 août 2002 que la cour d'appel de Dakar par l'arrêt du 28 avril 2008 attaqué, a statué sur des sûretés datant du 8 décembre 1986 ;

Attendu qu'aux termes de l'article 150 alinéa 2 de l'Acte uniforme du 17 avril 1997 portant organisation des sûretés « les sûretés consenties on constituées ou créées antérieurement au présent Acte uniforme et conformément à la législation alors en vigueur restent soumises à cette législation jusqu'à leur extinction » ; qu'il s'ensuit que l'Acte uniforme n'étant pas en vigueur à la date des sûretés, celles-ci restent soumises à la loi nationale alors en vigueur ; que l'affaire ne soulevant aucune question relative à l'application des Actes uniformes et des Règlements prévus au Traité, les conditions de compétence de la cour de céans ne sont pas réunies ; qu'elle doit se déclarer incompétente ;

Attendu qu'il échet de mettre les dépens à la charge de la SIB ;

PAR CES MOTIFS

Statuant publiquement, après en avoir délibéré,

Se déclare incompétente ;

Condamne la Société Ivoirienne de Banques aux dépens.

Ouverture de la procédure collective et exception inhérente à la dette (CCJA, 2e Ch., n°20/2015, 02 avril 2015)

Sommaire
L'exception tirée de la prorogation du terme, qui résulte de l'ouverture d'une procédure collective n'est pas inhérente à la dette au sens de l'article 18 de l'AUS et ne saurait en conséquence profiter à la caution.

La Cour Commune de Justice et d'Arbitrage (CCJA), de l'Organisation pour l'Harmonisation en Afrique du Droit des Affaires (OHADA), Deuxième chambre, a rendu l'Arrêt suivant en son audience publique du 02 avril 2015 où étaient présents :

Messieurs Abdoulaye Issoufi TOURE, Président, rapporteur

Namuano Francisco DIAS GOMES, Juge

Djimasna N'DONINGAR, Juge

et Maître Jean Bosco MONBLE, Greffier,

Sur le pourvoi enregistré au greffe de la cour de céans sous le n°033/2012/PC le 06 avril 2012 et formé par Maître Solo Paclio, Avocat à la cour, demeurant Avenue Lamblin, résidence MATCA, 04 BP 2227 Abidjan 04, agissant au nom et pour le compte de la Banque Internationale pour le Commerce et l'Industrie de la Côte d'Ivoire dite BICICI, société anonyme dont le siège est Avenue Franchet d'Esperey, 01 BP 1298 Abidjan 01, dans la cause l'opposant à Madame Donwahi épouse Koffi Illa Ginette, administratrice de société demeurant à Cocody, II Plateaux, 01 BP 2252 et à Monsieur Donwahi Alain Ahipaud, planteur demeurant à Abidjan Marcory résidentiel, 01 BP 2252 Abidjan 01,

en cassation de l'arrêt n°364 rendu le 24 décembre 2010 par la Cour d'appel d'Abidjan dont le dispositif est le suivant :

« Statuant sur le siège, publiquement, contradictoirement en matière civile et commerciale et en dernier ressort ;

Déclare les consorts Donwahi recevables en leur appel relevé du jugement n°1161 rendu le 17 avril 2008 par le tribunal de première instance d'Abidjan ;

Les y dit bien fondés ;

Infirme le jugement entrepris ;

Statuant à nouveau ;

Déboute la BICICI de son action en recouvrement initiée sur le fondement de la procédure d'injonction de payer ;

Condamne la BICICI aux dépens. » ;

La requérante invoque à l'appui de son recours, les cinq moyens de cassation tels qu'ils figurent à la requête annexée au présent arrêt ;

Sur le rapport de Monsieur Abdoulaye Issoufi TOURE, Premier Vice-président ;

Vu les dispositions des articles 13 et 14 du Traité relatif à l'harmonisation du droit des affaires en Afrique ;

Vu le Règlement de procédure de la Cour Commune de Justice et d'Arbitrage de l'OHADA ;

Attendu qu'il résulte des pièces du dossier que le 15 octobre 2007, la BICICI sollicitait et obtenait une ordonnance faisant injonction à dame Donwahi épouse Koffi Illa Ginette et au sieur Donwahi Alain Richard Ahipaud, de lui payer la somme de 658 275 433 francs en principal outre les intérêts ; que l'opposition des débiteurs sera déclarée mal fondée par jugement du 17 avril 2008 ; que ce jugement sera infirmé par la cour d'appel d'Abidjan par l'arrêt susvisé dont pourvoi ;

Sur le premier moyen tiré de la violation de l'article 52 du code Ivoirien de procédure civile commerciale et administrative, relatif au principe du contradictoire.

Attendu qu'il est fait grief à la cour d'appel d'avoir débouté la BICICI de son action en recouvrement, en estimant que la preuve d'une délégation de pouvoir à Monsieur Dagnon Ghislain pour l'année 2005 n'a pas été rapportée ; que ce moyen a été relevé d'office par la cour sans qu'il ait été débattu par les parties ;

Attendu que l'article 52 alinéa 4 dont la violation est arguée est ainsi conçu : « le tribunal pourra également sans modifier ni l'objet, ni la cause de la demande, inviter oralement ou par écrit, les parties à fournir, dans un délai fixé, les explications de droit ou de fait nécessaires à la solution du litige, aucun moyen même d'ordre public, non soulevé par les parties ne pourra être examiné sans que celles-ci aient été appelés à présenter leurs observations à cet égard… » ;

Attendu qu'il appert de l'examen des pièces du dossier que les appelants avaient soulevé un moyen relatif à la représentativité de Monsieur Dagnon en ce que d'une part, aucune référence n'était faite dans l'acte de cautionnement de la délégation de pouvoir et que, d'autre part, au moment de la signature de l'acte de cautionnement, sa fonction n'était plus celle qu'il occupait au moment de la délégation ; que donc dans les conclusions d'appel le moyen relatif à la validité du mandat durant l'année 2005, n'avait pas été soulevé ; qu'en se servant de ce moyen sans le soumettre à débats, pour infirmer le jugement querellé, la cour a de manière manifeste violé l'article 52 visé , qu'il échet donc de casser l'arrêt déféré et d'évoquer, sans qu'il soit nécessaire d'analyser les autres moyens ;

Sur l'évocation

Attendu que par exploit en date du 13 mai 2008, la dame Donwahi épouse Koffi Illa Ginette et le sieur Donwahi Alain Richard Ahipaud, ont relevé appel du jugement n°1161 rendu le 17 avril 2008 par lequel le tribunal de première instance d'Abidjan qui les a déclarés mal fondés en leur opposition contre une ordonnance d'injonction de payer les condamnant à payer solidairement à la BICICI la somme de 685 275 433 francs, outre les intérêts et frais ;

Attendu qu'au soutien de l'appel, ils exposent que la requête soutenant l'ordonnance était irrecevable en ce qu'elle ne comportait pas leur profession ; que si profession et fonction sont deux notions voisines, elles sont bien distinctes en ce que la profession relève d'une formation et la fonction d'une nomination ; que non seulement l'acte de délégation n'a pas été mentionné dans l'acte de cautionnement mais aussi qu'au moment où Monsieur Dagnon signait l'acte de cautionnement il occupait le poste de responsable des financements spécialisés qui est différent de celui figurant dans l'acte de délégation produit où il est mentionné qu'il occupe les fonctions de responsable de la clientèle entreprise de la succursale d'Abidjan ; que la BICICI a violé les dispositions des articles 13 et 15 de l'Acte uniforme portant sur les sûretés en ne leur adressant pas de mise ne demeure et en ne mettant pas en cause sa débitrice, la société Delbeau ; que subsidiairement, ils se sont portés caution solidaire pour la somme maximale de 400.000.000 francs et que la société Delbeau s'est acquittée de la somme de 105 000 000 francs qui doit être déduite ; qu'ils sollicitent donc l'infirmation du jugement entrepris ;

Attendu qu'en réplique, la BICICI a d'abord conclu à l'irrecevabilité de l'appel en ce que l'acte ne contient ni le numéro du jugement, ni le dispositif ; qu'ensuite sur le fond, les pièces d'identité des intéressés mentionnent bien qu'ils ont pour profession, directeur de société ; que mandat a été donné à Monsieur Dagnon conformément aux articles 465 et 472 de l'Acte uniforme relatif au droit des sociétés commerciales ; que la procédure de règlement préventif tend à éviter la cessation des paiements et a pour conséquence de suspendre toutes les poursuites individuelles et alors les exceptions appartenant au débiteur ne peuvent être opposées au créancier par la caution que si elles sont inhérentes à la dette et tendent à la réduire, l'éteindre ou la différer ; qu'en tout état de cause de telles exceptions ne sont pas opposables au créancier par la caution ou le certificateur de caution lorsqu'il s'agit de remises consenties au débiteur dans le cadre des procédures collectives d'apurement du passif ;

Sur la recevabilité de l'appel

Attendu que contrairement aux affirmations de la BICICI, l'article 164 du code de procédure civile commerciale et administrative qui énonce les conditions que doit remplir l'acte d'appel n'exige ni la mention du numéro de la décision, ni celle du dispositif ; que ledit acte contient les mentions obligatoires que sont l'indication de la juridiction qui a statué, la date du jugement ainsi que les noms et les adresses des parties intimées ; qu'il y a donc lieu de dire que l'appel est recevable ;

Sur la recevabilité de la requête aux fins d'injonction de payer.

Attendu que les consorts Donwahi ont conclu à l'irrecevabilité de cette requête aux motifs qu'elle ne contient pas leur profession ;

Mais attendu qu'en passant les différents contrats en 2005 les appelants étaient détenteurs de pièces d'identité portant qu'ils exerçaient la profession de directeur de société ; que la requête contenant cette mention est recevable, le distinguo entre fonction et profession étant vain ;

Sur la nullité des actes de cautionnement.

Attendu que contrairement aux prétentions des appelants, la délégation de pouvoirs ne viole nullement les articles 472 et 465, le président directeur général étant investi des pouvoirs les plus étendus ;

Sur la demande de rétractation tirée de l'existence d'une ordonnance de suspension de poursuites individuelles.

Attendu qu'il résulte des termes de l'article 18 de l'Acte uniforme portant organisation des sûretés, que les exceptions inhérentes à la dette qui appartiennent au débiteur sont opposables au créancier par la caution, si elles sont inhérentes à la dette et tendent à la réduire, l'éteindre ou la différer ; que tel n'est pas le cas lorsque la prorogation du terme a une source légale du fait de l'ouverture d'une procédure collective, qu'il y a lieu de dire que la suspension des poursuites ne profite pas aux consorts Donwahi ;

Sur la réclamation

Attendu que la BICICI réclame la somme de 685 275 433 francs ; que cette réclamation n'est pas utilement contestée sur la base de reçus de paiement ; qu'il échet d'y faire droit ;

Attendu que le jugement entrepris relève d'une bonne application de la loi, qu'il y a lieu de le confirmer ;

Attendu que les appelants qui succombent seront condamnés aux dépens ;

PAR CES MOTIFS

Statuant publiquement, après en avoir délibéré ;

Casse l'arrêt n°364 rendu le 24 décembre 2010 par la cour d'appel d'Abidjan ;

Evoquant et statuant au fond :

Déclare l'appel recevable ;

Confirme le jugement n°1161 rendu le 17 avril 2008 par le tribunal de première instance d'Abidjan ;

Condamne la dame Donwahi épouse Koffi Illa Ginette et le sieur Donwahi Alain Richard Ahipaud aux dépens.

Action en main levée du gage constituée au terme d'une sûreté : incompétence du juge des référés (CCJA, 2e Ch., n°18/2015, 02 avril 2015)

Sommaire

Le juge des référés saisi d'une action en main levée du gage constitué au terme de la convention de garantie à première demande doit se déclarer incompétent puisqu'une telle action implique l'examen au fond de la validité de la convention de garantie.

La Cour Commune de Justice et d'Arbitrage (CCJA), de l'Organisation pour l'Harmonisation en Afrique du Droit des Affaires (OHADA), Deuxième chambre, a rendu l'Arrêt suivant en son audience publique du 02 avril 2015 où étaient présents :

Messieurs Abdoulaye Issoufi TOURE,	Président
Namuano Francisco DIAS GOMES,	Juge
Djimasna N'DONINGAR,	Juge, Rapporteur
et Maître Jean Bosco MONBLE,	Greffier,

Sur le pourvoi enregistré au greffe de la Cour de céans le 03 janvier 2012 sous le n°001/2012/PC et formé par le cabinet JING & Partners, Avocats au Barreau du Cameroun, demeurant 537, Rue AFCODI, Derrière MRS rue Njo-Njo, Bonapriso, BP 1245, à Douala - Cameroun, agissant au nom et pour le compte de la société United Bank for Africa- Cameroun SA, demeurant au 1144, Boulevard de la Liberté, à Douala - Akwa, dans la cause qui l'oppose à la société Beneficial Life Insurance SA, siège social : 1944, Boulevard de la République, BP : 2328, Douala - Cameroun, ayant pour Conseil Maître Henri JOB, Avocat au Barreau du Cameroun, demeurant Boulevard de la République, Immeuble dit « Ancien Stamatiades », BP : 5482, à Douala - Cameroun

en cassation de l'arrêt n°138/REF, rendu le 14 septembre 2011 par la cour d'appel du Littoral à Douala et dont le dispositif est le suivant :

« Statuant publiquement, contradictoirement à l'égard de toutes les parties, en matière des référés, en appel, en dernier ressort, en formation collégiale et à l'unanimité des voix :

<u>En la forme</u>

Reçoit les appels ;

<u>Au fond</u>

Constate qu'à la suite de la sentence arbitrale rendue le 17 juin 2011 par le Centre d'Arbitrage de GICAM, la société UBA CAMEROUN SA a donné mainlevée du gage des valeurs gagées ;

Disons par conséquent sans objet la demande de séquestre judiciaire formulée par les sociétés UBA CAMEROUN S.A. et UBA COTE D'IVOIRE SA ;

Confirme l'ordonnance entreprise pour le surplus ;

Dit n'y avoir lieu à relèvement d'astreinte ;

Dit que celle prononcée par le premier juge court à compter de la notification de l'ordonnance querellée ;

Condamne les appelantes UBA CAMEROUN SA et UBA COTE D'IVOIRE SA aux dépens solidaires dont distraction au profit de Maître Henri JOB, avocat aux offres de droit. » ;

Attendu que la requérante invoque à l'appui de son pourvoi les deux moyens de cassation tels qu'ils figurent à la requête annexée au présent arrêt ;

Sur le rapport de Monsieur Djimasna N'DONINGAR, Juge ;

Vu les dispositions des articles 13 et 14 du Traité relatif à l'harmonisation du droit des affaires en Afrique ;

Vu le Règlement de procédure de la Cour Commune de Justice et d'Arbitrage de l'OHADA ;

Attendu qu'il ressort des pièces du dossier de la procédure que, sur instruction de Beneficial Life Insurance dite BLI SA, UBA-Cameroun contre-garantissait, le 21 juillet 2009, UBA-Côte d'Ivoire pour l'émission d'une garantie à première demande, dans le cadre d'une opération d'acquisition d'entreprise ; qu'auparavant, pour couvrir UBA-Cameroun, BLI émettait à son profit, par convention en date du 15 juillet 2009, une Lettre de garantie à première demande avec gages de valeurs d'un montant de 1000 000 000 FCFA ; que, suite à une mise en jeu irrégulière de la contre-garantie par UBA-Côte d'Ivoire, BLI SA a saisi en référé le tribunal de Douala aux fins de constater la caducité de son engagement et d'ordonner la mainlevée du gage constitué ; que par ordonnance n°220 du 27 avril 2010, le juge des référés du tribunal de première instance de Douala - Bonanjo a fait droit à cette demande ; que défense à exécution fut obtenue par UBA contre cette décision ; que BLI SA a alors saisi le tribunal arbitral en vertu de l'article 16 de la convention ; que nonobstant la sentence rendue, elle a poursuivi l'instance en appel qui a abouti à l'arrêt n°138/REF du 14 septembre 2011, objet du présent pourvoi ;

Sur le moyen tiré de la violation de l'article 13 de l'Acte uniforme relatif au droit de l'arbitrage

Attendu qu'il est fait grief à l'arrêt déféré d'avoir violé les dispositions de l'article 13 visé au moyen en passant outre l'exception d'incompétence des juridictions étatiques en présence de clauses compromissoires au motif que le juge des référés a été saisi bien avant le tribunal arbitral et qu'il s'agit de mesures provisoires alors, selon le moyen, que la convention d'arbitrage insérée dans un contrat a un objet procédural visant à soumettre à l'arbitrage tout litige qui pourrait naître de ce contrat et qu'au terme de ces dispositions de l'Acte uniforme sur l'arbitrage, lorsque les parties ont expressément prévu dans leur contrat la voie de l'arbitrage pour le règlement de leurs litiges, le juge étatique qui en est saisi, même avant le tribunal arbitral, doit se déclarer incompétent ; qu'en l'occurrence, le juge d'instance comme ceux d'appel ont vidé tout le contentieux et leurs décisions ne constituent pas des mesures provisoires ;

Attendu en effet que pour rejeter l'exception d'incompétence soulevée par les appelants, la cour d'appel du Littoral a argué du fait que « le tribunal arbitral n'étant pas constitué au moment de la saisine du juge des référés, c'est à juste titre que le juge des référés pouvait ordonner la mesure urgente sollicitée par l'intimé… » ; que, suivant l'arrêt déféré, l'urgence en l'espèce réside dans le fait pour la société BLI SA de recouvrer ses valeurs gagées eu égard à la non réalisation de la transaction pour laquelle ces valeurs étaient garanties et aux velléités manifestées par la société UBA-Côte d'Ivoire sur ces fonds ;

Mais attendu que si, aux termes de l'alinéa 4 de l'article 13 susmentionné, le juge des référés peut statuer en matière d'urgence même en présence d'une clause compromissoire, les mesures qu'il serait amené à prendre ne doivent en aucun cas impliquer un examen du litige au fond ;

Attendu qu'il est constant, comme résultant de l'assignation en référé devant les juridictions étatiques et de la sentence arbitrale, que l'action intentée par BLI SA tend à obtenir la mainlevée du gage constitué aux termes de la convention de garantie à première demande ; que cette action implique nécessairement l'examen au fond de la validité de la convention de garantie conclue par les deux parties ; que, dès lors, il apparaît clairement que les conditions de compétence de la juridiction des référés ne sont pas réunies ; que la Cour d'appel de Douala, en retenant sa compétence, a méconnu les dispositions de l'article 13 visé au moyen et sa décision encourt cassation ; qu'il échet en conséquence de casser l'arrêt attaqué, d'évoquer et de statuer sur le fond ;

Sur l'évocation

Attendu que, par requête n°856 du 06 mai 2010, la société UBA Côte d'Ivoire SA a relevé appel de l'ordonnance n°220, rendue le 27 avril 2010 par le tribunal de première instance de Douala-Bonanjo dont le dispositif suit : « Statuant publiquement, contradictoirement à l'égard de toutes les parties :

Au principal, renvoyons les parties à mieux se pourvoir comme elles aviseront ;

Néanmoins, au principal et en raison de l'urgence :

Recevons la société Beneficial Life Insurance SA en son action comme régulière en la forme ;

Recevons en outre la société UBA Côte d'Ivoire en son intervention volontaire ;

La recevons en même temps que la société UBA Cameroun en leur exception d'incompétence du juge motif pris de la contestation sérieuse et risque de préjudicier au fond ; Les déclarons impertinents en leur argumentaire et mal fondées ;

Puis nous déclarons compétents ratione materiae ;

Déclarons la société Grassfields Holding Limited irrecevable en son intervention volontaire comme tardive et mal dirigée ;

Constatons faisant suite à l'action de la société Beneficial Life Insurance SA que l'objet spécifique à la réalisation duquel la demanderesse destinait les diverses valeurs détenues en vertu de la convention consensuelle des parties par UBA Cameroun SA n'a pas été rempli ;

Constatons en outre qu'en dépit de l'expiration de la convention des parties le 24 décembre 2009, la société UBA Cameroun entre les mains de qui se trouvent déposées les valeurs concernées se refuse de les restituer ;

Que sa résistance n'est ni plus ni moins qu'une voie de fait ;

Déclarons la demanderesse bien fondée en son action ;

Donnons mainlevée immédiate du gage consenti par la demanderesse sur les diverses valeurs d'un montant de 800 000 000 FCFA par la société Beneficial Life Insurance S.A. au profit de la société UBA Cameroun ;

Disons qu'en cas de résistance de la défenderesse, celle-ci payera pour chaque jour de retard une astreinte de 200 000 FCFA, à compter de la signification de la présente décision ;

Déclarons la demande de désignation de séquestre injustifiée dès lors que les conventions ayant lié d'une part Beneficial Life Insurance SA et UBA Cameroun, et d'autre part, la société UBA Côte d'Ivoire et la société Grassfields Holding Limited sont détruites ;

Déboutons les sociétés UBA Cameroun et UBA Côte d'Ivoire de cette demande ;

Ordonnons l'exécution provisoire de la présente décision sur minute et avant enregistrement ;

Condamnons la défenderesse aux dépens dont distraction au profit de maître Henri Job, avocat aux offres de droit ».

Qu'au soutien de son appel, elle demande à la Cour d'infirmer l'ordonnance entreprise en toutes ses dispositions et, statuant à nouveau, de recevoir l'exception d'incompétence soulevée et de se déclarer incompétente ; qu'elle expose que courant 2009, la société UBA Cameroun l'a sollicitée pour la mise en place d'une garantie bancaire à la demande de ses clients BLI SA et Inlife Holdings SA ; que pour assurer cette garantie la société UBA Cameroun a émis à son profit une contre-garantie assortie d'un gage de titres obligataires et de fonds déposés dans ses livres par BLI SA ; que suite à sa condamnation à payer la garantie, elle a, le 11 décembre 2009, appelé la contre-garantie ; que c'est pour bloquer la réalisation de la contre-garantie qu'est intervenue l'assignation de la société BLI SA tendant à obtenir la mainlevée du gage constitué en couverture de la garantie ; qu'en dépit de l'exception d'incompétence soulevée par elle et UBA Cameroun en raison de l'existence d'une clause compromissoire dans la convention de garantie ayant conduit à la constitution du gage, le juge des référés du Tribunal de Douala, par l'ordonnance n°220 en date du 27 avril 2010, a fait droit à cette demande en prononçant la mainlevée sollicitée ; que dans leur convention de gage et lettre de garantie à première demande, les parties avaient choisi l'arbitrage comme mode de règlement de leur litige ; que c'est pour cette raison que BLI SA s'est ravisée en saisissant le centre d'arbitrage du GICAM dont un tribunal a statué le 17 juin 2011 ;

Attendu que la société BLI SA, appelante incidente, soutient, à l'appui de ses prétentions, que l'article 13 de l'Acte uniforme relatif au droit de l'arbitrage évoqué par l'appelante n'empêche pas à une partie liée par cette convention de saisir le juge des référés pour se prononcer exclusivement sur les mesures provisoires ou lorsque le tribunal arbitral n'est pas encore saisie comme dans le cas d'espèce ; qu'en conséquence, elle conclut au rejet de l'exception d'incompétence et à la confirmation de l'ordonnance querellée ;

Mais attendu que, pour les mêmes motifs que ceux développés ci-dessus lors de l'examen du moyen de cassation articulé par la requérante, tirés de l'existence de clauses compromissoires relativement à tout différend qui pourrait naître entre les parties, il y a lieu, pour la cour des céans, d'infirmer l'ordonnance n°220 rendue le 27 avril 2010 par le tribunal de première instance de Douala en toutes ses dispositions et, statuant à nouveau, de se déclarer incompétente ;

Attendu que la société Beneficial Life Insurance SA (BLI SA) ayant succombé, sera condamnée aux dépens ;

PAR CES MOTIFS

Statuant publiquement, après en avoir délibéré,

Casse l'Arrêt n°138/REF, rendu le 14 septembre 2011 par la Cour d'appel du Littoral à Douala ;

Evoquant et statuant sur le fond :

Infirme l'Ordonnance n°220, rendue le 27 avril 2010 par le tribunal de première instance de Douala ;

Se déclare incompétente ;

Condamne la société Beneficial Life Insurance SA aux dépens.

DROIT DES ENTREPRISES EN DIFFICULTÉ

A. Règlement préventif

Suspension des poursuites : seules les créances antérieures désignées par le débiteur sont concernées (CCJA, 2e Ch., n°14/2015, 02 avril 2015)

Sommaire
La décision de suspension des poursuites individuelles ne suspend ou n'interdit que des actions tendant à obtenir le paiement des créances désignées par le débiteur et antérieurement à ladite décision. La suspension des poursuites n'est que le prélude à l'ouverture de la procédure de règlement préventif devant intervenir à la suite de l'homologation du concordat préventif. Conformément à l'article 18 de l'AUPC, seule l'homologation dudit concordat rend celui-ci obligatoire pour tous les créanciers antérieurs à la décision de règlement préventif.

La Cour Commune de Justice et d'Arbitrage (CCJA), de l'Organisation pour l'Harmonisation en Afrique du Droit des Affaires (OHADA), Deuxième chambre, a rendu l'Arrêt suivant en son audience publique du 02 avril 2015 où étaient présents :

Messieurs Abdoulaye Issoufi TOURE,	Président
Namuano Francisco DIAS GOMES,	Juge
Djimasna N'DONINGAR,	Juge, Rapporteur
et Maître Jean Bosco MONBLE,	Greffier,

Sur le pourvoi enregistré au greffe de la cour de céans le 23 août 2011 sous le n°070/2011/PC et formé par la société d'Avocats Moise-Bazié, Koyo & Assa Akoh, Avocats à la cour, demeurant à Abidjan, Vieux Cocody, Rue B 15, N°8 (Clinique GOCI), 08 BP 1942 Abidjan 08, agissant au nom et pour le compte de la Société Générale de Banques en Côte d'Ivoire (SGBCI) , SA dont le siège social sis au 5 et 7, avenue Joseph Anoma, 01 BP 1355 Abidjan 01, dans la cause qui l'oppose à la Société Civile Immobilière Rue des Pêcheurs dont le siège social est à Abidjan Treichville 3, Zone portuaire, Immeuble Rue des Pêcheurs, 01 BP 3689 Abidjan 01, ayant pour Conseil la SCPA Paris Village, Avocats à la cour, sise à Abidjan Plateau, 11, Rue Paris Village, 01 BP 5796 Abidjan 01

en cassation de l'arrêt n°255/CIV 5/B, rendu le 26 mai 2011 par la cour d'appel d'Abidjan et dont le dispositif est le suivant :

« Statuant publiquement, contradictoirement, en matière civile et en dernier ressort ;

<u>En la forme</u> :

Déclare la Société Générale de Banques en Côte d'Ivoire recevable en son appel ;

Au fond :

L'y dit mal fondé ; l'en déboute ;

Confirme en toutes ses dispositions l'ordonnance de référé n°135 du 27 janvier 2011 ;

Laisse les dépens à la charge de l'appelante. » ;

Attendu que la requérante invoque à l'appui de son pourvoi les deux moyens de cassation, tels qu'ils figurent à la requête annexée au présent arrêt ;

Sur le rapport de Monsieur Djimasna N'DONINGAR, Juge ;

Vu les dispositions des articles 13 et 14 du Traité relatif à l'harmonisation du droit des affaires en Afrique ;

Vu le Règlement de procédure de la Cour Commune de Justice et d'Arbitrage de l'OHADA ;

Attendu qu'il ressort des pièces du dossier de la procédure qu'en garantie d'un crédit accordé à la société CATRANS, la SCI Rue des Pêcheurs a constitué au profit de la SGBCI, créancière, une hypothèque sur son immeuble objet du titre foncier n°2819, par acte notarié en date des 16 mars et 06 avril 2001 ; que, le 31 décembre 2008, suite à la requête aux fins d'ouverture d'une procédure de règlement préventif initiée par la SCI Rue des pêcheurs, le président du tribunal d'Abidjan a rendu une ordonnance suspendant les poursuites individuelles à son encontre ; que le 10 juin 2010, la SGBCI a fait inscrire l'hypothèque consentie à son profit par la SCI Rue des pêcheurs en 2001 ; que, sur saisine de la SCI, le juge des référés ordonna la radiation de cette inscription, décision confirmée par l'arrêt n°255/CIV 5/B, rendu le 26 mai 2011 par la cour d'appel d'Abidjan dont pourvoi ;

Sur le deuxième moyen tiré de la violation de l'article 9 de l'Acte uniforme portant organisation des procédures collectives d'apurement du passif

Attendu que la SGBCI reproche à l'arrêt attaqué d'avoir violé les dispositions de l'article visé au moyen, en ce qu'il a retenu que, nonobstant la non insertion de la créance de la SGBCI dans la requête, la suspension des poursuites lui est opposable et qu'elle ne peut valablement inscrire sa garantie après la publication de l'ordonnance alors, selon le moyen, qu'aux termes de la loi, la suspension des poursuites individuelles ne concerne que le recouvrement des créances expressément visées par le débiteur dans sa requête ;

Attendu en effet qu'aux termes de l'article 9 de l'Acte uniforme portant organisation des procédures collectives d'apurement du passif, la décision de suspension des poursuites individuelles ne suspend ou n'interdit que des actions tendant à obtenir le paiement des créances désignées par le débiteur et antérieurement à ladite décision ; que la suspension des poursuites n'est que le prélude à l'ouverture de la procédure de règlement préventif devant intervenir à la suite de l'homologation du concordat préventif ; qu'aux termes de l'article 18 de l'Acte uniforme précité, seule l'homologation dudit concordat rend celui-ci obligatoire pour tous les créanciers antérieurs à la décision de règlement préventif ;

Attendu qu'il est constant que la créance de la SGBCI n'est pas désignée dans la requête introduite par la SCI Rue des pêcheurs aux fins d'ouverture du règlement préventif ; que, dès lors, la mesure de suspension des poursuites ne peut influer sur l'inscription de l'hypothèque convenue entre la SGBCI et la SCI en 2001 ; qu'en approuvant la radiation de l'inscription sur le fondement de la suspension des poursuites , la cour d'appel a violé les dispositions de l'article 9 et fait encourir la cassation à sa décision ; qu'il échet de casser l'arrêt attaqué et d'évoquer, sans qu'il soit nécessaire d'analyser le premier moyen ;

Sur l'évocation

Attendu que, par exploit en date du 02 mars 2011, la SGBCI relevait appel contre l'ordonnance de référé rendue le 27 janvier 2011 par la juridiction présidentielle du tribunal de première instance d'Abidjan dans l'affaire l'opposant à la SCI Rue des Pêcheurs et dont le dispositif est ainsi conçu : « Statuant publiquement, contradictoirement, en matière d'exécution et en premier ressort ;

Déclarons la société civile immobilière Rue des Pêcheurs recevable en son action ;

L'y disons partiellement fondée ;

Ordonnons la radiation de l'inscription d'hypothèque conventionnelle prise le 10 juin 2010 sur le TF N°2819 de Bingerville, au profit de la SGBCI ;

La déboutons du surplus de ses demandes ;

Condamnons la SGBCI aux dépens » ;

Qu'au soutien de son appel, elle demande à la Cour d'infirmer l'ordonnance entreprise en toutes ses dispositions, de dire et juger que la requête aux fins d'ouverture de la procédure de règlement préventif présentée par la SCI ne vise pas la créance de la SGBCI et de constater, par conséquent, que la suspension des poursuites ne lui est pas opposable ; qu'elle expose que pour garantir l'octroi d'un crédit sollicité par la société CATRANS, la SCI Rue des pêcheurs s'est portée caution hypothécaire par acte notarié en date des 16 mars et 06 avril 2001 ; qu'en vertu de cet acte, elle a fait inscrire une hypothèque sur le TF n°2819 le 10 juin 2010 ; que cependant, alors même que l'obligation garantie n'a point été exécutée par le débiteur principal, la SCI Rue des Pêcheurs a obtenu du juge des référés la radiation de son hypothèque ; que la suspension des poursuites dont bénéficie la SCI, invoquée pour justifier cette radiation, ne lui est pas opposable en ce sens que sa créance n'est pas désignée dans la requête aux fins d'ouverture du règlement préventif présentée par la SCI ; qu'elle sollicite, en application de l'article 9, alinéa 1, de l'Acte uniforme portant organisation des procédures collectives d'apurement du passif, l'infirmation de l'ordonnance querellée et le débouté de la SCI Rue des Pêcheurs ;

Attendu que la SCI Rue des Pêcheurs, en réplique, explique qu'elle a été admise au bénéfice du règlement préventif par ordonnance n°09/2009 du 31 décembre 2008, publiée au journal officiel en février 2009 et que c'est seulement le 10 juin 2010 que la SGBCI a fait inscrire son hypothèque convenue neuf (9) ans plutôt ; que ladite ordonnance vise tous les créanciers, sans exception, et est donc opposable à la SGBCI qui a, par ailleurs, produit sa créance aux organes du règlement préventif ; qu'elle conclut à la confirmation de l'ordonnance de radiation de l'hypothèque ;

Attendu qu'il ressort de l'examen des pièces versées au dossier de la procédure qu'à la date de l'inscription, aucun concordat préventif n'était homologué par le tribunal d'Abidjan pour consacrer l'ouverture du règlement préventif ; qu'au stade de l'ordonnance de suspension des poursuites individuelles, seules les créances désignées dans la requête du débiteur bénéficiaire sont concernées par la mesure ; qu'ainsi, pour les mêmes motifs que ceux développés lors de l'examen du moyen de cassation, tiré de la méconnaissance de l'articles 9, il y a lieu d'infirmer l'ordonnance n°135, rendue le 27 janvier 2011 par la juridiction présidentielle du tribunal de première instance d'Abidjan en toutes ses dispositions et, statuant à nouveau, de constater que la créance de la SGBCI n'est pas désignée dans la requête aux fins d'ouverture de la procédure de règlement préventif initiée par la SCI Rue des Pêcheurs et, qu'en conséquence, il n'y a pas lieu à radiation de l'inscription de l'hypothèque conventionnelle sur le TF n°2819 de la circonscription foncière de Bingerville ;

Attendu que la SCI Rue des Pêcheurs ayant succombé, sera condamnée aux dépens ;

PAR CES MOTIFS

Statuant publiquement, après en avoir délibéré,

Casse l'arrêt n°255/CIV 5/B, rendu le 26 mai 2011 par la Cour d'appel d'Abidjan ;

Évoquant et statuant sur le fond :

Infirme en toutes ses dispositions l'ordonnance n°135, rendu le 27 janvier 2011 par la juridiction présidentielle du tribunal de première Instance d'Abidjan ;

Constate que la créance de la SGBCI n'est pas désignée dans la requête aux fins d'ouverture de la procédure de règlement préventif initiée par la SCI Rue des Pêcheurs ;

Déboute la SCI Rue des Pêcheurs de sa requête tendant à la radiation de l'inscription de l'hypothèque conventionnelle sur le TF n°2819 de la circonscription foncière de Bingerville ;

Condamne la SCI Rue des Pêcheurs aux dépens.

Conditions de suspension des poursuites individuelles au profit du débiteur (CCJA, Ass. Plén., n°50/2015, 27 avril 2015)

Sommaire

Il résulte des articles 25 et 2 de l'AUPC que la procédure de règlement préventif dont la suspension des poursuites n'est que le prélude ne peut être accordée qu'aux entreprises connaissant de difficultés économiques et financières conjoncturelles et passagères, sans être en cessation des paiements.

La Cour Commune de Justice et d'Arbitrage (CCJA), de l'Organisation pour l'Harmonisation en Afrique du Droit des Affaires (OHADA), Assemblée plénière, a rendu l'Arrêt suivant en son audience foraine tenue le 27 avril 2015 à Bamako (République du Mali), où étaient présents :

Monsieur Marcel SEREKOÏSSE SAMBA,	Président
Madame Flora DALMEIDA MELE,	Seconde Vice-présidente
Messieurs Mamadou DEME,	Juge
Djimasna N'DONINGAR,	Juge, Rapporteur
et Maître Paul LENDONGO,	Greffier en chef ;

sur le pourvoi enregistré au greffe de la cour de céans le 02 décembre 2011 sous le n°119/2011/PC et formé par le Cabinet d'Avocats BRYSLA, inscrits au Barreau du Mali, demeurant,153, rue 313, Quartier du Fleuve, Bamako - Mali, agissant au nom et pour le compte de la Banque Européenne d'Investissement (BEI) dont le siège est à 100, Boulevard Konrad Adenauer, Luxembourg-Kichberg, Grand-Duché de Luxembourg, dans la cause l'opposant à la Société Fils et Tissus Naturels d'Afrique dite FITINA SA dont le siège est à BANANKORO, Cercle de KATI, République du Mali, ayant pour conseil la SCP TOUREH & Associés, Avocats au Barreau du Mali, sis Immeuble côté Est Entreprise RAZEL, Porte 754, Hamdallaye ACI 2000, BP : 1993, Bamako - Mali

en cassation de l'arrêt n°030/2011 rendu le 29 juin 2011 par la Cour d'appel de Bamako et dont le dispositif est le suivant :

« Statuant publiquement, contradictoirement en matière commerciale et en dernier ressort :

<u>En la forme :</u> Reçoit l'appel interjeté ;

<u>Au fond</u> : Confirme le jugement entrepris en toutes ses dispositions ;

Met les dépens à la charge de l'appelante » ;

La requérante invoque à l'appui de son pourvoi les deux moyens de cassation tels qu'ils figurent à la requête annexée au présent arrêt ;

Sur le rapport de Monsieur DJIMASNA N'DONINGAR, Juge ;

Vu les dispositions des articles 13 et 14 du Traité relatif à l'harmonisation du droit des affaires en Afrique ;

Vu le Règlement de procédure de la Cour Commune de Justice et d'Arbitrage de l'OHADA ;

Attendu qu'il ressort des pièces du dossier de la procédure que la Banque Européenne d'Investissement dite BEI a consenti, courant 2002, un important concours financier à la société FITINA SA; que courant avril 2008, alors que la BEI initiait une saisie immobilière pour recouvrer sa créance, la FITINA obtient du tribunal de commerce de Bamako, le 06 mai 2008, une ordonnance de suspension de poursuites individuelles, consécutivement à sa requête aux fins d'ouverture d'une procédure de Règlement Préventif ; que, rejetant les propositions de l'expert qui projeta l'abandon de 75% de leurs dûs par tous les créanciers, la BEI assigna, le 12 juin 2009, la FITINA en liquidation des biens devant le tribunal de commerce de Bamako ; que, par jugement n°12/JGT en date du 12 janvier 2011, ledit tribunal la déclara mal fondée ; que, saisie par la BEI , la cour d'appel de Bamako a rendu, le 29 juin 2011, l'arrêt confirmatif dont pourvoi ;

Sur le deuxième moyen, tiré de la violation des articles 25 et 28 de l'Acte uniforme portant organisation des procédures collectives d'apurement du passif

Attendu qu'il est fait grief à l'arrêt déféré d'avoir violé les dispositions des articles 25 et 28 susmentionnés, en ce qu'il a estimé que la suspension des poursuites ordonnée par le tribunal rend mal venue la demande d'ouverture de la procédure de liquidation des biens, alors, selon le moyen, d'une part, qu'il est manifeste que l'article 28 offre la possibilité au créancier justifiant d'un titre exécutoire incontestable de vaincre la carence du débiteur par la saisine directe du tribunal compétent à l'effet de constater la cessation de paiements et d'ouvrir une procédure de liquidation des biens et, d'autre part, que l'arrêt total des activités de production, la sollicitation de l'abandon total ou partiel d'au moins 75% des créances et l'incapacité de la FITINA SA à faire face aux dettes liquides et exigibles sont des éléments caractéristiques de la cessation des paiements prévue à l'article 25 ;

Attendu en effet qu'aux termes de l'article 25, alinéa 1, de l'Acte uniforme portant organisation des procédures collectives d'apurement du passif, « Le débiteur qui est dans l'impossibilité de faire face à son passif exigible avec son actif disponible doit faire une déclaration de cessation des paiements aux fins d'obtenir l'ouverture d'une procédure de redressement judiciaire ou de liquidation des biens, quelle que soit la nature de ses dettes… » ; Que l'article 2-1 du même texte précise « le règlement préventif est une procédure destinée à éviter la cessation des paiements ou la cessation d'activité de l'entreprise et à permettre l'apurement de son passif au moyen d'un concordat préventif… » ; qu'il en résulte que la procédure de règlement préventif dont la suspension des poursuites n'est que le prélude ne peut être accordée qu'aux entreprises connaissant de difficultés économiques et financières conjoncturelles et passagères, sans être en cessation des paiements ;

Attendu que la cour d'appel, en confirmant le jugement nonobstant l'évidence de la cessation des paiements résultant de l'expertise et des différents courriers des créanciers, a violé les dispositions des articles 2-1, 25 et 28 susvisés et fait encourir la cassation à sa décision ; qu'il échet de casser l'arrêt attaqué et d'évoquer, sans qu'il soit nécessaire d'analyser le premier moyen ;

Sur l'évocation

Attendu que, par acte du greffe en date du 24 janvier 2011, la Banque Européenne d'Investissement (BEI) relevait appel contre le jugement rendu le 12 janvier 2011 par le tribunal de commerce de Bamako dans l'affaire l'opposant à la Société FITINA et dont le dispositif est ainsi conçu : « Statuant publiquement, contradictoirement, en matière commerciale et en premier ressort ;

Rejette comme mal fondée l'exception d'irrecevabilité soulevée par le conseil de la défenderesse ;

<u>En la forme</u> : reçoit la demande de la Banque Européenne d'Investissement ;

<u>Au fond</u> : La déclare mal fondée ; l'en déboute ;

Met les dépens à sa charge » ;

Qu'au soutien de son appel, elle demande à la cour d'infirmer le jugement entrepris en toutes ses dispositions, de constater la cessation des paiements de la société FITINA SA et de prononcer la liquidation de ses biens ; qu'elle expose détenir sur FITINA une créance d'un montant principal de 2.427.040.900 FCFA, matérialisée par des copies exécutoires d'actes notariés en date des 15 avril et 22 juillet 2002 ; que sa débitrice, incapable de faire face à son passif exigible par son actif disponible, a sollicité et obtenu du tribunal une ordonnance de suspension des poursuites individuelles ; qu'il résulte du rapport d'expertise ordonnée à cet effet par le juge que les créanciers de FITINA SA devaient tous consentir un abandon de créance de l'ordre de 75% pour permettre la reprise des activités ; que ces propositions de règlement sont irréalisables et inacceptables pour les créanciers et que, manifestement, la société FITINA SA est en état de cessation des paiements, ses activités étant arrêtées depuis plus de trois (03) ans ; qu'elle sollicite, en application des articles 25, 28 et 29 de l'Acte uniforme portant organisation des procédures collectives d'apurement du passif, l'ouverture d'une procédure de liquidation des biens ;

Attendu que la société FITINA SA, en réplique, explique que, conformément à l'article 13 de l'Acte uniforme portant organisation des procédures collectives d'apurement du passif, l'expert commis a déposé son rapport contenant le concordat préventif avec de réelles perspectives d'avenir ; que cette procédure de règlement préventif est pendante devant le tribunal pour une audience le 05 août 2009, la requête en liquidation formulée par la BEI est irrecevable en l'état ;

Attendu que l'ordonnance de suspension des poursuites individuelles, qui n'est qu'une mesure provisoire et transitoire à l'effet de recueillir les données sur la situation économique réelle de l'entreprise avant l'ouverture d'une procédure collective, ne peut faire obstacle à un créancier dont la créance est certaine, liquide et exigible, d'user de la faculté à lui conférée par l'article 28 ;

Attendu qu'il ressort de l'examen des pièces versées au dossier de la procédure qu'aucun concordat sérieux n'est proposé par le débiteur qui, à la date de la saisine du tribunal, devait près de six (06) milliards de FCFA exigibles ; qu'ainsi, pour les mêmes motifs que ceux développés lors de l'examen du moyen de cassation, tiré de la méconnaissance des articles 2-1, 25 et 28, il y a lieu, pour la cour de céans, d'infirmer le jugement n°12/JGT, rendu le 12 janvier 2011 par le tribunal de commerce de Bamako en toutes ses dispositions et, statuant à nouveau, de constater l'état de cessation des paiement de FITINA SA et l'absence de concordat, et de dire qu'il y a lieu à ouverture d'une procédure de liquidation des biens ;

Attendu qu'il y a lieu de mettre les dépens à la charge de la liquidation ;

PAR CES MOTIFS

Statuant publiquement, après en avoir délibéré,

Casse l'arrêt n°030/2011 rendu le 29 juin 2011 par la cour d'appel de Bamako ;

Evoquant et statuant sur le fond :

Infirme en toutes ses dispositions le jugement n°12/JGT rendu le 12 janvier 2011 par le tribunal de commerce de Bamako ;

Constate la cessation des paiements de la société FITINA SA, ainsi que l'absence de concordat sérieux, et fixe provisoirement la date de cessation des paiements au 30 mai 2013 ;

Prononce la liquidation des biens de la société FITINA SA en application de l'article 33, alinéa 5, de l'Acte uniforme portant organisation des procédures collectives d'apurement du passif ;

Ordonne au tribunal de commerce de Bamako de procéder à la mise en place des différents organes de la liquidation, à savoir un juge-commissaire et deux syndics, ainsi qu'aux formalités de publicité, conformément aux articles 35, 36 et 37 de l'Acte uniforme portant organisation des procédures collectives d'apurement du passif ;

Met les dépens à la charge de la liquidation.

La remise de dettes proposée par le débiteur est inopposable aux créanciers non consentant (CCJA, 3e Ch., n°26/2015, 9 avril 2015)

Sommaire

Seul le délai de deux ans, et non la remise de dettes proposée par le débiteur, est opposable au créancier dans le cadre d'un règlement préventif lorsque ce dernier a refusé de consentir à de telles remises.

La Cour Commune de Justice et d'Arbitrage (CCJA) de l'Organisation pour l'Harmonisation en Afrique du Droit des Affaires (OHADA), Troisième chambre, a rendu l'Arrêt suivant en son audience publique du 09 avril 2015 où étaient présents :

Madame Flora DALMEIDA MELE,	Présidente, rapporteur
Messieurs Victoriano OBIANG ABOGO,	Juge
Idrissa YAYE,	Juge
et Maître Alfred Koessy BADO,	Greffier ;

Sur le pourvoi enregistré au greffe de la cour de céans le du 27 décembre 2011 sous le n°124/2011/PC et formé par Maître SOLO PACLIO, Avocat à la cour, Résidence MATCA, 04 BP 2227 Abidjan 04, agissant au nom et pour le compte de la Banque Internationale pour le Commerce et l'Industrie de la Côte d'Ivoire dite BICICI aux poursuites et diligences de son représentant légal et dont le siège social est à Abidjan, avenue Franchet d'esperey, 01 BP 1298 Abidjan 01, dans la cause l'opposant à la Société DELBAU dont le siège social est à Abidjan-Plateau , immeuble Front lagunaire, 16 BP 1909 Abidjan 16, agissant aux poursuites et diligences de son Président directeur général, Monsieur KOFFI Guillaume, demeurant au siège de la Société , ayant pour conseils la SCPA TOURE-AMANI-YAO & Associés, Avocats à la Cour, demeurant Cocody II Plateaux, boulevard latrille, SIDECI, rue J86, rue J41, Ilot 2, villa 49, 28 BP 1018 Abidjan 28,

en cassation de l'arrêt n°75 rendu le 12 mars 2010 par la cour d'appel d'Abidjan dont le dispositif est le suivant :

« Statuant sur le siège, en audience non publique, contradictoirement en matière civile et en dernier ressort ;

Reçoit la BICICI en son appel ;

L'y dit cependant mal fondé et l'en déboute ;

Confirme le jugement querellé en toutes ses dispositions ;

Condamne BICICI aux dépens… » ;

La requérante invoque à l'appui de son pourvoi le moyen unique de cassation tel qu'il figure à la requête annexée au présent arrêt ;

Sur le rapport de Madame Flora DALMEIDA MELE, Seconde Vice-présidente ;

Vu les dispositions des articles 13 et 14 du Traité relatif à l'harmonisation du droit des affaires en Afrique ;

Vu le Règlement de procédure de la Cour Commune de Justice et d'Arbitrage de l'OHADA ;

Attendu qu'il ressort des pièces du dossier que dans le cadre d'une procédure de règlement préventif, le président du tribunal de première instance d'Abidjan-Plateau suspendait, par ordonnance n°2306 rendue le 22 mai 2007, les poursuites individuelles contre la Société DELBAU ; que dans son concordat, la Société DELBAU proposait entre autres une remise de créances de 80% pour les banques dont la BICICI ; que la BICICI s' opposait à consentir 80% de remises sur sa créance d'un montant de 685 275 433 FCFA qu'elle a produite entre les mains de l'expert chargé de dresser un rapport sur la situation économique et financière de la Société DELBAU ; que par jugement n°183/1ère Com. rendu le 14 janvier 2008, le tribunal de première instance d'Abidjan-Plateau admettait la Société DELBAU en règlement préventif, homologuait le concordat préventif proposé par la Société DELBAU et disait que ce concordat est opposable à tous les créanciers qui ont refusé de l'approuver ; que sur appel de la BICICI, la cour d'appel d'Abidjan confirmait le jugement entrepris par arrêt n°75 rendu le 12 mars 2010 dont pourvoi ;

Sur le moyen unique

Vu l'article 15.2 de l'Acte uniforme portant organisation des procédures collectives d'apurement du passif

Attendu que la demanderesse au pourvoi fait grief à l'arrêt attaqué d'avoir, par mauvaise interprétation, violé l'article 15.2 de l'Acte uniforme portant organisation des procédures collectives d'apurement du passif en ce que, pour confirmer le jugement d'homologation du concordat, la cour d'appel a considéré « qu'aux termes de l'article 15 de l'Acte uniforme précité , le refus du créancier de consentir à la remise proposée au concordat ne peut constituer un obstacle à l'homologation dudit concordat d'une durée de 02 ans, c'est fort justement que les premiers juges qui ont homologué ledit concordat, le lui ont rendu opposable ; » alors, selon l'article 15.2 de l'Acte uniforme sus indiqué, que seul le délai de deux ans sollicité dans le concordat préventif peut être rendu opposable ou obligatoire aux créanciers ayant refusé des délais et remise et que la juridiction compétente ne peut imposer aux créanciers, des remises de dettes auxquelles ils n'ont pas consenti ;

Attendu que l'article 15.2 de l'Acte uniforme de l'Acte uniforme sus indiqué dispose : « Lorsque la situation du débiteur le justifie, elle rend une décision de règlement préventif et homologue le concordat préventif en constatant les délais et remises consentis par les créanciers et en donnant acte au débiteur des mesures proposées pour le redressement de l'entreprise. Les délais et remises consentis par les créanciers peuvent être différents.

La juridiction compétente homologue le concordant préventif si :

les conditions de validité du concordat sont réunies ;

aucun motif tiré de l'intérêt collectif ou de l'ordre public ne paraît de nature à empêcher le concordat ;

le concordat offre des possibilités sérieuses de redressement de l'entreprise, de règlement du passif et des garanties suffisantes d'exécution ;

les délais consentis n'excèdent pas trois ans pour l'ensemble des créanciers et un an pour les créances de salaires.

Dans le cas où le concordat préventif comporte une demande de délai n'excédant pas deux ans, la juridiction compétente peut rendre ce délai opposable aux créanciers qui ont refusé tout délai et toute remise sauf si ce délai met en péril l'entreprise de ces créanciers.

Les créanciers de salaires ne peuvent consentir aucune remise ni se voir imposer un délai qu'ils n'ont pas consenti eux-mêmes. » ;

Attendu qu'il résulte de ces dispositions que la juridiction compétente ne peut homologuer le concordat préventif que sous certaines conditions, et que, lorsque le délai du concordat préventif ne dépasse pas deux ans, la juridiction compétente peut rendre ce délai opposable aux créanciers qui ont refusé tout délai et toute remise ;

Qu'en l'espèce, en motivant que selon l'article 15 de l'Acte uniforme précité, le refus du créancier de consentir à la remise proposée au concordat ne peut constituer un obstacle à l'homologation dudit concordat que si le délai proposé excède 02 ans ou s'il met en péril l'entreprise du créancier, la cour d'appel a enfreint les dispositions de l'article 15.2 de l'Acte uniforme sus indiqué en statuant ainsi ; qu'il convient de casser l'arrêt attaqué et d'évoquer sur le fond ;

Sur l'évocation

Attendu que la BICICI a formé un appel contre le jugement n°183 rendu le 14 janvier 2008 par le tribunal de première instance d'Abidjan dont le dispositif est le suivant : « statuant en audience non publique, contradictoirement, en matière commerciale et en premier ressort ;

Déclare recevable la requête aux fins d'être admis au bénéfice du règlement préventif de la société DELBAU.

Prononce le règlement préventif de la société DELBAU, homologue le concordat préventif proposé par la Société DELBAU ;

Dit que ce concordat est opposable à tous les créanciers qui ont refusé de l'approuver ;

Met fin aux fonctions de l'expert rapporteur ;

Dit que celui-ci est toutefois chargé de vérifier que la publicité du jugement est correctement faite sous peine d'engager sa responsabilité ;

Désigne Madame N'DRI AMON Pauline, Juge au siège du Tribunal de Première Instance d'Abidjan-Plateau en qualité de Juge Commissaire ;

Nomme Monsieur N'TCHOBO ANOUMA ROBERT, Expert-Comptable, 06 BP 706 Abidjan 06 Tél 21 28 21 25/21 28 20 74, en qualité de syndic pour surveiller l'exécution du concordat préventif ;

Ordonne la publication du présent jugement dans un journal d'annonces légales conformément aux dispositions des articles 36 et 37 de l'acte uniforme portant organisation des procédures collectives d'apurement du passif ;

Dit que les dépens seront employés en frais privilégiés de la procédure de règlement préventif ; » ;

Attendu que la BICICI demande à la cour de céans d'évoquer après cassation, de débouter la Société DELBAU de sa demande en homologation du concordat proposé aux motifs que les conditions y relatives ne sont pas remplies ; qu'elle soutient que si le délai de deux ans lui est opposable, il n'en est pas de même de la remise de 80% à laquelle elle n'a jamais consenti ;

Attendu que la Société DELBAU conclut à la confirmation du jugement entrepris et soutient que le fait de ne pas être d'accord avec les propositions concordataires ne peut empêcher le tribunal de rendre opposable le jugement du règlement préventif au créancier ;

Attendu qu'il ressort des pièces du dossier que la BICICI s'est toujours opposée à la remise de dettes de 80% proposée dans le concordat ; qu'elle a soutenu que c'est le délai de deux ans qui lui est opposable en cas de refus d'acceptation du concordat ; que conformément à l'article 15.2 de l'Acte uniforme sus indiqué, à l'exception du délai de deux ans qui lui est opposable, la BICICI n'est pas tenue d'accepter la remise proposée dans le concordat, celui-ci ne lui étant pas opposable ; qu'il convient donc d'infirmer partiellement le jugement entrepris en ce qu'il a rendu la remise opposable à la BICICI et dire que seule la durée de deux ans du concordat est opposable à la BICICI laquelle n'a pas accepté la remise proposée par le débiteur ;

Attendu qu'ayant succombé, la Société DELBAU doit être condamnée aux dépens ;

PAR CES MOTIFS

Statuant publiquement, après en avoir délibéré,

Déclare recevable le recours ;

Casse l'arrêt n°75 rendu le 12 mars 2010 par la cour d'appel d'Abidjan ;

Evoquant et statuant sur le fond,

Infirme partiellement le jugement n°183 rendu le 14 janvier 2008 par le tribunal de première instance d'Abidjan en ce qu'il a rendu la remise opposable à la BICICI qui ne l'a pas acceptée ;

Dit que seul le délai de 2 ans est opposable à la BICICI ;

Confirme le jugement pour le surplus ;

Condamne la Société DELAU aux dépens.

B. Redressement judiciaire/Liquidation des biens

Décision du juge-commissaire sur la revendication de créances : possibilité d'appel (CCJA, 2e Ch., n°19/2015, 02 avril 2015)

Sommaire

La décision par laquelle la juridiction compétente se prononce sur une décision du juge-commissaire relativement à une revendication de créance est susceptible d'appel. Dès lors est irrecevable devant la CCJA le recours formé contre une telle décision rendue en premier ressort.

La Cour Commune de Justice et d'Arbitrage (CCJA), de l'Organisation pour l'Harmonisation en Afrique du Droit des Affaires (OHADA), Deuxième chambre, a rendu l'Arrêt suivant en son audience publique du 02 avril 2015 où étaient présents :

Messieurs Abdoulaye Issoufi TOURE,	Président, rapporteur
Namuano Francisco DIAS GOMES,	Juge
Djimasna N'DONINGAR,	Juge
et Maître Jean Bosco MONBLE,	Greffier,

Sur le pourvoi enregistré au greffe de la cour de céans sous le n°024/2012/PC le 16 mars 2012 et formé par la SCPA Abel Kassi, Kobon et Associés, Avocats à la cour, demeurant aux II Plateaux, résidence « SICOGI Latrille », boulevard Latrille, agissant au nom et pour le compte de la Société Ivoirienne de Produits et de Négoce dite IPN, société anonyme dont le siège est à Abidjan Vridi, zone industrielle, rue Sylvestre, 15 BP 1025 Abidjan 15, dans la cause qui l'oppose à l'Etat de Côte d'Ivoire représenté par l'Agent judiciaire du Trésor,

en cassation du jugement n°1063 rendu le 23 avril 2009 par le tribunal de première instance d'Abidjan-Plateau et dont le dispositif est le suivant :

« Statuant en audience non publique, contradictoirement en matière commerciale et en premier ressort ;

Rejette la fin de non-recevoir tirée de la forclusion soulevée par l'Etat de Côte d'Ivoire ;

Reçoit la société IPN en son opposition ;

L'y dit cependant mal fondée ;

L'en déboute ;

La condamne aux dépens. » ;

La requérante invoque à l'appui de son pourvoi, les deux moyens de cassation tels qu'ils figurent à la requête annexée au présent arrêt ;

Sur le rapport de Monsieur Abdoulaye Issoufi TOURE, Premier Vice-président ;

Vu les dispositions des articles 13 et 14 du Traité relatif à l'harmonisation du droit des affaires en Afrique ;

Vu le Règlement de procédure de la Cour Commune de Justice et d'Arbitrage de l'OHADA ;

Attendu qu'il résulte des pièces du dossier que dans le cadre de la procédure d'ouverture de redressement judiciaire contre la société Ivoirienne de Produits et de Négoce dite IPN, l'Etat de Côte d'Ivoire a produit une créance de 355 732 900 francs ; que cette production a été contestée devant le juge commissaire par IPN ; qu'aucune décision n'étant intervenue de la part de ce magistrat dans les délais légaux, IPN a saisi le tribunal de première instance d'Abidjan en opposition à la décision implicite de rejet ; que par jugement n°1063 du 23 avril 2009 dont pourvoi, ladite opposition a été rejetée ;

Attendu que par lettre n°116/2012/G2 du 27 avril 2012, le greffier en chef de la cour de céans a signifié le recours à l'Etat de Côte d'Ivoire par l'entremise du cabinet Dadie-Sangaret, son conseil ; que cette lettre reçue le 02 mai 2012 est demeurée sans suite ; que le principe du contradictoire ayant été respecté, il échet de statuer ;

Sur la recevabilité du pourvoi

Attendu qu'aux termes de l'article 216-2° de l'Acte uniforme portant organisation des procédures collectives d'apurement du passif, ne sont susceptibles ni d'opposition ni d'appel « les décisions par lesquelles la juridiction compétente statue sur le recours formé contre les décisions rendues par le juge commissaire dans les limites de ses attributions, à l'exception de celles statuant sur les revendications... » ; qu'en l'espèce le tribunal de première instance d'Abidjan a essentiellement statué sur la revendication de l'Etat de Côte d'Ivoire, relativement à sa créance de 355 732 900 francs ; que dès lors la décision n'a pu être rendue qu'à charge d'appel ; alors que suivant les dispositions de l'article 14 alinéa 4 du Traité institutif de l'OHADA, le recours en cassation contre les décisions des juridictions de premier degré, n'est recevable que si celles-ci ne sont pas susceptibles d'appel ; que le jugement n°1063 du 23 avril 2009 ayant été rendu en premier ressort il échet dire que le recours en cassation est irrecevable en l'état ;

Attendu qu'il y a lieu de mettre les dépens à la charge de la société Ivoirienne de Produits et de Négoce dite IPN ;

PAR CES MOTIFS

Statuant publiquement après en avoir délibéré ;

Déclare irrecevable en l'état le pourvoi formé contre le jugement n°1036 rendu le 23 avril 2009 par le tribunal de première instance d'Abidjan-Plateau ;

Condamne la société ivoirienne de produits et de négoce dite IPN aux dépens.

Le syndic peut engager une action en revendication au sens de l'article 216 de l'AUPC (CCJA, 2e Ch., n°35/2015, 23 avril 2015)

Sommaire

L'action du syndic engagée dans le cadre des procédures collectives d'apurement du passif et portée devant le juge-commissaire, visant à obtenir du créancier le paiement des taxes dues en raison d'une acquisition immobilière est une action en revendication au sens de l'article 216 de l'AUPC.

La Cour Commune de Justice et d'Arbitrage (CCJA) de l'Organisation pour l'Harmonisation en Afrique du Droit des Affaires (OHADA), Deuxième chambre, a rendu l'Arrêt suivant en son audience publique du 23 avril 2015 où étaient présents :

Messieurs Abdoulaye Issoufi TOURE,	Président
Namuano Francisco DIAS GOMES,	Juge, rapporteur
Djimasna N'DONINGAR,	Juge
et Maître MOMBLE Jean Bosco,	Greffier,

Sur le pourvoi enregistré au greffe de la cour de céans le 08/05/2012 sous le numéro n°045/2012/PC et formé par Maitre Eric BABLY, Avocat à la Cour, agissant au nom et pour le compte de Monsieur N'GUESSAN Patrick Olivier, domicilié à Cocody les II Plateaux, Angré 8ème Tranche, 25 BP 792 Abidjan 25, dans la cause l'opposant à la SCI IPROBAT, mise en liquidation suivant jugement n°666 rendu le 20 février 2008 par le Tribunal de première instance d'Abidjan, représentée par son Syndic, ayant son siège social aux II Plateaux Perles, Immeuble KANZEGNOLY, 1er étage porte C 106, ayant pour conseil Maître KATINAN K. Arsène, Avocat près la Cour d'appel d'Abidjan, y demeurant, 17, Bd Roume, Résidence Roume, 2ème étage porte 21, 23 BP 1274 Abidjan 23,

en cassation du jugement n°192/2011 rendu le 18 janvier 2011 par le tribunal de première instance d'Abidjan, sur opposition à une ordonnance du juge-commissaire, dont le dispositif est le suivant :

« Statuant en audience non publique, contradictoirement, en matière commerciale en premier et en dernier ressort ;

- Déclare Monsieur N'GUESSAN Olivier Patrick, recevable en son opposition ;

- L'y dit mal fondé ;

- Le condamne à payer à la liquidation SCI IPROBAT la somme de 3.125.000 F CFA ;

- Le condamne aux dépens » ;

Le requérant invoque à l'appui de son pourvoi les deux moyens de cassation tels qu'ils figurent dans sa requête annexée au présent arrêt ;

Sur le rapport de Monsieur Namuano Francisco DIAS GOMES, Juge ;

Vu les dispositions des articles 13 et 14 du Traité relatif à l'harmonisation du droit des affaires en Afrique ;

Vu les dispositions de l'article 216 de l'Acte uniforme portant organisation des procédures collectives d'apurement du passif ;

Vu le Règlement de procédure de la Cour Commune de Justice et d'Arbitrage de l'OHADA ;

Attendu qu'il ressort des pièces du dossier de la procédure que la SCI IPROBAT, dans le cadre de la réalisation d'une opération immobilière qui consistait à construire des logements sociaux, dans les II Plateaux 8ème tranche, commune de Cocody, a sollicité de l'Etat de Côte d'Ivoire des allègements fiscaux ; qu'à ce titre, certaines exonérations lui ont été accordées de façon provisoire, en attendant confirmation définitive après le passage des inspecteurs de l'Etat ; que dans l'exécution des logements économiques et sociaux, les acquéreurs ont procédé à des modifications extérieures, changeant du coup la nature desdites maisons ; qu'après ce constat, l'Etat a renoncé en janvier 2002 à accorder les avantages fiscaux à la SCI IPROBAT; que le promoteur a informé les différents acquéreurs et par la même occasion leur demandait de réajuster les prix des maisons pour tenir compte des impôts à payer ; que dès réception dudit courrier, certains acquéreurs ont payé le gap ; que suite à des difficultés, par jugement n°666/CIV/1ère du 28 Février 2008, la SCI IPROBAT est mise en liquidation et le sieur KOFFI KONAN, Expert-Comptable près la cour d'appel d'Abidjan, a été nommé syndic ; que ce syndic, recherchant des fonds, a saisi le juge commissaire aux fins de recouvrement de la TVA sur les acquéreurs encore redevables ; qu'il sera autorisé, par ordonnance n°6204/09 en date du 02 novembre 2009, à recouvrer ces frais fiscaux à hauteur de 25% ; que sur opposition de N'GUESSAN Patrick Olivier, acquéreur de la villa n°10, le tribunal de première instance, rendait le jugement n°192/2011 du 18 janvier 2011; jugement dont pourvoi ;

Sur la recevabilité du recours

Attendu que l'article 216 de l'Acte uniforme portant organisation des procédures collectives d'apurement du passif dispose que : « ne sont susceptibles ni d'opposition ni d'appel: …2° les décisions par lesquelles la juridiction compétente statue sur le recours formé contre les décisions rendues par le juge-commissaire dans les limites de ses attributions, à l'exception de celles statuant sur les revendications…. » ;

Attendu qu'en l'espèce, l'action du syndic de la liquidation de la société SCI IPROBAT visait à obtenir le paiement de taxes sur le prix des villas vendues par la société SCI IPROBAT, suite au retrait de l'exonération fiscale par le Ministre de l'économie et des finances ; que cette action introduite par le syndic de la liquidation, est une action en revendication engagée dans le cadre des procédures collectives d'apurement du passif et portée devant le juge-commissaire ; que l'ordonnance du juge-commissaire intervenue dans une telle procédure est susceptible d'opposition et la décision de la juridiction compétente saisie, quant à elle, est susceptible d'appel conformément aux dispositions sus visées ; qu'il s'en suit qu'en saisissant la cour de céans d'un recours en cassation dirigé contre le jugement n°192/2011 du 18 janvier 2011 du tribunal de première instance d'Abidjan, alors que celui-ci était rendu à charge d'appel, sieur N'GUESSAN Patrick Olivier a méconnu les dispositions des articles 14 alinéa 4 du Traité relatif à l'harmonisation du droit des affaires en Afrique et 216 de l'Acte uniforme portant organisation des procédures collectives d'apurement du passif; qu'il échet par conséquent de déclarer le recours irrecevable en l'état.

Attendu que N'GUESSAN Patrick Olivier ayant succombé, il y a lieu de le condamner aux dépens.

PAR CES MOTIFS

Statuant publiquement, après en avoir délibéré ;

Déclare irrecevable en l'état le pourvoi de N'GUESSAN Patrick Olivier ;

Condamne N'GUESSAN Patrick Olivier aux dépens.

Le syndic peut intenter une action en restitution d'un bien détenu par un tiers (CCJA, 2e Ch., n°85/2015, 8 juillet 2015)

Sommaire

L'action du syndic de la liquidation visant à obtenir la restitution d'un bien ou d'un droit détenu par un tiers, et engagée dans le cadre d'une procédure collective d'apurement du passif, est une action relevant de l'article 216-2°. Elle est donc susceptible d'appel. Dès lors c'est à tort que les jugements attaqués ont été qualifiés de « dernier ressort », ce qui signifie qu'ils doivent être cassés.

La Cour Commune de Justice et d'Arbitrage (CCJA) de l'Organisation pour l'Harmonisation en Afrique du Droit des Affaires (OHADA), Deuxième Chambre, a rendu l'Arrêt suivant en son audience publique du 08 juillet où étaient présents :

Messieurs Abdoulaye Issoufi TOURE,	Président
Namuano Francisco DIAS GOMES,	Juge, rapporteur
Djimasna N'DONINGAR,	Juge
et Maître MOMBLE Jean Bosco,	Greffier,

Sur les pourvois enregistrés au greffe de la Cour de céans les 07,14 mai 2012, 16, 22 et 23 août 2012 respectivement sous les numéros 042/2012/PC, 43/2012/PC, 044/2012/PC, 049/2012/PC, 95/2012/PC, 96/2012/PC, 100/2012/PC, 101/2012/PC et 102/2012/PC, formés par Maître Eric BABLY, Avocat à la Cour, agissant aux noms et pour les comptes des sieurs GNANGO Emmanuel Patrice Loba, KOUABLAN Anoh, AKOUBE Mathias, DON AKE Thomas, TOTI BOGA, AWO ALIE Ferdinand, KOUADIO AWNA Mathieu et YAO ADJOUA Jacqueline, tous domiciliés à Cocody les II Plateaux, Angré 8ème Tranche, Abidjan, et par Maître SONTE Emile, Avocat à la Cour, agissant au nom et pour le compte de Dame SORO Kadiatou, domiciliés à Cocody les II Plateaux, Angré 8ème Tranche, Abidjan, dans les causes les opposant à la SCI IPROBAT, mise en liquidation suivant jugement n°666 rendu le 28 février 2008 par le Tribunal de première instance d'Abidjan, représentée par son Syndic, ayant son siège social aux II Plateaux Perles, Immeuble KANZEGNOLY et ayant pour conseil Maître KATINAN K. Arsène, Avocat à la Cour d'Appel d'Abidjan, demeurant, 17, Bd ROUME, Résidence ROUME, 23 BP 1274 Abidjan 23,

en cassation des jugements N° 72, 77 et 84/2011, rendus le 11 Janvier 2011 et ceux rendus le 18 Janvier 2011 sous les N°190, 193, 194, 195, 188, 189/2011, par le Tribunal de première instance d'Abidjan, sur opposition à l'ordonnance n°6204/09 du 2 Novembre 2009 du juge-commissaire, ayant déclaré en audience non publique, contradictoirement, en matière commerciale en premier et en dernier ressort, les acquéreurs opposants, recevables, mais mal fondés, les a déboutés de toutes leurs prétentions et les a condamnés aux paiements des sommes réclamées par le syndic de la liquidation SCI IPROBAT ainsi qu'aux dépens ;

Les requérants invoquent tous à l'appui de leurs pourvois les deux moyens de cassation tels qu'ils figurent dans leurs requêtes annexées au présent arrêt ;

Sur le rapport de Monsieur Namuano Francisco DIAS GOMES, Juge ;

Vu l'arrêt Avant dire Droit n°084 du 08 juillet 2015 ayant ordonné la jonction des procédures ;

Vu les dispositions des articles 13 et 14 du Traité relatif à l'harmonisation du droit des affaires en Afrique ;

Vu le Règlement de procédure de la Cour Commune de Justice et d'Arbitrage de l'OHADA ;

Attendu qu'il ressort des pièces des dossiers de la procédure que la SCI IPROBAT, dans le cadre de la réalisation d'une opération immobilière qui consistait à construire des logements économiques et sociaux, dans les II Plateaux 8ème tranche, commune de Cocody, a sollicité de l'Etat de Côte d'Ivoire des allègements fiscaux ; qu'à ce titre, certaines exonérations lui ont été accordées de façon provisoire en attendant confirmation définitive, après le passage des inspecteurs de l'Etat ; que, dans l'exécution desdits logements, les acquéreurs ont procédé à des modifications extérieures, changeant du coup leur nature ; qu'après ce constat, l'Etat a renoncé en janvier 2002 à accorder les avantages fiscaux à la SCI IPROBAT; que le promoteur a informé les différents acquéreurs et par la même occasion leur demandait de réajuster les prix des maisons pour tenir compte des impôts à payer ; que dès réception dudit courrier, certains des acquéreurs ont payé le gap ; que suite à des difficultés, par jugement n°666/CIV/1ère du 28 Février 2008, la SCI IPROBAT est mise en liquidation et le sieur KOFFI KONAN, Expert-Comptable près la cour d'appel d'Abidjan, a été nommé syndic ; que le syndic, recherchant des fonds, a saisi le Juge Commissaire aux fins de recouvrement de la TVA sur ceux des acquéreurs encore redevables ; qu'il sera autorisé, par ordonnance n°6204/09 du 02 novembre 2009, à recouvrer ces frais fiscaux à hauteur de 25% ; que, sur opposition des sus nommés, le tribunal de première instance rendait les 11 et 18 Janvier 2011 les jugements n° 72, 77, 84, 190, 193, 194, 195, 188, 189/2011 ; jugements dont pourvois ;

Sur la recevabilité du recours

Attendu que l'article 216 de l'Acte uniforme portant organisation des procédures collectives d'apurement du passif dispose que : « ne sont susceptibles ni d'opposition, ni d'appel : (...) 2° les décisions par lesquelles la juridiction compétente statue sur le recours formé contre les décisions rendues par le juge-commissaire dans les limites de ses attributions, à l'exception de celles statuant sur les revendications... » ;

Attendu que suivant la jurisprudence de la cour de céans, l'action du syndic de la liquidation visant à obtenir la restitution d'un bien ou d'un droit détenu par un tiers, et engagée dans le cadre d'une procédure collective d'apurement du passif, est une action relevant de l'article 216-2° ; qu'en l'espèce l'ordonnance du juge-commissaire statuant en la matière est susceptible d'opposition et la décision de la juridiction compétente saisie sur opposition est susceptible d'appel conformément aux dispositions sus énoncées ;

que dès lors c'est à tort que les jugements dont pourvois, ont été qualifiés de « dernier ressort » ; que les affaires doivent être renvoyées aux fins de saisine de la cour d'appel ;

Attendu donc qu'il échet de déclarer les pourvois irrecevables en l'état ;

Attendu qu'il y a lieu de mettre les dépens à la charge des requérants.

PAR CES MOTIFS

Statuant publiquement, après en avoir délibéré ;

Déclare irrecevables en l'état les pourvois formés par les sus nommés contre les jugements n°72, 77 et 84/2011, rendus le 11 Janvier 2011 et ceux rendus le 18 janvier 2011 sous les n°190, 193, 194, 195, 188, 189/2011 par le Tribunal de première instance d'Abidjan, tous sur opposition à l'ordonnance n°6204/09 du 02 Novembre 2009 du juge-commissaire ;

Renvoie les requérants à mieux se pourvoir ;

Met les dépens à leur charge.

Le créancier de cotisations sociales peut assigner le débiteur en procédure collective (CCJA, 1ère Ch., n°01/2015, 14 janvier 2015)

Sommaire

Sont certaines et peuvent donner lieu à une assignation en procédure collective, les créances de cotisations sociales nées à la suite de la cessation d'activités dès lors que cette cessation d'activités et le congédiement subséquent des salariés n'ont pas été déclarés à l'organisme de sécurité sociale conformément à la loi nationale.

La Cour Commune de Justice et d'Arbitrage (CCJA), Première Chambre, de l'Organisation pour l'Harmonisation en Afrique du Droit des Affaires (OHADA), a rendu l'arrêt suivant en son audience publique du 14 janvier 2015 où étaient présents :

MM : Marcel SEREKOÏSSE-SAMBA, Président, rapporteur ;

Mamadou DEME, Juge ;

Djimasna N'DONINGAR, Juge ;

Et Maître Acka ASSIEHUE, Greffier ;

Sur le pourvoi n° 119/2013/PC enregistré au Greffe de la Cour de céans le 19 septembre 2013, formé par la SCPA Paul KOUASSI & Associés, Avocats à la Cour d'appel d'Abidjan, y demeurant Cocody Mermoz, rue Sainte-Marie, 08 BP 1679 Abidjan 08, Maîtres Colette KACOUTIE et Mahoua FADIKA DELAFOSSE, Avocats près la Cour d'appel d'Abidjan, associés du cabinet FADIKA-DELAFOSSE-KACOUTIE & Associés (F.D.K.A), demeurant à Abidjan, immeuble Les Harmonies, Bd CARDE, Rue du docteur JAMOT, 01 BP 2297 ABIDJAN 01, agissant pour le compte de la Société Commission Import Export dite COMMISIMPEX, poursuites et diligences de son Président Directeur Général, Monsieur Moshen Mohamed HAJAIJ, demeurant JNAH rue Adnan El Hakim à Beyrouth (Liban), dans le différend qui l'oppose à la Caisse Nationale de Sécurité Sociale du Congo-Brazzaville dite CNSS, établissement public à caractère social, dont le siège est sis Boulevard Denis SASSOU NGUESSO, BP 182 Brazzaville,

en cassation de l'arrêt n°19 rendu le 13 mai 2013 par la Cour d'appel de Brazzaville et dont le dispositif suit :

« Par ces motifs :

Statuant publiquement, contradictoirement, en matière commerciale et en dernier ressort ;

En la forme

Reçoit les appels ;

Au fond

Infirme partiellement le jugement du Tribunal de commerce du 30 octobre 2012 ;

Statuant à nouveau :

Nomme les organes de liquidation ainsi qu'il suit :

Charles Emile APPESSE, juge commissaire ;

Gaston MOSSA, Emile NZONDO et Edouard TATI MAKAYA, syndics

Déboute la Caisse Nationale de Sécurité Sociale (CNSS) de sa demande en faillite personnelle du sieur MOSHEN MOHAMED HAJAIJ ;

Déboute les parties de toutes leurs demandes infondées ;

Confirme le jugement entrepris en toutes ses autres dispositions ;

Fait masse des dépens » ;

Attendu que la société COMMISIMPEX invoque à l'appui de son recours les trois moyens de cassation tels qu'ils figurent à la requête annexée au présent arrêt ;

Sur le rapport de Monsieur Marcel SEREKOÏSSE-SAMBA, Président ;

Vu les dispositions des articles 13 et 14 du Traité relatif à l'harmonisation du droit des affaires en Afrique ;

Vu le Règlement de procédure de la Cour Commune de Justice et d'Arbitrage de l'OHADA ;

Attendu que le 28 septembre 2012, la Caisse Nationale de Sécurité Sociale (CNSS) du Congo, sur la base du certificat de non dépôt des états financiers de synthèse établi le 27 février 2012 par le Greffier en chef du tribunal de commerce de Brazzaville, a cité à comparaître devant ledit tribunal la société Commissions Import Export (COMMISIMPEX) pour l'entendre condamnée à lui payer en principal la somme de 1.409.619.960 FCFA au titre des arriérés de cotisations sociales, mis à jour au 31 décembre 2011 ; que cette somme, majorée de diverses pénalités, est arrêtée à 2.823.739.920 FCFA ;

Que par jugement du 30 octobre 2012, le tribunal de commerce, estimant la COMMISIMPEX en cessation de paiements, a ouvert à son encontre une procédure de liquidation des biens ; que sur appel de la société COMMISIMPEX, la Cour d'appel de Brazzaville a rendu le 13 mai 2013 l'arrêt partiellement confirmatif sus énoncé dont pourvoi ;

Sur la recevabilité du recours

Attendu que la CNSS soulève in limine litis deux exceptions d'irrecevabilité du pourvoi exercé par la société COMMISIMPEX ;

Sur l'exception d'irrecevabilité tirée de la violation des règles de représentation de la société anonyme avec conseil d'administration

Attendu que la CNSS soutient que les attributions du Président du Conseil d'Administration définies par l'article 480 de l'Acte uniforme relatif au droit des sociétés commerciales et du groupement d'intérêt économique ne confèrent au sieur MOSHEN

MOHAMED HAJAIJ, ès qualité, aucun pouvoir de représentation d'une telle société en justice ;

Mais attendu que, tant aux termes des articles 465 et 468 de l'Acte uniforme sus évoqué que de la jurisprudence de la Cour de céans, seul le Président-Directeur-Général d'une société anonyme avec conseil d'administration a qualité pour représenter la société ; et en cas d'empêchement de celui-ci, la représentation est assurée par un administrateur délégué par le conseil d'administration ; qu'ainsi, l'exception doit être rejetée comme non fondée ;

Sur l'exception d'irrecevabilité tirée de l'article 28 du Règlement de procédure de la Cour Commune de Justice et d'Arbitrage

Attendu qu'il est fait grief à la COMMISIMPEX d'abord d'avoir, en violation de l'article 28 du Règlement de procédure de la Cour de céans, omis d'indiquer le nom de l'avocat de la CNSS dans l'acte de pourvoi devant la Cour de céans ; ensuite d'avoir produit un extrait de son registre de commerce devenu caduc du fait-même de la décision de liquidation des biens qui prescrit que la raison sociale ou la dénomination de la société doit désormais être suivie de la mention « société en liquidation des biens » ;

Mais attendu que l'examen d'un dossier de procédure par la Cour de céans ne s'opère que lorsque ledit dossier est en état, à savoir, lorsque tous les échanges d'écritures et de pièces sont clos ; que pendant la période de ces échanges, il est loisible aux parties de combler toutes les lacunes, tant qu'un juge rapporteur n'a pas encore déposé les projets des résultats d'analyse ;

Qu'en l'espèce, il appert que, d'une part, le grief fait du défaut de mention du nom de l'avocat de la CNSS a été comblé dans le mémoire en réplique déposé par la société COMMISIMPEX au greffe de la Cour de céans le 27 mai 2014 ; que, d'autre part, l'extrait de registre de commerce produit au soutien du pourvoi devant la Cour de céans est une pièce du dossier de la procédure initiale devant les juridictions congolaises qui l'ont validée ; qu'ainsi, cette seconde exception doit aussi être rejetée ;

Sur le premier moyen

Attendu qu'il est reproché à l'arrêt attaqué d'avoir déclaré recevable la saisine du tribunal de commerce de Brazzaville par une simple requête non contradictoire, alors que les modalités de saisine fixées par l'article 28 de l'Acte uniforme relatif aux procédures collectives d'apurement du passif et tenant à la saisine par voie d'assignation constituent une formalité substantielle et d'ordre public ;

Mais attendu que la disposition dont la violation est arguée n'a prévu aucune nullité contre la décision du tribunal saisi par voie de requête, alors qu'aux termes de l'article 28 bis du nouveau Règlement de procédure de la Cour de céans, si la violation des formes n'est pas prescrite à peine de nullité, elle ne peut constituer un cas d'ouverture à cassation ; qu'il échet donc de rejeter le moyen ;

Sur le deuxième moyen

Attendu qu'il est reproché à l'arrêt attaqué d'avoir violé l'article 28 alinéa 1 de l'Acte uniforme relatif aux procédures collectives d'apurement du passif, en considérant que la créance de la CNSS était certaine comme fondée sur une obligation légale de payer les cotisations sociales et d'avoir débouté la société COMMISIMPEX de sa demande tendant à voir constater que la CNSS ne justifie d'aucun titre représentant une créance certaine, liquide et exigible ; alors que, tant que subsiste une contestation non définitivement tranchée au fond et une incertitude quant à l'existence et au bien fondé de la créance, le créancier ne peut soutenir une demande d'ouverture d'une procédure collective ;

Mais attendu qu'il ressort des pièces du dossier de la procédure que le 28 juin 1991, l'assemblée générale de la COMMISIMPEX a décidé de la « mise en sommeil » des activités économiques de la société et a congédié l'intégralité des salariés ;

Que cette « mise en sommeil » de la société et le congédiement des employés traduisent bien une cessation d'activités résultant des cas de figures prévus aux articles 664 à 666 et 737 de l'Acte uniforme relatif au droit des sociétés commerciales et du groupement d'intérêt économique ;

Que dans ces conditions, la COMMISIMPEX était tenue de se conformer à l'obligation de déclarer la cessation d'activité, non seulement à l'organisme auprès duquel le début d'activité avait été déclaré, en l'espèce le tribunal de commerce de Brazzaville, dépositaire du registre du commerce, mais aussi à la CNSS, chargée de la gestion du régime de sécurité sociale auquel, selon les dispositions des articles 3 et 6 de la loi n°004/86 du 25 février 1986 instituant le code de sécurité sociale en République Populaire du Congo,« sont assujettis…tous les travailleurs relevant du code du travail… » ;

Qu'en s'abstenant de procéder à cette déclaration, la COMMISIMPEX a mis la CNSS en droit de continuer le pointage, pour toute la durée de la « mise en sommeil », des impayés des cotisations sociales qui, aux termes de l'article 26 de la loi congolaise susvisée, sont immédiatement exigibles parce que constituant dès lors une créance sociale certaine et liquide, appréciées souverainement par les juges du fond ; que dès lors, le deuxième moyen mérite le rejet comme non fondé ;

Sur le troisième moyen

Attendu qu'il est fait grief à l'arrêt attaqué d'avoir dit que l'interminable « état de mise en sommeil » de la société COMMISIMPEX S.A s'analysait en une cessation d'activité et qu'elle était en cessation de paiement et d'avoir, en conséquence, prononcé la liquidation des biens de la société COMMISIMPEX S.A et dit que, par l'effet de cette liquidation, la société COMMISIMPEX était dissoute, alors que le passif exigible est composé de dettes échues et certaines au jour de l'appréciation de l'état de cessation des paiements ; qu'en considérant que la société COMMISIMPEX était dans l'impossibilité de faire face à son passif exigible avec son actif disponible, cependant que la créance de la CNSS, qui était contestée, ne pouvait caractériser l'existence d'un « passif exigible » de la société COMMISIMPEX, la Cour d'appel de Brazzaville a violé l'article 25 de l'Acte uniforme relatif aux procédures collectives d'apurement du passif ;

Mais attendu que ce moyen est mélangé de fait et de droit ; que les premiers Juges, tirant les conséquences de divers faits, circonstances, « artifices » et manquements de COMMISIMPEX, en ont souverainement apprécié et déduit son état de cessation de paiements auquel ils ont décidé de la mise en œuvre de la procédure appropriée ; qu'ainsi, le troisième moyen ne saurait prospérer ;

Attendu que la société COMMISIMPEX SA ayant succombé, il y a lieu de la condamner aux dépens ;

PAR CES MOTIFS

Statuant publiquement, après en avoir délibéré,

Déclare recevable le pourvoi de la société COMMISIMPEX S.A ;

Le rejette comme non fondé ;

Condamne la COMMISIMPEX aux dépens.

Avis de la CCJA du 17 juin 2015 sur le projet d'Acte uniforme sur les procédures collectives (Avis n°01/2015, 17 juin 2015)

Demande d'Avis n°255/SP/DAJ/OHADA/2015 du 21 avril 2015 du Secrétariat Permanent de l'OHADA

AVIS N° 001 du 17 JUIN 2015

La Cour Commune de Justice et d'Arbitrage (CCJA) réunie en formation plénière à son siège le 17 juin 2015

Vu le Traité relatif à l'harmonisation du droit des affaires en Afrique en ses articles 6 et 7 ;

Vu le Règlement de procédure de la Cour Commune de Justice et d'Arbitrage (CCJA) notamment en ses articles 9, 53, 54 et 58 ;

Vu la demande d'Avis consultatif du Secrétariat Permanent de l'OHADA en date du 21 avril 2015 signée de Monsieur le Secrétaire permanent, enregistrée au greffe de la Cour le sous le numéro et tendant à recueillir l'avis de la Cour sur le projet d'Acte uniforme en révision portant organisation des procédures collectives d'apurement du passif (AUPC) ;

La Cour Commune de Justice et d'Arbitrage (CCJA) s'est réunie en formation plénière à Abidjan (République de Côte d'Ivoire), le 17 juin 2015 aux fins d'examiner, pour avis, le projet d'Acte uniforme en révision portant organisation des procédures collectives d'apurement du passif ;

Sur le rapport de Monsieur Idrissa YAYE, Juge ;

La Cour émet un avis favorable à l'adoption dudit projet sous réserves des observations tant préliminaires que de forme et de fond ci-après :

Observations préliminaires

I-1 Présentation

La Cour, conformément à ses avis antérieurs, dont notamment ses avis n°1, 2 et 3 de l'année 1997 et n°1 de l'année 1998, rappelle la présentation de l'Acte uniforme, omise dans le projet à elle soumise. Elle propose la présentation ci-après :

ACTE UNIFORME REVISE PORTANT ORGANISATION DES PROCEDURES COLLECTIVES D'APUREMENT DU PASSIF

Le Conseil des Ministres de l'Organisation pour l'Harmonisation en Afrique du Droit des Affaires (OHADA)

Vu le Traité relatif à l'harmonisation du droit des affaires en Afrique, signé à Port Louis le 17 octobre 1993, tel que révisé à Québec le 17 octobre 2008, notamment en ses articles 2, 5 à 10 et 12 ;

Vu le rapport du Secrétariat Permanent et les observations des Etats Parties ;

Vu l'avis n° en date du de la Cour Commune de Justice et d'Arbitrage ;

Après en avoir délibéré, adopte à l'unanimité des Etats Parties présents et votants, l'Acte uniforme dont la teneur suit :

I-2 Pertinence de la procédure de conciliation

La Cour ne perçoit pas bien la nécessité et l'opportunité de l'introduction d'une procédure de conciliation qui risque d'alourdir inutilement la recherche de solutions aux difficultés de l'entreprise. Procédure de conciliation susceptible de générer des frais qui vont alourdir le passif de l'entreprise en difficulté. Il vaut mieux permettre, comme c'est le cas actuellement, la saisine directe de la juridiction compétente dès l'apparition des difficultés. La Cour fait remarquer, du reste, que la procédure de règlement préventif est quasiment une forme de conciliation. La Cour rappelle au surplus qu'un Acte uniforme sur la médiation et la conciliation est en cours d'élaboration, lequel s'il est adopté deviendra le droit commun de toute procédure de conciliation dans l'espace OHADA. Elle propose en conséquence la suppression de tous les articles relatifs à la procédure de conciliation dans le présent projet, notamment, les articles 1-1, 1-2, 1-3 alinéa 1 et le chapitre I du titre II à savoir les articles 5 jusqu'à l'article 5-14.

I-3 Pertinence de la création de la commission nationale

La Cour ne perçoit ni la pertinence ni l'utilité véritable d'un tel organe national, elle note que, l'efficacité même d'une telle commission est chimérique en raison, notamment, de sa composition et du fait qu'elle ne siège que de manière épisodique et qu'elle ne soit pas véritablement un organe des procédures collectives.

Aussi, la Cour propose la suppression des articles 4 jusqu'à l'article 4-37 créant cet organe complexe et budgétivore ; elle plaide plutôt pour une spécialisation des magistrats tant du siège que du parquet intervenant dans cette matière et un renforcement du pouvoir de contrôle du juge-commissaire et du rôle de veille du ministère public. La Cour souhaite également qu'un regard particulier soit porté par le projet sur le profil des experts intervenant dans cette matière.

Observations de fond ou de forme, article par article

L'article premier a été omis du projet transmis, la Cour propose de le récupérer du tableau de bord et de modifier, dans un souci de cohérence, ses dispositions ainsi qu'il suit : « Le présent Acte uniforme, qui modifie et remplace l'Acte uniforme portant organisation des procédures collectives d'apurement du passif du 10 avril 1998, a pour objet :

-d'organiser les procédures .... » ;

Article 1-1 : suivant la même logique expliquée dans le tableau de bord, la Cour estime qu'il est aussi préférable, dans un souci de précision, de viser également expressément les sociétés coopératives dont la section 2, article 196 de l'Acte uniforme portant sociétés coopératives a prévu la liquidation judiciaire, citée parmi les causes de dissolution de la société coopérative (chapitre 1, section 1, article 177 de l'Acte uniforme portant sociétés coopératives).

Article 1-3, in fine, la Cour propose d'harmoniser en reconduisant la définition du journal d'annonces légales prévue à l'article 257 de l'AUDCG GIE. Elle relève, d'autre part que, des définitions, dont la suppression n'a pas été proposée par la plénière des commissions nationales OHADA et qui figurent sur le tableau de bord, n'ont pas été reprises à l'article 1-3 ; elle s'interroge, s'il s'agit d'un oubli ou d'une suppression décidée par le consultant ?

Article 3, La Cour propose le maintien des dispositions de l'article 3 actuel. La juridiction étant un terme générique, il appartient à chaque Etat partie de désigner ladite juridiction compétente en matière de procédure collective.

L'article 3-1, in fine, et l'article 3-2, alinéa 4 et 5 se contredisent. La Cour propose la suppression de la dernière phrase de l'article 3-1.

L'article 4-5 est une reprise des dispositions de l'article 4-4, la Cour propose de récupérer la bonne écriture de l'article 4-5 dans le tableau de bord.

CHAPITRE III : CONDITIONS D'EXERCICE, la Cour propose d'ajouter, DES MANDATAIRES JUDICIAIRES

CHAPITRE V : RESPONSABILITÉ ET ASSURANCE PROFESSIONNELLES, la Cour propose d'ajouter également, DES MANDATAIRES JUDICIAIRES

CHAPITRE I : LA CONCILIATION, la Cour propose la suppression de l'article partitif « la » dans un souci d'harmonisation.

Article 4-9, alinéa 2, la Cour s'interroge sur l'intérêt d'une telle communication, pour laquelle aucune conséquence n'est tirée et propose la suppression de cet alinéa.

Article 4, la Cour propose le maintien de l'article 4 actuel d'où sont tirés les articles 3-1 et 3-2 dont la suppression est proposée par elle.

Article 4-15, la Cour propose la réécriture, afin d'assurer les garanties d'indépendance, de neutralité et d'impartialité des experts au règlement préventif et des syndics, ci-après : « Il est institué dans chaque Etat Partie un ordre des experts au règlement préventif et des syndics.

L'exercice de la mission d'experts au règlement préventif ou de syndics est incompatible avec toute autre activité de nature à porter atteinte à son indépendance, sa neutralité et son impartialité.

Les cas d'incompatibilités visés à l'alinéa précédent sont déterminés par chaque Etat Partie. ».

Article 5-14, la Cour propose la suppression du dernier alinéa de cet article qui parait superfétatoire.

Article 6, la Cour propose, dans un souci de cohérence, la réécriture des alinéas 2 et 4, dudit article, fondus en un seul alinéa 2 ainsi rédigé : « La Juridiction compétente est saisie par requête du débiteur, adressée au président de la juridiction compétente et déposée au greffe contre récépissé. ».

Article 11-1, remplacer « l'homologation du règlement préventif » par « l'homologation du concordat préventif ».

Article 14 alinéa 1, la Cour propose, dans un souci de cohérence, la réécriture suivante : « Dans les huit (08) jours du dépôt du rapport de l'expert, le président de la juridiction compétente saisie convoque le débiteur à comparaître à une audience non publique pour y être entendu. Il convoque également à cette audience l'expert ainsi que tout créancier qu'il juge utile d'entendre. Dans ce même délai, le débiteur peut saisir lui-même la juridiction compétente.

Article 15 alinéa 3 à supprimer, car l'hypothèse prévue à l'article 11-1 doit être postérieure à l'homologation du concordat préventif, elle ne peut donc être imaginée ici. La Cour propose également d'éclater l'actuel alinéa 4 du projet en deux alinéas. Le premier alinéa allant de « au cas où …… » jusqu'à « parvenir à un accord. », le nouvel alinéa devant être une reprise de l'alinéa 3 du texte actuel, mieux rédigé et ainsi libellé : « Dans le cas où le concordat préventif comporte une demande de délai n'excédant pas deux, ans, la juridiction peut rendre ce délai opposable aux créanciers qui ont refusé tout délai et toute remise sauf si ce délai met en péril l'entreprise de ces créanciers. ». La Cour est pour la suppression de la proposition de versement de 25% du montant au créancier non signataire du concordat préventif qui aura pour effet de vider l'opposabilité du délai de son sens.

Article 32 in fine, écrire plutôt « la juridiction compétente ne peut renvoyer l'affaire au rôle général » au lieu de « inscrire ».

Article 33 alinéa 4, supprimer le mot « d'office ».

Article 40, afin de permettre à la juridiction de pouvoir s'autosaisir en respectant le délai de 8 jours, la Cour fait la proposition de réécriture ci-après :

« Le juge-commissaire statue sur les demandes, contestations et revendications relevant de sa compétence dans le délai de huit (08) jours à partir de sa saisine. S'il n'a pas statué dans ce délai, il est réputé avoir rendu une décision de rejet de la demande.

Les décisions du juge-commissaire sont immédiatement déposées au greffe qui les notifie au président de la juridiction compétente, et par lettre au porteur contre récépissé ou par lettre recommandée avec demande d'avis de réception ou par tout moyen laissant trace écrite, y compris le courrier électronique, à toutes personnes à qui elles sont susceptibles de faire grief.

Ces décisions peuvent être frappées d'opposition formée par simple déclaration au greffe de la juridiction compétente dans les huit (08) jours de leur dépôt ou de leur notification ou suivant le délai prévu à l'alinéa premier du présent article. Pendant ce même délai, la juridiction compétente peut se saisir d'office et réformer ou annuler les décisions du juge-commissaire.

La juridiction compétente statue à la première audience utile. ».

Article 43, alinéa 2, la Cour propose la suppression du bout de phrase : « selon la loi de chaque État partie. » qui n'ajoute rien.

Article 43, alinéa 5, la Cour fait la proposition ci-après de réécriture dudit alinéa, afin d'exclure toute périodicité laissée à la convenance du juge-commissaire :

« Le syndic a l'obligation de remettre un rapport écrit sur sa mission et sur le déroulement de la procédure de redressement ou de liquidation des biens au juge-commissaire au moins une (01) fois tous les deux (2) mois et, dans tous les cas, chaque fois que le juge-commissaire le lui demande. Il indique, en outre, dans son rapport, le montant des deniers déposés au compte de la procédure collective ouvert dans les conditions prévues par l'article 4-35 ci-dessus. ».

Article 44, la Cour estime que la convocation d'un représentant de la Commission Nationale disposant d'un pouvoir disciplinaire est nécessaire si cet organe est maintenu.

Article 51, la Cour propose le maintien de la disposition actuelle qui a le mérite de n'exclure que les personnes impliquées dans la procédure.

Article 101, il y a un point (.) de plus à la fin qu'il convient de supprimer.

Article 145-4, alinéa 2, mettre un point (.) à la fin du texte.

Article 145-9, le début de l'article est un alinéa et ne peut commencer par un tiret.

Article 179-3, l'alinéa 1er de cet article mérite d'être supprimé car il est superfétatoire, l'alinéa 2 devient alinéa 1 et doit commencer par « Le syndic peut … ».

Article 183in fine, remplacer « les moindres délais » par « les brefs délais ».

Article 229, 6°), mettre un point (.) à la fin, au lieu d'une virgule (,).

Article 257, La Cour propose de ramener le bout de phrase « qui modifie et remplace l'Acte uniforme portant organisation des procédures collectives d'apurement du passif du 10 avril 1998 » à l'article 1 et la réécriture du nouvel article 257 qui serait :

« Les dispositions du présent Acte uniforme ne sont applicables qu'aux procédures préventives et collectives ouvertes après son entrée en vigueur. ».

Article 256-24 et 256-25, la Cour préfère l'expression « dans la mesure du possible » à « dans la mesure possible ».

Article 256-28, 1°) remplacer le point-virgule (;) par deux points (:) à la fin. Mettre un point-virgule (;) à la fin du 1°) -b). Mettre deux points (:) à la fin du 2°) en lieu et place du point-virgule (;).

Le présent Avis a été émis par la Cour Commune de Justice et d'Arbitrage en sa séance du .

A laquelle étaient présents :

Messieurs : Marcel SEREKOÏSSE SAMBA,	Président
Abdoulaye Issoufi TOURE,	Premier Vice-président
Madame Flora DALMEIDA MELE,	Second Vice-président

Messieurs : Namuano Franscisco DIAS GOMES,	Juge
Victoriano OBIANG ABOGO,	Juge
Mamadou DEME,	Juge
Idrissa YAYE,	Juge, rapporteur
Djimasna N'DONINGAR,	Juge
Birika Jean Claude BONZI,	Juge
Robert SAFARI ZIHALIRWA,	Juge,
et Maître Paul LENDONGO,	Greffier en chef

TABLE DES MATIÈRES

DROIT
AUX ÉDITIONS L'HARMATTAN

Dernières parutions

LE RAPPORT DU DROIT ADMINISTRATIF NATIONAL AUX DROITS ADMINISTRATIFS ÉTRANGERS

Les cas de la France et de l'Espagne

Anna Neyrat

Préface de Fabrice Melleray

Les droits administratifs français et espagnol sont souvent présentés comme des idéaux types opposés dans leur rapport aux droits administratifs étrangers. Comme exportateur, le droit administratif français considère ses homologues étrangers comme un réceptacle de son influence ; comme importateur, le droit administratif espagnol les envisage comme source de son enrichissement. Si une telle présentation repose sur des raisons temporelles et culturelles qui ont fait du droit administratif français un modèle et de l'espagnol un imitateur, elle se révèle partiellement inexacte. Elle est notamment dépassée à l'heure de la globalisation. Cette recherche invite à poser un regard différent sur ces présupposés.

(Coll. Logiques Juridiques, 680 p., 49 euros)

ISBN : 978-2-343-16682-7, EAN EBOOK : 9782140114588

DROITS FONDAMENTAUX ET CRISE(S) DES SOLIDARITÉS

Fabien Bottini

La solidarité renvoie aux liens sociaux qui font le ciment d'une communauté. Si c'est pourquoi il semble plus juste de parler de solidarités au pluriel, l'Etat a pendant longtemps été leur garant au travers des droits sociaux fondamentaux. Mais le constat s'impose : des débats qui ont agité la réforme du droit du travail à ceux qui portent sur les régimes de retraites en passant par la crise des migrants ; des hésitations sur la place des territoires et de l'Union européenne dans la mise en oeuvre des politiques sociales à l'apparition d'un droit constitutionnel économique... Les interrogations ne manquent pas quant à savoir si ces droits fondamentaux parviennent encore à faire la solidarité. Si crises il y a, signent-elles la fin de l'âge d'or de la solidarité ou sa mutation ?

(Coll. Le Droit aujourd'hui, 276 p., 28,5 euros)

ISBN : 978-2-343-16201-0, EAN EBOOK : 9782140114274

DÉCLARATION DES DROITS DE L'HOMME ET DU CITOYEN

Postérité et actualité

Remi Puigventos

Responsables scientifiques : Jimmy Meersman et Rémi Puigventos

Le 26 août 1789, l'Assemblée constituante adopte les derniers articles du texte de la Déclaration des droits de l'homme et du citoyen qui, traversant les siècles, deviendra l'un des textes fondamentaux de la Cinquième République. Si la Déclaration de 1789 est l'une des pierres angulaires de la garantie des droits de l'homme, l'étude de sa postérité et de son actualité interroge. Le présent ouvrage contribue à en dévoiler les éléments les plus essentiels au travers d'une douzaine de contributions.

(Coll. Droit privé et sciences criminelles, 238 p., 25 euros)

ISBN : 978-2-343-16359-8, EAN EBOOK : 9782140112164

ANNUAIRE DES ENGAGEMENTS INTERNATIONAUX AYANT FAIT L'OBJET D'UNE LOI D'AUTORISATION SOUS LA VE RÉPUBLIQUE

Didier Jamot

Au cours de la Ve République, près de 2000 engagements internationaux ont fait l'objet d'une loi d'autorisation. Dans les années 1960, seulement 22% des lois votés par le Parlement avaient pour objet la ratification ou l'approbation de tels engagements, alors que désormais 40% des lois visent un tel objectif. Par conséquent, le nombre de normes internationales intégrées au droit interne est considérable. Mais leur importance n'est pas seulement quantitative : tout engagement international régulièrement ratifié et publié s'impose au législateur. Aucune loi ne peut ainsi lui être contraire. Par ailleurs, les conventions internationales embrassant l'ensemble des matières juridiques, plus aucune activité humaine n'échappe aux droits et obligations prévus par les conventions. Cet annuaire recense enfin ces engagements internationaux avec des index thématiques et par pays signataire.

(Coll. Logiques Juridiques, 432 p., 42 euros)

ISBN : 978-2-343-16237-9, EAN EBOOK : 9782140112089

LES TITRES DE NOBLESSE DE LA VICTIME DEVANT LA COUR PÉNALE INTERNATIONALE

Guy David Mbara A Betsem

Préface de Gilbert Bitti - Avant-propos de Jean Claude Tcheuwa

La victime a longtemps été tenue à l'écart du procès devant les juridictions pénales internationales d'avant le début du XIXè siècle. Depuis l'avènement de la Cour pénale internationale (CPI), la victime est désormais admise dans le procès pénal. Ces droits, qui ne sont autres que des titres de noblesse, confèrent donc des privilèges permettant à la victime d'accéder à une justice pénale internationale très sélective, mais surtout réservée à une certaine catégorie de personnes. La CPI pose la problématique du rôle de l'État dans la mise en oeuvre des droits des victimes.

(242 p., 25,5 euros)

ISBN : 978-2-343-16718-3, EAN EBOOK : 9782140111631

MÉDIATION ET ENTREPRISES

Regards croisés Droit et Gestion

Responsables scientifiques : Gulsen Yildirim, Isabelle Sauviat et Romain Dumas. Textes réunis par Romain Dumas

La médiation, mode alternatif de résolution des différends, est un mécanisme désormais bien connu en Droit. L'entreprise apparaît comme l'un des lieux privilégiés de son application et ce, qu'il s'agisse d'aplanir un différend tant dans ses relations internes qu'externes. Toutefois, à la différence du Droit, le concept de médiation apparaît beaucoup moins familier en Sciences de gestion. C'est cette interaction singulière entre Droit et Gestion qui permet de mesurer la place réelle de la médiation dans les entreprises et les organisations. Entre acclimatation à parfaite et hostilité, un équilibre est possible afin qu'elle devienne un outil efficace.

(Coll. Droit privé et sciences criminelles, 142 p., 16,5 euros)

ISBN : 978-2-343-16643-8, EAN EBOOK : 9782140111556

PHÉNOMÈNE DISCIPLINAIRE DANS LE DROIT PUBLIC HELLÉNIQUE CONTEMPORAIN

Sotirios Lytras

Attachée constamment à l'idée que la notion de discipline concernait en principe les relations entre les ensembles organisés et leurs agents, la théorie traditionnelle du droit public a laissé hors de son attention des domaines entiers de la vie publique. Parue en grec en 1989, cette étude a pu montrer qu'en droit positif hellénique le phénomène disciplinaire a manifesté sa présence forte dans des relations entre ensembles publics et des personnes physiques ou morales y étant rattachées. A travers ce phénomène, l'activité publique s'avère décisivement élargie.

(Coll. Logiques Juridiques, 262 p., 27 euros)

ISBN : 978-2-343-16125-9, EAN EBOOK : 9782140111310

RECEL ET BLANCHIMENT

Nouvelles sources de cumul de qualifications

Théo Touzeau

Préface de Gildas Roussel

A la lumière de la jurisprudence, la question de l'impossible cumul de l'infraction d'origine avec celle du recel de choses concernant un même auteur mérite de nouveau d'être posée. C'est que les juges de la Chambre criminelle, malgré leur opposition à ce cumul, ont depuis admis la condamnation d'un

individu tant pour une première infraction que pour le blanchiment subséquent. Cette différence de traitement des deux infractions interroge nécessairement. Cet ouvrage, dressant le constat de la possibilité de dépasser les arguments qui fondent le rejet de « l'auto-recel », invite le lecteur à mettre de côté ses certitudes et à prendre position : rien ne semble s'opposer à l'admission du cumul de l'infraction d'origine et du recel de choses.
(Coll. Bibliothèques de droit, 138 p., 15,5 euros)
ISBN : 978-2-343-16624-7, EAN EBOOK : 9782140110962

LES LIENS ENTRE ÉTHIQUE ET DROIT

L'exemple de la question animale

Sous la direction de Lucille Boisseau-Sowinski et Delphine Tharaud

A priori distincts, le droit renvoyant à la régulation des comportements par la loi et l'éthique à la distinction entre bien et mal, ces deux domaines s'interpénètrent et se nourrissent, particulièrement sur la question animale. La réflexion sur l'éthique animale s'est amplifiée ces cinquante dernières années et a conduit à une prise en compte des intérêts et de la qualité d'êtres vivants des animaux. Le droit s'en est fait l'écho. Pour autant, cette dynamique n'est pas si évidente : quelles théories peuvent inspirer le droit ?
(Coll. Le Droit aujourd'hui, 176 p., 18,5 euros)
ISBN : 978-2-343-16449-6, EAN EBOOK : 9782140109553

CORRUPTION ET DROIT PÉNAL

Sous la direction de Jean-Paul Céré et Carlos Eduardo Japiassu

Le thème de la corruption a traversé le temps. L'intérêt du droit pénal est cependant renouvelé par les nombreuses affaires médiatisées qui gangrènent la vie politique et le monde des affaires dans de nombreux pays. L'arsenal législatif interne cherche à s'adapter sous l'effet des multiples textes qui ont vu le jour à l'échelle internationale et régionale. Une nette tendance à l'harmonisation des législations criminelles anti-corruption est perceptible. Cet ouvrage permet de saisir la diversité du phénomène dans sa dimension criminologique et juridique.
(Coll. Comité international des pénalistes francophones, 238 p., 24,5 euros)
ISBN : 978-2-343-16153-2, EAN EBOOK : 9782140109850

JUSTICE CONSTITUTIONNELLE ET SUBSIDIARITÉ

L'apport de l'expérience canadienne pour la construction européenne

Claire Aguilon

La précision des critères d'application de la subsidiarité et le développement de son contrôle par l'Union européenne constituent un progrès vers un plus grand respect du principe selon lequel l'UE, lorsqu'elle intervient dans une compétence partagée avec les Etats-membres, doit établir la plus-value d'une action à son niveau pour atteindre l'objectif visé. L'étude de la jurisprudence de la Cour de justice de l'UE montre ses réticences à un contrôle allant au-delà de la recherche d'une motivation formelle de la nécessité de l'intervention européenne. En droit canadien, la subsidiarité éclaire sous un jour nouveau la clause de commerce ou la doctrine de l'intérêt national.
(Coll. Logiques Juridiques, 460 p., 40 euros)
ISBN : 978-2-343-15311-7, EAN EBOOK : 9782140109522

UN COMBAT POUR LA PAIX

Récit

Nouvelle édition revue et augmentée

Daniel Lagot

Alors qu'il s'est refusé jusque-là à tout engagement devant la fragilité des choses humaines, un homme découvre l'amour et s'engage, avec la femme à ses côtés, dans un combat pour le droit, la justice et la paix. Après l'enthousiasme initial, les tensions et dilemmes vont se développer, en particulier lors des guerres en Libye et en Syrie. Comme dans une tragédie grecque, ces tensions conduiront les personnages à leur destin. Le récit est en partie romancé, mais est directement inspiré d'histoires et de faits réels. Face aux drames et menaces pesant sur l'humanité, doit-on céder au pessimisme ou conserver l'espoir ?

(Coll. Les Impliqués, 152 p., 16,5 euros)

ISBN : 978-2-343-16114-3, EAN EBOOK : 9782140109409

LES SENS DE LA PEINE

Hugo Cappadoro
Préface de Muriel Giacopelli

Quelle est la raison d'être de la peine ? C'est autour de cette question que se sont cristallisés, au temps des Lumières, les paradigmes punitifs modernes. Du fait des bouleversements que connait aujourd'hui notre droit répressif et de la crise du milieu carcéral, auquel la pénalité est identifiée, le législateur, les acteurs et penseurs pénaux sont amenés à s'interroger une nouvelle fois sur l'acte de punir. Cet ouvrage aborde ainsi les évolutions pénales et propose une réflexion mettant en évidence la difficulté pour la pénalité actuelle d'avoir un sens intelligible et pluriel, tant pour le condamné, que pour la victime et la société.

(Coll. Bibliothèques de droit, 212 p., 21,5 euros)

ISBN : 978-2-343-16461-8, EAN EBOOK : 9782140108945

SUR LA COUR EUROPÉENNE DES DROITS DE L'HOMME
Rétrospective d'un initié (1998-2016)

Bostjan M. Zupancic

La Convention européenne des droits de l'homme, prétendant expliciter ce que sont ces droits, est un court texte abstrait. Quatre-vingt-dix-neuf pourcent de ces droits seront concrétisés par les précédents prononcés en flux continu, autoréférentiel, par la Cour européenne des droits de l'homme (CEDH). En somme, les droits de l'homme sont simplement ce que la CEDH déclare qu'ils sont ou ne sont pas. Quarante-sept Etats signataires sont liés à cette jurisprudence de Strasbourg. Or, l'approche jurisprudentielle du stare decisis est étrangère au formalisme juridique européen. A l'autre extrême, l'auteur apporte une explication métaphysique du sens de la justice. Il présuppose le plus haut niveau d'autonomie morale et de raisonnement juridique.

(Coll. Logiques Juridiques, 452 p., 45 euros)

ISBN : 978-2-343-15739-9, EAN EBOOK : 9782140108808

GOUVERNANCE D'ENTREPRISE, RESPONSABILITÉ SOCIÉTALE EN DROIT MALIEN

Issiaka Cissé

Cet ouvrage interroge le droit positif malien dans l'appréhension des concepts de la gouvernance d'entreprise (GE) et de la responsabilité sociétale des entreprises (RSE). L'étude met en évidence le décalage du droit malien dans la construction évolutionniste de l'entreprise. Elle révèle que l'environnement juridique des entreprises maliennes n'évolue pas dans une économie pourtant en pleine mutation. Des contraintes liées à l'application des principes de ces deux concepts créent un déséquilibre en termes de compétitivité au plan national voire régional ou international.

(Coll. Études africaines, 390 p., 38 euros)

ISBN : 978-2-343-15230-1, EAN EBOOK : 9782140108464

POUR UNE NOUVELLE ÉDUCATION JURIDIQUE

Sous la direction de Massimo Vogliotti

Depuis quelques années, nous assistons en Europe à une floraison de réflexions et d'expériences novatrices relatives à la formation juridique. Ce phénomène peut être interprété comme le signe annonciateur d'une révolution de notre façon de concevoir l'enseignement du droit, encore liée au cadre théorique et mythologique du paradigme juridique moderne. Cet ouvrage met en avant la nécessité d'un renouvellement en profondeur de notre modèle traditionnel d'enseignement du droit.

(Coll. Logiques Juridiques, 228 p., 24,5 euros)

ISBN : 978-2-343-10744-8, EAN EBOOK : 9782140108426

Structures éditoriales du groupe L'Harmattan

L'Harmattan Italie
Via degli Artisti, 15
10124 Torino
harmattan.italia@gmail.com

L'Harmattan Hongrie
Kossuth l. u. 14-16.
1053 Budapest
harmattan@harmattan.hu

L'Harmattan Sénégal
10 VDN en face Mermoz
BP 45034 Dakar-Fann
senharmattan@gmail.com

L'Harmattan Cameroun
TSINGA/FECAFOOT
BP 11486 Yaoundé
inkoukam@gmail.com

L'Harmattan Burkina Faso
Achille Somé – tengnule@hotmail.fr

L'Harmattan Guinée
Almamya, rue KA 028 OKB Agency
BP 3470 Conakry
harmattanguinee@yahoo.fr

L'Harmattan RDC
185, avenue Nyangwe
Commune de Lingwala – Kinshasa
matangilamusadila@yahoo.fr

L'Harmattan Congo
67, boulevard Denis-Sassou-N'Guesso
BP 2874 Brazzaville
harmattan.congo@yahoo.fr

L'Harmattan Mali
Sirakoro-Meguetana V31
Bamako
syllaka@yahoo.fr

L'Harmattan Togo
Djidjole – Lomé
Maison Amela
face EPP BATOME
ddamela@aol.com

L'Harmattan Côte d'Ivoire
Résidence Karl – Cité des Arts
Abidjan-Cocody
03 BP 1588 Abidjan
espace_harmattan.ci@hotmail.fr

L'Harmattan Algérie
22, rue Moulay-Mohamed
31000 Oran
info2@harmattan-algerie.com

L'Harmattan Maroc
5, rue Ferrane-Kouicha, Talaâ-Elkbira
Chrableyine, Fès-Médine
30000 Fès
harmattan.maroc@gmail.com

Nos librairies en France

Librairie internationale
16, rue des Écoles – 75005 Paris
librairie.internationale@harmattan.fr
01 40 46 79 11
www.librairieharmattan.com

Lib. sciences humaines & histoire
21, rue des Écoles – 75005 Paris
librairie.sh@harmattan.fr
01 46 34 13 71
www.librairieharmattansh.com

Librairie l'Espace Harmattan
21 bis, rue des Écoles – 75005 Paris
librairie.espace@harmattan.fr
01 43 29 49 42

Lib. Méditerranée & Moyen-Orient
7, rue des Carmes – 75005 Paris
librairie.mediterranee@harmattan.fr
01 43 29 71 15

Librairie Le Lucernaire
53, rue Notre-Dame-des-Champs – 75006 Paris
librairie@lucernaire.fr
01 42 22 67 13

www.ingramcontent.com/pod-product-compliance
Lightning Source LLC
LaVergne TN
LVHW011220061026
849535LV00001BA/104